KU-268-552

LEEDS COLLEGE OF ART & DESIGN
LRC
WITHDRAWN

LEEDS COL OF ART & DESIGN
R47938Y0084

# Detail in Contemporary Residential Architecture

Virginia McLeod

LAURENCE KING

Published in 2007 by
Laurence King Publishing Ltd
361-373 City Road
London EC1V 1LR
e-mail: enquiries@laurenceking.co.uk
www.laurenceking.co.uk

Copyright © Text 2007
Virginia McLeod

All rights reserved. No part of this publication may be reproduced or transmitted in any form or by any means, electronic or mechanical, including photocopy, recording, or any information storage or retrieval system, without permission in writing from the publisher.

A catalogue record for this book is available from the British Library

ISBN-13: 978 1 85669 482 7
ISBN-10: 1 85669 482 8

Designed by Hamish Muir
Picture Research by Sophia Gibb
Printed in China

01-05-07
LEEDS COLLEGE OF ART & DESIGN
~~729~~
LIBRARY
728
MCL
R47938

# Detail in Contemporary Residential Architecture

Virginia McLeod

Laurence King Publishing

**Contents**


6 **Introduction**

8 **Concrete**

10 **01** Alberto Campo Baeza
De Blas House, Spain

14 **02** Baumschlager & Eberle
Flatz House, Liechtenstein

18 **03** Studio Daniel Libeskind
Studio Weil, Spain

22 **04** Georg Driendl
Solar Tube, Austria

26 **05** Jim Jennings Architecture
Visiting Artists' House, USA

30 **06** Kei'ichi Irie + Power Unit Studio
Y House, Japan

34 **07** Léon Wohlhage Wernik Architekten
House Voss, Germany

38 **08** Pugh + Scarpa
Solar Umbrella, USA

42 **09** Tadao Ando
4 x 4 House, Japan

46 **Glass**

48 **10** Aranda Pigem Vilalta
M-Lidia House, Spain

52 **11** Ian Moore Architects
Rose House, Australia

56 **12** Kazuyo Sejima & Associates
Small House, Japan

60 **13** Kruunenberg Van der Erve
Laminata, House of Glass, The Netherlands

64 **14** Shigeru Ban Architects
Picture Window House, Japan

68 **15** Carlos Zapata Studio
Private House, Ecuador

72 **Masonry**

74 **16** Brückner + Brückner Architekten
House in the Landscape, Germany

78 **17** Adjaye Associates
Dirty House, UK

82 **18** Carlos Ferrater
Tagomago House, Spain

86 **19** John Pawson
Tetsuka House, Japan

90 **20** MADA s.p.a.m.
Father's House, China

94 **21** Olson Sundberg Kundig Allen Architects
Chicken Point Cabin, USA

98 **22** Will Bruder Architects
Sky Arc House, USA

102 **Steel**

104 **23** Aranda Pigem Vilalta
Bellows House, Spain

108 **24** Architecture Research Office (ARO)
Colorado House, USA

112 **25** Julie Snow Architects
Koehler House, Canada

116 **26** Lorcan O'Herlihy Architects
Vertical House, USA

120 **27** Mack Scogin Merrill Elam Architects
Mountain Tree House, USA

124 **28** Marin + Trottin
Artifice/MR House, France

128 **29** Shuhei Endo
Springtecture B, Japan

132 **30** Troppo Architects
Rozak House, Australia

136 **31** Atelier Bow-Wow + Tokyo Institute of Technology Tsukamoto Lab
Gae House, Japan

140 **32** Werner Sobek
House R128, Germany

144 **33** WPA Inc.
Villa Lucy, USA

148 **Timber**

150 **34** Álvaro Siza Vieira
House in Oudenbourg, Belgium

154 **35** Architect Antonius Lanzinger
Single Family House, Austria

158 **36** Bernard Quirot + Olivier Vichard
Convercey House, France

162 **37** Drew Heath Architect
Zig Zag Cabin, Australia

166 **38** Edge Design Institute Ltd.
Suitcase House, China

170 **39** Fougeron Architecture
Jackson Family Retreat, USA

174 **40** Kengo Kuma & Associates
Bamboo Wall House, China

178 **41** Martin + Martin Arquitectos
La Vega House, Spain

182 **42** Patkau Architects
Agosta House, USA

186 **43** Stutchbury and Pape
Verandah House, Australia

190 **44** RoTo Architects
Gompertz Residence, USA

194 **45** Sean Godsell
Peninsula House, Australia

198 **46** Smith-Miller + Hawkinson Architects
Mustang Meadow, USA

202 **Aluminium, Bamboo, Plastic, Rubber and Straw**

204 **47** Ábalos + Herreros
Studio Gordillo, Spain

208 **48** Kengo Kuma & Associates
Plastic House, Japan

212 **49** Masaki Endoh + Masahiro Ikeda
Natural Ellipse, Japan

216 **50** Sarah Wigglesworth Architects
Stock Orchard Street House, UK

220 **51** Simon Conder Associates
Black Rubber Beach House, UK

224 **52** Steven Holl Architects
Turbulence House, USA

230 Directory of Details
233 Directory of Architects
236 Index
238 Picture Credits
239 Acknowledgments

## Introduction

The private house occupies a unique position in architecture and in the history of human culture. The house is the domain of the family, of domestic activities and is used for living, working, eating and sleeping, and as a private place where individuals and families enjoy their personal lives. However, the house in its traditional form – a series of common rooms and separate sleeping areas – has undergone a number of radical changes over the last century in which the possibilities for self-expression in the domestic environment have revealed a new platform for architectural experiment. Shifts in social patterns have also fuelled this experimentation. Architects now design houses for many different types of households – single parent families, couples without children, multi-generational families, and so on. Along with social change, the pace with which technology has developed over the past 50 years, in particular computer and construction technologies, have combined to offer more and more possibilities for what a house contains, what it looks like and to whom it caters.

Construction details are as vital a part of architecture as its external form and interior layout. Whether so subtle as to be invisible, or revealed as extraordinarily complex, details determine the quality and character of a building. Good detailing entails exercising the utmost care and attention at the junctions between materials, between the different elements of a building and where a material changes direction. Through details, the myriad parts that make up a building come together to form a whole – joints, connections, seams, openings and surfaces are transformed via a combination of technology and invention into a building.

We are accustomed to being presented with photographic representations of architecture in books, magazines and on-line, with the inspiring image continuing to be the focus of the two-dimensional representation of architecture. Increasingly these images are now often accompanied by floor plans to provide a better understanding of the way a building works. The availability of floor plans is, of course, of enormous assistance in helping us to understand the spatial sequences, the extent and scale of a building, however it is not inherent in the purpose of a plan or a photograph, even if accompanied by a section, to reveal the individual elements – literally the nuts and bolts – that go together to make up a wall, a floor, a roof, a window, a staircase, a kitchen, and so on. Construction details, however, do just this, and this book unites the photograph, the plan and section, as well as the details to bring to the reader a comprehensive insight into the true workings of the building.

Architects draw details specifically to reveal the inner workings of a building – primarily, of course, they are used by the builder in order to put the building together. Readers of architectural publications, however, are all too rarely given the opportunity to examine the details – the 'real' representation of how a building is put together. This book aims to remedy that situation and provides a guide to the inner workings of over 50 of the most inspiring examples of contemporary domestic architecture. This book brings to the reader what has previously been hidden behind the façade, what had previously remained invisible. These details reveal not only an 'x-ray' of the houses presented, but an insight into the cognitive processes of the architects who brought the houses into being.

Architectural details make up to 95 per cent of the sometimes hundreds of drawings produced to describe the way a building is put together. They act as the means by which architects communicate their intent to builders, engineers and other participants in the building process. They also act as one of the most challenging intellectual and technical exercises for any architect, producing as they must, a series of what are essentially graphic representations of every single junction and connection in a building. Almost exclusively made up of two-dimensional representations (plan and sectional drawings), the challenge resides in the architect's ability to imagine the most complex of junctions, assemblies and components in three dimensions – as they will actually be built on site – and transfer them on to paper, or on screen, into two dimensions, into the conventional drawn representations that have been used in the construction industry for decades, even centuries.

While the selection of details presented for each of the houses in this book is necessarily limited by space, they nonetheless go a long way towards deconstructing the image of the finished building. They not only inspire, they also help us to understand the thought that went into the making of the building and perhaps the technical problems that were solved along the way.

Details also reveal the preoccupations and specialties of an individual architect. Each of the architects in this book were asked to provide their personal selection of the details that they felt best represented the house in question. As a result, a focus on the way glazing is put together with the materials that hold it in place may be revealed in some projects, while the sculptural qualities of a balustrade or even a recessed light fitting may come into focus through the details in others.

In many cases, details also reveal cultural differences as well as commonalities. The scope of this book covers five continents – Europe, North America, South America, Asia and Australia. Many of the houses appear to have aesthetic qualities in common, perhaps revealing similarities in the way architecture is taught at universities around the world, as well as the contemporary cultural influences that cross geographical boundaries. However, many differences are revealed in the details. The climate or economics in one country or region may make concrete inappropriate or too expensive to use in a domestic context. Timber or stone may, instead, be the most available, affordable material.

Similarly, differences in the traditions of the building trades are also revealed in the details. For example, bamboo is used as an every day necessity in the building industry in China where it has been used for centuries, most notably for scaffolding. The familiarity and expertise with which Chinese builders are able to manipulate this inexpensive and readily available material is virtually unknown in the west. This expertise is brilliantly utilized by contemporary architects working in China who relish the opportunity to take advantage of the consummate ease with which Chinese builders work with bamboo. This can be seen in projects such as Kengo Kuma's Bamboo Wall House and MADA s.p.a.m.'s Father's House, both in China. In the former, bamboo has been used for almost the entire building, interior and exterior, horizontal and vertical surfaces, and in the latter the beauty and versatility of the material is revealed in the polished bamboo matting that is employed as a surface treatment for interior walls and floors.

In Australia, a 200 year tradition of building with timber is illustrated in the work of Peter Stutchbury (the Verandah House), Drew Heath (the Zig Zag Cabin) and Sean Godsell (the Peninsula House). Over time, the level of sophistication with which this ubiquitous building material is used has reached a level of artistry that goes well beyond what might ordinarily be thought of as a timber construction. Like bamboo in Chinese construction, and indeed concrete in Japanese architecture, timber is used by these architects as the primary medium with which to express an architectural intention, which is again manifested in the quality of the detailing.

This volume also reveals some of the most surprising and perhaps even bewildering houses of recent times. For example, the Natural Ellipse in Tokyo by Masaki Endoh + Masahiro Ikeda, constructed from fibre reinforced polymer, Kengo Kuma's Plastic House in Japan constructed almost entirely from white plastic, and Simon Conder's Black Rubber Beach House clad in ethylene propylene diene monomer (EPDM). In houses such as these, the image of the building has quickly become iconic, made, as they are from materials rarely, if ever, used in domestic construction. The construction details, however, reveal the creative thinking behind the icon, as well as the reality of designing the components and junctions that make such unusual materials useful as weather-proof domestic shelters.

Another important aspect of contemporary house design is the emergence of environmentally responsive architecture. Many innovative approaches to designing appropriately for climate and to reduce the amount of energy used both in the construction and operation of buildings have found expression in domestic architecture. While this book is presented in chapters based on the main construction material, examples of environmentally responsive houses appear throughout the book. Here, we see some of the most unusual materials in detail, including straw bales in Sarah Wigglesworth's Stock Orchard Street House in London, solar panels in Pugh + Scarpa's Solar Umbrella in California and Georg Driendl's Solar Tube in Austria that employs a central atrium to act as a heat sink in winter and ventilator in summer. Again, the mechanics, the junctions, the materials and their importance to the way the house as a whole works, is revealed in the details.

Despite the effects of social, cultural and technological change, the houses in this book reveal that the typical brief for a house, large or small, remains relatively unchanged. But perhaps because it is so thoroughly known, both by the clients who commission them, the architects who design them and the builders who construct them, it has proven again and again to be fertile ground for experimentation and the search for perfection. Free from the inhibiting control of developers, and often inspired by adventurous and free-thinking clients, architects have embraced the opportunities presented by domestic architecture. Here, this creativity and insight are revealed in the details – just as important in contemporary architecture as site orientation, façade composition and the disposition of the rooms. It is in the details that the architect is free to approach every door, every window, every stair, in fact every screw, bolt, connection and assembly, with the same degree of attention that we might ordinarily associate with product design or sculpture. It seems fitting, therefore, that this book bridges the gap between two dimensions and three, and between images and reality to reveal the true nature of architectural detailing.

Virginia McLeod

**Notes**

Imperial and Metric Measurements
Dimensions have been provided by the architects in metric and converted to imperial, except in case of projects in the USA in which imperial dimensions have been converted to metric.

Terminology
An attempt has been made to standardize terminology to aid understanding across readerships, for example 'wood' is generally referred to as 'timber' and 'aluminum' as 'aluminium'. However materials or processes that are peculiar to a country, region or architectural practice that have no direct correspondence are presented in the original.

Floor Plans
Throughout the book, the following convention of hierarchy has been used – ground floor, first floor, second floor, and so on. In certain contexts, terms such as basement level or upper level have been used for clarity.

Scale
All floor plans, sections and elevations are presented at conventional architectural metric scales, typically 1:50, 1:100 or 1:200 as appropriate. An accurate graphic scale is included on the second page near the floor plans of every project to aid in the understanding of scale. Details are also presented at conventional architectural scales, typically 1:1, 1:5 and 1:10.

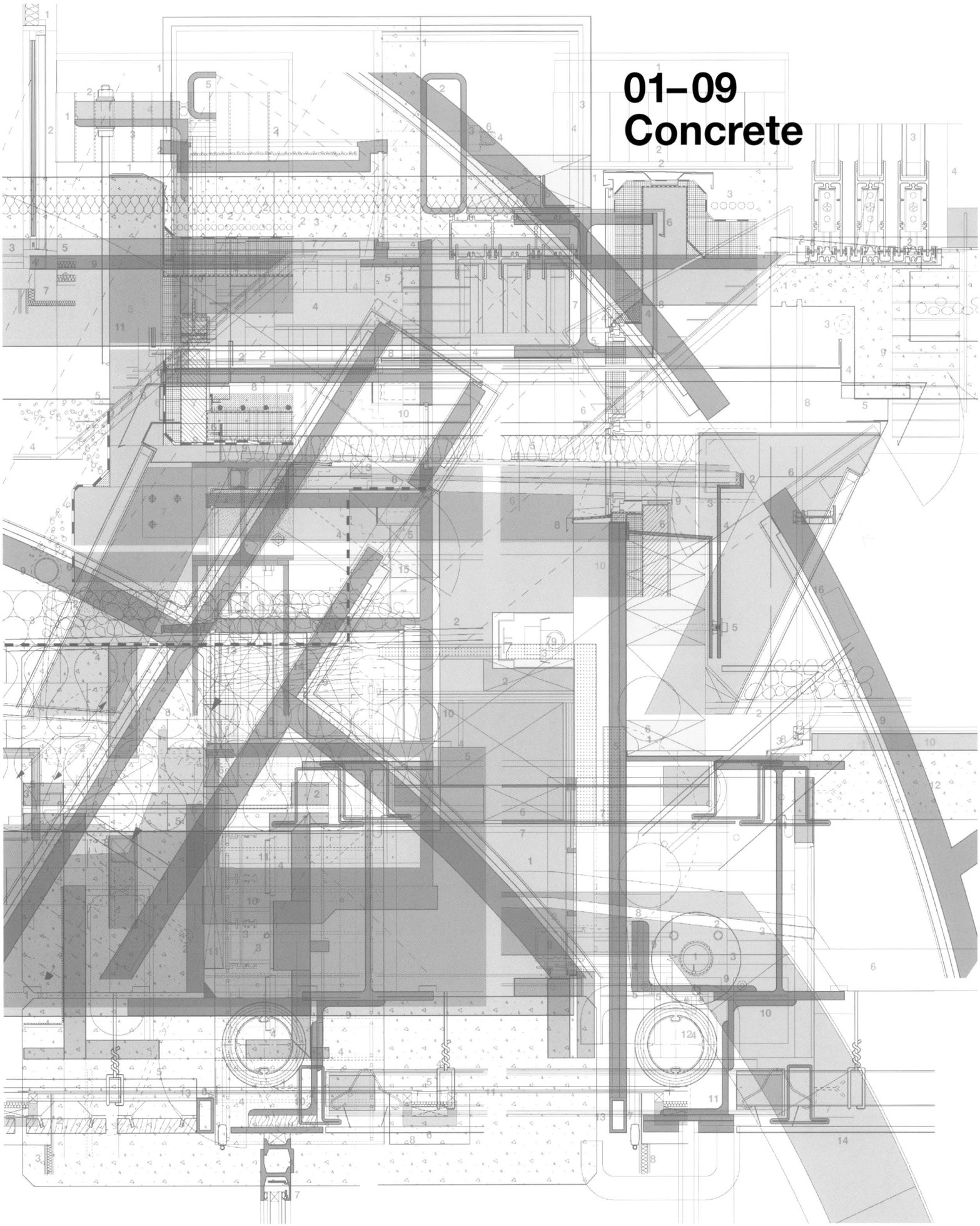

# 01–09 Concrete

**01**
**Alberto Campo Baeza**

**De Blas House**
**Madrid, Spain**

Client
Francisco de Blas

Area
200 square metres (2,150 square feet)

Project Team
Alberto Campo Baeza, Raúl del Valle González

Structural Engineer
Mª Concepción Pérez Gutiérrez

Clerk of Works
Francisco Melchor

Builder
Juan Sáinz, Siete Encinas

The house is located on the top of a north-facing hill on the outskirts of Madrid, overlooking a tranquil village in a valley with a mountain range visible on the horizon. The concept for the house was to strip the brief down to the essentials, resulting in a composition of only two elements: a solid concrete box and a transparent enclosure, the former acting as a plinth on which the latter is placed. The box rises inscrutably out of the ground with only a few punctured openings in the walls indicating its habitability. Its upper surface is pierced by a staircase descending into the main volume of the house, and by the swimming pool.

Sitting lightly on top of the box, a slender steel structure frames a glass enclosure. This unconventional arrangement allows for spaces of great contrast. The glass enclosure is designed as a place for the quiet contemplation of the landscape, the seasons and the changing light throughout the day. In contrast, the spaces in the concrete box are far more intimate and cellular, relying on the punctured windows for light and ventilation. The plan is rigorously orthogonal and centred around the communal spaces such as the living and dining areas below and the contemplation space above. On either side are bedrooms, bathrooms, a study and the plant room for the pool. Manipulating solid and void, transparent and opaque, the house sits happily in the landscape: both entrenched in it and sitting lightly on its surface.

1

2

3

4

5

**1** The bipartite composition of solid base and transparent box sit inscrutably in the landscape.
**2** The house is surrounded by the hardy vegetation of the Spanish interior – the subject of contemplation from the transparent enclosure.
**3** The platform on which the glass enclosure sits is punctured only by a staircase to the spaces below and the swimming pool to the west.
**4** A simple door, visually inseparable from the in-situ concrete walls allows access directly from the lower level spaces to the exterior.
**5** In contrast to the light-filled upper level enclosure, the spaces below are intimate and cellular in nature.

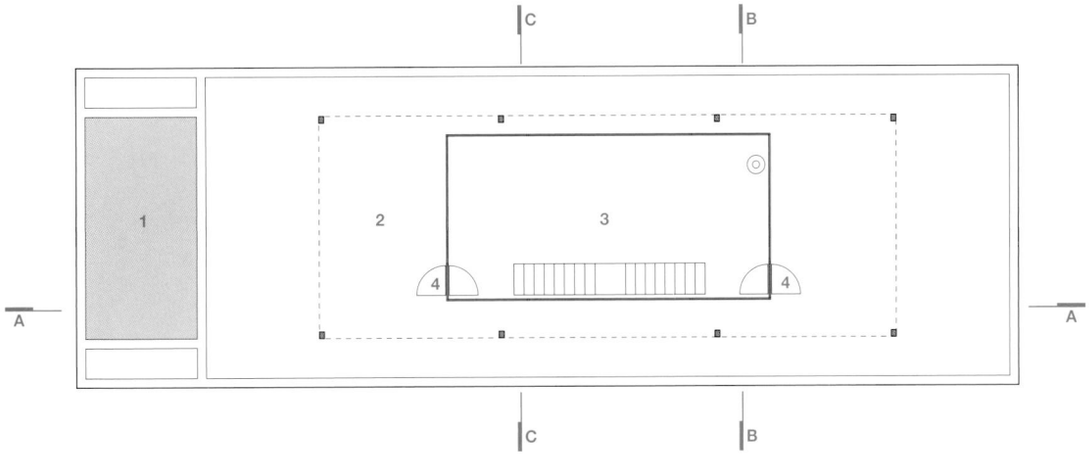


**01.01**
**Upper Level Floor Plan**
**1:200**
1 Pool
2 Line of roof over
3 Contemplation pavilion
4 Entry

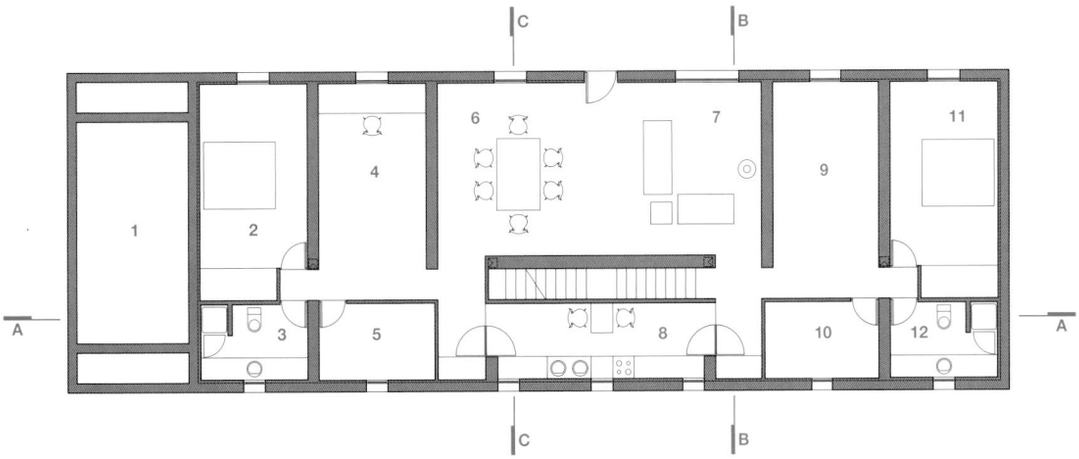


**01.02**
**Lower Level Floor Plan**
**1:200**
1 Pool plant
2 Bedroom 1
3 Bathroom 1
4 Study
5 Utility room
6 Dining
7 Living
8 Kitchen
9 Dressing room
10 Store
11 Bedroom 2
12 Bathroom 2

0 5 10m
0 15 30ft

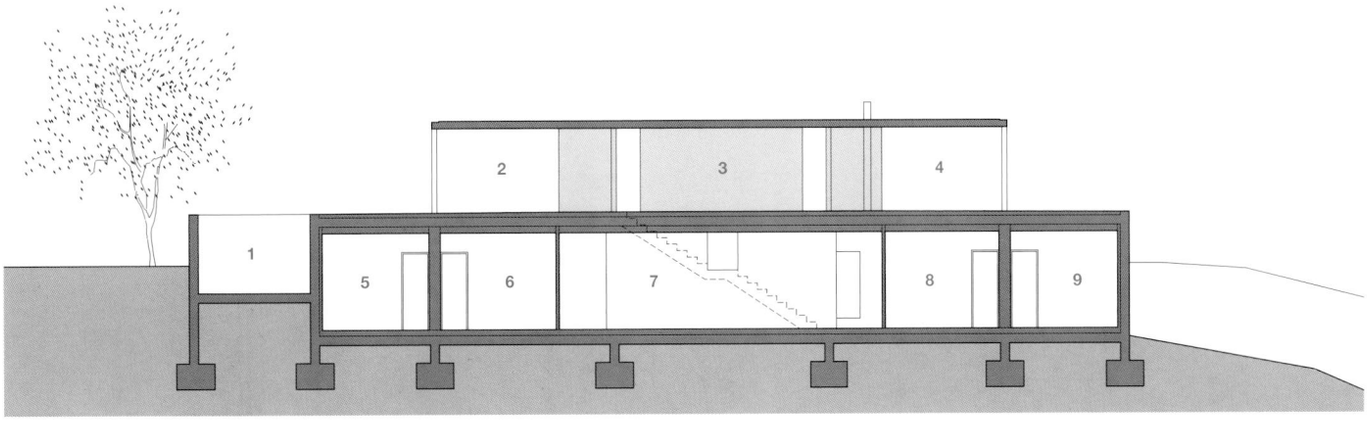


**01.03**
**Section A–A**
**1:200**
1 Pool
2 Terrace
3 Contemplation pavilion
4 Terrace
5 Bathroom 1
6 Utility store
7 Kitchen
8 Dressing room
9 Bathroom 2

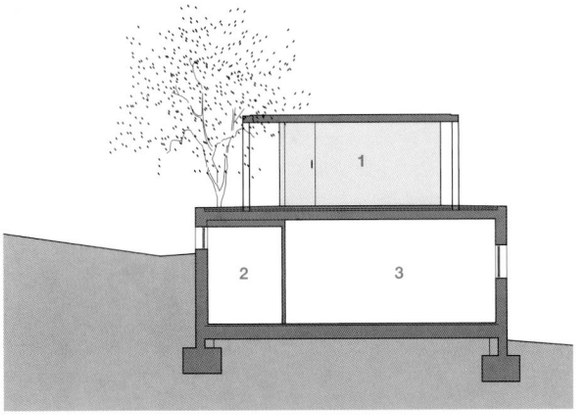


**01.04**
**Section B–B**
**1:200**
1 Contemplation pavilion
2 Kitchen lobby
3 Living room

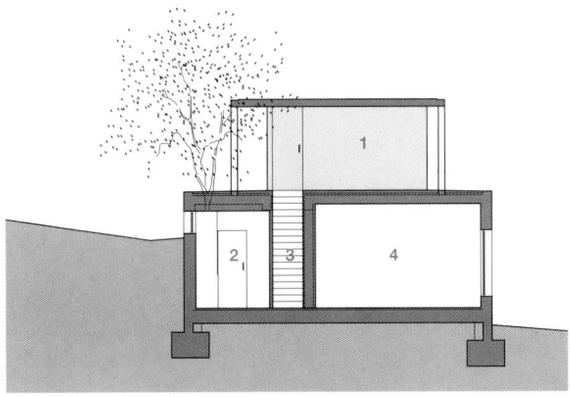


**01.05**
**Section C–C**
**1:200**
1 Contemplation pavilion
2 Kitchen
3 Staircase
4 Dining room

**01.06**
**Bathroom Detail Plan**
**1:20**
**1** Cast in-situ reinforced concrete wall
**2** Thermal glass pivoting window
**3** Limestone counter
**4** Hand basin
**5** Translucent glass door
**6** Limestone lined shower
**7** Limestone wall
**8** Limestone paving slabs
**9** WC
**10** Plasterboard wall
**11** Steel-framed white painted timber door
**12** Plasterboard wall

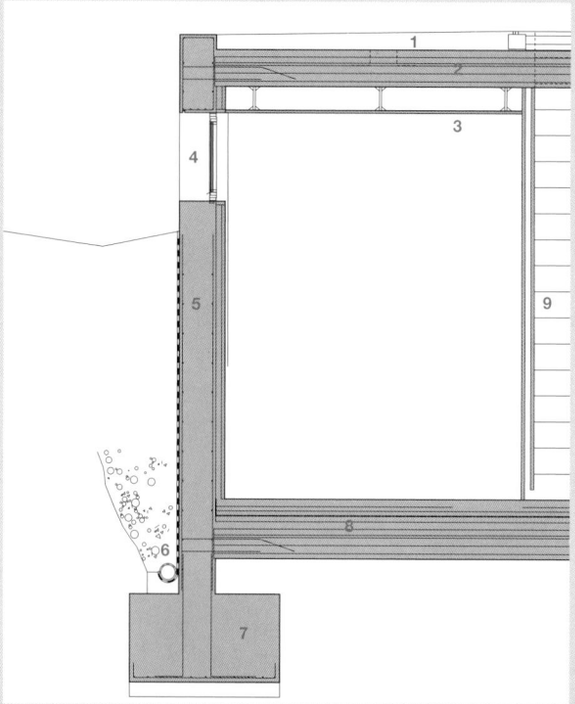


**01.07**
**Detail Wall Section**
**1:50**
**1** Concrete paving
**2** Reinforced concrete slab
**3** Painted plasterboard ceiling
**4** Thermal glass pivoting window
**5** Cast in-situ reinforced concrete wall
**6** Subterranean drainage
**7** Reinforced concrete foundation
**8** Reinforced concrete slab
**9** Plasterboard wall

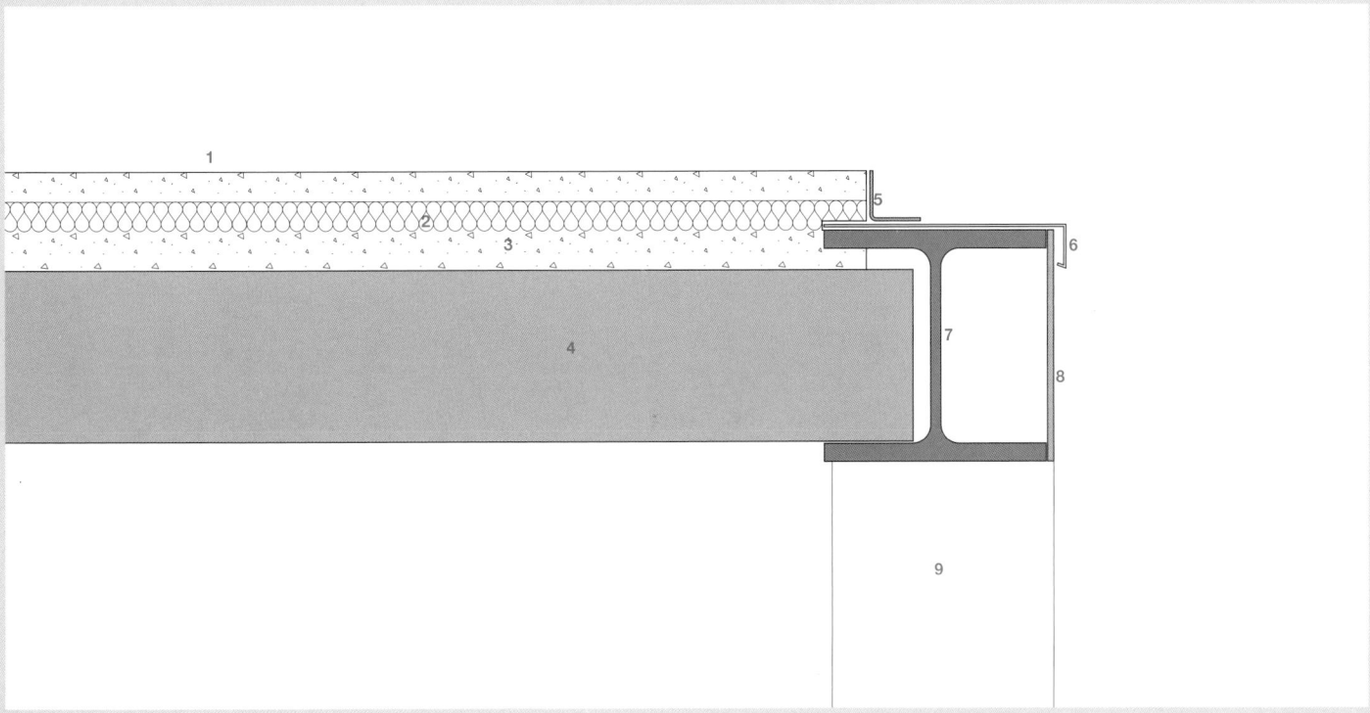


**01.08**
**Roof Detail**
**1:5**
**1** Concrete screed to roof
**2** Thermal insulation and waterproofing
**3** Reinforced concrete slab
**4** Pre-cast concrete slab
**5** White painted galvanized steel angle
**6** Sealed drip groove in flashing
**7** Steel beam
**8** Steel plate
**9** Welded column

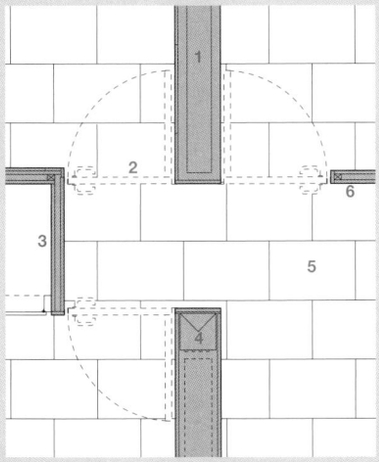


**01.09**
**Door Detail**
**1:50**
**1** Plasterboard wall
**2** Timber door
**3** Closet
**4** Steel column
**5** Limestone floor
**6** Plasterboard wall

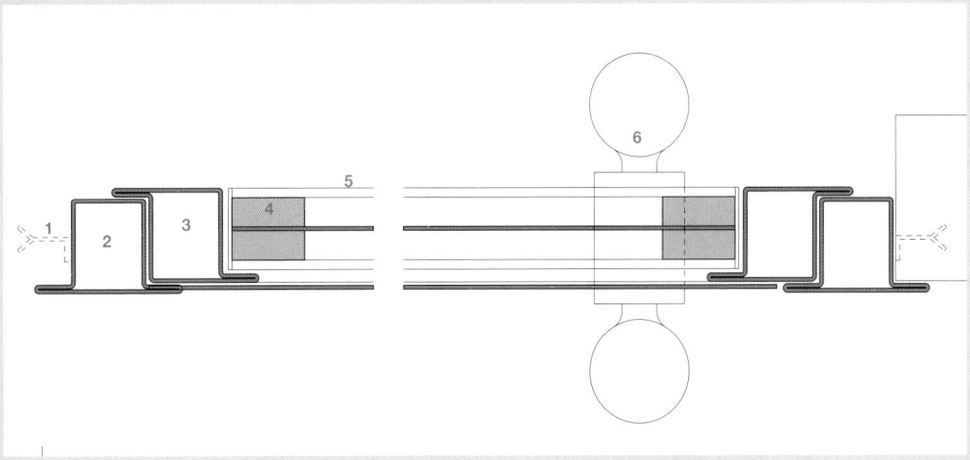


**01.10**
**Door Detail**
**1:5**
**1** Steel anchorage
**2** White painted steel door frame
**3** White painted steel door architrave
**4** Timber door framing
**5** White painted damp-proof membrane board
**6** Stainless steel door handle

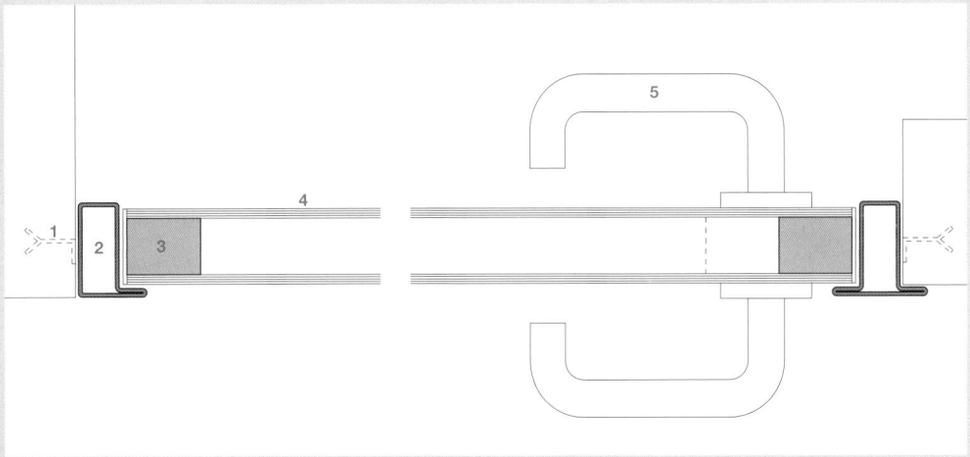


**01.11**
**Door Detail**
**1:5**
**1** Steel anchorage
**2** White painted steel door frame
**3** Timber door framing
**4** White painted damp-proof membrane board
**5** Stainless steel door handle

**02**
**Baumschlager & Eberle**

**Flatz House**
**Schaan, Liechtenstein**

Client
Dr. Dietmar Flatz

Area
277 square metres (2,980 square feet)

Project Team
Marlies Sofia, Paul Martin, Eckehard Loidolt, Christian Tabernigg

Structural Engineer
Ferdy Kaiser

Landscape Architect
Vogt Landschaftsarchitekten

Mechanical Engineer
GMI Gasser & Messner Ingenieure

This house for a doctor and his family of five stands on a west-facing slope overlooking the small town of Schaan, with its back to the imposing presence of a range of craggy mountains. In contrast to the surrounding country-style villas, the Flatz House is uncompromisingly modern, the stacked cubic volumes appearing as a minimalist sculpture in the suburban landscape. Addressing the brief for a larger than average family home, the house nevertheless conceals its extent partly because of the way it is embedded in the slope, and partly because of the way the four levels are notched, cantilevered and locked into one another to create a series of private, semi-private, open and closed spaces.

A large rectangular basement containing an independent apartment, a cellar and garage, creates a platform on which the L-shaped ground floor stands, housing the kitchen and living spaces. On the first floor, the parents' quarters, a narrower block with a large terrace, acts as a hinge from which the cantilevered children's areas on the top floor are accessed. From the upper levels distant views stretch from the valley of the Rhine to the Swiss mountains, while the living spaces open up to the immediate landscape. The construction materials emphasize the simplicity of the arrangement. Yellow pigmented concrete on the exterior, white plaster for the interior, plane tree wood and green stone, are all detailed with the utmost restraint.

1

**1** Viewed from the north, the four level house appears as a series of cubist elements stacked and cantilevered one from the other.
**2** The childrens' bedroom block at the top of the house cantilevers over an expansive terrace accessed from the parents' bedroom.
**3** On the first floor, a small swimming pool occupies the space created by the L-shaped kitchen, living and dining room.
**4** View of the kitchen and dining area which have direct views out over the garden.
**5** The upper levels are characterized by simple white plaster walls, detailed with concealed lighting that makes the flat plane of the ceiling appear to float.

2

3

4

5

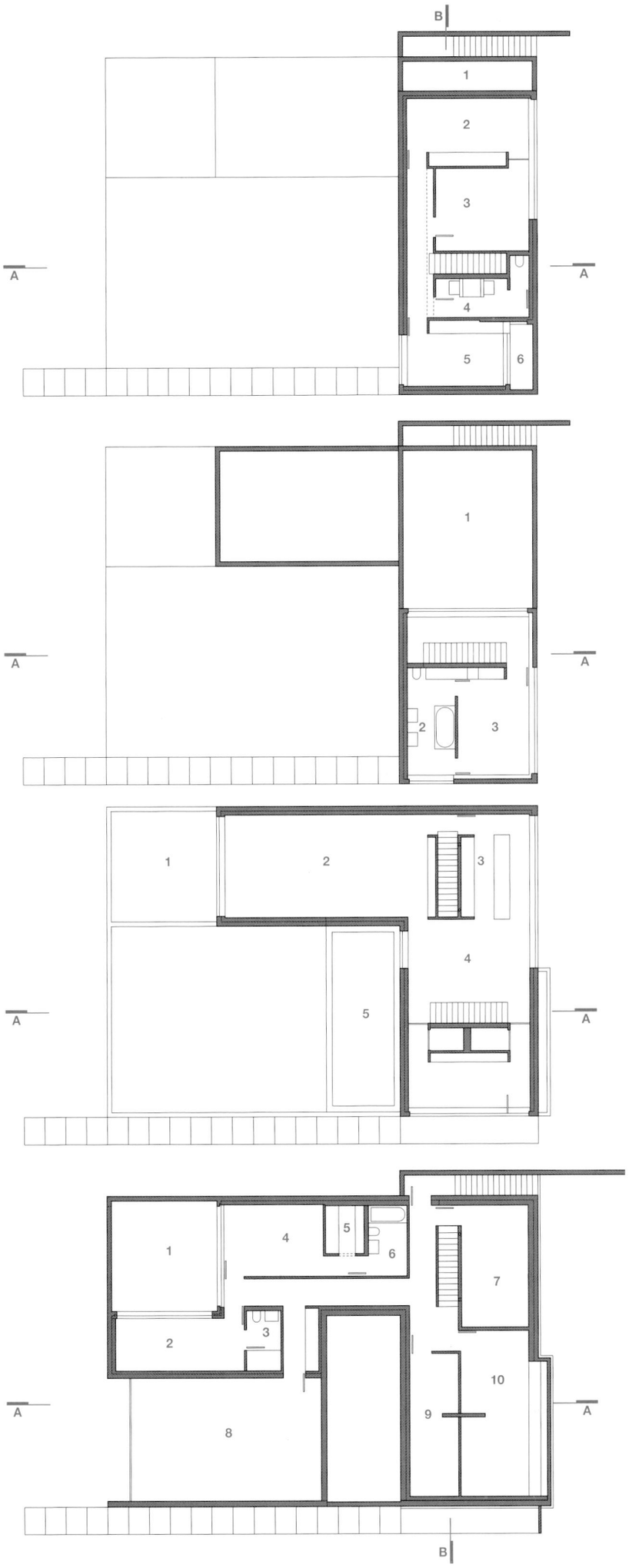


**02.01**
**Second Floor Plan**
**1:250**
1 Terrace below
2 Bedroom 1
3 Bedroom 2
4 Bathroom
5 Bedroom 3
6 Terrace

**02.02**
**First Floor Plan**
**1:250**
1 Terrace
2 Bathroom
3 Master bedroom

**02.03**
**Ground Floor Plan**
**1:250**
1 Terrace
2 Living Room
3 Kitchen
4 Dining room
5 Pool

**02.04**
**Basement Floor Plan**
**1:250**
1 Terrace
2 Cellar
3 Bathroom
4 Bedroom
5 Kitchenette
6 Bathroom
7 Store
8 Garage
9 Store
10 Store

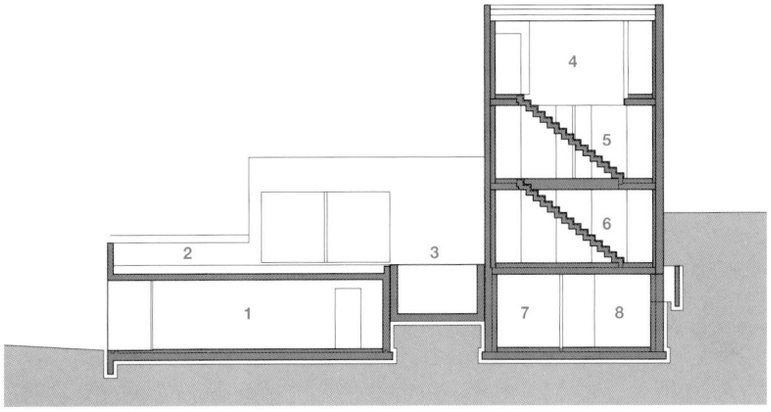


**02.05**
**Section A–A**
**1:250**
1 Garage
2 Terrace
3 Pool
4 Childrens' bedrooms
5 Parents' bedroom
6 Dining room
7 Store
8 Store

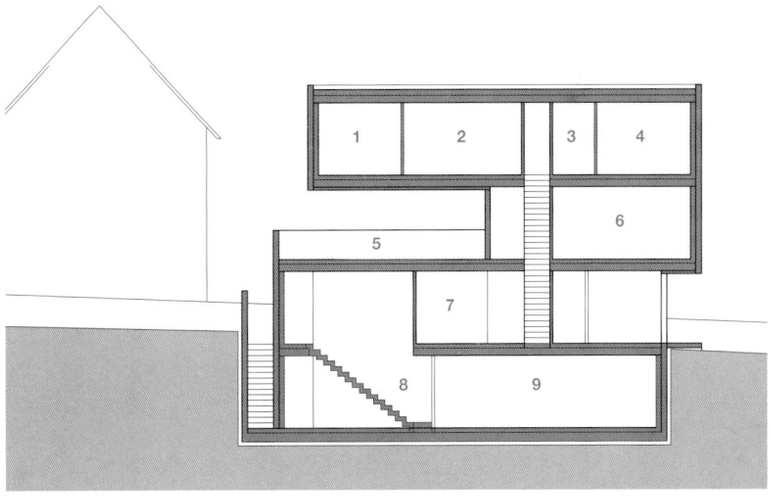


**02.06**
**Section B–B**
**1:250**
1 Bedroom 1
2 Bedroom 2
3 Bathroom
4 Bedroom 3
5 Terrace
6 Bathroom
7 Dining room
8 Store
9 Store

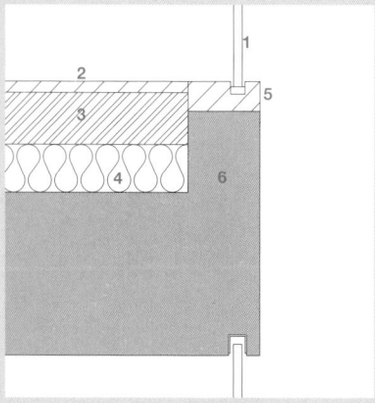


**02.07**
**Floor Detail**
**1:10**
**1** 12 mm (1/2 inch) toughened safety glass
**2** Solid larch flooring
**3** Floating floor
**4** Insulation
**5** 40 mm (1 1/2 inch) larch wood sill
**6** Reinforced concrete

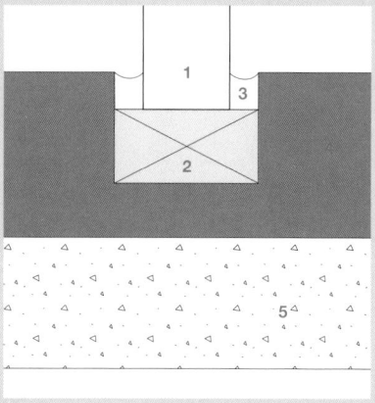


**02.08**
**Glazing Detail 1**
**1:1**
**1** 12 mm (1/2 inch) toughened safety glass
**2** Timber frame
**3** Black neoprene
**4** Larch wood sill
**5** Reinforced concrete upturn beam

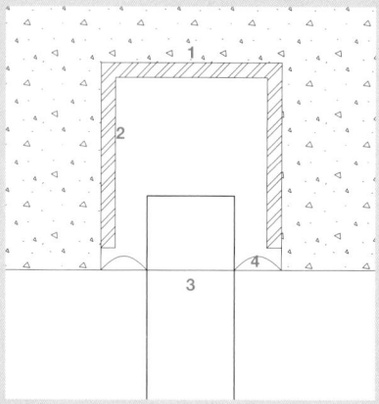


**02.09**
**Glazing Detail 2**
**1:1**
**1** Concrete
**2** 25 x 25 mm (1 inch) steel U-profile
**3** 12 mm (1/2 inch) toughened safety glass
**4** Silicone groove

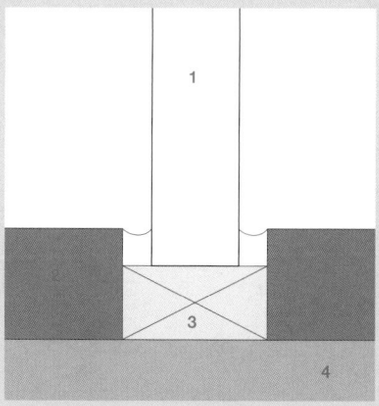


**02.10**
**Glazing Detail 3**
**1:1**
**1** 12 mm (1/2 inch) toughened safety glass
**2** Solid larch wood floor
**3** Timber framing
**4** Floating floor

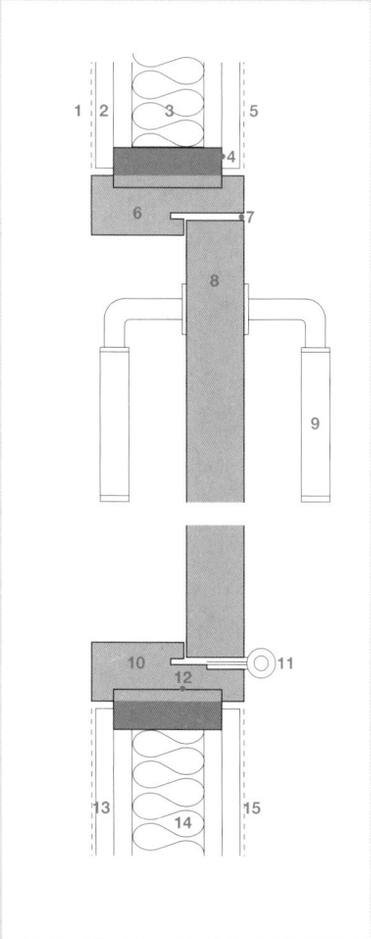


**02.11**
**Door Detail 1**
**1:5**
**1** Gypsum board wall, primed
**2** Gysum board wall
**3** Heat insulation
**4** 75 x 27 mm (3 x 1 inch) intermediate timber blocking
**5** Gypsum board wall, primed
**6** Timber door frame
**7** 5 mm (1/5 inch) shadow gap
**8** Door leaf
**9** Door handle
**10** Timber door frame
**11** Door hinge
**12** 75 x 27 mm (3 x 1 inch) intermediate timber blocking
**13** Gypsum board wall, primed
**14** Heat insulation
**15** Gypsum board wall, primed

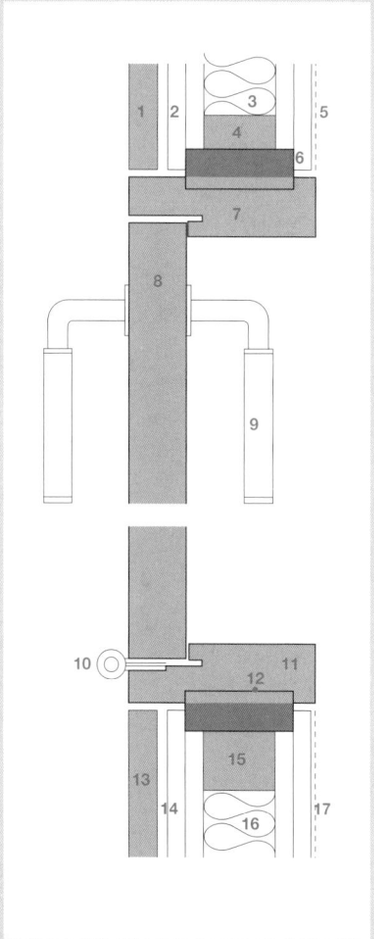


**02.12**
**Door Detail 2**
**1:5**
**1** Granite stone facing
**2** Gypsum board wall
**3** Heat insulation
**4** 50 x 20 mm (2 x 3/4 inch) timber profile
**5** Gypsum board wall, primed
**6** 75 x 27 mm (3 x 1 inch) intermediate timber blocking
**7** Timber door frame
**8** Door leaf
**9** Door handle
**10** Door hinge
**11** Timber door frame
**12** 75 x 27 mm (3 x 1 inch) intermediate timber blocking
**13** Granite stone facing
**14** Gypsum board wall
**15** 50 x 50 mm (2 inch) timber profile
**16** Heat insulation
**17** Gypsum board wall, primed

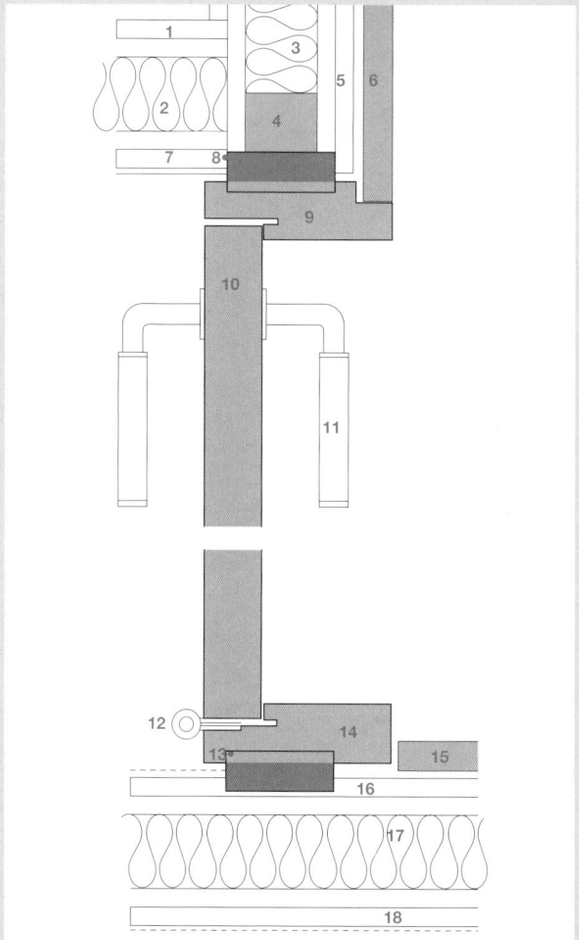


**02.13**
**Door Detail 3**
**1:5**
**1** Gypsum board
**2** Heat insulation
**3** Heat insulation
**4** Timber profile
**5** Gypsum board
**6** Granite facing
**7** Gypsum board wall, primed
**8** 75 x 27 mm (3 x 1 inch) intermediate timber blocking
**9** Timber door frame
**10** Door leaf
**11** Door handle
**12** Door hinge
**13** 75 x 27 mm (3 x 1 inch) intermediate timber blocking
**14** Timber door frame
**15** Granite facing
**16** Gypsum backer board, primed
**17** Heat insulation
**18** Gypsum backer board, primed

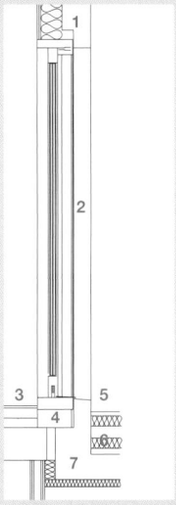


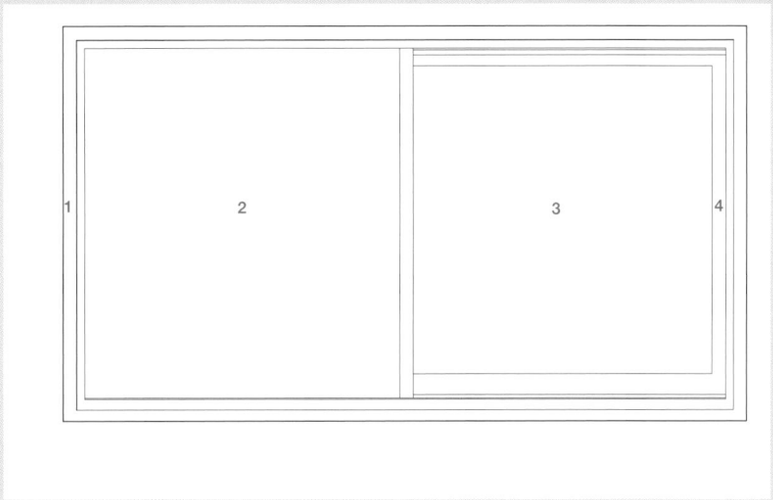


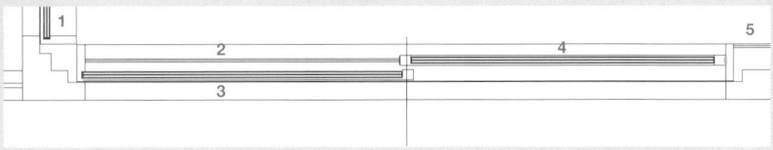


**02.14**
**Window Detail Section**
**1:50**
**1** Reinforced concrete
**2** Guide bar
**3** Balcony
**4** Embrasure extension
**5** Timber floor
**6** Heat insulation
**7** Ferro-concrete

**02.15**
**Window Detail Elevation**
**1:50**
**1** Natural oak finish window frame
**2** Fixed part of window
**3** Moveable part of window
**4** Natural oak finish window frame

**02.16**
**Window Detail Plan**
**1:50**
**1** Glazing
**2** Guide rail
**3** Fixed part of window
**4** Moveable part of window
**5** Gypsum board wall, primed

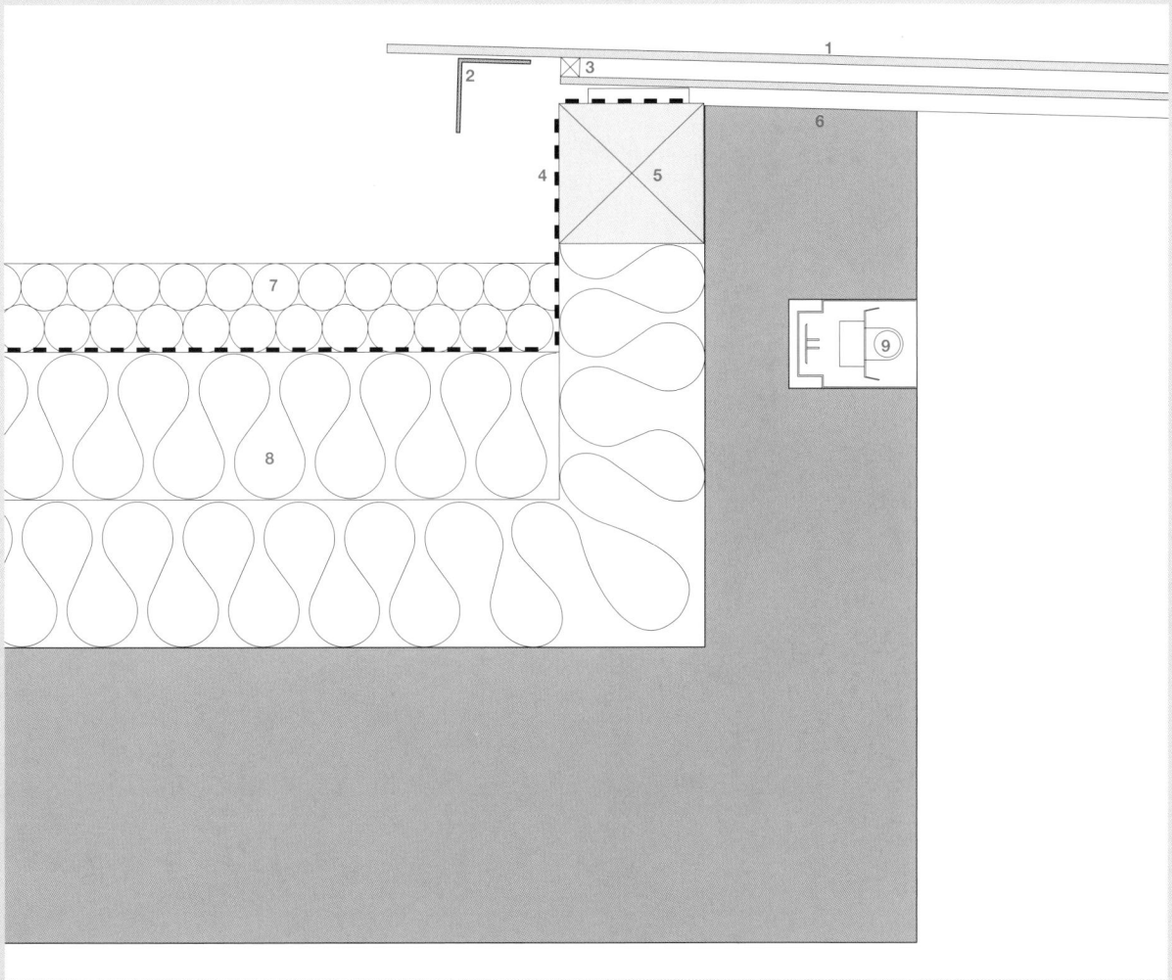


**02.17**
**Roof Detail 1**
**1:2**
**1** Sealed double-glazed unit
**2** Steel angle
**3** Filler
**4** Neoprene bearing
**5** Square section timber
**6** Reinforced concrete
**7** Grit filler
**8** Insulation
**9** Block out lighting

**02.18**
**Roof Detail 2**
**1:50**
**1** Heat insulation
**2** Gypsum board sheeting
**3** Gypsum board wall, primed
**4** Overhead lighting
**5** Roof system incorporating overhead lighting
**6** Ferro-concrete
**7** Gypsum board sheeting
**8** Gypsum board wall

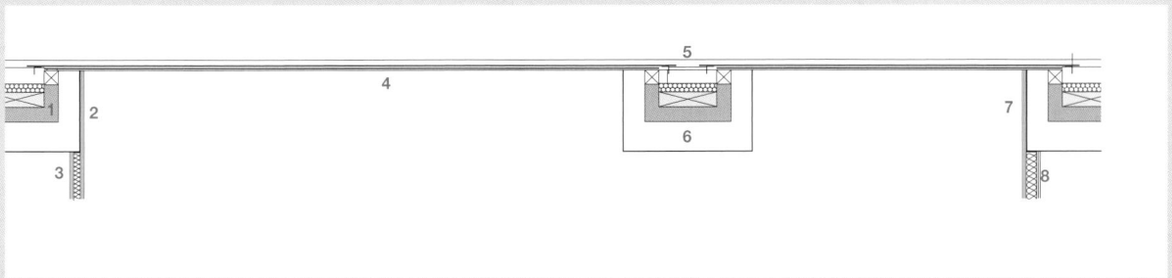

**03**
**Studio Daniel Libeskind**

**Studio Weil**
**Port d'Andratx, Mallorca, Spain**

Client
Barbara Weil

Area
430 square metres (4,630 square feet)

Project Team
Daniel Libeskind, Johannes Hucke, Wendy James

Structural Engineer
Gracia Lopez Pationo

Local Architect
Jaime Vidal Contesi

Studio Weil is an exhibition space and workshop for the American painter and sculptor Barbara Weil. Daniel Libeskind has worked closely with the artist with the intention of creating a building that not only responds to the surrounding landscape, but also forms a space which complements the artist's work. Studio Weil, located at Port d'Andratx in Mallorca, is Libeskind's first small-scale work and explores the connections between the intimate and the grand, between the domestic and the cultural and, in doing so, develops a space for contemplation, domestic reverie and the presentation of art. Rather than drawing on the Mediterranean landscape as a background for the art, the studio is introspective, avoiding the typical Mallorcan profusion of terraces, balconies, picture windows and sea views.

The building takes the form of a concrete arc, cut in half by a pair of stairs, one leading to a viewing point at the top of the building and the other leading from the garden to the ground floor gallery. Both stairs offer glimpses into the studios through windows that slash through the envelope at abrupt angles in which the glass lies flush with the wall surface. The interior is monastic in nature with limited views into and out of the building. Instead, the artist and visitors are invited to reflect on the brightly coloured, animated art works that contrast so brilliantly with the stark white geometry of the building.

1

**1** The white concrete form wraps around the gallery allowing only a few glimpses into the interior. Elsewhere, the smooth surface is slashed with slit-like openings allowing daylight into the gallery spaces.
**2** Away from the street facade, the sculptural building reposes in a white-gravelled Mediterranean landscape. The steel mesh-balustraded stair leads from the garden to a roof terrace.
**3** The gallery spaces are completely white, relieved only by lighting and by the art works themselves.
**4** The windows, with glazing that lies flush with the interior wall surfaces, cast dramatic shafts of light across the interior.

2

3

4

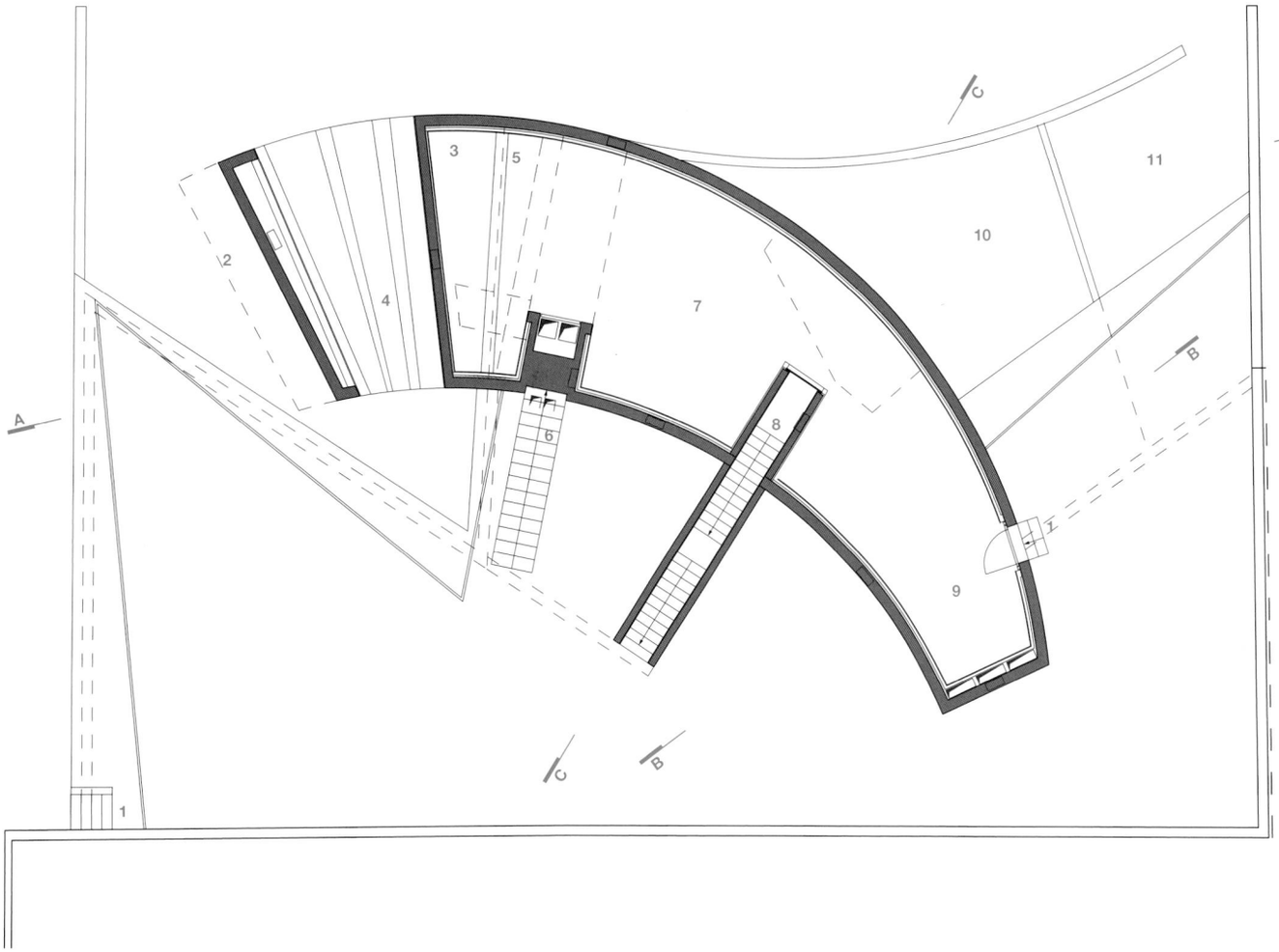


**03.01**
**First Floor Plan**
**1:200**

1 Garden entrance
2 Line of roof
3 Void to ground floor
4 Open gallery
5 Balustrade to roof terrace
6 Stair to roof (west stair)
7 Upper gallery
8 Stair to garden (east stair)
9 Gallery
10 Roof to workshop
11 Void to delivery area

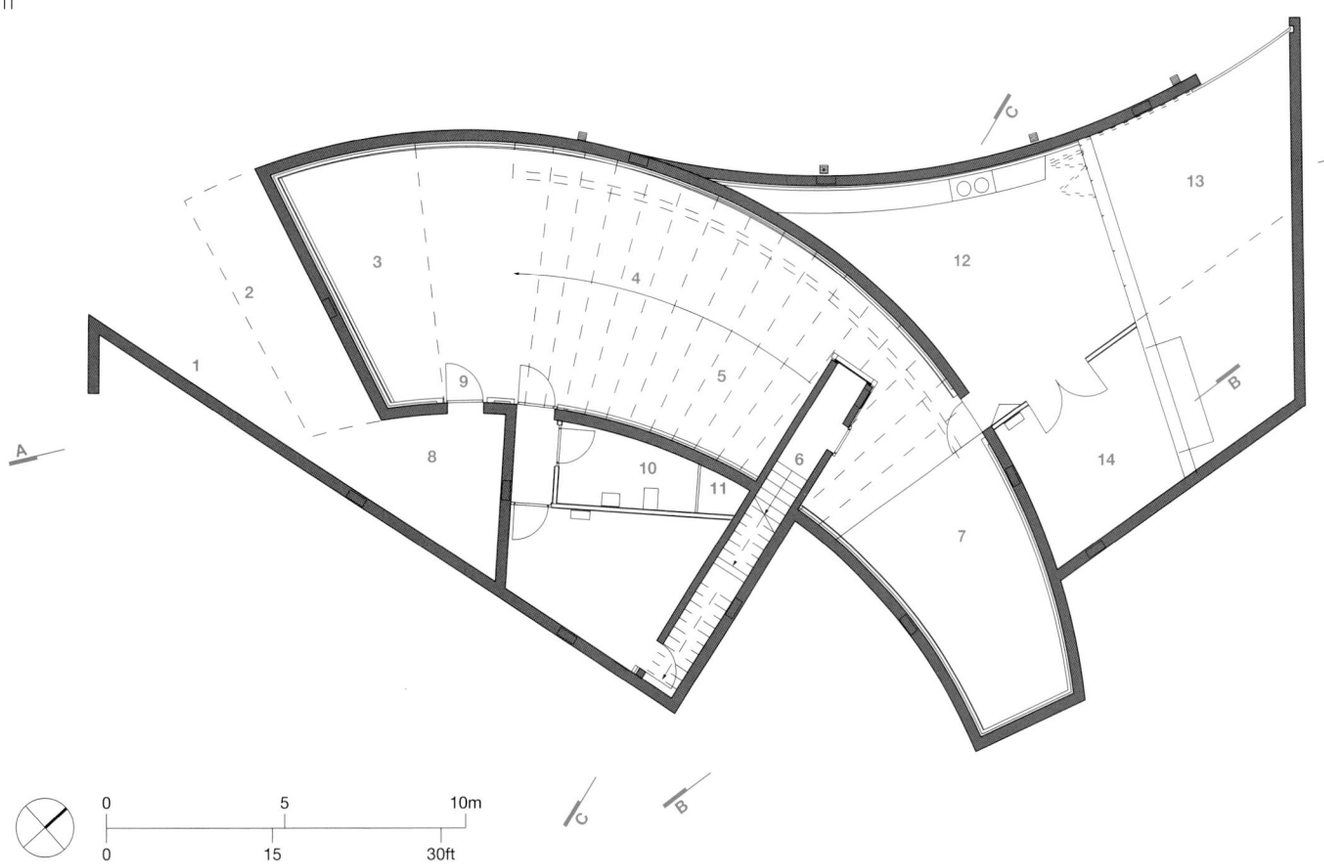


**03.02**
**Ground Floor Plan**
**1:200**

1 Reused stone drywall
2 Line of roof over
3 Void to open gallery above
4 Ramp
5 Lower gallery
6 Stair to garden (east stair)
7 Gallery
8 Entrance platform
9 Entrance
10 WC
11 Shower
12 Workshop
13 Delivery courtyard
14 Spray room

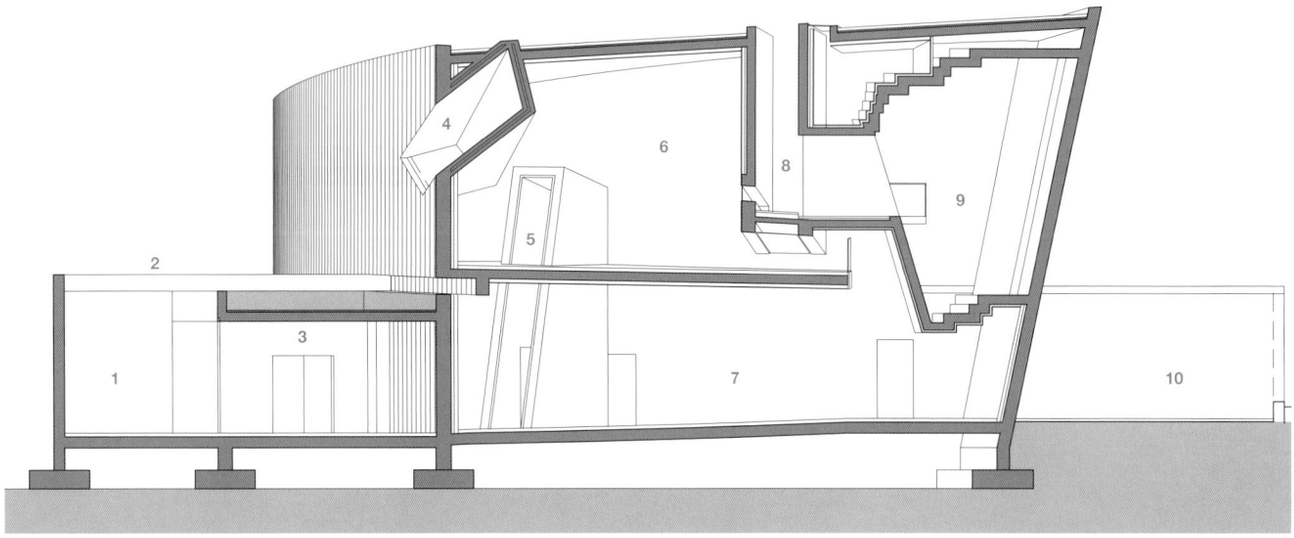


**03.03**
**Gallery Section A–A**
**1:200**
1 Delivery courtyard
2 Upper terrace
3 Workshop
4 Roof cut window
5 East stair
6 Upper gallery
7 Lower gallery
8 West stair
9 Open gallery
10 Entrance courtyard

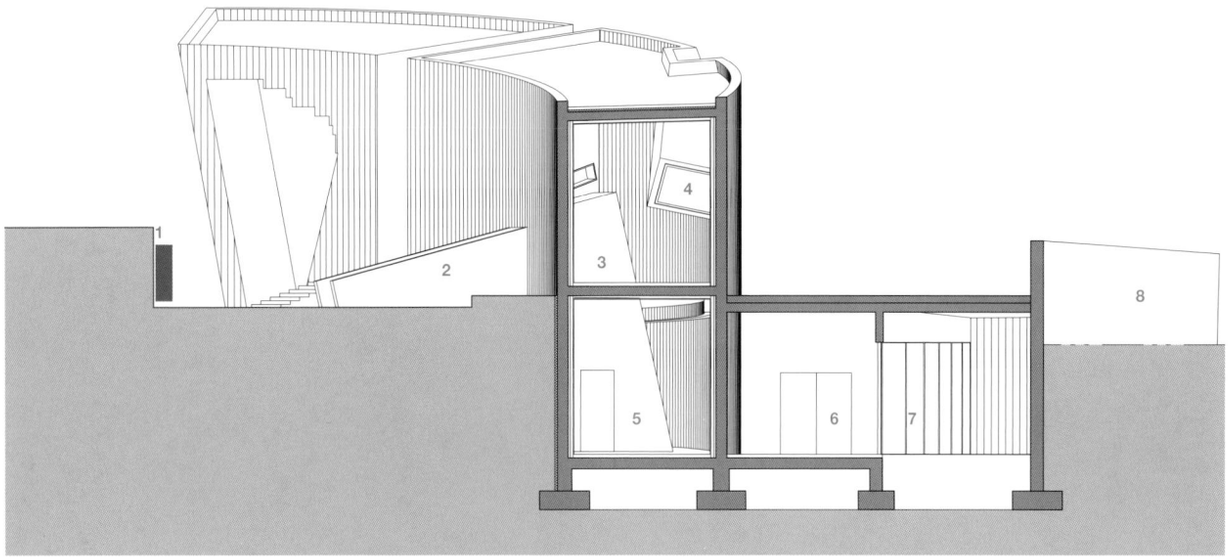


**03.04**
**Workshop Section**
**B–B**
**1:200**
1 Existing retaining wall
2 East stair
3 Upper gallery
4 Roof cut window
5 Lower gallery
6 Spray room
7 Delivery courtyard
8 Retaining wall

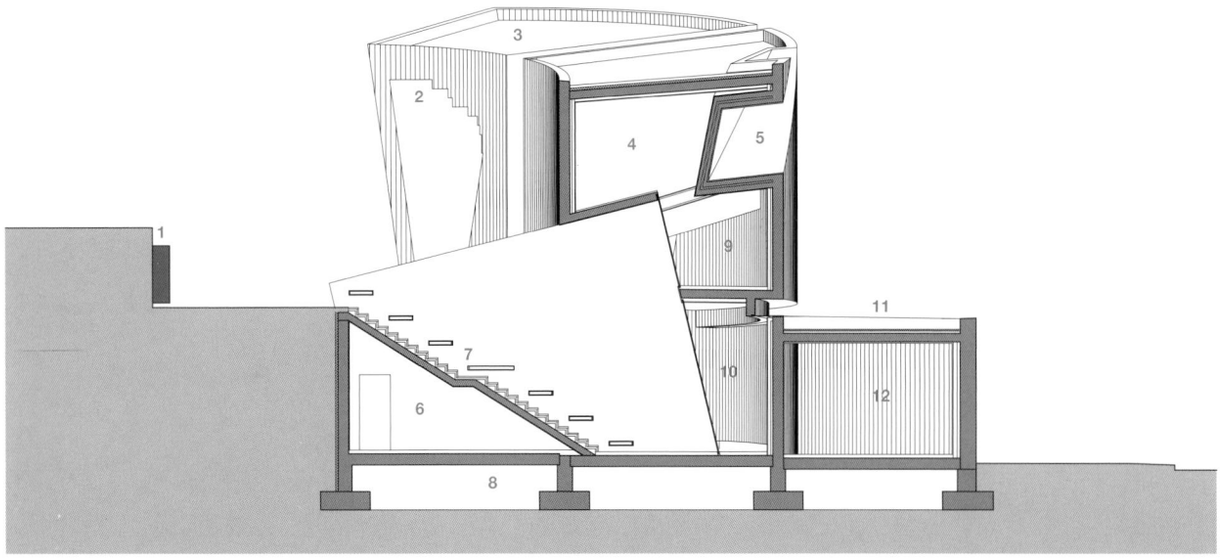


**03.05**
**East Stair Section**
**C–C**
**1:200**
1 Existing retaining wall
2 Open gallery
3 Roof
4 Upper gallery
5 Roof cut window
6 Storage
7 East stair
8 Ventilated under-floor area
9 First floor gallery
10 Ground floor gallery
11 Gravel roof to workshop
12 Workshop

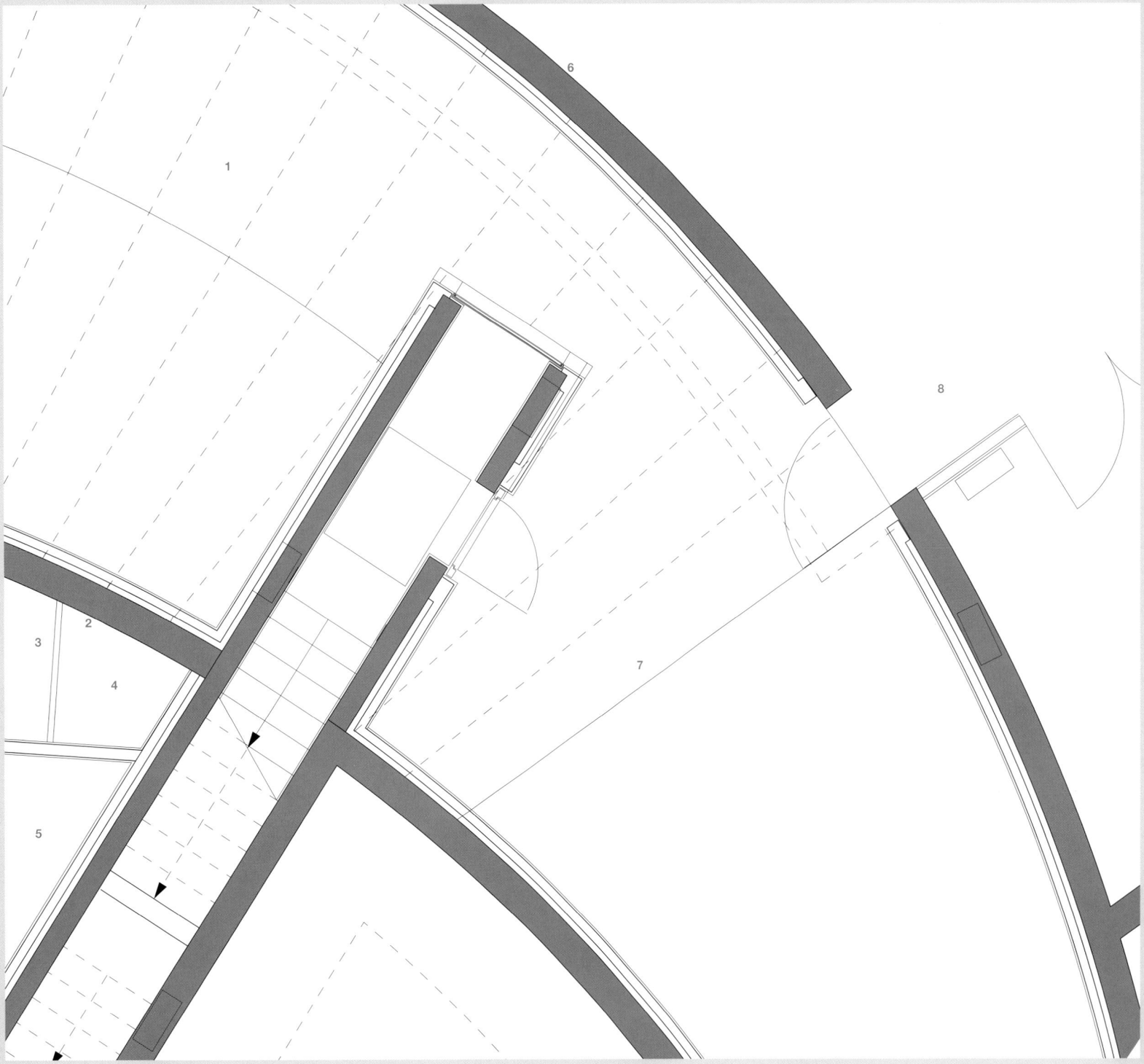


**03.06**
**Ground Floor Plan**
**Detail**
**1:50**

**1** Lower gallery with hardtop screed to floor and rendered, painted ceiling
**2** Rendered and painted exterior wall
**3** WC with tiled floor and rendered, painted ceiling
**4** Shower with tiled walls and floor
**5** Service and storage area with screed to floor and rendered, painted ceiling
**6** Rendered and painted exterior wall
**7** 3% slope to ramp
**8** Workshop

**04**
**Georg Driendl**

**Solar Tube**
**Vienna, Austria**

Area
308 square metres (3,315 square feet)

Project Team
Reinhard Weber, Martina Ziesel, Franz Driendl

Structural Engineer
Ernst Illetschko

Mechanical Engineer
Ing. Franz Bergles

Solar Tube is located in the north-western outskirts of Vienna, in a quiet residential area consisting mostly of single family homes. Situated on a steep slope, the house is organized around a fully glazed atrium that accommodates the vertical circulation, connecting all five levels. Entry from the street, which is at the same level as the terrace, is via a ramped bridge straight into the galleried living room. Alternatively, access can also be gained by traversing a staircase along the boundary to the other end of the house, ten metres below street level. Within the house, the concept of transparency that is apparent from the large expanses of glazing on the exterior, continues.

A series of levels and galleries create views throughout the house and out into the landscape beyond. The entire structure is designed to be a light and heat collector. The wooded site, which generates plenty of shade, allows the use of generously glazed facades. The roof and floors are also partly transparent, so that the atrium acts as a passive distributor of light and ventilation throughout the house. In summer, the atrium allows unwanted heat to travel upwards to be expelled at roof level through an opening panel, much like a chimney. In winter, heating costs are minimized by allowing solar energy to penetrate the swathes of glazing. Solar Tube was built in just five months, which was possible due to the use of primarily prefabricated or proprietary components and materials. The black-painted steel structure is visible on the interior, framing sections of timber panelling, stone and glass which characterize the cubic aesthetic of the design.

1

**1** Stands of established trees on the site allow the use of floor to ceiling glazing without the risk of overheating the interior. The glass facade also allows views right through the house.
**2** From the garden, the full extent of the house becomes apparent. Sloped and curved glazing is designed to trap sun in winter to warm the interior.
**3** Glazing details continue on the interior. Here, secondary panels of etched glass define a bathroom with spectacular views into the tree canopy.
**4** A central atrium accommodating the main circulation through the house acts as a passive environmental device to distribute natural light throughout the house.

2

4

3

**04.01**
**Second Floor Plan**
**1:200**
1 Bedroom 1
2 Bedroom 2
3 Bathroom
4 Bathroom
5 Staircase
6 Void
7 Gallery
8 Bedroom 3
9 Bedroom 4

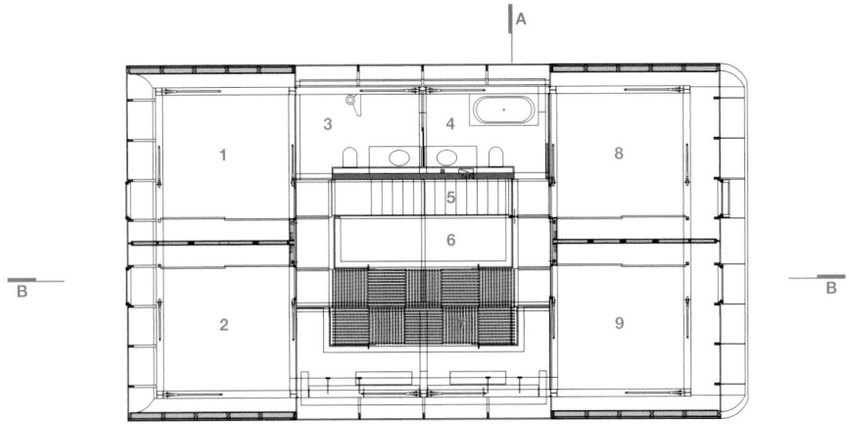


**04.02**
**First Floor Plan**
**1:200**
1 Bathroom
2 Kitchen
3 Living room

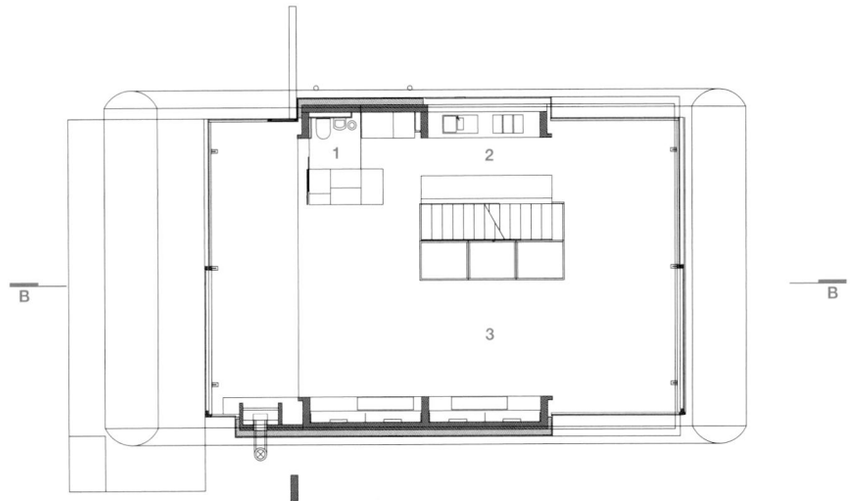


**04.03**
**Ground Floor Plan**
**1:200**
1 Terrace
2 Technical room
3 Bathroom
4 Storage
5 Foyer
6 Office

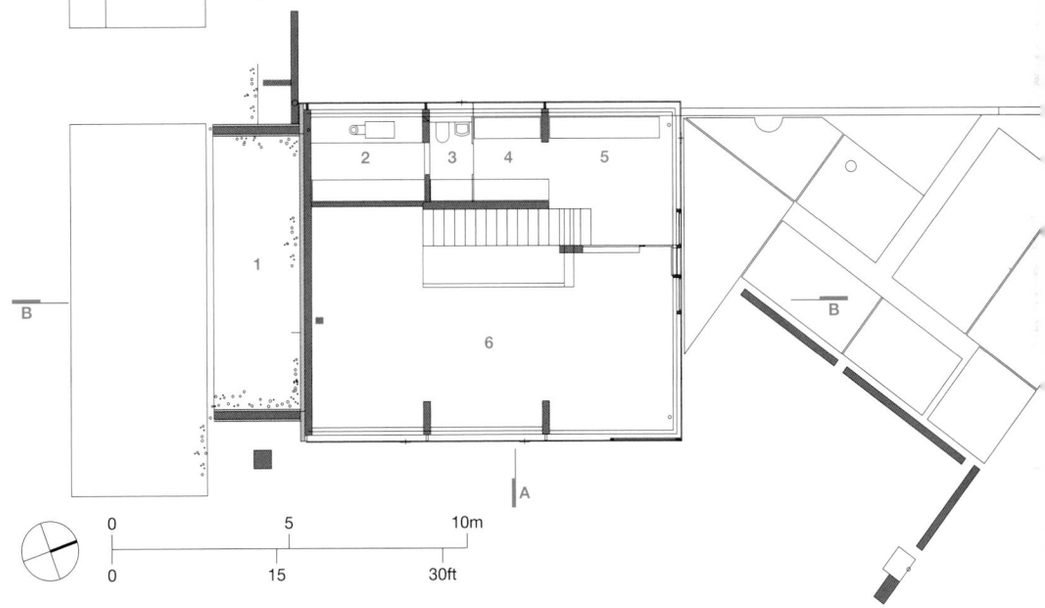


**04.04**
**Section A–A**
**1:200**
1 Bathroom
2 Gallery
3 Bedroom
4 Living room
5 Kitchen
6 Office
7 Foyer

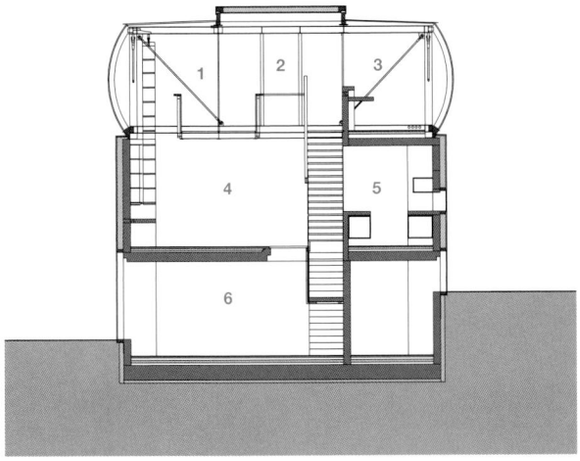


**04.05**
**Section B–B**
**1:200**
1 Bedroom 2
2 Gallery
3 Bedroom 4
4 Living room
5 Living room
6 Office

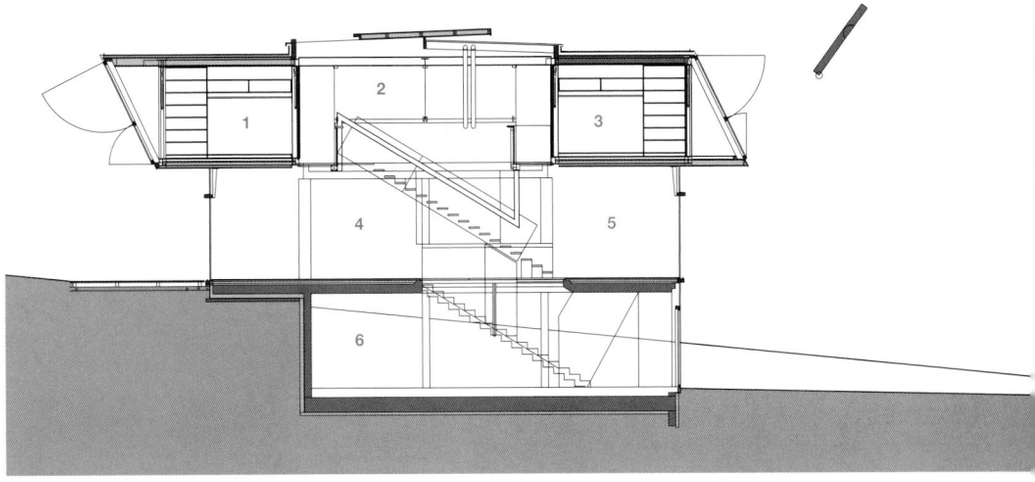

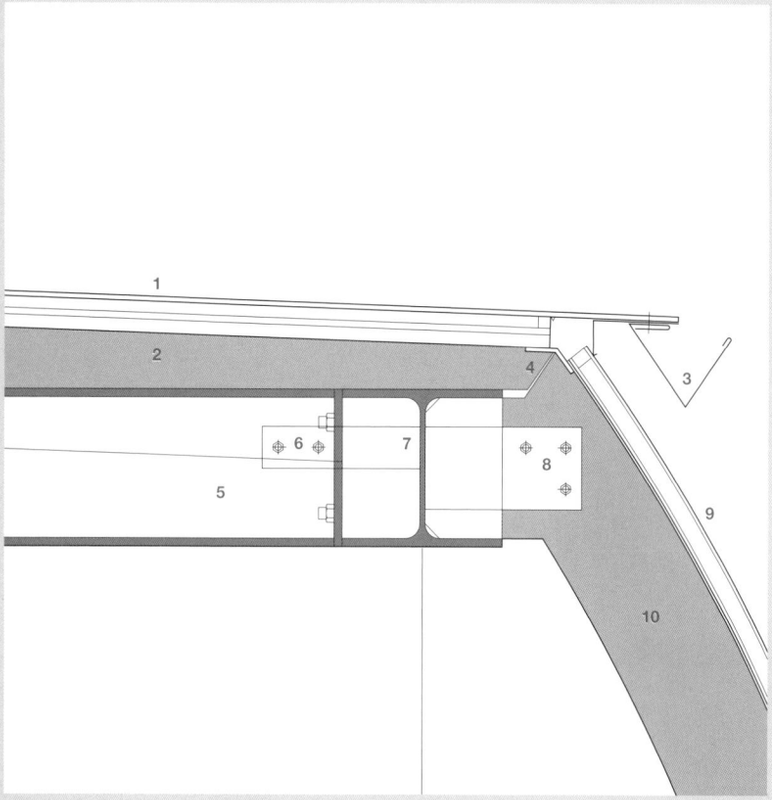


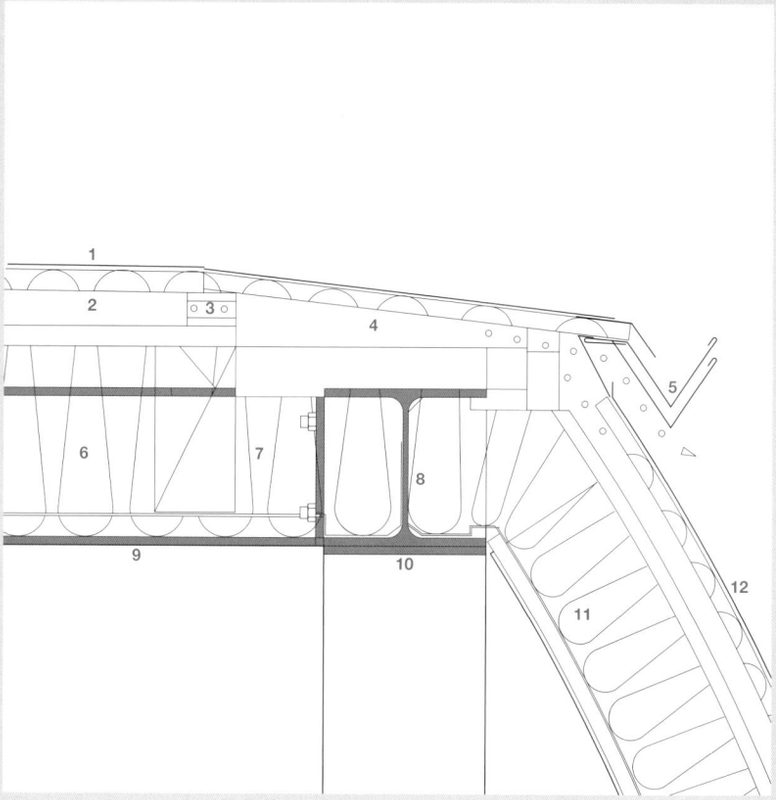


**04.06**
**Fixed Glazing Detail 1**
**1:10**
**1** Insulated glazing
**2** Glulam beam
**3** Gutter
**4** Angle iron
**5** Steel beam
**6** Steel flange
**7** Steel beam
**8** Steel flange
**9** Curved insulated glass
**10** Curved glulam beam

**04.07**
**Fixed Glazing Detail 2**
**1:10**
**1** Timber roof structure with rubber sheet finish
**2** Ventilation gap
**3** Steel angle
**4** Substructure and ventilation
**5** Gutter
**6** Thermal insulation
**7** Thermal insulation
**8** Insulation over steel structure
**9** Plywood soffit
**10** Steel structure
**11** Timber beam and thermal insulation
**12** Timber cladding with Uginox sheet finish

**04.08**
**Fixed Glazing Detail 3**
**1:10**
**1** Rubber over steel sheet
**2** Steel-framed roof glazing
**3** Uginox sheet finish
**4** Timber panels
**5** Steel structure
**6** Gutter
**7** Uginox sheet finish

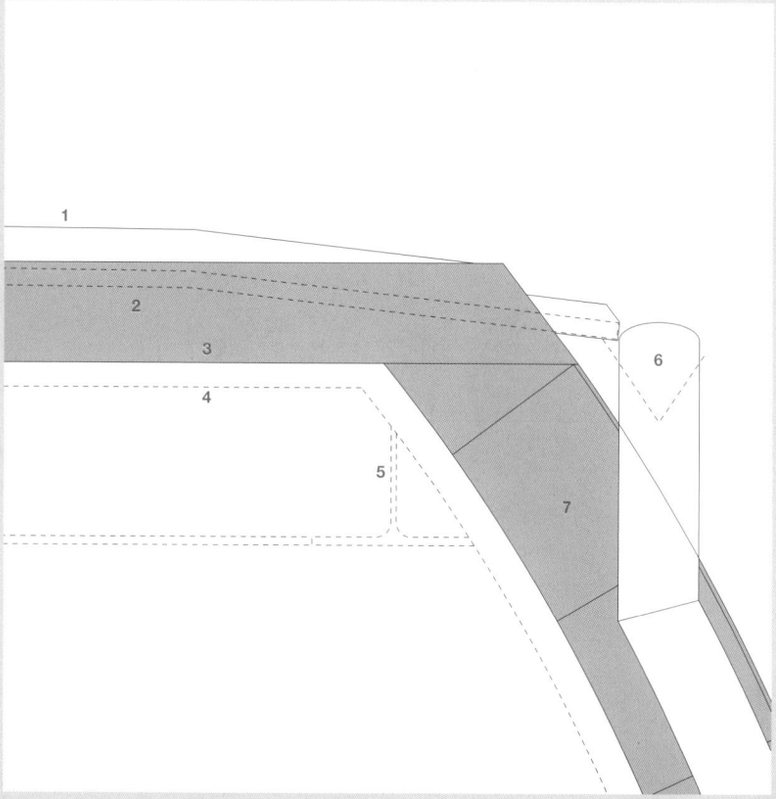

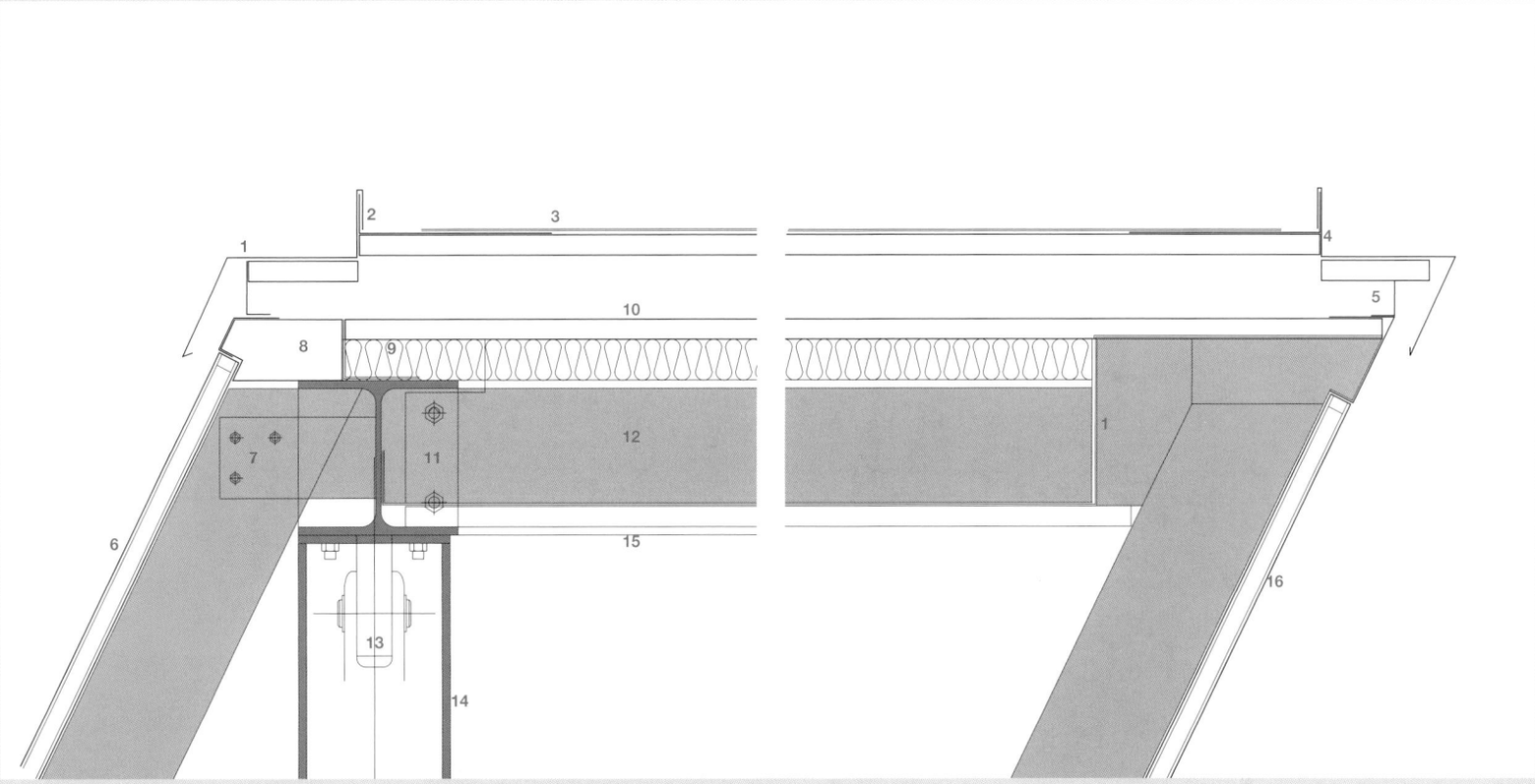


**04.09**
**Fixed Glazing Detail 4**
**1:10**
**1** Metal flashing
**2** Welded sheet steel
**3** Rubber outer layer roofing
**4** Metal flashing
**5** Ventilation gap
**6** Insulated glazing
**7** Steel flange
**8** Thermal insulation
**9** Thermal insulation
**10** Plywood structure
**11** Steel flange
**12** Steel structure
**13** Tension rod
**14** Steel structure
**15** Plywood
**16** Insulated glazing

**04.10**
**Fixed Glazing Detail 5**
**1:10**
**1** Rubber over sheet steel
**2** Steel framed roof glazing
**3** Uginox sheet
**4** Timber panels
**5** Steel structure
**6** Gutter
**7** Uginox sheet

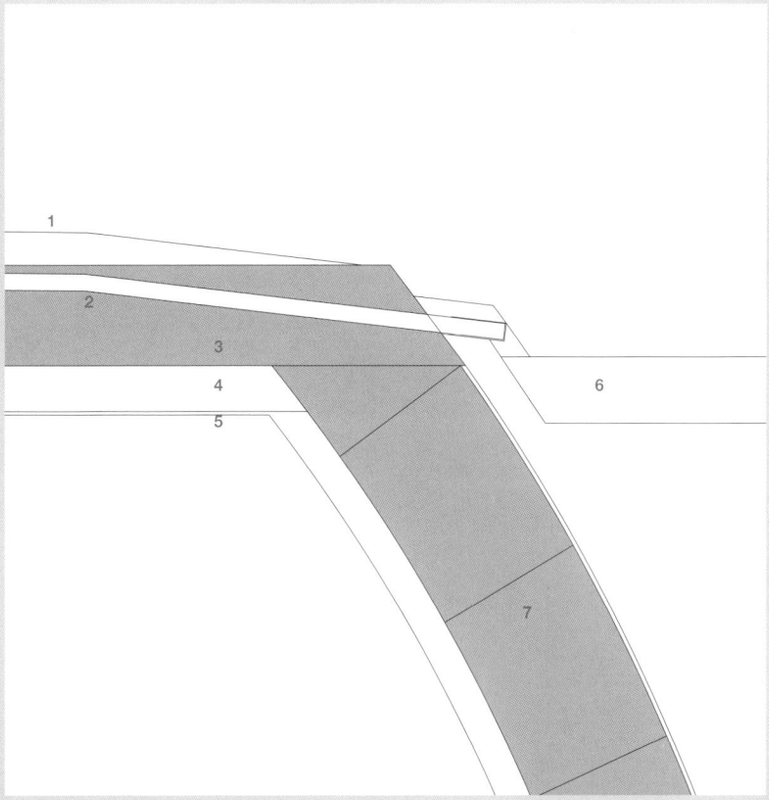

**05**
**Jim Jennings Architecture**

**Visiting Artists' House**
**Geyserville, California, USA**

Client
Oliver Ranch – Steven and Nancy Oliver

Area
348 square metres (3,745 square feet)

Project Team
Jim Jennings, Cheri Fraser, Troy Schaum, Paul Burgin, Les Taylor, May Fung, Michael Lin

Consulting Architect
Tim Perks

Structural Engineer
Kevin Clinch

Electrical and Lighting Consultant
Dan Dodt

Landscape Architect
Andrea Cochran

The building is located on the crest of a hill at a former Sonoma County sheep ranch that is now home to commissioned sculptures by Richard Serra, Bruce Nauman, Martin Puryear and others. Itself designed as site-specific sculpture, the house is defined by two massive in-situ concrete blade walls that cut through the hill. The walls appear to be parallel, however they actually diverge at one end and converge at the other along the length of the building to accentuate the perceived elongation and foreshortening of space. When looking out to the converging end, objects in the landscape appear larger and closer than they actually are. At the diverging end, the opposite occurs.

Throughout the length of the building, the floor steps to create a constantly shifting section. A site-specific sculpture is carved directly into the inward-facing surfaces of the concrete walls, in dialogue with the architecture. A maple ceiling floats between the parallel walls, allowing light to wash down the walls and highlight the incised carving. The glass slots between the ceiling and the walls are detailed so that the recesses pass uninterrupted to the wall's outer boundaries. All of the details of the project were developed with the purpose of expressing the architectural concept in its purest form.

**1** An open terrace at each end of the building allows private contemplation of the landscape and expansive views over the ranch where sculptures commissioned specifically for the ranch stand sentinel among the mature trees.
**2** Each of the two living pavilions is a simple arrangement of glass curtain walls, steel cross beams and metal roof decking, all set between in-situ concrete walls. A stair slotted between two concrete blade walls (left) opens out onto the shared central courtyard that separates and connects the two living suites. A pair of Donald Judd chairs are the only addition to the concrete walled space.

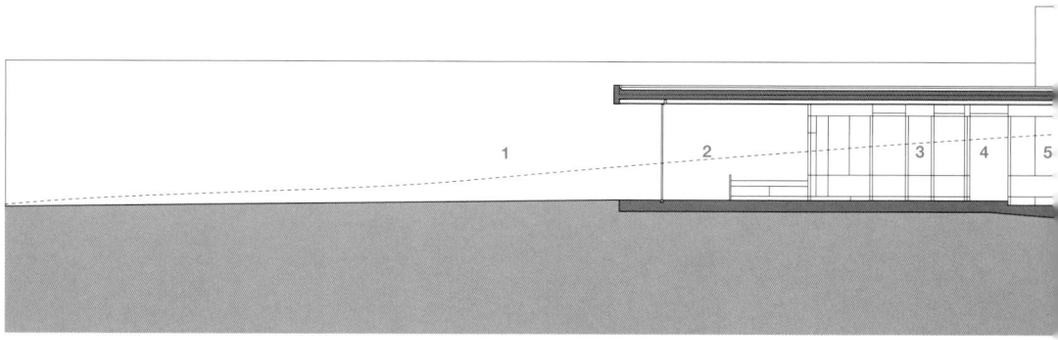


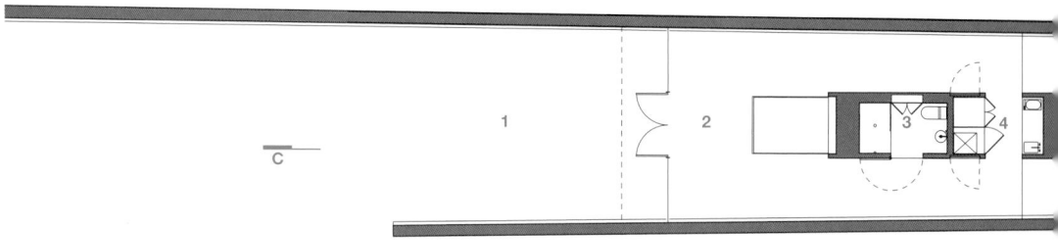

3 **3** To accommodate David Rabinowitch's art work, a fine aggregate was added to the concrete and a 10 centimetre (4 inch) thick screed surface was added to the reinforced concrete wall. This allowed the artist to cut into the surface of the wall without compromising the structure. Slots of glazing on either side of the floating ceiling wash the surface of the concrete walls with natural light.

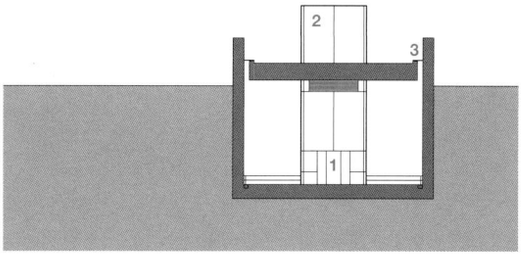


**05.01**
**Section A–A**
**1:200**
1 Fireplace
2 Chimney
3 Glazing slot

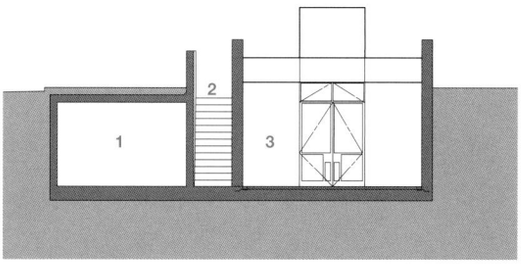


**05.02**
**Section B–B**
**1:200**
1 Utility room
2 External access stair
3 Glazed courtyard facade

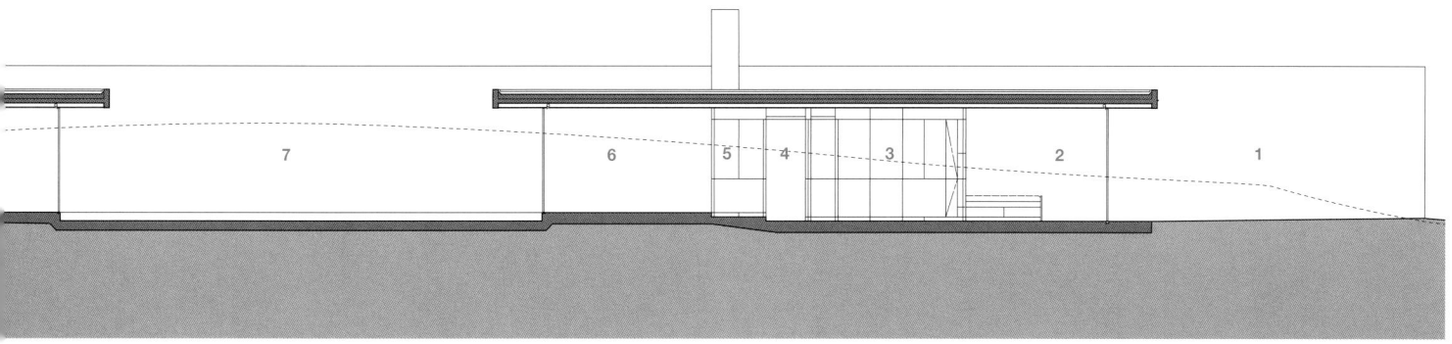


**05.03**
**Section C–C**
**1:200**
1 Terrace
2 Bedroom
3 Bathroom
4 Kitchen
5 Fireplace
6 Living room
7 Central courtyard

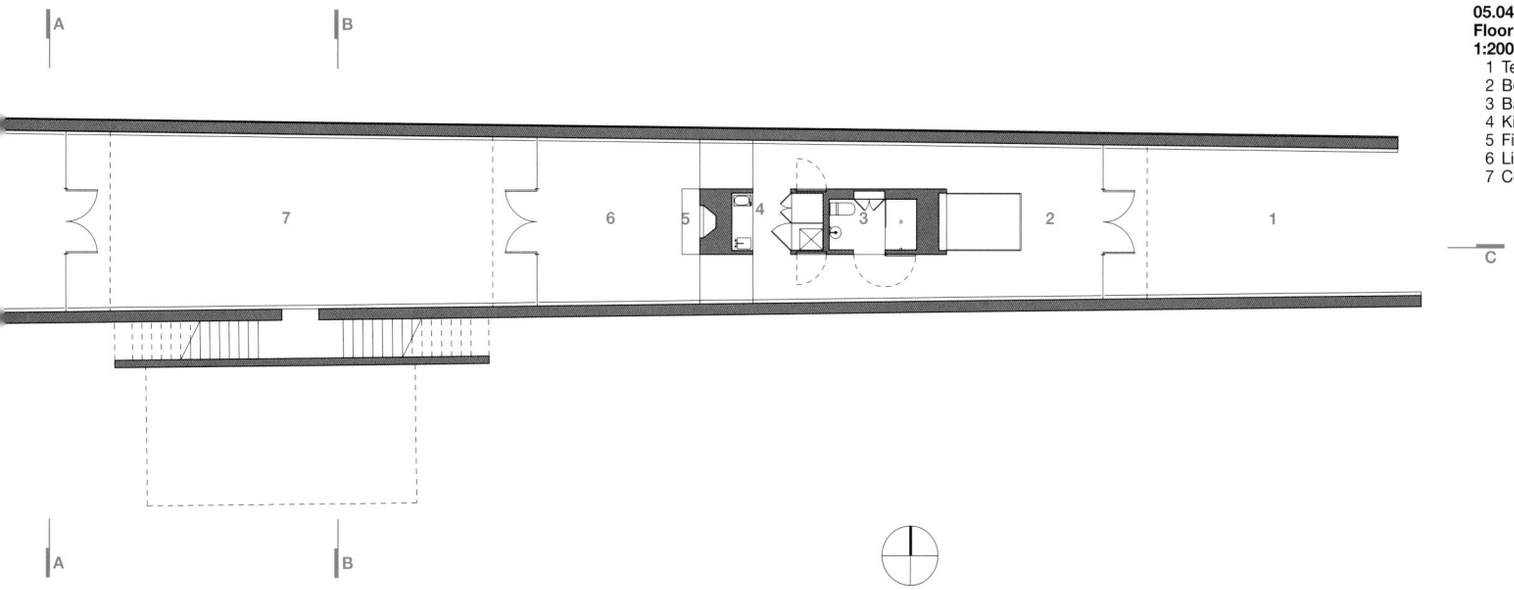


**05.04**
**Floor Plan**
**1:200**
1 Terrace
2 Bedroom
3 Bathroom
4 Kitchen
5 Fireplace
6 Living room
7 Central courtyard

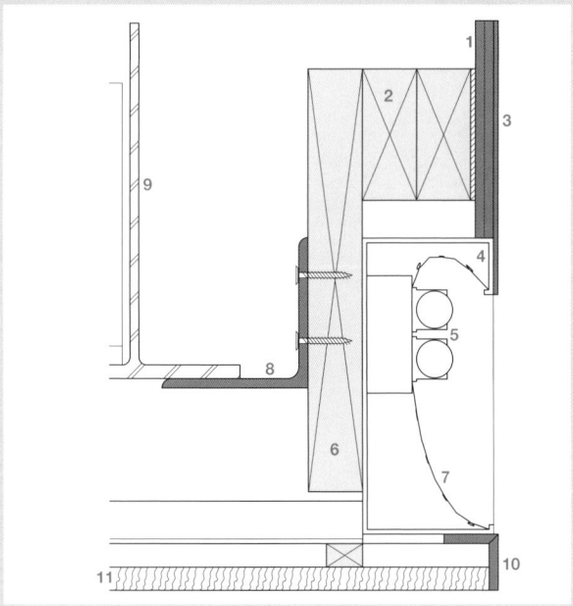


**05.05**
**Concealed Lighting Detail**
**1:5**
**1** 12.5 mm (1/2 inch) plywood sheeting
**2** Two timber blocking pieces
**3** Aluminium panel
**4** Custom sheet metal housing
**5** Staggered linear lamp fittings
**6** Timber blocking
**7** Custom light reflector
**8** 100 x 100 mm (4 x 4 inch) steel angle
**9** Suspended steel I-beam
**10** 37 x 37 x 6 mm (1 1/2 x 1 1/2 x 1/4 inch) anodized aluminium angle
**11** Linear timber ceiling system

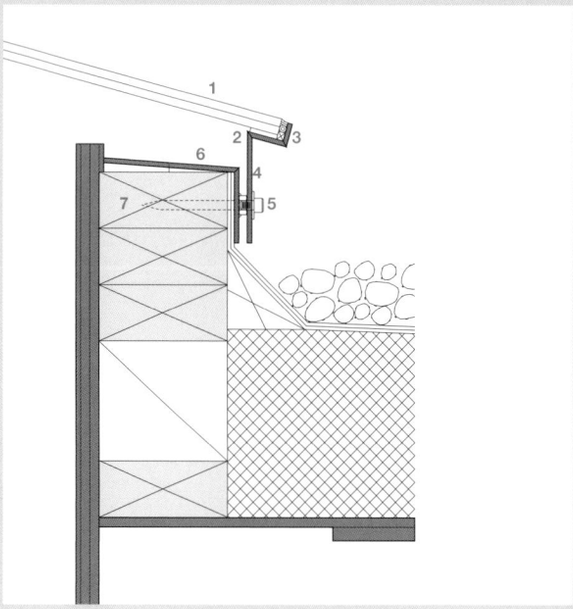


**05.08**
**Skylight Frame Detail**
**1:5**
**1** 7 mm (3/8 inch) tempered laminated glass
**2** Glazing tape
**3** Backer rod and sealant
**4** 2 mm (1/8 inch) stainless steel plate custom fabricated glazing container
**5** 6 mm (1/4 inch) stainless steel hexagonal socket head cap screw at 305 mm (12 inch) centres with banded sealing washer
**6** Custom fabricated 2 mm (1/8 inch) stainless steel plate curb frame
**7** Lag bolt through curb frame

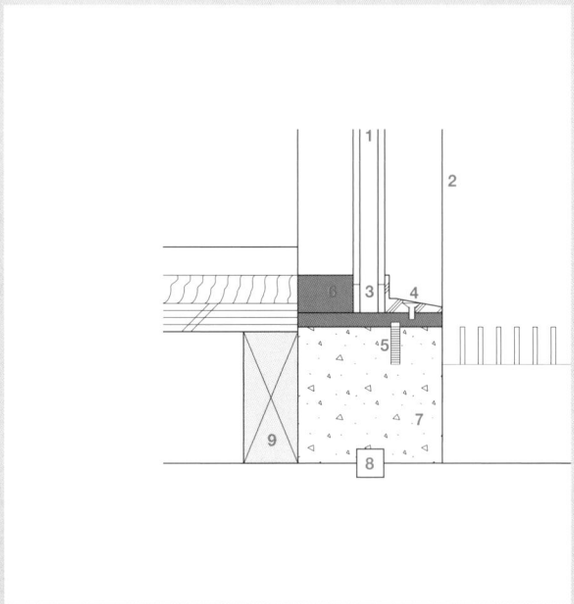


**05.06**
**Window Sill Detail**
**1:5**
**1** 5 mm (1/4 inch) tempered glass
**2** Stainless steel door jambs
**3** 2 x 5 mm (1/8 x 3/8 inch) glazing tape
**4** Milled aluminium glass stop
**5** Drilled and epoxy set studs set into curb at 305 mm (12 inch) centres
**6** 5 mm (1/4 inch) continuous stainless steel threshold
**7** Concrete curb
**8** Waterstop
**9** Pressure treated timber blocking

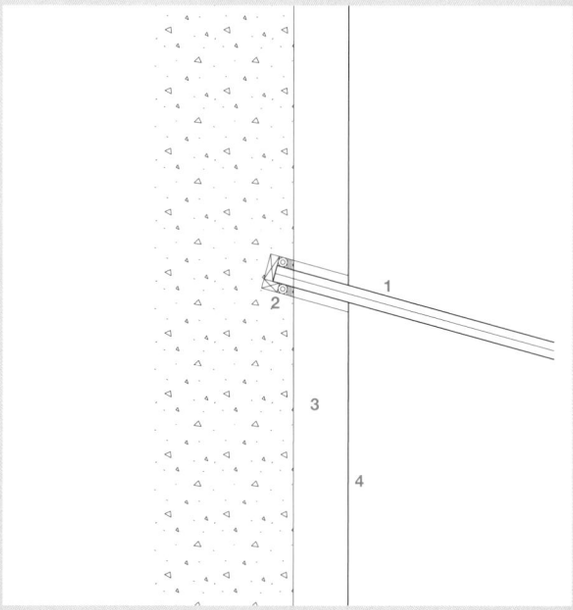


**05.09**
**Saw Cut at Concrete Wall For Skylight Detail**
**1:5**
**1** Tempered laminated glass
**2** Backer rod and sealant
**3** Unreinforced area of concrete to allow for saw cut
**4** Line of inside face of concrete

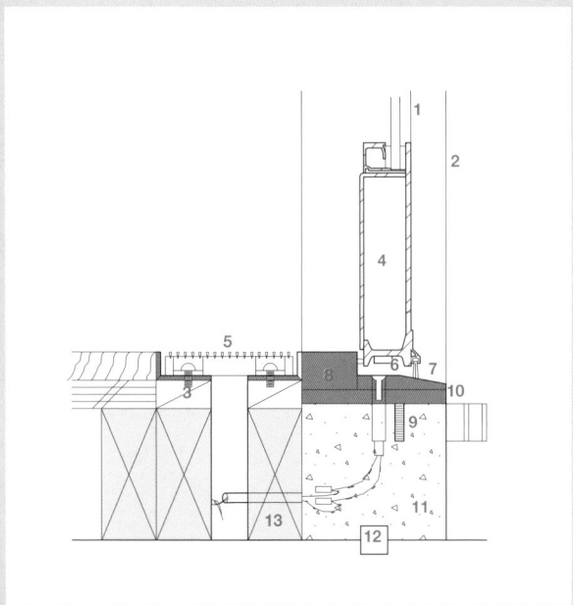


**05.07**
**Door Sill Detail**
**1:5**
**1** Window system
**2** Stainless steel door jambs
**3** Stainless steel angle welded to grate support rods
**4** Custom built windows and frames
**5** 8 mm (3/8 inch) stainless steel grating
**6** Magnet isolated in rubber seal
**7** 5 mm (1/4 inch) milled aluminium sill plate
**8** Alarm or 'reed contact' at door sill
**9** Drilled and epoxy set studs set into curb at 305 mm (12 inch) centres
**10** 5 mm (1/4 inch) continuous stainless steel threshold
**11** Concrete curb
**12** Water stop
**13** Pressure treated timber blocking

**05.10**
**Step at Fireplace Detail**
**1:5**
**1** Tongue and groove timber floor
**2** 12.5 mm (1/2 inch) stainless steel plate
**3** Epoxy set stud
**4** 18 mm (3/4 inch) plywood subfloor
**5** Reinforced concrete floor slab

**05.11**
**Window and Doorhead Detail**
**1:5**
**1** Gravel roof cover
**2** Roof
**3** Steel beam
**4** Roller operated window blind
**5** Suspended linear timber ceiling system
**6** 37 x 18 mm (1 1/2 x 2/3 inch) clear anodized aluminium section
**7** Glazed door and window system
**8** Suspended aluminium soffit
**9** 100 x 75 x 6 mm (4 x 3 x 1/4 inch) stainless steel angle
**10** 100 x 75 x 6 mm (4 x 3 x 1/4 inch) stainless steel angle

**05.12**
**Skylight Detail**
**1:5**
**1** 7 mm (3/8 inch) tempered laminated glass
**2** Backer rod and sealant
**3** Glazing tape
**4** 2 mm (1/8 inch) stainless steel plate custom fabricated glazing container
**5** 6 mm (1/4 inch) stainless steel hexagonal socket head cap screw at 305 mm (12 inch) centres
**6** Custom fabricated 2 mm (1/8 inch) stainless steel plate curb frame
**7** Aluminium panel over 12 mm (1/2 inch) plywood substrate
**8** Timber shims
**9** 125 x 75 x 6 mm (5 x 3 x 1/4 inch) stainless steel angle
**10** 75 x 75 x 6 mm (3 x 3 x 1/4 inch) stainless steel angle
**11** 100 x 75 x 6 mm (4 x 3 x 1/4 inch) stainless steel angle
**12** Roller operated window shade
**13** 37 x 18 mm (1 1/2 x 3/4 inch) clear anodized aluminium section
**14** Suspended aluminium soffit

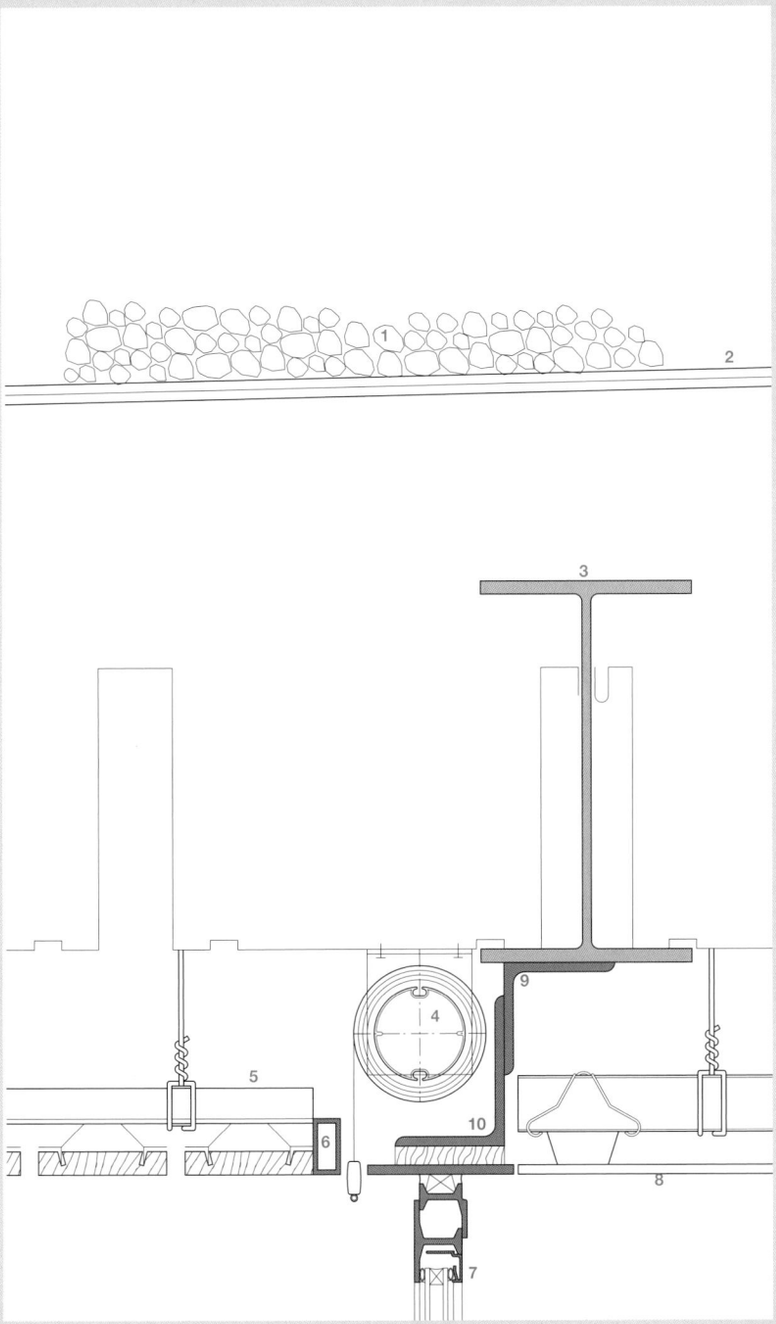


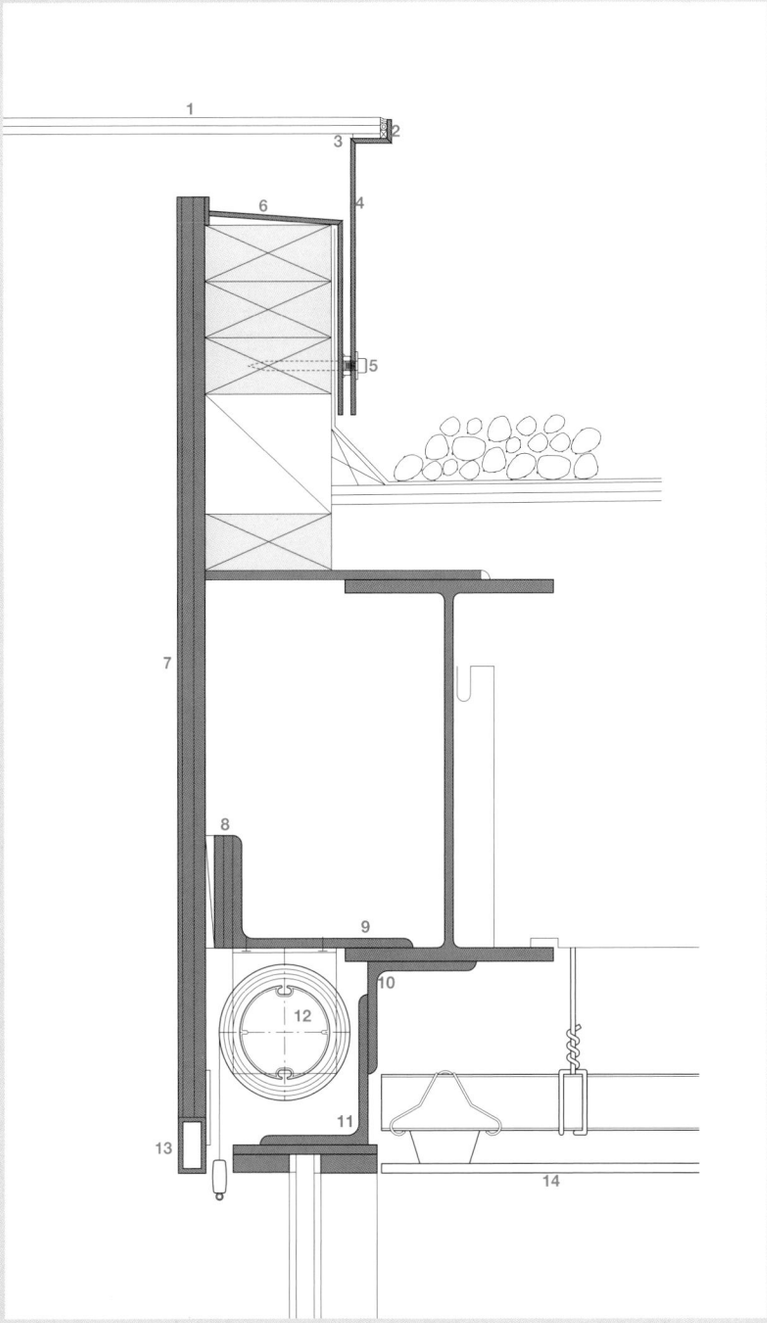

**06**
**Kei'ichi Irie + Power Unit Studio**

**Y House**
**Chita, Aichi, Japan**

Area
136 square metres (1,400 square feet)

Project Team
Kei'ichi Irie, Keiko Yoshida

Structural Engineer
MIAS/Masahiro Ikeda, Akira Suzuki, Shin Yokoo

General Contractor
Maeda Construction Company

Y house is an architectural protest against the destruction of the Japanese urban landscape – a phenomenon the architect refers to as 'hideous violence'. The architect recognizes that pre-modern Japanese towns and cities co-existed with nature – a situation so often missing in the swathe of development that has engulfed large tracts of modern cities. This striking house is located in a row of modern houses that exemplify the contemporary urban condition. While the architect acknowledges that it is impossible to implement meaningful change in such a context, the design nevertheless intends to be neither a destructive nor 'violent' architectural intervention.

The envelope of the house creates an environment that isolates the interior from the outside. Once inside the building, the floor slopes to follow the topography, terminating in a large cantilevered floor that opens directly onto a stand of mature trees. The doors onto the cantilevered terrace are the only significant opening in the envelope, and are used to frame views of the forest via large sliding doors. In contrast, the openings to the street serve only to introduce light through translucent glass, with the single exception of one black-rimmed window which frames a small view of the town. The walls to the cantilevered space are slightly battered to avoid assimilating the house into the retaining walls that were imposed on the landscape to facilitate the construction of the new neighbourhood. These slanted concrete surfaces also create an isolated acoustic space, further serving to isolate the house from its context.

1

**1** Appearing to hover above the ground, the 'hull' of the house is anchored back into the site where private spaces are accommodated.
**2** The concept of isolation is clearly expressed in this view in which the solid flanking walls serve to block out the neighbouring houses.
**3** The materiality of the house is dominated by in-situ concrete. Super-slim elements of black steel are lightly dropped into place.
**4** The battered concrete walls intersect to create living spaces on various levels, located to reflect the existing topography of the site.
**5** The glazed wall onto the terrace contains a black steel-framed door, emphasizing a framed view.

2

3

4

5

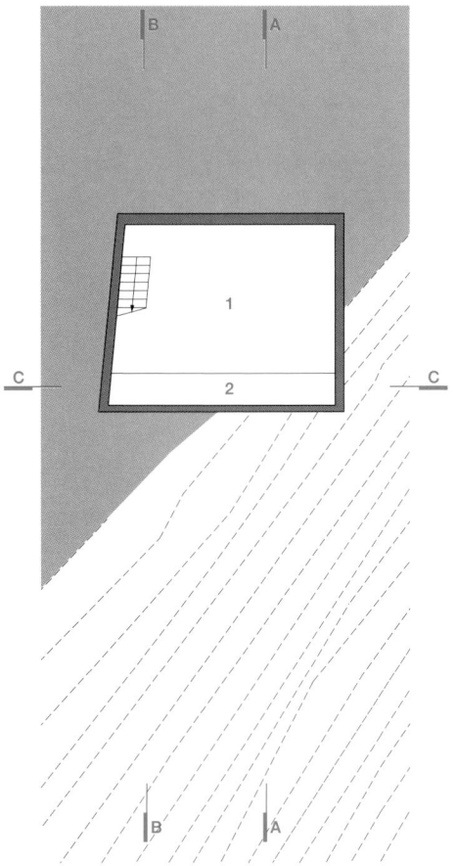


**06.01**
**Lower Ground Floor Plan**
**1:200**
1 Winter bedroom
2 Storage

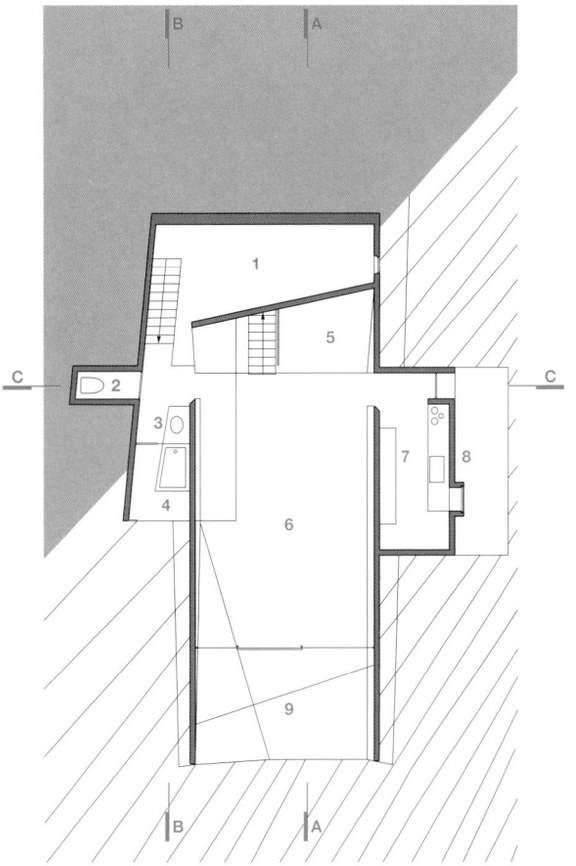


**06.02**
**Ground Floor Plan**
**1:200**
1 Void over winter bedroom
2 WC
3 Basin
4 Bathroom
5 Sloping floor
6 Living room
7 Kitchen
8 Service balcony
9 Balcony

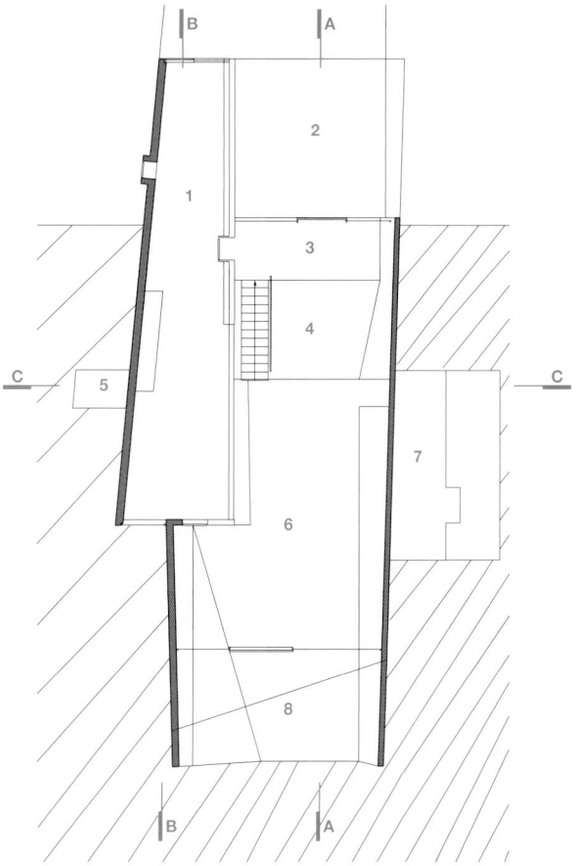


**06.03**
**First Floor Plan**
**1:200**
1 Study and summer bedroom
2 Carport
3 Entrance
4 Sloping floor
5 Grass roof to WC
6 Void over living room
7 Roof to kitchen
8 Balcony below

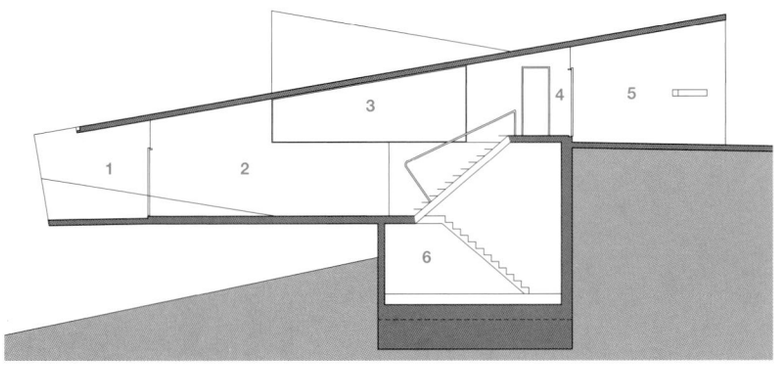


**06.04**
**Section A–A**
**1:200**
1 Balcony
2 Living room
3 Mezzanine over living room
4 Entrance
5 Carport
6 Winter bedroom

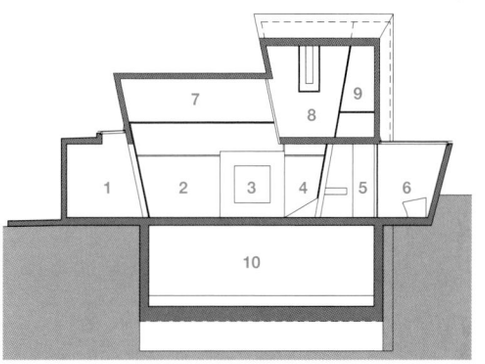


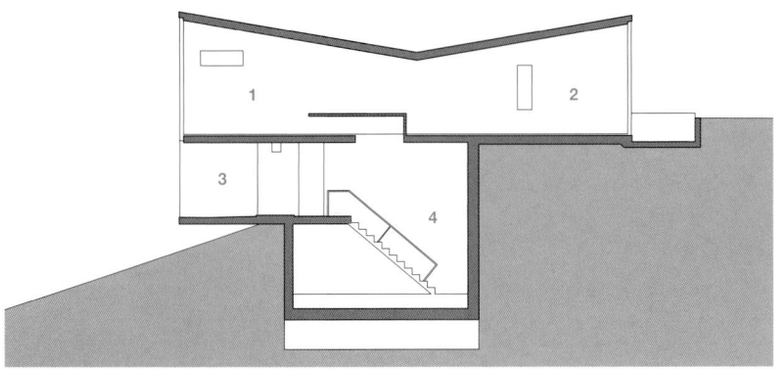


**06.05**
**Section B–B**
**1:200**
1 Study
2 Summer bedroom
3 Bathroom
4 Winter bedroom

**06.06**
**Section C–C**
**1:200**
1 Kitchen
2 Window to living room
3 Door to living room
4 Window to living room
5 Bathroom
6 WC
7 Double height space to living room
8 Study
9 Window to study
10 Winter bedroom

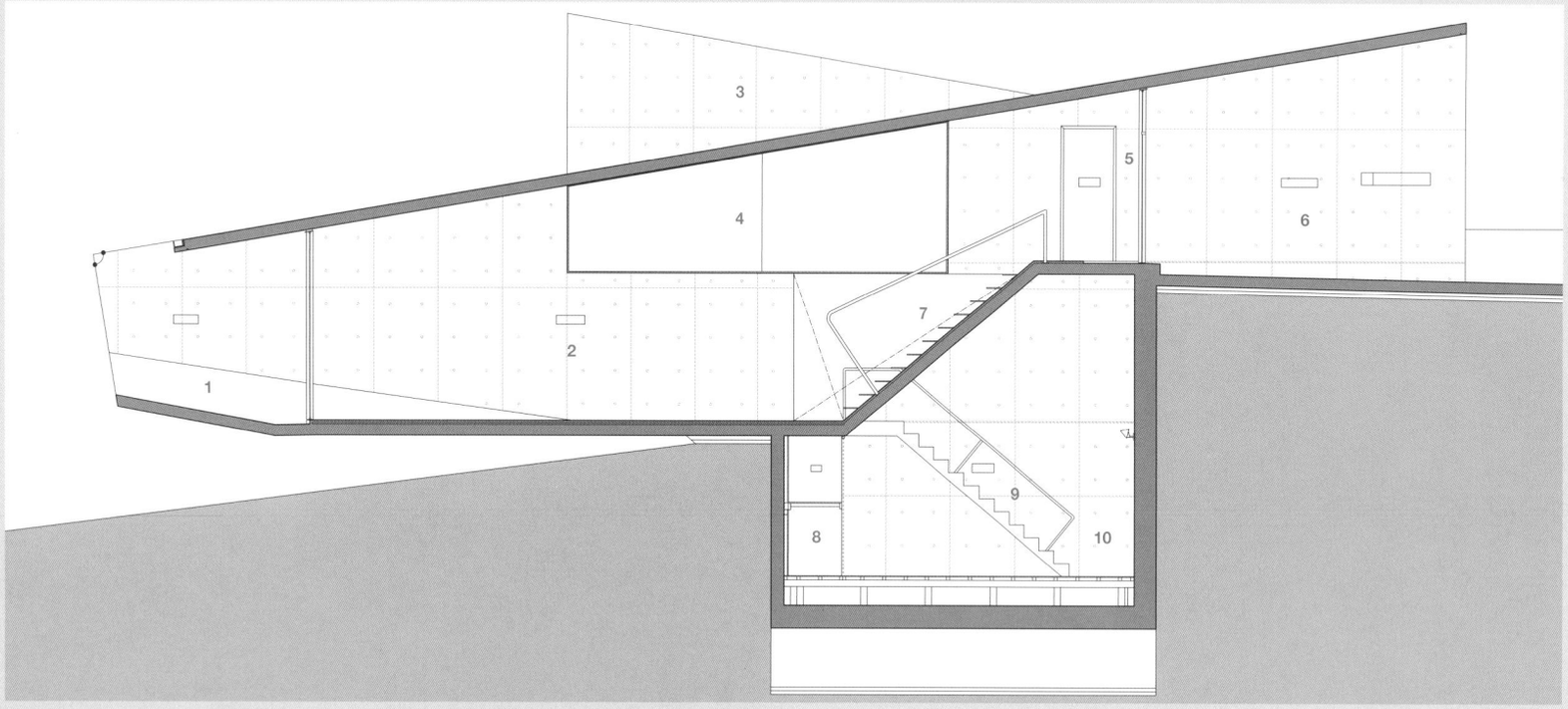


**06.07**
**Detail Section**
**1:100**
**1** Balcony
**2** Living room
**3** Roof to kitchen
beyond
**4** Mezzanine over living room
**5** Entrance
**6** Carport
**7** Staircase
**8** Storage
**9** Staircase
**10** Winter bedroom

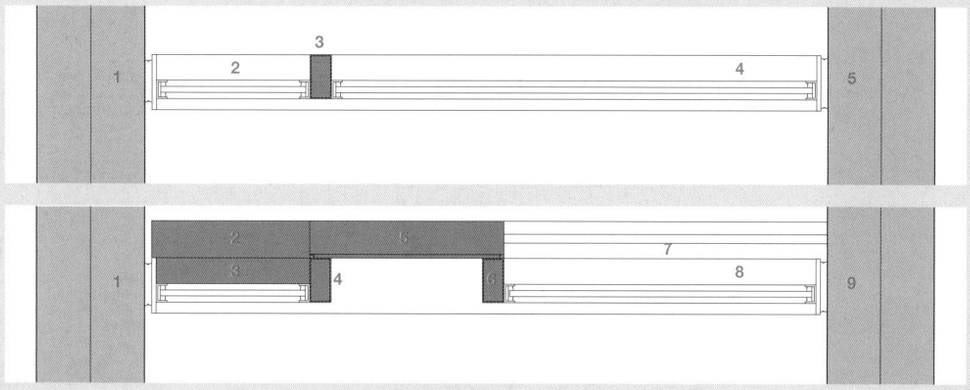


**06.08**
**Window Sash Detail 1**
**1:10**
**1** 150 mm (6 inch) concrete wall
**2** Fixed glass
**3** 30 x 60 mm (1 1/5 x 2 1/3 inch) steel box section
**4** Fixed glass
**5** 150 mm (6 inch) concrete wall

**06.09**
**Window Sash Detail 2**
**1:10**
**1** 150 mm (6 inch) concrete wall
**2** Steel baseplate
**3** Fixed glass
**4** 30 x 60 mm (1 1/5 x 2 1/3 inch) steel box section
**5** Steel framed sliding door
**6** 30 x 60 mm (1 1/5 x 2 1/3 inch) steel box section
**7** Slide rail
**8** Fixed glass
**9** 150 mm (6 inch) concrete wall

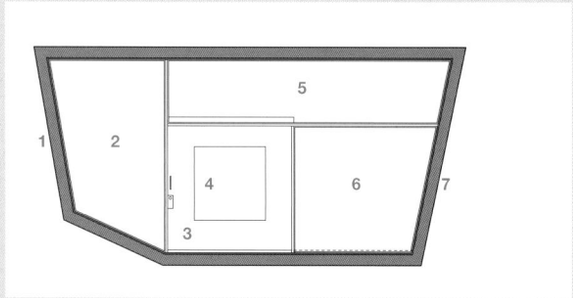


**06.10**
**Balcony Detail**
**1:100**
**1** 150 mm (6 inch) concrete wall
**2** Fixed glass
**3** Steel-framed sliding door
**4** Glass sliding door
**5** Fixed glass
**6** Fixed glass
**7** 150 mm (6 inch) concrete wall

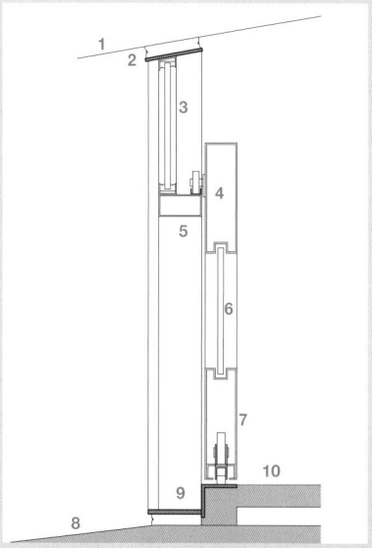


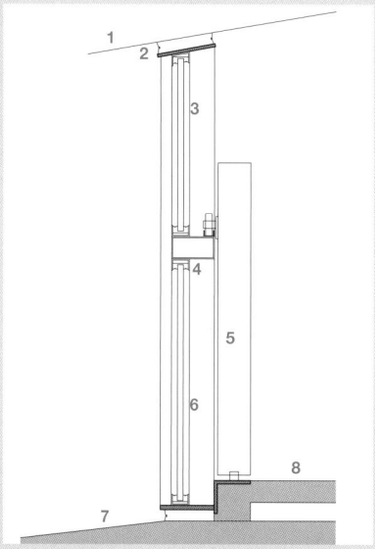


**06.11**
**Window Detail 1**
**1:10**
**1** Concrete ceiling
**2** Steel flat bar
**3** Fixed glass
**4** Steel-framed door
**5** Hanger rail
**6** Sliding glass door
**7** Steel-framed door
**8** Concrete slab to balcony
**9** Steel flat bar
**10** Concrete slab

**06.12**
**Window Detail 2**
**1:10**
**1** Concrete ceiling
**2** Steel flat bar
**3** Fixed glass
**4** Hanger rail
**5** Sliding door
**6** Fixed glass
**7** Concrete slab to balcony
**8** Concrete slab

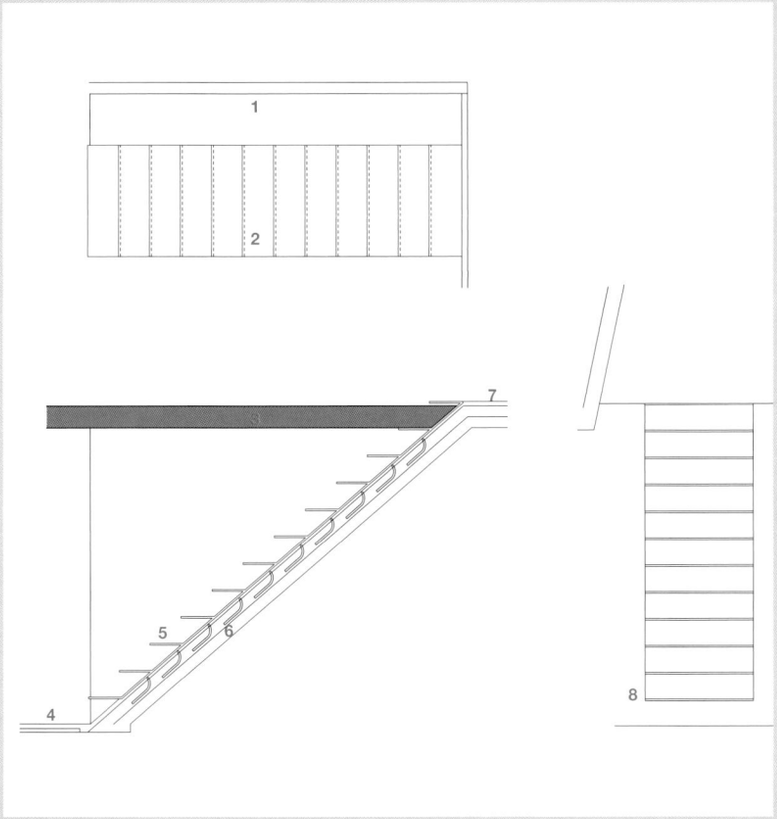


**06.13**
**Stair Plan, Section and Elevation 1**
**1:50**
**1** Concrete slope
**2** Plan view of steel staircase
**3** 150 mm (6 inch) concrete slab
**4** Concrete floor
**5** Steel treads attached to stringer with steel anchor rods
**6** Steel stringer
**7** 150 mm (6 inch) concrete slab
**8** Staircase elevation

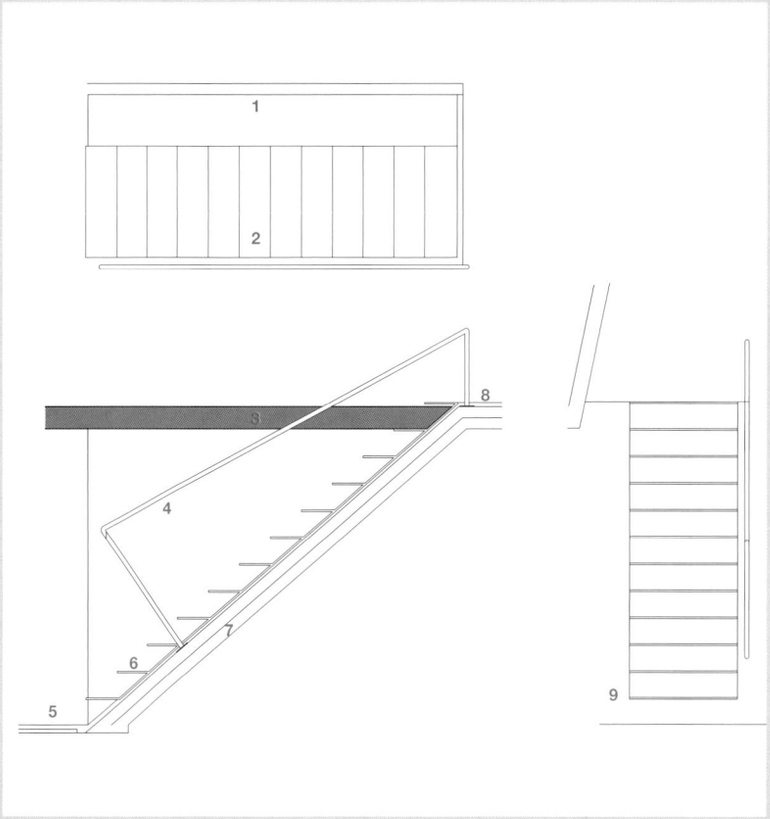


**06.14**
**Stair Plan, Section and Elevation 2**
**1:50**
**1** Concrete slope
**2** Plan view of steel staircase
**3** Concrete floor slab beyond
**4** Steel pipe handrail
**5** Concrete floor
**6** Steel treads attached to stringer with steel anchor rods
**7** Steel stringer
**8** Concrete slab
**9** Staircase elevation

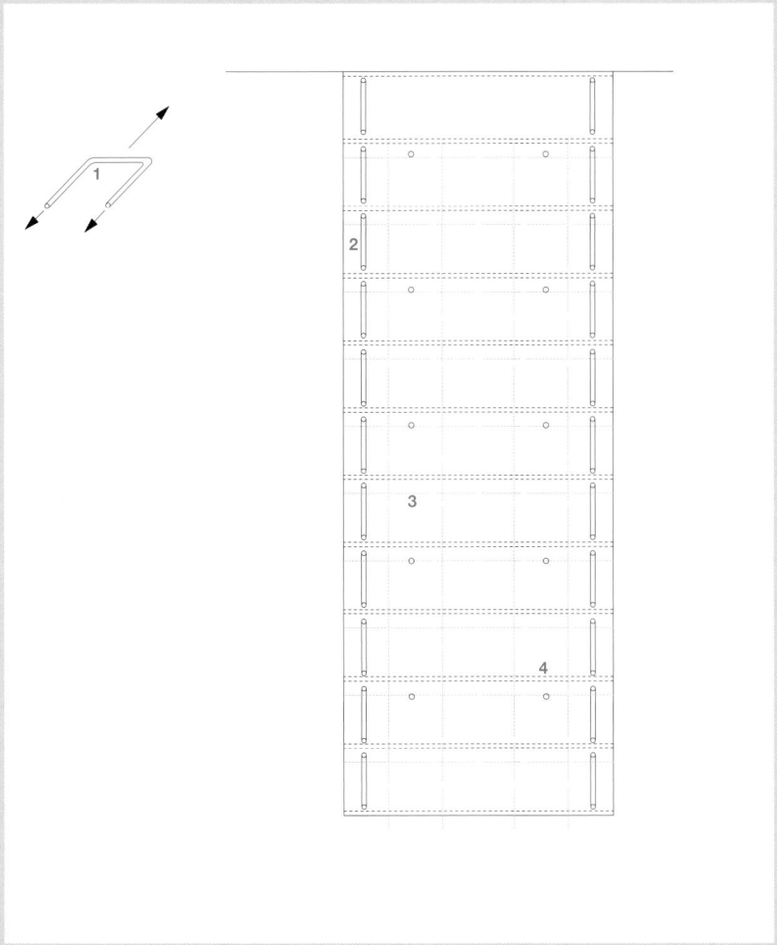


**06.15**
**Elevational Stair Detail**
**1:20**
**1** Steel anchor rod
**2** Steel anchor rod
**3** Structural steel grid
**4** Steel plate tread

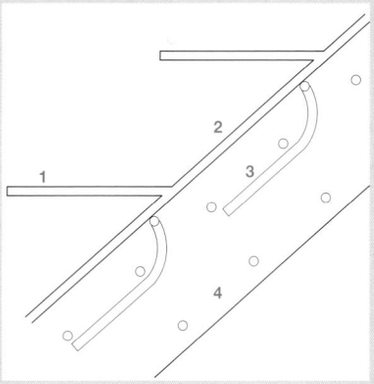


**06.16**
**Sectional Stair Detail**
**1:10**
**1** Steel plate tread
**2** Steel base plate
**3** Steel anchor rod
**4** Steel stringer and structural grid

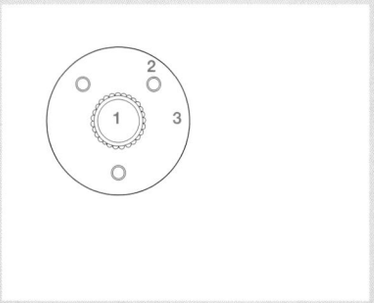


**06.17**
**Stair Handrail Detail**
**1:5**
**1** Steel pipe handrail
**2** Anchor bolt
**3** Steel plate

**07**
**Léon Wohlhage Wernik Architekten**

**House Voss**
**Münsterland, Germany**

Client
Karin and Reinhold Voss

Area
300 square metres (3,230 square feet)

Project Team
Professor Hilde Léon, Konrad Wohlhage, Siegfried Wernik, Peter Deluse, Ulrich Vetter, Peter Czekay, Werner Mayer-Biela, Bettina Zalenga

Structural Engineer
Pichler Ingenieure

Landscape Design
S.A.L. Planungsgruppe/Heinz Günther Schulten

Builder
Manfred Bukowski

Bordered to the south and west by the course of a small stream and a stand of established trees, and to the north by newly built homes, this house reacts to its context with two markedly different faces. The north facade is all but impenetrable, while to the south, the building opens up to the landscape. Consisting of a simple two-storey box, the design takes advantage of the natural landscape by creating a series of visual layers between interior and exterior with two high-walled atria. The exterior walls are punctuated with windows and portals enabling those inside the house to see first into the protected environment of the atria and then out onto the landscape beyond.

This ambivalence – between openness and introspection, closure and penetration – characterizes the house. Sophisticated materials and finishes enhance these qualities. In particular, the concrete of the outer shell, with no adornment other than the markings of the casting process, is a canvas on which trees throw their shadows in ever-changing patterns. Material consistency is echoed in the pre-cast concrete paving slabs and window frames of dark grey aluminium. Interior masonry is simply rendered, the ceilings painted white, the floors covered with black parquetry, while a straight flight of folded steel stairs connects the two floors.

**1** The south facade opens up to the landscape. A portal opening reveals a courtyard that balances the privacy of the interior and full exposure to the exterior.
**2** The north facade presents a closed face to the world. The entry is semi-concealed in a recessed opening to the left.
**3** Full height glazed sliding doors with anodized aluminium frames slide away to open up the living spaces to the courtyard.
**4** A minimal palette of interior colours and finishes, primarily white walls and black timber floors, complements the unadorned concrete of the exterior.
**5** A strip window at the top of the house brings north light down through the staircase slot into the ground floor.

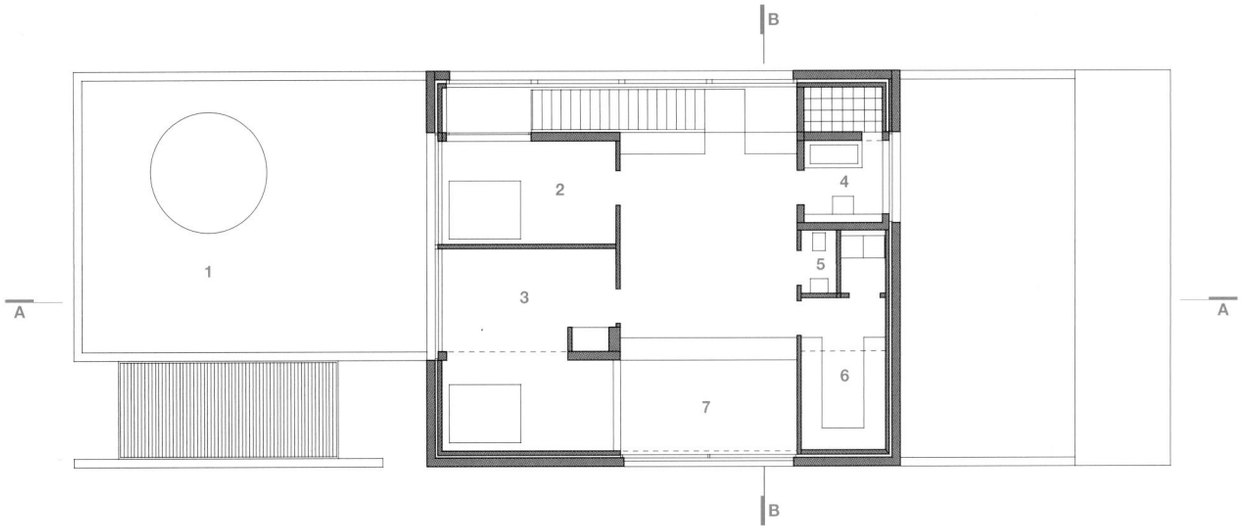


**07.01**
**First Floor Plan**
**1:200**
1 Courtyard
2 Bedroom
3 Bedroom
4 Bathroom
5 WC
6 Dressing room
7 Void

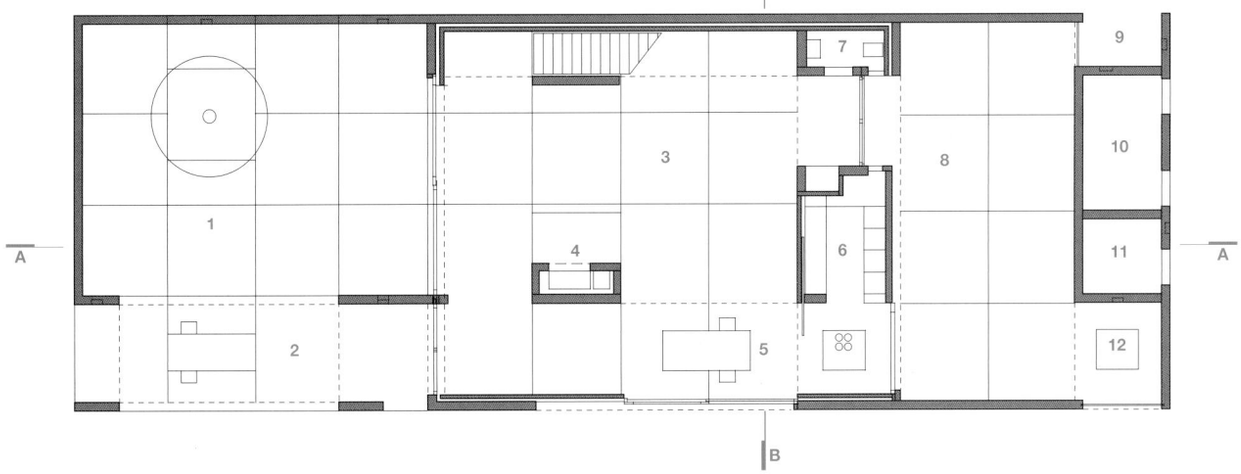


**07.02**
**Ground Floor Plan**
**1:200**
1 Courtyard
2 Outdoor dining
3 Living room
4 Fireplace
5 Dining room
6 Kitchen
7 WC
8 Entry court
9 Entry
10 Utility room 1
11 Utility room 2
12 Utility room 3

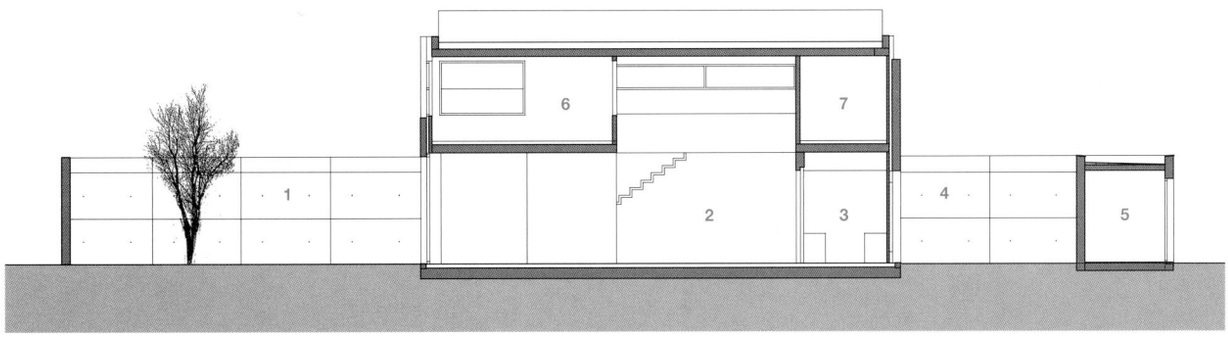


**07.03**
**Section A–A**
**1:200**
1 Courtyard
2 Living room
3 Kitchen
4 Entry court
5 Utility room
6 Bedroom
7 WC

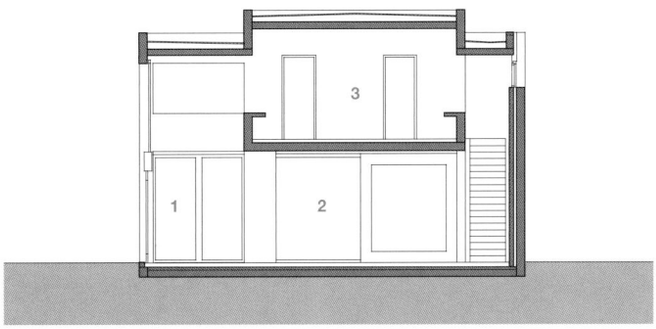


**07.04**
**Section B–B**
**1:200**
1 Dining room
2 Living room
3 Bedroom lobby

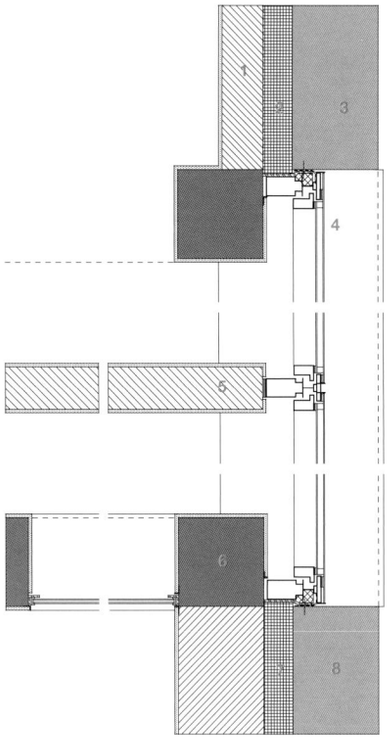


**07.05**
**Fixed Glazing Detail**
**1:20**
**1** 115 mm (4 1/2 inch) vertically cored brickwork with 15 mm (3/5 inch) thick plaster finish
**2** 80 mm (3 inch) core insulation with vapour barrier
**3** 240 mm (9 1/2 inch) exposed reinforced concrete wall
**4** Double glazing in thermally divided powder-coated aluminium frame
**5** Wall in lightwall construction
**6** 240 mm (9 1/2 inch) exposed reinforced concrete wall
**7** 80 mm (3 inch) core insulation with vapour barrier
**8** 240 mm (9 1/2 inch) exposed reinforced concrete wall

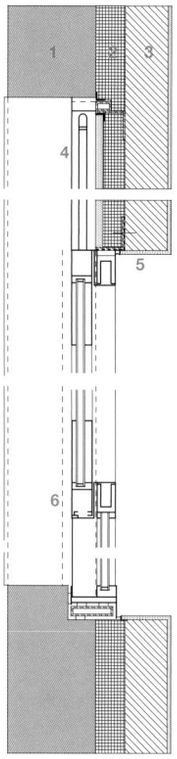


**07.06**
**Sliding Glass Door**
**Detail 1**
**1:20**
**1** 240 mm (9 1/2 inch) exposed reinforced concrete wall
**2** 80 mm (3 inch) core insulation with vapour barrier
**3** 115 mm (4 1/2 inch) vertically cored brickwork with 15 mm (3/5 inch) thick plaster finish
**4** Slide rail
**5** U-profile aluminium
**6** Sliding element

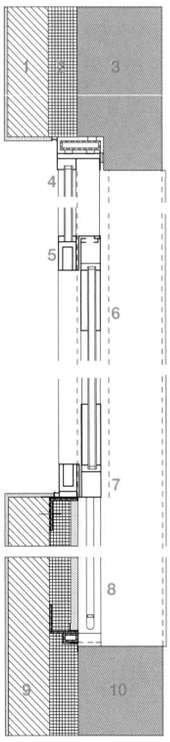


**07.07**
**Sliding Glass Door**
**Detail 2**
**1:20**
**1** 115 mm (4 1/2 inch) vertically cored brickwork with 15 mm (3/5 inch) thick plaster finish
**2** 80 mm (3 inch) core insulation with vapour barrier
**3** 240 mm (9 1/2 inch) exposed reinforced concrete wall
**4** Fixed glazing
**5** U-profile
**6** Sliding element
**7** Aluminium profile
**8** Slide rail
**9** 115 mm (4 1/2 inch) vertically cored brickwork with 15 mm (3/5 inch) thick plaster finish
**10** 240 mm (9 1/2 inch) exposed reinforced concrete wall

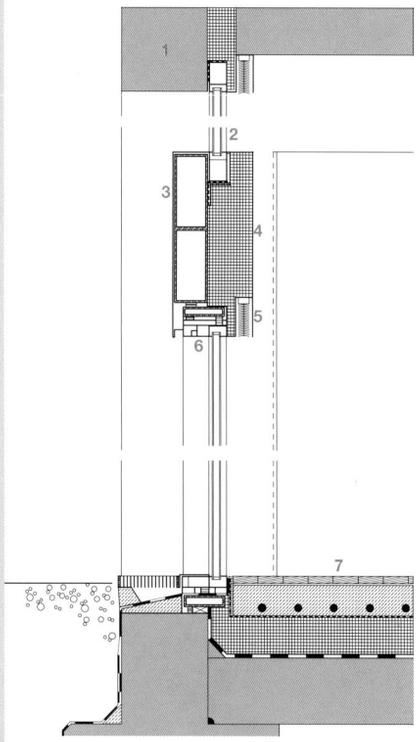


**07.08**
**Sliding Glass Door**
**Detail 3**
**1:20**
**1** Concrete wall
**2** Fixed glazing
**3** Steel profile
**4** Insulated aluminium panelling
**5** Integrated sun protection
**6** Double glazing in thermally divided powder-coated aluminium frame
**7** Ground floor construction comprised of 20 mm (3/4 inch) wenge parquet flooring over 90 mm (3 1/2 inch) coated screed around underfloor heating, then polythene sheet separating layer over 180 mm (7 inch) reinforced concrete floor slab

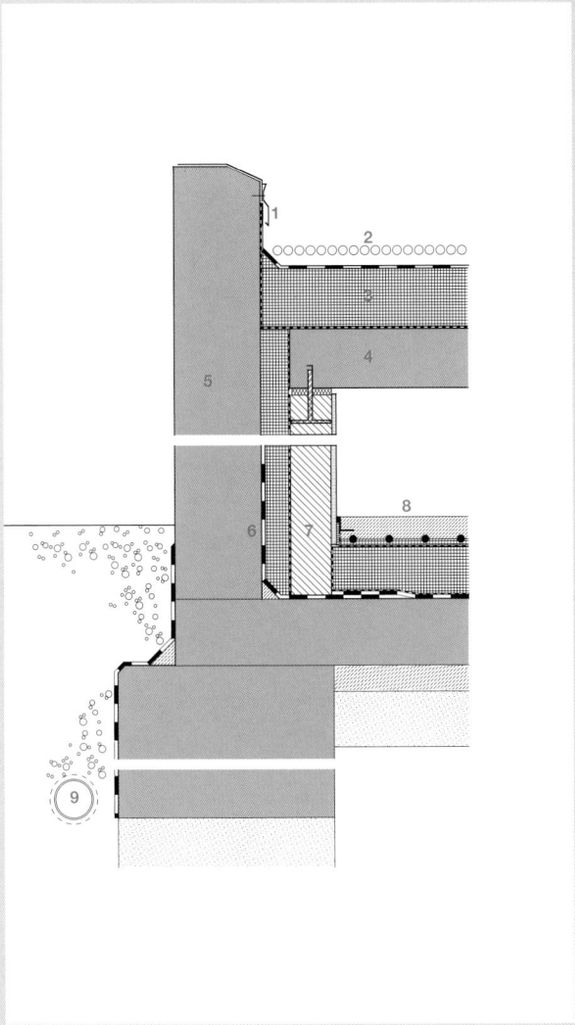


**07.09**
**External Concrete Wall Detail**
**1:20**
**1** Aluminium sheet
**2** Roof construction comprised of a 50 mm (2 inch) layer of gravel over plastic waterproof membrane
**3** 120–220 mm (4 3/4 – 8 1/2 inch) polystyrene insulation to falls and back-up to sealing layer over 180 mm (7 inch) reinforced concrete roof slab
**4** Exposed concrete roof slab
**5** 240 mm (9 1/2 inch) exposed concrete wall
**6** 80 mm (3 inch) core insulation with vapour barrier
**7** 115 mm (4 1/2 inch) vertically cored brickwork with 15 mm (3/5 inch) plaster finish
**8** Ground floor construction comprised of 20 mm (3/4 inch) wenge parquet flooring over 90 mm (3 1/2 inch) coated screed around underfloor heating then polythene sheet separating layer over 180 mm (7 inch) thick reinforced concrete slab
**9** Drainage back filled with rubble

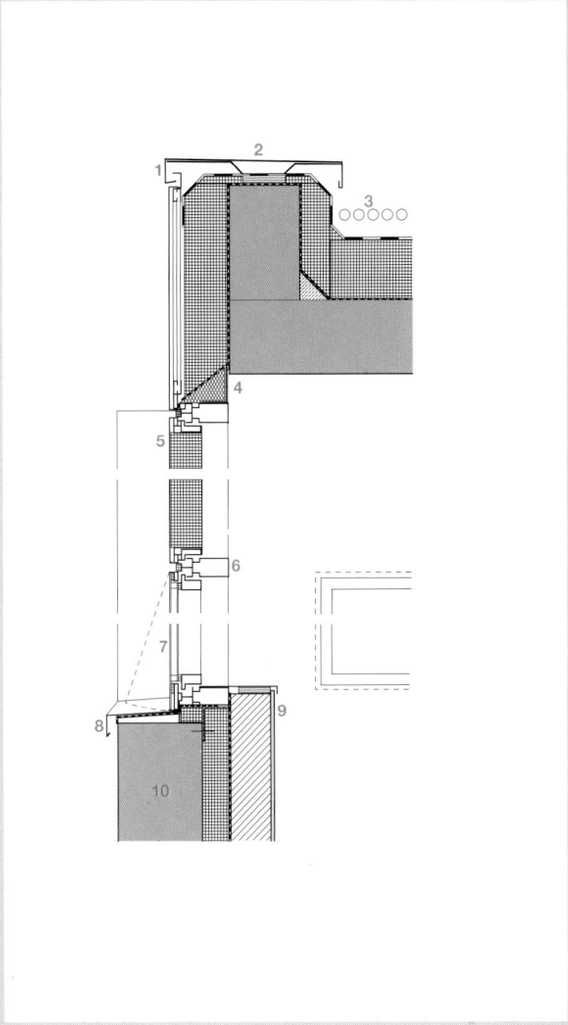


**07.10**
**Upper Level Slot Window Detail**
**1:20**
**1** Aluminium capping
**2** Aluminium sheet cover to parapet
**3** Roof construction comprised of a 50 mm (2 inch) layer of gravel over plastic waterproof membrane with 120–220 mm (4 3/4 – 8 1/2 inch) polystyrene insulation to falls and back-up sealing layer and reinforced concrete roof slab
**4** Insulated aluminium sandwich panelling
**5** Insulated aluminium sandwich panelling
**6** Aluminium profile
**7** Double glazing in thermally divided powder-coated aluminium frame
**8** Aluminium sheet
**9** Aluminium sheet
**10** 240 mm (9 1/2 inch) exposed concrete wall with 80 mm (3 inch) core insulation, vapour barrier and 115 mm (4 1/2 inch) vertically cored brickwork with 15 mm (3/5 inch) plaster finish

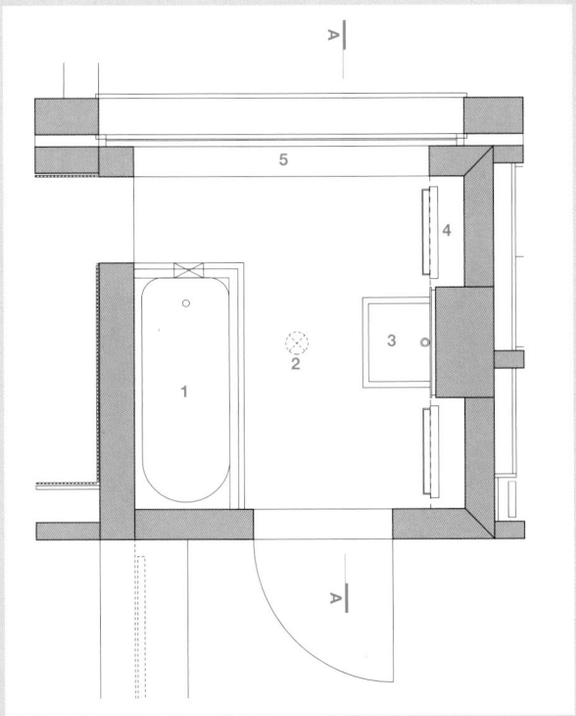


**07.11**
**Bathroom Plan**
**1:50**
**1** Solid cedarwood bathtub
**2** Ceiling light
**3** Washbasin
**4** Built-in closet
**5** Clipboard wall system

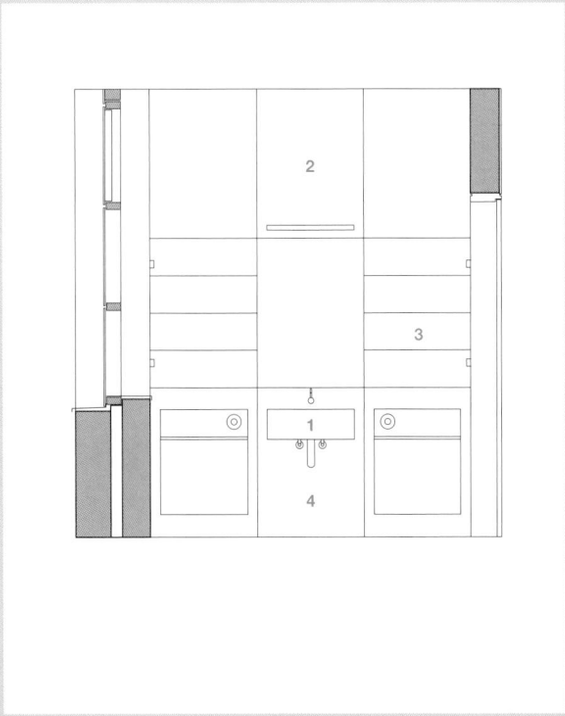


**07.12**
**Bathroom Elevation A–A**
**1:50**
**1** Washbasin
**2** Integrated light
**3** Integrated built-in storage
**4** Fairfaced concrete wall

**08**
**Pugh + Scarpa**

**Solar Umbrella**
**Los Angeles, California, USA**

Client
Angela Brooks and Lawrence Scarpa

Area
176 square metres (1,900 square feet)

Project Team
Lawrence Scarpa, Angela Brooks, Anne Burke, Vanessa Hardy, Ching Luk, Gwynne Pugh

Main Contractor
Above Board Construction

Located in a neighbourhood of single storey bungalows, the Solar Umbrella boldly establishes a precedent for the next generation of California modernist architecture. A striking addition transforms an existing bungalow. What was formerly the front becomes the back as the new design reorganizes the residence towards the south, optimizing exposure to sunlight. Solar panels wrapping around the south-west elevation and roof define the formal expression of the residence. Conceived as a solar canopy, these panels protect the house from thermal gain by screening it from direct exposure to the sun, and transforming sunlight into usable energy.

The addition includes a new entry, living area, master suite and utility room. The kitchen now opens into a large living area which, in turn, opens out to the garden where an operable wall of glass defines the edge between interior and exterior. The new entry sequence features a pool that cascades into a lower tier of water that penetrates and interlocks with the geometry of the residence. Located directly above the living area, the bedroom opens onto a covered patio overlooking the garden. A series of stepped roofs, glazed walls, and clerestory windows broadcast light from multiple directions. Light and shadow become palpable elements that enliven the more permanent elements of the design. The programme integrates passive and active solar design strategies, making the residence 100 per cent energy neutral. Recycled, renewable, and high performance materials are specified throughout.

**1** A view of the south-east facade reveals the importance of the 'solar umbrella' – the panels wrap the roof and south-west facade, helping to create a 100 per cent energy neutral house. The living room and master suite open up to the elegant garden. **2** A generous covered terrace on the first floor creates a private place for relaxation with views over the neighbourhood. This outdoor room creates strong visual and physical links between outside and inside, interlocking with interior spaces. **3 and 4** The living room is anchored by a large custom-made, built-in sofa and fire-place and given dynamism by the floating, folded plate steel stairs.

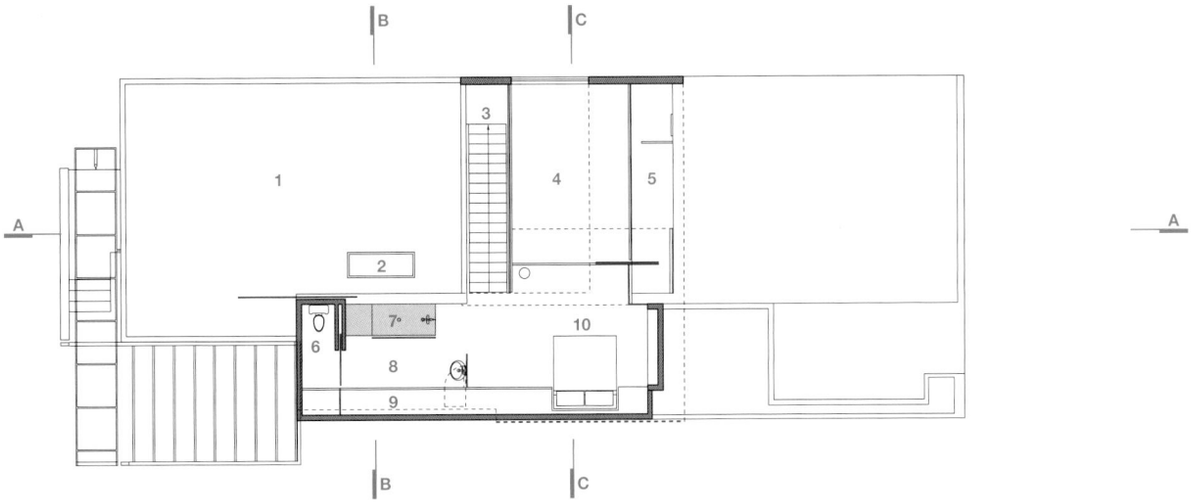


**08.01**
**First Floor Plan**
**1:200**
1 Roof
2 Skylight
3 Stair from ground floor
4 Terrace
5 Line of glazed wall to living room and garden
6 WC
7 Shower and bathtub
8 Master bathroom
9 Wardrobe
10 Master bedroom

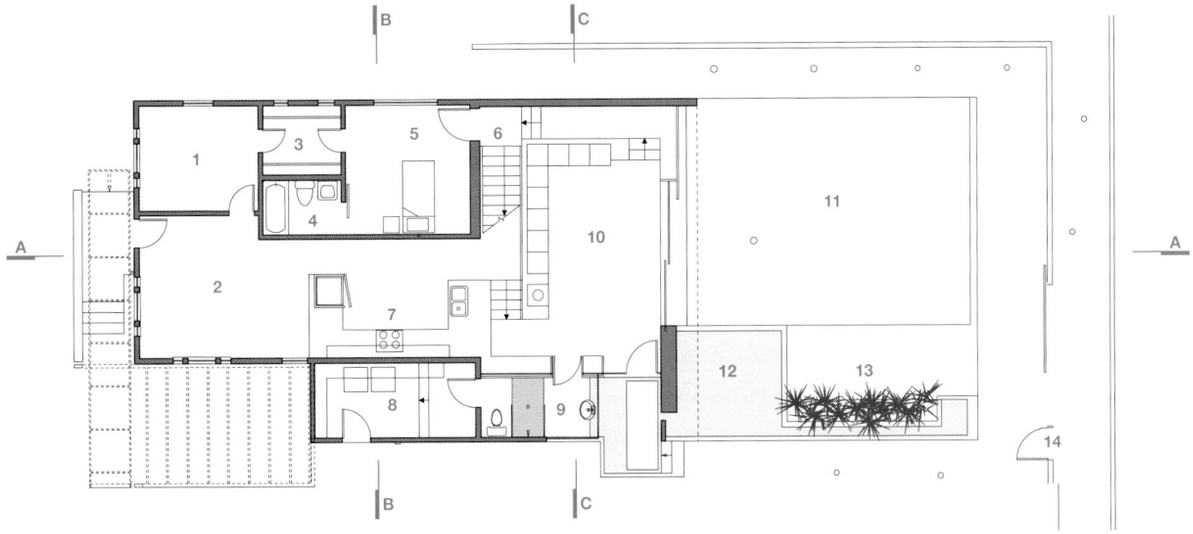


**08.02**
**Ground Floor Plan**
**1:200**
1 Study
2 Dining room
3 Dressing room
4 Bathroom
5 Bedroom
6 Stair to first floor
7 Kitchen
8 Laundry and store
9 Guest bathroom
10 Living room
11 Garden
12 Pool
13 Bamboo planter
14 Entry from street

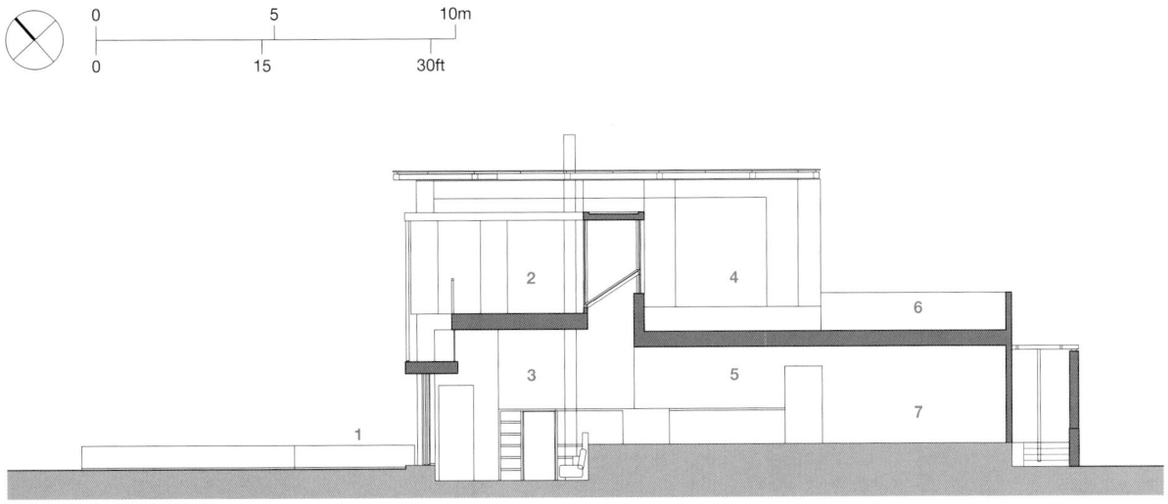


**08.03**
**Section A–A**
**1:200**
1 Garden
2 Terrace
3 Living room
4 Terrace
5 Kitchen
6 Roof
7 Dining room

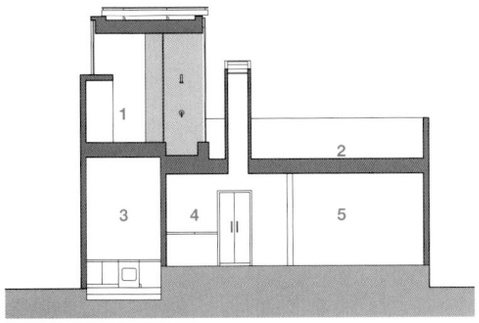


**08.04**
**Section B–B**
**1:200**
1 Master bathroom
2 Roof
3 Laundry
4 Kitchen
5 Bedroom

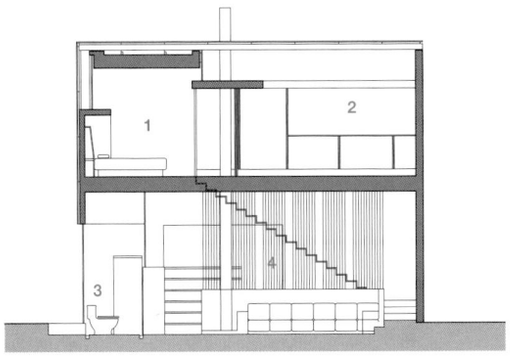


**08.05**
**Section C–C**
**1:200**
1 Master bedroom
2 Terrace
3 Guest bathroom
4 Living room

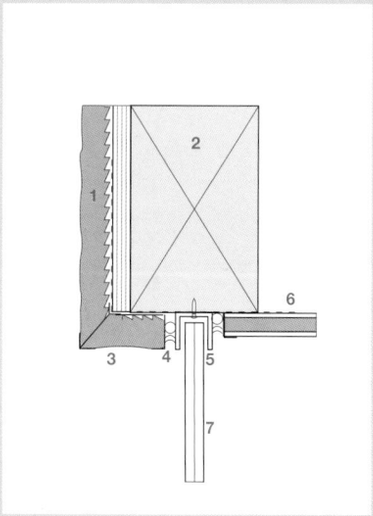


**08.06**
**Window Head Detail**
**1:5**
**1** Plaster screed to external surface
**2** Timber header
**3** Plaster corner screed
**4** Continuous caulking with backer rod both sides
**5** Continuous aluminium channel
**6** Continuous water proofing membrane under flashing with minimum 100 mm (4 inch) overlap
**7** 12 mm (1/2 inch) laminated glass

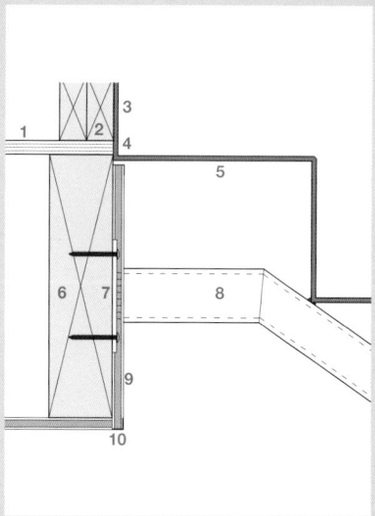


**08.07**
**Detail at Top Landing Stair Stringer Connection**
**1:10**
**1** 19 mm (3/4 inch) plywood floor sheeting
**2** Two timber furring joists
**3** 6 mm (1/4 inch) steel plate at last riser
**4** J-angle corner trim
**5** Steel plate treads and risers
**6** Timber beam
**7** 150 x 150 x 6 mm (6 x 6 x 1/4 inch) concealed steel plate
**8** Steel pipe stringer
**9** Gypsum wall board
**10** Corner trim

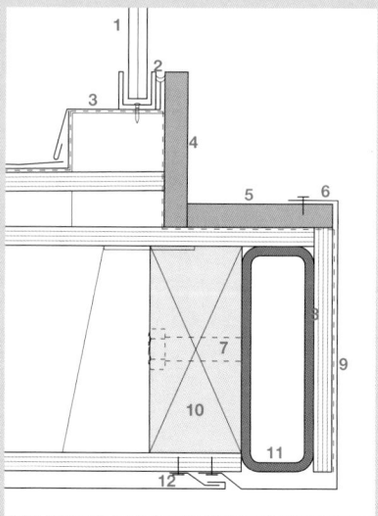


**08.08**
**Window Sill Detail**
**1:5**
**1** 12 mm (1/2 inch) laminated glass
**2** Continuous caulking
**3** 24 gauge flashing to match window frame
**4** 14 mm (5/8 inch) medium density fibre board
**5** 14 mm (5/8 inch) medium density fibre board
**6** 20 gauge sheet metal siding with patina finish
**7** 12 mm (1/2 inch) diameter stud bolts at 610 mm (24 inch) centres
**8** 12 mm (1/2 inch) plywood sheet
**9** Continuous waterproof membrane
**10** Timber blocking
**11** Steel edge beam
**12** Cleats at 610 mm (24 inch) centres

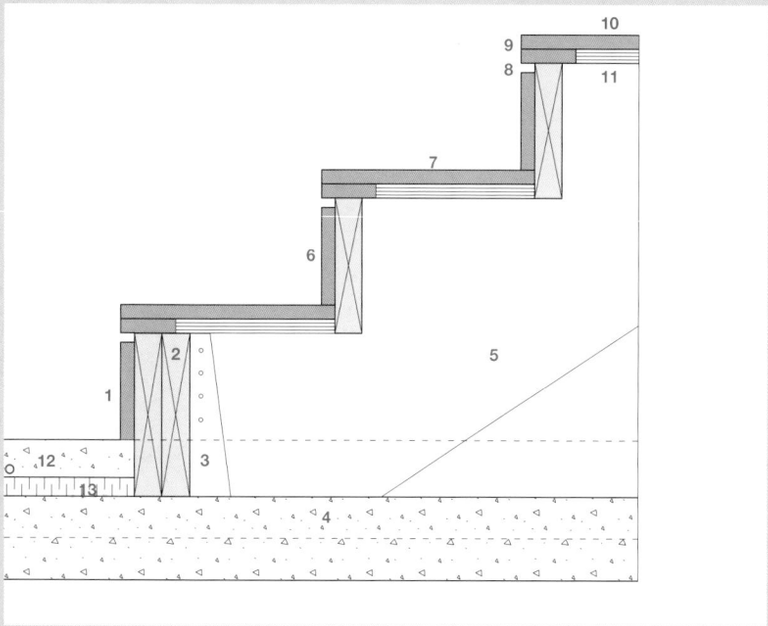


**08.09**
**Detail at Stair Landing to Kitchen**
**1:10**
**1** 19 mm (3/4 inch) chipboard to last riser
**2** Timber blocking
**3** Face mounted steel hanger
**4** Reinforced concrete floor
**5** 50 x 355 mm (2 x 14 inch) steel stringer
**6** 19 mm (3/4 inch) cherry riser
**7** 19 mm (3/4 inch) cherry stair tread
**8** 6 mm (1/4 inch) shadow gap
**9** 38 mm (1 1/2 inch) cherry nosing
**10** 19 mm (3/4 inch) cherry flooring
**11** 19 mm (3/4 inch) cherry plywood subfloor
**12** Finished concrete floor with radiant heating
**13** 25 mm (1 inch) fibre insulation

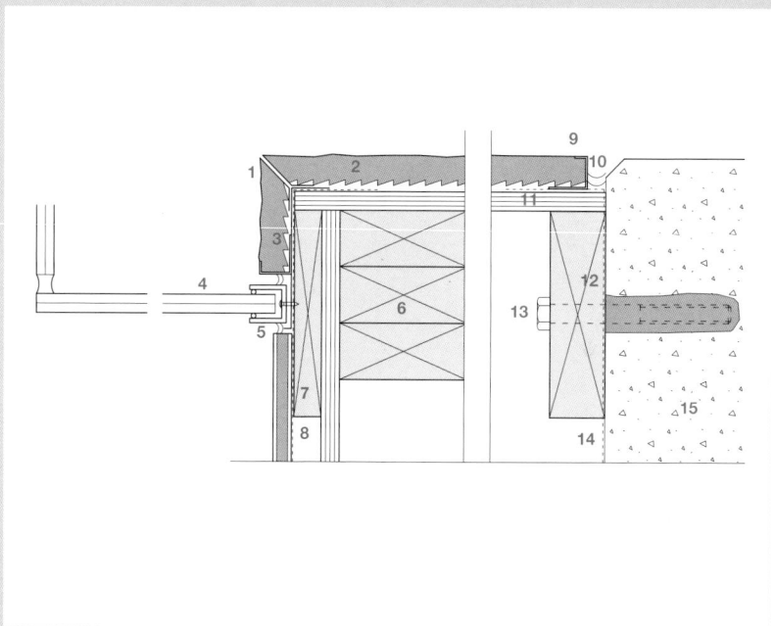


**08.10**
**Door Jamb Detail 1**
**1:5**
**1** Corner screed
**2** 24 mm (7/8 inch) external plaster
**3** 24 gauge flashing
**4** 12 mm (1/2 inch) laminated glass
**5** 10 mm (3/8 inch) continuous caulking both sides
**6** Timber blocking
**7** Wood furring
**8** Waterproof membrane
**9** Plaster screed
**10** Continuous caulking
**11** 12 mm (1/2 inch) plywood sheet
**12** Waterproof membrane
**13** 12 mm (1/2 inch) diameter bolt with epoxy grout
**14** Waterproof membrane
**15** Reinforced concrete wall

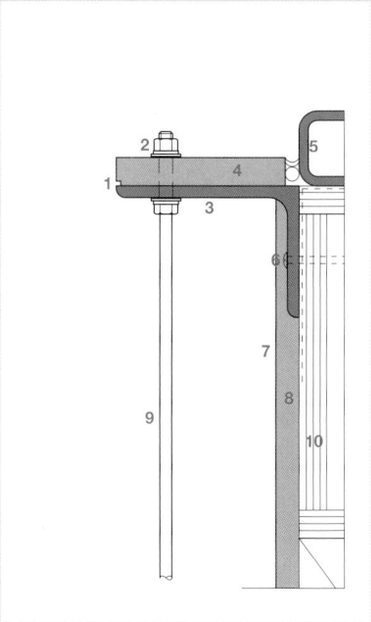


**08.11**
**Detail at Open Patio Curb**
**1:5**
**1** 5 mm (1/4 inch) saw cut
**2** Stainless steel flat nuts with washers top and bottom
**3** 127 x 76 x 10 mm (5 x 3 x 3/8 inch) steel angle
**4** 19 mm (3/4 inch) MDP point to match wall
**5** Steel window frame
**6** 6 mm (1/4 inch) screws at 300 mm (12 inch) centres
**7** Gypsum plasterboard
**8** Continuous waterproof membrane
**9** Threaded steel rod
**10** 19 mm (3/4 inch) plywood

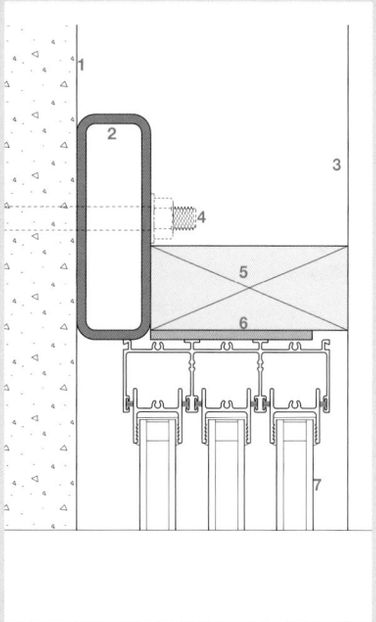


**08.12**
**Door Head Detail at Pocket**
**1:5**
**1** Fair face concrete wall
**2** Steel rectangular hollow section
**3** Face of timber stud
**4** 15 mm (5/8 inch) diameter epoxy bolt
**5** Timber blocking
**6** Shim as necessary
**7** Multi-slide door

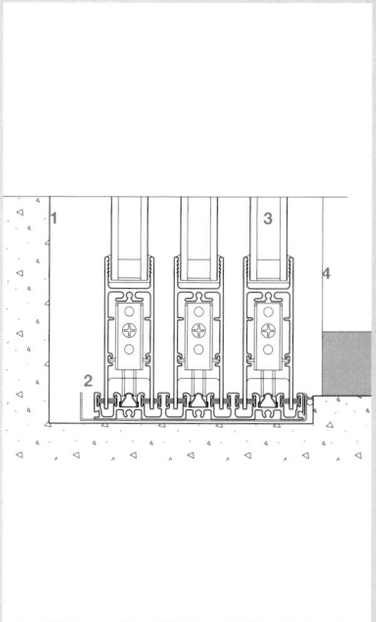


**08.13**
**Door Sill Detail at Pocket**
**1:5**
**1** Face of concrete
**2** Sill pan
**3** Multi-slide door
**4** Face of stud

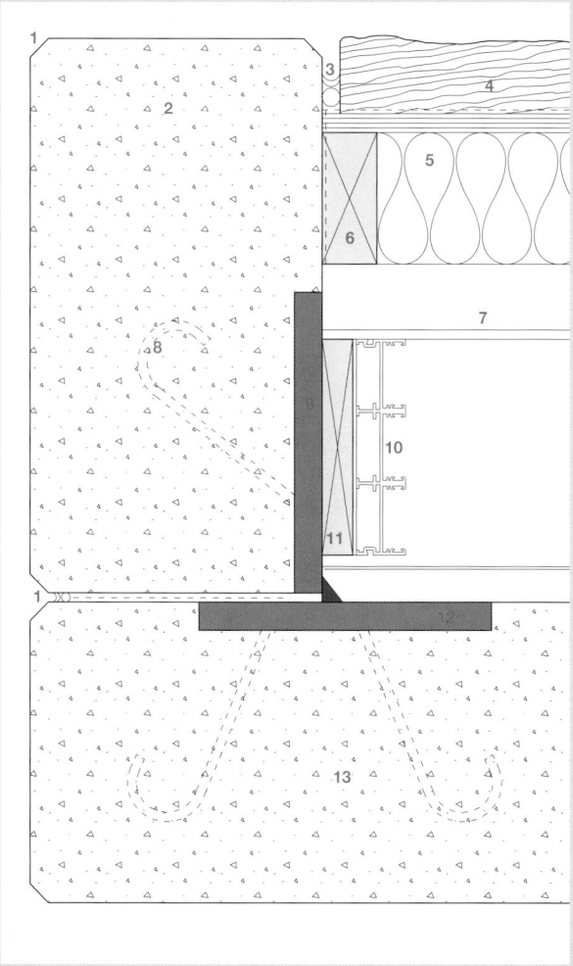


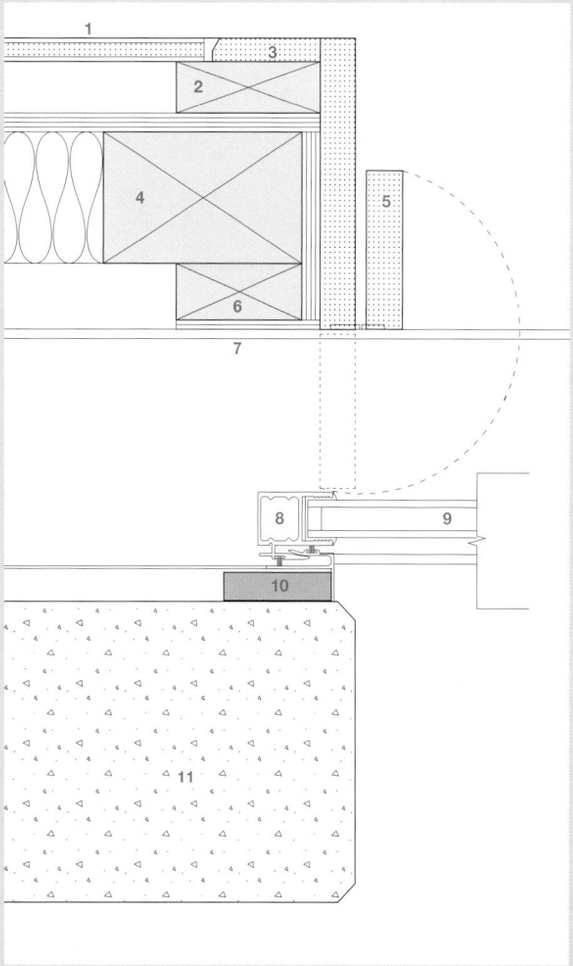


**08.14**
**Door Jamb Detail 2**
**1:5**
**1** Chamfered corner to concrete
**2** Reinforced concrete
**3** Continuous caulking
**4** 50 mm (2 inch) routed cherrywood panels
**5** Ultra touch insulation
**6** 50 x 100 mm (2 x 4 inch) timber framing
**7** 6 mm (1/4 inch) plywood
**8** 12 mm (1/2 inch) diameter welded rods embedded into tilt-up concrete panels
**9** 19 x 200 mm (3/4 x 8 inch) steel plate
**10** Multi-slide jamb pocket
**11** Timber blocking
**12** 19 x 200 mm (3/4 x 8 inch) steel plate
**13** 200 mm (8 inch) thick tilt-up concrete wall panels

**08.15**
**Door Jamb Detail 3**
**1:5**
**1** 15 mm (5/8 inch) gypsum board
**2** Timber furring
**3** 14 x 76 mm (5/8 x 3 inch) medium density fibreboard with flat tape and mud to gypsum board
**4** Timber post
**5** Door leaf pocket concealer panel – 25 mm (1 inch) medium density fibreboard painted to match gypsum board with magnetic catch at top and bottom
**6** Timber blocking
**7** 6 mm (1/4 inch) plywood
**8** Sliding glass door jamb
**9** Argon-filled dual glazed sliding pocket glass doors
**10** 19 mm (3/4 inch) aluminium bar
**11** 200 mm (8 inch) thick tilt-up concrete wall panels

**09**
**Tadao Ando**

**4 x 4 House**
**Kobe, Hyogo, Japan**

Area
118 square metres (1,270 square feet)

Project Team
Tadao Ando, Masataka Yano, Tatsuhito Ono

Structural Engineer
Ascoral Engineering Associates

Main Contractor
Nakata Construction Co. Ltd

This house is located on a beachfront overlooking the Seto Inland Sea. On the opposite shore lies Hokudan, on Awaji Island, the epicentre of the devastating Great Hanshin Earthquake in 1995. To the east stretches the Akashi Strait Bridge, the longest suspension bridge in the world. The site is subject to erosion and over the past years a great deal of the land has been transformed into a beach, leaving a slim stretch of dry land remaining safe beyond the breakwater. So despite the relative generosity of space compared to other Japanese urban locations, the considerable geotechnical limitations had a direct impact on the architectural solution.

The house is a four-storey tower, each level made up of a four-by-four metre plan. On the uppermost level is a four-metre cube that protrudes from the face of the building, shifted across from the main vertical axis by a metre in order to create space for the stair. The landscape, framed by full-height glazing within this spectacular double-height cube, is a panorama sweeping over the sea, Awaji Island and the Akashi Bridge, where, for the client who makes his living in the area, memories of the earthquake are embedded. Constrained by the limitations of the site, each of the four levels houses a distinct function. On the ground level are the entrance and bathroom, the first floor the bedroom, the second floor the study and the top floor the kitchen, living and dining areas. The concrete exterior is alleviated at the upper levels where the concrete gives way to serve as a frame to great sheets of clear glazing that acknowledge the unique qualities of the waterfront location.

1

**1** The house overlooks the Seto Inland Sea and Awaji Island. A double-height, four metre cube that accommodates the living, dining and kitchen spaces allows the bay to become the focus for the inhabitants.
**2** The cube at the top of the house is offset by one metre to allow a stair to traverse the full height of the house without compromising the space available to the living quarters.
**3** The kitchen stands as a free-standing timber unit in the double-height living space. The concrete walls, cast in-situ are left unpainted, creating a stark contrast with the massive panes of clear glazing overlooking the bay.
**4** View of the kitchen and dining area with dramatic views overlooking the sea and Awaji Island in the distance.

2

3

4

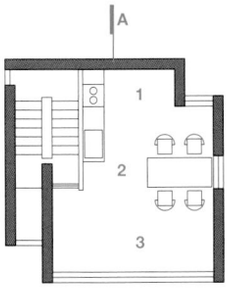


**09.01**
**Third Floor Plan**
**1:200**
1 Kitchen
2 Dining area
3 Living area

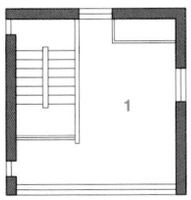


**09.02**
**Second Floor Plan**
**1:200**
1 Study

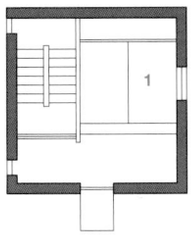


**09.03**
**First Floor Plan**
**1:200**
1 Bedroom

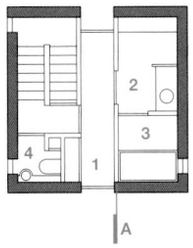


**09.04**
**Ground Floor Plan**
**1:200**
1 Entrance
2 Bathroom
3 Bath
4 WC

**09.05**
**Site Plan**
**1:200**
1 WC
2 Entrance
3 Bath
4 Bathroom
5 Carport
6 Concrete stair to entrance
7 Concrete deck
8 Crushed granite border

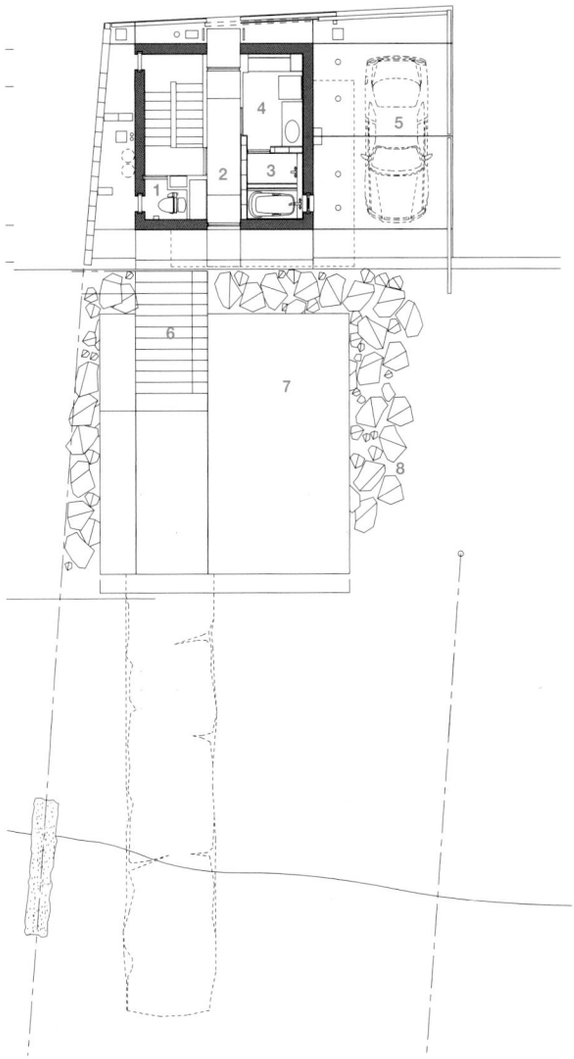


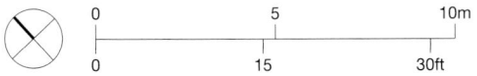


**09.06**
**Elevations**
**1:200**
1 East
2 North
3 West
4 South

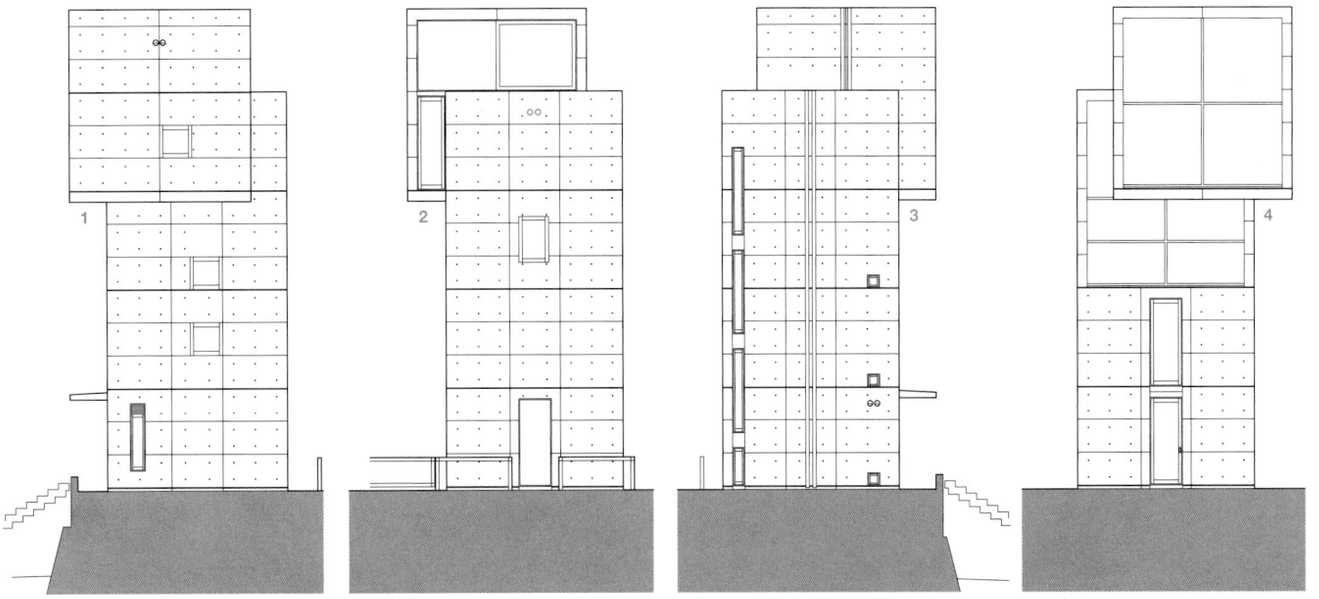

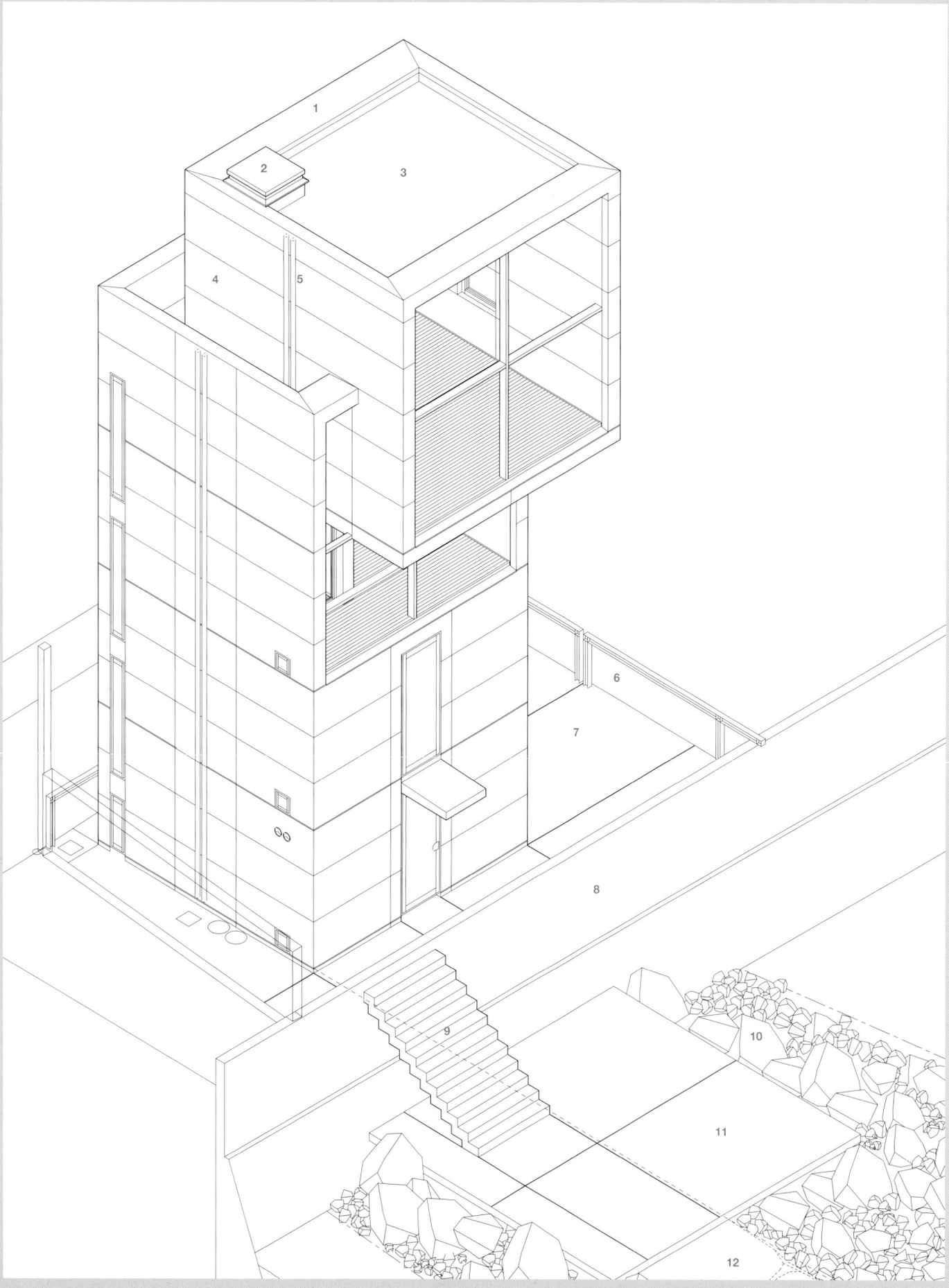


**09.07**
**Axonometric**
**1** Trowel finished concrete with waterproofing to top of parapet
**2** Acrylic plate skylight
**3** Roof of bituminous membrane with waterproofing layer, cinder concrete and gravel finish
**4** Exterior walls of exposed concrete with fluoropolymer paint finish
**5** Steel rainwater pipe
**6** 100 x 100 x 6 x 8 mm (4 x 4 x 1/5 x 1/3 inch) H-section steel fence with galvanized finish
**7** Trowel finished concrete parking area
**8** Existing tide embankment
**9** Trowel finished concrete stair
**10** Crushed granite border
**11** Trowel finished concrete deck
**12** Existing concrete

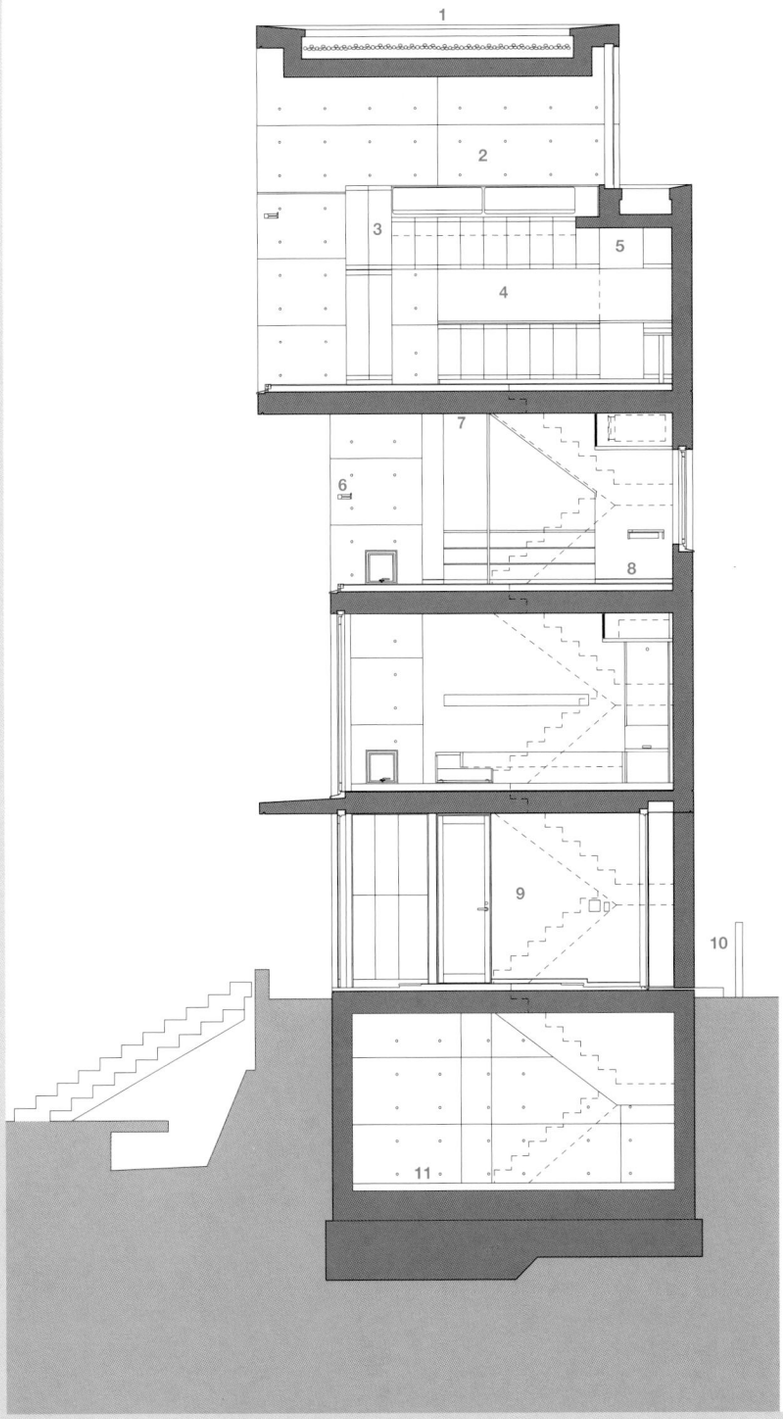


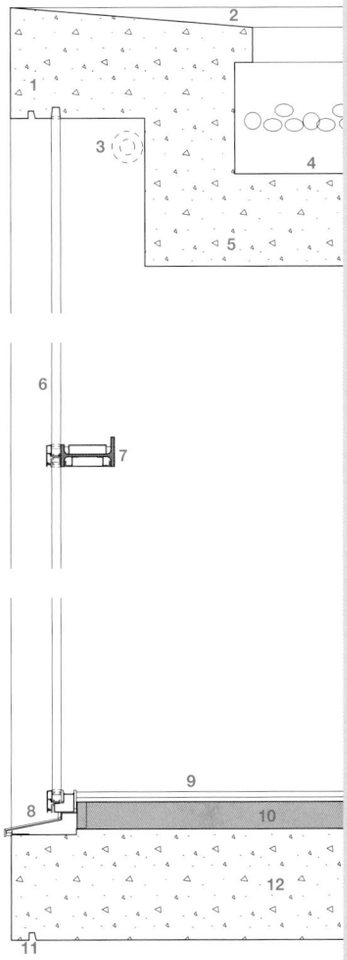


**09.08**
**Section A–A**
**1:100**
**1** Roof of bituminous membrane with waterproofing layer, cinder concrete and gravel finish
**2** Interior wall of exposed concrete
**3** Kitchen joinery from oak on plywood substrate
**4** Stainless steel splashback
**5** Stainless steel range hood
**6** Timber shelves
**7** Exposed concrete ceiling
**8** Oak flooring
**9** Interior walls of painted plasterboard
**10** 100 x 100 x 6 x 8 mm (4 x 4 x 1/5 x 1/3 inch) H-section steel fence with galvanized finish
**11** Tiles and carpeting to floor
**12** Reinforced concrete footings

**09.09**
**Parapet Detail**
**1:20**
**1** Exposed concrete parapet
**2** Top of parapet from trowel finished concrete with waterproofing layer
**3** Roller blind
**4** Bituminous membrane to roof with cinder concrete and gravel
**5** Exposed concrete ceiling
**6** Clear glazing
**7** H-section steel glazing bar
**8** Steel sill with baking paint finish
**9** Plywood substrate floor with oak boards
**10** Plywood and insulation to joists
**11** Drip groove to concrete
**12** Exposed concrete eaves soffit

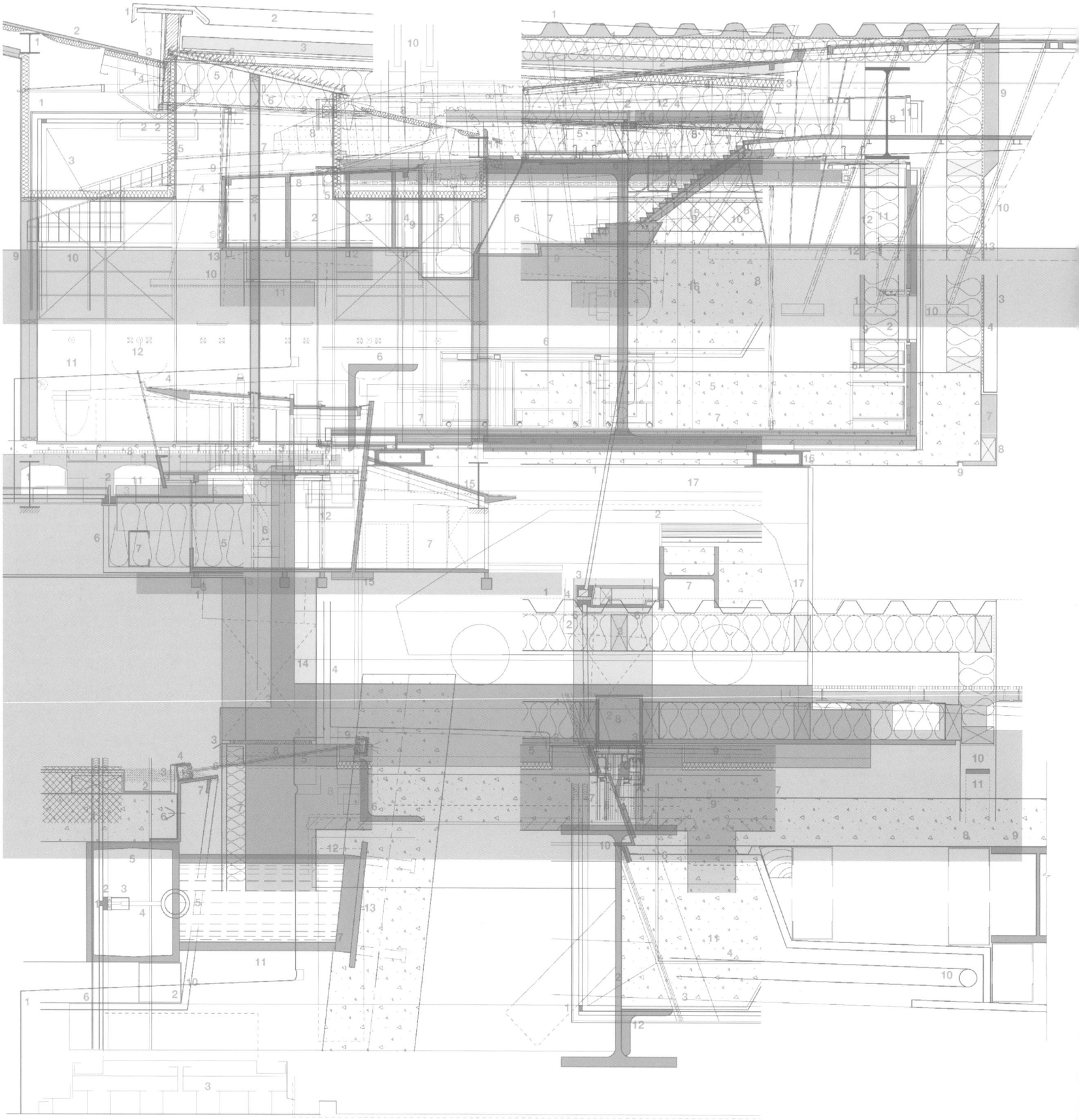

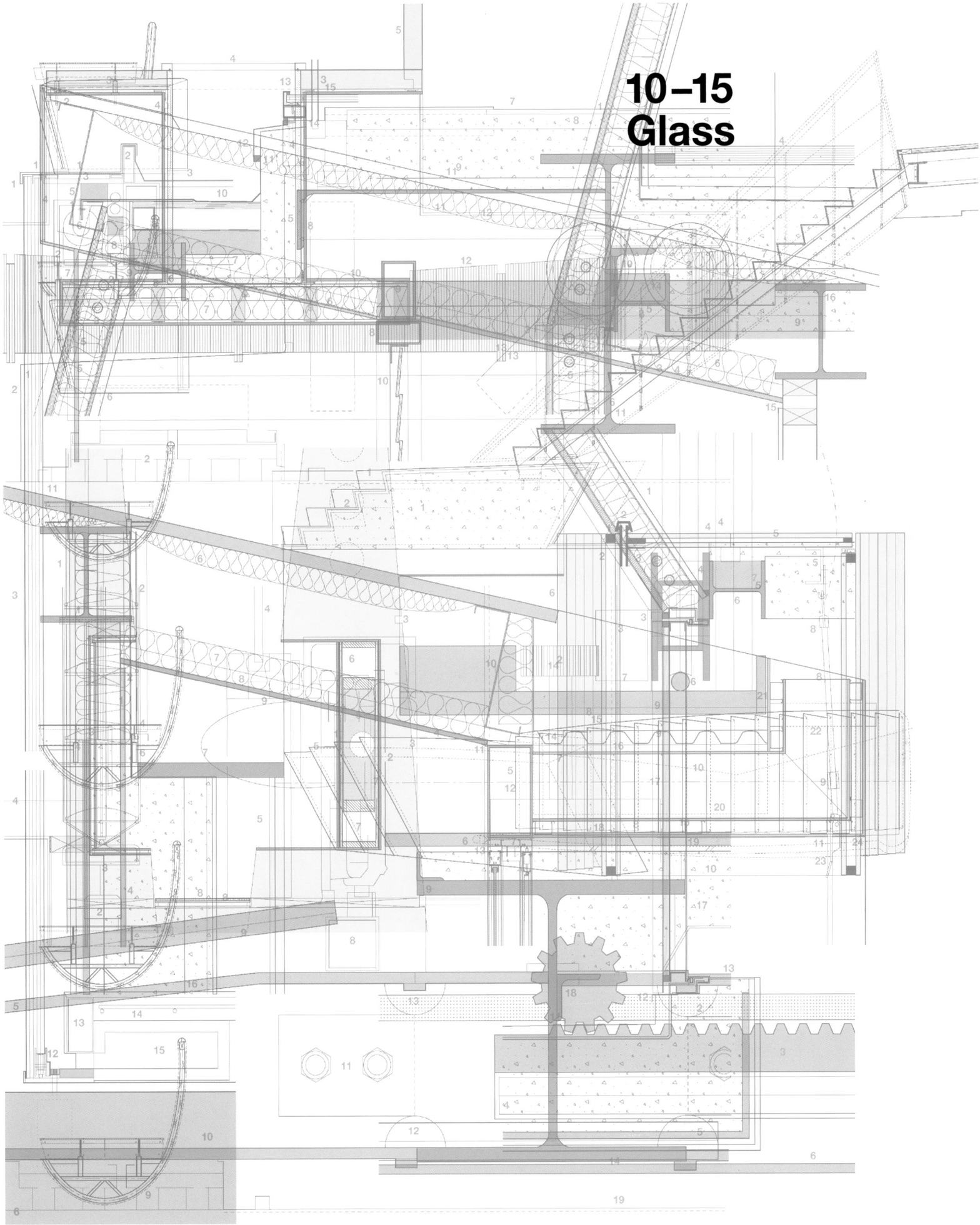

# 10–15 Glass

**10**
**Aranda Pigem Vilalta**

**M-Lidia House**
**Girona, Spain**

Client
Miquel Subiràs and Lídia Casado

Area
170 square metres (1,830 square feet)

Project Team
Miquel Subiràs, A. Sáez, A. Planagumà, M. Sánchez

Main Contractor
Metàl-liques Olot

The M-Lidia House in Montagut, Girona is located in a range of low hills, inland from the Costa Brava on the east coast of Spain. The design concept is a purification of a typical domestic programme, arranged as three simple rectlinear zones in a symmetrical arrangement. In the centre, a fully glazed living and dining area opens out onto a timber deck. This volume is flanked by two bedroom wings, accessed via a strip of service functions ranged along the north-west facade, and separated from the living space by a sliver of courtyard on one side and a stair rising up from the garage below on the other.

The two bedroom wings are fully glazed on the courtyard facades serving to focus attention on the communal spaces. However, they are distinguished and protected from neighbouring houses by stainless steel sheet cladding to the other facades. This screen is mimicked in the interior where the kitchen can be separated from the living space by a sculptural sliding screen of linear steel strips which provides a textural contrast to the expanse of glazing on the opposite wall overlooking the landscape. Completely hidden from view, a basement level accommodates a garage and storage area, as well as a stair that leads up into the house. Here, an enclosed glazed bridge at ground floor level enables uninterrupted access from the living spaces to the children's bedroom. The simplicity of the form and the way in which the building is focused on the landscape suggests a classical villa. However, the materials and spatial sequences make it clear that this is a house designed for uncompromised contemporary living.

**1 and 2** At night, the expanses of clear glazing to the living room (centre) and the bedroom wings either side reveal the level of transparency that is the key to the way the inhabitants are able to interract with the landscape. To the rear of the living space, the stainless steel sliding screen hides the kitchen from view.
**3** A staircase rises up from the garage below, where a bridge at ground level makes the connection between the living room and the bedroom.
**4** View of the living room with the steel screen in the open position revealing the linear kitchen that runs the length of the north-west wall. A slot of glazing to a clerestory window illuminates the kitchen, while a horizontal band of windows above the work top allows views out over the garden.
**5** View of the living room with the screen closed.

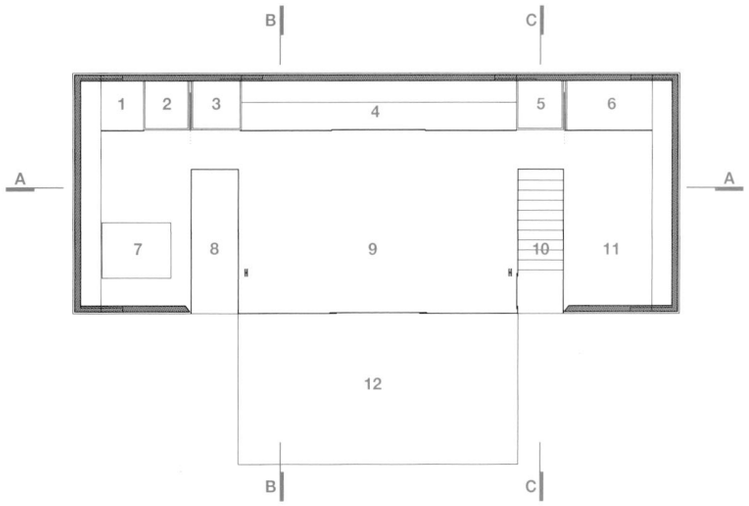


**10.01**
**Ground Floor Plan**
**1:200**
1 Bathroom
2 Shower
3 WC
4 Kitchen
5 Laundry
6 Study
7 Bedroom
8 Patio
9 Living and dining room
10 Entrance
11 Children's bedroom
12 Terrace

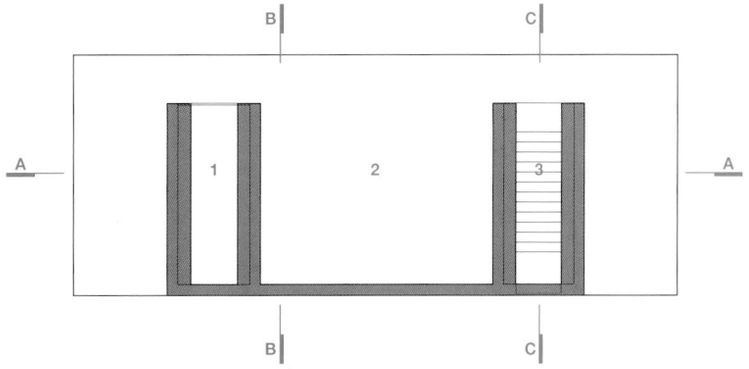


**10.02**
**Basement Plan**
**1:200**
1 Storage
2 Garage
3 Stair up to ground floor

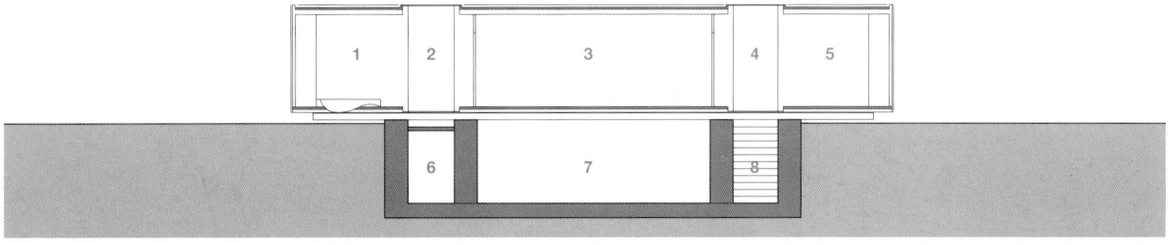


**10.03**
**Section A–A**
**1:200**
1 Bedroom
2 Patio
3 Living and dining room
4 Void over stair
5 Children's bedroom
6 Storage
7 Garage
8 Stair from garage to house

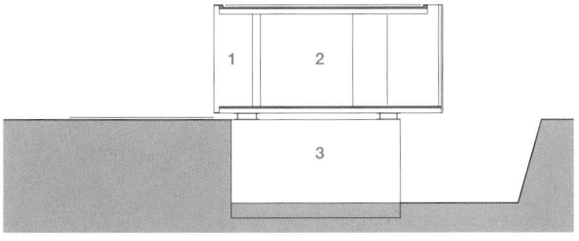


**10.04**
**Section B–B**
**1:200**
1 Kitchen
2 Living and dining room
3 Garage

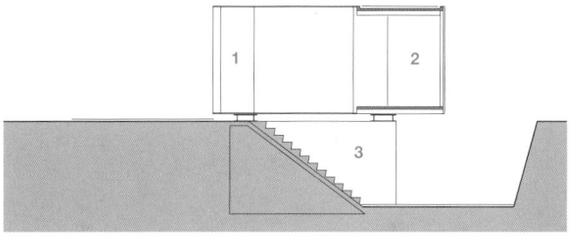


**10.05**
**Section C–C**
**1:200**
1 Laundry
2 Children's bedroom
3 Garage

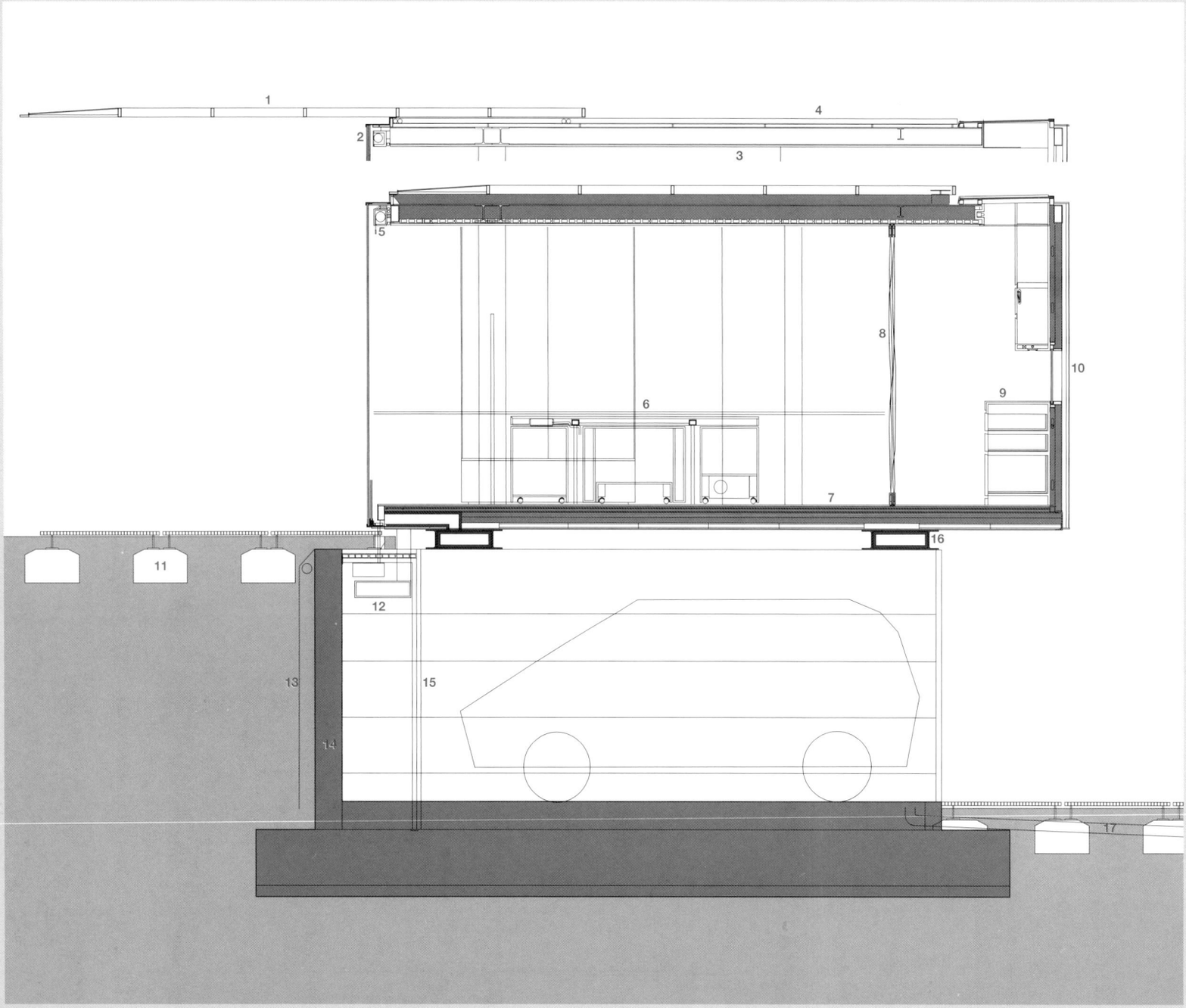


**10.06**
**Detail Section**
**1:50**
**1** Extendable porch roof
**2** Laminated glass sliding door
**3** Plaster finish to ceiling
**4** Fixed porch roof
**5** Roller blind
**6** Extendable table
**7** Timber decking
**8** Sliding partition
**9** Lacquered finish to kitchen carcasses, with Corian work top
**10** Galvanized steel panels to exterior surface
**11** Concrete footing
**12** Motorized sliding door to garage
**13** Drainage screen
**14** Reinforced concrete wall
**15** Steel sheet finish to storage wall doors
**16** Steel horizontal structure with air-conditioning system
**17** Waste pipe

**10.07**
**Sliding Glass Door Detail**
**1:10**
**1** 5 mm (1/5 inch) thick steel sheet
**2** 80 x 25 x 2 mm (3 x 1 x 1/10 inch) roof upstand
**3** Impermeable roofing membrane
**4** Steel sheet cover to roller blind assembly
**5** Timber blocking
**6** Roller blind
**7** Timber panel to conceal blind and enable maintenance access
**8** Continuous line of fluorescent light fittings
**9** Plaster finishing angle
**10** Plaster finish to ceiling
**11** Laminated glass sliding door
**12** Glass support and stainless steel window assembly
**13** Steel box beam structure to floor edge
**14** Concrete reinforcing to floor structure
**15** Air-conditioning duct
**16** Timber decking

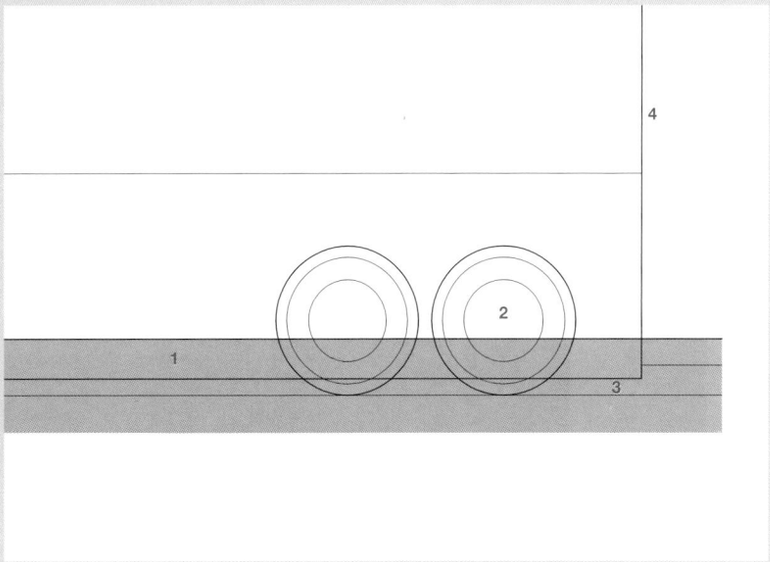


**10.08**
**Sliding Door Detail 1**
**1:2**
**1** 25 x 4 mm (1 x 1/5 inch) steel sheet
**2** Steel guide rail
**3** 8 mm (1/3 inch) diameter stainless steel lane
**4** 15 mm (3/5 inch) laminated glass

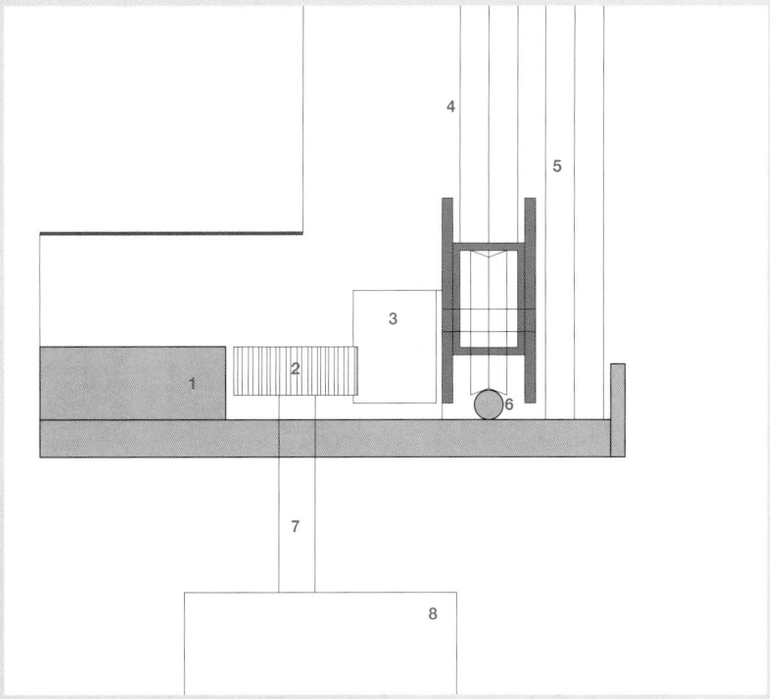


**10.09**
**Sliding Door Detail 2**
**1:2**
**1** Timber blocking
**2** Gear wheel
**3** Connector zip
**4** Glass support and stainless steel window assembly
**5** Laminated glass sliding door
**6** 8 mm (1/3 inch) diameter stainless steel lane
**7** Axle
**8** Motor

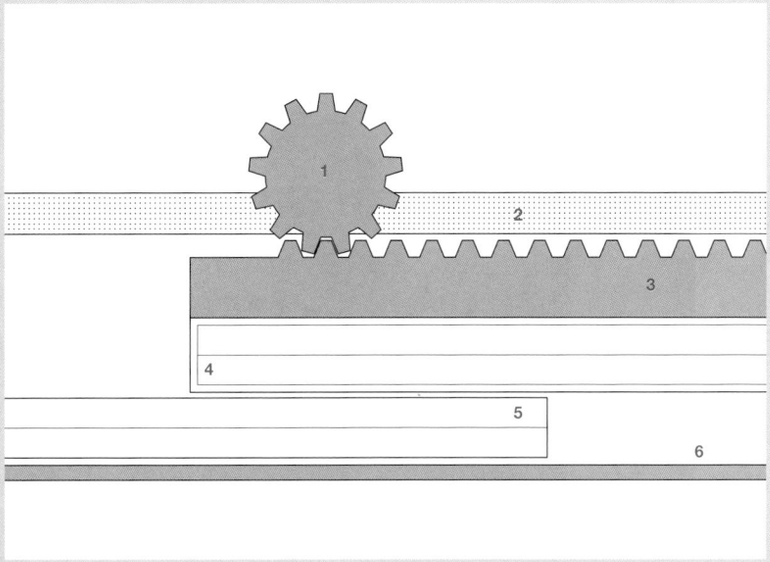


**10.10**
**Sliding Door Detail 3**
**1:2**
**1** Gear wheel
**2** Line of floor beyond
**3** Connector zip
**4** Laminated glass (moving part)
**5** Laminated glass (fixed part)
**6** 25 x 4 mm (1 x 1/5 inch) steel sheet exterior wall finish

**11**
**Ian Moore Architects**

**Rose House**
**Saddleback Mountain, Kiama, NSW, Australia**

Client
Peter and Maria Rose

Area
218 square metres (2,350 square feet)

Project Team
Ian Moore, Dua Cox, Claire Meller, Sterrin O'Shea

Structural Engineer
Peter Chan and Partners

Geotechnical Engineer
Cottier + Associates

Builder
Phillip C. Young

Located south of Sydney on the southern face of Saddleback Mountain, this family house enjoys dramatic views in all directions. In order to maximize the views and minimize the impact of building on a steep slope, the house has been sited on a gentle slope, centred on a north–south ridge to take advantage of an almost symmetrical fall to both east and west. The simple rectangular plan is divided into three equal zones, separated by service cores. The central kitchen, living and dining area is flanked by bedroom, bathroom and dressing areas for the parents at one end and two children's bedrooms, each with ensuite bathroom, at the other.

By centralizing the living spaces and pulling the service cores back from the external envelope, views are opened up in all directions. Verandahs run the length of the house on both long facades, providing sun protection to the full height glass walls. The glass doors to the living space slide completely away, opening up the whole house and providing exceptional cross ventilation. In order to minimize the impact of the structure on the pristine mountain site, a lightweight steel structure consisting of two vierendeel trusses runs the length of the house, sitting on two reinforced concrete block store rooms that provide the primary bracing to the structure. The trusses allow the building to cantilever to the east and west, further emphasizng the impression of a light-weight structure.

**1** A canopy broaches the gap between the carport and the house, where sliding glass doors and a panel of glass louvres bring south light into the interior.
**2** The south facade consists of full width glazing, allowing indirect south light, and ventilation via the operable louvres, into the house.
**3** Night view of the dining and living room at the centre of the house. Electrically operated blinds preserve privacy.
**4** During the day the blinds are reduced to a minimal strip above the windows, and the fully glazed north and south facades open up to the views.

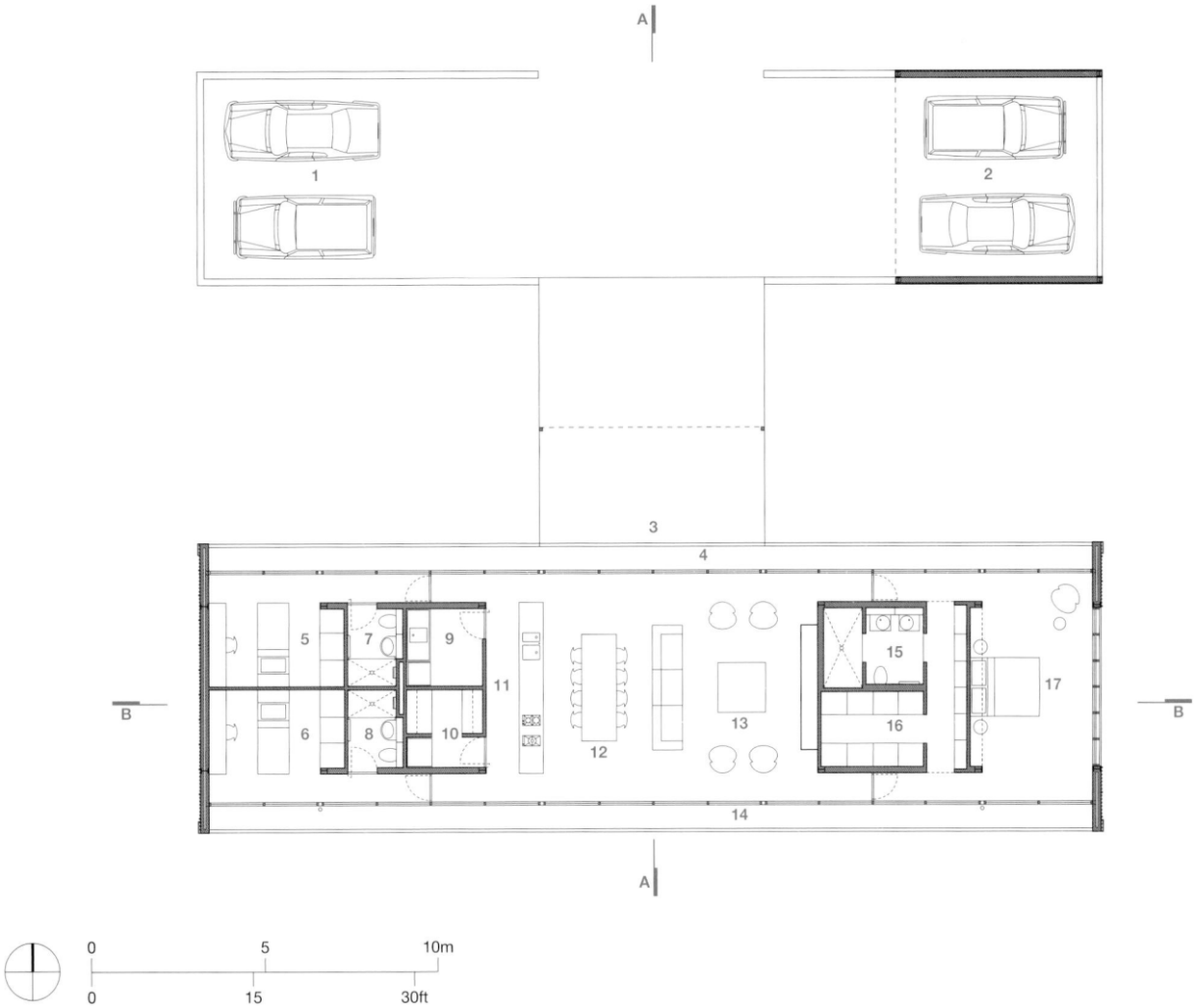


**11.01**
**Floor Plan**
**1:200**
1 Visitor car parking
2 Carport
3 Entrance
4 Terrace
5 Bedroom 1
6 Bedroom 2
7 Bathroom 1
8 Bathroom 2
9 Laundry
10 Pantry
11 Kitchen
12 Dining room
13 Living room
14 Terrace
15 Master bathroom
16 Dressing room
17 Master bedroom

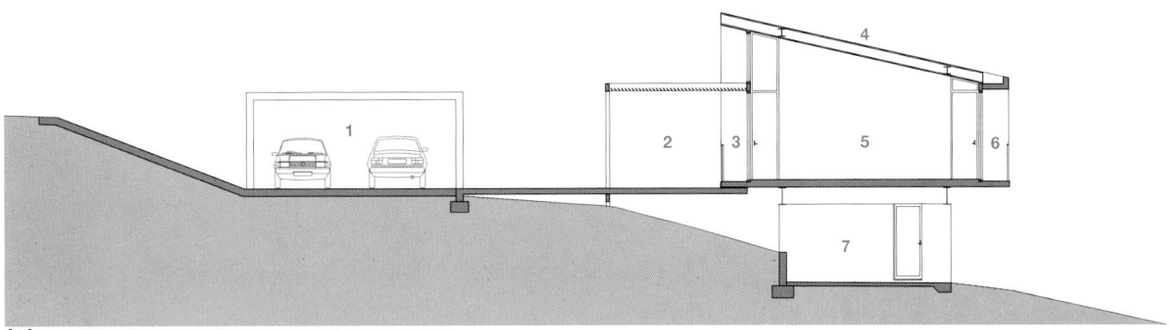


**A–A**

**11.02**
**Section A–A**
**1:200**
1 Carport
2 Entrance
3 Terrace
4 Steel-framed metal sheet roof
5 Living room
6 Terrace
7 Basement store

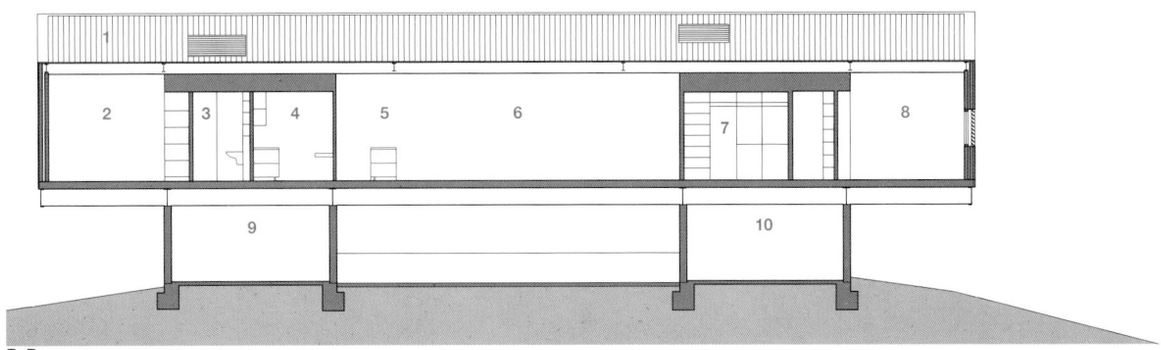


**B–B**

**11.03**
**Section B–B**
**1:200**
1 Steel-framed metal sheet roof
2 Bedroom
3 Bathroom
4 Pantry
5 Kitchen
6 Living room
7 Dressing room
8 Master bedoom
9 Basement store
10 Basement store

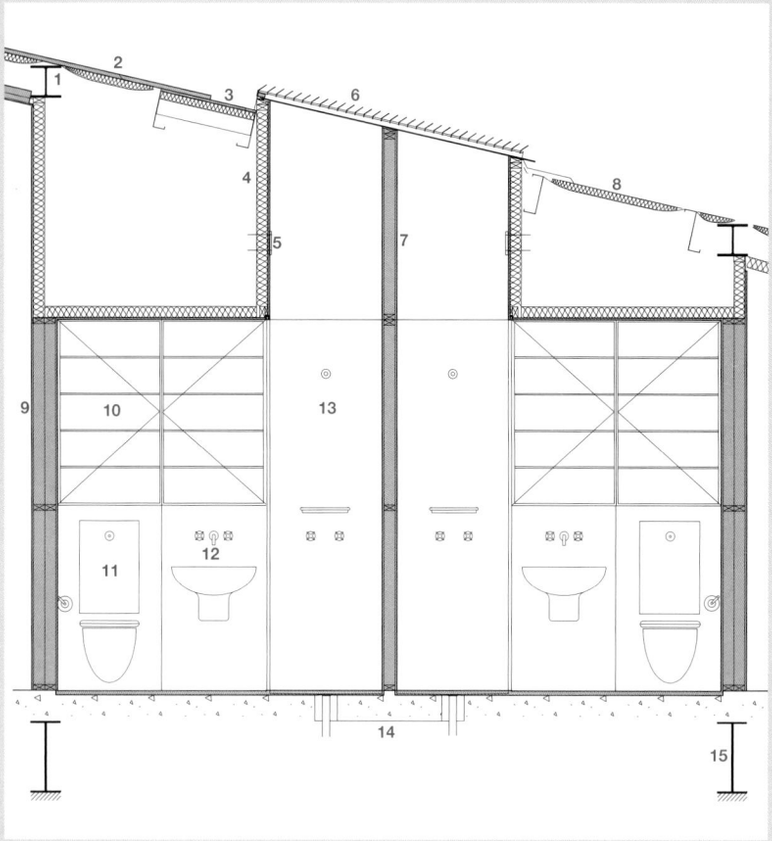


**11.04**
**Bathroom Section Detail**
**1:50**
**1** Steel beam
**2** 50 mm (2 inch) insulation blanket with double-sided aluminium foil sarking
**3** Gutter
**4** 75 mm (3 inch) thick insulation batts between studs and ceiling frame
**5** Exhaust fan
**6** Skylight with aluminium louvres
**7** Plasterboard wall
**8** Metal deck roof
**9** Plasterboard wall
**10** Mirrored cabinet with glass shelves
**11** Wall hung WC with concealed cistern behind
**12** Wall hung basin
**13** Aluminium cladding panel
**14** Concrete floor
**15** Steel beam

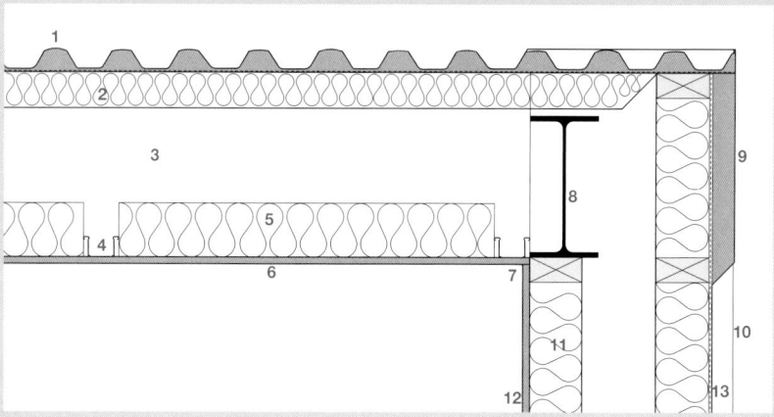


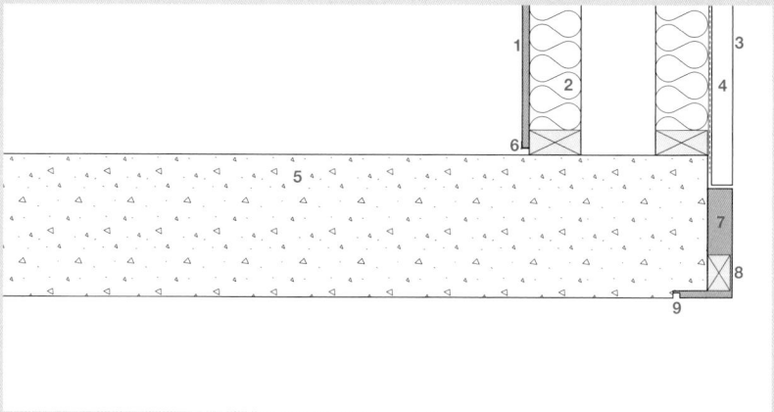


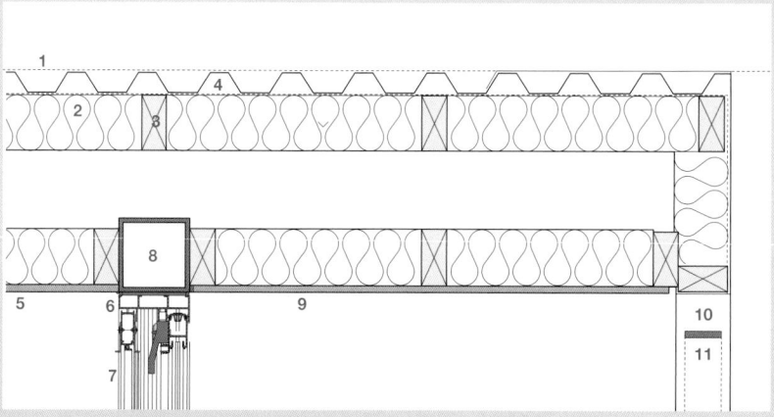


**11.05**
**Roof Cladding Detail**
**1:10**
**1** Longspan roof sheeting
**2** 50 mm (2 inch) insulation blanket
**3** 250 mm (10 inch) Z-purlin
**4** Rondo 129 furring channel at 450 mm (18 inch) centres
**5** 75 mm (3 inch) thick insulation batts
**6** 10 mm (1/3 inch) thick plasterboard
**7** Rondo P157
**8** 200 mm (8 inch) universal beam
**9** Armour grey steel sheet capping
**10** Long span cladding
**11** 75 mm (3 inch) thick insulation batts
**12** 10 mm (1/3 inch) thick plasterboard
**13** Building paper

**11.06**
**Wall Cladding Detail 1**
**1:10**
**1** 10 mm (1/3 inch) thick plasterboard
**2** 75 mm (3 inch) thick insulation batts
**3** Long span cladding
**4** Building paper
**5** Concrete screed
**6** Rondo P50
**7** Armour grey sheet steel cladding
**8** Timber framing
**9** 10 mm (1/3 inch) drip groove

**11.07**
**Wall Cladding Detail 2**
**1:10**
**1** Stramit long span cladding
**2** 75 mm (3 inch) thick insulation batts
**3** Timber stud
**4** Building paper
**5** 10 mm (1/3 inch) thick plasterboard
**6** Aluminium window frame
**7** Flyscreen
**8** 100 x 100 x 6 mm (4 x 4 x 1/4 inch) square steel section
**9** Fibre cement sheet
**10** 50 x 12 mm (2 x 1/2 inch) flat steel bar
**11** 150 x 75 mm (6 x 3 inch) steel channel

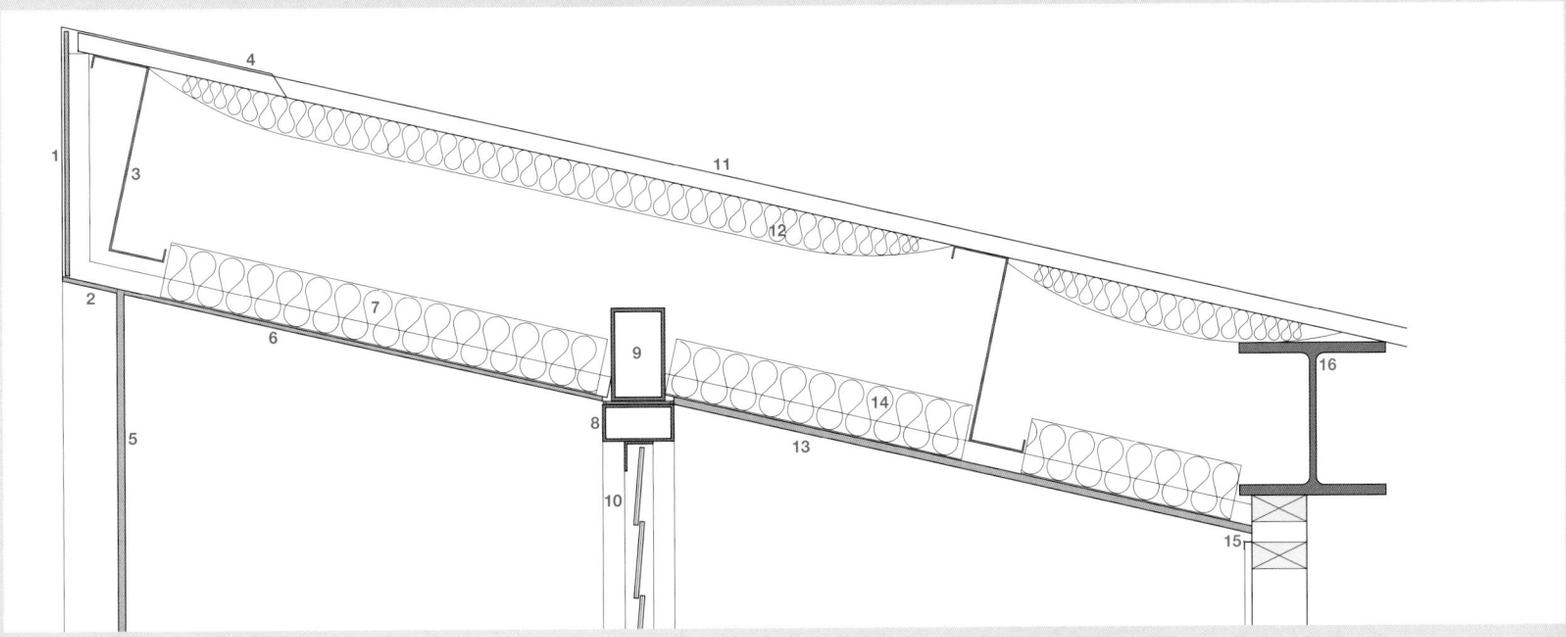


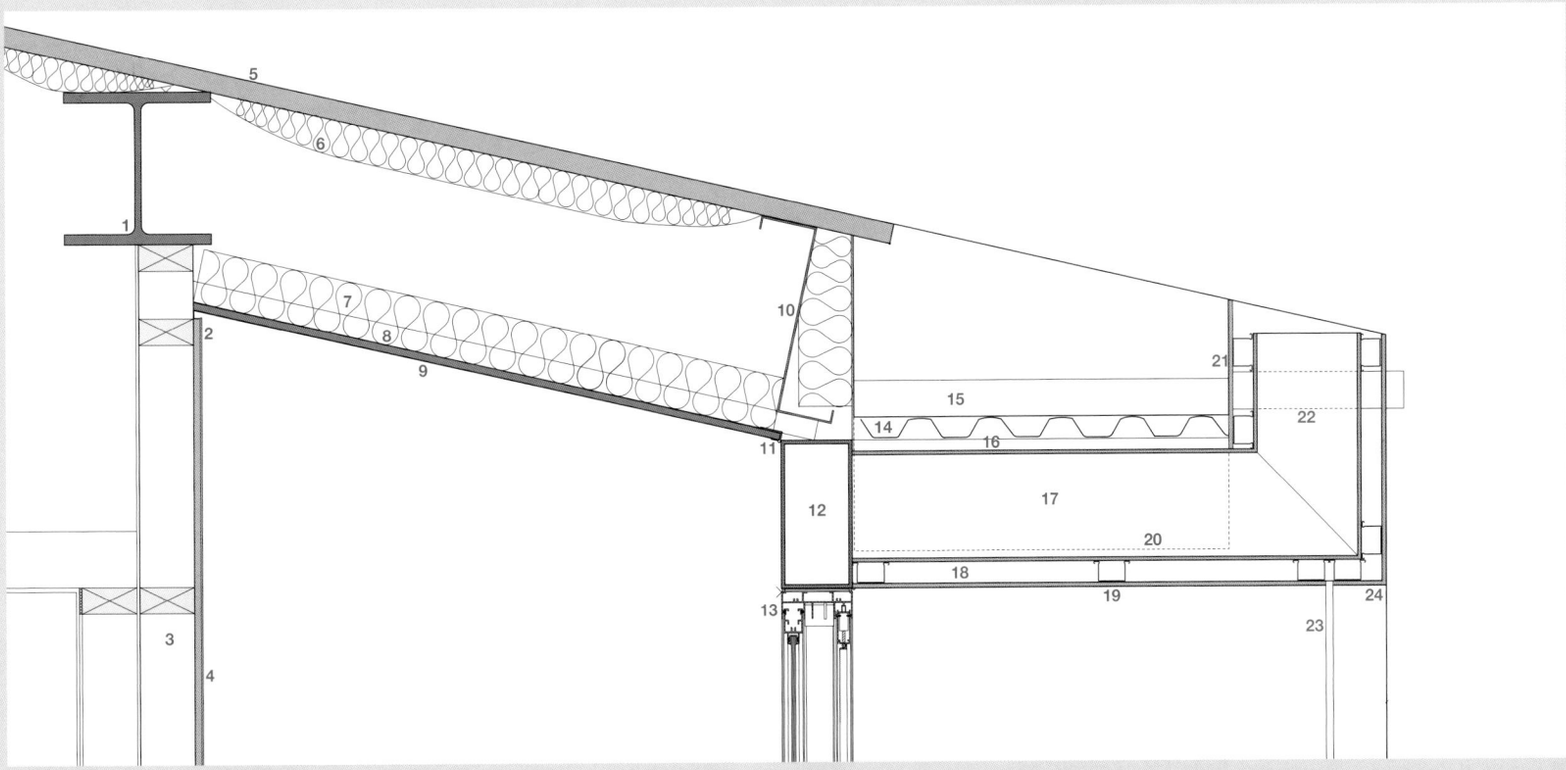


**11.08**
**Eave Detail**
**1:10**
**1** Glass fibre cement fascia
**2** Armour grey steel sheet fascia capping
**3** 250 mm (10 inch) Z-purlin
**4** Armour grey steel sheet folded fascia capping
**5** 10 mm (1/3 inch) shadow line
**6** Glass fibre cement soffit lining
**7** Rondo 129 furring channel at 450 mm (18 inch) centres
**8** Aluminium window frame
**9** 125 x 75 x 5 mm (5 x 3 x 1/4 inch) rectangular steel section
**10** Glass louvres
**11** Stramit long span roof sheeting
**12** 50 mm (2 inch) thick insulation blanket
**13** 10 mm (1/3 inch) thick plasterboard
**14** 75 mm (3 inch) thick insulation batts
**15** Rondo P50 channel
**16** 200 mm (8 inch) steel beam

**11.09**
**Box Gutter Detail**
**1:10**
**1** 200 mm (8 inch) steel beam
**2** Rondo P50
**3** Steel stud
**4** 10 mm (1/3 inch) thick plasterboard
**5** Stramit long span roof sheeting
**6** 50 mm (2 inch) thick insulation blanket with double-sided aluminium foil sarking
**7** 75 mm (3 inch) thick insulation batts
**8** Rondo 129 furring channel
**9** 10 mm (1/3 inch) thick plasterboard
**10** 250 mm (10 inch) Z-purlin
**11** Rondo P12 stopping bead
**12** 200 x 100 mm (8 x 4 inch) rectangular steel section
**13** Aluminium sliding door
**14** Stramit long span gutter support
**15** Armour grey Colorbond sheet steel box gutter lining
**16** Packer to suit fall
**17** 150 mm (6 inch) steel outrigger
**18** Fibre cement sheet soffit lining
**19** Rondo 129 furring channel
**20** Line of sump
**21** Armour grey Colorbond sheet steel box gutter lining
**22** 300 x 50 mm (12 x 2 inch) overflows from sumps
**23** 10 mm (1/3 inch) shadow line
**24** Armour grey folded steel sheet capping

**12**
**Kazuyo Sejima & Associates**

**Small House**
**Tokyo, Japan**

Area
77 square metres (830 square feet)

Structural Engineer
Sasaki Structural Consultants

This tiny house is located in the centre of Tokyo and has been designed for a family consisting of a single parent and three children. The client requested a terrace, a bathroom, spacious living and dining areas, bedrooms and family room. It was also important for the family to be able to engage, via the house, with the landscape outside. With a very limited site, the architect first determined how much space would be needed for the function of each room, so that each space would have a different character. The spatial and formal response was to pile up four different volumes, rather than carving up a single homogenous volume. After the stacking process, connections were made between the floors, which are all out of alignment, to create the exterior form. This overall volume was then adjusted to allow for car parking, to create a suitable level of privacy from neighbours, and to manipulate the position of the core of spiral stairs according to the uses on each floor.

The house also embraces the different relationships between inside and outside. The angle of the outside walls, for example, which is determined by the floor plan and ceiling height, opens upward towards the sky, and downward like an observatory to take in views of the neighbour's cherry blossom tree. Because each room is small and independent, relationships with the outside have a significant effect on the interior. By shifting the centre of gravity of each room, each floor benefits from different distances from the exterior and from the spiral stairs. Thus, various places for play, work and general domestic activities are able to develop naturally throughout the house. As a result, comfort and enjoyment are brought about through the very smallness of the house.

1

**1** A view at dusk reveals the difference in floor-plate dimensions and ceiling heights between the four levels of the house, generated to accommodate different functions and to create varying spaces for use by the members of the family.
**2** On the street facade, panels of aluminium and sheets of translucent glass protect the family's privacy while allowing natural light into the interior spaces.
**3** The steel-framed stair, fabricated from folded steel plate, comprises the centre of gravity for the house, linking all four small levels.

2

3

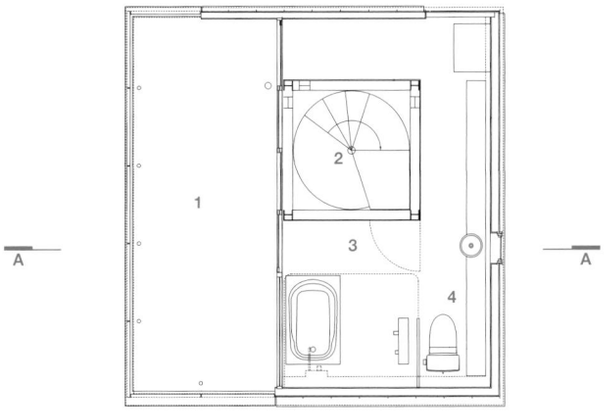


**12.01**
**Second Floor Plan**
**1:100**
1 Master bedroom
2 Spiral stair
3 Bath and shower room
4 WC

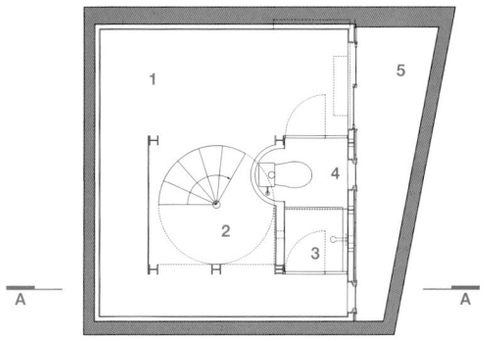


**12.04**
**Basement Floor Plan**
**1:100**
1 Children's bedroom
2 Spiral stair
3 Shower
4 WC
5 Light well

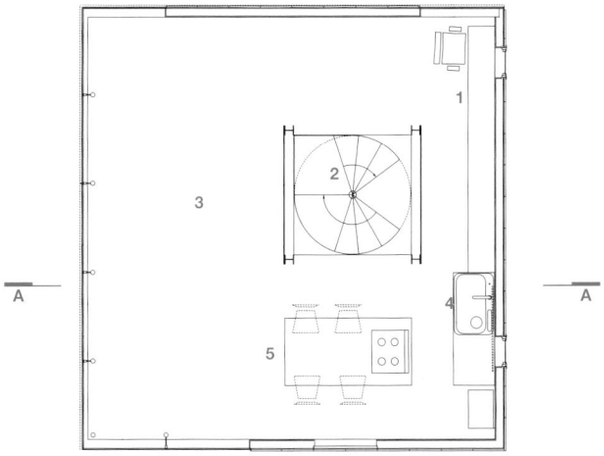


**12.02**
**First Floor Plan**
**1:100**
1 Study
2 Spiral stair
3 Living room
4 Kitchen
5 Dining area

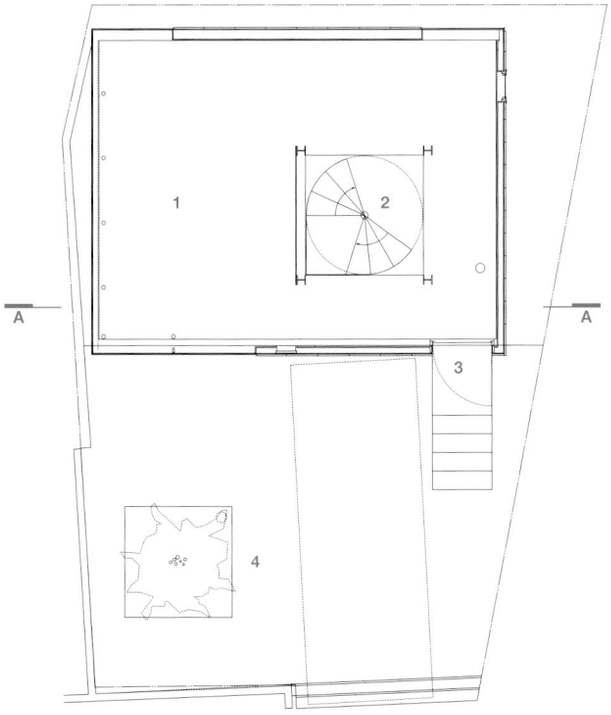


**12.03**
**Ground Floor Plan**
**1:100**
1 Guest room
2 Spiral stair
3 Entry
4 Front garden

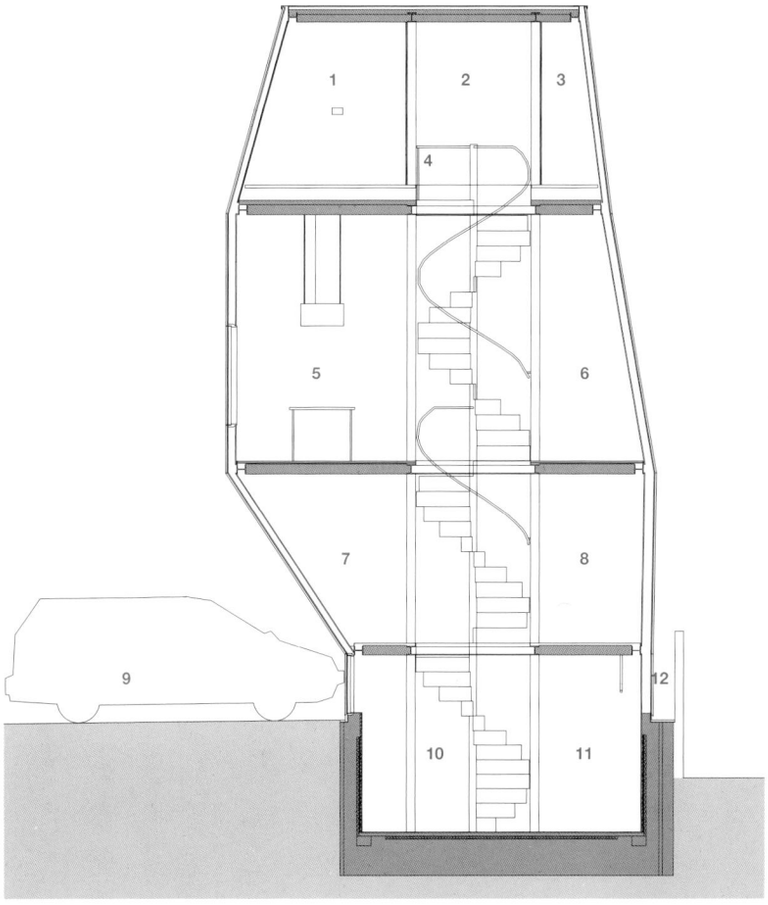


**12.05**
**Section A–A**
**1:100**
1 Master bedroom
2 Stairwell
3 WC
4 Spiral stair
5 Living room
6 Kitchen
7 Guest room
8 Guest room
9 Car parking
10 Children's bedroom
11 Shower
12 Light well

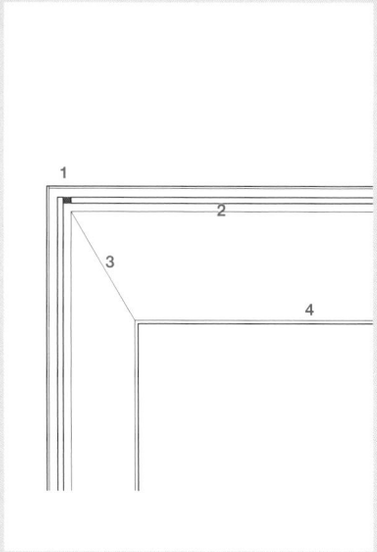


**12.06**
**Exterior Corner Wall Detail**
**1:10**
**1** Silicon seal
**2** 8 mm (1/3 inch) glass in PVC frame
**3** Steel frame
**4** Steel plate sill to floor edge

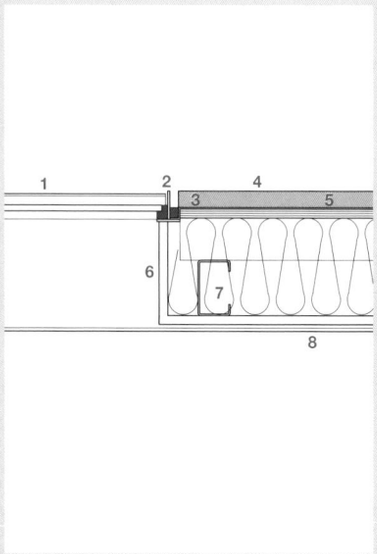


**12.08**
**Glazing Detail 2**
**1:10**
**1** 8 mm (1/3 inch) glass in PVC frame
**2** 38 mm (1 1/2 inch) stainless steel glass frame
**3** Silicone seal
**4** Galvanized and aluminium coated sheet steel flashing
**5** Exterior wall comprised of galvanized and aluminiuim coated sheet steel roofing, asphalt roofing and 12 mm (1/2 inch) structural plywood board
**6** Timber sill
**7** Steel channel wall framing
**8** Interior wall comprised of 12.5 mm (1/2 inch) plasterboard with synthetic resin paint finish and 130 mm (5 1/10 inch) glass wool thermal insulation

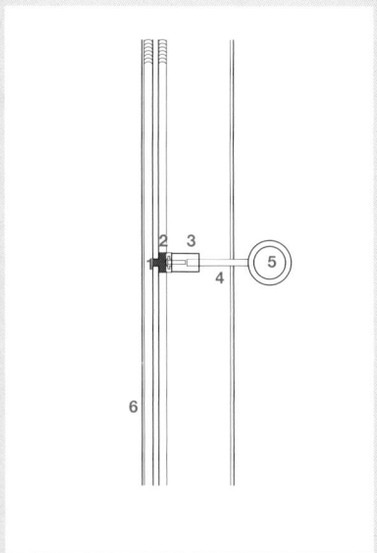


**12.10**
**Glazing Detail 4**
**1:10**
**1** Silicone seal
**2** Silicone gasket
**3** 38 mm (1 1/5 inch) steel flat mullion with synthetic resin paint finish
**4** 38 mm (1 1/5 inch) steel flat with synthetic resin paint finish at 500 mm (19 2/3 inch) centres
**5** 60.5 mm (2 4/5 inch) diameter tubular steel column with synthetic resin paint finish
**6** 8 mm (1/3 inch) glass in PVC frame

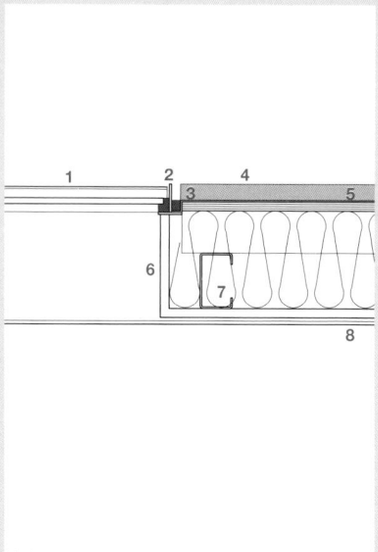


**12.07**
**Glazing Detail 1**
**1:10**
**1** 8 mm (1/3 inch) glass in PVC frame
**2** 38 mm (1 1/2 inch) stainless steel glass frame
**3** Silicone seal
**4** Galvanized and aluminium coated sheet steel flashing
**5** Exterior wall comprised of galvanized and aluminiuim coated sheet steel roofing, asphalt roofing and 12 mm (1/2 inch) structural plywood board
**6** Timber frame
**7** Steel channel wall framing
**8** Interior wall comprised of 12.5 mm (1/2 inch) plasterboard with synthetic resin paint finish and 130 mm (5 1/10 inch) glass wool thermal insulation

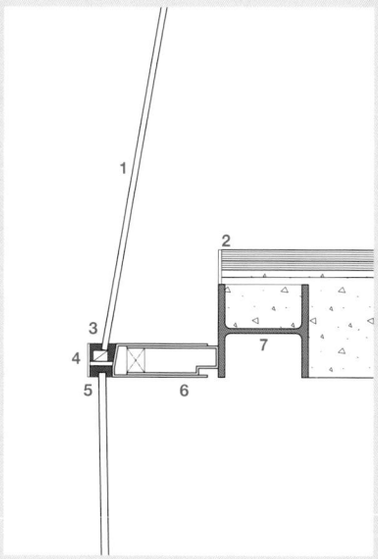


**12.09**
**Glazing Detail 3**
**1:10**
**1** 8 mm (1/3 inch) glass in PVC frame
**2** 47 mm (1 3/4 inch) steel flat with synthetic resin paint finish
**3** Silicone seal
**4** 45 mm (1 3/4 inch) stainless steel glass frame
**5** 6 mm (1/5 inch) stainless steel dead load support
**6** Glass frame with synthetic resin paint finish
**7** H-section steel beam with synthetic resin paint finish

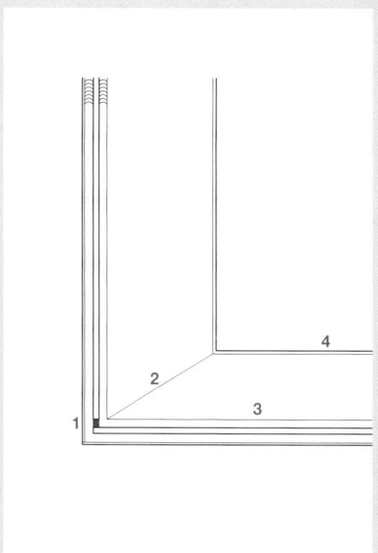


**12.11**
**Glazing Detail 5**
**1:10**
**1** Silicon seal
**2** 8 mm (1/3 inch) glass in PVC frame
**3** Steel frame
**4** Steel plate sill to floor edge

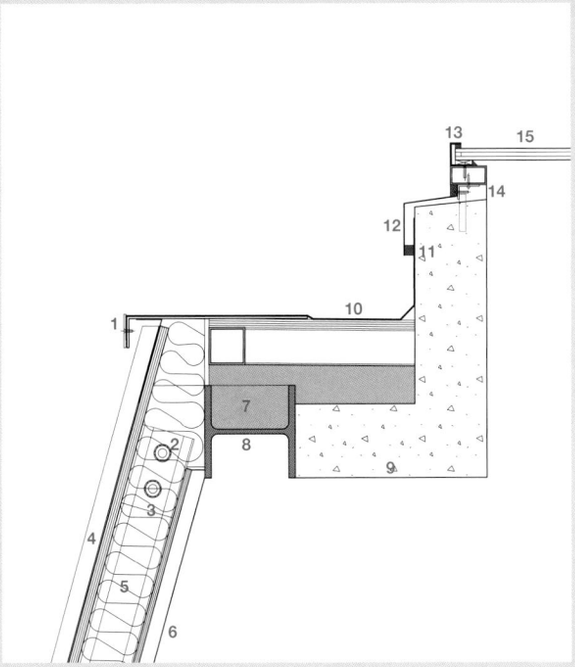


**12.12**
**Parapet Detail**
**1:10**
**1** 45 mm (1 3/4 inch) aluminium flat
**2** 9 mm (1/3 inch) steel gusset plate
**3** 9 mm (1/3 inch) diameter high tension bolt
**4** Exterior wall comprised of galvanized and aluminium coated sheet steel roofing, asphalt roofing and 12 mm (1/2 inch) structural plywood board
**5** Insulation
**6** Interior wall comprised of 20 mm (3/4 inch) waterproof mortar with synthetic resin paint finish, timber lathe board and 75 mm (3 inch) glass wool thermal insulation
**7** 9 mm (1/3 inch) steel stiffener
**8** Steel H-section beam with synthetic resin paint finish
**9** Exposed concrete
**10** Roof comprised of vulcanized rubber membrane waterproofing, 12 mm (1/2 inch) plywood board and 40 mm (1 1/2 inch) thermal insulation
**11** Silicone seal
**12** Galvanized and aluminium coated sheet flashing
**13** Aluminium glazing frame
**14** Mortar joint
**15** Glazing

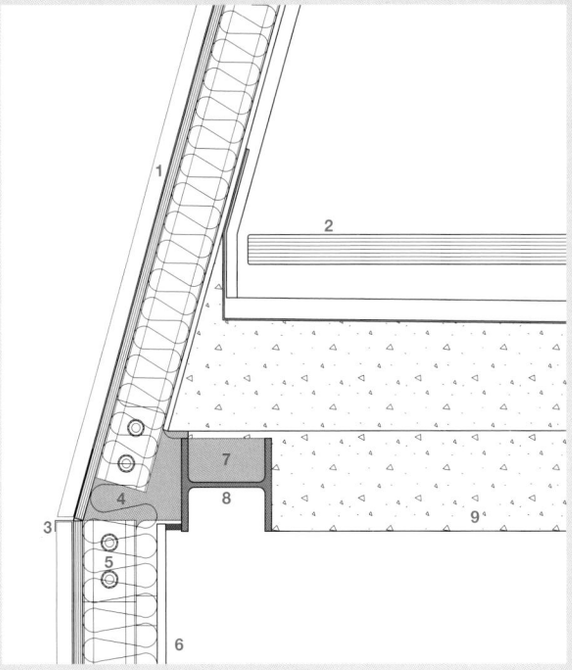


**12.13**
**Exterior Wall Detail**
**1:10**
**1** Exterior wall comprised of galvanized and aluminium coated sheet steel roofing, asphalt roofing and 12 mm (1/2 inch) structural plywood board
**2** Floor comprised of floating timber boards with corrosion-proof treatment, waterproof mortar, waterproof membrane, light-weight concrete and 12 mm (1/2 inch) structural plywood board
**3** Galvanized and aluminium coated sheet flashing
**4** Steel gusset plate
**5** 9 mm (1/3 inch) diameter high tension bolt
**6** Interior wall comprised of 20 mm (3/4 inch) waterproof mortar with synthetic resin paint finish, timber lathe board and glass wool thermal insulation
**7** 9 mm (1/3 inch) steel stiffener
**8** Steel H-section beam with synthetic resin paint finish
**9** Exposed concrete

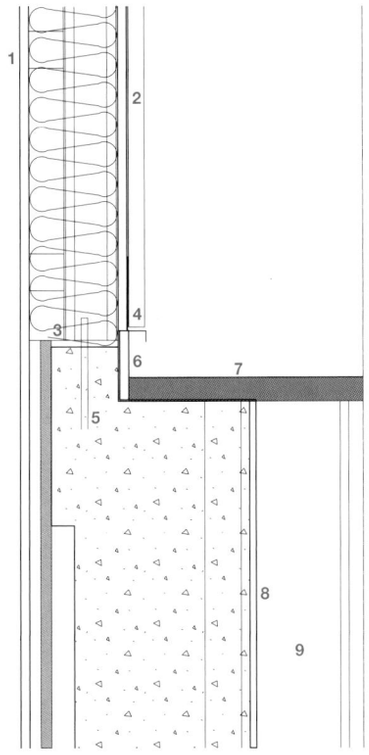


**12.14**
**Retaining Wall Detail**
**1:10**
**1** Interior wall comprised of 20 mm (3/4 inch) waterproof mortar with synthetic resin paint finish, timber lathe board and glass wool thermal insulation
**2** Exterior wall comprised of galvanized and aluminium coated sheet steel roofing, asphalt roofing and 12 mm (1/2 inch) structural plywood board
**3** 9 mm (1/3 inch) steel anchor plate
**4** Galvanized and aluminium coated sheet flashing
**5** 9 mm (1/3 inch) steel anchor bolt
**6** Waterproof mortar
**7** Paving stone floor with waterproof membrane coating
**8** Sheet pile
**9** Steel H-section retaining wall

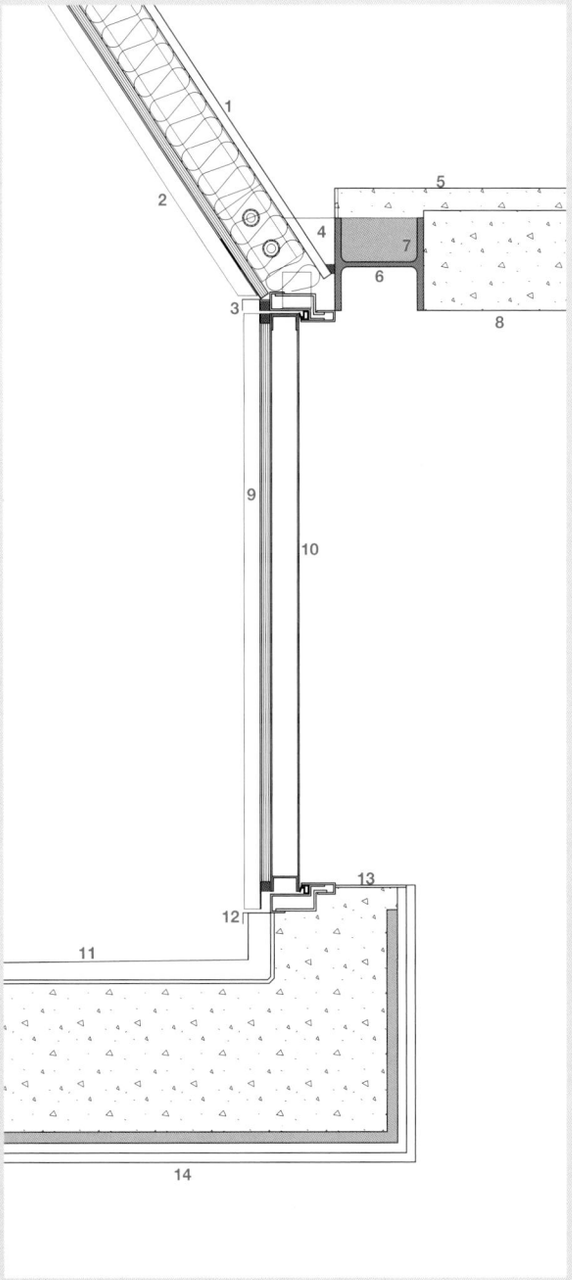


**12.15**
**Window Detail**
**1:10**
**1** Interior walll comprised of 20 mm (3/4 inch) waterproof mortar with synthetic resin paint finish, timber lathe board and 75 mm (3 inch) glass wool thermal insulation
**2** Exterior wall comprised of galvanized and aluminium coated sheet steel roofing, asphalt roofing and 12 mm (1/2 inch) structural plywood board
**3** Galvanized and aluminium coated sheet flashing
**4** 9 mm (1/3 inch) steel gusset plate
**5** 30 mm (1 1/5 inch) self-levelling mortar floor
**6** Steel H-section beam with synthetic resin paint finish
**7** 9 mm (1/3 inch) steel stiffener
**8** Exposed concrete
**9** Exterior wall finish comprised of galvanized and aluminium coated sheet steel roofing, asphalt roofing and 12 mm (1/2 inch) structural plywood board
**10** 40 mm (1 1/2 inch) flush steel window with synthetic resin paint finish
**11** Waterproof mortar to floor with waterproof membrane coating
**12** Galvanized and aluminium coated flashing
**13** Cement plastering with synthetic resin paint finish
**14** 12.5 mm (1/2 inch) plasterboard with synthetic resin paint finish

**13**
**Kruunenberg Van der Erve**

**Laminata, House of Glass**
**Leerdam, The Netherlands**

Client
CWL Koopwoningen

Area
400 square metres (4,305 square feet)

Glass Consultant
Saint-Gobain Glass Netherlands

Structural Consultant
Van Rijn Partners

Main Contractor
Radix + Veerman

This project was an initiative of the Leerdam housing association which sponsored a competition to explore new ways of using glass in construction. The resulting house totally redefines the use of glass as a building material. The concept involved a massive rectangular block formed by 2,000 sheets of plate glass. In reality, the construction involved pre-cutting to size 13,000 sheets of glass, then painstakingly cleaning and gluing each plate into place on site. The resulting massive walls of laminated glass rest on a concrete structure, with a plywood roof resting on top.

Extensive research was carried out to investigate the suitability of glass as a primary building material. Although the glass itself is naturally brittle, this inflexibility is countered by a special two-component silicon glue that is UV-resistant and permanently flexible. Despite its apparent delicacy, the laminated glass is as strong as concrete. To address environmental concerns, the massive glass walls, combined with a central floor-heating system, are capable of economically maintaining a constant temperature in winter and are thick enough to absorb and dissipate summer heat without transferring it to the interior. Programmatically, a meandering cut through the massive block of glass organises the house, creating a central hallway with living spaces and secondary spaces hollowed out of the masses on either side. More private rooms are accommodated in a concrete base, while a private courtyard in the centre extends through both levels, bringing in natural light and fresh air.

**1** From afar the house appears as a conventional domestic structure, however on closer inspection, all of the slightly reflective external wall surfaces are the result of the thin ends of the laminated glass panels, which together form the facades.
**2** Detail view of an interior wall – timber doors, concrete floors and clear glazing contrast with the walls of laminated glass.
**3** Slots of clear glazing are set into the laminated walls to provide carefully framed views out over the landscape.
**4** The central corridor is apparently carved out of a massive block of glass. The mass of glass allows finely filtered light into the centre of the house.

**13.01**
**Basement Floor Plan**
**1:200**
1 Lobby
2 Gallery
3 Courtyard
4 Garage
5 Pantry
6 Technical room
7 Studio
8 Home cinema
9 WC

**13.02**
**Ground Floor Plan**
**1:200**
1 Entrance
2 Corridor
3 Courtyard
4 Kitchen
5 Living room
6 Guest WC
7 Terrace
8 Study
9 Bedroom
10 Bathroom
11 Master bathroom
12 Dressing room
13 Master bedroom

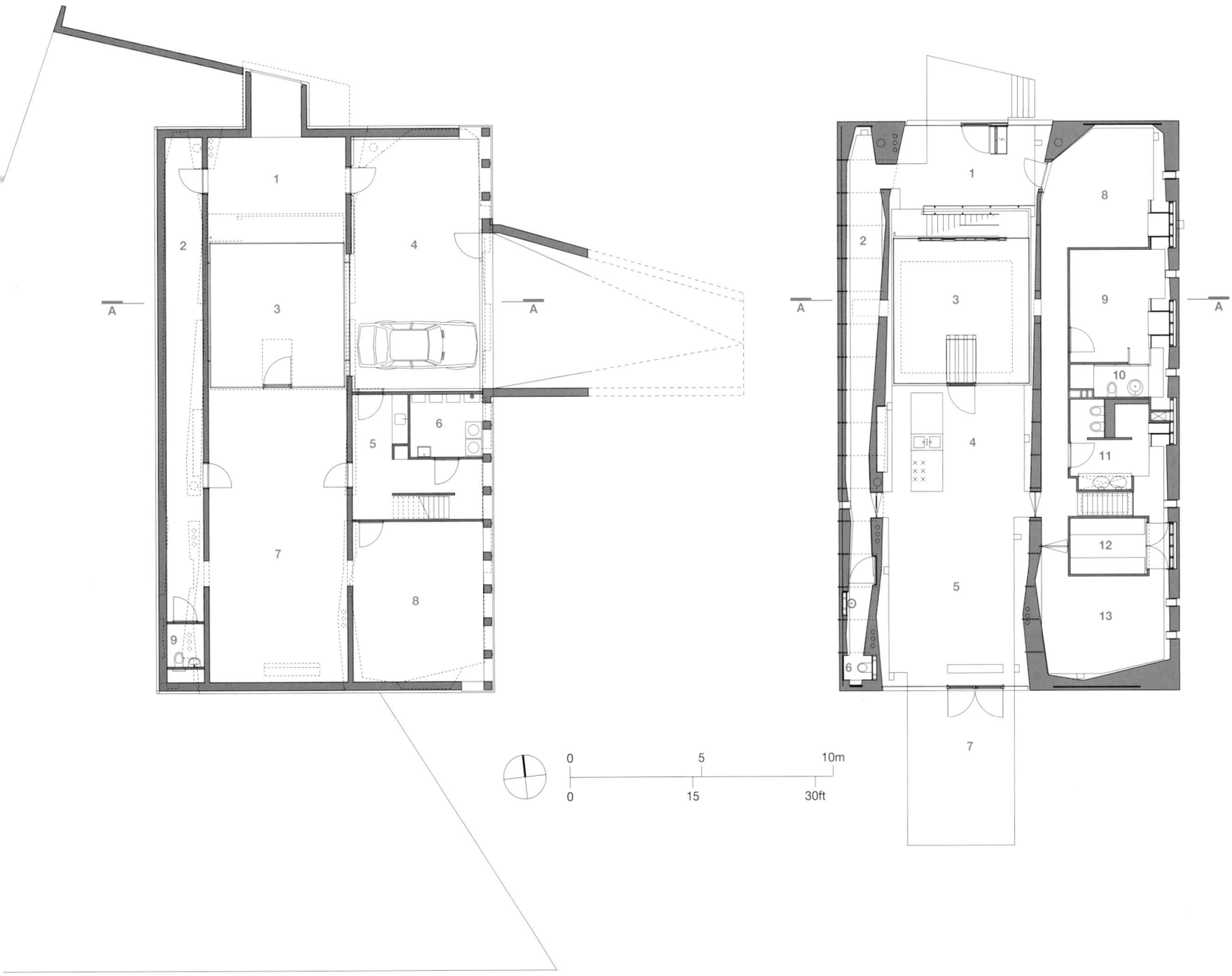


**13.03**
**Section A–A**
**1:200**
1 Corridor
2 Gallery
3 Courtyard
4 Corridor
5 Bedroom
6 Garage
7 Driveway

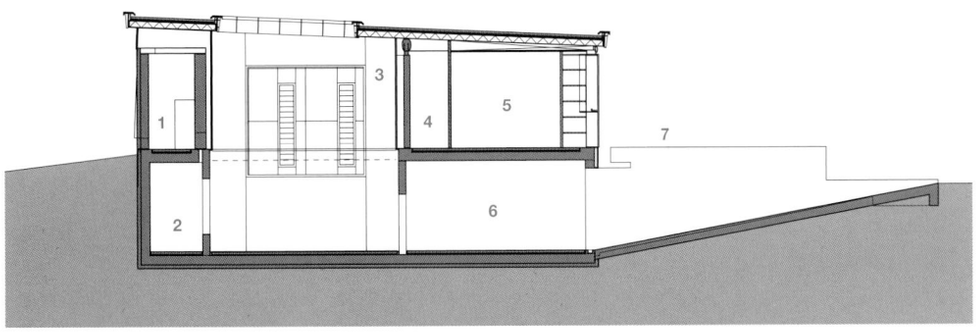

**13.04**
**Concept Diagram**
1 Solid laminated glass prism
2 Line of 'wandering' cut through
3 Sections of glass removed to create interior spaces

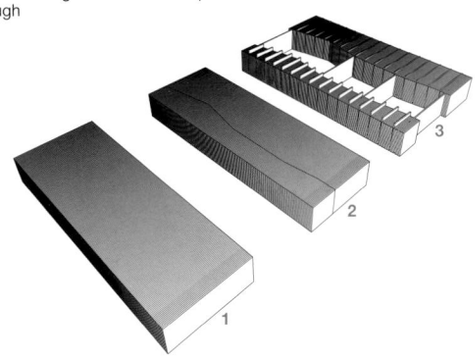

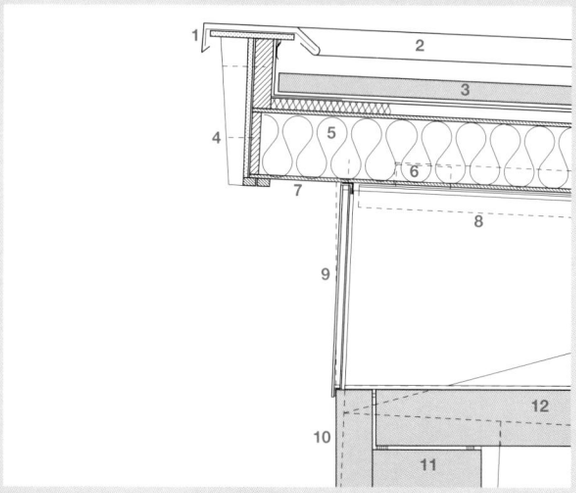


**13.05**
**Roof and External Wall Detail 1**
**1:20**
**1** Zinc capping to roof edge
**2** Zinc capping
**3** Ballast layer of gravel
**4** Western red cedar support
**5** Insulation
**6** Anodized aluminium roof anchor
**7** Timber stressed skin panels
**8** Roof support of prefabricated structural float glass
**9** Structural glazed isolation glass
**10** Layers of 10 mm (2/5 inch) laminated structural float glass
**11** Layers of 10 mm (2/5 inch) laminated structural float glass
**12** Layers of 10 mm (2/5 inch) laminated structural float glass

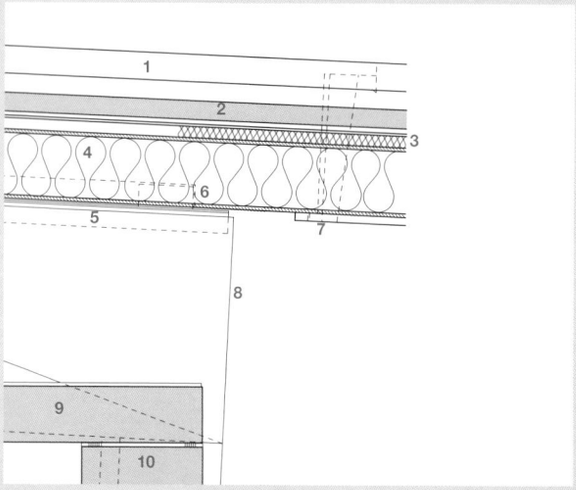


**13.06**
**Roof and External Wall Detail 2**
**1:20**
**1** Zinc capping
**2** Ballast layer of gravel
**3** Insulation with integral electrical installation
**4** Insulation
**5** Anodized aluminium roof anchor
**6** Anodized aluminium roof anchor
**7** Roof edge to courtyard
**8** Roof support of prefabricated structural float glass
**9** Layers of 10 mm (2/5 inch) laminated structural float glass
**10** Layers of 10 mm (2/5 inch) laminated structural float glass

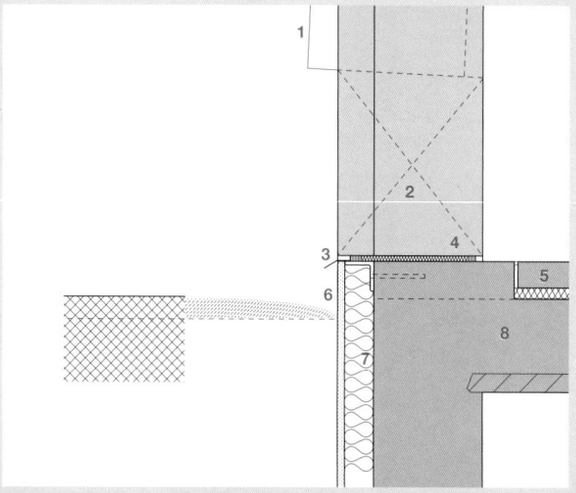


**13.07**
**Glazing and Concrete Detail at Ground Floor**
**1:20**
**1** Prefabricated structural float glass in line with roof support
**2** Coloured float glass filling
**3** Anodized aluminium profile
**4** 80 x 80 x 10 mm (3 1/10 x 3 1/10 x 2/5 inch) Inox profile
**5** Underfloor heating
**6** Stucco finished facade isolation
**7** 80 mm (3 inch) insulation
**8** 250 mm (9 4/5 inch) reinforced concrete slab

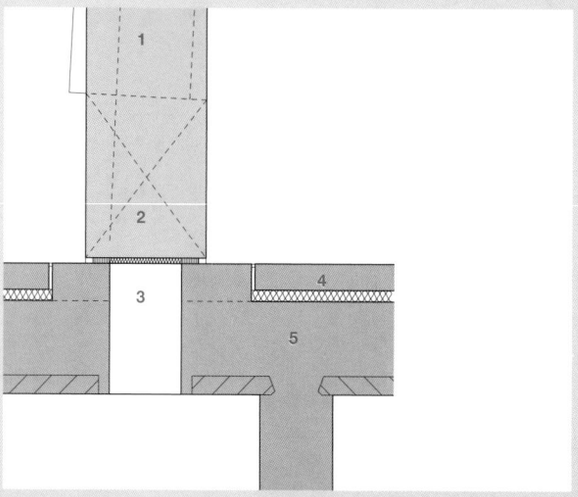


**13.08**
**Glazing Detail at Ground Floor**
**1:20**
**1** Layers of 10 mm (2/5 inch) laminated structural float glass
**2** Coloured float glass filling
**3** Opening to provide daylight to basement
**4** Underfloor heating
**5** 250 mm (9 4/5 inch) thick reinforced concrete

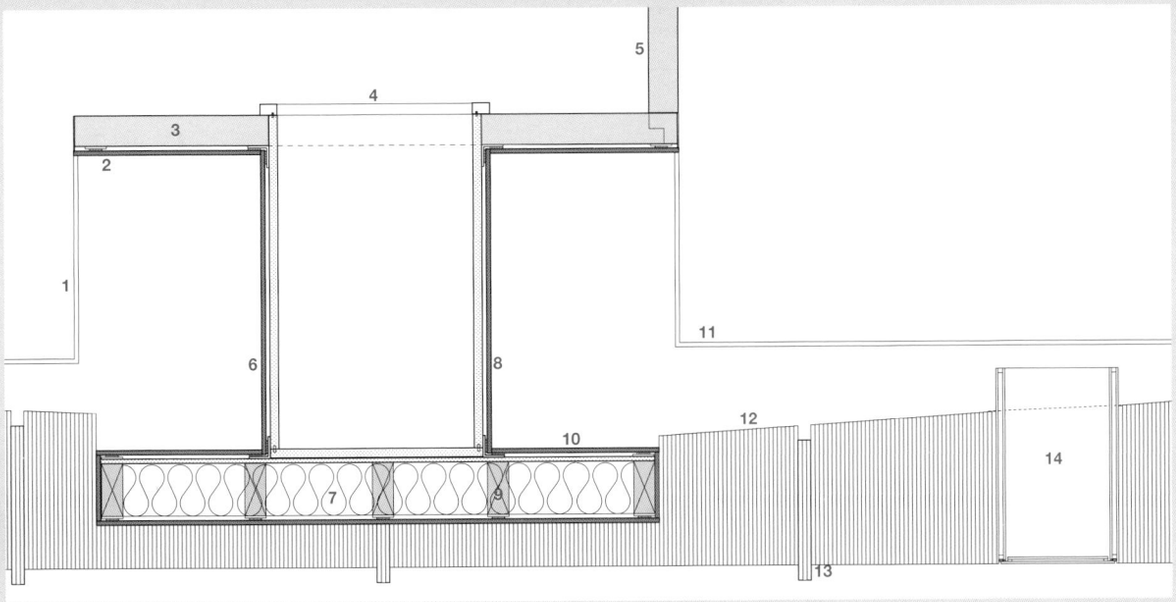


**13.09**
**Plan Detail Through Glass Wall**
**1:20**
**1** Joint between reinforced concrete floor and under-floor heating
**2** Enamelled glass
**3** Interior wall
**4** Timber closet
**5** Interior wall
**6** Enamelled glass on plywood base to closet
**7** Insulation
**8** Enamelled glass
**9** Timber framework
**10** Enamelled glass on plywood base
**11** Joint between reinforced concrete floor and under-floor heating
**12** 10 mm (2/5 inch) laminated structural float glass
**13** 3 x 10 mm (1/8 x 2/5 inch) prefabricated structural float glass in line with roof support
**14** Operable window

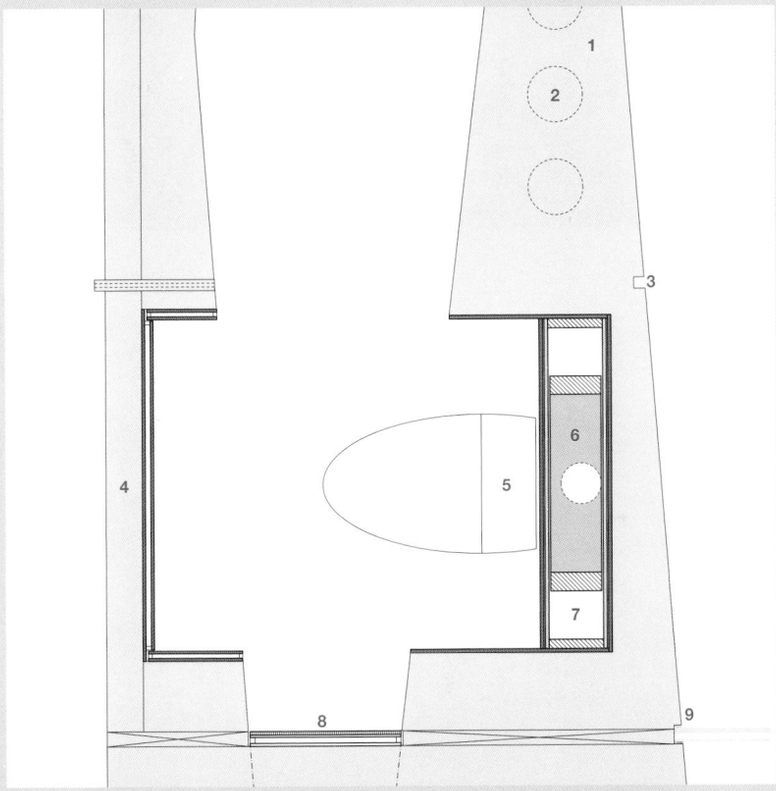


**13.10**
**Plan Detail at WC**
**1:20**
**1** Laminated glass
**2** Circular openings to provide daylight to basement
**3** Anodized aluminium profile
**4** Enamelled isolation glass
**5** WC mounted on to enamelled glass
**6** Concealed cistern
**7** Ventilation shafts clad in enamelled glass
**8** Liquid crystal glass: transparent glass door becomes translucent when door is closed
**9** Isolation glass glued to laminated glass

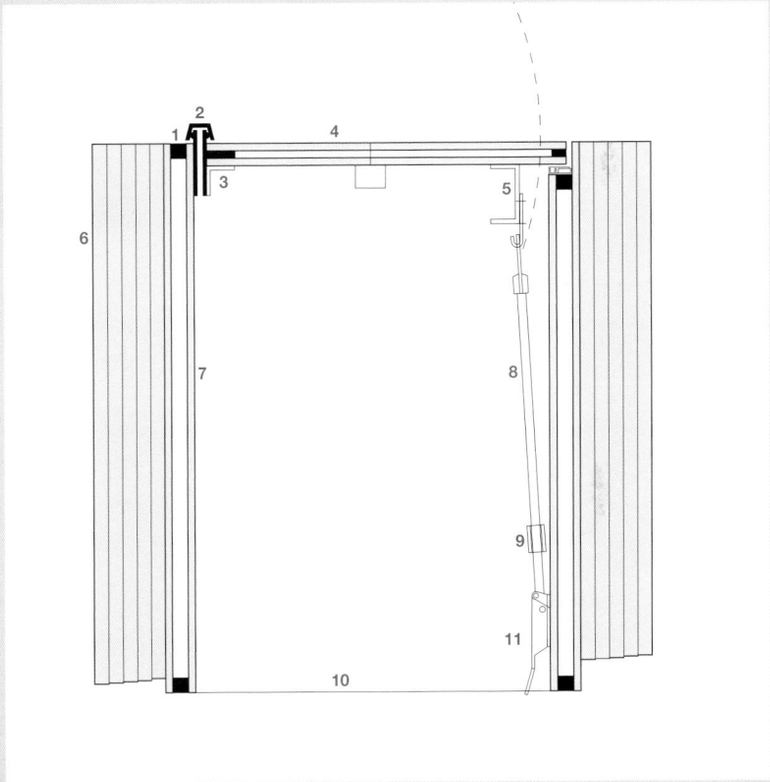


**13.11**
**Operable Window Detail**
**1:5**
**1** Isolation glass
**2** Pinless aluminium hinge
**3** Anodized aluminium profile
**4** Window of isolation glass glued on site
**5** 40 x 20 mm (1 1/2 x 3/4 inch) polished U-profile
**6** 10 mm (2/5 inch) laminated structural float glass
**7** Isolation glass window frame
**8** Threaded rod
**9** Hexagonal connection unit
**10** Isolation glass window frame
**11** Toggle latch

**14**
**Shigeru Ban Architects**

**Picture Window House**
**Shizuoka Prefecture, Japan**

Area
274 square metres (2,950 square feet)

Project Team
Shigeru Ban, Nobutaka Hiraga, Jun Yashiki

Structural Engineer
Hoshino Architect and Engineer

Main Contractor
Daido Kogyo

Located 96 kilometres (60 miles) south of Tokyo on the Izu Peninsula, this family house enjoys the rare commodity of open views of the sea and sky. Taking the desire to open the house as much as possible to uninterrupted views of the Pacific Ocean, the entire house, in effect, becomes an enormous window. The ground floor consists of a huge open volume containing the living room, dining room and kitchen. Here, large glass doors on both long facades slide open on tracks recessed into the floor, and stack away at either end to create an integral indoor-outdoor space.

On the first floor is a double-height studio at one end of the long bar and a storage area at the other. In between are four bedrooms with floor to ceiling windows overlooking the sea. Behind the bedrooms, along the north elevation, is an uncommonly long bathroom that also acts as a circulation space to the sleeping areas. The bathroom contains a bathtub, two toilets and five sinks, with only glass doors separating the three areas within the whole. One area contains a sink, tub and toilet, another larger space with three sinks, and a third with a toilet and sink. The material palette consists primarily of white-painted steel and glass. The steel structure functions as a bridge, with the braced two-storey spaces on either end anchoring the column-free span of the bedrooms and living area. Diagonal steel bracing is visible in front of the bedroom windows. On the first floor, large banks of aluminium louvres accentuate the horizontal lines of the house, but can be retracted to create a completely transparent facade.

1

**1** The living room on the lower level is protected from the sun by a large cantilevered awning. Both sides of the space open completely – one side to the forest and the other to the sea. The diagonal bracing is visible on the upper level across the run of bedrooms that also overlook the sea.
**2** View of the main living space where the timber floor extends out onto the deck. The full-height glass doors slide away and stack at either end of the space.

2

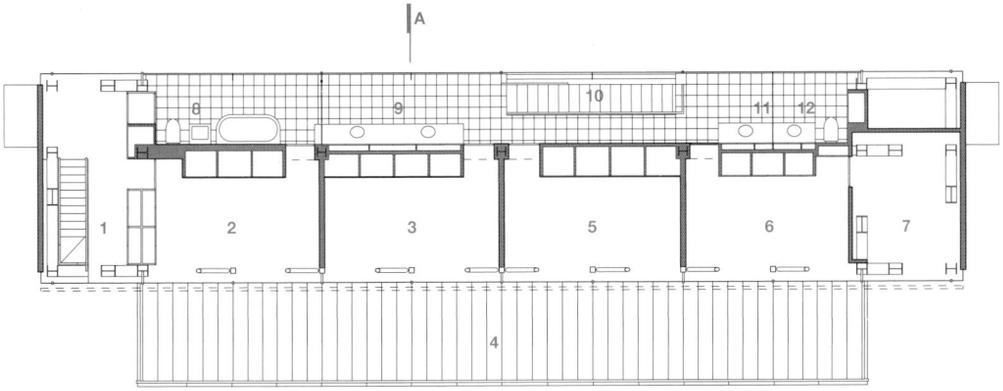


**14.01**
**First Floor Plan**
**1:200**
1 Studio
2 Bedroom
3 Bedroom
4 Awning below
5 Bedroom
6 Bedroom
7 Store
8 Bathroom
9 Bathroom
10 Stair from living room below
11 Bathroom
12 Bathroom

**14.03**
**Section A–A**
**1:200**
1 Bedroom
2 Bathroom
3 Deck
4 Living area
5 Kitchen

**14.02**
**Ground Floor Plan**
**1:200**
1 Studio
2 Kitchen
3 Dining area
4 Deck
5 Living area
6 Bathroom

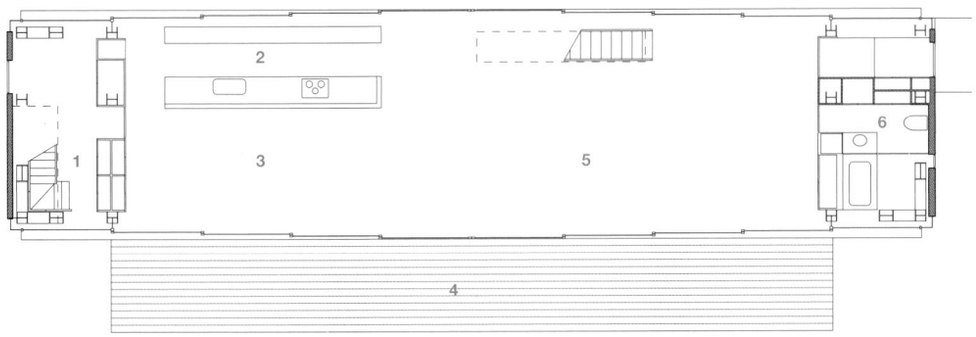


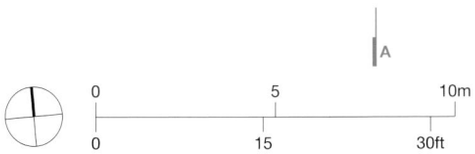


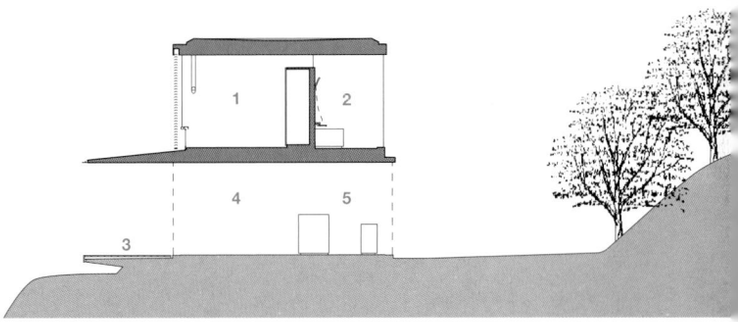

**14.04**
**Site Plan**
**1:400**
1 House
2 Driveway
3 Parking
4 Stair to sea front

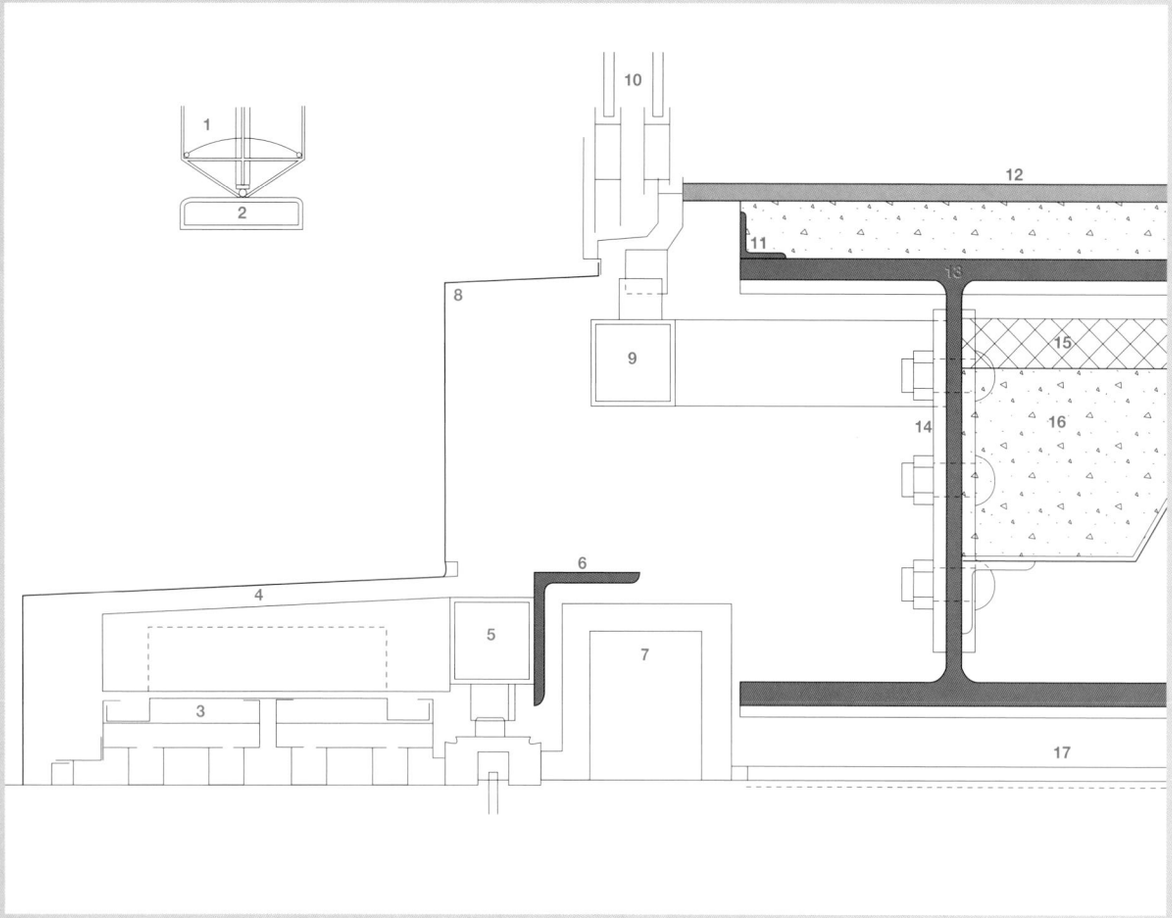


**14.05**
**Glazing Detail 1**
**1:5**
**1** Aluminium external blind
**2** Aluminium frame to blind assembly
**3** Double sliding aluminium window
**4** Threshold
**5** 60 x 60 mm (2 1/3 x 2 1/3 inch) square hollow section
**6** Steel L-angle
**7** Roller blind box
**8** Glabellum sheet steel cladding
**9** 60 x 60 mm (2 1/3 x 2 1/3 inch) square hollow section
**10** Double sliding aluminium window
**11** Steel L-angle
**12** 12 mm (1/2 inch) thick cherry parquet flooring
**13** 300 x 300 mm (11 3/4 inch x 11 3/4 inch) steel I-beam
**14** Steel connecting plate
**15** Insulation
**16** 130 mm (5 1/4 inch) concrete slab
**17** 8 mm (1/3 inch) thick flexible board ceiling

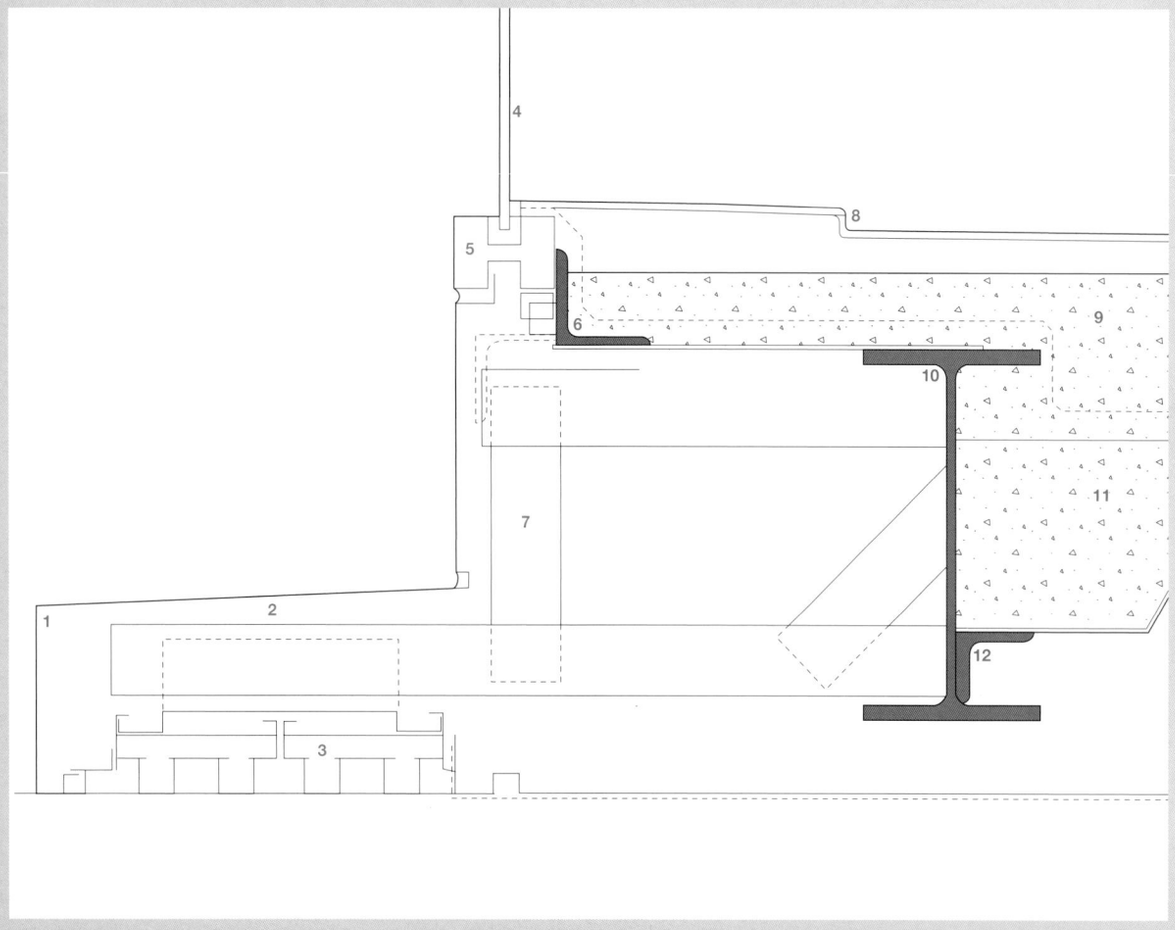


**14.06**
**Glazing Detail 2**
**1:5**
**1** Glabellum sheet steel cladding
**2** Threshold
**3** Double sliding aluminium window
**4** Fixed glass
**5** Aluminium sash
**6** Steel L-angle
**7** Structural steel section
**8** 150 x 150 mm (6 x 6 inch) porcelain tiles
**9** 130 mm (5 1/4 inch) concrete slab
**10** 250 x 120 mm (9 4/5 x 4 3/4 inch) steel beam
**11** 130 mm (5 1/4 inch) concrete slab
**12** Steel L-angle

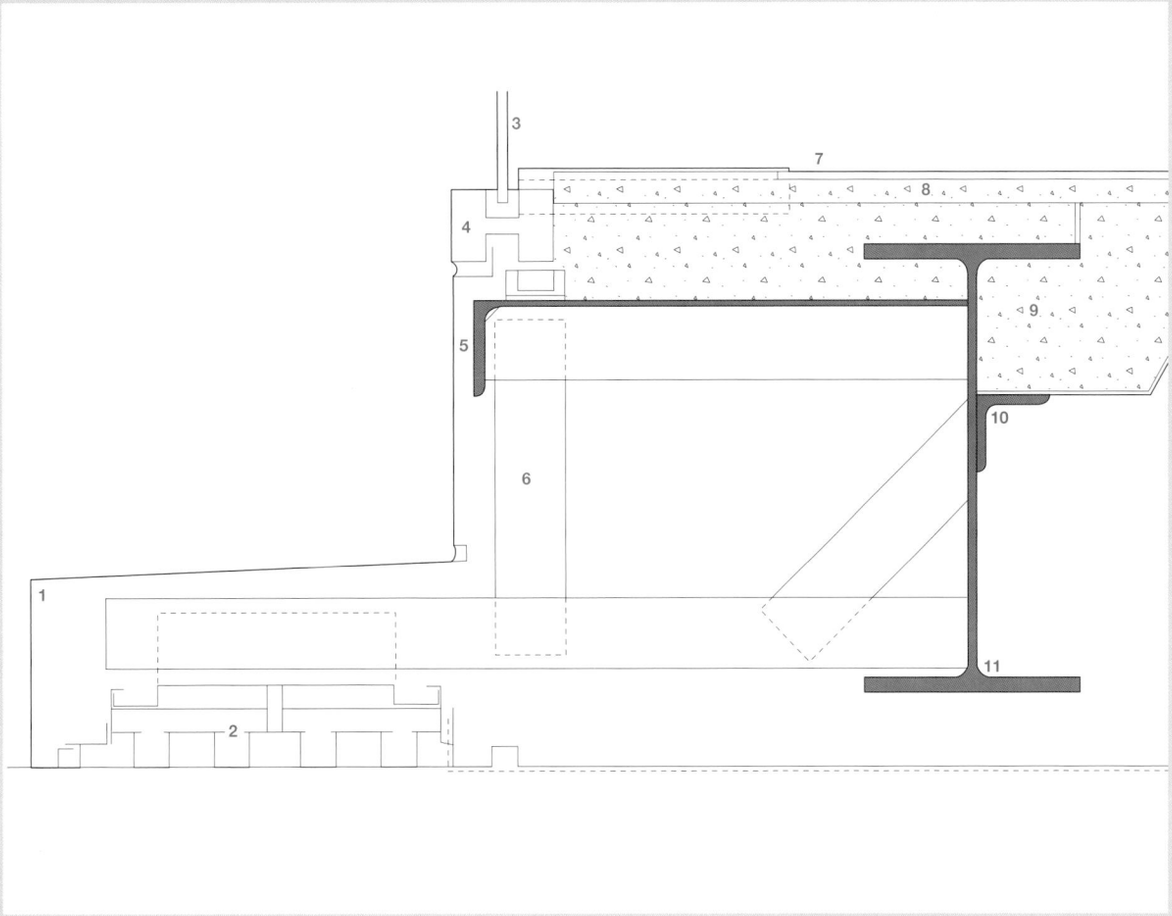


**14.07**
**Glazing Detail 3**
**1:5**
**1** Glabellum sheet steel cladding
**2** Double sliding aluminium window
**3** Fixed glass
**4** Aluminium sash
**5** Steel angle
**6** Structural steel
**7** 150 x 150 mm (6 x 6 inch) porcelain tiles
**8** Levelling mortar bed
**9** Concrete slab
**10** Steel L-angle
**11** 300 x 150 mm (12 x 6 inch) steel beam

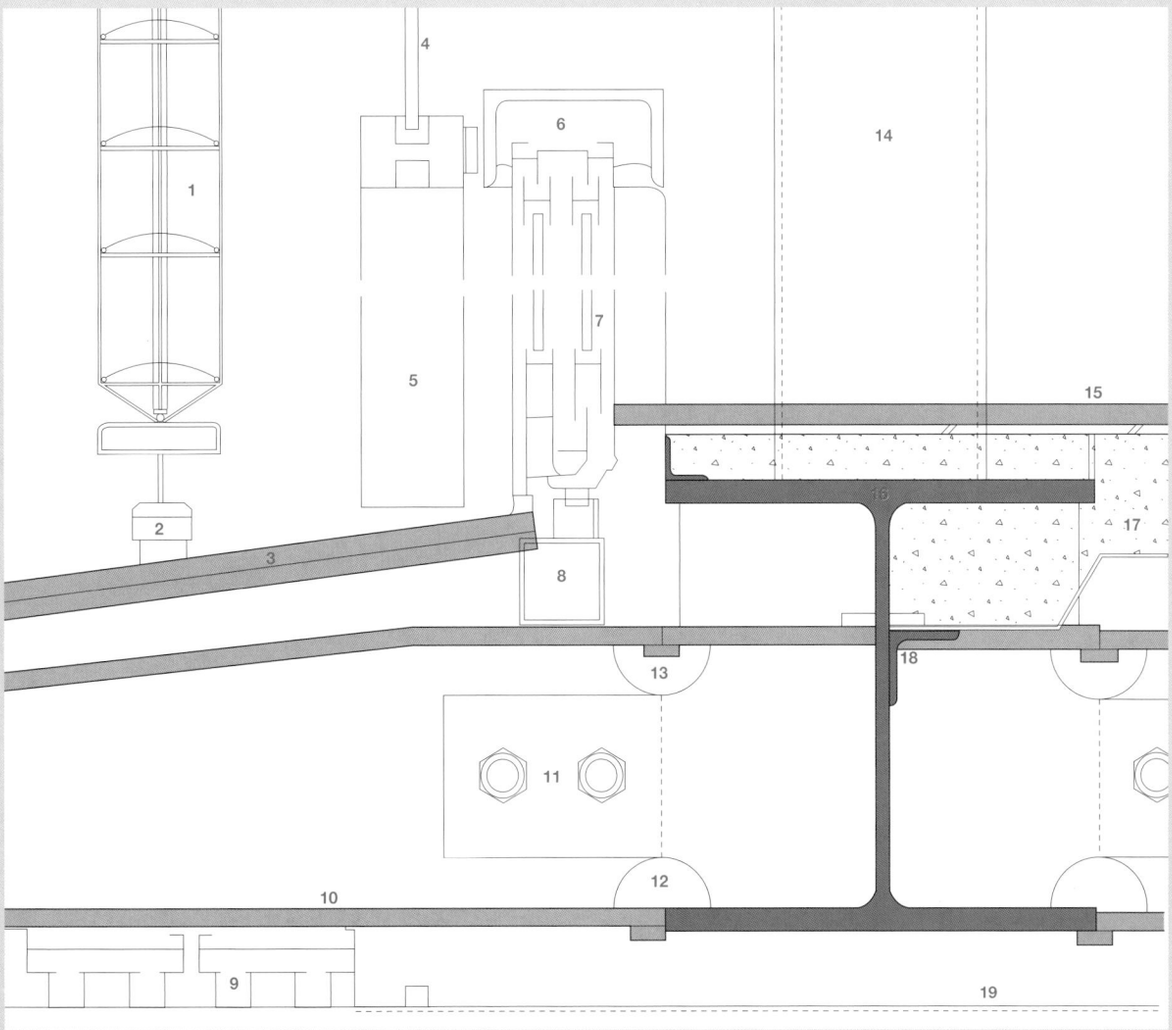


**14.08**
**Glazing Detail 4**
**1:5**
**1** Aluminium exterior blind
**2** Aluminium blind anchor
**3** Glabellum sheet steel cladding
**4** Fixed glass
**5** Aluminium sash
**6** Double sliding aluminium window
**7** Glazing
**8** 60 x 60 mm (2 1/3 x 2 1/3 inch) square hollow section
**9** Double sliding aluminium window
**10** Steel beam
**11** Steel connecting plate
**12** Connector weld between beams
**13** Connector weld between beams
**14** 150 x 150 mm (6 x 6 inch) steel column
**15** 12 mm (1/2 inch) thick cherry parquet flooring
**16** 300 x 300 mm (11 3/4 x 11 3/4 inch) steel I-beam
**17** 130 mm (5 1/4 inch) concrete slab
**18** Steel L-angle
**19** 8 mm (1/3 inch) thick flexible board ceiling

**15**
**Carlos Zapata Studio**

**Private House**
**Quito, Ecuador**

Area
800 square metres (8,610 square feet)

Project Team
Carlos Zapata, Rolando Mendoza, Pamela Torres

Structural Engineer
Luis Roggiero Gil, Moncayo & Roggiero

Contractor
Luis Roggiero Gil, Moncayo & Roggiero

Landscape Architect
Stephen Christopher Haus, Suzana Perez

This house for a young couple and their two children is located just outside Quito on the edge of an inclined site with sweeping views of Cotopaxi Mountain, one of Central America's tallest active volcanoes. The house appears as a tangled profusion of angles and fragments that fuse with the terrain and accentuate its natural contours. Despite the almost windowless curved armature of the concrete wall which presents a closed, protective shield towards the street, the two wings of the house reach out, opening up on the other facade with double-height battered green-tinted glazing to embrace uninterrupted views of the valley.

Inside, views of the surrounding housing development are excluded in favour of a vista of the mountains. The design conscientiously avoids 90 degree angles in the horizontal and vertical plane, instead favouring the juxtaposition of shallow curves with straight lines and tight angles to create a dynamism that is seemingly incompatible with a static structure. The house includes all the customary spaces of a domestic environment, arranged conventionally with living, dining and kitchen spaces on the ground floor level, with bedrooms and bathrooms above. A luxurious addition to this programme, however, is a lap pool that originates inside the house, continuing outside where swimmers enjoy spectacular views.

1

2

3

**1** The two arms of the house wrap around to embrace views of the Andes in the distance. A deck with reflecting pool cantilevers out over the sloping site. **2** Full height green-tinted glazing reflects the landscape and minimizes the visual impact of the building as seen from below. **3** Banks of curved timber characterize the interior, where expansive curves and shallow angles create dynamic interstitial spaces.

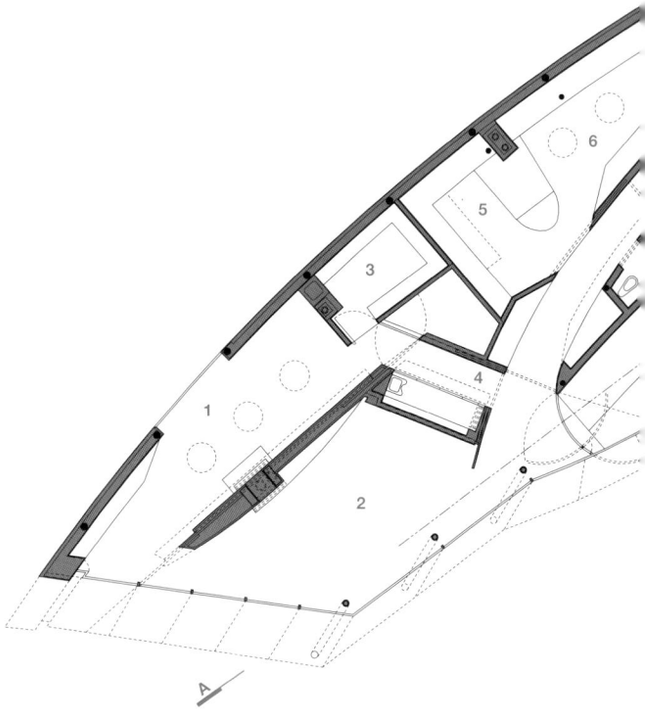


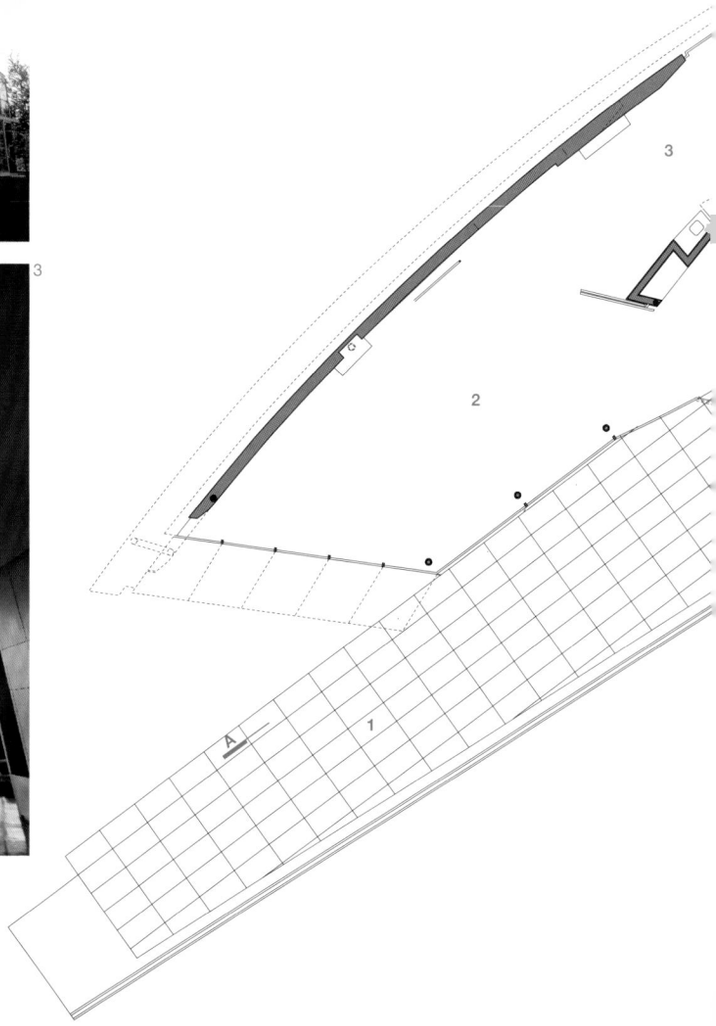

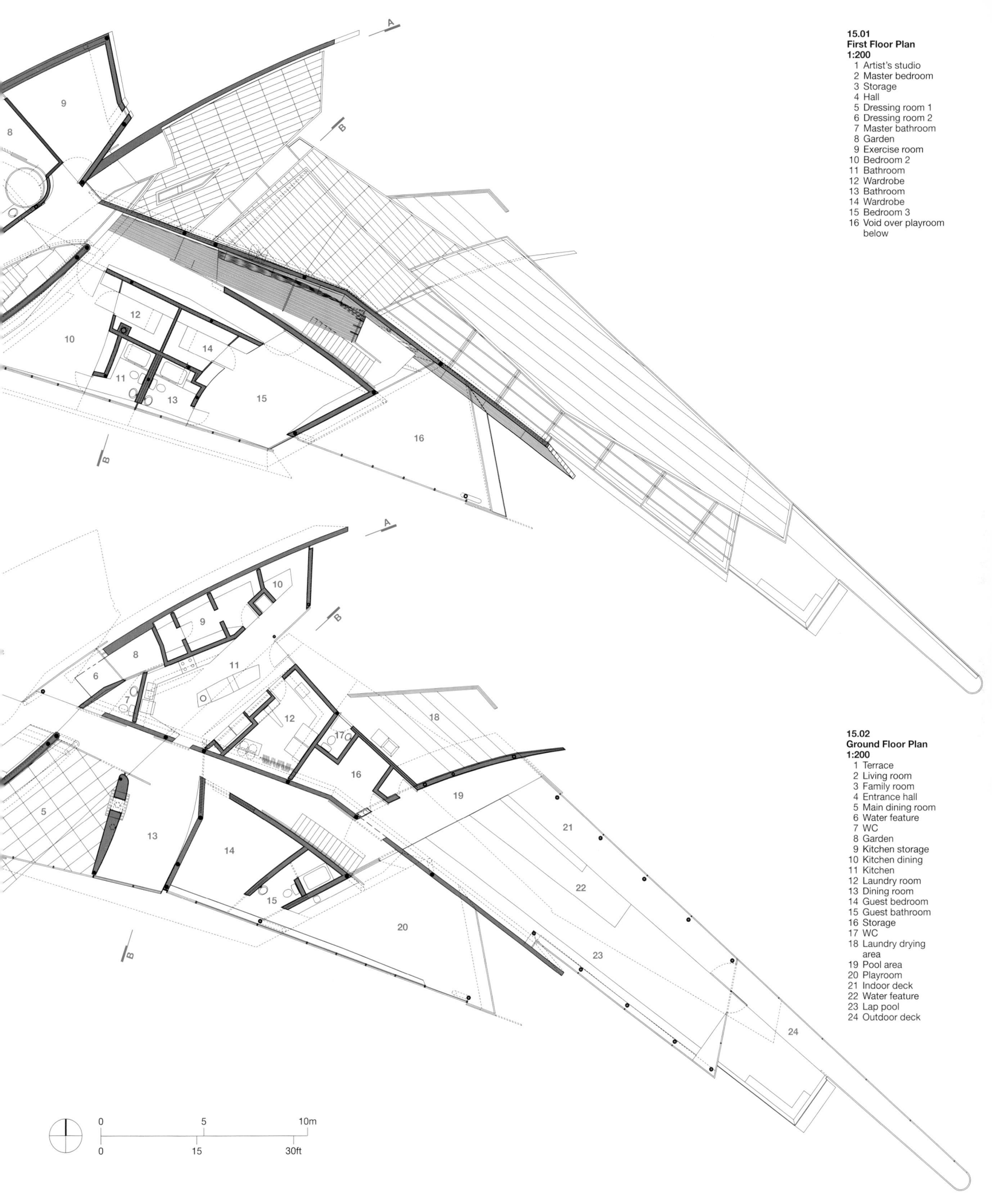


**15.01**
**First Floor Plan**
**1:200**

1 Artist's studio
2 Master bedroom
3 Storage
4 Hall
5 Dressing room 1
6 Dressing room 2
7 Master bathroom
8 Garden
9 Exercise room
10 Bedroom 2
11 Bathroom
12 Wardrobe
13 Bathroom
14 Wardrobe
15 Bedroom 3
16 Void over playroom below

**15.02**
**Ground Floor Plan**
**1:200**

1 Terrace
2 Living room
3 Family room
4 Entrance hall
5 Main dining room
6 Water feature
7 WC
8 Garden
9 Kitchen storage
10 Kitchen dining
11 Kitchen
12 Laundry room
13 Dining room
14 Guest bedroom
15 Guest bathroom
16 Storage
17 WC
18 Laundry drying area
19 Pool area
20 Playroom
21 Indoor deck
22 Water feature
23 Lap pool
24 Outdoor deck

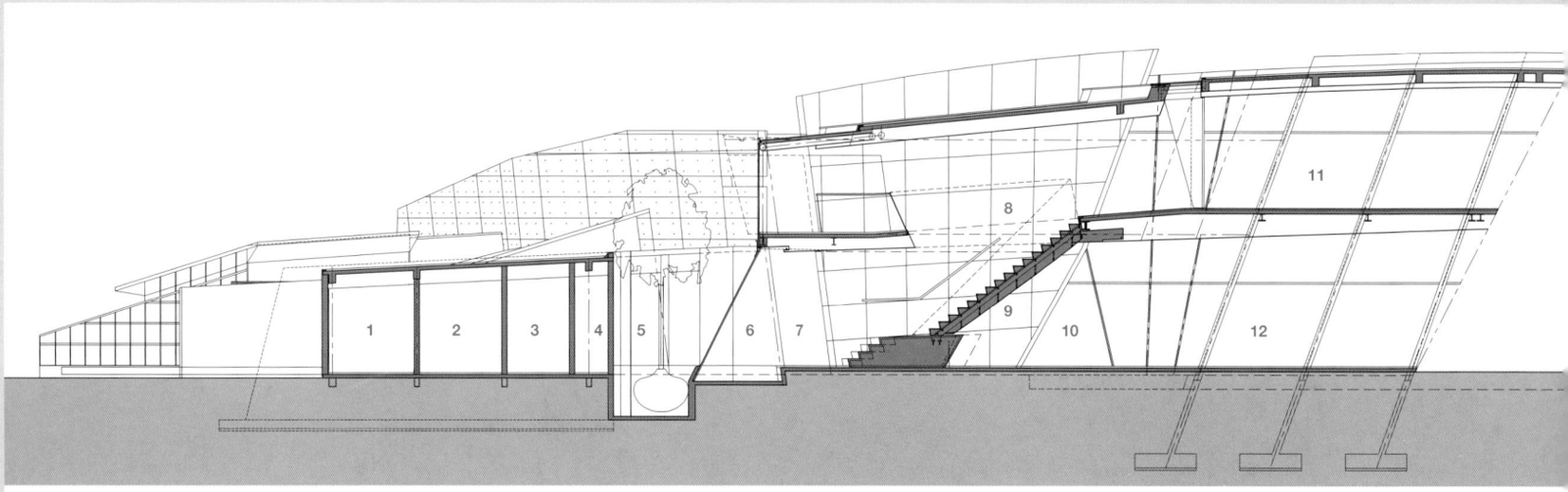


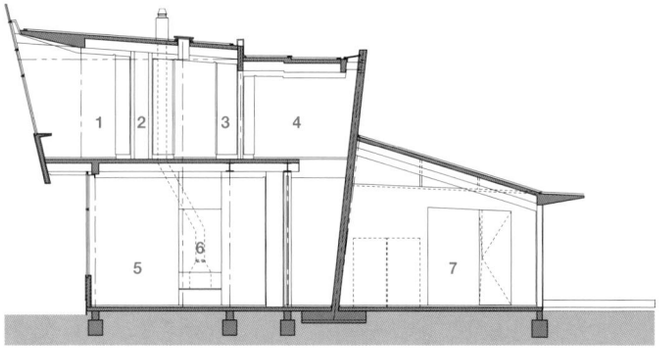


**15.03**
**Section A–A**
**1:200**
1 Kitchen dining area
2 Storage
3 Storage
4 Locked store
5 Garden
6 Water feature
7 Rear hall
8 Central hall
9 Entry hall
10 Entry to main dining room
11 Master bedroom
12 Living room

**15.04**
**Section B–B**
**1:200**
1 Bathroom
2 Wardrobe
3 Wardrobe
4 Rear stair hall
5 Dining room
6 Fireplace
7 Kitchen

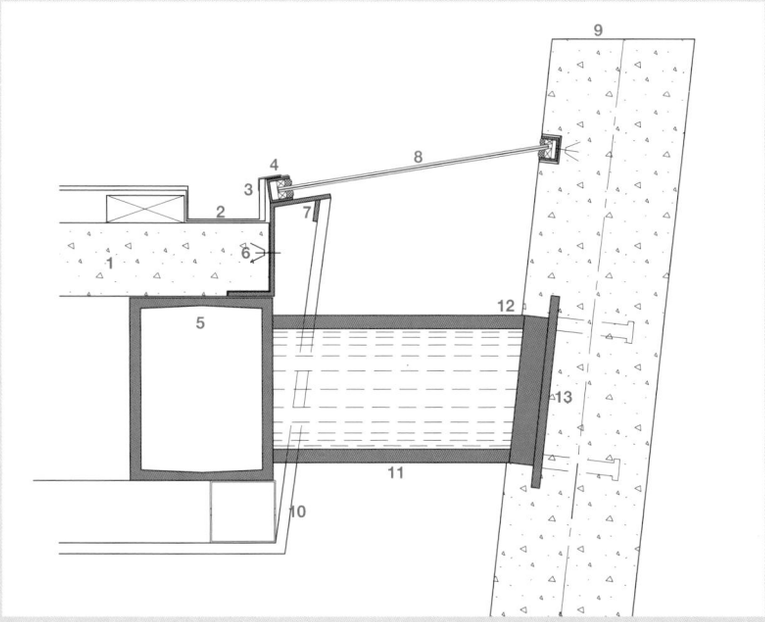


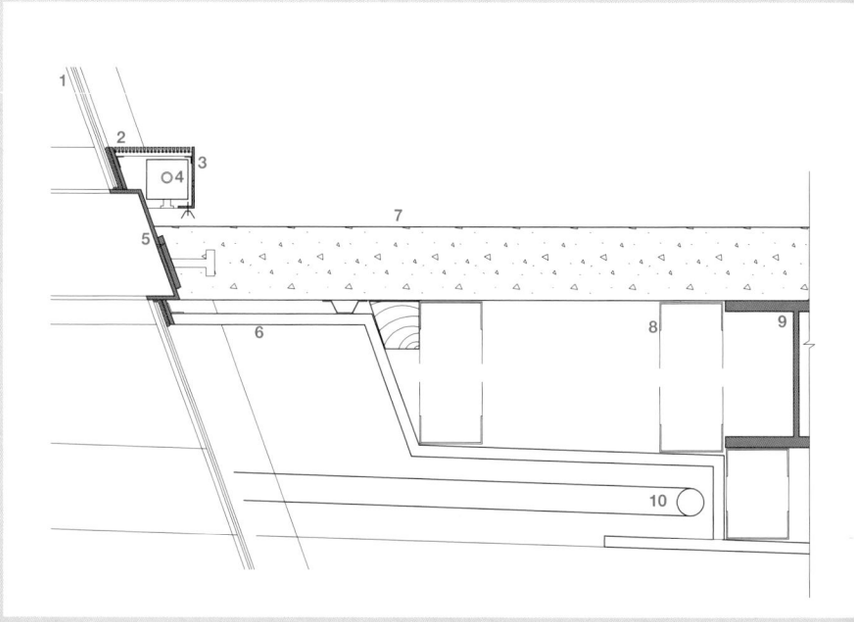


**15.05**
**Skylight Detail**
**1:10**
**1** 100 mm (4 inch) thick concrete slab
**2** Lead-lined gutter with counter flashing anchored to top of steel channel
**3** Channel welded to Z-angle
**4** Structural silicone with neoprene setting block
**5** Box beam
**6** 65 x 125 x 85 mm (2½ x 5 x 3⅓ inch) continuous Z-angle welded to box beam and anchored to edge of concrete slab
**7** Continuous steel bar welded to Z-angle
**8** 6 mm (¼ inch) thick laminated tempered glass
**9** Top of concrete wall
**10** 15 mm (⅔ inch) plywood with veneer finish
**11** 200 mm (8 inch) diameter steel tube welded to box beam and weld plate
**12** Welded steel tube 3 mm (⅛ inch) inside of face of wall
**13** Embedded weld plate

**15.06**
**Wall Detail**
**1:10**
**1** 6 mm (¼ inch) thick tempered glass
**2** Steel heater grate screwed to metal angles
**3** Steel angle anchored to sub floor
**4** Baseboard heating elements centred between vertical mullions
**5** Steel channel anchored to embedded steel plate with allen bolts
**6** Plywood ceiling with timber veneer finish anchored to framing with allen bolts
**7** Finished floor level
**8** Metal channel ceiling frame
**9** Steel beam
**10** Continuous light cove with fluorescent fixture

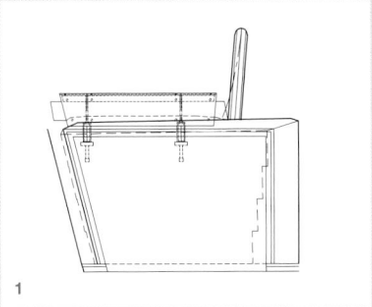

1

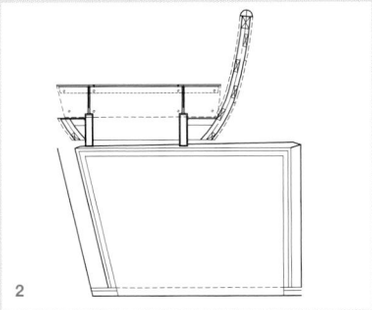

2

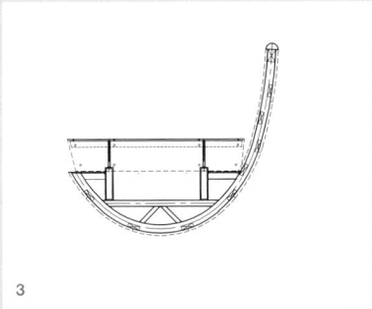

3

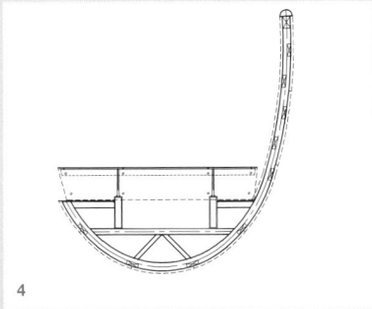

4

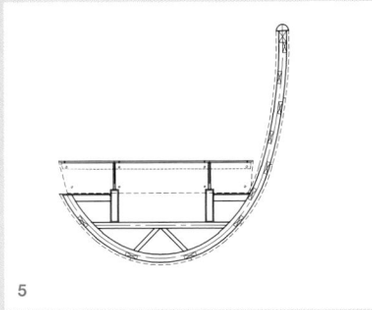

5

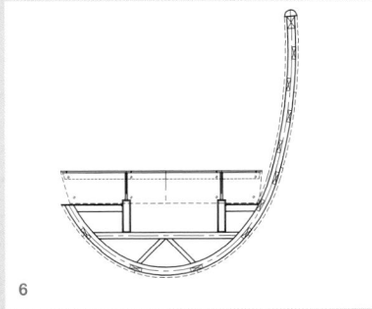

6

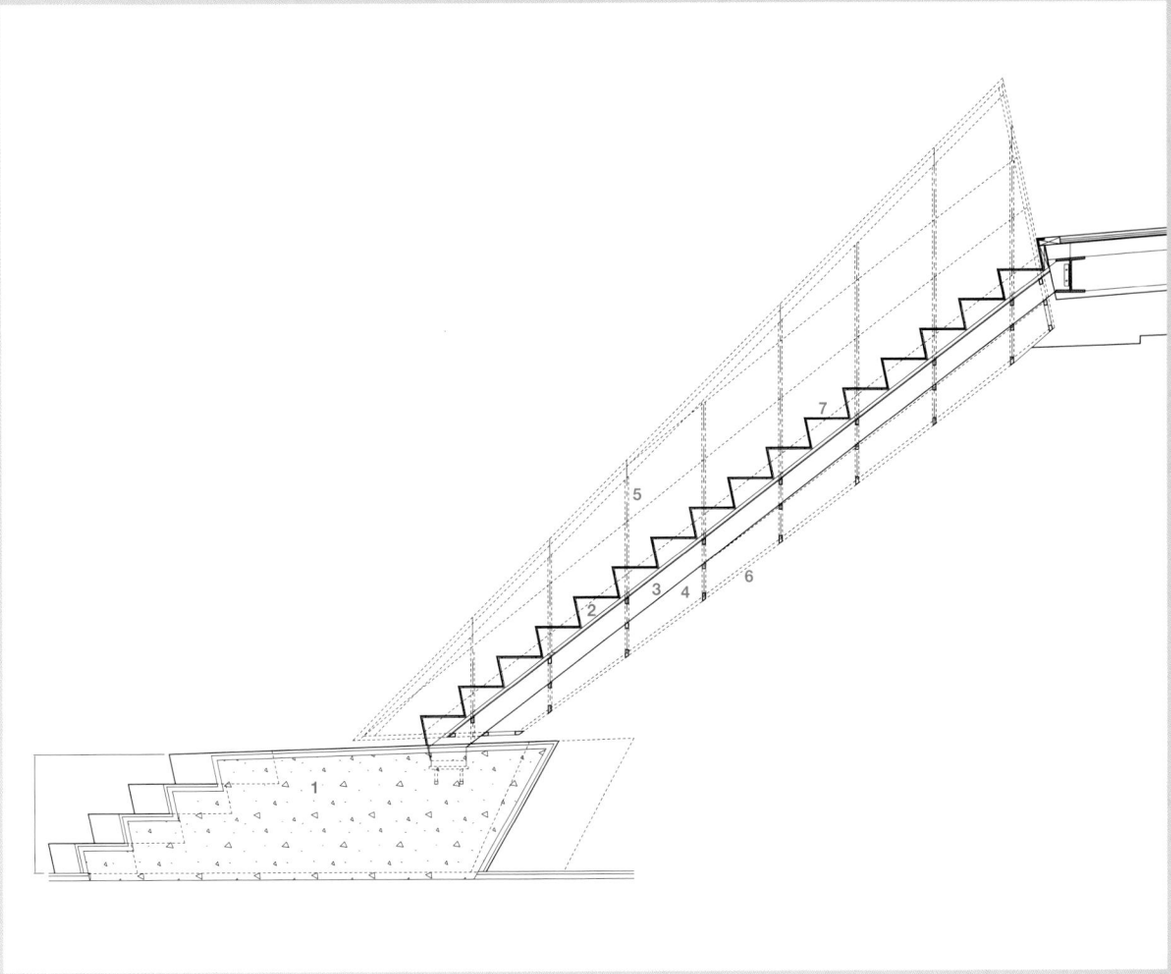


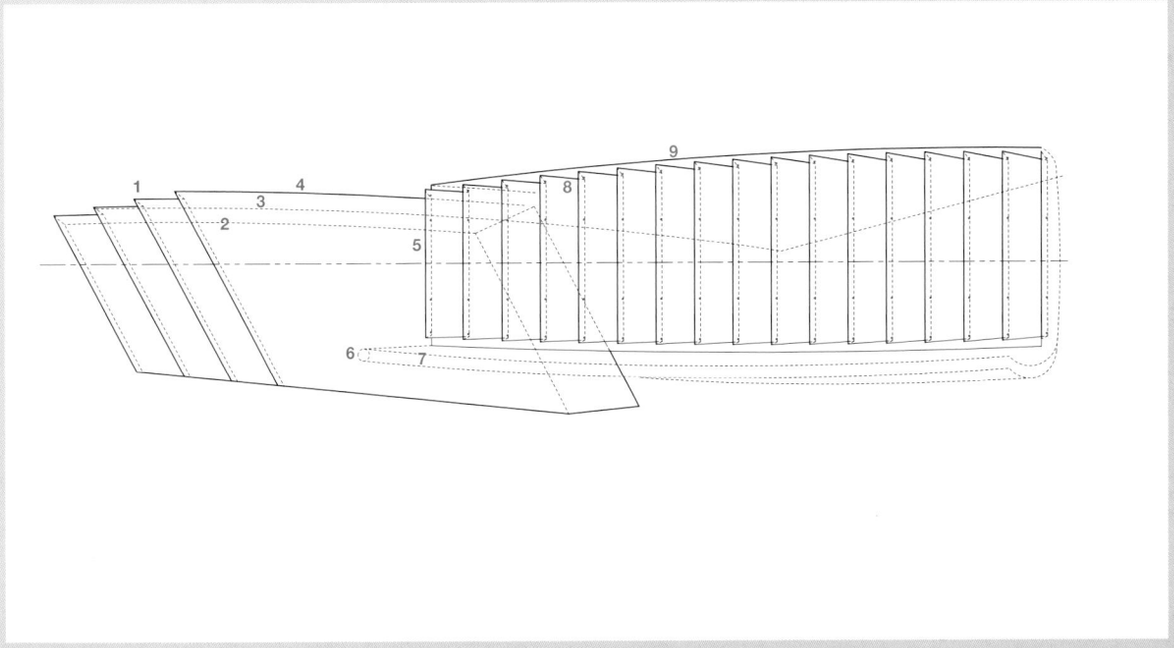


**15.07**
**Stair Tread Details**
**1:50**
**1** Tread 4
**2** Tread 6
**3** Tread 8
**4** Tread 12
**5** Tread 14
**6** Tread 20

**15.08**
**Stair Elevation**
**1:50**
**1** Stone finish on concrete base
**2** 12.5 mm (1/2 inch) thick triangular metal plate welded to box beam
**3** 12.5 mm (1/2 inch) thick stainless steel plate
**4** 200 x 50 mm (8 x 2 inch) steel box beam
**5** Metal ribs
**6** Line of lateral studs
**7** 6 mm (1/4 inch) thick beaded stainless steel finish folded metal treads and risers

**15.09**
**Stair Plan**
**1:50**
**1** Line of wall at tread elevation
**2** Line of stair at first floor
**3** Line of floor at first floor
**4** Line of floor at first floor
**5** 6 mm (1/4 inch) thick stainless steel finish folded metal treads and risers
**6** 6 mm (1/4 inch) thick stainless steel plate
**7** Timber sheathing
**8** 6 mm (1/4 inch) thick stainless steel
**9** Line of wall at tread elevation

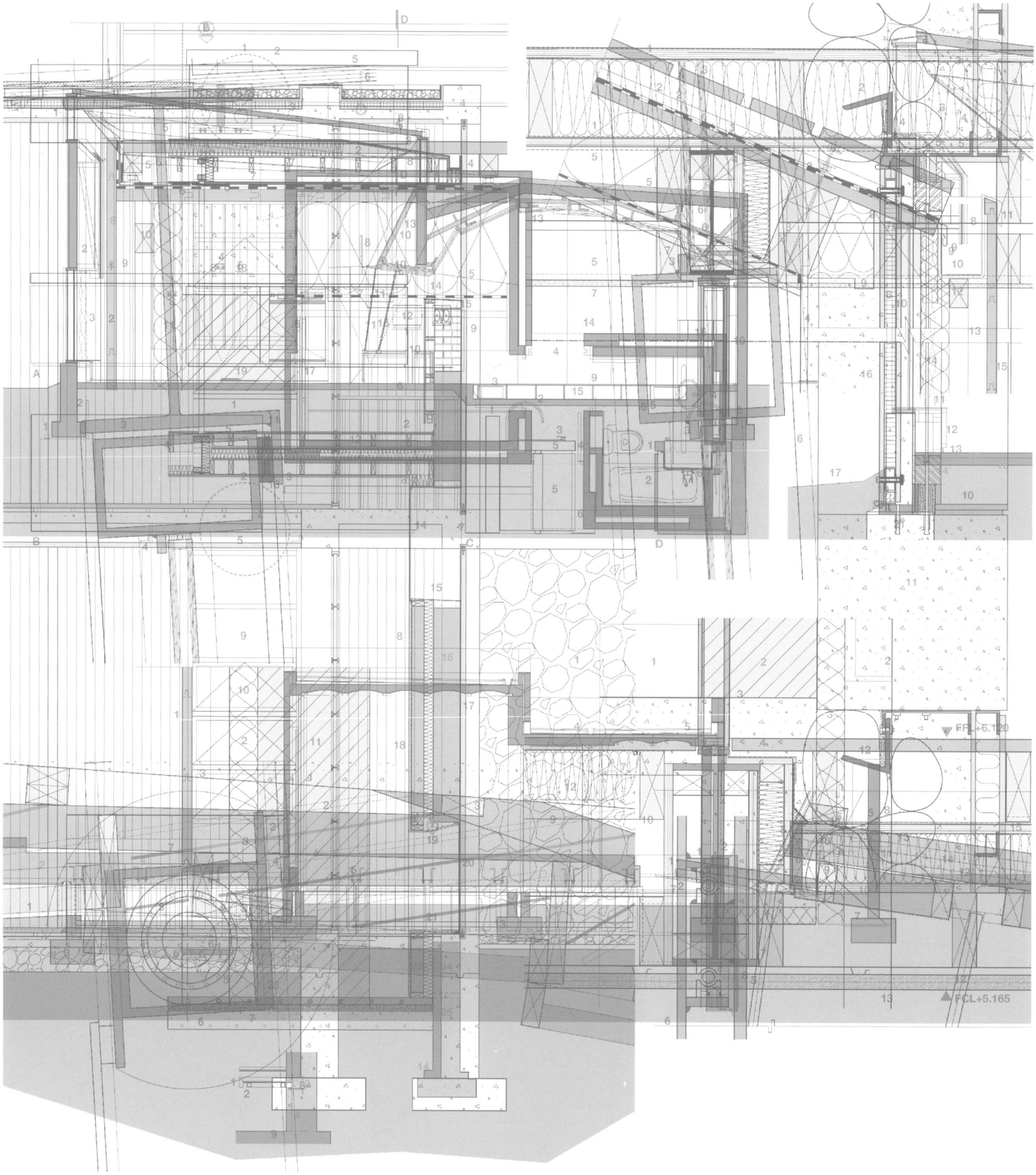
FFL+6.120
FCL+5.165

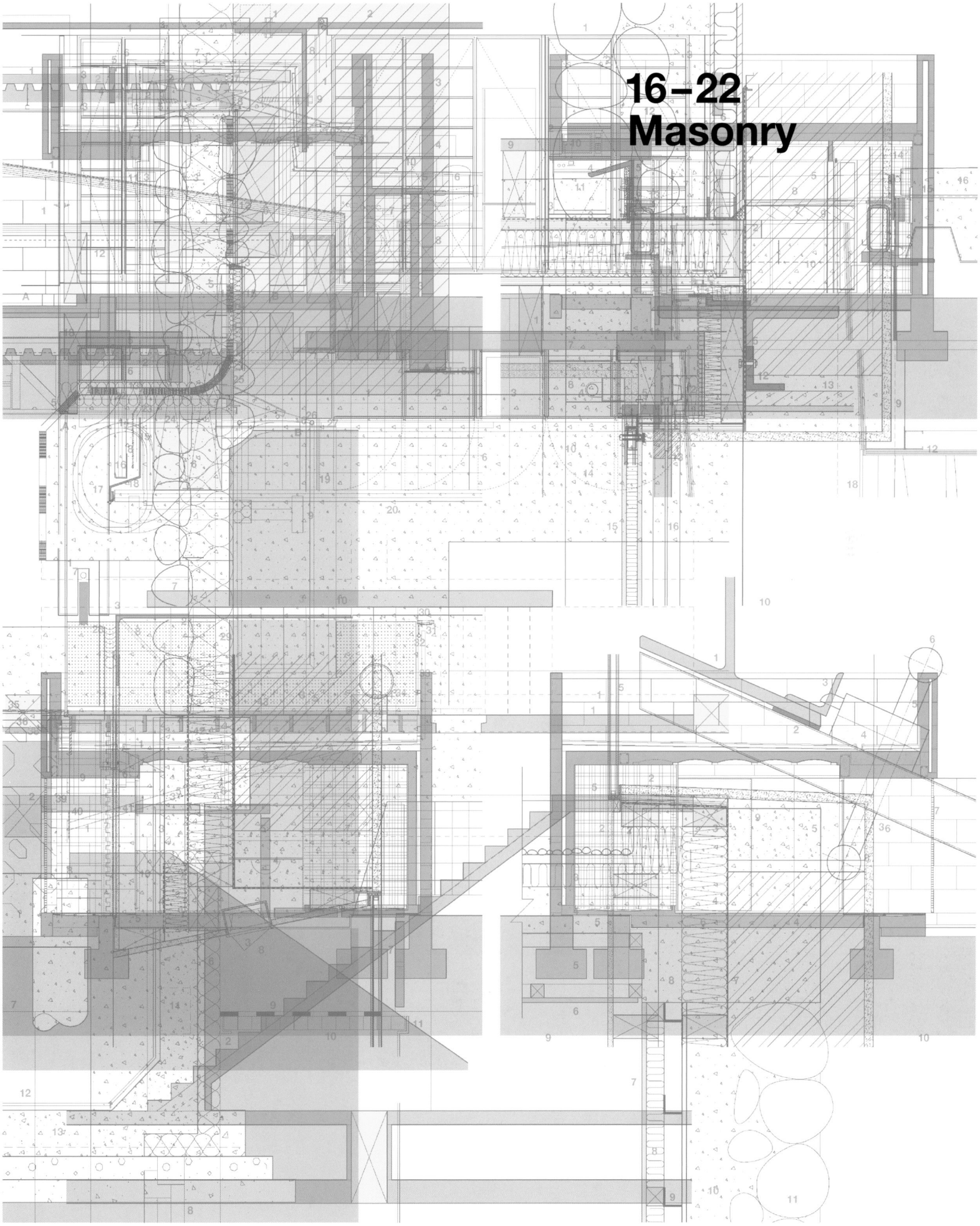

# 16–22 Masonry

**16**
**Brückner & Brückner Architekten**

## House in the Landscape
## Bärnau, Germany

Client
Sabine and Andreas Rösch

Area
295 square metres (3,175 square feet)

Project Team
Christian Brückner, Peter Brückner, Robert Reith, Wolfgang Herrmann

Structural Engineer
Klaus-Peter Brückner

Located in Bavaria, close to the Czech border, Brückner & Brückner have designed a compact house above the small town of Bärnau. As a response to the destruction of traditional villages and towns over recent decades, the architects traced the last remnants of a local building tradition which had, for the most part, been lost. Aware that contemporary regional building is often in danger of lapsing into cliché, the Brückner brothers have successfully developed a formal architectural language that is contemporary as well as authentic. Here, the severely defined form has a gable roof without overhanging eaves – a reference to traditional Oberpfalz building. No decorative shrubs or fences separate it from the meadow that is bordered to the north by woodland.

The two cladding materials for the double cavity external walls are from local sources: the yellowish-grey, granite from a nearby quarry, and the larch from the owners' woodland. The building reveals itself to be a dwelling via the glazed joint that vertically and horizontally separates the stone plinth from the timber element placed above it. The building's compact expression is strengthened through the timber cladding which continues homogeneously from the walls to form the roof, with only a metal edge to indicate the rainwater drainage behind the facade. To the west this generously organized house – the same materials are employed in the interior – responds to the water meadows in the valley below. The glazed joint here broadens to become a two-storey window in the stair well whereas for the living room, a wide, gateway-like opening was cut into the stone shell.

1

**1** Located amongst lush meadows and forests, this simple house utilizes only material available in the near vicinity, including locally quarried granite and larch from the owners' woodland.
**2** A hardy granite carapace protects the lower levels of the house.
**3** A continuous slot of glazing running both horizontally and vertically separates the two main construction materials – granite and timber.
**4** The same materials continue on the interior. Rough cut granite and horizontal timber boards for vertical surfaces, and polished granite for the floors. Elsewhere, white-painted plasterboard provides light-reflecting surfaces.

2

3

4

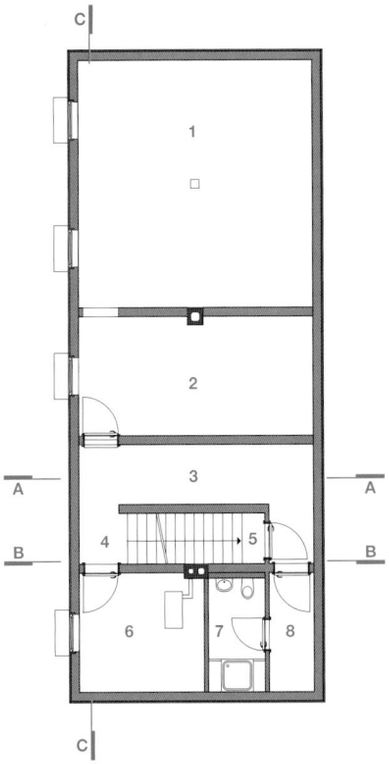


**16.01**
**Basement Plan**
**1:200**
1 Storeroom 1
2 Storeroom 2
3 Corridor
4 Stair to upper level
5 Store
6 Heating room
7 WC
8 Dressing room

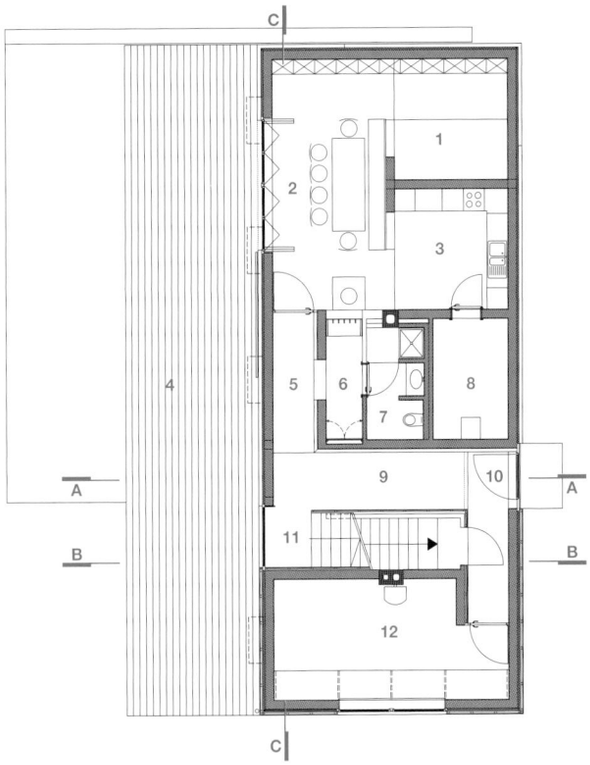


**16.02**
**Ground Floor Plan**
**1:200**
1 Reading room
2 Living and dining room
3 Kitchen
4 Timber deck
5 Corridor
6 Dressing room
7 Guest bathroom
8 Pantry
9 Corridor
10 Main entry
11 Stair to upper level
12 Office 1

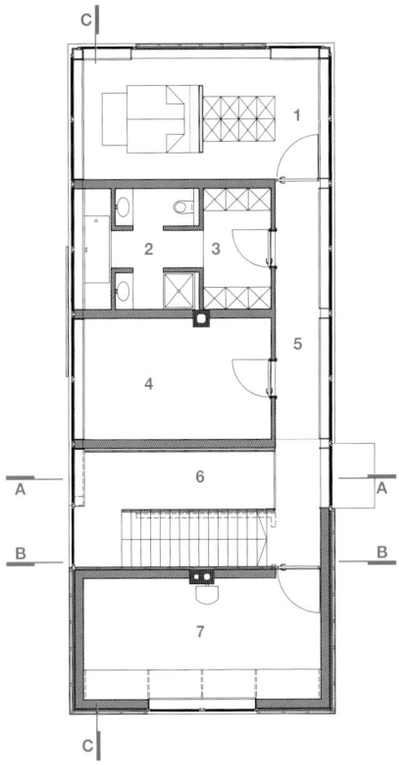


**16.03**
**First Floor Plan**
**1:200**
1 Master bedroom
2 Bathroom
3 Dressing room
4 Bedroom
5 Corridor
6 Void over ground floor below
7 Office 2

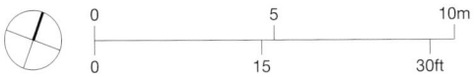


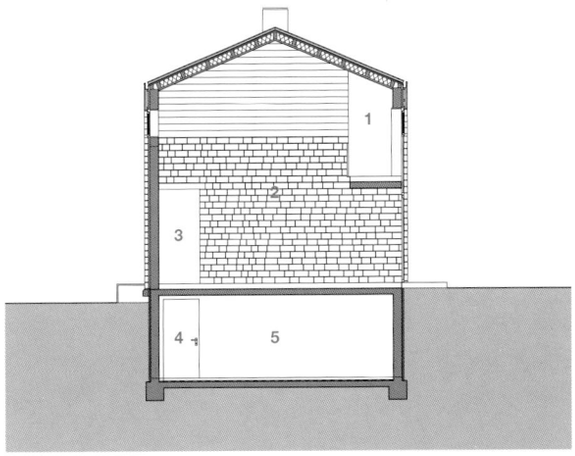


**16.04**
**Section A–A**
**1:200**
1 Corridor
2 Void over entrance
3 Corridor to living and dining room
4 Door to storeroom
5 Corridor

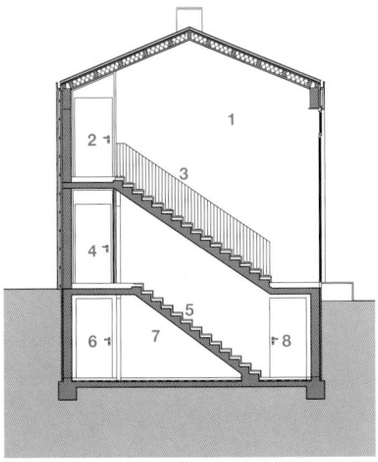


**16.05**
**Section B–B**
**1:200**
1 Void over stair
2 Door to office 2
3 Stair
4 Door to office 1
5 Stair
6 Door to dressing room
7 WC
8 Door to heating room

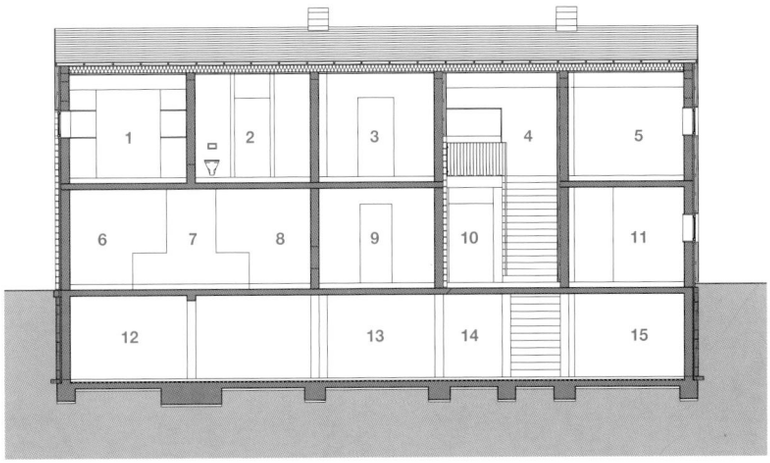


**16.06**
**Section C–C**
**1:200**
1 Master bedroom
2 Bathroom
3 Bedroom 2
4 Staircase
5 Office 2
6 Reading room
7 Living and dining room
8 Kitchen
9 Door to dressing room
10 Entrance
11 Office 1
12 Storeroom 1
13 Storeroom 2
14 Corridor
15 Heating room

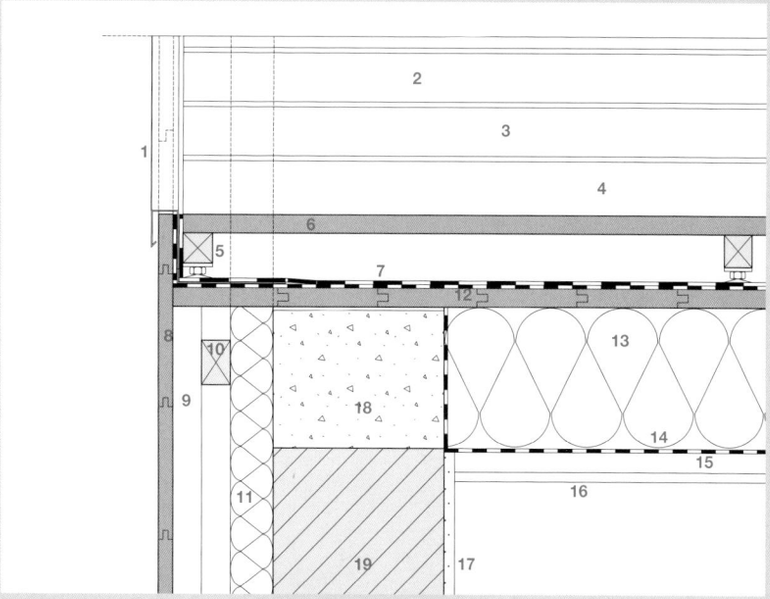


**16.07**
**Roof and External Wall Detail**
**1:10**
**1** Titanium zinc metal cladding
**2** Larchwood plank
**3** Larchwood plank
**4** Larchwood plank
**5** 40 x 40 mm (1½ x 1½ inch) rafter
**6** Larchwood planks
**7** Asphalt sheeting
**8** Larchwood external cladding
**9** 40 x 60 mm (1½ x 2⅓ inch) timber batten
**10** 40 x 60 mm (1½ x 2⅓ inch) timber batten
**11** 60 mm (2⅓ inch) insulation
**12** Spigot and groove formboards
**13** 180 mm (7 inch) insulation
**14** Purlin rafter behind
**15** Asphalt sheeting with moisture barrier
**16** Gypsum plaster ceiling
**17** Painted plasterboard wall
**18** Reinforced concrete
**19** Brick wall

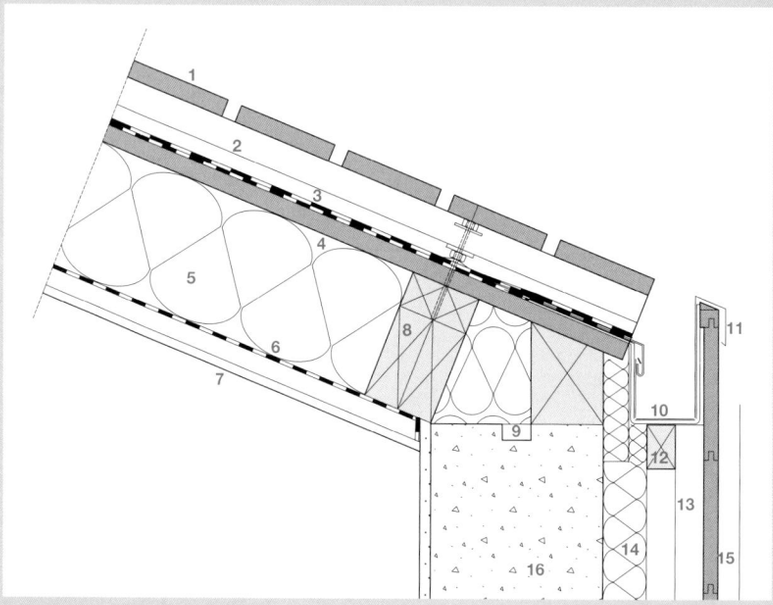


**16.08**
**Eaves Detail**
**1:10**
**1** Larchwood planks
**2** Air break
**3** Asphalt sheeting
**4** Spigot and groove formboards
**5** 180 mm (7 inch) insulation
**6** Timber batten
**7** Gypsum plasterboard ceiling
**8** Rafter purlin
**9** Halfen channel
**10** Concealed steel gutter
**11** Titanium zinc metal gutter flashing
**12** 40 x 60 mm (1½ x 2⅓ inch) batten
**13** 40 x 60 mm (1½ x 2⅓ inch) batten
**14** 60 mm (2⅓ inch) insulation
**15** Larchwood external cladding
**16** Reinforced concrete

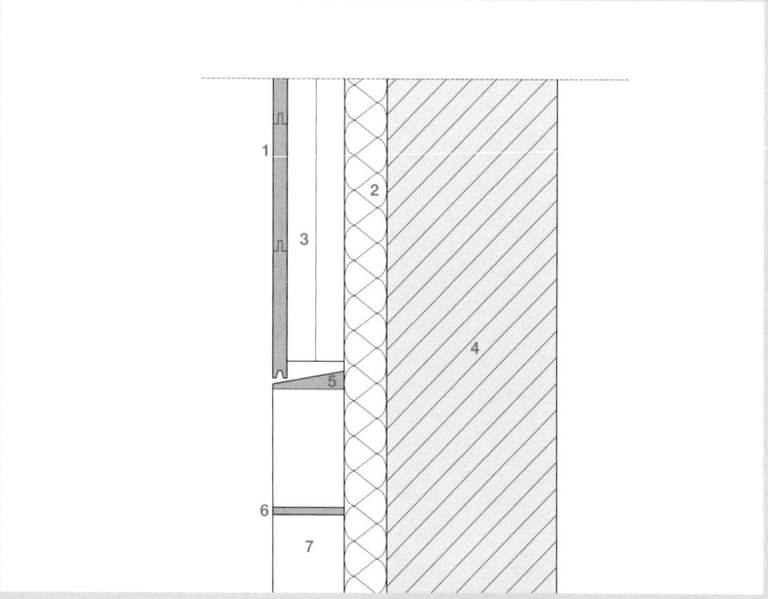


**16.09**
**Gable Detail – Timber to Stone Transition**
**1:10**
**1** Larchwood external cladding
**2** 60 mm (2⅓ inch) thick insulation
**3** 40 x 60 mm (1½ x 2⅓ inch) timber batten
**4** Brick wall
**5** Mortar joint
**6** Mortar joint
**7** Granite cladding

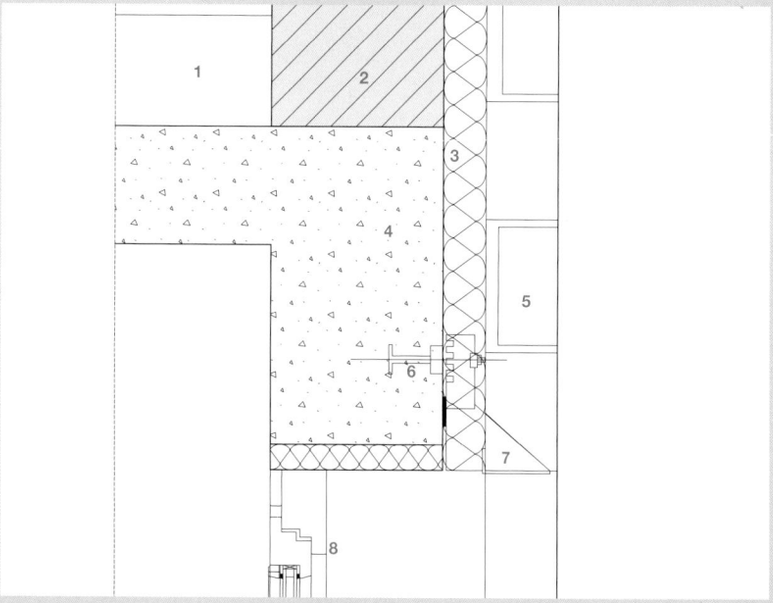


**16.10**
**Footing Detail**
**1:10**
**1** Floor board
**2** Brick wall
**3** 60 mm (2⅓ inch) thick insulation
**4** Reinforced concrete
**5** Granite cladding
**6** Cladding anchor
**7** Steel angle lintel
**8** Timber window frame

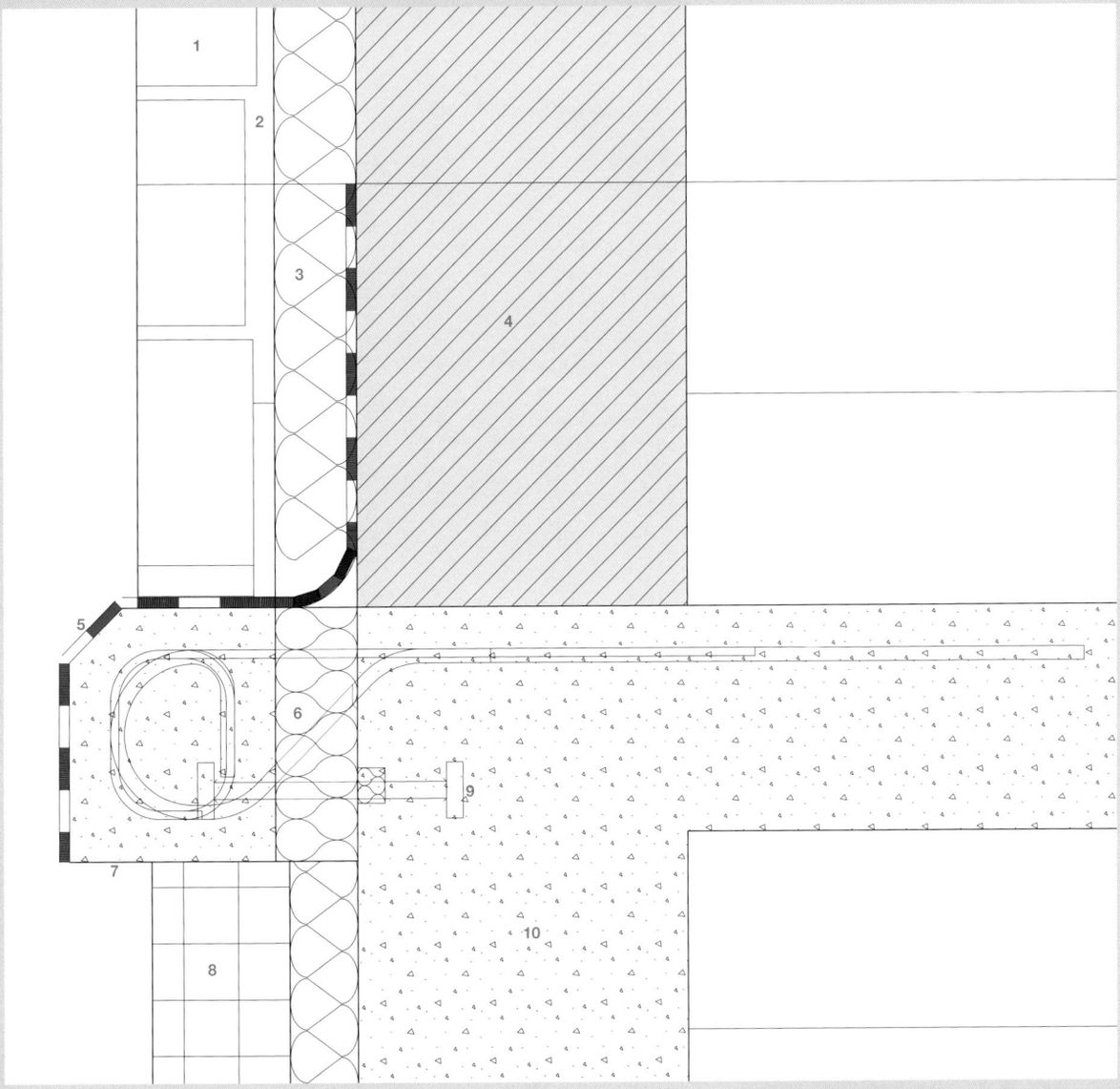


**16.11**
**Footing and Stone Facade Detail**
**1:5**
**1** Granite cladding
**2** Mortar joint
**3** 60 mm (2 1/3 inch) thick insulation
**4** Brick wall
**5** Asphalt sheeting
**6** Thermal insulation
**7** Reinforced concrete footing
**8** Concrete filter layer
**9** Thermal break element
**10** Reinforced concrete

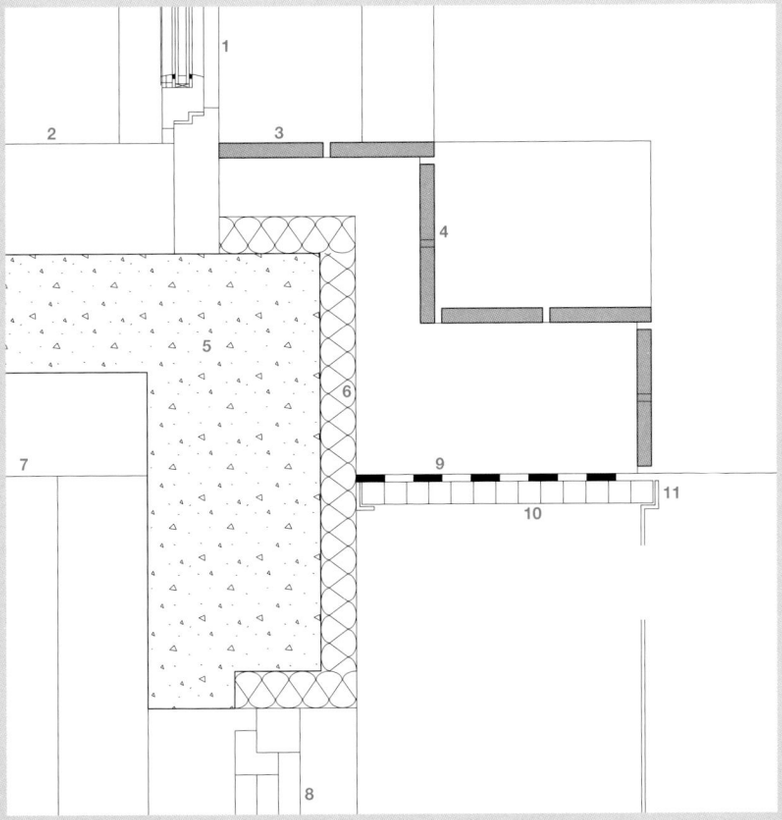


**16.12**
**Stair From Living Room to Terrace Detail**
**1:10**
**1** Timber window frame
**2** Timber floorboards
**3** Larchwood cladding to stair
**4** Larchwood cladding to stair
**5** Reinforced concrete
**6** Insulation
**7** Reinforced concrete binding
**8** Glazing to cellar window
**9** Asphalt sheeting
**10** Light well with steel bar grate
**11** Light shaft

**17**
**Adjaye Associates**

**Dirty House**
**London, England, UK**

Client
Tim Noble and Sue Webster

Area
465 square metres (5,000 square feet)

Project Team
David Adjaye, Josh Carver, Aimee Lau

Structural Engineer
Techniker

Main Contractor
R. J. Parry

The brief for the Dirty House was to design a studio, office and home for two contemporary artists in a turn-of-the-century timber factory in London's East End. The concept was to transform the factory into a new urban dwelling and to celebrate the site's prominent corner position. Spatially, the concept is comprised of two parts: the working spaces below and the living spaces above. Upon entering the building, a 5.5 metre (18 feet) high hallway provides three points of entry: a stairwell which rises to the top floor residential space; a doorway leading to the office via a lobby; and at the end of the corridor, a narrow passageway which opens onto the larger of the two double-height studios. This studio caters for the intricate work requiring north light, while large scale works are created in the more generally lit studio to the south.

The top floor is conceived as a glass pavilion with panoramic views of the East End and the emerging cluster of towers on the city skyline. The building has a dark base with mirror tinted windows and is covered in a resin pigment. The top floor pavilion has an over sailing roof which fits exactly to the original plan of the existing building, providing a covered outdoor terrace. The white roof is lit from below, which, in the evening, creates the impression that the roof is floating. Through the live/work nature of the brief, the project explores a new type of domestic architecture that represents an emerging demographic in contemporary society, creating spaces and facilities that stimulate and shelter the occupants for a full 24 hours a day.

1

**1** The house appears as a solid black box with a floating white roof. At street level, mirror glass windows provide an intriguingly reflective surface for passers by.
**2** The kitchen in the upper level living space is lit from above with a skylight cut into the flat roof.
**3** A series of skylights cut into the pure white volume light the bedroom and open bathing space.

2

3

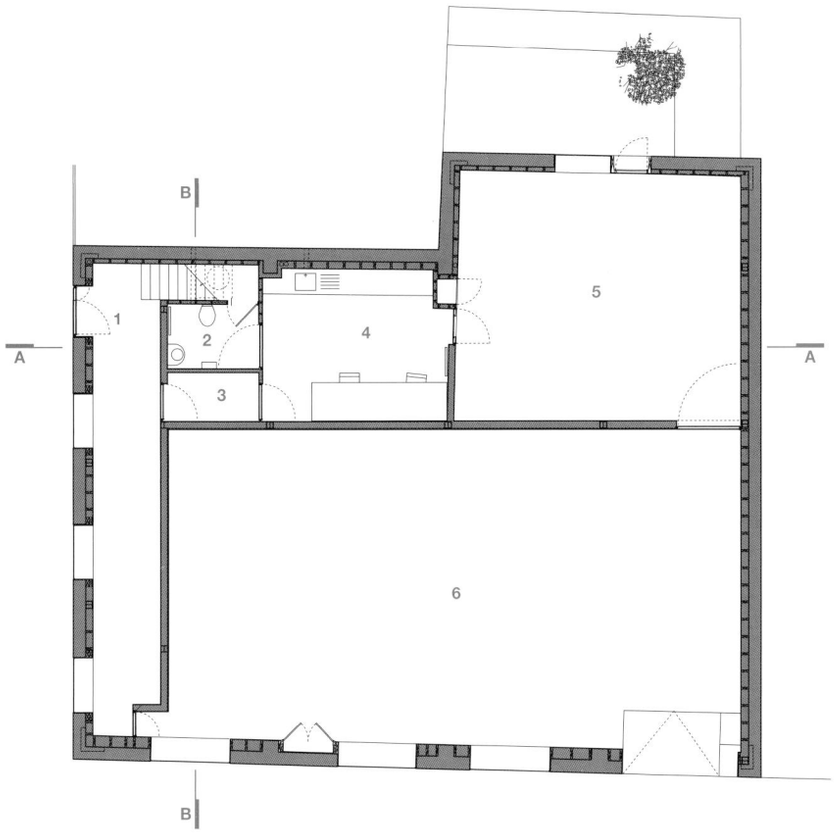


**Ground Floor Plan**

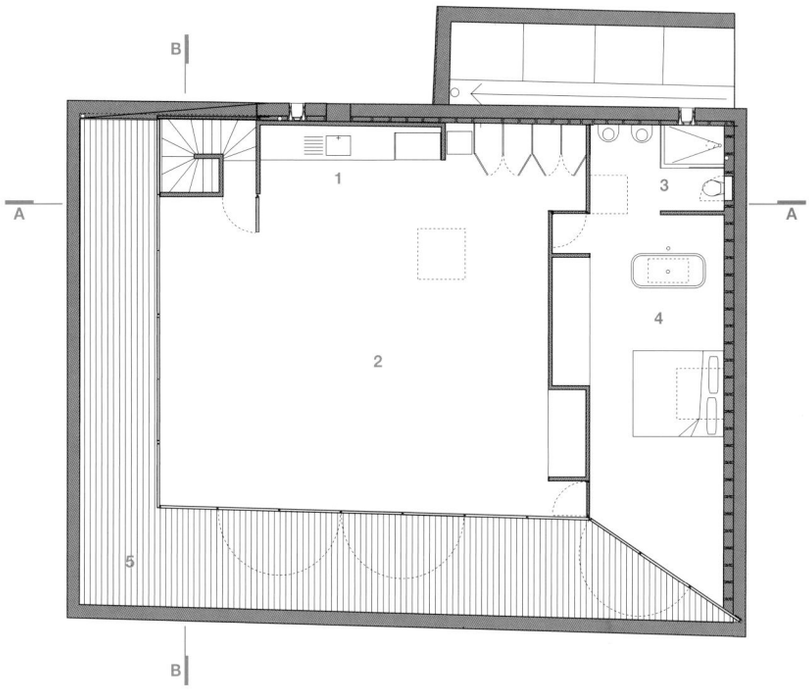


**First Floor Plan**

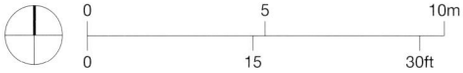


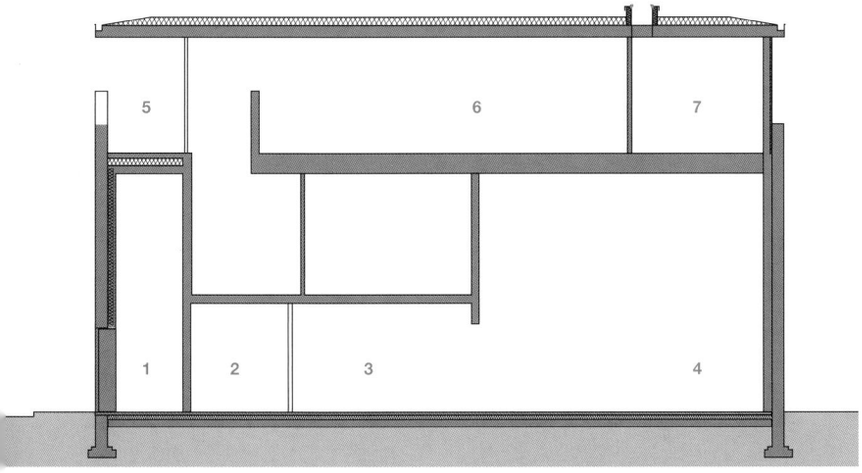


**A–A**

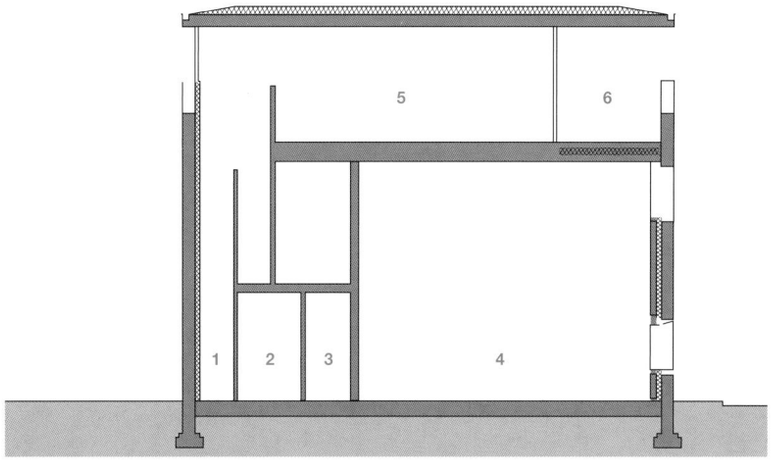


**B–B**

**17.01**
**Ground Floor Plan**
**1:200**
1 Entry Space
2 WC
3 Office lobby
4 Office
5 Studio 1
6 Studio 2

**17.02**
**First Floor Plan**
**1:200**
1 Kitchen
2 Living and dining
3 Bathroom
4 Bedroom
5 Terrace

**17.03**
**Section A–A**
**1:200**
1 Entry Space
2 WC
3 Office
4 Studio 1
5 Terrace
6 Kitchen
7 Bathroom

**17.04**
**Section B–B**
**1:200**
1 Stair
2 WC
3 Office Lobby
4 Studio 2
5 Living and dining
6 Terrace

**17.05**
**Detail Cross Section**
**1:50**
**1** 175 mm (7 inch) insulation cut to fall
**2** Plywood deck
**3** Single ply EPDM membrane fully adhered to 18 ply substrate laid to fall
**4** Ring gutter formed in plywood and bonded with rubber membrane
**5** Breather membrane
**6** Vapour barrier
**7** Painted external grade mineral board to terrace soffit
**8** Floor to ceiling double-glazed units with structural galvanized mullions
**9** New masonry wall to raise terrace balustrade to 1,400 mm (4½ feet) above finished floor level
**10** Terrace wall overclad with painted and treated softwood timber decking
**11** External painted and treated softwood timber decking
**12** Terrace sealed with rubber membrane
**13** Ceiling formed in Gyprock Plank and outer layer of 12.5 mm (½ inch) Gyproc Sound Bloc on Gyprock Resilient Bars at 450 mm (17½ inch) centres with 100 mm (4 inch) Isowool 1,000 in cavity for one hour fire protection and 53 decibel sound isolation between studio and apartment
**14** Double-glazed unit flush with internal wall finish
**15** External window coated with anti-vandal paint
**16** Existing brick wall repaired and retained
**17** External walls coated with anti-vandal paint
**18** 12.5 mm (½ inch) Gyproc wall board
**19** Dimmable downlight to all ground floor windows
**20** Double-glazed unit flush with external wall with internal sand blasted pane and external mirror finish pane
**21** Internal window reveal formed with 12.5 mm (½ inch) Gyprock wall board
**22** Vapour barrier
**23** New concrete screed to form level surface throughout with underfloor heating over insulation and damp proof membrane
**24** Breather membrane
**25** Chemical damp proof course injected into existing external wall

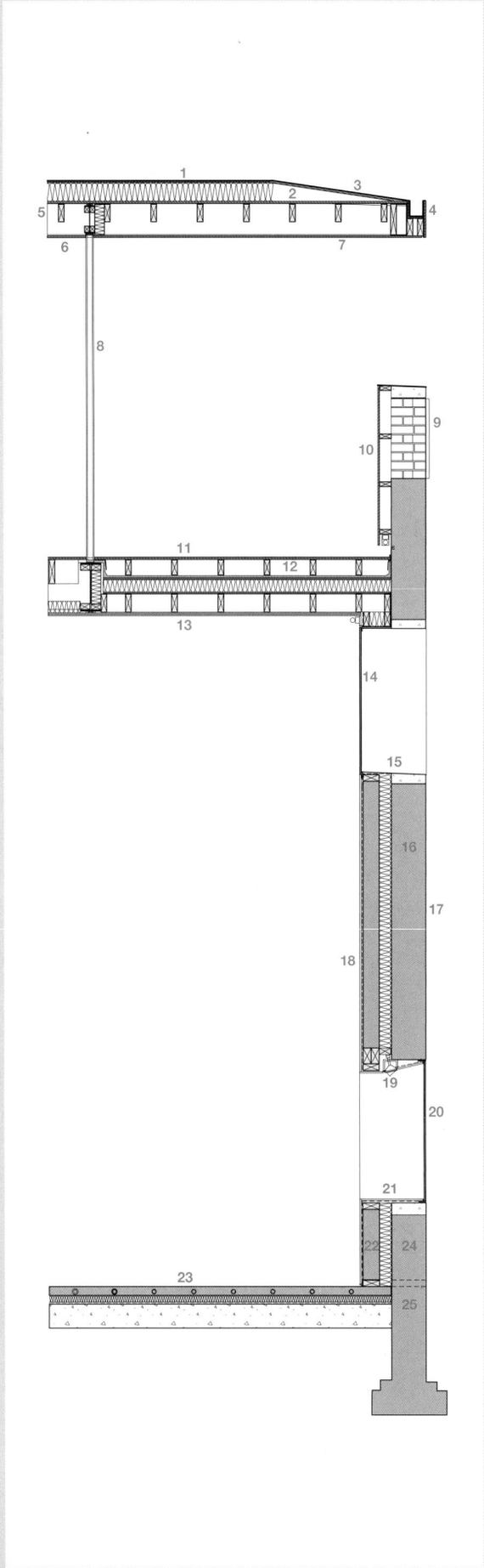

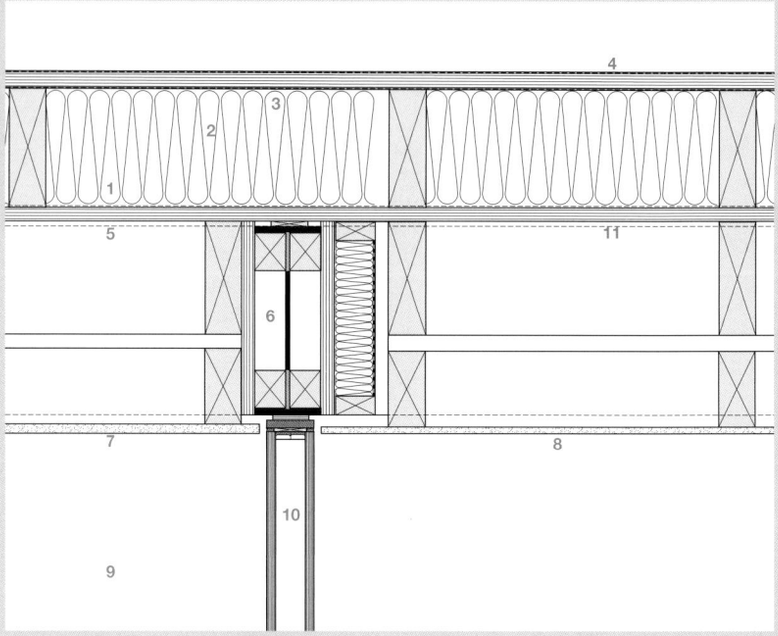

**17.06**
**Terrace Glazing Head Detail**
**1:10**
**1** Vapour barrier
**2** Insulation
**3** Breather membrane
**4** Single ply EPDM membrane fully adhered to 18 ply substrate on graded joists laid at minimum 1 in 80 fall
**5** Edge of steel beam dotted beyond
**6** Primary roof steel supported on glazing mullions
**7** Painted 12.5 mm (½ inch) plasterboard ceiling
**8** Painted fibre cement sheet soffit
**9** Living room
**10** Toughened double glazed unit held in galvanized steel structural mullions
**11** 18 mm (¾ inch) plywood

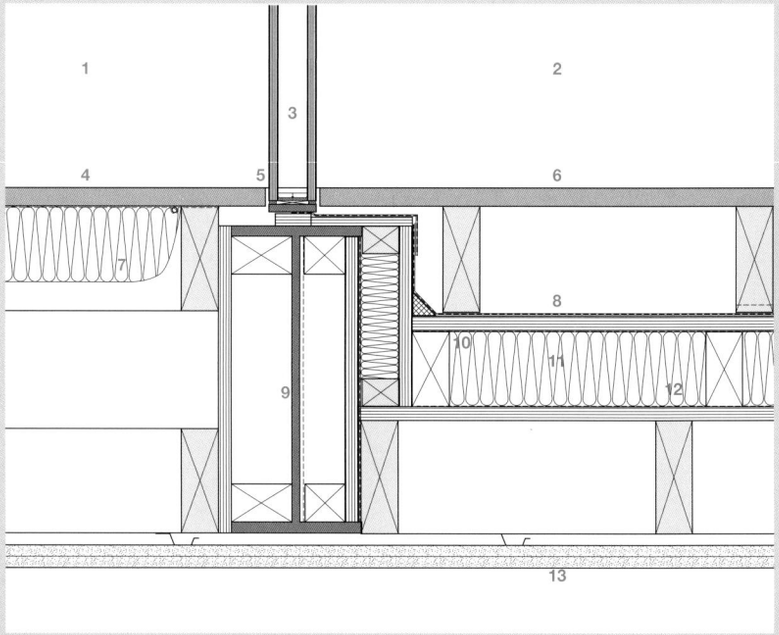

**17.07**
**Terrace Glazing Detail**
**1:10**
**1** Living room
**2** Terrace
**3** Toughened double glazed unit held in galvanized steel structural mullions
**4** Painted internal timber decking
**5** T-bar to base of galvanized structural mullion
**6** Painted external decking timber
**7** Underfloor heating fixed to topside of floor joists
**8** Single ply EPDM membrane laid on 18 ply to fall to floor waste
**9** Primary steel beam
**10** Breather membrane
**11** Insulation
**12** Vapour barrier
**13** Two layers of fire resistant plasterboard on acoustic resilient bars

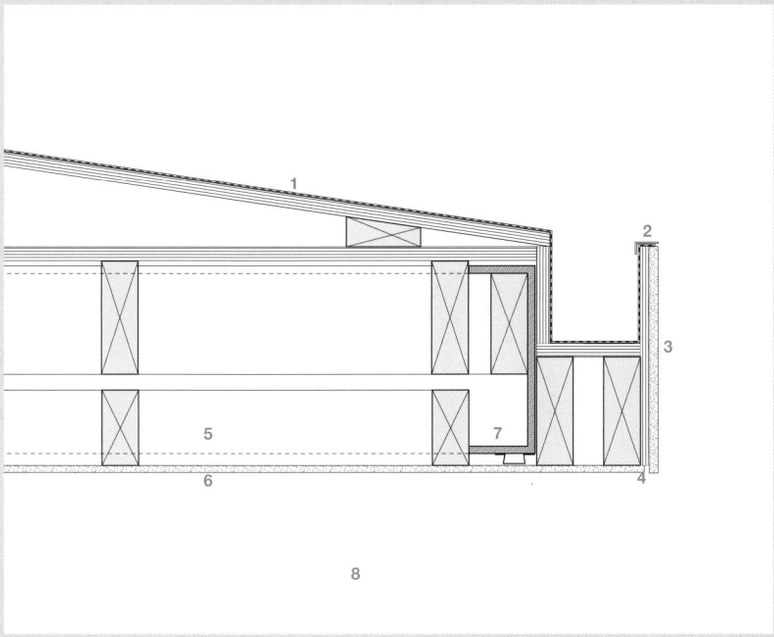


**17.08**
**Fascia Detail**
**1:10**
**1** Single ply EPDM membrane fully adhered to 18 ply substrate laid to fall
**2** Aluminium capping trim to fascia panel
**3** Painted 12 mm (1/2 inch) fibre cement fascia panel
**4** 5 mm (1/5 inch) shadow gap
**5** Line of steel beam dotted beyond
**6** 9 mm (1/3 inch) painted fibre cement sheet soffit liner
**7** Steel perimeter beam
**8** Terrace

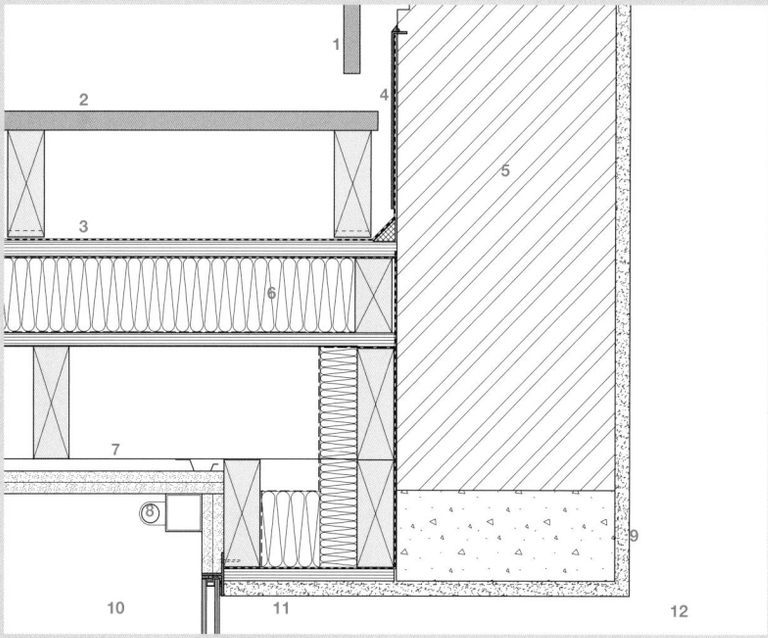


**17.09**
**Windowhead Detail**
**1:10**
**1** Painted external decking boards to match terrace flooring
**2** Painted external timber decking laid over joists with slotted bases
**3** Single ply EPDM membrane laid over 18 ply substrate
**4** Painted lead flashing chased into existing brickwork and lapped with single ply membrane
**5** Existing brickwork wall
**6** Insulation with breather membrane and vapour barrier
**7** Two layers of 15 mm (1/2 inch) fire resistant plasterboard fixed to acoustic resilient bars
**8** Fluorescent luminaire
**9** 20 mm (3/4 inch) anti-billposter high build paint treatment to brickwork and window reveal with fine mesh reinforcement window reveal edge
**10** Studio
**11** Translucent double-glazed unit fixed into steel section with structural silicon
**12** Exterior

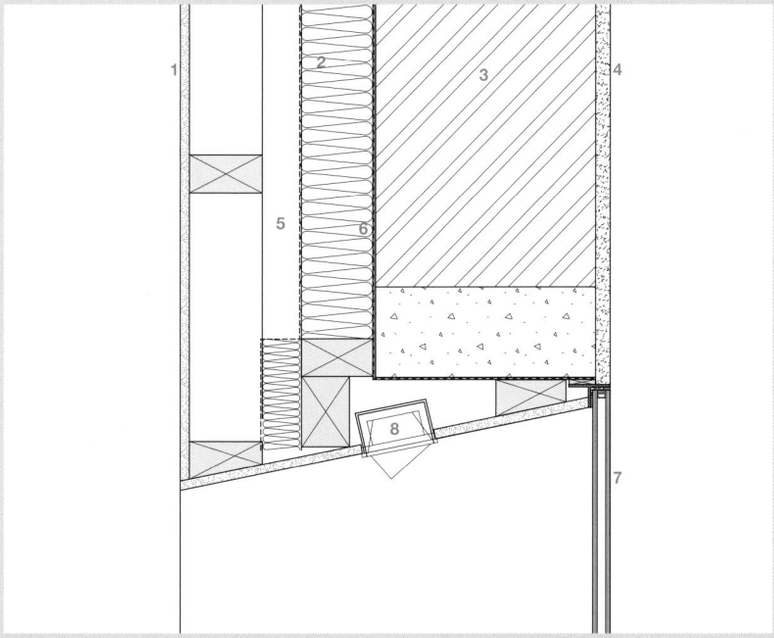


**17.10**
**Flush Windowhead Detail**
**1:10**
**1** Painted 12.5 mm (1/2 inch) plasterboard
**2** Insulation
**3** Existing brickwork wall
**4** 20 mm (3/4 inch) anti-bill poster high build paint treatment to brickwork
**5** Vapour barrier
**6** Breather membrane
**7** Double-glazed unit fixed with internal sandblasted pane and external pane with mirror film on internal face fixed into steel section with structural silicon
**8** Adjustable downlight

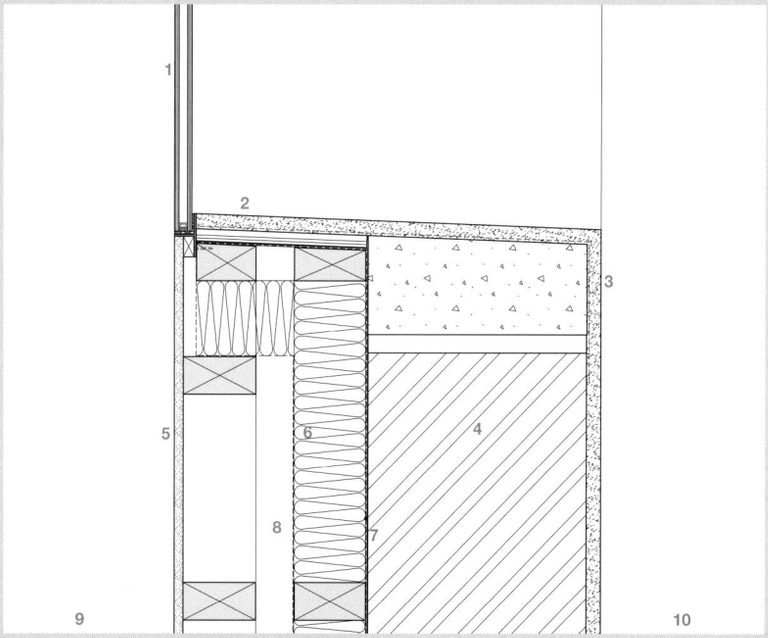


**17.11**
**Window Sill Detail**
**1:10**
**1** Translucent double-glazed unit fixed into steel section with structural silicon
**2** 18 ply substrate laid to fall
**3** 20 mm (3/4 inch) anti-bill poster high build paint treatment to brickwork and window reveal with fine mesh reinforcement to window reveal edge
**4** Existing brickwork wall
**5** Painted 12.5 mm (1/2 inch) plasterboard
**6** Insulation
**7** Breather membrane
**8** Vapour barrier
**9** Studio
**10** Exterior

**18**
**Carlos Ferrater**

**Tagomago House**
**San Carlos, Ibiza, Spain**

Client
Enrique Vives

Area
483 square metres (5,200 square feet)

Project Team
Carlos Ferrater

Structural Engineer
Jordi Bernuz

Quantity Surveyor
Construcciones Collado

The house is situated in the north-east area of the island of Ibiza in a typical Mediterranean landscape of pine and juniper trees, facing the sea and the island of Tagomago. Used as a holiday home, the design is based on a central nucleus comprised of the main house, surrounded by a number of small autonomous buildings. The house is articulated along a longitudinal axis to provide each pavilion with the optimum orientation and privacy, as well as allowing sufficient flexibility to allow for differing numbers of guests. The design places great importance on the spatial and environmental sequences in terms of the sun and the Mediterranean light.

Recalling southern Mediterranean architecture, the house offers a serene atmosphere almost akin to a monastic environment. Materials, principally limestone, white concrete and timber, are used in a pure and non-manipulated state, and wherever possible pertain to the vernacular architecture of the island. Secondary materials include stone facades and walls, traditional decking, concrete beams, ceramic floors, timber door and window frames, and stone, concrete and timber paving. The programme features a series of open spaces, patios, porches and terraces that establish imprecise boundaries between inside and outside. The living room opens onto an extended timber terrace that acts as a spatial link with the landscape and a place to enjoy the views. Adjacent to the main living spaces are four small outbuildings, which can be adapted in the future should family numbers increase.

1

2

**1** View of the independent guest houses – private terraces and patios are created for each pavilion.
**2** The main house features an expansive timber deck accessed via large sliding timber-framed doors. A swimming pool recessed into the deck enjoys dramatic views over the island.
**3** View to the rear of the guest pavilions where the bathrooms are located.
**4** View of the north facade of the guest pavilions – a black-framed glazed panel is repeated in each pavilion, allowing a framed view from one end of the house to the other.
**5** The dazzling white limestone contrasts with the intense blue of the Mediterranean sky.
**6** View from the living room of the main house to the deck and beyond to the Mediterranean.

3

4

5

6

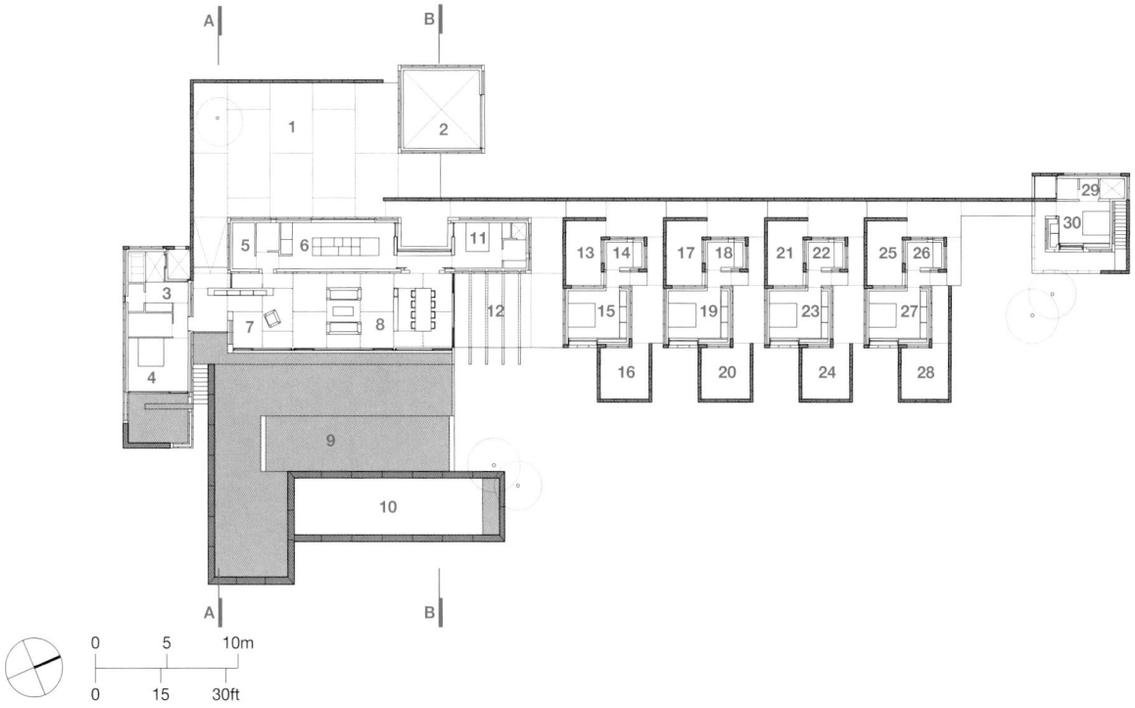


**18.01**
**Floor Plan**
**1:500**
1 Entrance courtyard
2 Mechanical store
3 Master bathroom
4 Master bedroom
5 Pantry
6 Kitchen
7 Dining room
8 Living room
9 Timber deck
10 Swimming pool
11 Guest bedrooom
12 Covered deck
13 Deck
14 Pavilion bathroom
15 Pavilion bedroom
16 Terrace
17 Deck
18 Pavilion bathroom
19 Pavilion bedroom
20 Terrace
21 Deck
22 Pavilion bathroom
23 Pavilion bedroom
24 Terrace
25 Deck
26 Pavilion bathroom
27 Pavilion bedroom
28 Terrace
29 Guest bathroom
30 Guest bedrooom

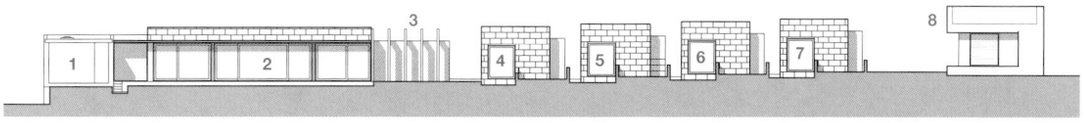


**18.02**
**East Elevation**
**1:500**
1 Master bedroom
2 Living room
3 Covered deck
4 Pavilion 1
5 Pavilion 2
6 Pavilion 3
7 Pavilion 4
8 Guest pavilion

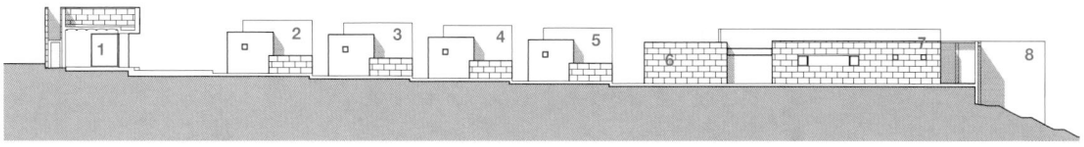


**18.03**
**West Elevation**
**1:500**
1 Guest pavilion
2 Pavilion 4
3 Pavilion 3
4 Pavilion 2
5 Pavilion 1
6 Guest bedroom and bathroom
7 Kitchen
8 Master bathroom

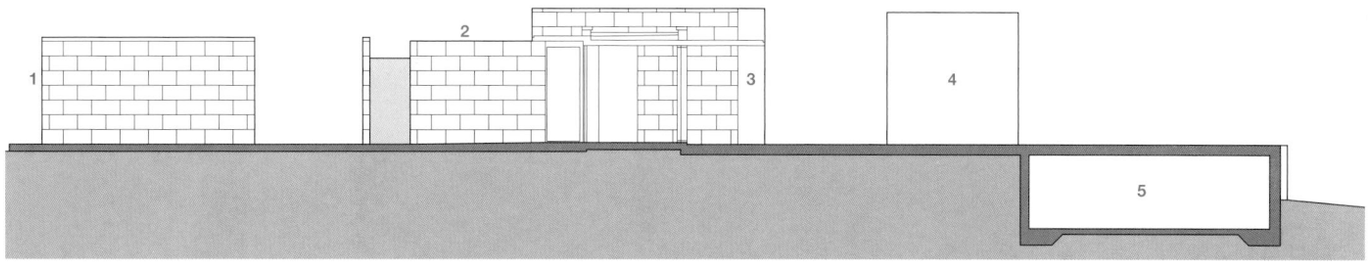


**18.04**
**Section A–A**
**1:200**
1 Mechanical store
2 Kitchen
3 Dining room
4 Covered area of timber deck
5 Swimming pool

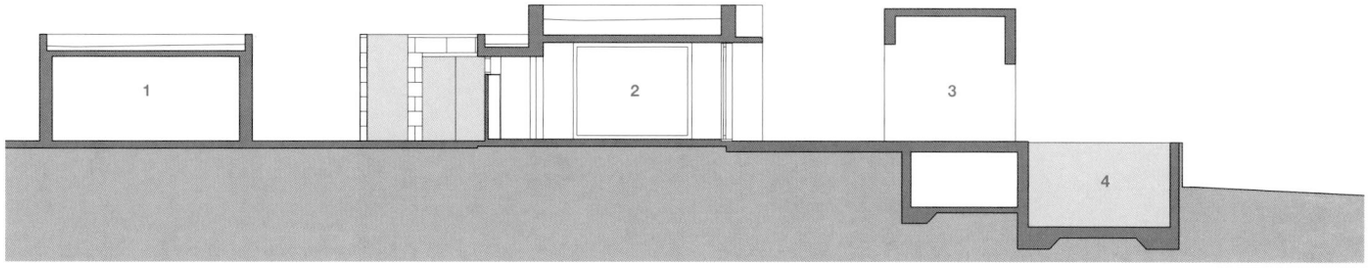


**18.05**
**Section B–B**
**1:200**
1 Mechanical store
2 Living room
3 Covered timber deck
4 Swimming pool

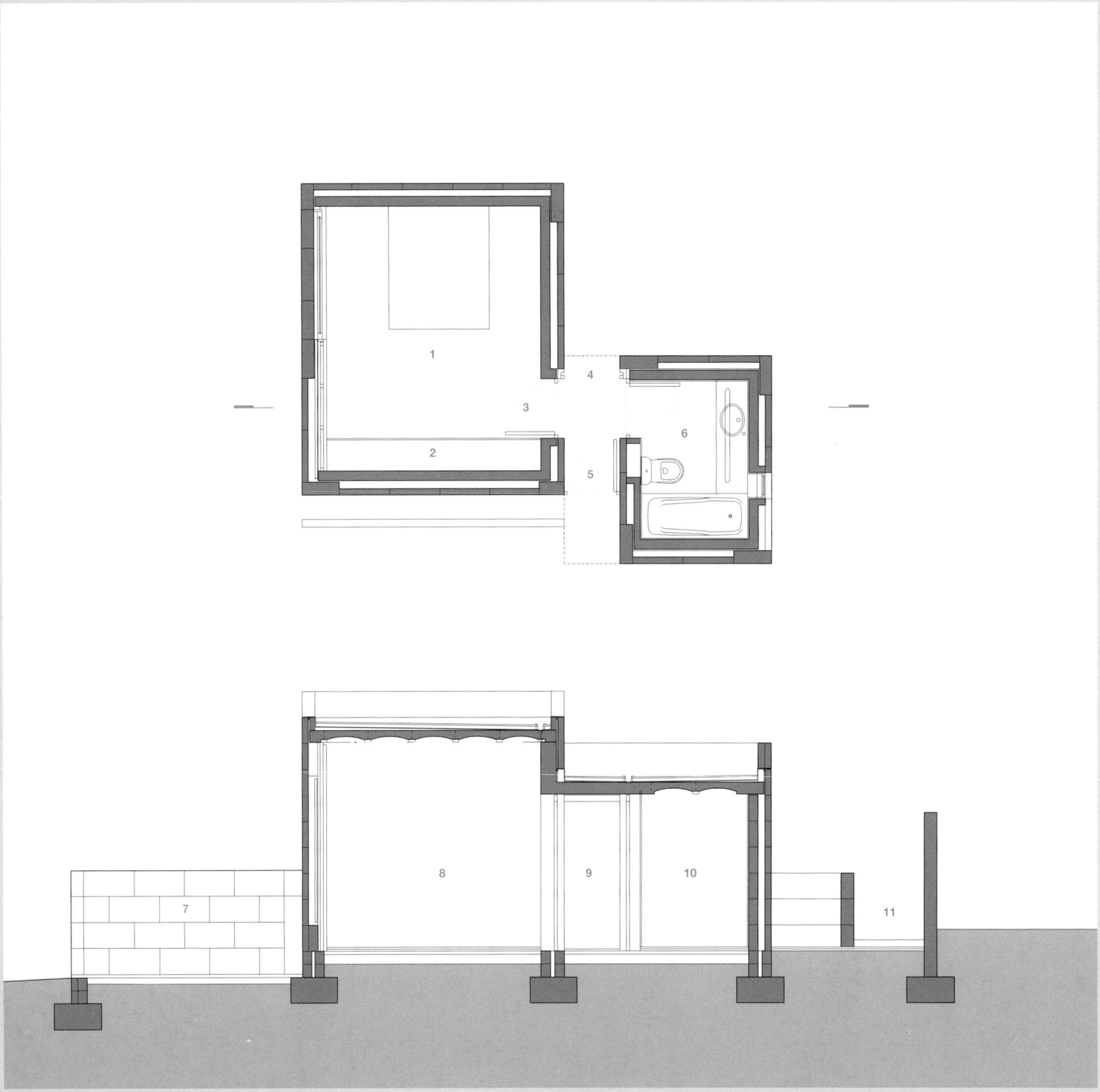


**18.06**
**Guest Pavilion Detail Plan and Section**
**1:75**
**1** Bedroom
**2** Storage
**3** Bedroom entry
**4** Glazed link between bedroom and bathroom
**5** Pavilion entry
**6** Bathroom
**7** Stone terrace wall
**8** Bedroom
**9** Glazed link
**10** Bathroom
**11** Terrace

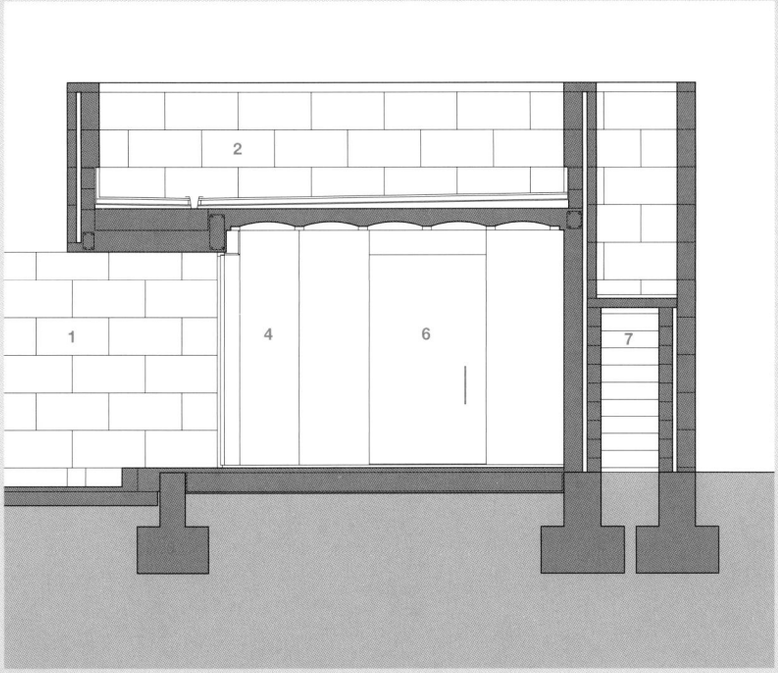


**18.07**
**Guest Pavilion Detail**
**Section 1**
**1:75**
**1** Mares stone wall
**2** Mares stone wall
**3** Concrete pad footing
**4** Iroco timber panelling
**5** Ceramic tiled vaulted roof
**6** Timber door
**7** Air chamber

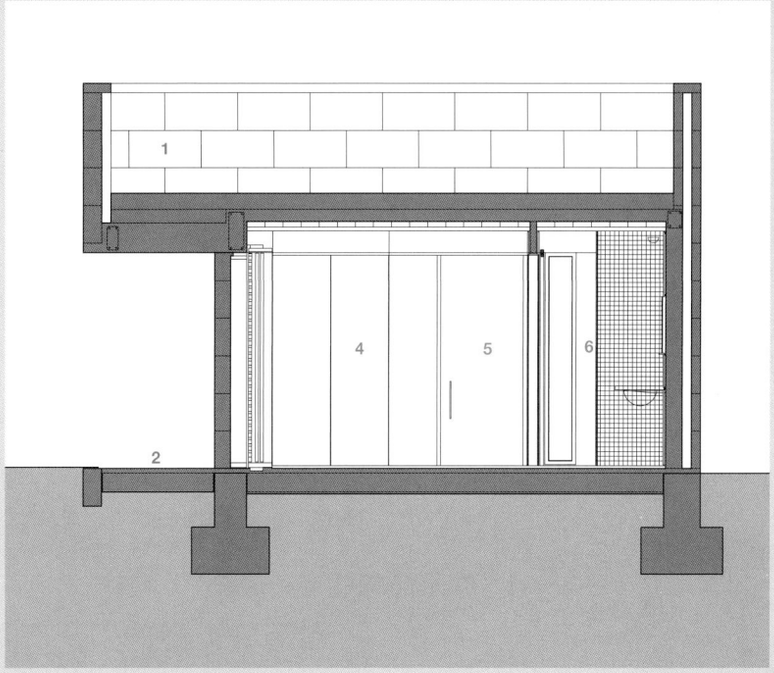


**18.08**
**Guest Pavilion Detail**
**Section 2**
**1:75**
**1** Mares stone wall
**2** Reinforced concrete slab
**3** Concrete pad footing
**4** Iroco timber panelling
**5** Timber door
**6** Ceramic tiled bathroom

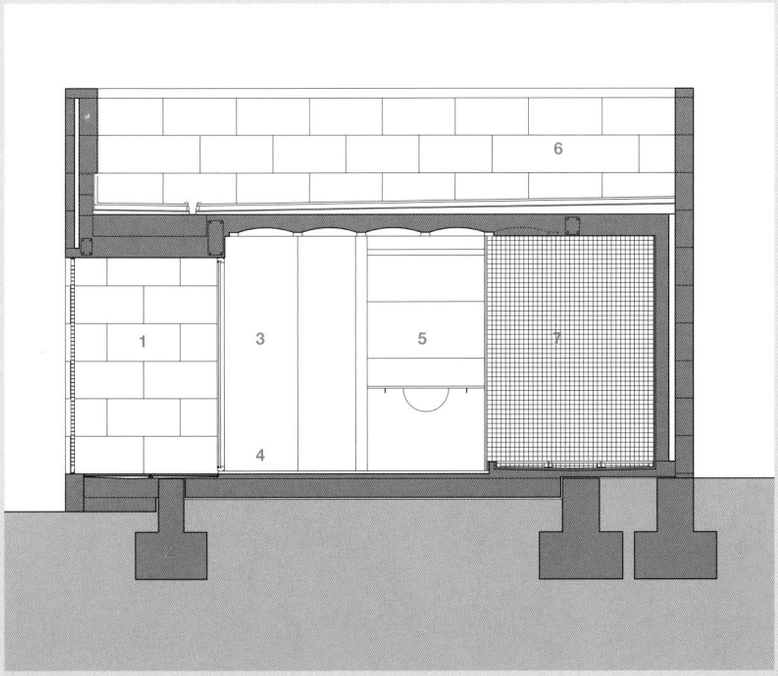


**18.09**
**Guest Pavilion Detail**
**Section 3**
**1:75**
**1** Mares stone wall
**2** Concrete pad footing
**3** Iroco timber panelling
**4** Continuous concrete slab with terrazzo finish to pavement
**5** Mirror above bathroom bench
**6** Mares stone wall
**7** Tesselated tiling to shower

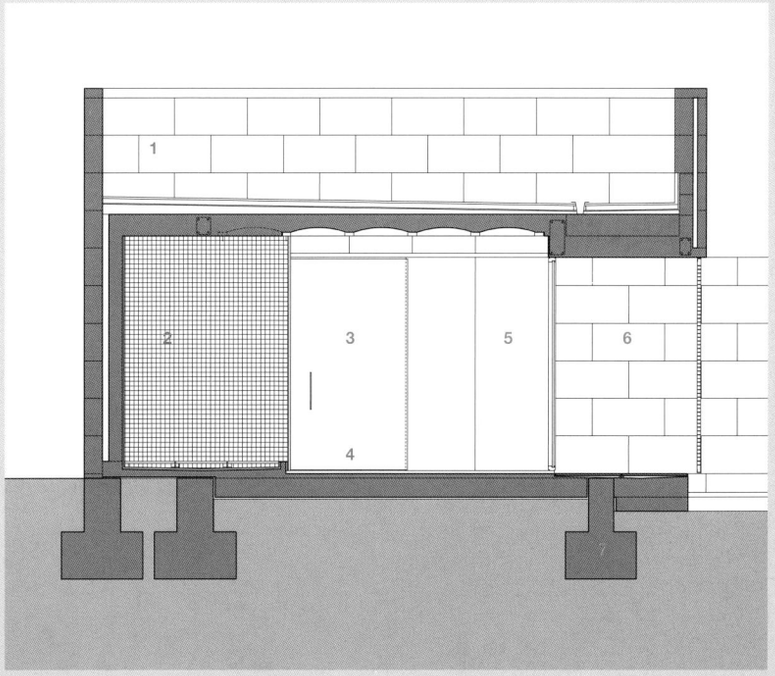


**18.10**
**Guest Pavilion Detail**
**Section 4**
**1:75**
**1** Mares stone wall
**2** Tesselated tiling to shower
**3** Timber door
**4** Continuous concrete slab with terrazzo finish to pavement
**5** Iroco timber panelling
**6** Mares stone wall
**7** Concrete pad footing

**19**
**John Pawson**

**Tetsuka House**
**Tokyo, Japan**

Client
Katsuhiko and Yumiko Tetsuka

Area
181 square metres (1,950 square feet)

Project Team
John Pawson, Vishwa Kaushal, Shingo Ozawa

General Contractor
Nakajima Corporation

This minimalist house is located on a constricted site in a suburb to the south-west of Tokyo. Extremely high land values and demanding building regulations to cope with the risk of earthquakes have not dampened a design that expresses traditional and contemporary aspects of Japanese domestic life. The elegant two-storey box turns its back on its surroundings, creating instead a tranquil inner calm. Constructed from rendered and painted concrete, the box is pierced by only a few glazed openings in order to edit out the outside world. Spaces for living, dining and cooking are located on the ground floor, while sleeping, bathing and dressing areas upstairs are reached by a single flight of stairs.

A secluded courtyard with a single Japanese maple forms the focus for the entire house. The main living space faces directly onto the courtyard, as does a tea ceremony room with traditional tatami mat floor. The boundary between the internal spaces and the courtyard are blurred via panes of full-height glazing and a stone bench that seamlessly traverses the length of the house. While the courtyard has the prosaic function of filtering out the nondescript suburban context, more importantly it serves to frame elements of the landscape – a trace of sky, branches of the tree – in the manner of traditional Japanese landscape design. Similarly, windows are located to define alternative views, with those that are hemmed in by adjacent buildings infilled with translucent glass to preserve the internal environment of calm and privacy. A limited palette of materials – limestone, plaster, concrete, timber and glass – reinforces the formal rigour of the architecture.

1

**1** A blade wall guides people towards the entrance at the south-west corner. Punctures in the external skin are avoided in favour of an internal light-filled courtyard.

**2** The living area dissolves seamlessly into the courtyard via a full-height wall of glass. This is emphasized by a stone bench that traverses the length of the house.

**3** The kitchen is in keeping with the calm asceticism that characterizes the entire house. A single stainless steel spout rises from the stone work top.

**4** A concrete staircase links the living spaces downstairs and the bedroom, bathroom and dressing room upstairs.

2

3

4

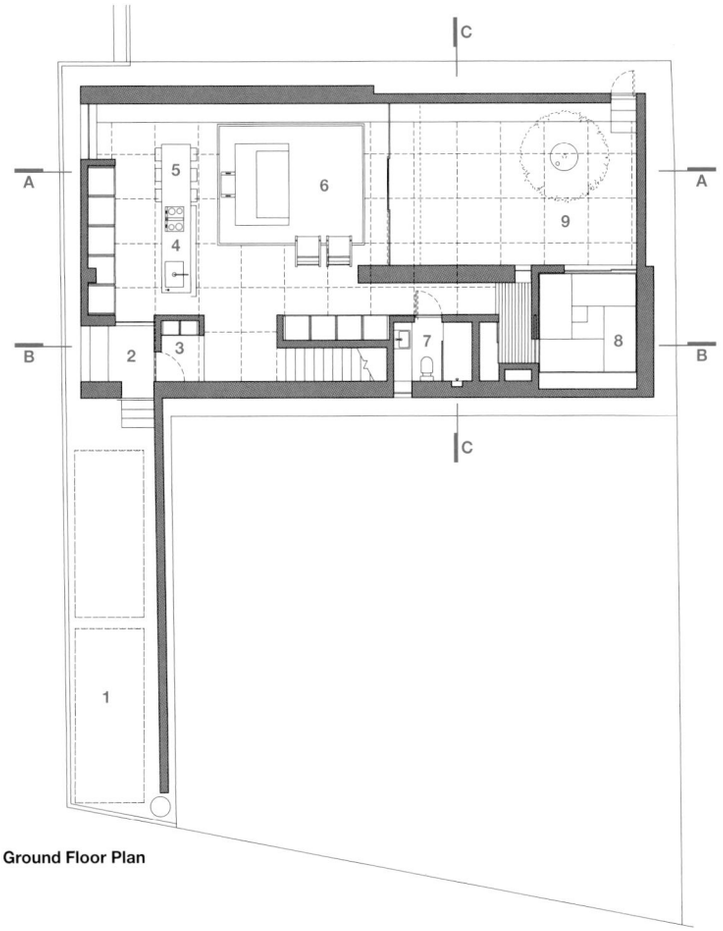


**Ground Floor Plan**

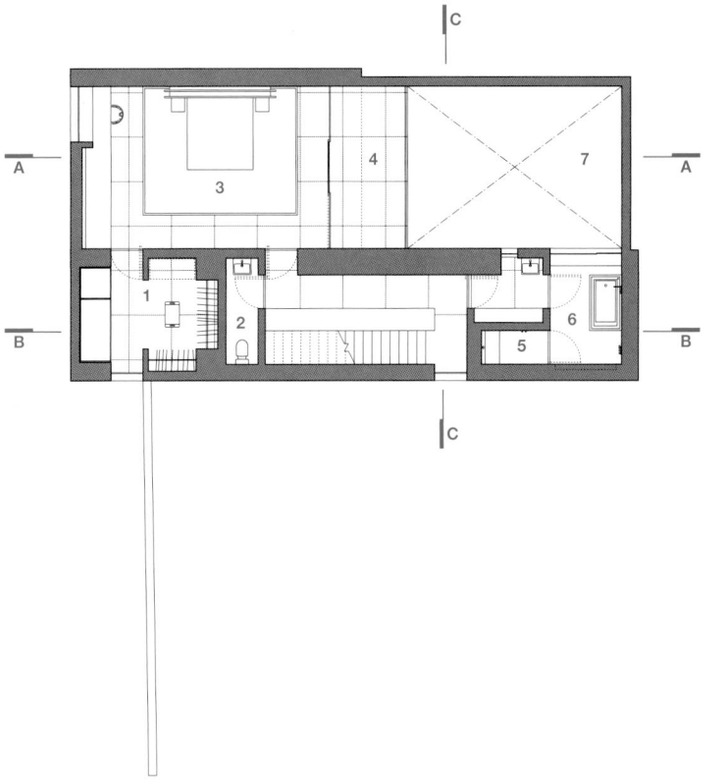


**First Floor Plan**

**19.01**
**Ground Floor Plan**
**1:200**
1 Parking
2 Entrance
3 Entrance lobby
4 Kitchen
5 Dining
6 Living room
7 WC
8 Tea room
9 Courtyard

**19.02**
**First Floor Plan**
**1:200**
1 Dressing room
2 WC
3 Bedroom
4 Terrace
5 Shower
6 Bathroom
7 Courtyard below

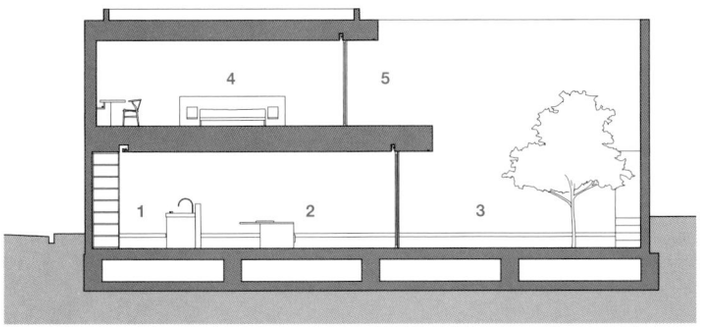


**Section A–A**

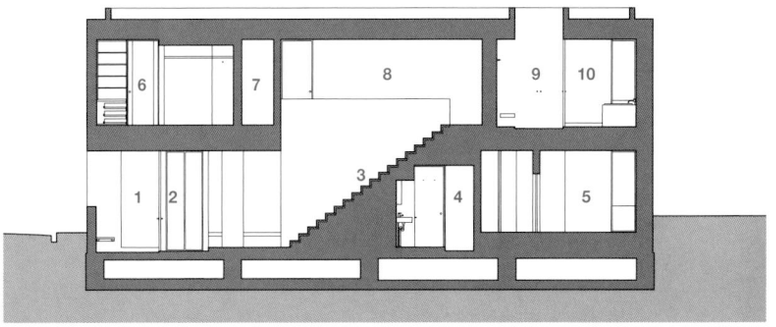


**Section B–B**

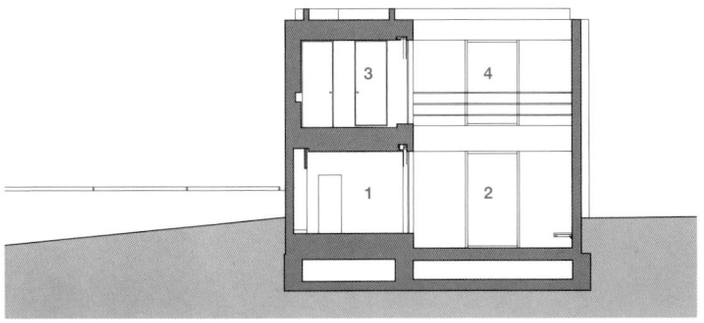


**Section C–C**

**19.03**
**Section A–A**
**1:200**
1 Kitchen
2 Living room
3 Courtyard
4 Bedroom
5 Terrace

**19.04**
**Section B–B**
**1:200**
1 Entrance
2 Entrance lobby
3 Staircase
4 WC
5 Tea room
6 Dressing room
7 WC
8 Hall
9 Shower
10 Bathroom

**19.05**
**Section C–C**
**1:200**
1 Tea room
2 Courtyard
3 Bathroom
4 Terrace

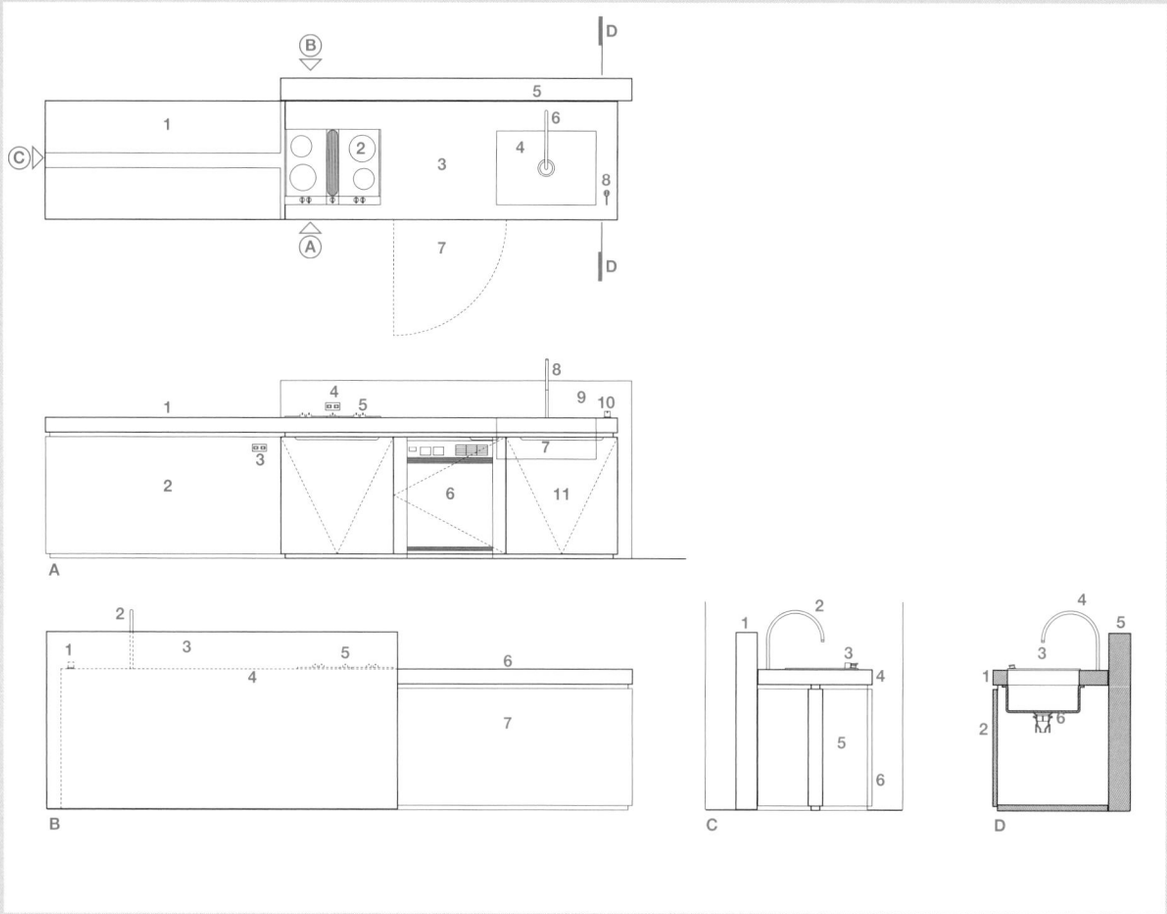


**19.06**
**Kitchen Details**
**1:50**

**Plan**
**1** Limestone countertop
**2** Hotplates
**3** Limestone worktop
**4** Stainless steel sink
**5** Low wall between kitchen and living room
**6** Stainless steel spout
**7** Integrated dishwasher
**8** Stainless steel tap

**Elevation A**
**1** Limestone countertop
**2** White-painted MDF panel
**3** Power point
**4** Power point
**5** Hotplates
**6** Dishwasher
**7** Stainless steel sink behind
**8** Stainless steel spout
**9** Stone-clad splashback
**10** Stainless steel tap
**11** White-painted MDF panel

**Elevation B**
**1** Stainless steel tap behind
**2** Stainless steel spout behind
**3** Low wall
**4** Line of counter behind
**5** Hotplates behind
**6** Limestone countertop
**7** Line of under-bench structure

**Elevation C**
**1** Low wall between kitchen and dining room
**2** Stainless steel spout
**3** Stainless steel tap
**4** Limestone countertop
**5** End panel
**6** White-painted MDF panel to front

**Section D–D**
**1** Limestone counter-top
**2** White-painted MDF panel to front
**3** Stainless steel sink
**4** Stainless steel spout
**5** Low wall between kichen and dining room
**6** Waste disposal unit

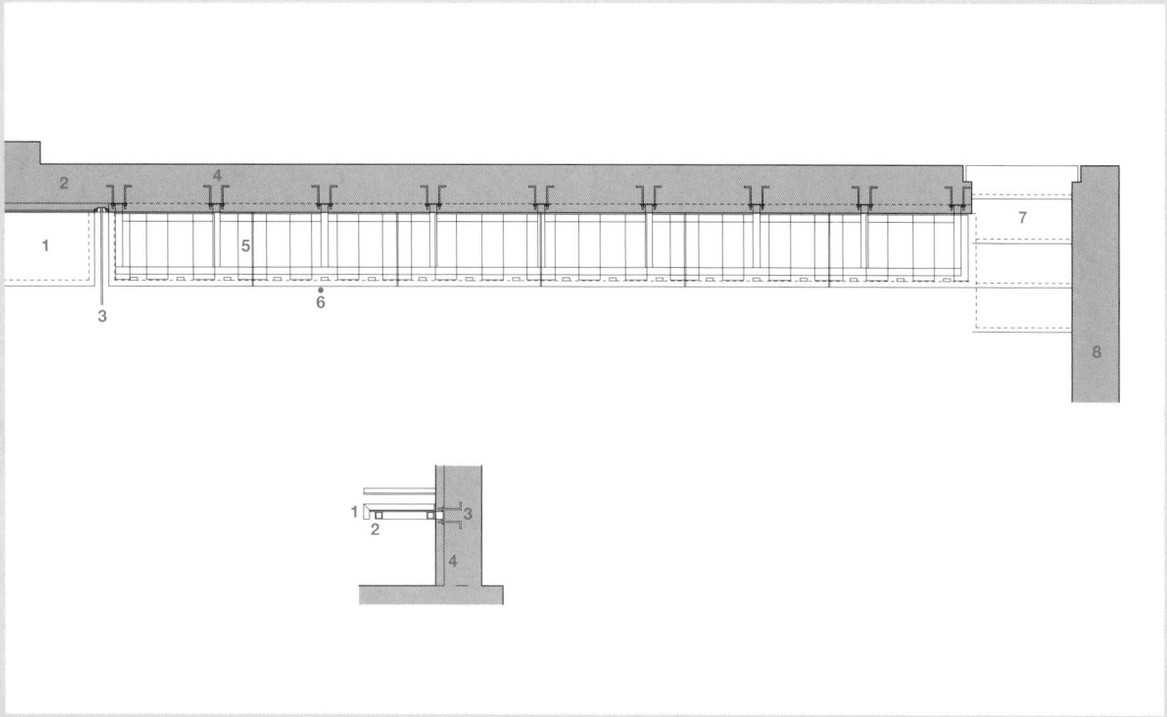


**19.07**
**Stone Bench Details**
**1:50**

**Plan**
**1** Limestone bench
**2** Concrete wall
**3** Glass wall
**4** Anchor
**5** Steel plate
**6** 50 x 50 mm (2 x 2 inch) steel frame
**7** Limestone stair
**8** Concrete wall

**Section**
**1** Limestone bench
**2** 50 x 50 mm (2 x 2 inch) steel frame
**3** Anchor
**4** Concrete wall

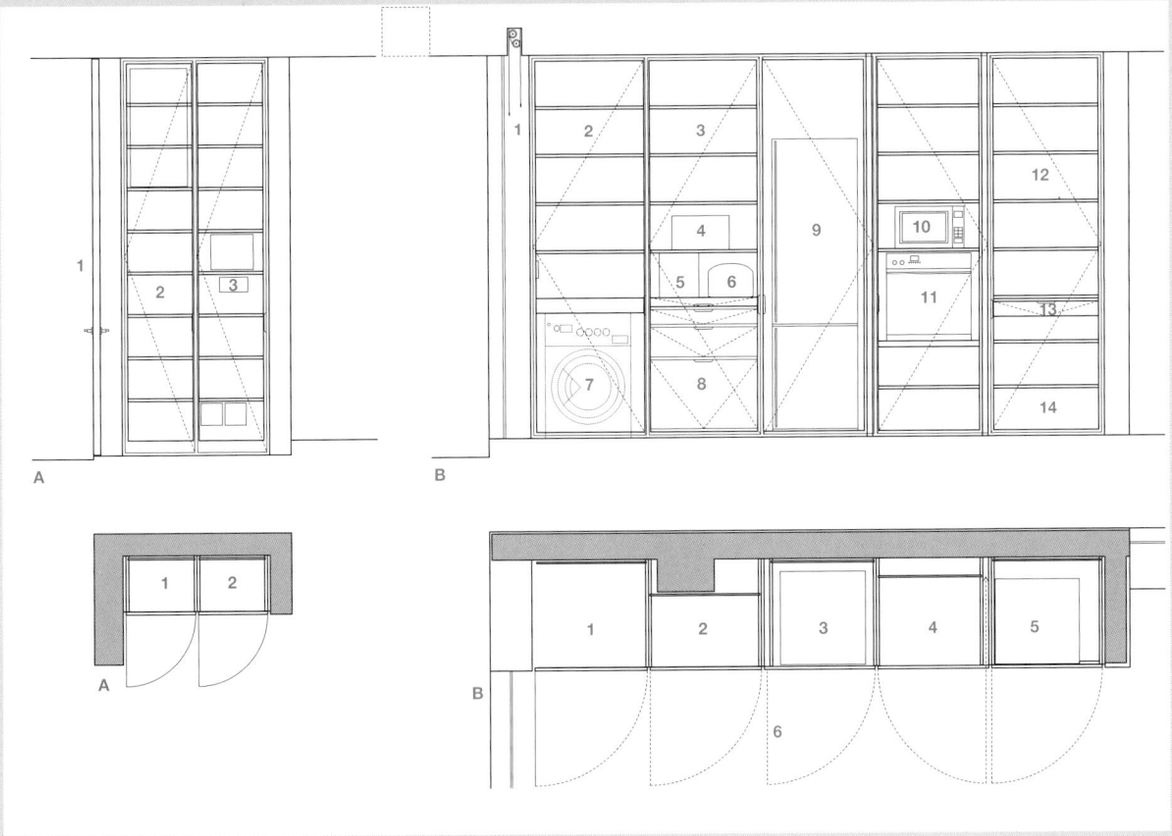


**19.08**
**Kitchen Cupboard Details**
**1:50**

**Elevation A**
**1** Entry door
**2** Adjustable shelves
**3** Floor heating central panel

**Elevation B**
**1** Recessed roller blind
**2** Adjustable shelves
**3** Adjustable shelves
**4** Toaster
**5** Coffee maker
**6** Rice cooker
**7** Washing and drying machine
**8** Drawers
**9** Fridge freezer
**10** Microwave
**11** Oven
**12** Adjustable shelves
**13** Drawer
**14** Adjustable shelves

**Plan A**
**1** Adjustable shelves
**2** Adjustable shelves

**Plan B**
**1** Washing and drying machine
**2** Appliances and drawer
**3** Fridge freezer
**4** Microwave and oven
**5** Adjustable shelves and drawer
**6** Folding sliding panel

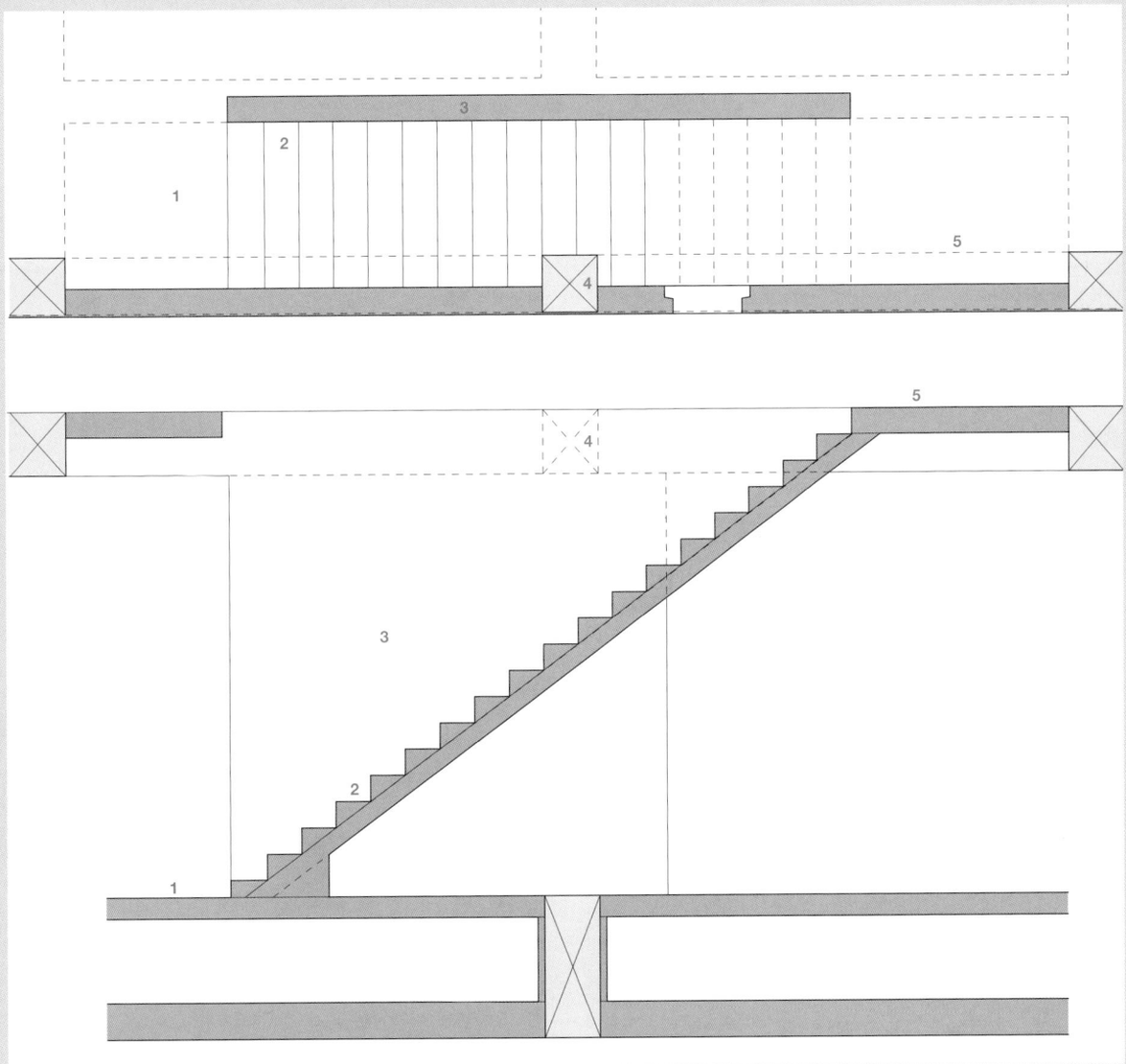


**19.09**
**Concrete Staircase Details**
**1:50**

**Plan**
**1** Ground floor landing
**2** Treads
**3** Structural wall
**4** Column
**5** First floor landing

**Section**
**1** Ground floor landing
**2** Treads and risers
**3** Wall beyond
**4** Beam
**5** First floor landing

## Father's House
## Lantian, China

Area
385 square metres (4,144 square feet)

Project Team
Qingyun Ma, Weihang Chen, Peter Knutson, Yinghui Wang, Satoko Saeki, James Macgill

Landscape Architect
MADA s.p.a.m.

Structural Engineer
MADA s.p.a.m.

Main Contractor (Exterior)
Zongqi Fan

Main Contractor (Interior)
Shanghai Dumiao Interior Decoration Co. Ltd.

This house is situated in a river valley at the foot of Quinlin Mountain in north-west China. The valley has been carved out of the Shan Xi plateau by waters running down from the mountain over many thousands of years. Arranged over two levels with kichen, dining and living spaces on the ground floor and bedrooms and bathroom above, the house is entered via a gate that leads to an L-shaped walled garden with a reflection pool. The house is made up of three main components. The structural frame is of reinforced concrete, wall infill panels are of local river stones, and interior walls, ceilings and shutters are of bamboo board.

The structural frame remains a consistent dimension for all beams and columns. The river stones were collected over a period of two years by local villagers and sorted by colour, so that each wall panel has a specific colour tone. Four types of wall make up the construction. The retaining wall around the site is constructed in the vernacular fashion traditionally used by local villagers. At the perimeter wall, the stones are exposed on both sides, fixed within the structure with cement and imbedded tie bars. The interior walls are of local bamboo board typically used for concrete formwork, polished and varnished. All openings are floor to ceiling with metal frame windows. The wall to the courtyard is fully openable, protected by movable bamboo board shutters.

1

**1** The concrete frame is infilled with river stones along the perimeter wall and full-height glazing with bamboo shutters on the courtyard facade. **2** The river stones that characterise the aesthetic of the house were gathered and sorted by colour by local villagers and arranged so that each panel has a specific colour tone. **3** A reflecting pool occupies the space between the perimeter wall and the house. Here, the quality and texture of the stone walls is most apparent. **4** The bamboo panels lend a warmth and texture to the interior spaces as well as introducing another traditional material into this otherwise contemporary structure.

2

3

4

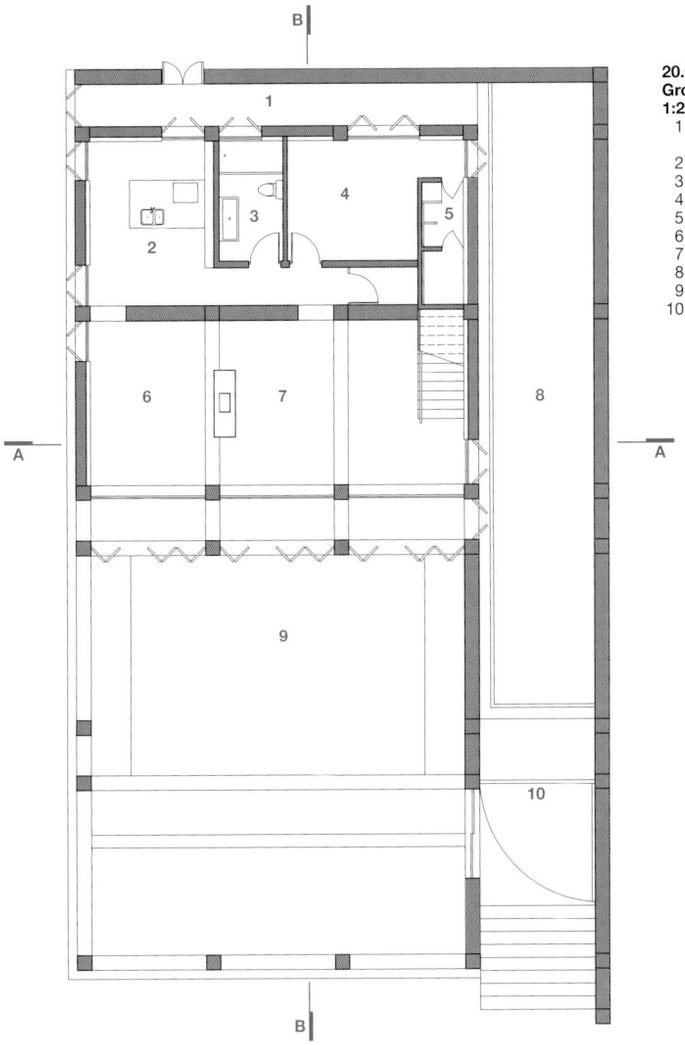


**20.01**
**Ground Floor Plan**
**1:200**
1 Exterior service yard
2 Kitchen
3 Bathroom
4 Bedroom
5 Closet
6 Dining room
7 Living room
8 Reflection pool
9 Courtyard
10 Main entry

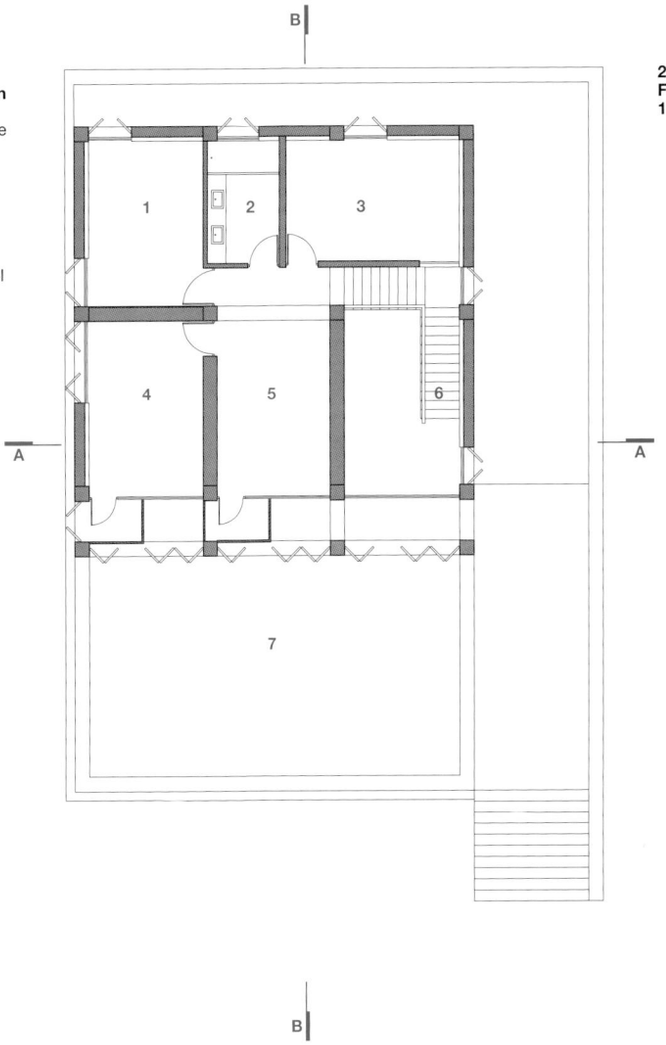


**20.02**
**First Floor Plan**
**1:200**
1 Bedroom
2 Bathroom
3 Bedroom
4 Master bedroom
5 Study room
6 Stair down to living room
7 Courtyard below

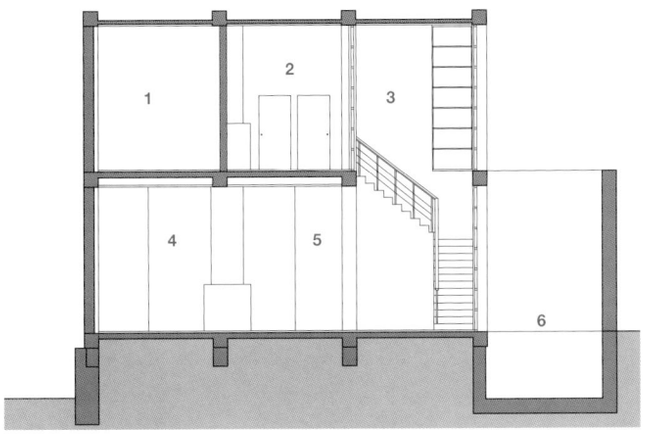


**20.03**
**Section A–A**
**1:200**
1 Master bedroom
2 Study room
3 Staircase
4 Dining room
5 Living room
6 Reflection pool

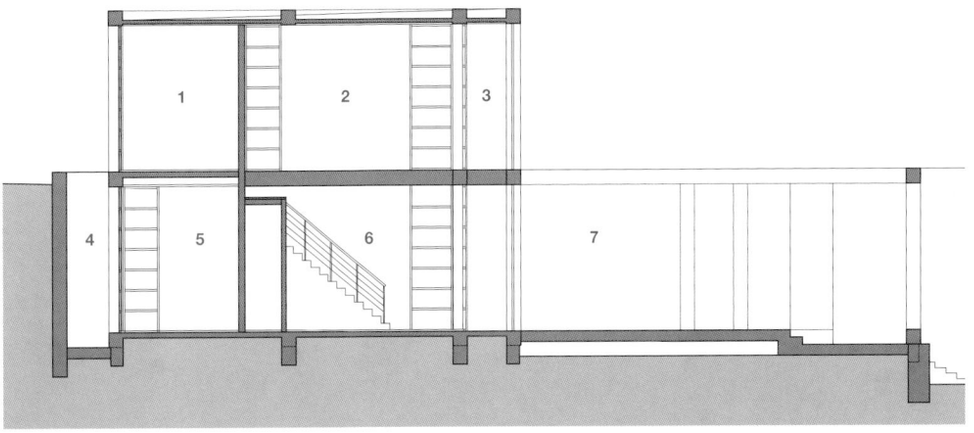


**20.04**
**Section B–B**
**1:200**
1 Bedroom
2 Study room
3 Balcony
4 Service yard
5 Bedroom
6 Living room
7 Courtyard

**20.05**
**Detail Wall Section 1**
**1:50**
**1** Reinforced concrete roof slab covered with rigid insulation, PVC membrane and gravel, and lined with bamboo panels
**2** Polished bamboo flooring over reinforced concrete slab floor, lined with suspended ceiling framing and polished bamboo ceiling panels
**3** Polished bamboo board flooring on reinforced concrete floor slab over waterproof membrane, vapour barrier, gravel bed and compacted soil
**4** Reinforced concrete structural frame
**5** Polished bamboo board folding shutters
**6** Aluminium handrail with matt black finish
**7** Polished reinforced concrete floor slab
**8** Polished bamboo board door behind
**9** Fixed clear glazed window panel
**10** Operable clear glazed window panel
**11** Aluminium storefront window system
**12** River stone external wall
**13** Polished finish river stone paving
**14** Reinforced concrete footings

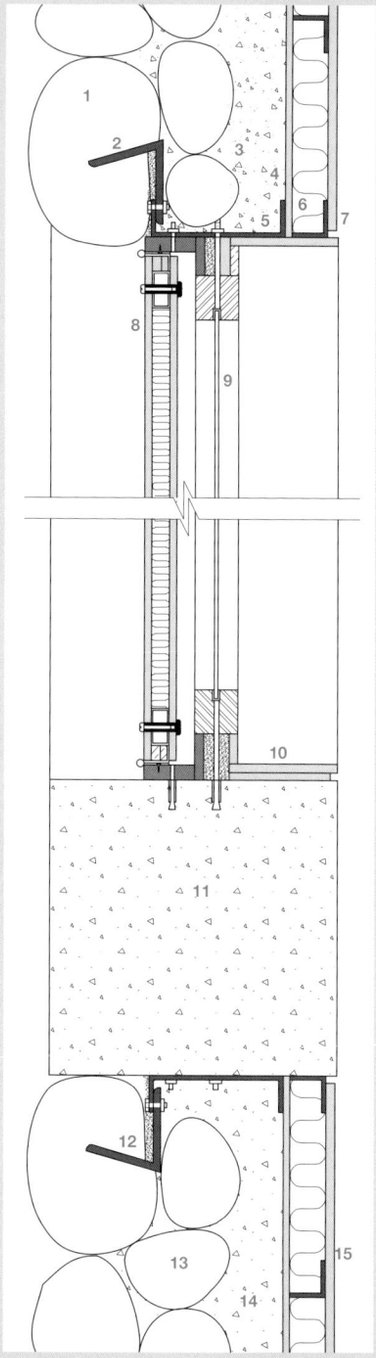


**20.06**
**Wall Plan Detail**
**1:10**
**1** River stone external wall
**2** Steel angle tie back
**3** Cement mortar bed
**4** Vapour barrier over bamboo formwork
**5** Steel angle bolted to wall
**6** Batt insulation
**7** Polished bamboo board to interior wall
**8** Polished bamboo board folding door
**9** Fixed clear glazed window
**10** Polished bamboo board flooring
**11** Reinforced concrete column
**12** Steel angle tie back
**13** River stone external wall
**14** Cement mortar bed
**15** Polished bamboo wall panels

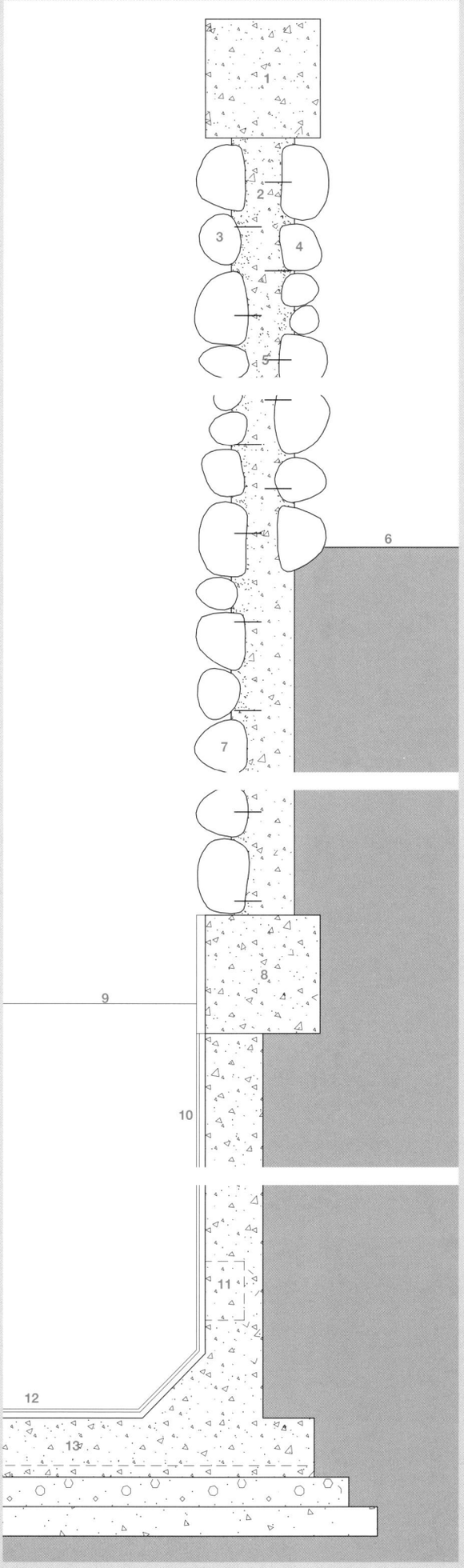


**20.07**
**Detail Wall Section 2**
**1:20**
**1** Reinforced concrete wall cast in-situ
**2** Cement mortar for fixing stones in place
**3** Local river stone to interior wall of courtyard
**4** Local river stones to exterior wall
**5** Non-corrosive steel wall tie back
**6** Finished level to top soil
**7** Local river stone to interior wall of courtyard
**8** Reinforced concrete wall to pool
**9** Water level
**10** Ceramic tiles to pool wall
**11** Recessed underwater lighting
**12** Ceramic tile finish on 10 mm (1/3 inch) mortar bed over elastic waterproofing membrane
**13** Reinforced concrete slab over gravel bed

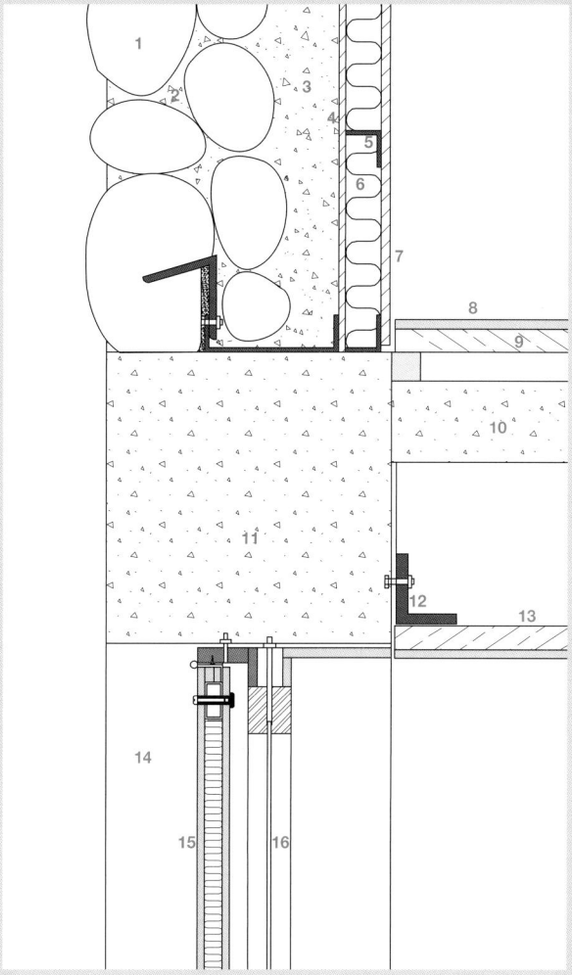


**20.08**
**Detail Wall Section 3**
**1:10**
**1** River stone
**2** Cement mortar
**3** Reinforced concrete wall, cast in-situ
**4** Vapour barrier
**5** Bamboo formwork
**6** Batt insulation
**7** Polished bamboo board to wall
**8** Polished bamboo board to floor
**9** Plywood subfloor
**10** Reinforced concrete floor slab
**11** Reinforced concrete beam and lintel
**12** Steel angle bolted to concrete structure
**13** Ceiling duct space
**14** Reinforced concrete column behind
**15** Bamboo window shutter
**16** Glazed door

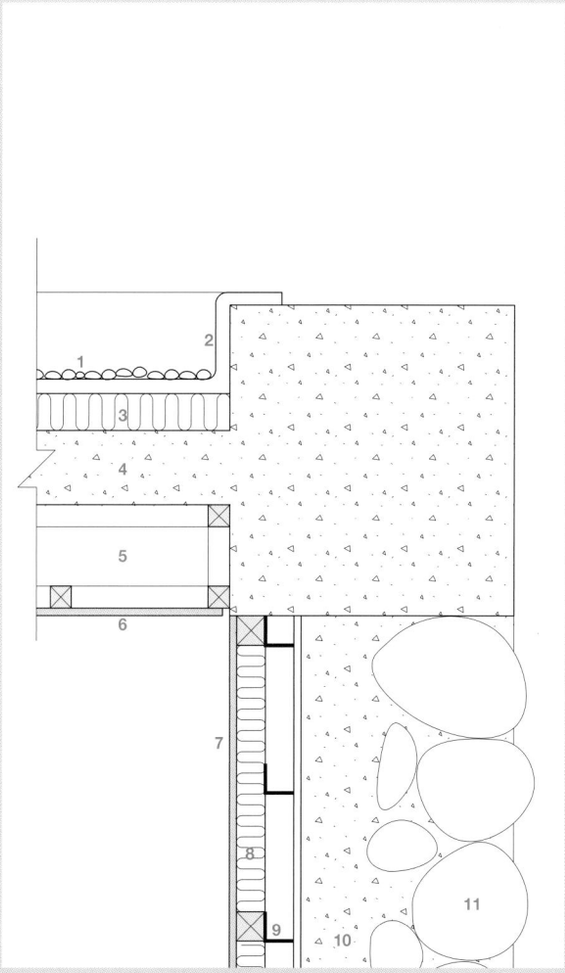


**20.09**
**Roof Detail**
**1:10**
**1** Gravel to finished roof surface
**2** PVC membrane
**3** Rigid insulation
**4** Reinforced concrete roof and edge beam
**5** Ceiling void
**6** Bamboo panel ceiling
**7** Bamboo panel wall
**8** Batt insulation
**9** Aluminium fixing angle
**10** Cement mortar
**11** River stones to exterior wall

**21**
**Olson Sundberg Kundig Allen Architects**

**Chicken Point Cabin**
**Chicken Point, Idaho, USA**

Area
292 square metres (3,145 square feet)

Project Team
Tom Kundig, Steven Rainville, Debbie Kennedy

Structural Engineer
Monte Clark Engineering

Main Contractor
MC Construction

Mechanical Fabrication
Turner Exhibits

The idea for this simple, yet sophisticated cabin, was to create a lakeside shelter in the woods – a small box with a correspondingly giant window that opens to the surrounding landscape. The cabin's window-wall opens up the entire living space to the forest and lake. The cabin is large enough to accommodate a typical domestic programme and sleep ten people, and yet retains an intimate quality appropriate to the natural setting. The design concept is essentially composed of three parts: a concrete-block box, a plywood insert and a 1.2 metre (4 foot) diameter steel fireplace.

Materials are deliberately low maintenance to take account of the occasional occupation – concrete block, steel, concrete floors and plywood – in keeping with the notion of a cabin, and left unfinished to age naturally and acquire a patina that complements the idyllic setting. Open, interior spaces are intended to be a seamless extension to the outdoors. The concrete floor continues outside to become a terrace with a built-in hot tub. The steel entry door is exaggerated in height to easily accommodate long skis. Once inside, the concrete block volume is punctuated by relatively few distractions: a steel fireplace, a bridge that spans the main space and the master sleeping alcove that floats above the kitchen area. The dramatic window-wall pivots on an off-centre axis, its speed regulated by a fly-ball governor, referred to by the owners and architects alike as the 'gizmo'.

**1** A massive roof shelters the cabin while a giant window-wall pivots open via a mechanical fly wheel, opening up the living spaces to the landscape.
**2** The three formal components of the composition are seen here in the concrete block container, the plywood insert with double-height door and the fireplace.
**3** The window-wall opens up the house to views of Hayden Lake and the Reservoir Mountains beyond.
**4** View of the dramatic double-height entry door on the west facade.
**5** Detail view of the 'gizmo' operated window-wall.
**6** The dining area features a massive timber dining table.

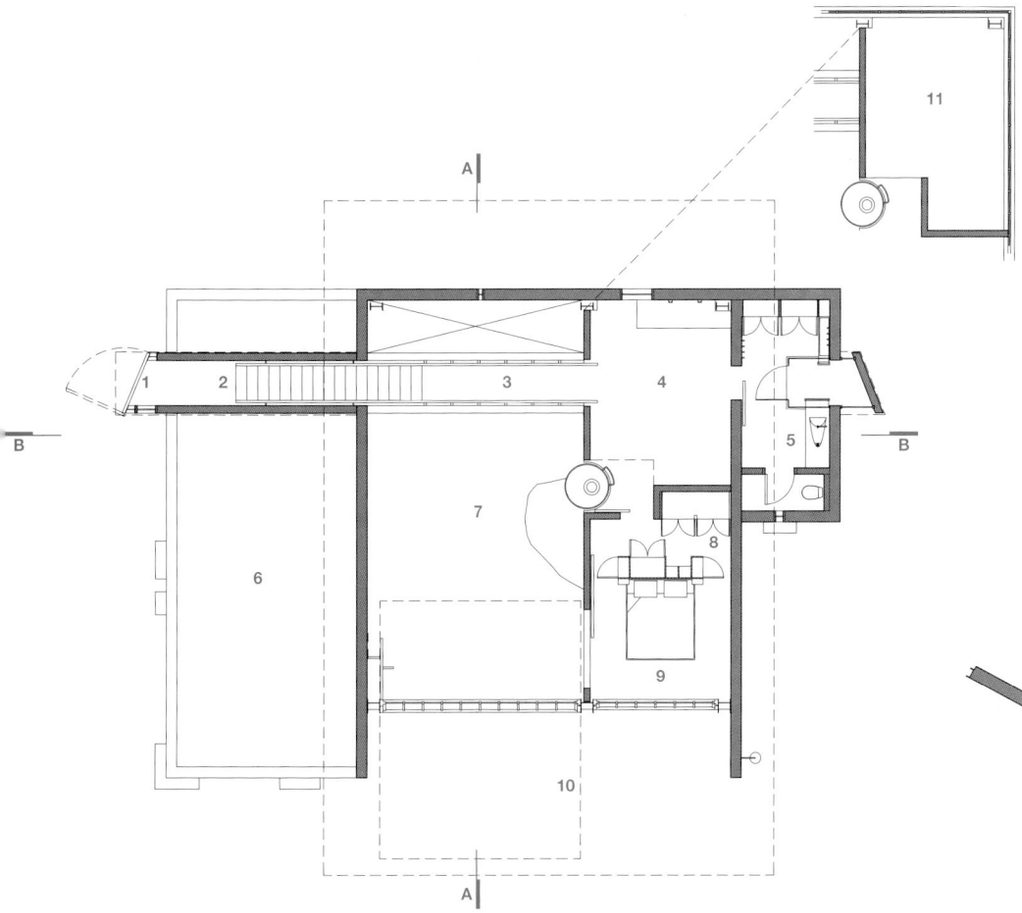


**21.01**
**First Floor and Loft Plan**
**1:200**
1 Entrance below
2 Stair from ground floor
3 Bridge
4 Study and sitting room
5 Master bathroom
6 Roof to bedrooms below
7 Void over living room below
8 Dressing room
9 Master bedroom
10 Line of open window-wall
11 Loft

**21.02**
**Section A–A**
**1:200**
1 Bridge
2 Kitchen
3 Chimney
4 Double-height space to living room
5 Library
6 Window-wall
7 Spa

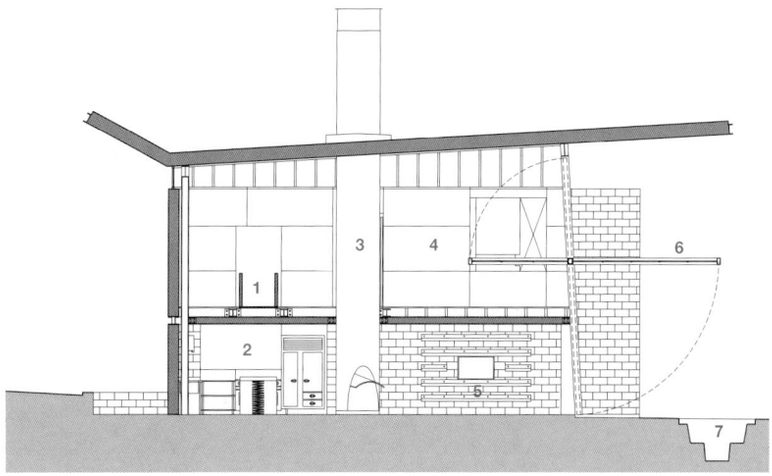


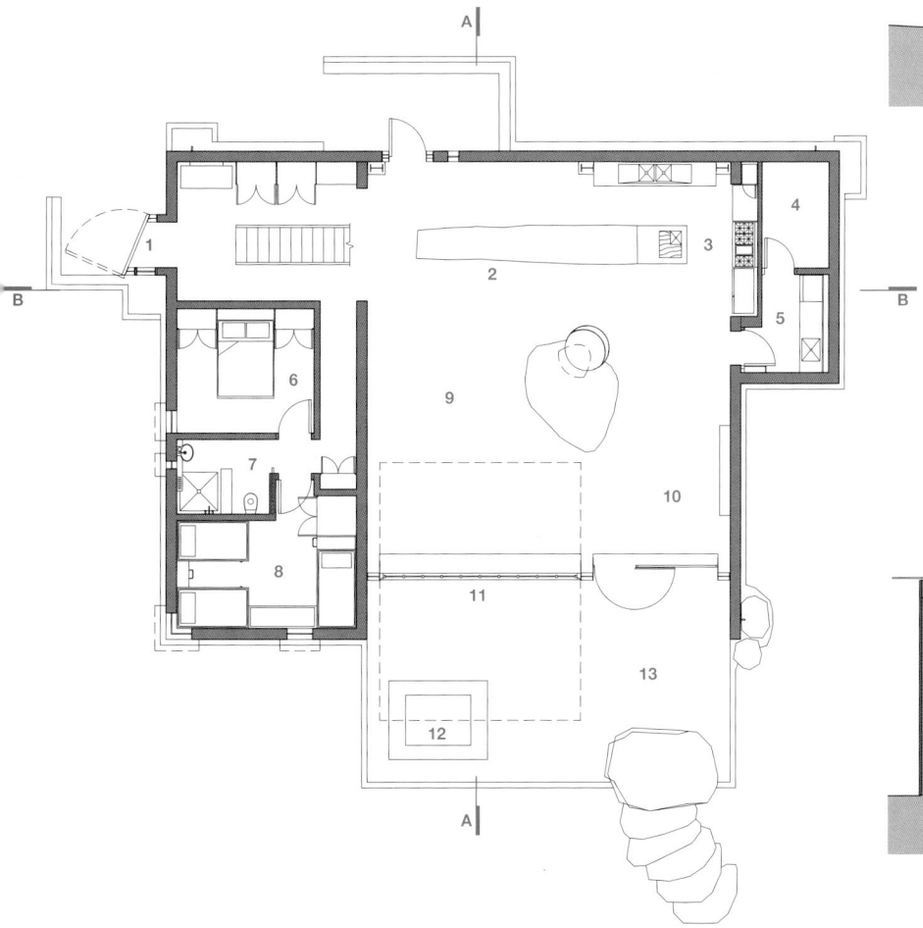


**21.03**
**Ground Floor Plan**
**1:200**
1 Entrance
2 Dining room
3 Kitchen
4 Mechanical room
5 Pantry
6 Guestroom
7 Bathroom
8 Bunk room
9 Living room
10 Library and television area
11 Window-wall
12 Spa
13 Terrace

**21.04**
**Section B–B**
**1:200**
1 Entrance
2 Stair to first floor
3 Bridge
4 Dining room
5 Kitchen
6 Pantry
7 Study
8 Bathroom

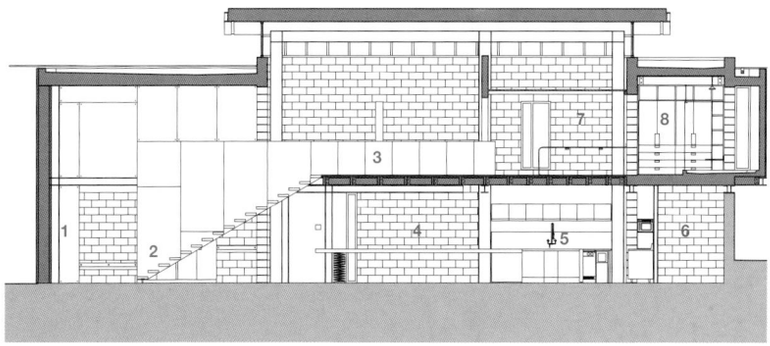


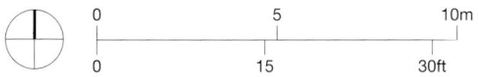

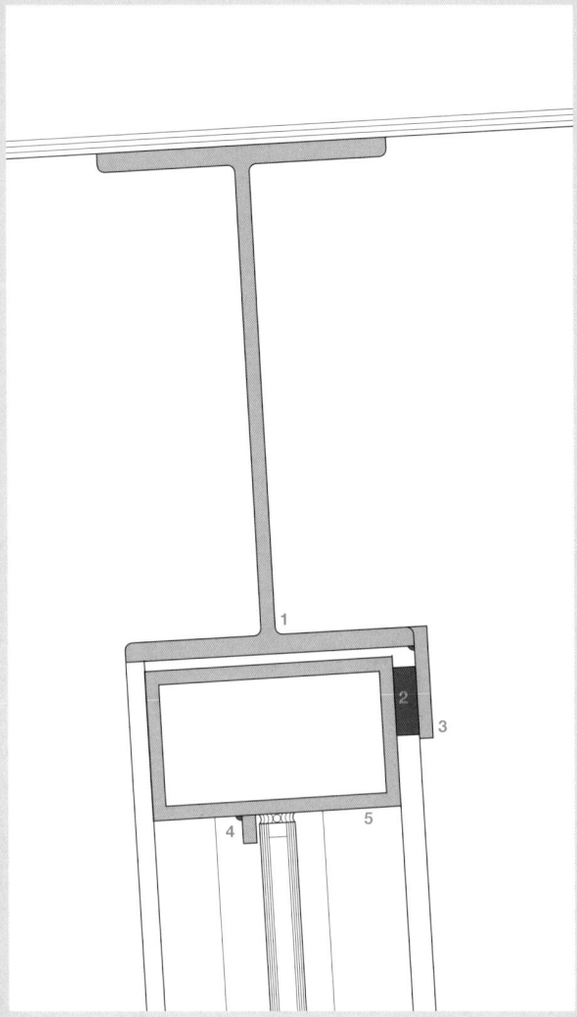


**21.05**
**Section Detail at Window Frame Head**
**1:5**
**1** Fixed steel beam
**2** Weather strip secure to strike plate
**3** Steel strike plate with continuous fillet weld to top
**4** Continuous welded steel glass stop
**5** Steel window wall frame

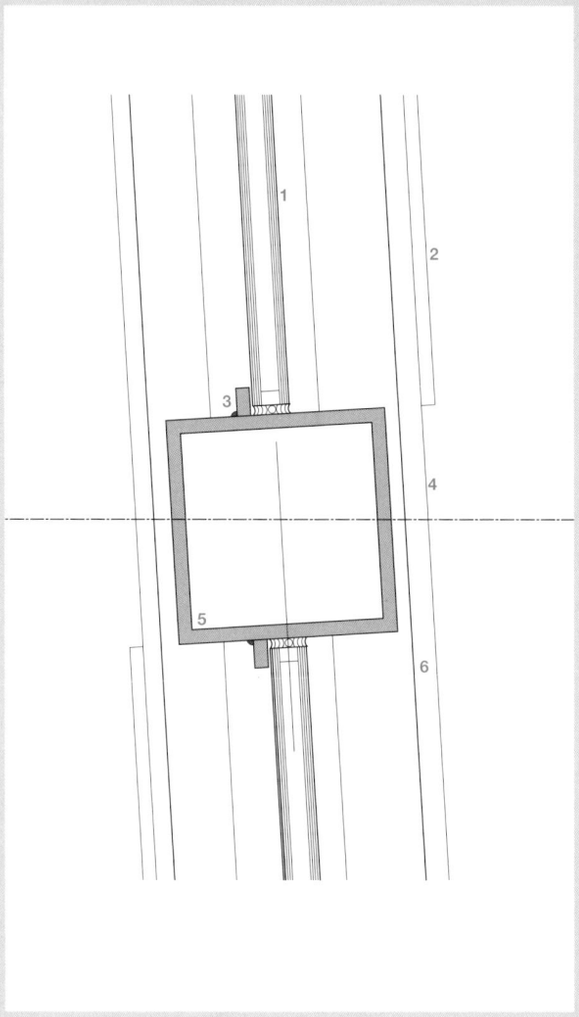


**21.06**
**Section Detail at Window Axle**
**1:5**
**1** Glazing assembly
**2** Line of strike plate beyond
**3** Continuous welded steel glass stop
**4** Line of window frame beyond
**5** Steel square section horizontally centred on window frame
**6** Line of door frame beyond

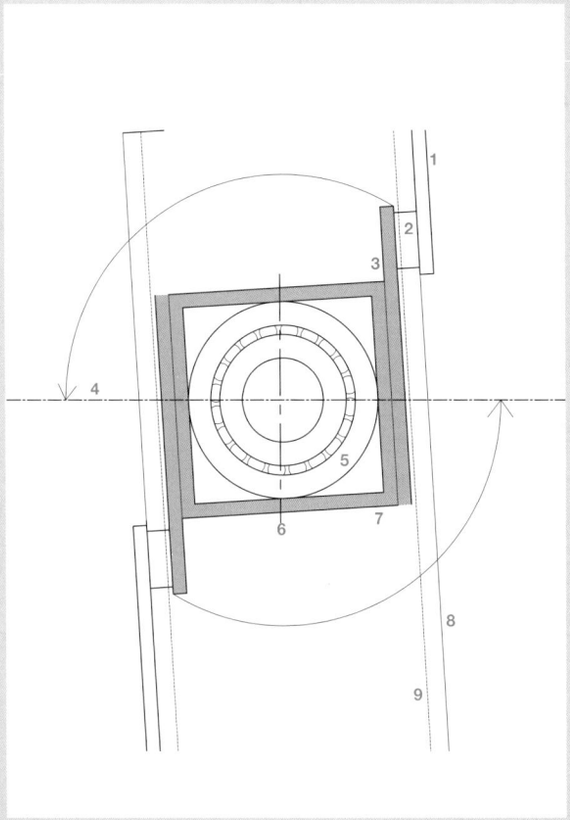


**21.07**
**Section Detail at Bearing Mechanism**
**1:5**
**1** Strike plate beyond
**2** Weather stripping secure to plate
**3** Steel plate secured to steel section with fillet weld
**4** Centre line of axle
**5** Bearing mechanism
**6** Line of continuous gasket
**7** Steel square section enclosure
**8** Line of window frame beyond
**9** Line of steel frame

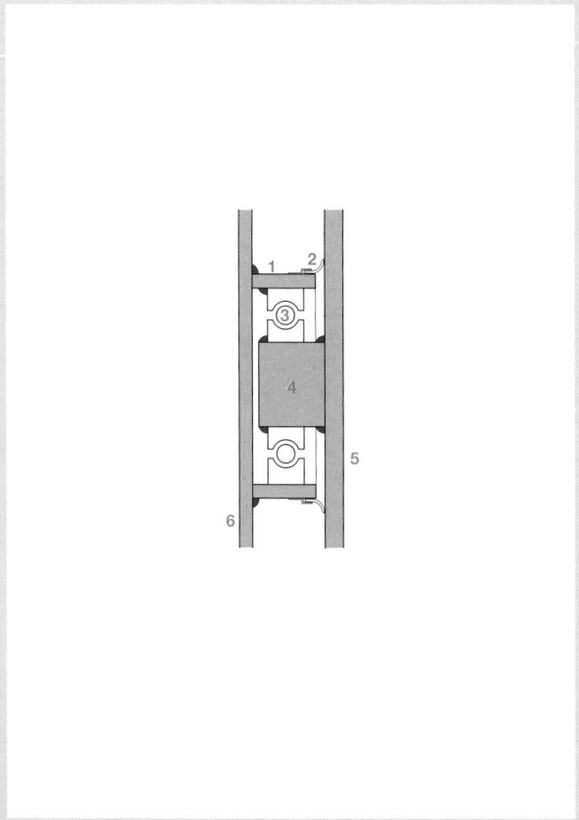


**21.08**
**Bearing Mechanism Detail**
**1:5**
**1** Steel plate
**2** Continuous gasket
**3** Bearing mechanism
**4** Bearing mechanism
**5** Wide flange
**6** Steel window frame

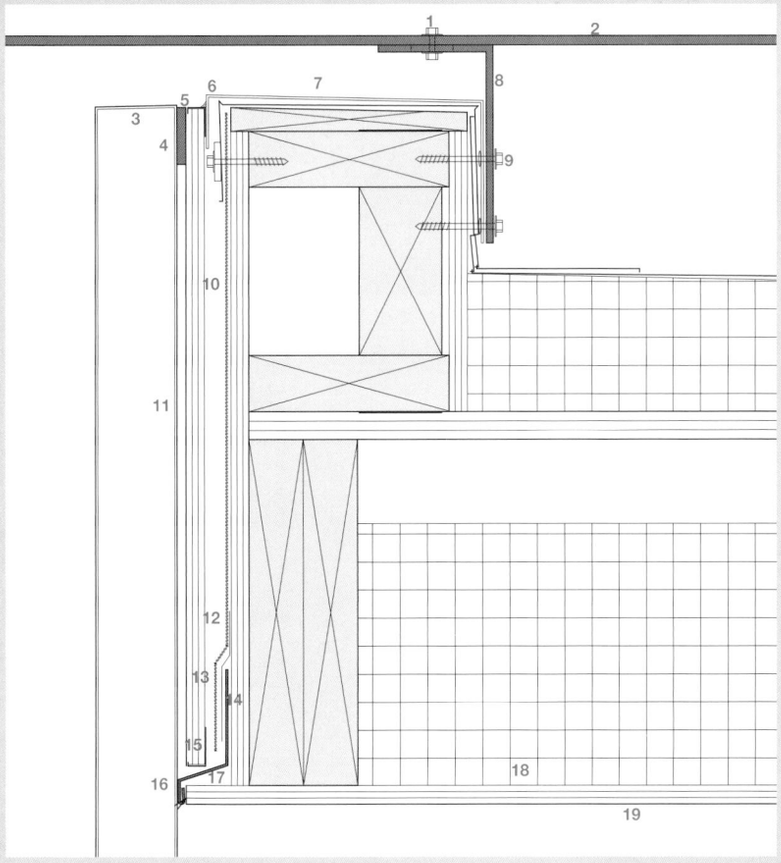


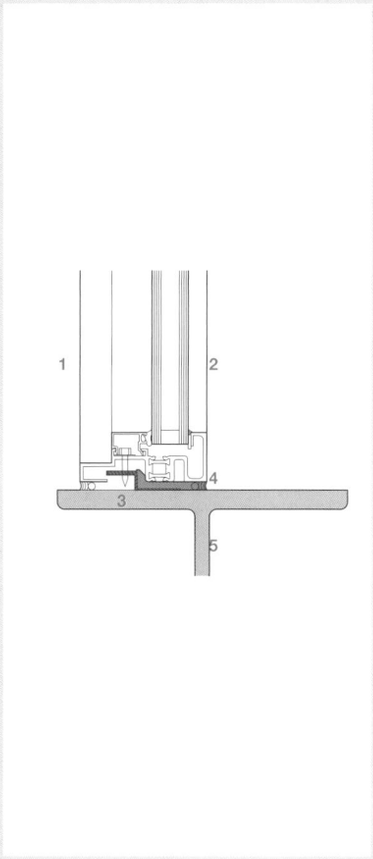


**21.09**
**Typical Door Jamb at Column Detail**
**1:5**
**1** Interior
**2** Exterior
**3** Window anchor clip welded to flange of beam
**4** Sealant and backer rod
**5** Structural steel column

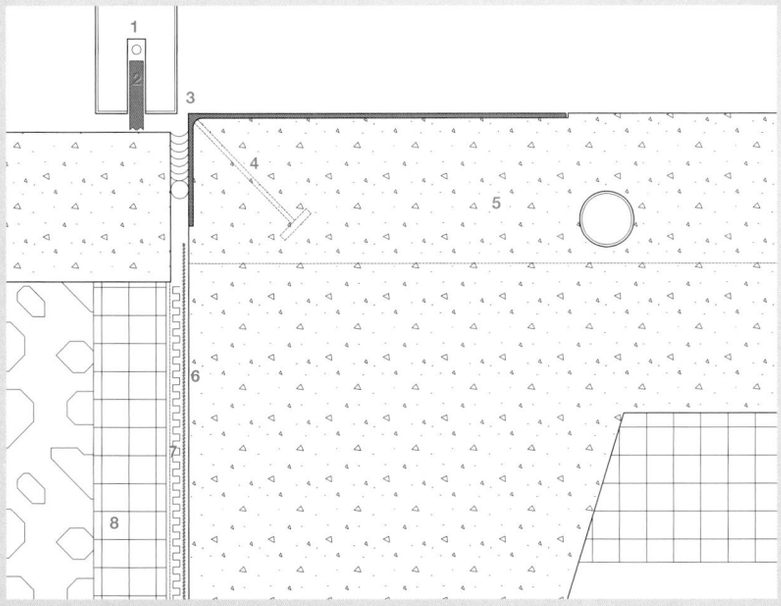


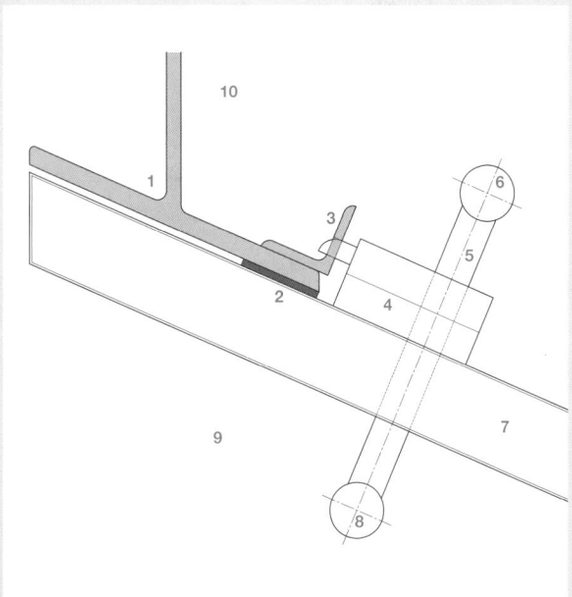


**21.10**
**Header at Entry Door Detail**
**1:5**
**1** Bolts with washers on both sides in travel slot
**2** 6 mm (1/4 inch) steel plate
**3** Slope at hollow metal door head
**4** Magnetic weather stripping
**5** J-metal at plywood end
**6** Sealant
**7** Stainless steel flashing at door header only
**8** 6 mm (1/4 inch) formed stainless steel angle
**9** Stainless steel tapping screws set in compatible sealant
**10** Furring pressure treated strips
**11** 16 gauge steel cladding over plywood sheeting
**12** Continuous synthetic vent strip
**13** Shingle layers of AIB over metal drip flashing
**14** Lapped top to metal flashing with self-adhered flashing
**15** J-metal at plywood end
**16** Return steel cladding to cap plywood end
**17** Metal drip flashing
**18** Vapour barrier
**19** 16 gauge steel over plywood sheeting

**21.11**
**Threshold at Entry Door Detail**
**1:5**
**1** Hollow metal door
**2** Automatic door button
**3** Drain slab joint behind inside face of door
**4** Nelson studs at 457 mm (18 inch) centres
**5** Reinforced concrete floor slab and footing
**6** Damp proofing
**7** Drainage mat with filter fabric
**8** 50 mm (2 inch) rigid insulation

**21.12**
**Door Jamb Detail**
**1:5**
**1** Structural steel column
**2** Weather stripping
**3** Notched steel L-angle for latch bolt
**4** Heavy duty mortice lockset mounted on inside face of door with thumb turn dead bolt above latch
**5** 25 mm (1 inch) diameter rolled steel rod
**6** Turn rod to open
**7** Hollow steel door
**8** Turn rod to open
**9** Exterior
**10** Interior

## 22
## Will Bruder Architects

### Sky Arc House
### Marin County, California, USA

Area
595 square metres (6,400 square feet)

Project Team
Will Bruder, Ben Nesbeitt, Eric Weber, Dominique Price, John Puhr, Jeff Densic, Rob Gaspard, Michael Crooks, Tom Cheney, Joe Herzog, Richard Jensen, Katie Jones, Dwayne Smyth, Troy Strange, Greg Packham

Structural Engineer
Rudow + Berry, Inc

Main Contractor
Van Acker Construction Associates

This house is located on a forested hillside with dramatic views to the bay and Mount Tamalpais. The steep eastern part of the site was chosen for a new residence for a young family, while the western part accommodates a play area and garden, as well as a recording studio. An open-air stair links the residence through a tunnel under the driveway. The simple volumes, clad in pre-weathered pewter-grey zinc, recede into the texture of the landscape, with vertical standing seams in the cladding. The glazing is 'solex green' for visual harmony with the landscape, with operable windows in mahogany, and in lieu of overhangs, shade is provided by translucent fibreglass awnings.

The process of arrival begins as the driveway widens into a forecourt of ripple-textured concrete. A rhythm of translucent slots lead to the entryway, where the warm glow of a resin lantern-wall indicates the timber entry door. Children's bedrooms and a modest guest suite with bay views are located on the entry level. A switchback stair leads down to the main living level where expansive panoramas of the bay and mountains are revealed. Outwardly, the room expands seamlessly through glass and sliding partitions to a timber deck and lawn terrace. From the living room, the gallery tunnel connects to the garden stair and then to the studio. The studio and control room are shaped by acoustic considerations, their volumes sized and tuned for quality of sound, and built of in-situ concrete to minimize sound transmission.

1

2

**22.01**
**Studio Floor Plan**
**1:200**
1 Recording studio
2 Control room
3 Utility and store
4 WC
5 Machine room
6 Entry
7 Garden

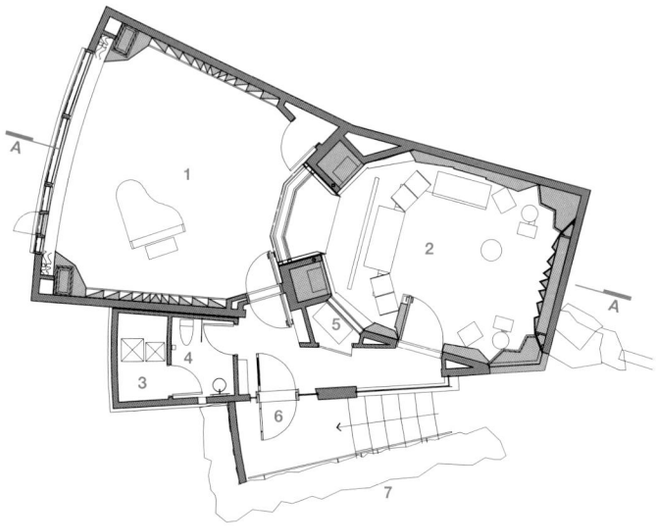


**1** Backing onto a steep hillside, the house curves with the topography to embrace dramatic views of the forest.
**2** Stepping up along the hill, the verticality of the facades is reinforced by standing seam zinc cladding, interrupted with slots of glazing to take in the views.
**3** The south-east facade is shaded by translucent fibreglass awnings.
**4** The music studio echoes the form of the house, tucked away to the west of the house, and connected to it via a tunnel that also acts as a gallery.
**5** View of the main entry where a wall of resin glows in welcome.
**6** The interior of the studio is designed to maximize the acoustic performance of the space while connecting the musician with the landscape outside with panels of clear glazing.

3

4

5

6

**22.02**
**Lower Level Floor Plan**
**1:200**
1 Graphics studio
2 WC
3 Store
4 Graphics gallery
5 Terrace
6 Garden stair
7 Gallery
8 Children's play area
9 Kitchen
10 Living area
11 Dining area
12 Deck
13 Laundry
14 WC
15 Lift
16 Passage to forest
17 Dressing room
18 Master bedroom
19 Exercise studio
20 Master bathroom
21 Dressing room

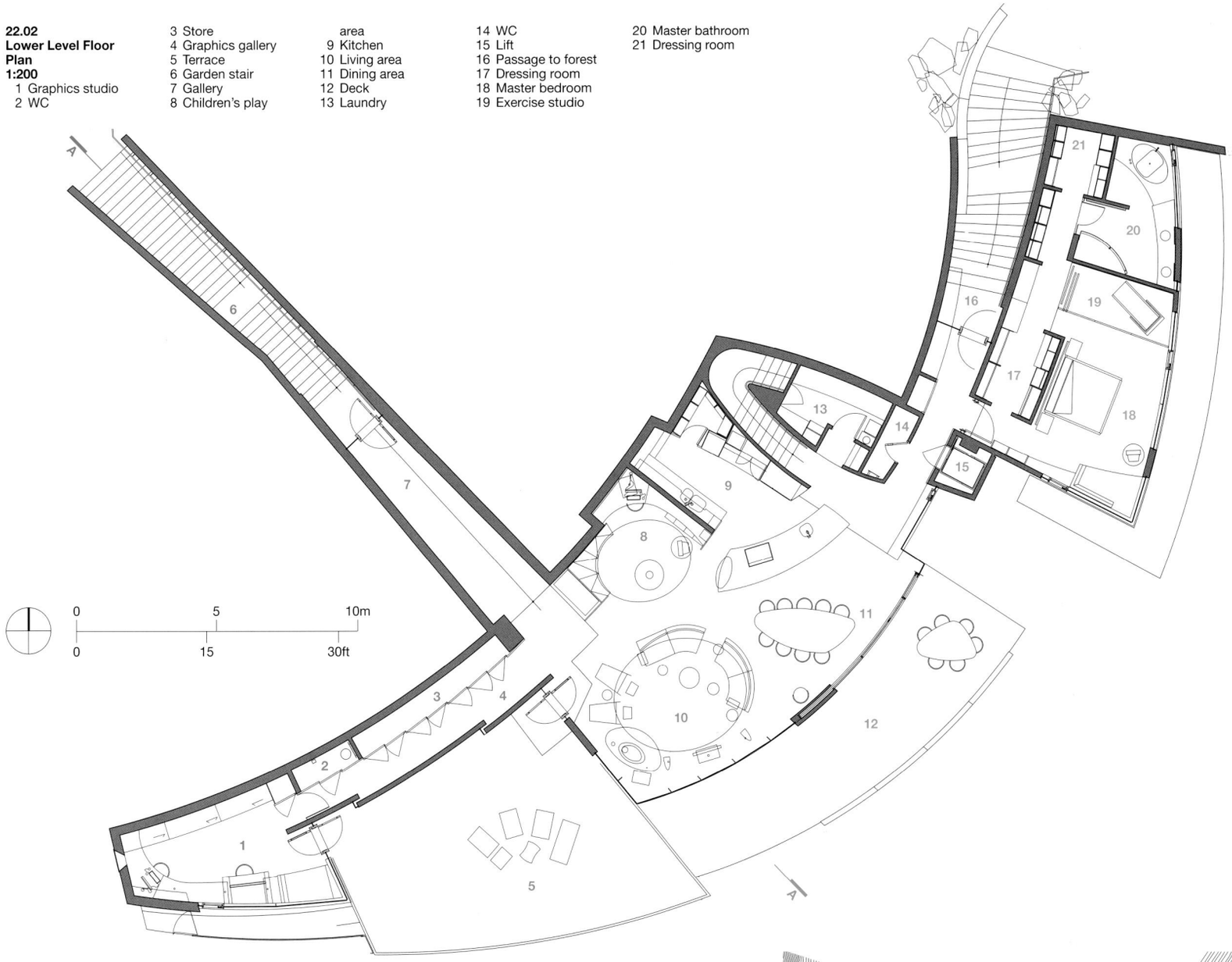


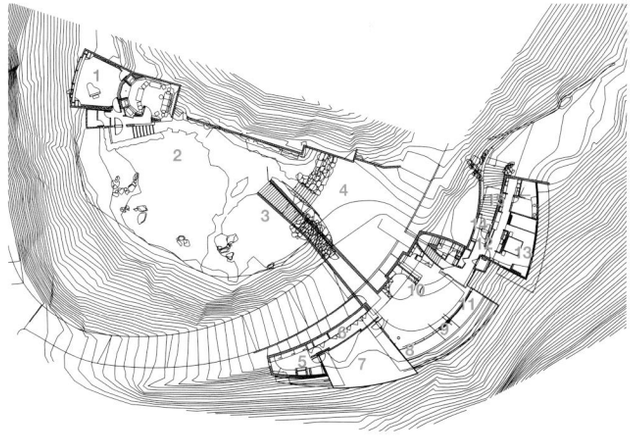

**22.03**
**Section A–A**
**1:500**
1 Recording studio
2 Control room
3 Garden
4 Garden stair
5 Gallery
6 Garage
7 Living area
8 Children's bedroom

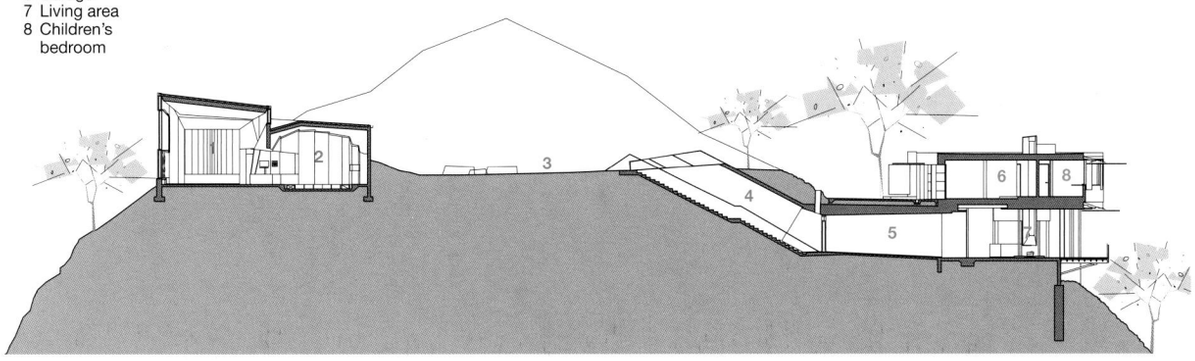

**22.04**
**Site and Upper Level Floor Plan**
**1:1000**
1 Music studio
2 Garden
3 Garden stair
4 Guest parking
5 Graphics studio below
6 Gallery below
7 Terrace below
8 Child's bedroom
9 Bathroom
10 Parking
11 Child's bedroom
12 Guest bedroom
13 Master suite below
14 Guest bathroom
15 Guest bedroom

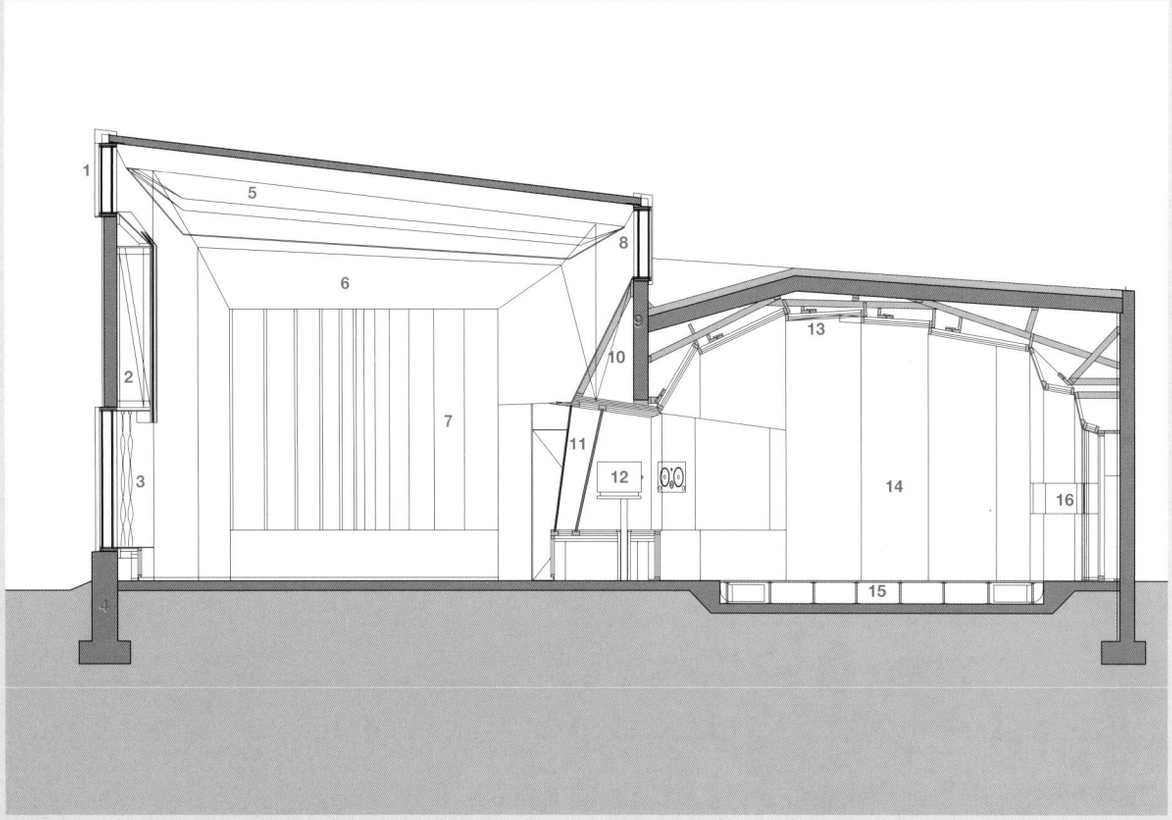

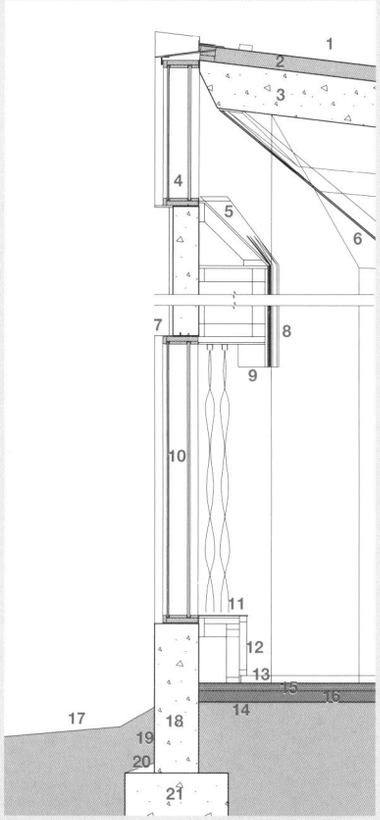

**22.05**
**Studio Section**
**1:100**
**1** Timber window and zinc flashing assembly
**2** Gypsum board over 50 x 100 mm (2 x 4 inch) timber framed acoustic reflector
**3** Insulated timber frame window assembly with laminated solex glazing
**4** Reinforced concrete wall
**5** Gypsum board over 50 x 100 mm (2 x 4 inch) timber framed acoustic reflector
**6** Gypsum board over 50 x 100 mm (2 x 4 inch) timber framed acoustic reflector
**7** 50 mm (2 inch) rigid insulation soak panel on timber frame
**8** Timber window and zinc flashing assembly
**9** Reinforced concrete wall
**10** Gypsum board over 50 x 100 mm (2 x 4 inch) timber framed acoustic reflector
**11** Laminated glass acoustic glazing assembly
**12** Removeable aluminium centre speaker
**13** 50 mm (2 inch) rigid insulation soak panel on timber frame
**14** 50 mm (2 inch) rigid insulation soak panel on timber frame
**15** Acoustically isolated raised access floor and plenum
**16** Translucent laminated glazing over internal lighting (clear laminated glazing to opposite end)

**22.06**
**Studio Wall Section**
**1:50**
**1** Class A fully adhered membrane roof
**2** 100 mm (4 inch) rigid insulation board
**3** Concrete roof deck
**4** Timber window and zinc flashing assembly
**5** Gypsum board to be flush with removeable stop to facilitate glazing replacement
**6** Gypsum board on timber frame acoustical reflector system
**7** Flat seam zinc flashing
**8** Gypsum board on timber frame acoustical reflector system
**9** Return finish at edge
**10** Insulated timber window assembly with laminated solex glazing
**11** Stainless steel plate with non-directional finish on plywood substrate and support frame
**12** Rigid fibreglass soak panel with glued cloth covering on timber frame
**13** Recessed aluminium base
**14** Aggregate base course
**15** 100 mm (4 inch) concrete slab
**16** 50 mm (2 inch) rigid insulation and vapour barrier
**17** Finished grade
**18** Reinforced concrete wall
**19** Composite perimeter drain
**20** Mortar wash
**21** Reinforced concrete foundation

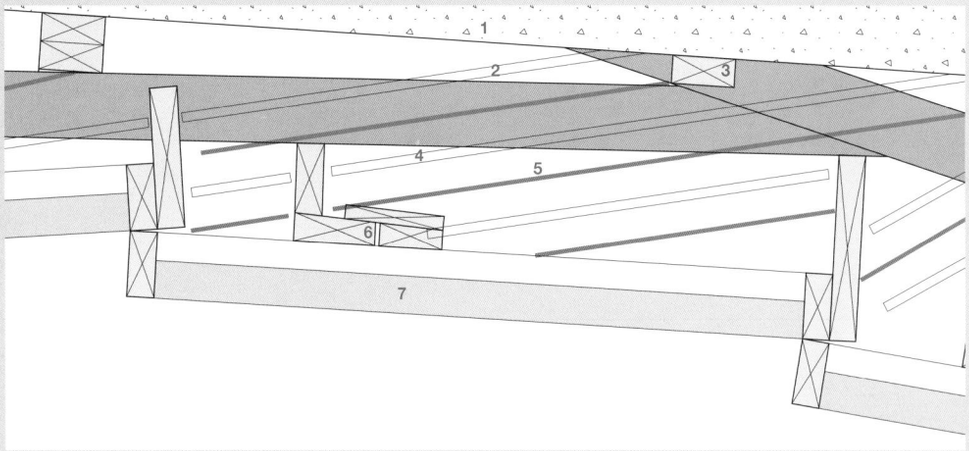

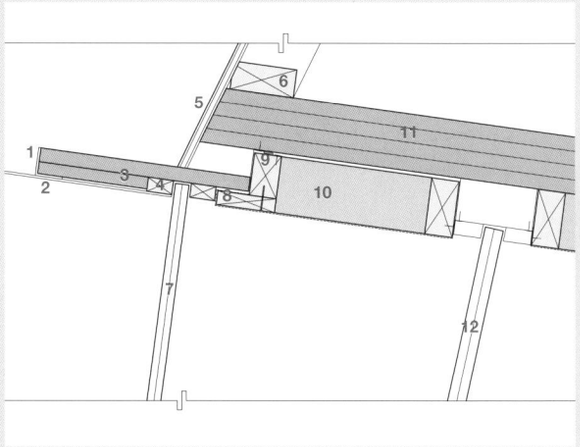

**22.07**
**Control Room Ceiling Detail**
**1:10**
**1** Reinforced concrete roof
**2** 50 x 100 mm (2 x 4 inch) timber acoustic panel framing beyond
**3** 50 x 100 mm (2 x 4 inch) timber nailer with 'tapcon' anchors at 405 mm (16 inch) centres
**4** Alternating layers of 12 mm (1/2 inch) sound deadening board and batt insulation to fill cavity completely
**5** Alternating layers of 12 mm (1/2 inch) sound deadening board and batt insulation to fill cavity completely
**6** Taper cut timber panel support clips
**7** 50 mm (2 inch) rigid insulation soak panel on timber frame

**22.08**
**Window Head at Control Room View Portal Detail**
**1:10**
**1** Stainless steel angle with polished finish
**2** Stainless steel head plate with non-uniform finish to both faces and polished edge
**3** 38 mm (11/2 inch) plywood head plate support
**4** Completely filled cavity with acoustic caulk airtight seal
**5** Veneer plaster over gypsum board
**6** 50 x 100 mm (2 x 4 inch) timber reflector panel framing
**7** 19 mm (3/4 inch) laminated glazing
**8** Fabric wrapped soak panel trim board
**9** Galvanized Z-clip soak panel support
**10** 76 mm (3 inch) rigid insulation soak panel on timber frame
**11** 19 mm (3/4 inch) plywood portal head assembly to 76 mm (3 inch) total thickness
**12** 25 mm (1 inch) laminated glazing

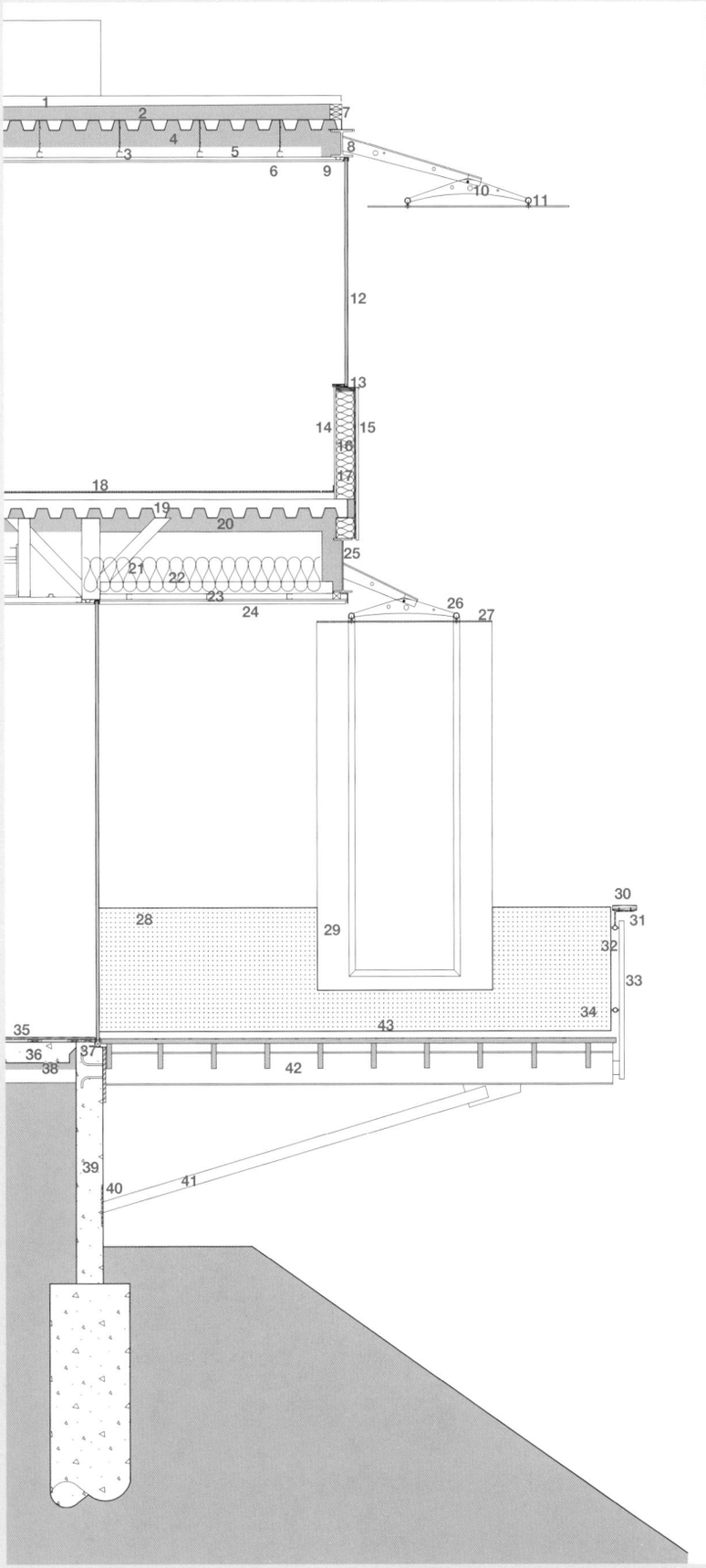

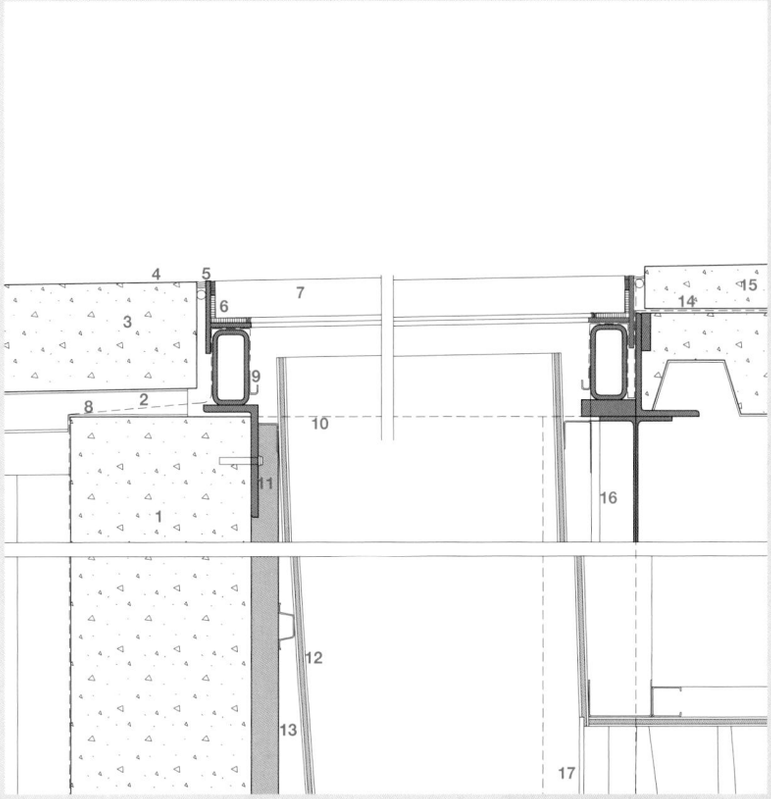

**22.09**
**Wall Section**
**1:50**
**1** Class A single ply membrane roof
**2** Tapered roof insulation
**3** Runner mains at 610 mm (24 inch) centres
**4** Spray on foam insulation
**5** Hat channels at 610 mm (24 inch) centres
**6** 12 mm (1/2 inch) gypsum board ceiling
**7** Flat lock zinc fascia
**8** Beam with mill markings concealed on inside of beam
**9** 22 mm (7/8 inch) hat channel welded to bottom flange of beam
**10** Steel bracket arm and continuous pipe frame
**11** 9 mm (3/8 inch) thick translucent fibreglass awning
**12** Insulated glazing
**13** Sill flashing
**14** Gypsum board wall lining
**15** Standing seam zinc cladding over air infiltration barrier on plywood sheathing
**16** Metal framing
**17** Foil faced batt insulation with foil tape seams
**18** Carpet
**19** Topping slab with radiant heat system
**20** Spray-on foam insulation
**21** Batt insulation
**22** Metal framing
**23** Metal furring channels at 610 mm (24 inch) centres
**24** Cement plaster ceiling
**25** Steel beam with mill markings concealed on inside of beam
**26** Steel bracket arm and continuous pipe frame
**27** 10 mm (3/8 inch) thick translucent fibreglass awning
**28** Perforated stainless steel guardrail beyond
**29** Fibreglass vertical panel beyond
**30** Cedar handrail fixed to steel angle with stainless steel wood screws
**31** Steel angle welded to pipe rail
**32** Steel pipe rail with steel spacers
**33** Steel pipe stanchion
**34** Perforated stainless steel plate with sandblast finish
**35** Hardwood flooring over asphalt primer
**36** Concrete slab with radiant heating system
**37** Pressure treated sleepers set in mastic
**38** Rigid insulation board and vapour barrier
**39** Concrete stem wall
**40** Embedded steel plate
**41** Steel strut
**42** Steel beam
**43** Timber decking on timber joists

**22.10**
**Skylight Detail**
**1:10**
**1** 250 mm (9 3/4 inch) reinforced concrete shoring wall
**2** Steel bearing plate beyond and behind, weld to pipe
**3** Steel drainage pipe to trench drain beyond
**4** Concrete driveway
**5** Silicon sealant to completely fill joint
**6** Continuous neoprene shim spacer
**7** Fibreglass panel
**8** Waterproofing membrane
**9** Continuous J-bead tack welded to tube frame
**10** Line of concrete beyond
**11** Steel anchors with paint finish
**12** Gypsum board
**13** Z-furring channels with rigid insulation
**14** Waterproof membrane
**15** Concrete topping
**16** Steel stiffener plate
**17** Glass at kitchen and line of casework beyond

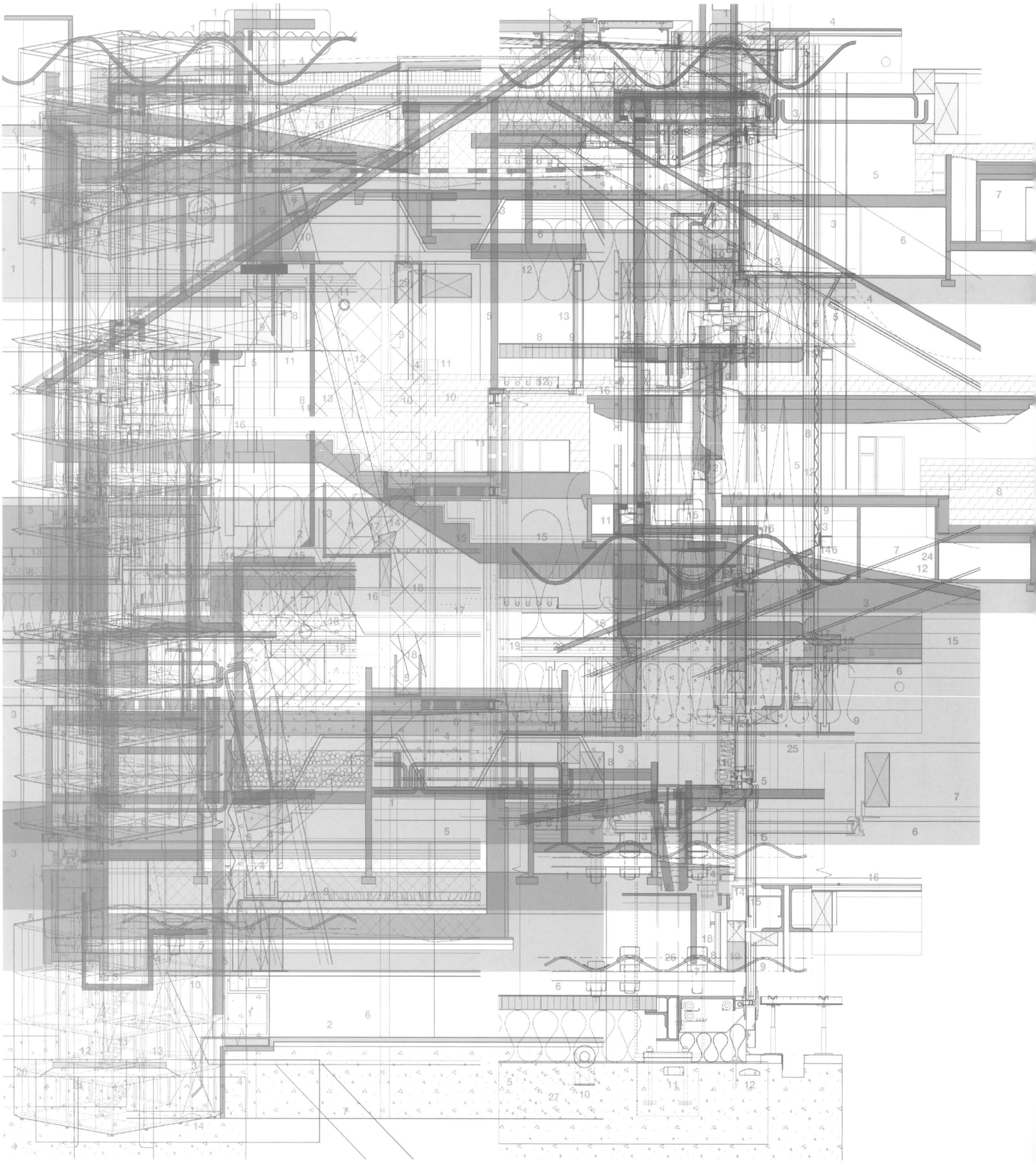

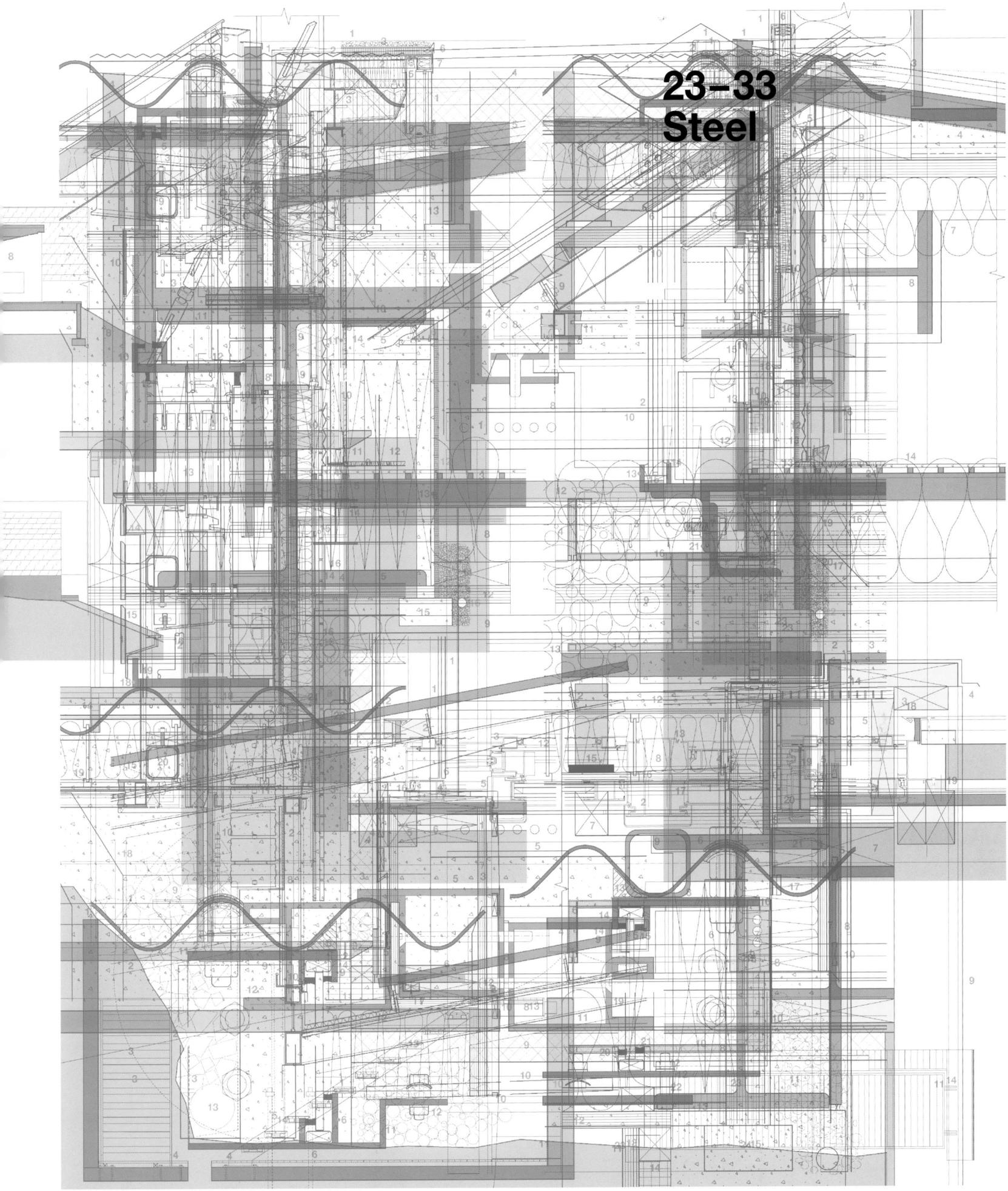

# 23–33 Steel

**23**
**Aranda Pigem Vilalta**

**Bellows House**
**Girona, Spain**

Client
Ramon Danés and Lídia Coma

Area
260 square metres (2,798 square feet)

Main Contractor
Josep Massegur

This elegant and apparently inscrutable house is located in the suburb of Bosc de Tosca, not far from a highway. The form and the position of the house respond directly to the orientation of this small 350 square metre (3,767 square feet) parcel of land. The graceful curve of the facade reflects the curve of the highway that runs parallel to the site, which is then fragmented into four sections. The facade that faces the street is deliberately opaque to protect it from noise and give it privacy, however four vertical slits allow views out to the north-east. In contrast, the south-west facade features four equal generously glazed windows that open the interior up to views of the mountainous landscape. In addition, thin strips of glazing at clerestory level introduce additional south light.

The interior of the house is arranged as a continuous space. Running three quarters of the length of the upper floor, the living room opens up to the terrace and the landscape beyond. To one side, the dining area and kitchen are separated by the intrusion of the entrance, while on the other are the master bedroom and bathroom. Concealed at basement level are a garage, as well as a studio accessed via a stair leading down from the living room. The stark clean geometry of the house is reinforced by smooth, near-white limestone cladding which contrasts with the lush green landscape of the garden. Lighting, both natural and artificial, is a key aspect of the design. The stone-clad form is raised above the ground where a recessed shadow gap houses a strip of lighting which, at night, makes the house appear to float above the ground.

1

**1** View of the north-east facade at night when a strip of concealed lighting at ground floor level makes the house appear to float. Four vertical slots of glazing indicate (from left to right) the entrance, bedroom and bathroom.
**2** The house protects itself from the noise of the nearby highway by restricting the openings in the north-east facade. Limestone cladding reinforces the impression of impregnability.
**3** The south-west facade features large expanses of clear glazing that open the house up to views of the landscape. High level horizontal bands of glazing admit natural light even when the blinds on the main windows are drawn.

2

3

**23.01**
**Basement Floor Plan**
**1:200**
1 Garage
2 WC
3 Store
4 Studio

**23.02**
**Ground Floor Plan**
**1:200**
1 Bedroom
2 Ensuite bathroom
3 Bathroom
4 Living room
5 Bedroom
6 Entry to bedroom
7 Pedestrian entrance
8 Terrace
9 Dining area
10 Kitchen

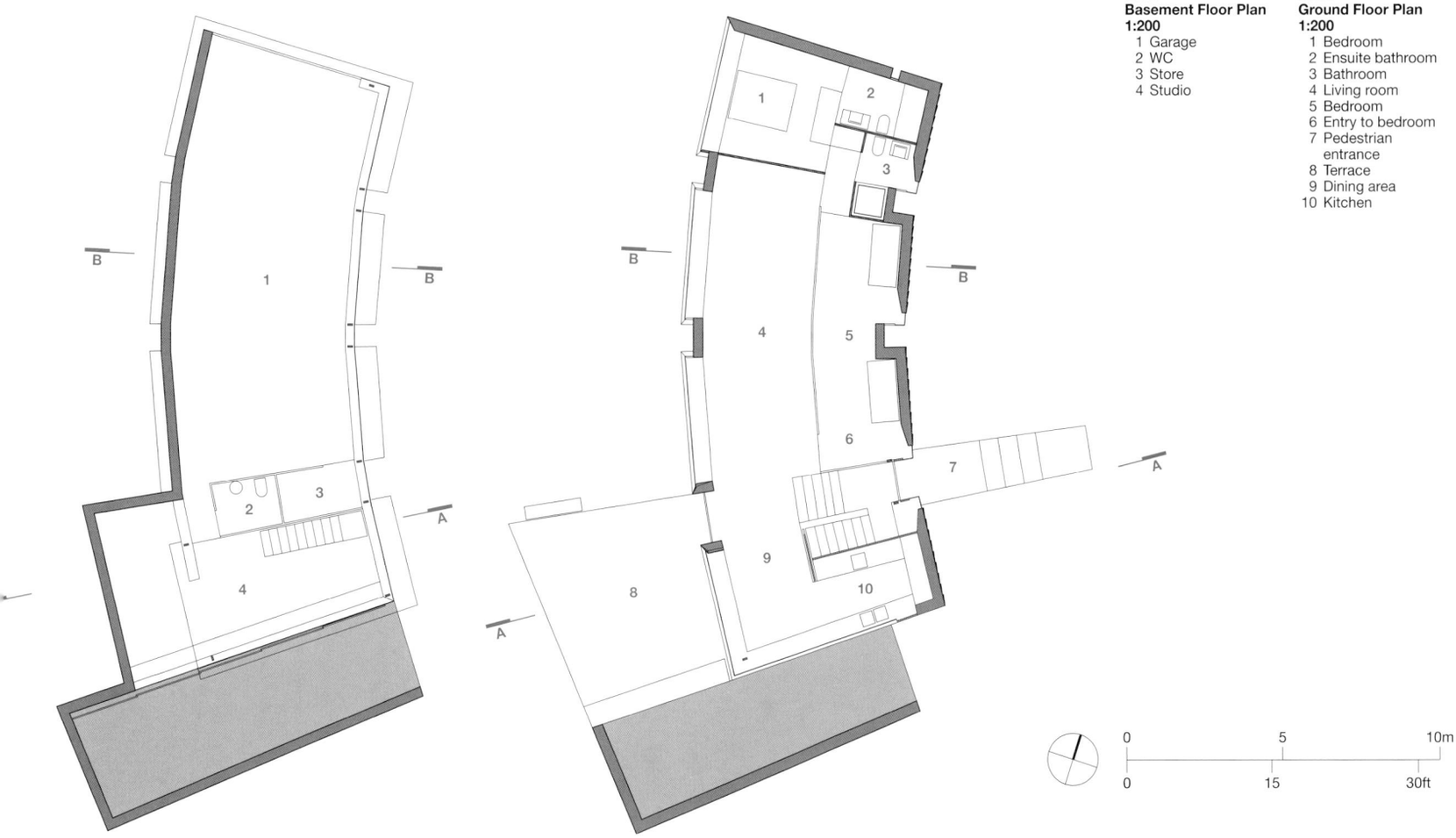


**23.03**
**North-East Elevation**
**1:200**
1 Window to kitchen
2 Entrance ramp
3 Pedestrian entrance
4 Bedroom window
5 Bathroom window

**23.04**
**South-West Elevation**
**1:200**
1 Window to bedroom
2 Living room window
3 Door to terrace
4 Window to dining room
5 Terrace
6 Garden

**23.05**
**Section A–A**
**1:200**
1 Dining room
2 Entrance
3 Studio
4 Exterior facade
5 Entrance ramp

**23.06**
**Section B–B**
**1:200**
1 Living room
2 Bedroom
3 Garage

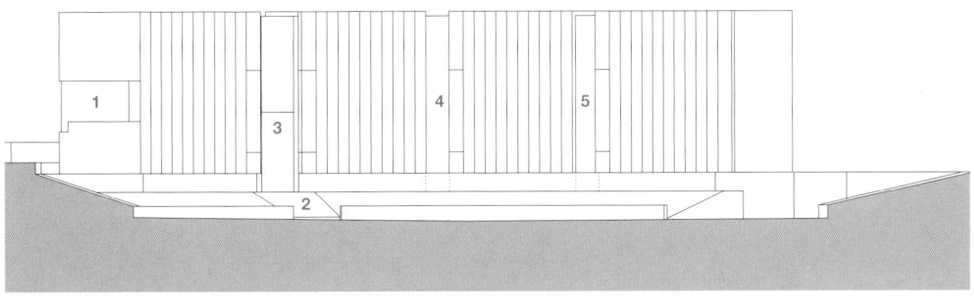


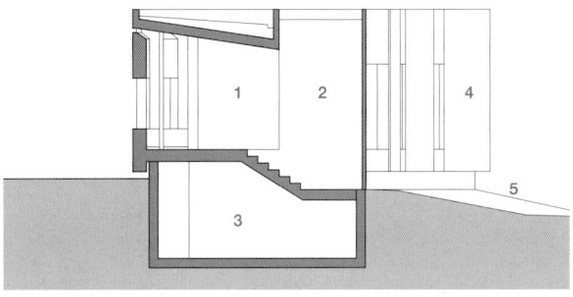


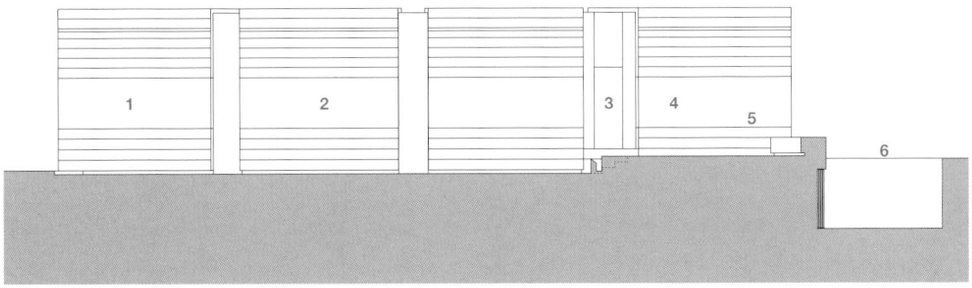


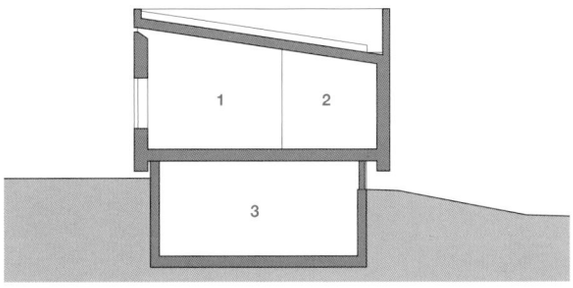

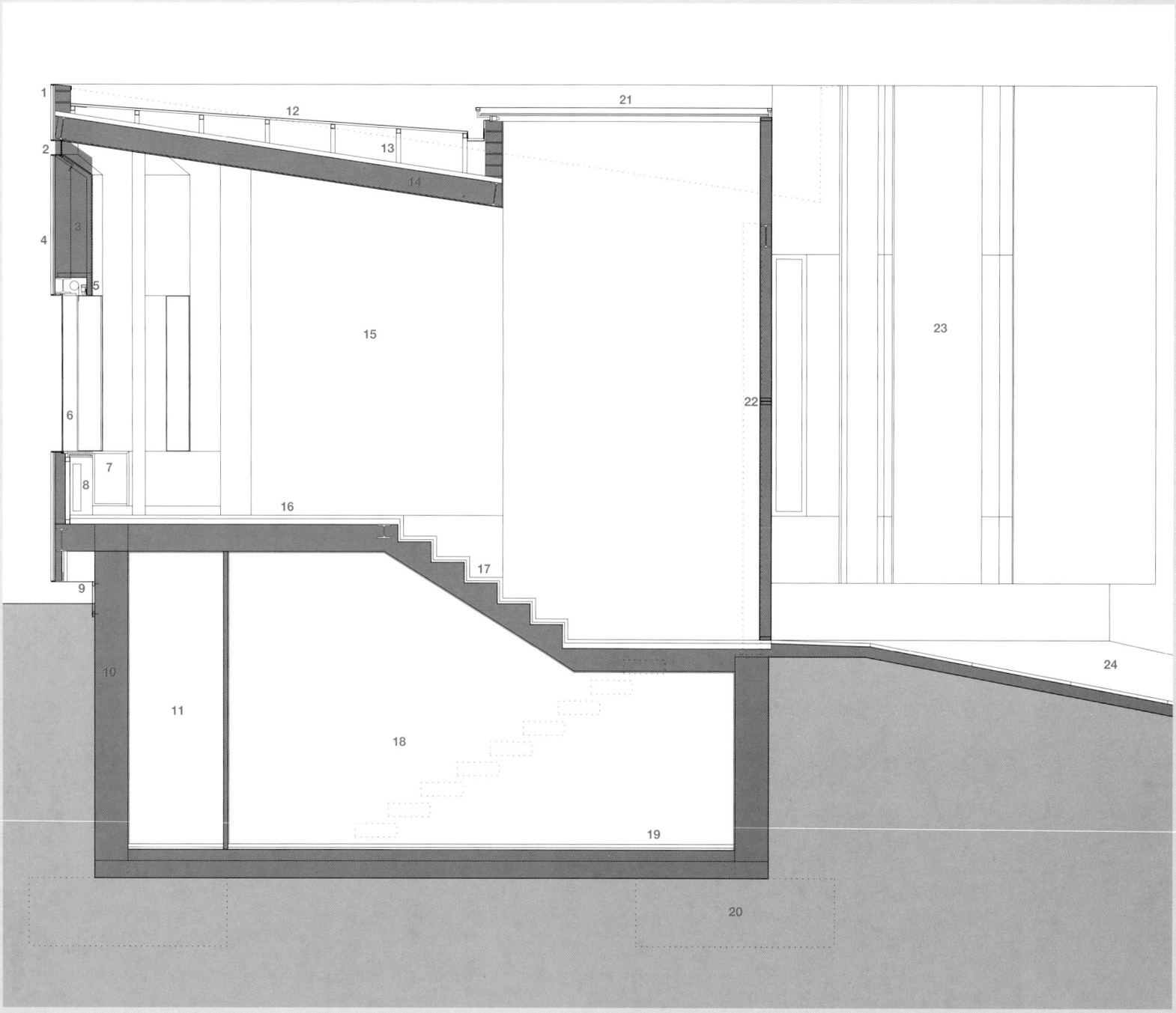


**23.07**
**Sectional Detail**
**1:50**
**1** 20 mm (3/4 inch) thick limestone cladding
**2** Clear laminated glass
**3** Masonry wall
**4** 20 mm (3/4 inch) thick limestone cladding
**5** Fluorescent light fitting
**6** Clear laminated glass
**7** Built-in timber framed storage below window sill
**8** Concealed radiator
**9** Steel cover panel with lacquered finish
**10** 300 mm (11 3/4 inch) thick reinforced concrete wall
**11** Garage access
**12** Sandwich panel fascia
**13** Steel roof substructure
**14** Ceiling slab and pre-cast beams
**15** Living room
**16** 30 mm (1 1/5 inch) thick parquet floor
**17** Parquet finish to stair
**18** Store room
**19** 400 x 400 x 30 mm (11 3/4 x 11 3/4 x 1 1/5 inch) terrazzo tiles
**20** Reinforced concrete footing
**21** Clear laminated glass to skylight
**22** Sandwich panel cladding to entrance door
**23** Sandwich panels to east facade
**24** Entrance ramp

**23.10**
**Stair Detail**
**1:50**
**1** Ceramic tiled wall
**2** 15 mm (3/5 inch) thick steel sheet stringer
**3** 22 mm (9/10 inch) thick timber to stair treads
**4** 15 mm (3/5 inch) thick steel sheet to landing
**5** 15 mm (3/5 inch) thick steel sheet stringer
**6** 22 mm (9/10 inch) thick timber decking
**7** 22 mm (9/10 inch) thick timber to stair treads
**8** 22 mm (9/10 inch) thick timber decking
**9** 3 mm (1/10 inch) thick panel with lacquered finish
**10** 300 mm (11 3/4 inch) thick reinforced concrete wall
**11** 15 mm (3/5 inch) thick steel sheet stringer
**12** Ceramic tiled wall
**13** 22 mm (9/10 inch) thick timber to stair treads
**14** 15 mm (3/5 inch) thick steel sheet

**23.08**
**Facade Detail**
**1:50**
**1** 3 mm (1/10 inch) thick galvanized parapet cover
**2** 20 mm (3/4 inch) thick limestone cladding
**3** Brick wall
**4** Emergency roof drainage beyond
**5** 3 mm (1/10 inch) thick galvanized panel
**6** Sandwich panel roof covering
**7** Thermoceramic wall
**8** PVC down pipe
**9** 30 mm (11/5 inch) thick parquet floor
**10** Steel cover panel with lacquered finish
**11** Plaster finish to ceiling
**12** Pre-cast concrete beams and floor slab
**13** Gravel filling
**14** Laminated matt glass
**15** 400 mm (15 3/4 inch) reinforced concrete wall
**16** 400 x 400 x 30 mm (15 3/4 x 15 3/4 x 1 4/5 inch) terrazzo tiles

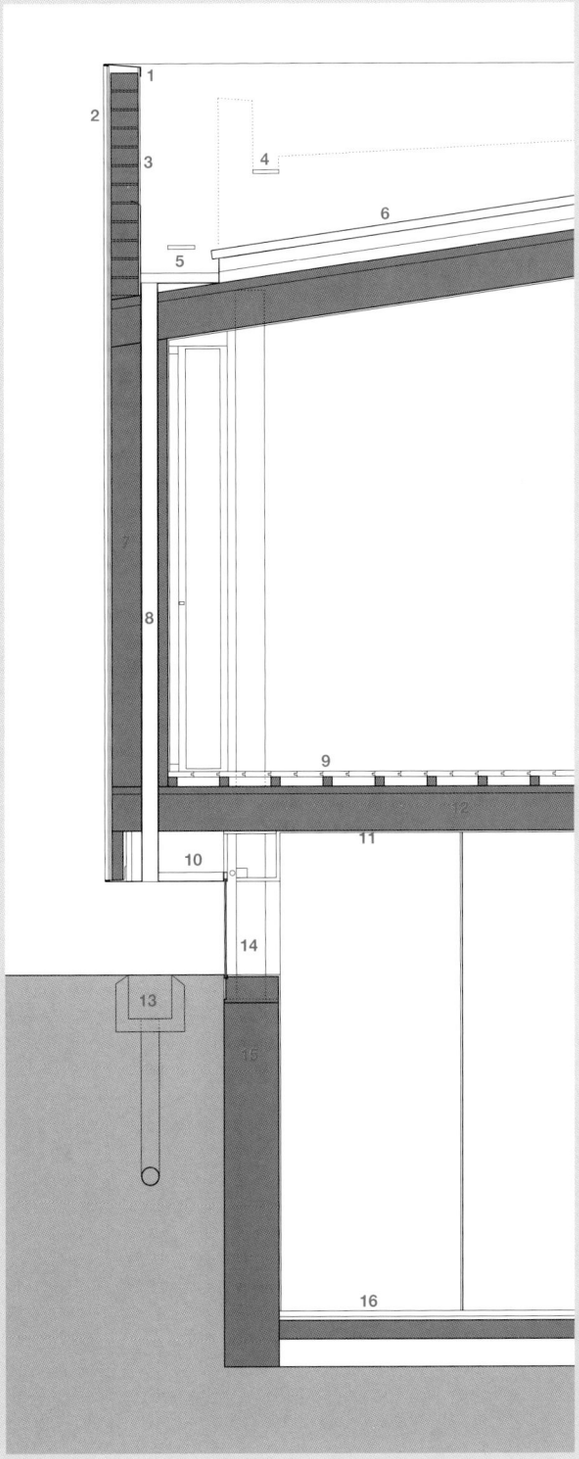


**23.09**
**Facade Detail**
**1:50**
**1** 3 mm (1/10 inch) thick galvanized panel
**2** 20 mm (3/4 inch) thick limestone cladding
**3** Sandwich panel roof covering
**4** Pre-cast concrete beams and roof slab
**5** Clear laminated glass
**6** Wall cavity
**7** Living room wall beyond
**8** Plaster wall finish
**9** Roller blind
**10** Clear laminated glass
**11** Living room window beyond
**12** 20 mm (3/4 inch) thick limestone cladding
**13** Built-in timber framed storage below window sill
**14** 30 mm (11/5 inch) thick parquet floor
**15** Pre-cast concrete beams and floor slab
**16** 3 mm (1/10 inch) thick lacquered panel
**17** 400 mm (15 3/4 inch) reinforced concrete wall
**18** Plaster finish wall beyond
**19** 400 x 400 x 30 mm (15 3/4 x 15 3/4 x 1 1/5 inch) terrazzo tiles

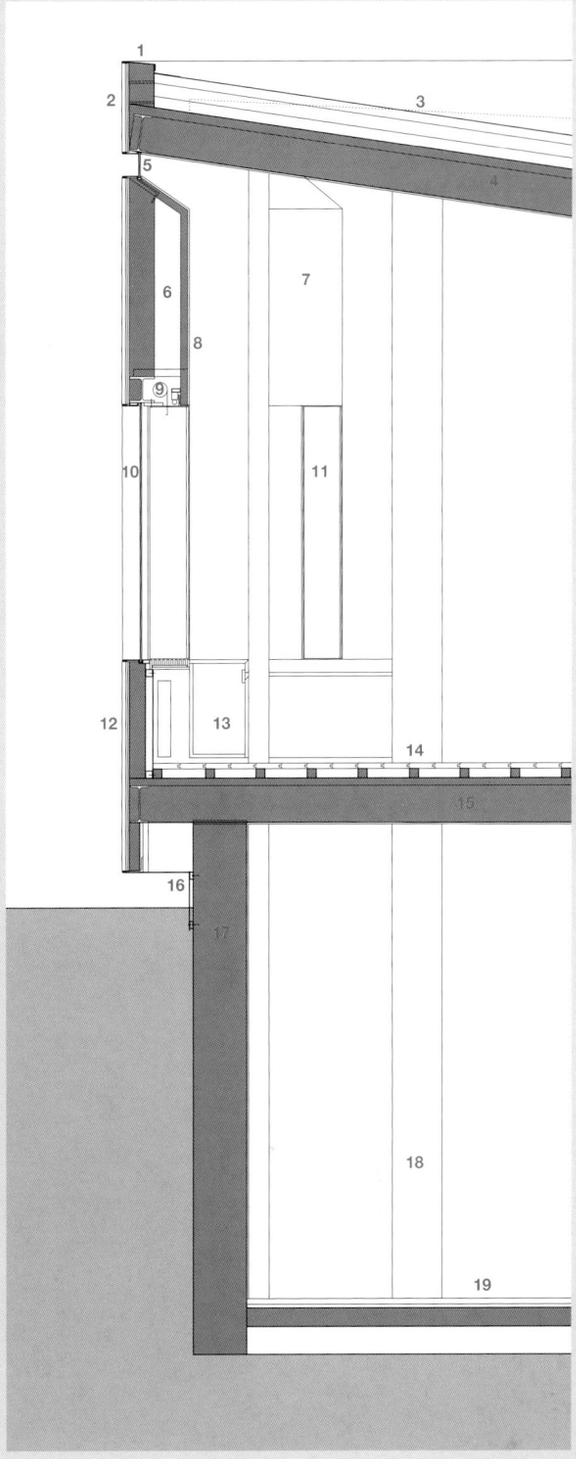


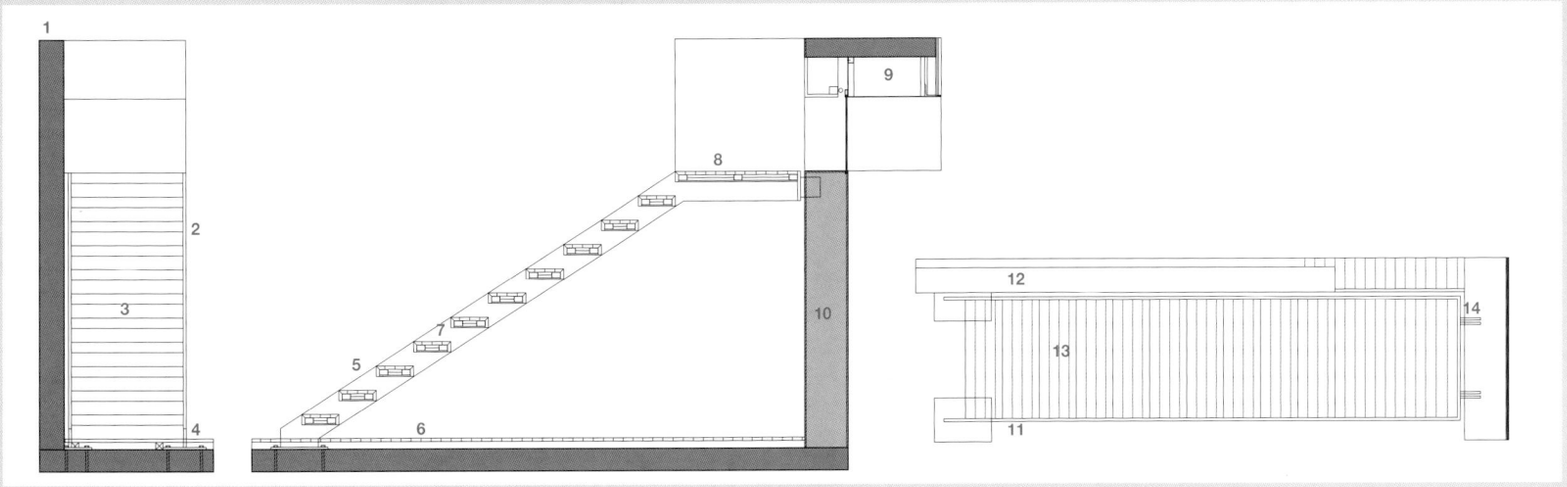

**24**
**Architecture Research Office (ARO)**

**Colorado House**
**Telluride, Colorado, USA**

Area
930 square metres (10,000 square feet)

Project Team
Stephen Cassell, Adam Yarinsky, John Quale, Scott Abrahams, Matt Azen, Tom Jenkinson, Monica Rivera, Martha Skinner, Kim Yao, Innes Yates

Structural Engineer
Buckhorn Geotech Engineers

Services Engineer
Burggraaf & Associates

Construction Manager
Fortenberry Construction

Landscape Architect
Mathews/Nielsen

Lighting Consultant
Richard J. Shaver

Concrete Consultant
Reginald Hough

Situated on a remote site in the San Juan mountains, the Colorado House is conceived as a frame for the landscape. The house is located on a small rise at the edge of a meadow surrounded by aspen trees. A series of Cor-Ten-clad parallel retaining walls are oriented towards views of two distant mountain ranges. Stepping down the hill, the walls weave the house into the site.

The design balances a desire for large living spaces as well as for areas for personal contemplation. The kitchen, located in the centre of the house, is the hub of activity, while bedrooms are pushed to the periphery. The bedrooms open onto the landscape with walls of glass, giving each a specific view that encompasses the foreground and the mountains. The materials, detail and construction reinforce its connection to the landscape. Exterior walls of reddish brown Cor-Ten shingles rest on sandblasted concrete foundations, the colour recalling historical mining structures found in the local vicinity.

1

2

3

4

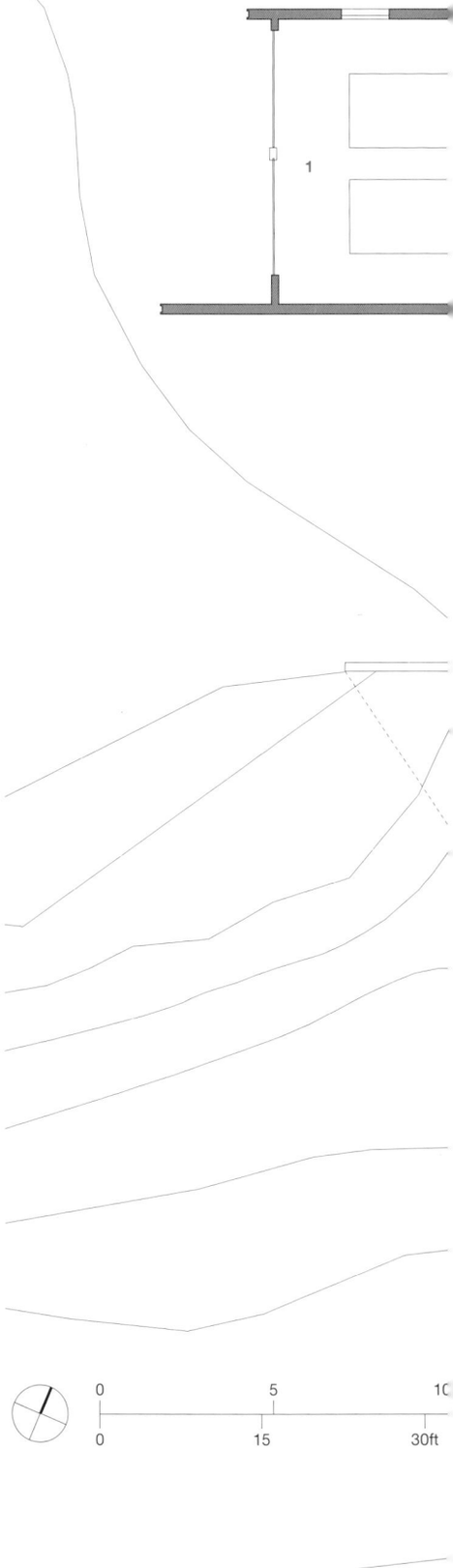


**1** A series of parallel walls organizes the layout, creating frames for spectacular views. The living room (right) is dominated by a fireplace arranged perpendicular to the shingled walls.
**2** The exterior walls are clad in Cor-Ten shingles, designed so that the pattern varies depending on the amount of overlap between each row and the orientation of the shingle. Windows are carefully placed to frame views of the distant mountains.
**3 and 4** Inside, the steel walls appear as cool grey surfaces. Interior finishes and detailing are confined to a simple and sophisticated palette of neutral colours with timber and steel accents.

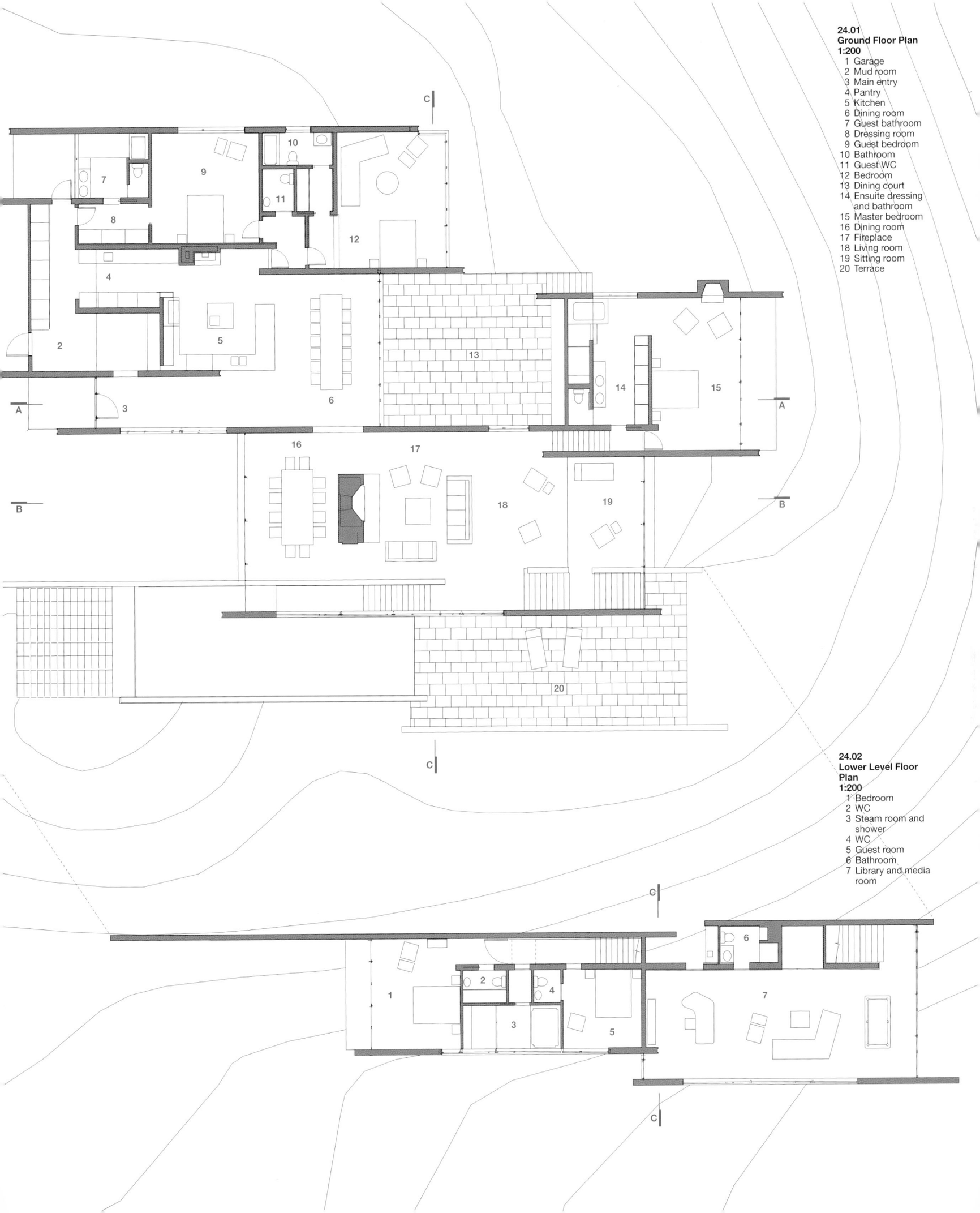


**24.01**
**Ground Floor Plan**
**1:200**

1 Garage
2 Mud room
3 Main entry
4 Pantry
5 Kitchen
6 Dining room
7 Guest bathroom
8 Dressing room
9 Guest bedroom
10 Bathroom
11 Guest WC
12 Bedroom
13 Dining court
14 Ensuite dressing and bathroom
15 Master bedroom
16 Dining room
17 Fireplace
18 Living room
19 Sitting room
20 Terrace

**24.02**
**Lower Level Floor Plan**
**1:200**

1 Bedroom
2 WC
3 Steam room and shower
4 WC
5 Guest room
6 Bathroom
7 Library and media room

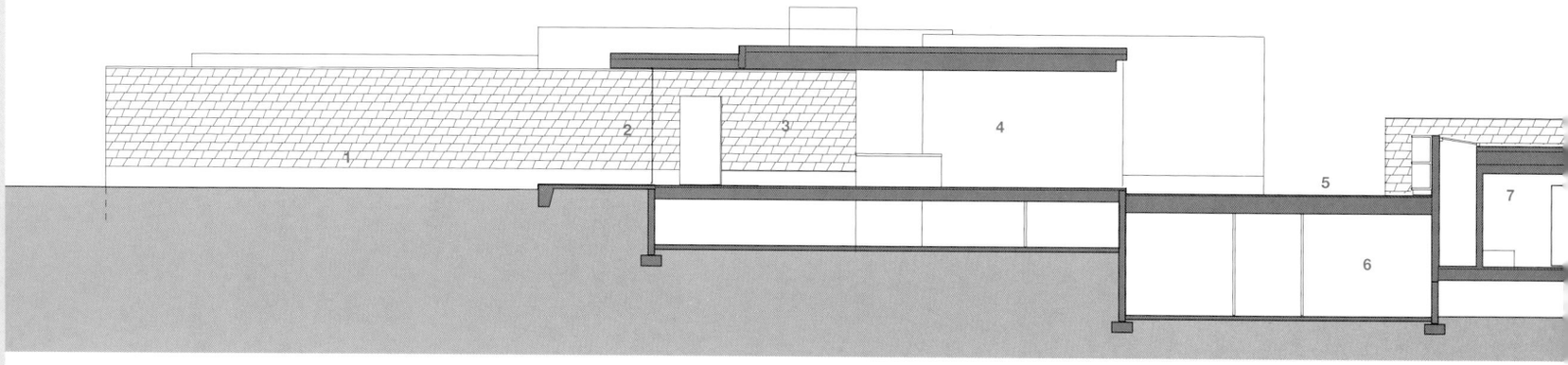


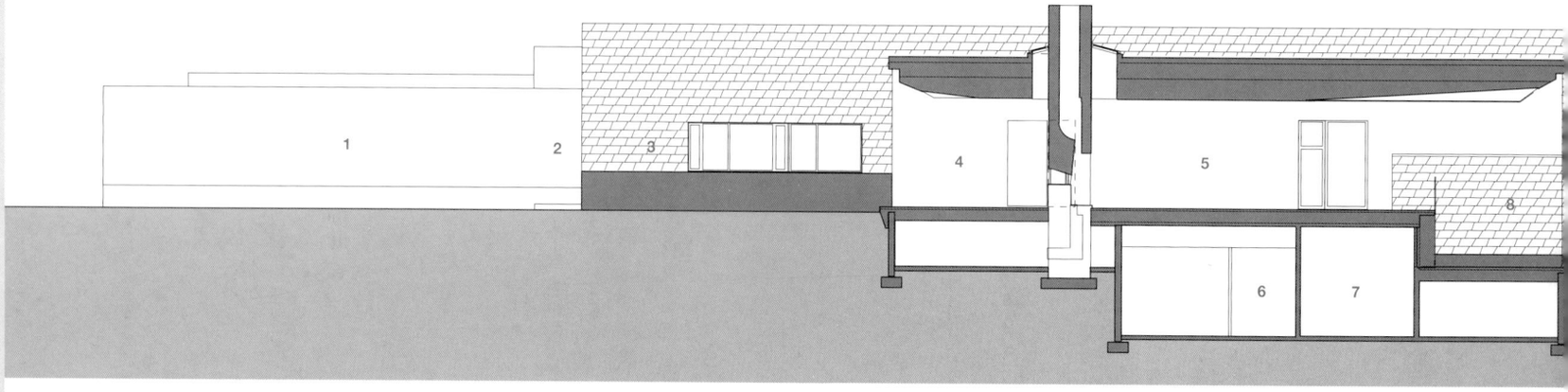


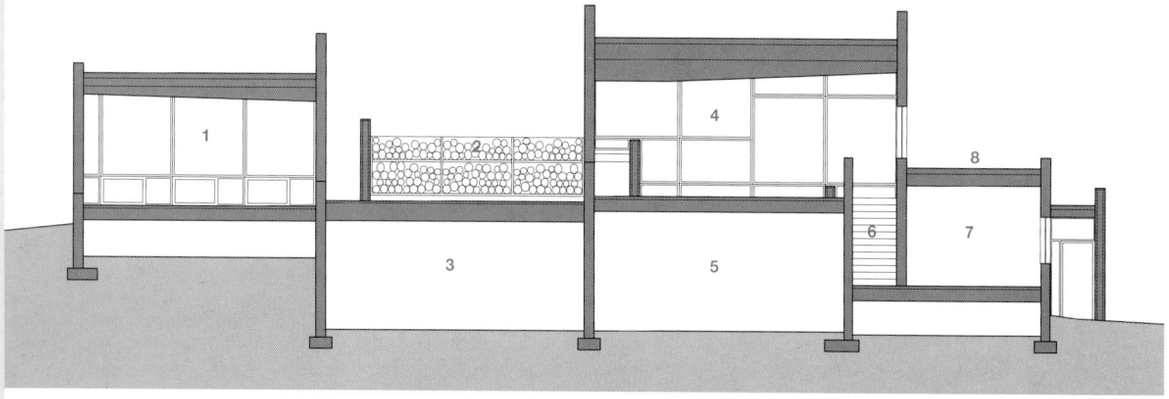


**24.03**
**Section A–A**
**1:200**
**1** Entry path
**2** Entry porch
**3** Kitchen
**4** Dining room
**5** Dining courtyard
**6** Mechanical room
**7** Master bathroom
**8** Master bedroom

**24.04**
**Section B–B**
**1:200**
**1** Entry path
**2** Entry porch
**3** Sculpture courtyard
**4** Dining room
**5** Living room
**6** Guest room
**7** Library and media room
**8** Sitting room

**24.05**
**Section C–C**
**1:200**
**1** Bedroom
**2** Dining courtyard
**3** Mechanical room
**4** Living room
**5** Excercise room
**6** Stair
**7** Library and media room
**8** Terrace

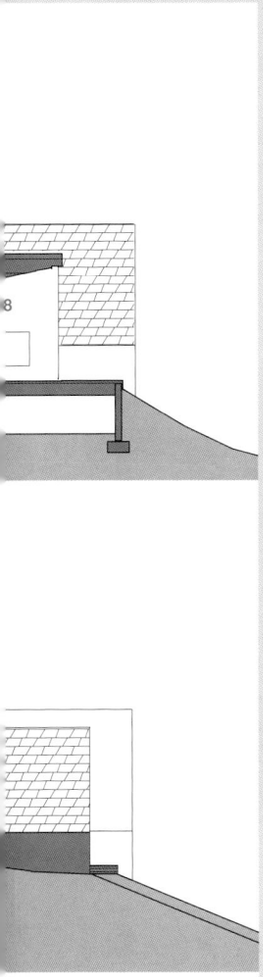

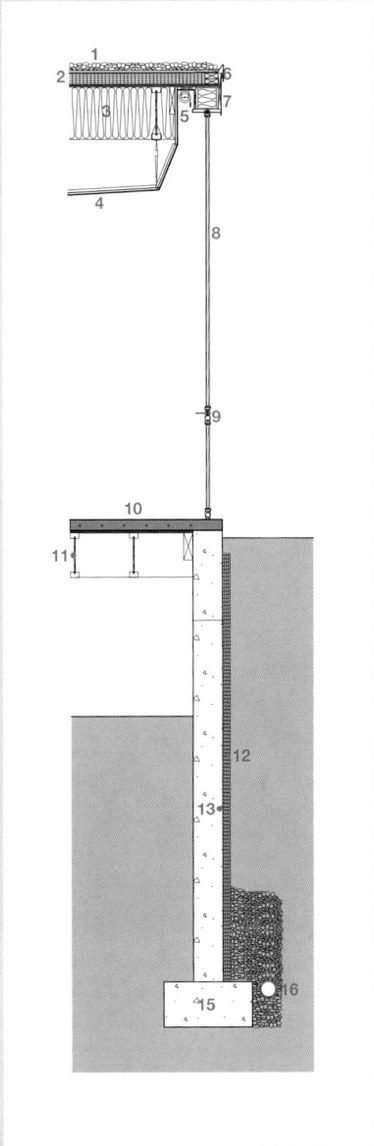


**24.06**
**Typical Window Wall Section**
**1:50**
**1** Gravel ballast on 12 mm (1/2 inch) recovery board
**2** Rigid insulation
**3** Batt insulation
**4** Gypsum wallboard
**5** Roller blind
**6** Stainless steel edge flashing as gravel stop with 25 mm (1 inch) drip on pressure treated timber fascia
**7** Stainless steel flashing on pressure treated timber fascia
**8** Clear glazing
**9** Steel glazing mullion
**10** Concrete slab
**11** TJI structural framing
**12** 50 mm (2 inch) rigid insulation
**13** Reinforced concrete foundation wall
**14** Gravel fill
**15** Reinforced concrete footing
**16** Filter fabric over 100 mm (4 inch) tile drain

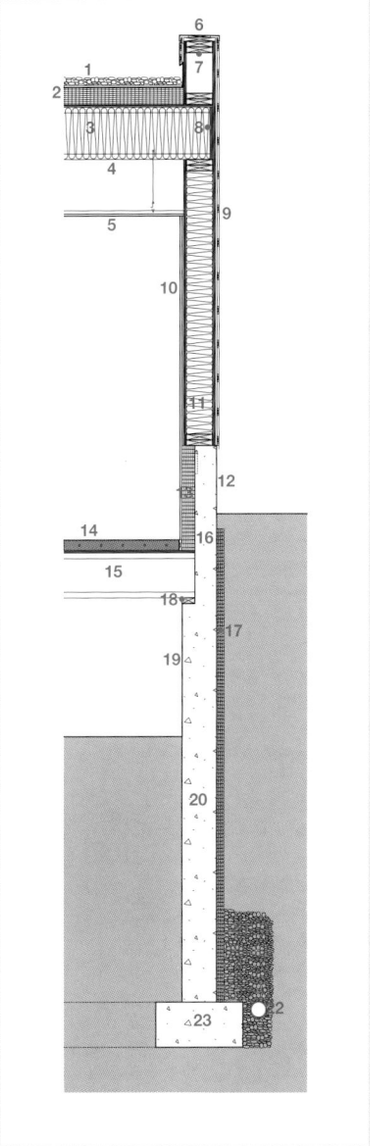


**24.08**
**Typical Shingle Wall Section**
**1:50**
**1** Gravel ballast on 12 mm (1/2 inch) recovery board
**2** Rigid insulation
**3** Batt insulation
**4** Vapour barrier
**5** Gypsum board
**6** 18 gauge breakform weathering steel coping
**7** Timber blocking
**8** Plywood
**9** 18 gauge weathering steel shingles painted on rear faces and fastened to sleeper system with 50 mm (2 inch) overlap to conceal steel fasteners
**10** Gypsum wallboard
**11** Batt insulation
**12** Reinforced concrete wall
**13** 12 mm (1/2 inch) rigid insulation
**14** Reinforced concrete slab
**15** TJI structural framing
**16** Bituthene waterproofing membrane
**17** 50 mm (2 inch) rigid insulation
**18** Timber blocking
**19** Damp proofing
**20** Reinforced concrete foundation wall
**21** Gravel fill
**22** Filter fabric over 100 mm (4 inch) tile drain
**23** Reinforced concrete footing

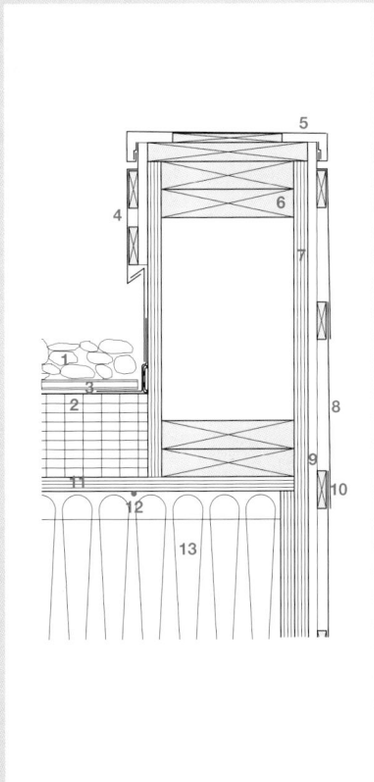


**24.07**
**Shingle Wall Detail 1**
**1:10**
**1** Gravel ballast on 12 mm (1/2 inch) recovery board
**2** Tapered extruded polystyrene insulation
**3** Fully adhered EPDM roofing membrane
**4** Stainless steel flashing
**5** 18 gauge breakform weathering steel coping attached with stainless steel spring block
**6** Timber blocking
**7** 19 mm (3/4 inch) plywood
**8** 18 gauge weathering steel shingles painted on rear faces and fastened to sleeper system with 50 mm (2 inch) overlap to conceal steel fasteners
**9** 12 mm (1/2 inch) pressure treated vertical sleepers
10 12 mm (1/2 inch) pressure treated horizontal sleepers wrapped in felt
**11** Roofing underlay applied to 19 mm (3/4 inch) plywood
**12** 19 mm (3/4 inch) plywood
**13** Batt insulation

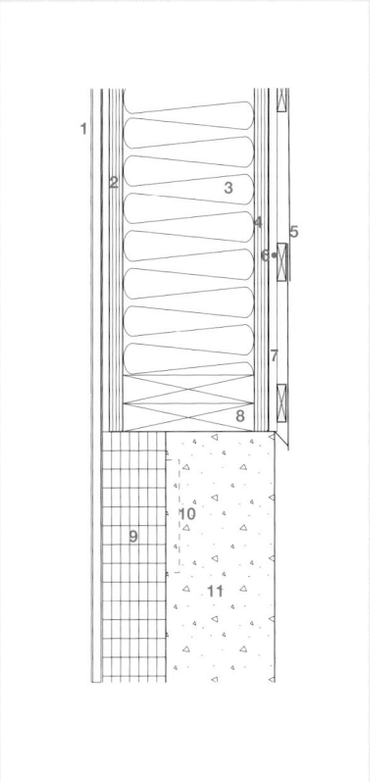


**24.09**
**Shingle Wall Detail 2**
**1:10**
**1** Gypsum wallboard
**2** Plywood
**3** Batt insulation
**4** Plywood
**5** 18 gauge weathering steel shingles painted on rear faces and fastened to sleeper system with 50 mm (2 inch) overlap to conceal steel fasteners
**6** 12 mm (1/2 inch) pressure treated horizontal sleepers wrapped in felt
**7** Stainless steel thru-wall flashing
**8** Timber blocking
**9** 89 mm (3 1/2 inch) rigid insulation
**10** Embedded plate at window supports
**11** Reinforced concrete

**25**
**Julie Snow Architects**

**Koehler House**
**Bay of Fundy, New Brunswick, Canada**

Client
Mary Beth and David Koehler

Area
139 square metres (1,500 square feet)

Project Team
Julie Snow, Ben Awes, Jim Larson, Connie Lindor, Ken McQuade, Lucas Alm

Structural Engineer
John Johnson Engineers/Campbell Comeau Engineering Ltd

Main Contractor
ERB Builders

The Koehler House perches on a granite cliff sparsely populated with spruce and pine trees overlooking the Bay of Fundy. This unabashedly modernist house is confident and spare in counterbalance to the drama of the landscape. In this isolated, dramatic landscape, there are no other buildngs in site. The building has a two-level rectilinear plan aligned along an east–west axis with one edge delicately cantilevered over the cliff. This strong geometry makes it seem as though the house is simultaneously anchored and floating on the horizon.

Glass walls frame spectacular views in all directions, opening up on pleasant days, or closed and covered with translucent curtains. The open plan living and dining area includes a minimal kitchen consisting of two islands with cabinets and appliances tucked away under the counters so that nothing obstructs the view. The house takes some of its cues from ship design without resorting to literal nautical references. Sliding pocket doors transform transparent bedrooms into private cabins, and everything has a place to be stored. Outdoor spaces present different options for viewing the landscape: a roofless deck for star gazing, a covered deck shielded from the rain and a screened-in porch for protection from insects. The house appears light and elegant and yet is more than appropriately robust for the challenging climate and exposed site.

1

**1** Walls of glass over two levels make the view over the cliffs and the ocean an integral element of the design.
**2** A covered terrace and an open roof deck above make the most of the dramatic location. Slim steel structure adds to the apparent weightlessness of the house.
**3** The kitchen is reduced to two island benches with all the necessary storage and equipment hidden below to reduce any impact on the view.
**4** White painted walls and pale timber are complemented through the use of the masonry chimney which anchors the building to the site.

2

4

3

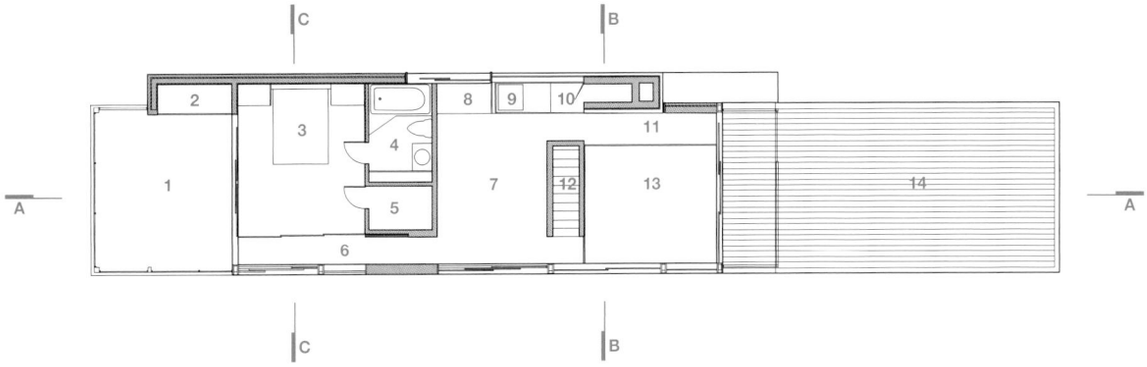


**25.01**
**First Floor Plan**
**1:200**
1 Patio
2 Closet
3 Master bedroom
4 Bathroom
5 Closet
6 Corridor
7 Reading room
8 Window seat
9 Stacked washer and dryer
10 Closet
11 Catwalk
12 Stair to ground floor
13 Void over dining room
14 Balcony

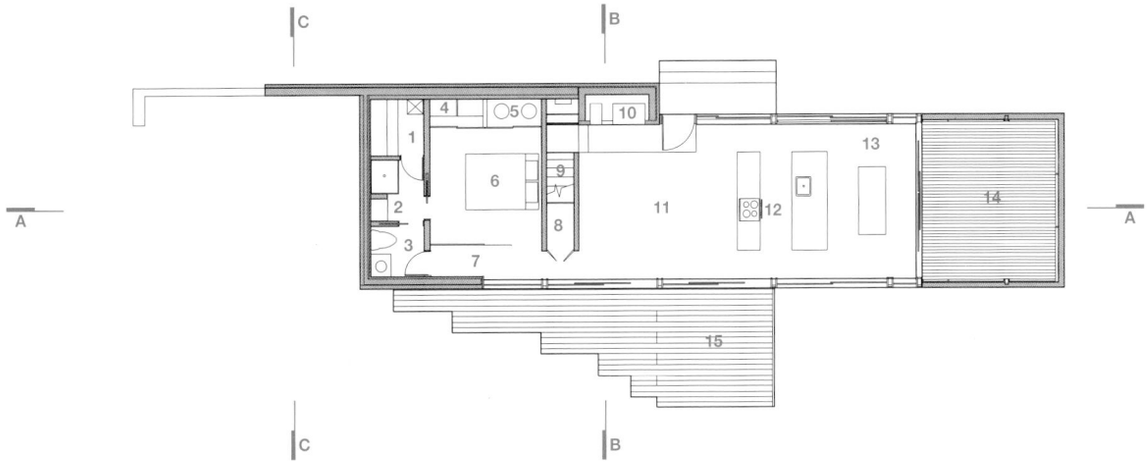


**25.02**
**Ground Floor Plan**
**1:200**
1 Sauna
2 Shower
3 Bathroom
4 Closet
5 Mechanical plant
6 Bedroom
7 Corridor
8 Closet
9 Stair to first floor
10 Fireplace
11 Living room
12 Kitchen
13 Dining room
14 Covered deck
15 Deck

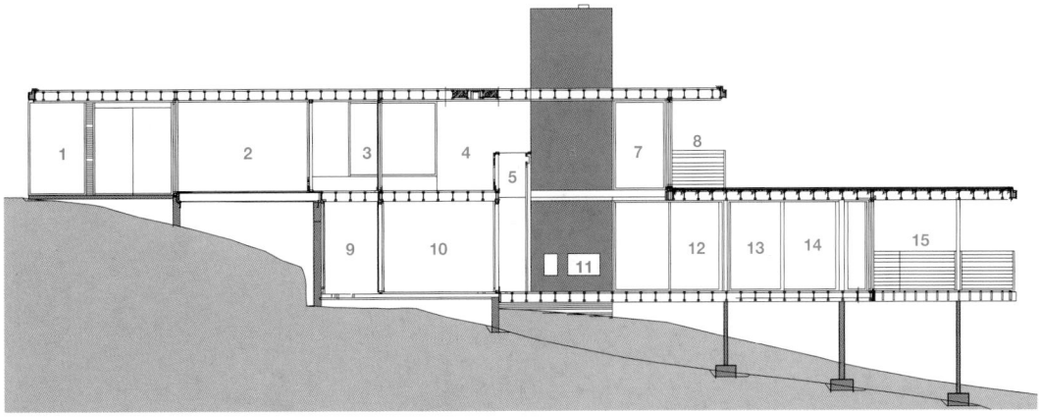


**25.03**
**Section A–A**
**1:200**
1 Patio
2 Master bedroom
3 Closet
4 Reading room
5 Staircase
6 Chimney
7 Catwalk
8 Balcony
9 Shower
10 Bedroom
11 Fireplace
12 Living room
13 Kitchen
14 Dining room
15 Covered deck

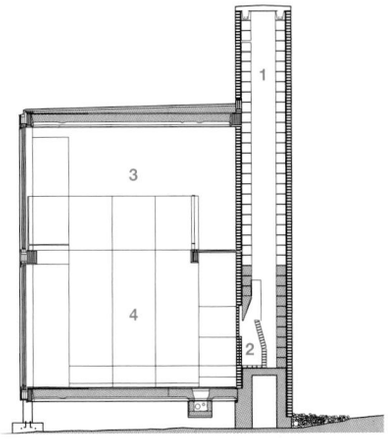


**25.04**
**Section B–B**
**1:200**
1 Chimney
2 Fireplace
3 Catwalk
4 Living room

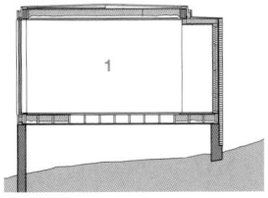


**25.05**
**Section C–C**
**1:200**
1 Master bedroom

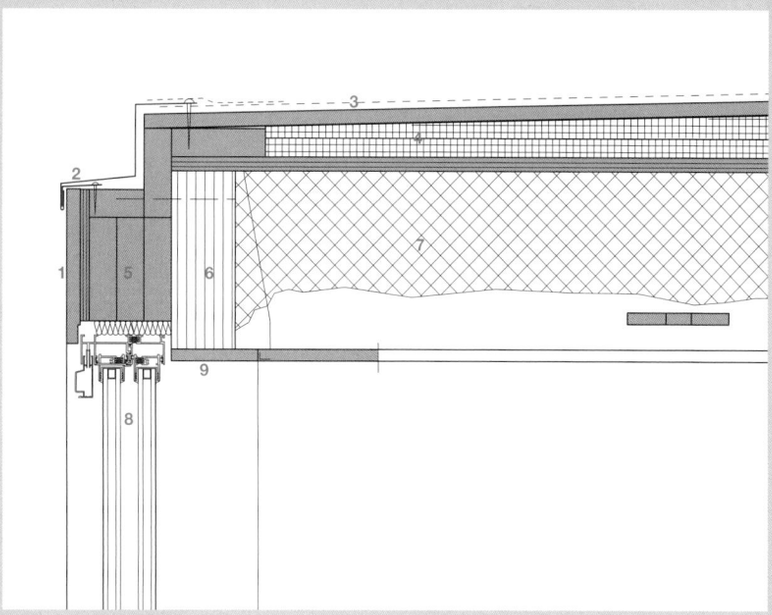


**25.06**
**Roof Deck Detail**
**1:10**
**1** Cedar fascia
**2** Stainless steel roof edge
**3** Single ply roof membrane
**4** Rigid insulation
**5** Timber blocking
**6** Laminated veneer lumber header
**7** Spray foam insulation
**8** Aluminium sliding door head frame
**9** Maple trim

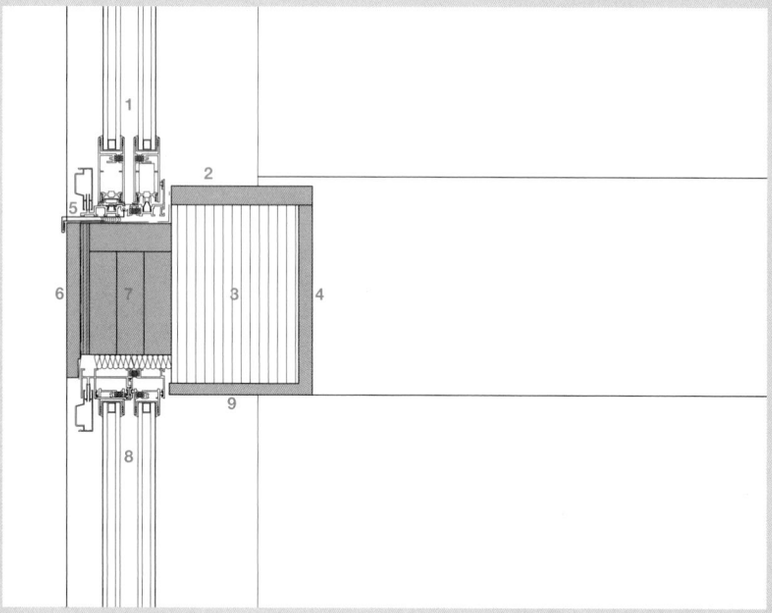


**25.07**
**External Wall Detail**
**1:10**
**1** Aluminium sliding door sill frame
**2** Maple trim
**3** Laminated veneer lumber header
**4** Maple trim
**5** Stainless steel flashing edging
**6** Cedar fascia
**7** Timber blocking
**8** Aluminium sliding door head frame
**9** Maple trim

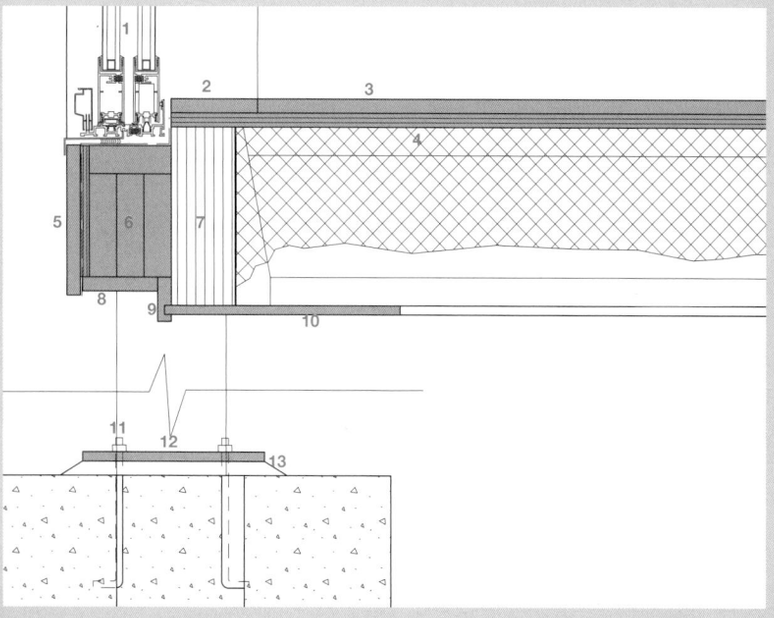


**25.08**
**Floor Slab Detail**
**1:10**
**1** Aluminium sliding door sill frame
**2** Maple trim
**3** Maple floor
**4** Spray insulation
**5** Cedar trim
**6** Timber blocking
**7** Laminated veneer lumber header
**8** Cedar trim
**9** Cedar trim
**10** Fibre cement panel
**11** Anchor bolts
**12** Stainless steel shoe plate
**13** Levelling concrete on competent rock

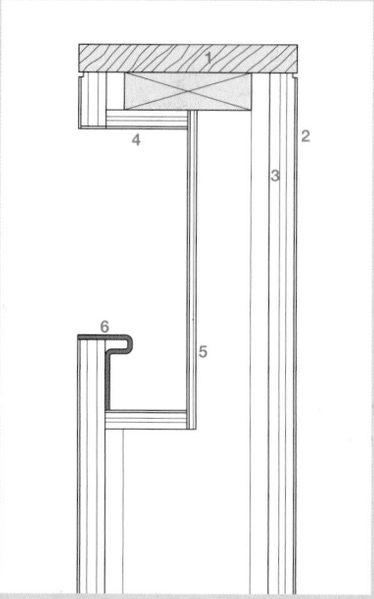


**25.09**
**Handrail Detail**
**1:5**
**1** 19 mm (3/4 inch) maple hardwood cap on guardrail
**2** 19 mm (3/4 inch) maple veneer plywood with 3 mm (1/8 inch) reveal at all panel joints
**3** 12 mm (1/2 inch) panel clips shop glued and screwed to back of wall panel and field screwed to stud
**4** 12 mm (1/2 inch) maple veneer plywood top and bottom
**5** 6 mm (1/4 inch) plywood back
**6** 1.5 mm (1/16 inch) stainless steel handrail, seam welded, ground and sanded smooth

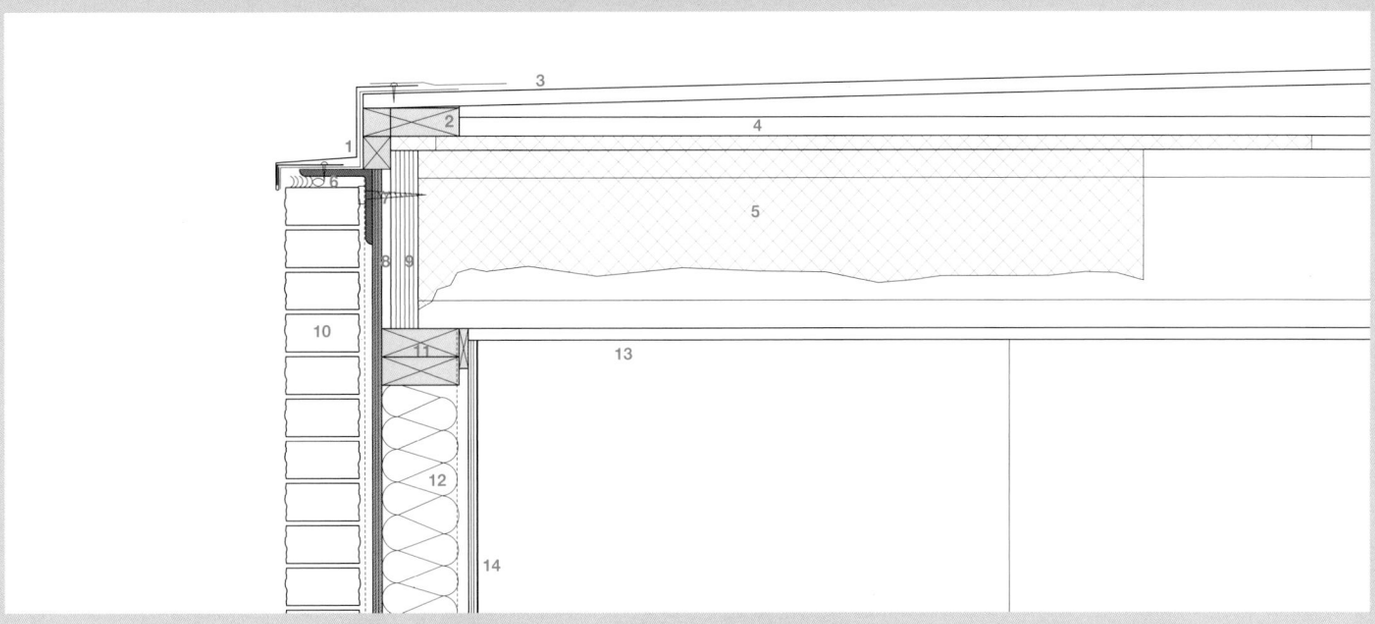


**25.10**
**North Roof Edge Detail**
**1:10**
**1** Stainless steel roof edge
**2** Timber blocking
**3** Single ply membrane
**4** Rigid insulation on roof sheathing
**5** Spray foam insulation
**6** Steel angle
**7** Sheathing
**8** Air space
**9** Laminated veneer lumber header
**10** Blue stone external cladding
**11** Timber framing
**12** Batt insulation
**13** Gypsum board ceiling lining
**14** Gypsum board wall lining

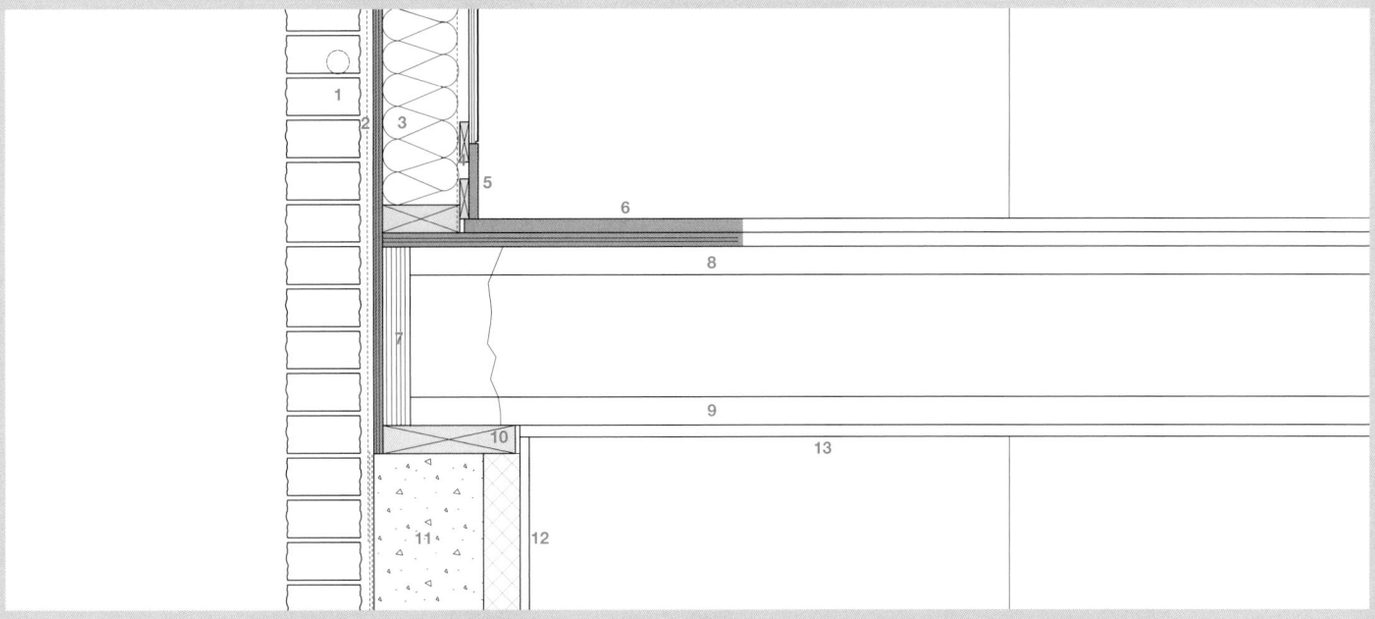


**25.11**
**North Floor Edge Detail**
**1:10**
**1** Blue stone external cladding
**2** Air space
**3** Batt insulation
**4** Base blocking
**5** Maple base board
**6** Maple floor boards
**7** Laminated veneer lumber joist
**8** Timber joist
**9** Timber joist
**10** Sill plate
**11** Reinforced concrete footing wall
**12** Gypsum board wall lining
**13** Gypsum board ceiling lining

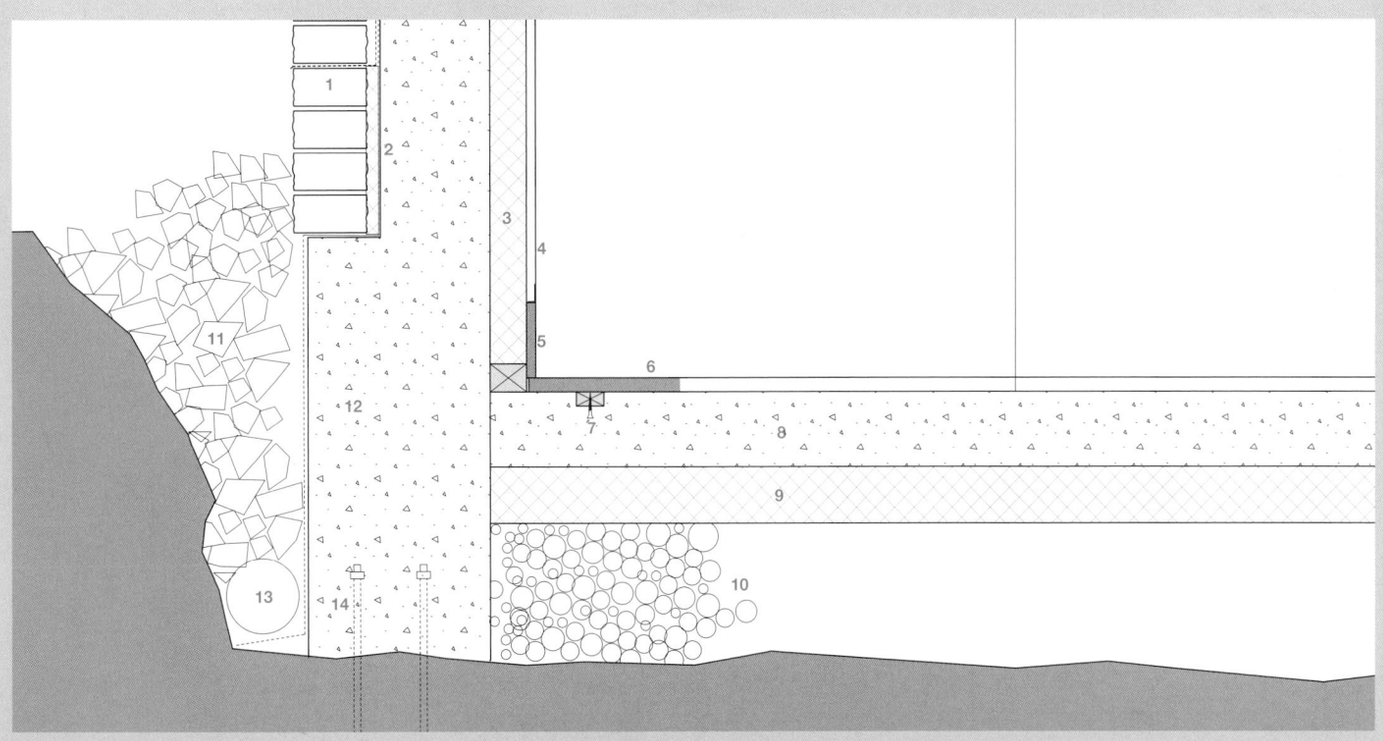


**25.12**
**South Foundation and Slab Detail**
**1:10**
**1** Blue stone external cladding
**2** Flashing and grout
**3** Rigid insulation
**4** Gypsum board wall lining
**5** Maple base board
**6** Maple floor boards
**7** Furring strip
**8** Reinforced concrete floor slab
**9** Rigid insulation
**10** Engineered fill
**11** Broken granite fill
**12** Reinforced concrete footing wall
**13** Tile drain
**14** Steel foundation ties

**26**
**Lorcan O'Herlihy Architects**

**Vertical House**
**Los Angeles, California, USA**

Client
Lorcan O'Herlihy & Cornelia Hayes O'Herlihy

Area
223 square metres (2,400 square feet)

Project Team
Lorcan O'Herlihy, David Thompson, Kevin Tsai

Structural Engineer
Paul Franceschi

Main Contractor
Above Board Construction

Located on a very small site, this house rejects the usual site response – the typical suburban front and back yard. Instead, space is maximized in plan and section, taking up as much of the available footprint as planning regulations allow, and increasing the height to maximize space and views. At the same time, the skin is articulated with glazing on all vertical surfaces. Here, 105 vertical slit windows constructed from three types of glazing, are positioned to frame the most desirable views. In contrast, cement fibreboard has been innovatively used as the solid component. The steel moment frame frees the skin from structural restraints, allowing an unrestricted rhythm of glazing and solid panels across the facades. This surface manipulation defines the architecture through the envelope rather than through the volume itself.

The house is arranged over four levels, with the ground floor cut away to provide a double car port and studio. The first floor accommodates the master and guest bedrooms, and the second floor contains the living, kitchen and dining rooms. Finally, a glass-walled pavilion is located on the roof terrace, serving as an outdoor room with ocean views. A core volume at the centre of the building houses the main stair and storage. The rhythmic surface treatment, which defines the conceptual expression of the house, envelopes a simple, elementary box while at the same time responding to the site restrictions and creating a comfortable, light-filled family home.

1

2

**1** View of the street facade – windows are arranged across the facade regardless of the location of the floor slabs in order to capture limited views wherever they occur.
**2** Three types of glazing alternate with cement fibreboard across the facades.
**3** A red-painted steel spiral stair on the north facade provides an alternate means of escape and adds a sculptural element to the architectural composition.
**4** Interior view of the living room on the second floor.
**5** View of the master bedroom – storage walls and sliding doors maximize space.
**6** A sculptural wall conceals abundant storage in the living room.

3

4

5

6

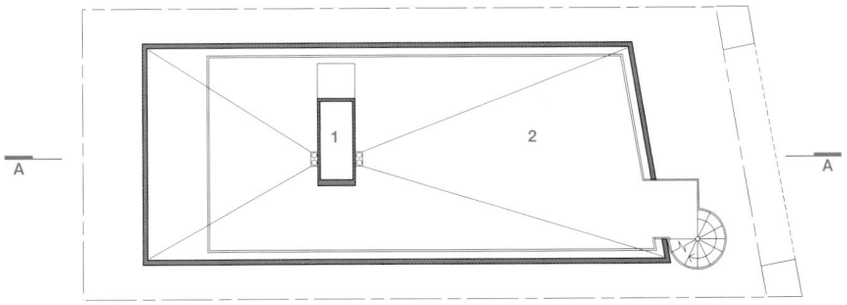


**26.01**
**Roof Plan**
**1:200**
1 Glass pavilion
2 Roof terrace

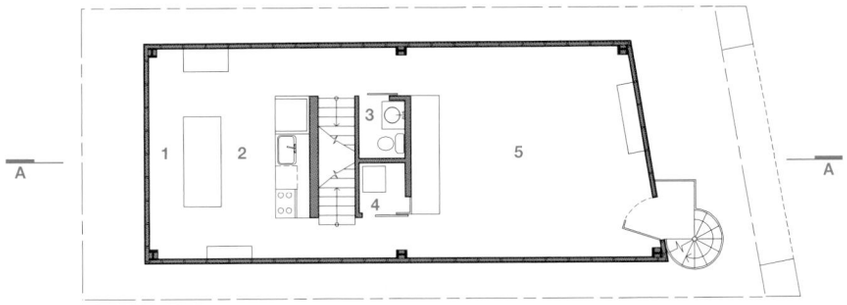


**26.02**
**Second Floor Plan**
**1:200**
1 Dining room
2 Kitchen
3 WC
4 Laundry
5 Living room

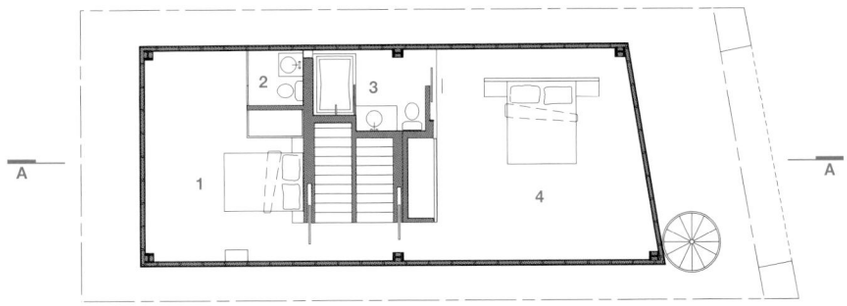


**26.03**
**First Floor Plan**
**1:200**
1 Guest bedroom
2 Guest bathroom
3 Master bathroom
4 Master bedroom

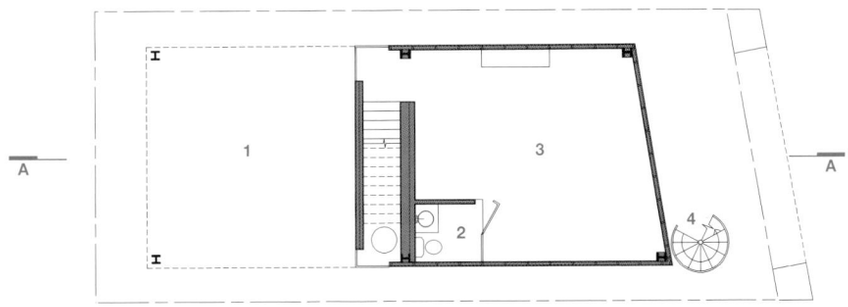


**26.04**
**Ground Floor Plan**
**1:200**
1 Double carport
2 WC
3 Studio
4 Escape stair

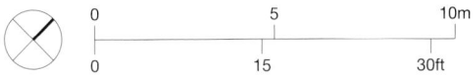


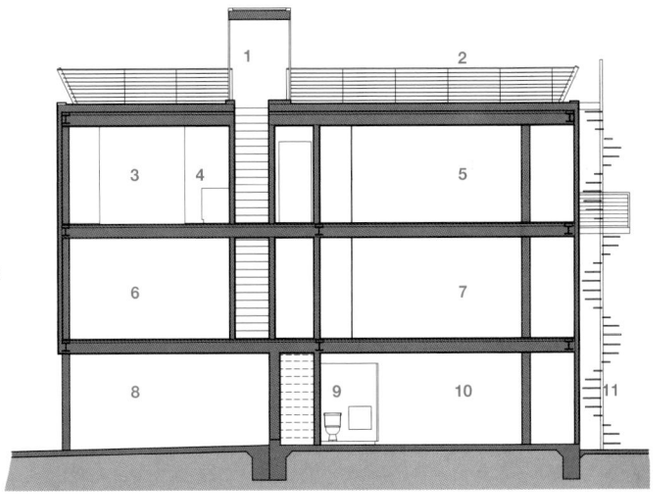


**26.05**
**Section A–A**
**1:200**
1 Glass roof pavilion
2 Roof terrace
3 Dining room
4 Kitchen
5 Living room
6 Guest bedroom
7 Master bedroom
8 Carport
9 WC
10 Studio
11 Escape stair

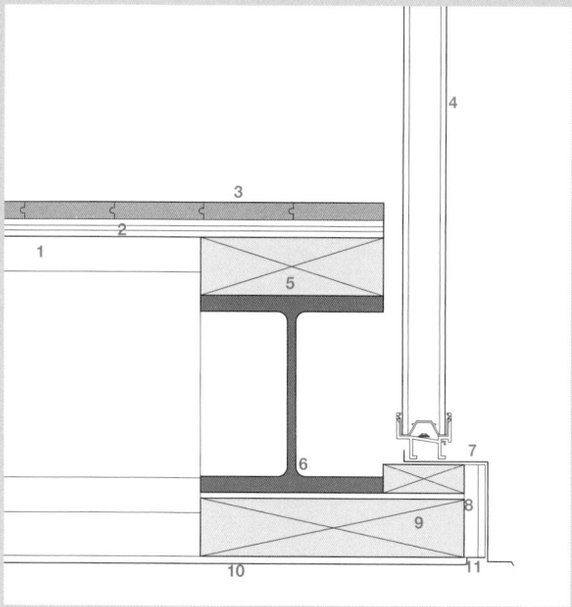


**26.06**
**Glass at Sill Detail**
**1:5**
**1** Timber joist
**2** Structural plywood sub-floor
**3** Tongue and groove hardwood flooring
**4** U-glass channel glazing system
**5** Timber blocking
**6** Structural steel beam
**7** Metal flashing over building paper with cemplank finish to exterior surface
**8** Plywood substrate
**9** Timber blocking
**10** Cemplank finish to exterior surface
**11** Z-reglit to terminate finish

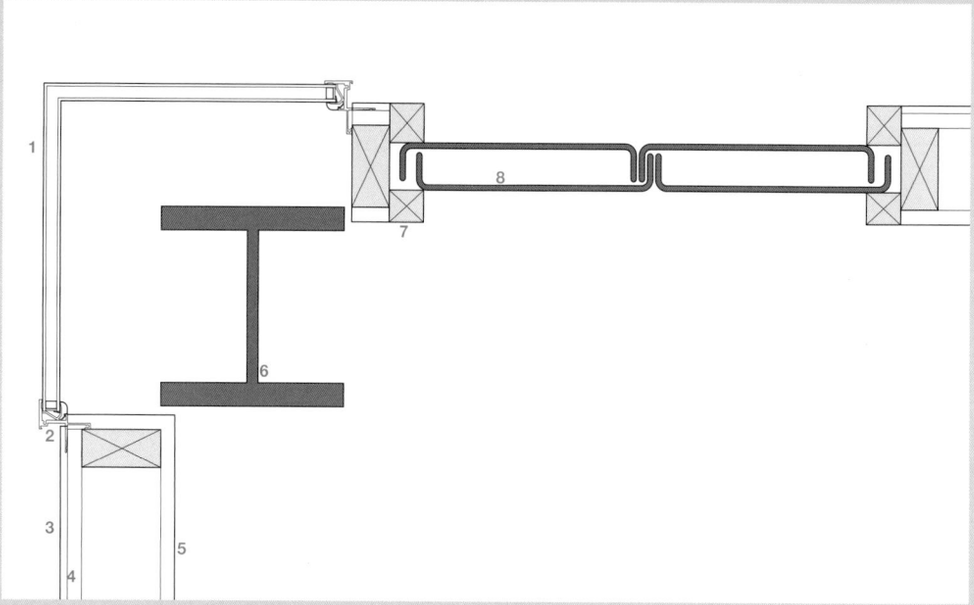


**26.07**
**Window at Corner Detail**
**1:5**
**1** Milguard window system
**2** All opening window edges wrapped in bituthene
**3** Cemplank finish to exterior surface
**4** Plywood substructure
**5** Gypsum board to interior surface
**6** Structural steel beam
**7** Timber blocking
**8** U-glass channel system

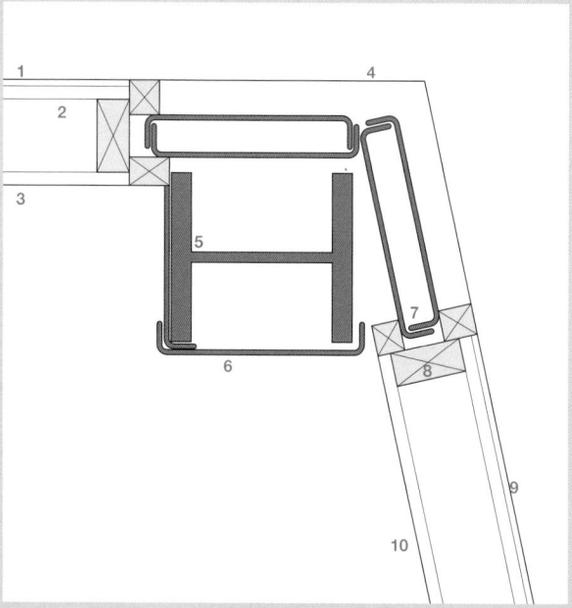


**26.08**
**Glass at Corner Detail**
**1:5**
**1** Cemplank finish to exterior surface
**2** Structural plywood substrate
**3** Gypsum to interior surface
**4** Line of exterior wall below
**5** Structural steel beam
**6** U-glass channel system
**7** U-glass channel system
**8** Timber blocking
**9** Cemplank finish to exterior surface
**10** Gypsum to interior surface

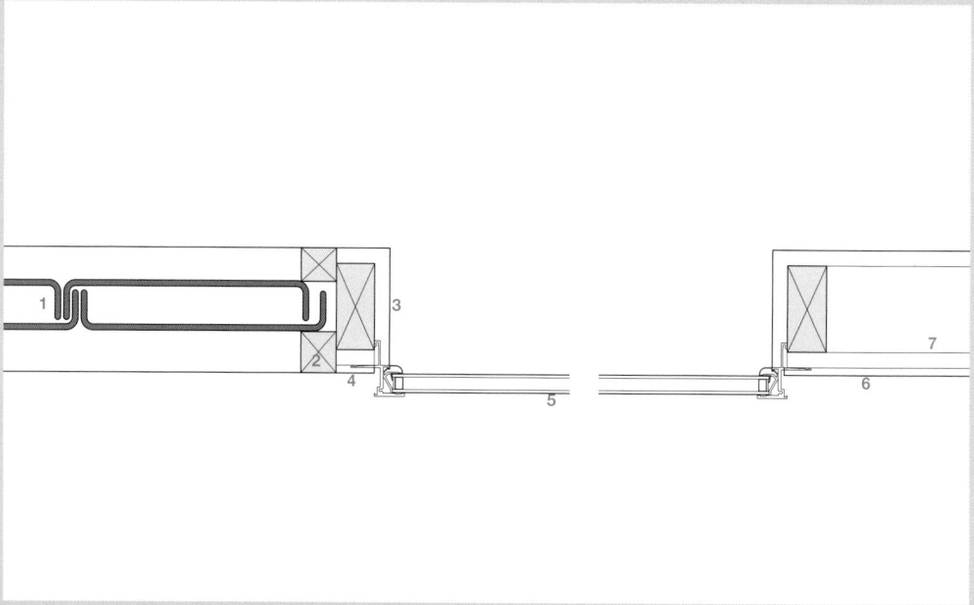


**26.09**
**Typical Wall Assembly Detail**
**1:5**
**1** U-glass channel system
**2** Timber blocking
**3** Internal drywall finish
**4** Cemplank finish to exterior surface
**5** Milguard window system
**6** Cemplank finish to exterior surface
**7** Structural plywood substrate

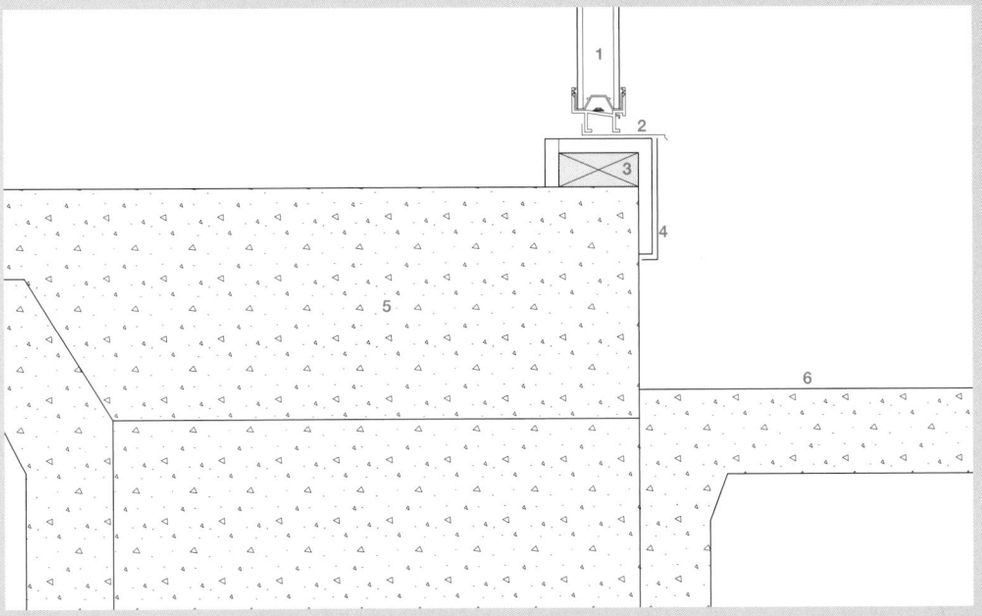


**26.10**
**Glass at Base Detail**
**1:5**
**1** U-glass channel system
**2** Metal flashing
**3** Sill plate
**4** Clear anodized aluminium L-angle over structural plywood
**5** Reinforced concrete footing
**6** Finished ground level

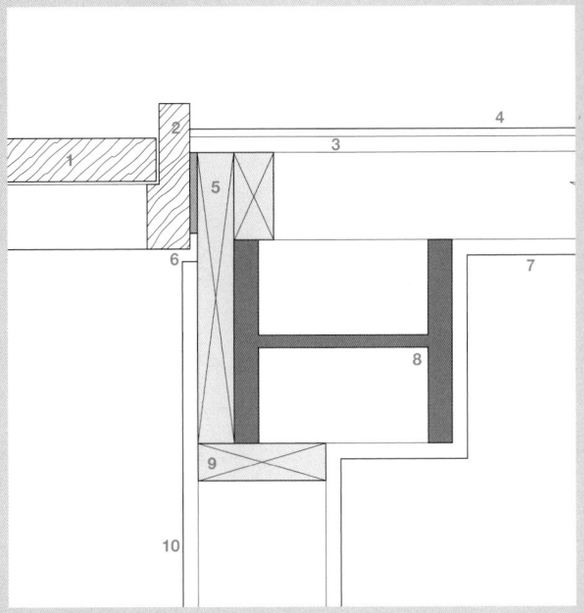


**26.11**
**Door Jamb Detail**
**1:5**
**1** Timber door leaf
**2** Timber door frame
**3** Structural plywood substrate
**4** Milguard window system
**5** Shim as required
**6** Z-reglit to terminate finish
**7** Drywall finish
**8** Structural steel column
**9** Timber blocking
**10** Drywall finish

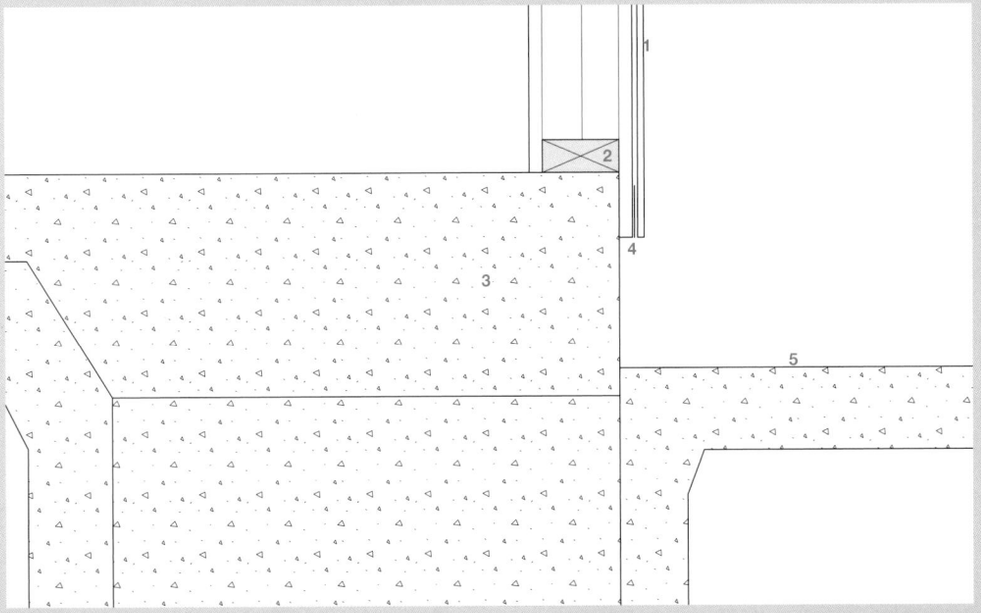


**26.12**
**Wall at Base Detail**
**1:5**
**1** Cemplank exterior finish over structural plywood substrate
**2** Timber sill plate
**3** Reinforced concrete footing
**4** Weep screed
**5** Finished ground level

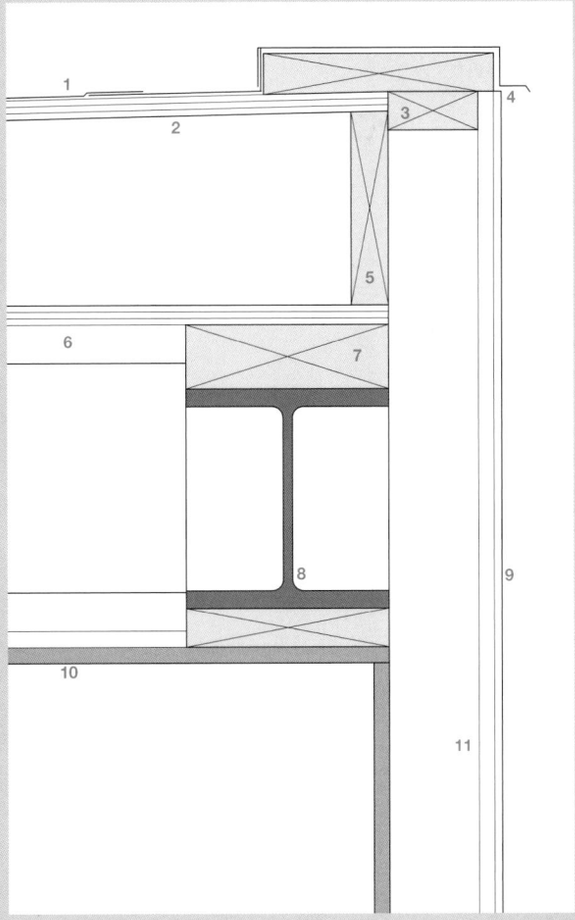


**26.13**
**Parapet Detail**
**1:5**
**1** Built up roofing system
**2** Structural plywood
**3** Timber blocking
**4** Metal flashing
**5** Timber roof framing
**6** TJI beam
**7** Timber nailer
**8** Steel beam
**9** 6 mm (5/16 inch) cemplank cladding
**10** 15 mm (5/8 inch) gypsum board ceiling lining
**11** Exterior grade gypsum board

**27**
**Mack Scogin Merrill Elam Architects**

**Mountain Tree House**
**Dillard, Georgia, USA**

Area
186 square metres (2,000 square feet) house and deck

Project Team
Mack Scogin, Merrill Elam, David Yocum, Penn Ruderman, Denise Dumais

Structural Engineer
Palmer Engineering

Landscape Architect
Marchant Martin

Lighting Designer
Ramón Noya, Ramón Luminance Design, Atlanta, Georgia

Builder
Winfred McKay Construction

This intriguing guest house is located on a beautiful woodland site in the Appalachian foothills. Built as additional accommodation to the original house nearby, also designed by the architect, the compact structure accommodates a garage for storing landscaping equipment, a bedroom, bathroom and outdoor living deck. A simple steel and timber framed steel and glass volume is cantilevered over a larger reinforced concrete form, with a long deck attached to one side and a ramp descending in the opposite direction. The simplicity of the arrangement is transformed through a subtle balance of solids and voids, volumes and planes, and opaque, transparent, matte and reflective surfaces.

Glass, Cor-Ten steel, slate and concrete are used in an uncompromisingly contemporary manner, and yet the building's relationship with the landscape is paramount to the way the house is perceived and inhabited. Merging indoors and out, the ramp rises narrowly between a wall of Cor-Ten and a screen of translucent glass, arriving at a slate-covered deck. Supported on slender steel columns, the structure echoes the rhythm of the poplar trunks surrounding the house. A thicket of bamboo sprouts up through narrow holes in the deck, making the pavilion appear to float amongst the foliage.

**1** The slim verticality of the poplar trunks surrounding the house echo the dominant repetetive vertical elements of the structure, and contrast with the horizontal slabs of Cor-Ten steel.
**2** View of the living deck from the pavilion. Slots in the floor of the deck allow bamboo to grow up through the surface from below, integrating the structure with the forest.
**3** The living deck extends into a bridge that launches itself into the forest. The slender steel columns that support it are almost invisible among the tree trunks and bamboo.
**4** A ramped walkway sandwiched between an outer screen of translucent glass and the solid Cor-Ten wall of the building, brings guests up onto the deck, and from there the guest quarters.
**5** Detail view of the ramp. The robustness of the materials belies the sophistication of the detailing. Junctions, joints and surfaces are perfectly finished, inside and out.

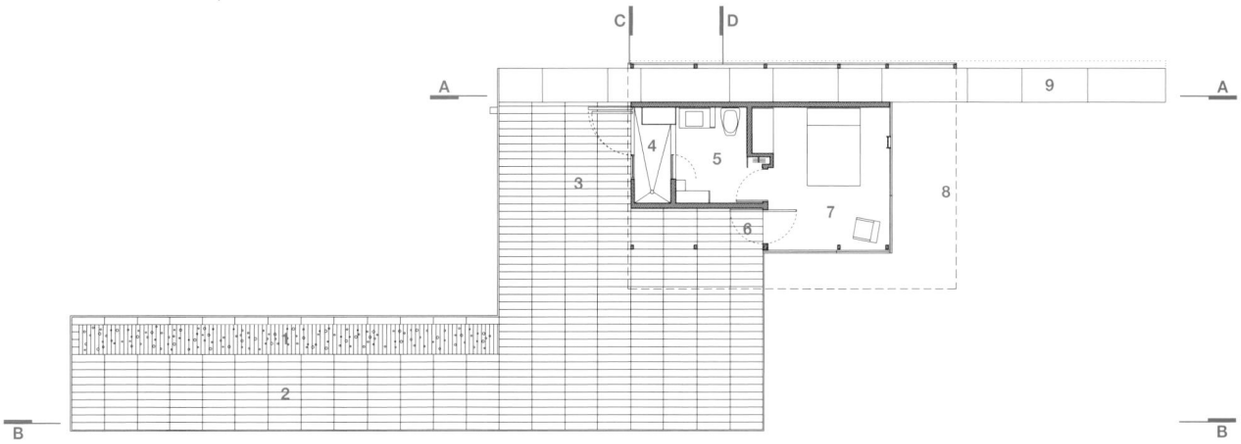


**27.01**
**Upper Level Floor Plan**
**1:200**
1 Bamboo garden
2 Bridge deck
3 Living deck
4 Shower
5 Bathroom
6 Entrance
7 Bedroom
8 Line of roof over
9 Ramp

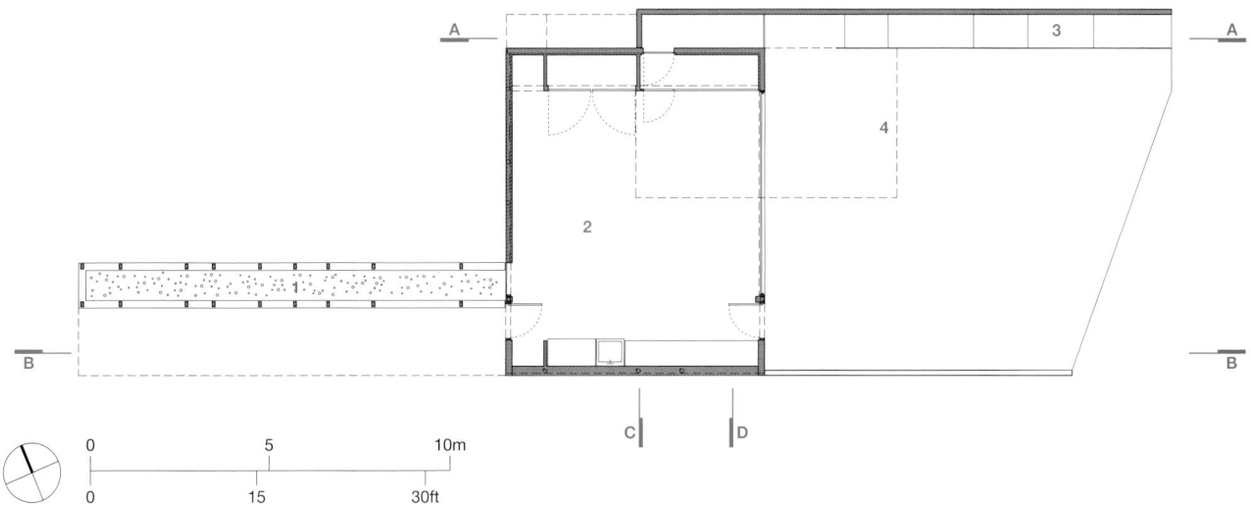


**27.02**
**Lower Level Floor Plan**
**1:200**
1 Bamboo garden
2 Garage and landscape store
3 Ramp
4 Line of pavilion over

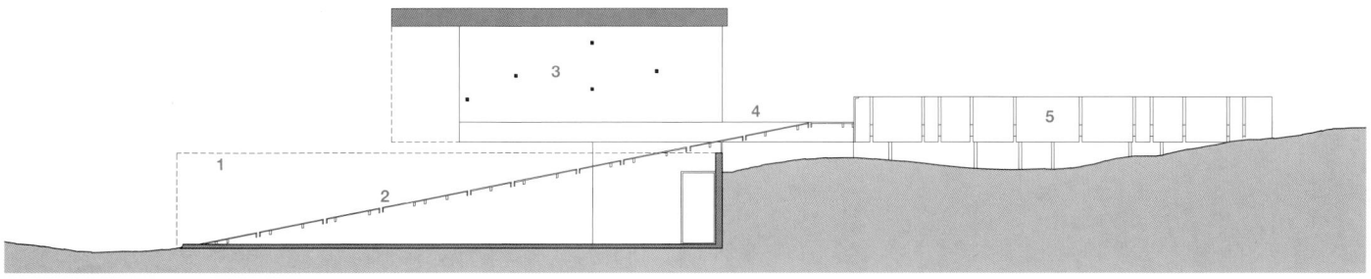


A–A

**27.03**
**Section A–A**
**1:200**
1 Line of concrete wall beyond
2 Ramp
3 Pavilion
4 Living deck
5 Bridge balustrade

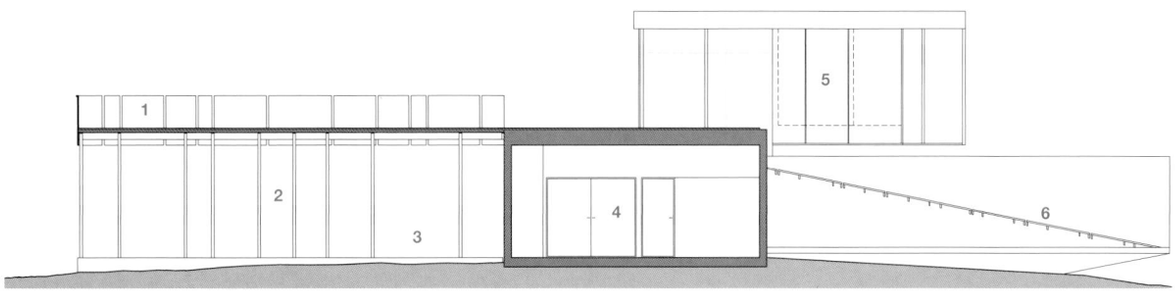


B–B

**27.04**
**Section B–B**
**1:200**
1 Bridge balustrade
2 Steel columns
3 Bamboo garden
4 Landscape store
5 Pavilion
6 Ramp

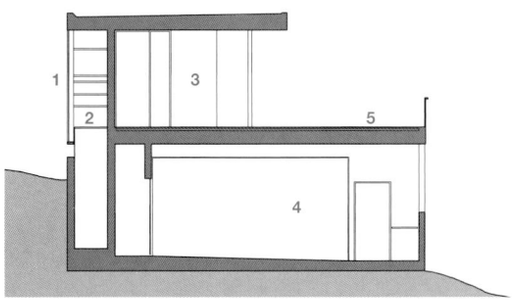


C–C

**27.05**
**Section C–C**
**1:200**
1 Translucent glass wall
2 Ramp
3 Shower
4 Garage and landscape store
5 Living deck

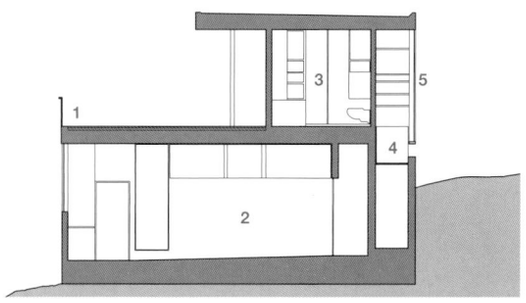


D–D

**27.06**
**Section D–D**
**1:200**
1 Living deck
2 Garage and landscape store
3 Bathroom
4 Ramp
5 Translucent glass wall

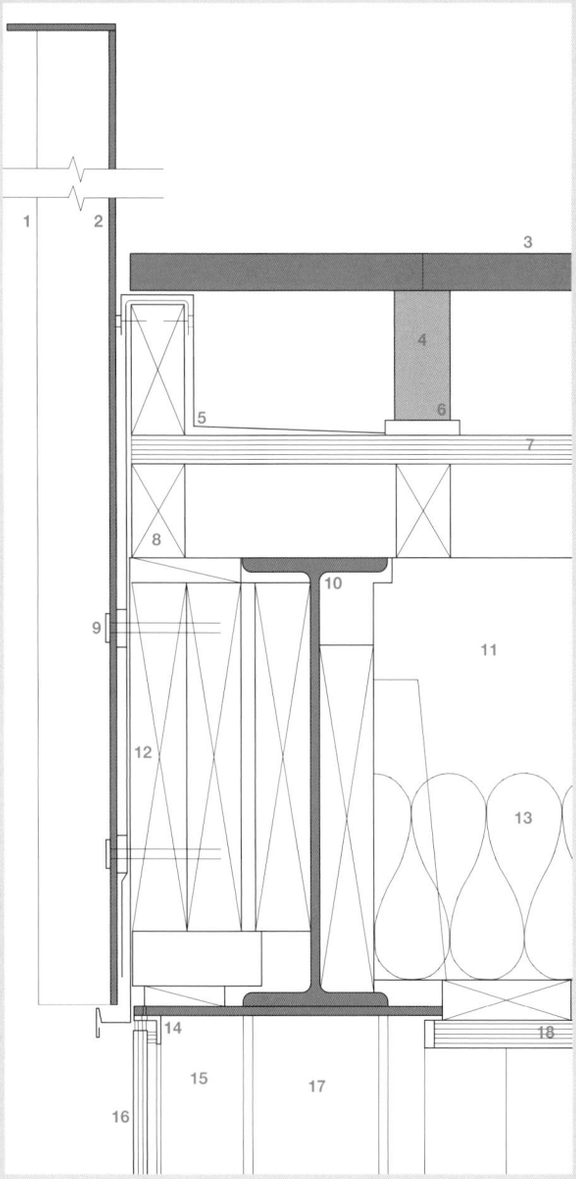


**27.07**
**Glazing and Rail to Roof Deck Detail**
**1:5**
**1** Line of Cor-Ten steel support
**2** Cor-Ten steel rail and support
**3** 25 mm (1 inch) slate decking
**4** Sloped underside plastic lumber sleepers at 200 mm (8 inch) centres
**5** EPDM membrane with continuous flashing at edges
**6** Neoprene pads, spaced as required
**7** 20 mm (3/4 inch) plywood sub-deck
**8** Timber sleepers with top edge sloped to drain
**9** Lag bolt and spacers
**10** 300 x 100mm (11 4/5 x 4 inch) steel beam
**11** Timber deck framing
**12** Timber blocking as required
**13** Insulation batts
**14** 20 mm (3/4 inch) glazing angle with sealant
**15** 6 mm (1/4 inch) steel plate
**16** 10 mm (1/3 inch) tempered glass
**17** 100 x 100 x 6 mm (4 x 4 x 1/4 inch) HSS
**18** 20 mm (3/4 inch) plywood

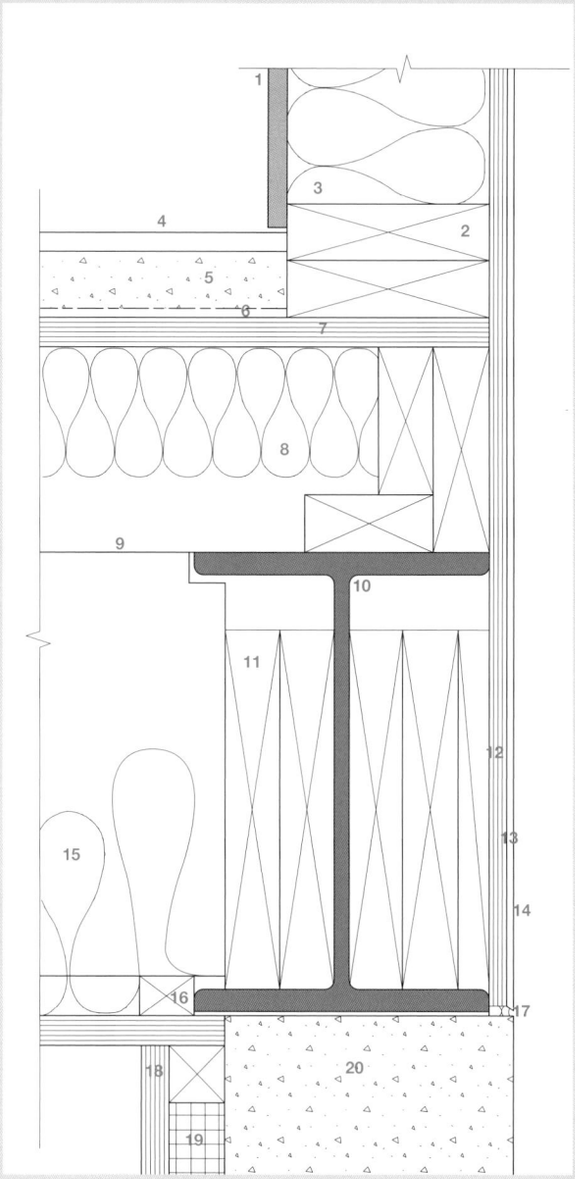


**27.09**
**Exterior Wall Detail**
**1:5**
**1** 10 mm (1/3 inch) Gypsum wall board with W/J bead
**2** 40 x 140 mm (1 1/2 x 5 1/2 inch) framing
**3** Insulation batts
**4** 10 mm (1/3 inch) slate tiles
**5** 45 mm (1 3/4 inch) mortar bed
**6** Waterproof membrane
**7** 20 mm (3/4 inch) plywood sub-deck
**8** Insulation batts
**9** Line of 40 x 140 mm (1 1/2 x 5 1/2 inch) timber joist
**10** Structural steel beam
**11** 40 x 250 mm (1 1/2 x 10 inch) timber blocking
**12** 10 mm (3/4 inch) plywood
**13** Waterproof membrane
**14** 16 gauge Cor-Ten cladding
**15** Insulation batts
**16** Timber blocking as required
**17** Stainless steel flashing
**18** 20 mm (3/4 inch) plywood
**19** 38 mm (1 1/2 inch) rigid insulation
**20** 200 mm (8 inch) concrete wall

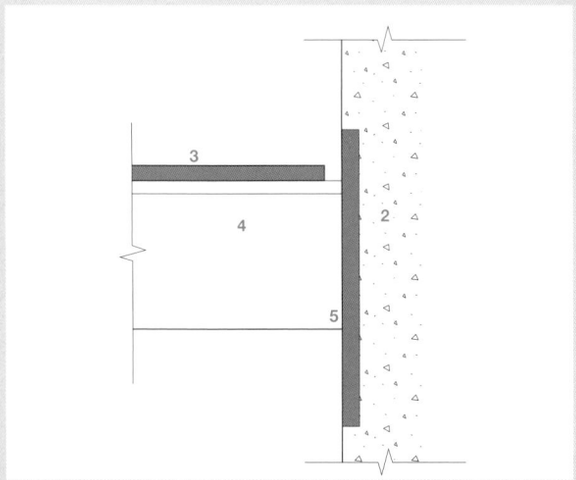


**27.08**
**Ramp Support Detail 1**
**1:5**
**1** 200 x 10 mm (8 x 1/3 inch) continuous Cor-Ten steel plate embedded in concrete wall
**2** In-situ concrete wall
**3** 8 mm (3/8 inch) Cor-Ten steel plate to form ramp surface
**4** Cor-Ten T-section
**5** Perimeter weld at plate

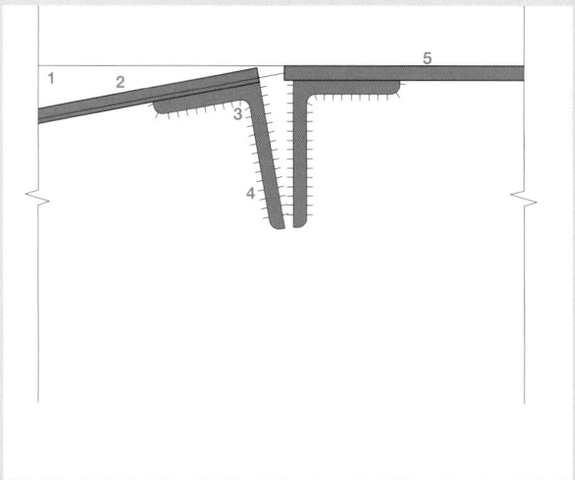


**27.10**
**Ramp Support Detail 2**
**1:5**
**1** 16 gauge continuous Cor-Ten flashing wrapped to top of support T-section
**2** Cor-Ten steel plate to form ramp surface
**3** Cor-ten steel angle
**4** Perimeter weld at plate
**5** Continuous Cor-Ten steel plate

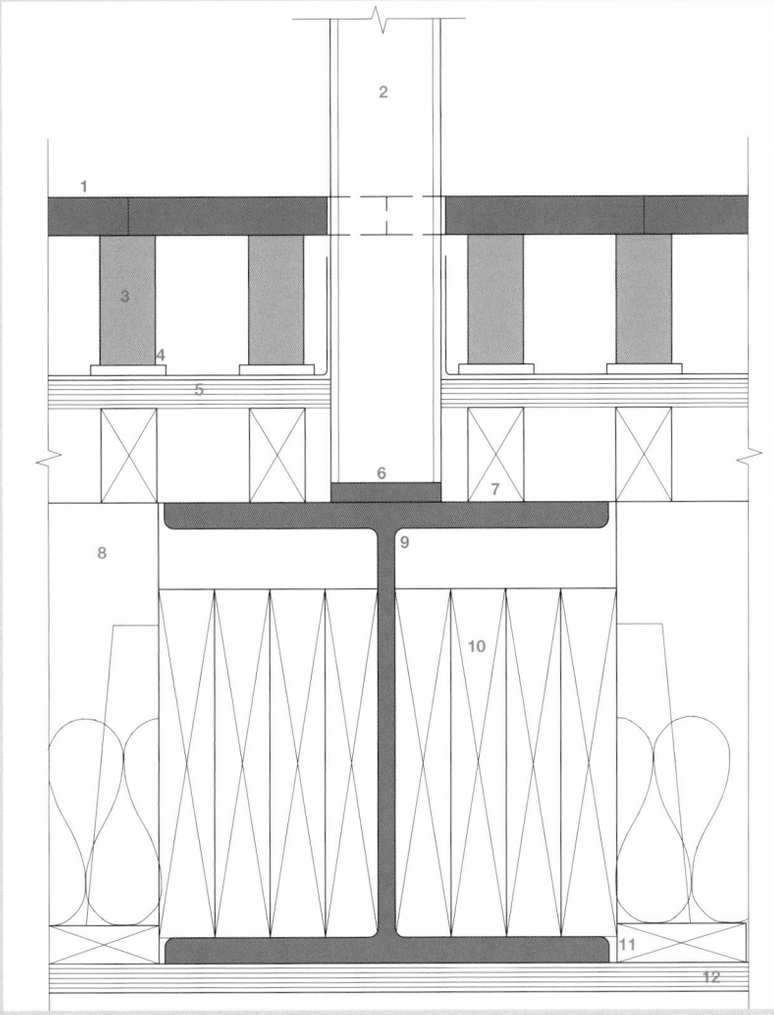


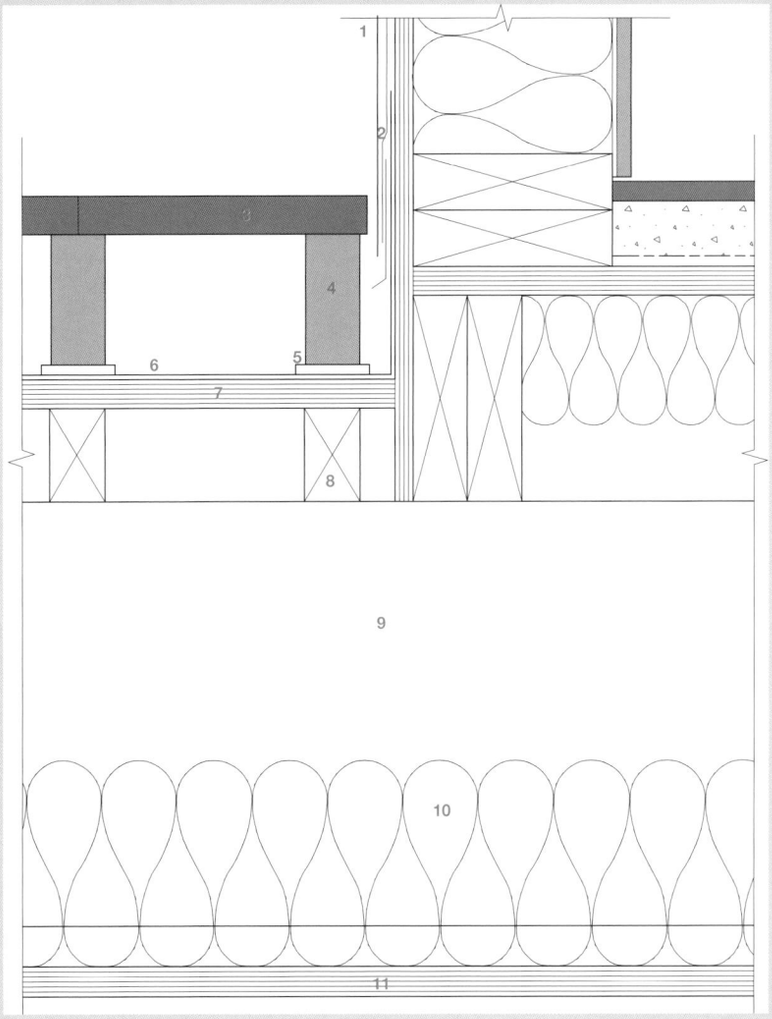


**27.11**
**Deck and Ceiling Detail 1**
**1:5**
**1** 25 mm (1 inch) slate decking
**2** 75 x 50 x 6 mm (3 x 2 x 1/4) HSS
**3** Sloped underside plastic lumber sleepers at 100 mm (4 inch) centres
**4** Neoprene pads spaced as required
**5** 20 mm (3/4 inch) plywood subdeck
**6** 75 x 200 x 12 mm (3 x 8 x 1/2 inch) steel plate
**7** Timber sleepers with top surface sloped to drain
**8** 50 x 300 mm (2 x 12 inch) framing
**9** 310 x 310 mm (12 1/5 x 12 1/5 inch) steel I-beam
**10** 38 x 250 mm (1 1/2 x 10 inch) timber blocking
**11** 20 mm (3/4 inch) finished plywood
**12** 20 mm (3/4 inch) plywood

**27.12**
**Deck and Ceiling Detail 2**
**1:5**
**1** 16 gauge Cor-Ten cladding
**2** Waterproof membrane continuous flashing to EPDM
**3** 25 mm (1 inch) slate decking
**4** Sloped underside plastic lumber sleepers at 100 mm (4 inch) centres
**5** Neoprene pads spaced as required
**6** EPDM membrane with continuous flashing at edges
**7** 20 mm (3/4 inch) plywood subdeck
**8** Timber sleepers
**9** 50 x 300 mm (2 x 12 inch) deck framing
**10** Insulation batts
**11** 20 mm (3/4 inch) plywood

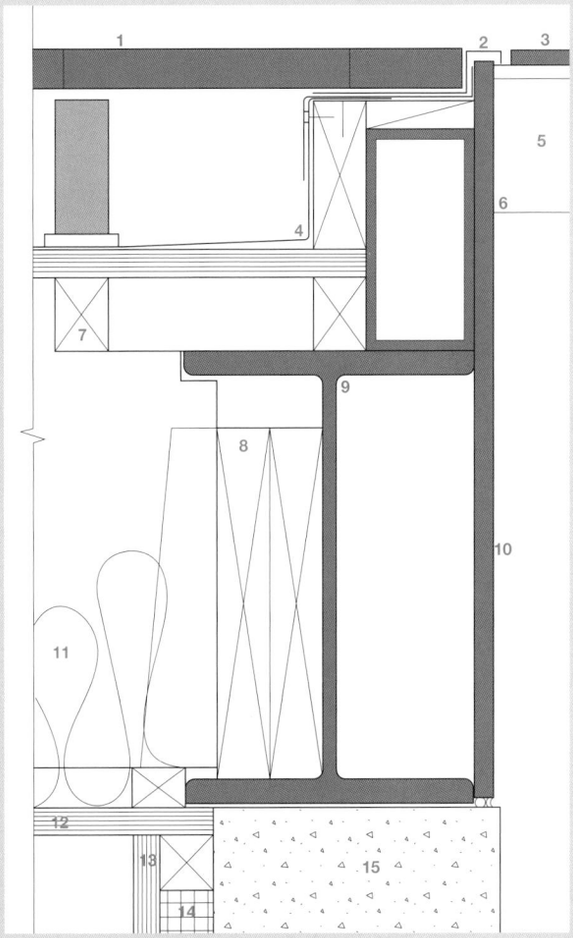


**27.13**
**Ramp Support Detail 3**
**1:5**
**1** 25 mm (1 inch) slate tiles
**2** 16 gauge continuous Cor-Ten flashing wrapped to top of ramp support
**3** 8 mm (3/8 inch) Cor-Ten steel plate to form ramp surface
**4** EPDM membrane on 20 mm (3/4 inch) plywood subdeck
**5** Cor-Ten T-section
**6** Perimeter weld at plate
**7** Timber sleepers
**8** Timber blocking
**9** 200 x 300 mm (7 9/10 x 12 inch) steel I-beam
**10** 500 x 10 mm (19 3/5 x 1/3 inch) continuous Cor-Ten steel plate
**11** Batt insulation
**12** 20 mm (3/4 inch) plywood ceiling
**13** 20 mm (3/4 inch) plywood wall
**14** 38 mm (1 1/2 inch) rigid insulation
**15** 200 mm (8 inch) in-situ concrete wall

**28**
**Marin + Trottin**

**Artifice/MR House**
**Pompone, France**

Client
Monsieur Martin and Madame Rodriguez

Area
140 square metres (1,505 square feet)

Project Team
David Trottin, Emmanuelle Marin-Trottin, D. Graignic, R. Falcon

Structural Engineer
Marin + Trottin

Services Engineer
Marin + Trottin

Quantity Surveyor
Marin + Trottin

This private house was built for the price of a developer-built home to demonstrate that an architect-designed environment is an affordable option. The house stretches along a sloping strip of marshy land in the Seine and Marne region in the suburbs of Paris. The narrow, 17 metre (55 feet) wide site, generates a long narrow building that uses the length and slope of the land to unfold in half-storey changes of level as it progresses down the site. This strategy serves to integrate each of the interior spaces, from the bedrooms and private spaces at the top of the site, to the kitchen and living room embedded in the lower part of the garden, with the garden and the landscape beyond.

In addition, expanses of full height clear glazing allow a view of the garden from every room. The steel-framed structure is exposed on the interior, further emphasizing the three level changes and revealing a simple and elegant structural system of galvanized steel beams and ribbed sheet roofing. Green painted cladding panels further reinforce the connection to the landscape – the different shades of green are derived directly from the vegetation in the immediate vicinity and playfully mimic the landscape while reinforcing the design's willingness to embrace the garden as an important part of the architectural solution.

1

**1** Stepping down the site, the house is clad in green panels of varying shades that playfully mimic, as well as reinforce, the natural elements of the landscape.
**2** In addition to large expanses of glazing, solid openable panels allow the inhabitants to fine tune the ventilation and views.
**3** Full height glazing is a key feature of the design. Opportunities to connect the interior with the exterior occur throughout the house.

2

3

**28.01**
**Ground Floor Plan**
**1:200**
1 Bedroom 1
2 Bedroom 2
3 WC
4 Kitchen
5 Dining room
6 Living room
7 Entry

**28.02**
**First Floor Plan**
**1:200**
1 Bathroom
2 Study
3 Roof terrace

**28.03**
**Second Floor Plan**
**1:200**
1 Bedroom 3
2 Roof terrace

**28.04**
**Section A–A**
**1:100**
1 Bedroom 3
2 Bathroom
3 Study
4 Bedroom 2
5 Kitchen
6 Dining room
7 Living room

**28.05**
**Roof Parapet Detail**
**1:5**
**1** 1mm (1/24 inch) thick sheet zinc
**2** Bituminous sealing layer and thermal insulation
**3** Sealing layer
**4** Steel angle
**5** Galvanized steel section
**6** Painted fibre cement sheeting
**7** Rigid profile permanent steel formwork roofing system
**8** Waterproof membrane
**9** Aluminium U-section
**10** Insulation
**11** Painted plasterboard interior lining
**12** Line of painted plasterboard ceiling

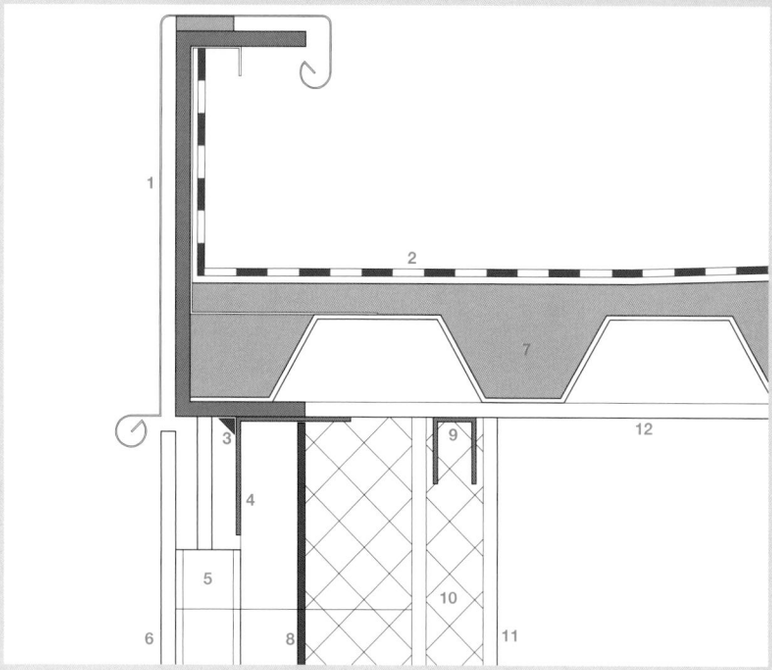


**28.06**
**Floor and Ceiling Detail**
**1:5**
**1** Insulation
**2** Sealing layer
**3** 1mm (1/24 inch) thick sheet zinc
**4** Steel channel beyond
**5** Aluminium U-section
**6** Composite floor slab
**7** Sealing layer
**8** Steel RHS frame

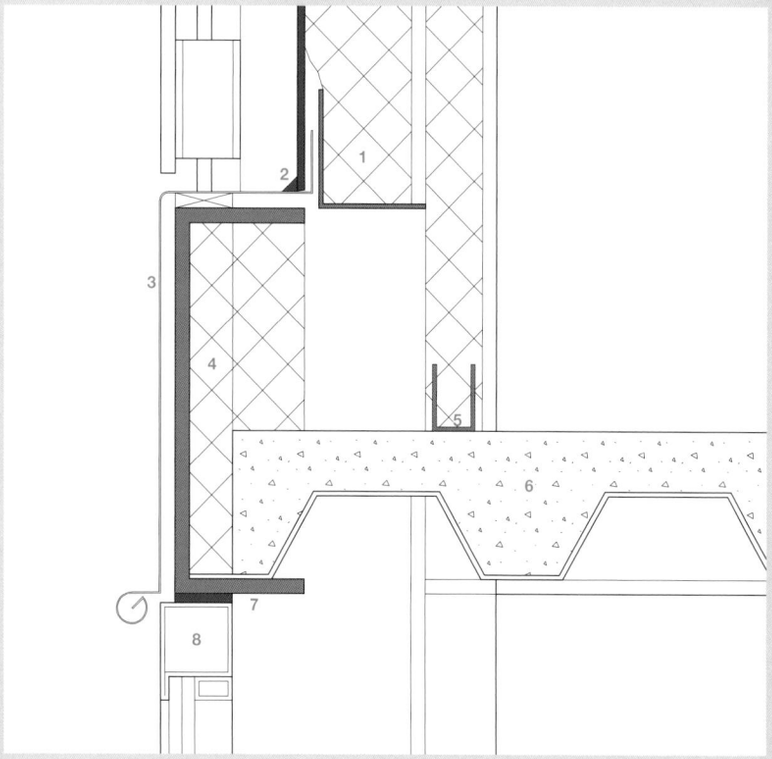


**28.07**
**Floor and Glazing Detail**
**1:5**
**1** Steel RHS frame
**2** Sheet flooring laid directly onto floor slab
**3** Sheet zinc drip profile
**4** Steel angle
**5** Reinforced concrete floor slab

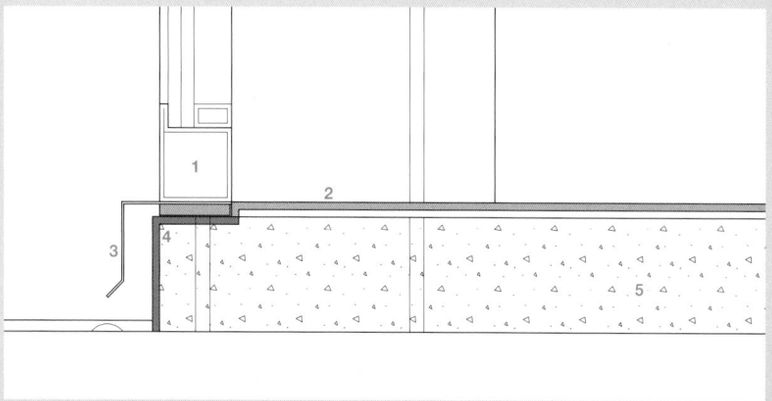

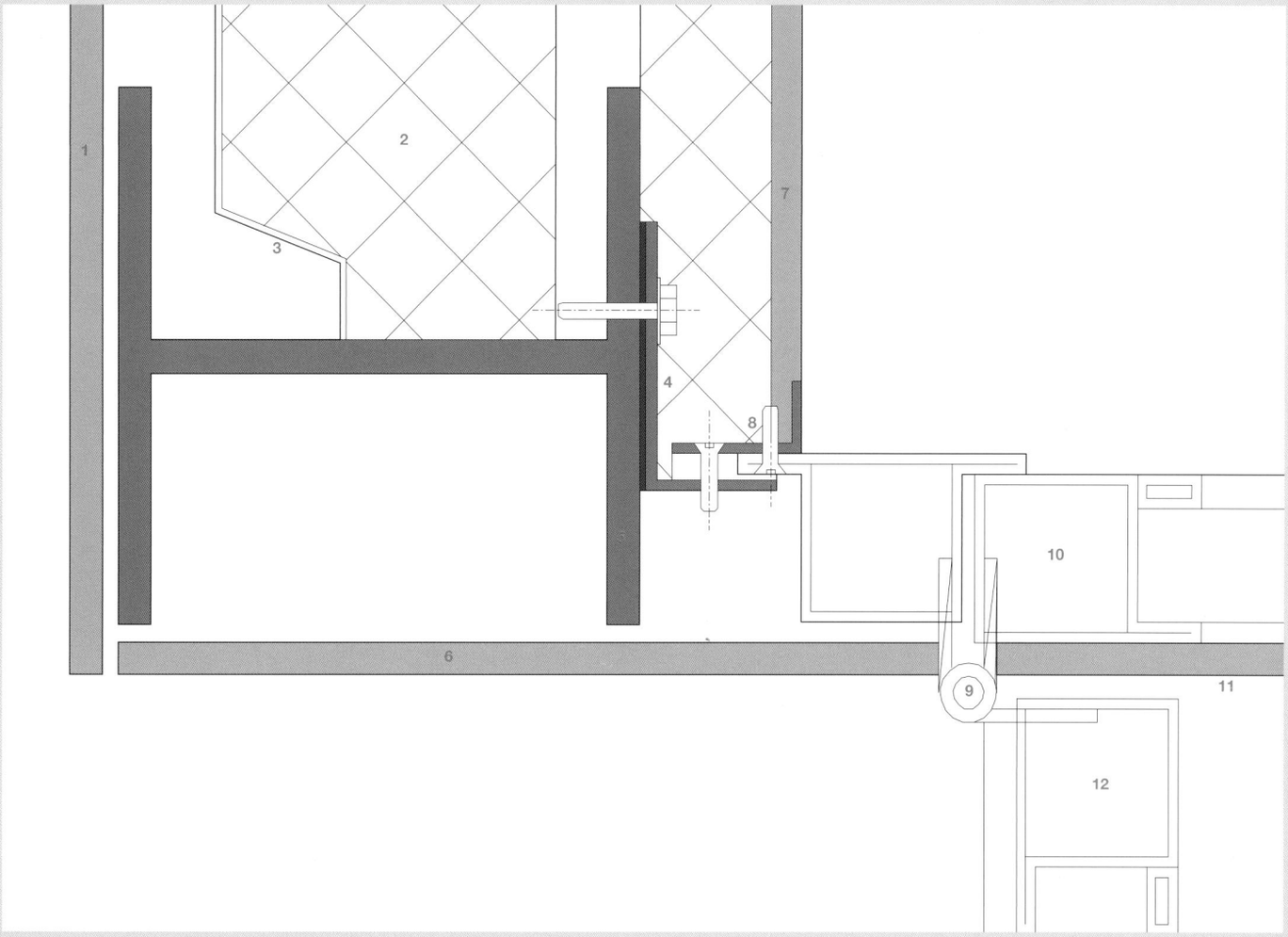


**28.08**
**External Wall Corner Detail**
**1:2**
**1** 1mm (1/24 inch) thick sheet zinc
**2** Bituminous sealing layer and thermal insulation
**3** Sealing layer
**4** Steel angle
**5** Galvanized steel section
**6** Painted fibre cement sheeting
**7** Rigid profile permanent steel formwork cladding system
**8** Steel L-section
**9** Steel hinge
**10** Steel RHS frame
**11** Painted plasterboard interior
**12** Steel RHS frame

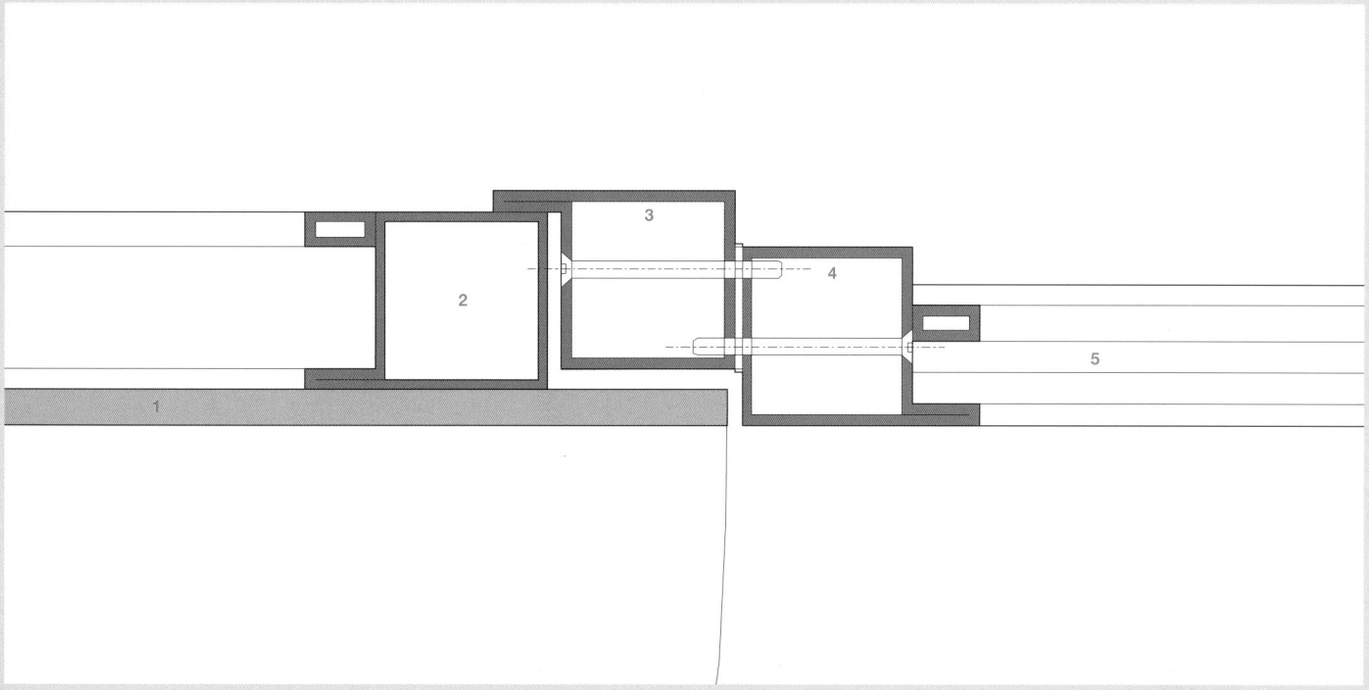


**28.09**
**Glazed Wall Detail**
**1:2**
**1** Painted fibre cement sheeting
**2** Steel RHS frame
**3** Steel window frame
**4** Steel glazing bar
**5** Proprietary double glazing assembly

**29**
**Shuhei Endo**

**Springtecture B**
**Biwa-cho, Shiga Prefecture, Japan**

Client
Aoi Fujioka

Area
104 square metres (1,120 square feet)

Project Team
Keisuke Fukuma, Takashi Nabeshima

Structural Engineer
TIS + Partners

Services Engineer
Tawada Shoten

Quantity Surveyor
Shuhei Endo Architect Institute

Springtecture B is a weekend house located amidst Biwa-cho's ancient thatched roofs and their contemporary equivalents. As with the architect's other projects, naming conventions are of interest. The terms 'Rooftecture', 'Skintecture' and 'Halftecture', and in this case 'Springtecture' are used to describe projects that, while having certain preoccupations in common, take a conceptual approach that makes each unique. In this project, the concept of a continuation between interior and exterior is contrived from continuous sheets of corrugated metal that twist and turn with no obvious delineation between roof, floor and walls. The sheets of metal have apparently 'sprung' into place to create a domestic environment.

A sliding glass door and a chequered brick wall are a stark contrast to the undulating steel panels and apparently randomly-placed angled steel columns. While the blade of brick wall imposes an underlying order on the composition, the flowing ribbons of steel constantly confound an understanding of the way the building is put together. The arrangement of spaces, while conventional in content – a kitchen, dining space, living area, guest bedroom with ensuite bathroom and a terrace on the ground floor, and additional bedrooms and bathroom upstairs – is subject to the apparent vagaries of the sculptural form. The resulting interstitial spaces are given over to slices of garden, gravelled courtyards, a reflecting pool and framed views of the landscape.

**1** The building appears to barely touch the ground. Right angles are avoided in favour of the undulating metal that skims the ground before rising to form the walls and roof. **2** Sheets of glazing provide sheer slices of infill between the ribbons of steel, allowing plenty of natural light into the house. **3** The raw appeal of the corrugated metal, angled steel columns and unpainted timber framing underpin the free-form nature of the architectural aesthetic. **4** Spaces of no discernible use are created as a by-product of the 'Springtecture', however even these are creatively utilized to frame views of the surrounding landscape.

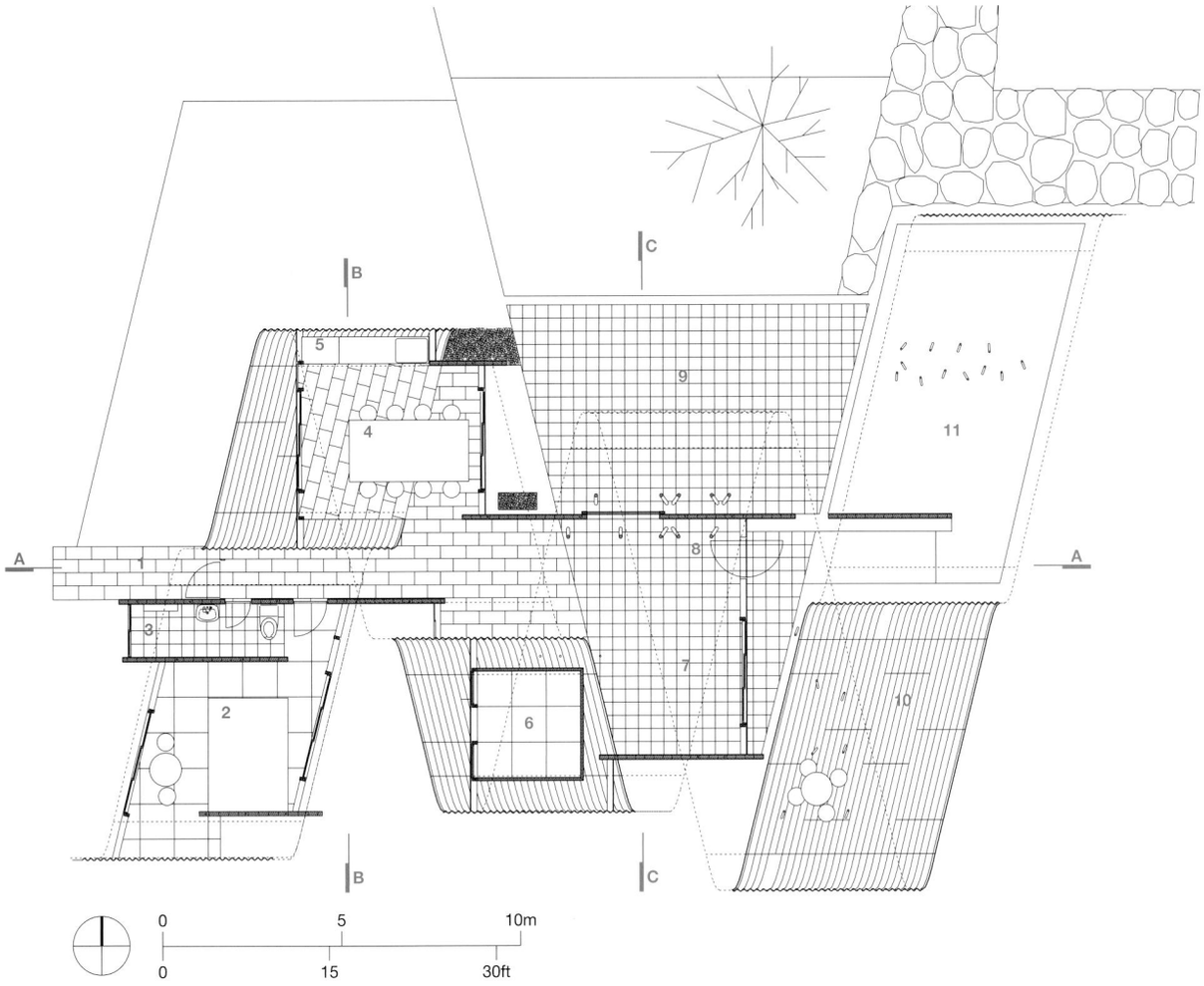


**29.01**
**Ground Floor Plan**
**1:200**
1 Entrance
2 Bedroom
3 Bathroom
4 Dining
5 Kitchen
6 Rest space
7 Gallery
8 Entrance
9 Terrace
10 Terrace
11 Parking

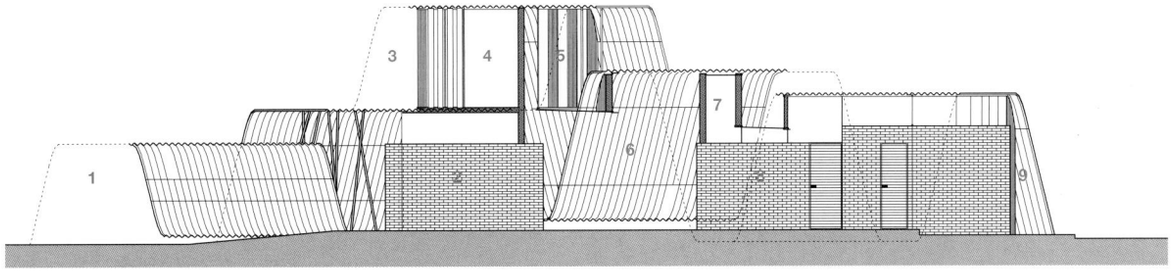


**29.02**
**Section A–A**
**1:200**
1 Entrance
2 Masonry wall to entrance corridor
3 Line of roof
4 Bedroom
5 Bathroom
6 Rest space behind
7 Skylight over gallery
8 Masonry wall to bedroom
9 Terrace

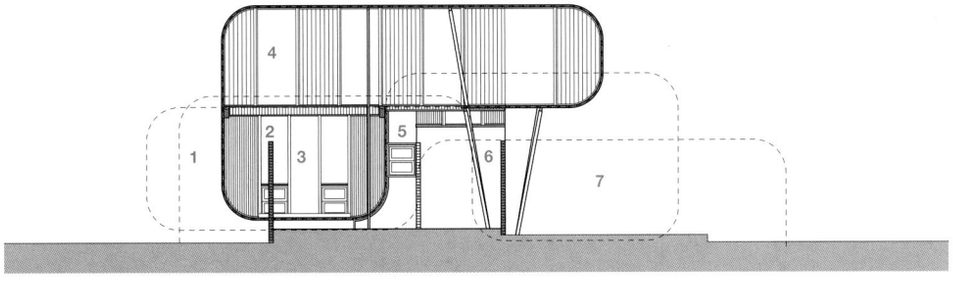


**29.03**
**Section B–B**
**1:200**
1 Line of terrace beyond
2 Window to rest space
3 Door to rest space
4 Window to upper level bedroom
5 Window to central circulation space
6 Kitchen
7 Line of terrrace beyond

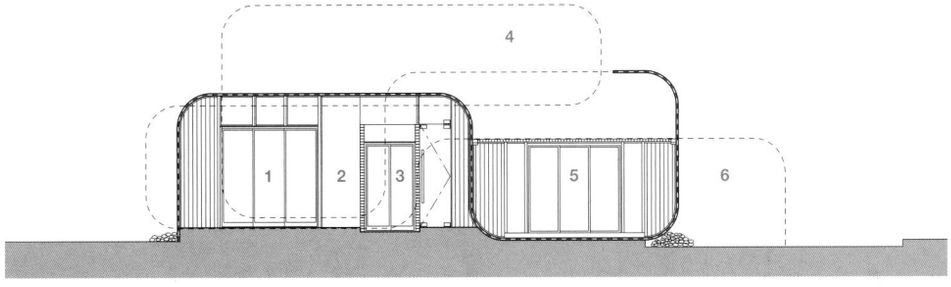


**29.04**
**Section C–C**
**1:200**
1 Gallery
2 Entrance
3 Doors to terrace
4 Line of upper level beyond
5 Terrace
6 Line of parking area beyond

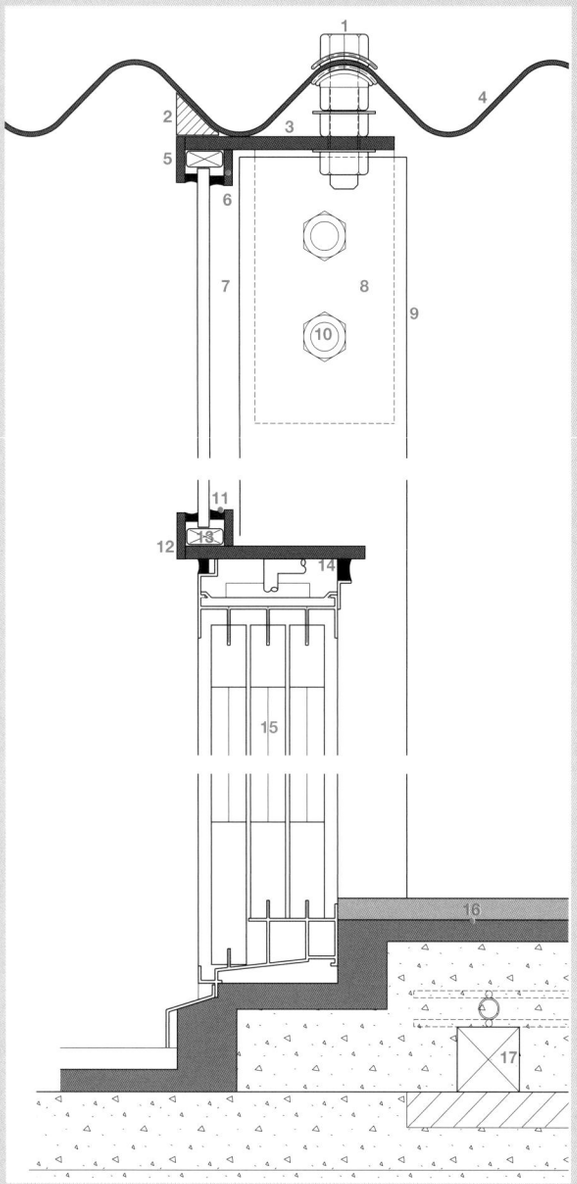


**29.05**
**Sheet Metal Detail 1**
**1:5**
**1** Bolt and washer fixing to corrugated sheet roofing
**2** Timber packing
**3** 150 x 9 mm (6 x 1/3 inch) flat steel bar
**4** Corrugated sheet steel with hot dip galvanized finish
**5** 32 x 6 mm (1 1/4 x 1/3 inch) flat steel bar
**6** 25 x 6 mm (1 x 1/3 inch) flat steel bar
**7** Fixed glass
**8** Gusset steel plate
**9** Japanese cypress mullion
**10** Bolt fixing to mullion
**11** 25 x 6 mm (1 x 1/3 inch) flat steel bar
**12** 32 x 6 mm (1 1/4 x 1/3 inch) flat steel bar
**13** Timber packing
**14** 125 x 9 mm (5 x 1/3 inch) flat steel bar
**15** Double sliding window assembly
**16** Marble flooring on setting mortar and insulation over reinforced concrete slab
**17** Sub-floor structure

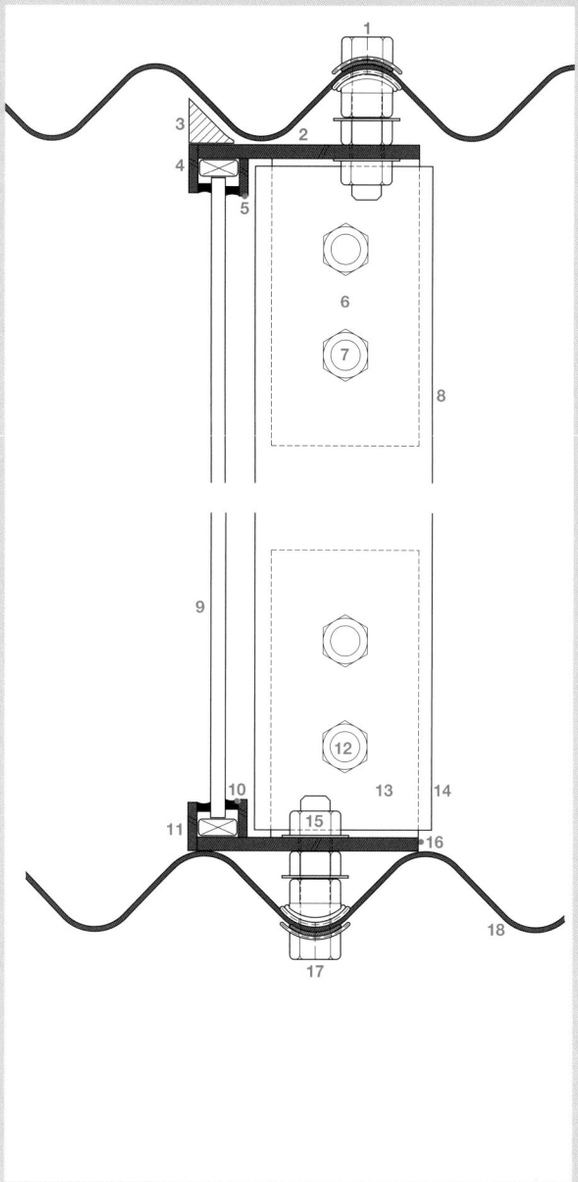


**29.06**
**Sheet Metal Detail 2**
**1:5**
**1** Bolt and washer fixing to corrugated sheet roofing
**2** 150 x 9 mm (6 x 1/3 inch) flat steel bar
**3** Timber packing
**4** 32 x 6 mm (1 1/4 x 1/3 inch) flat steel bar
**5** 25 x 6 mm (1 x 1/3 inch) flat steel bar
**6** Gusset steel plate
**7** Bolt fixing to mullion
**8** Japanese cypress mullion
**9** Polycarbonate sheeting
**10** 25 x 6 mm (1 x 1/3 inch) flat steel bar
**11** 32 x 6 mm (1 1/4 x 1/3 inch) flat steel bar
**12** Bolt fixing to mullion
**13** Gusset steel plate
**14** Japanese cypress mullion
**15** Bolt and washer fixing to flat steel bar
**16** 150 x 9 mm (6 x 1/3 inch) flat steel bar
**17** Bolt and washer fixing to corrugated sheet roofing
**18** Corrugated sheet steel with hot dip galvanized finish

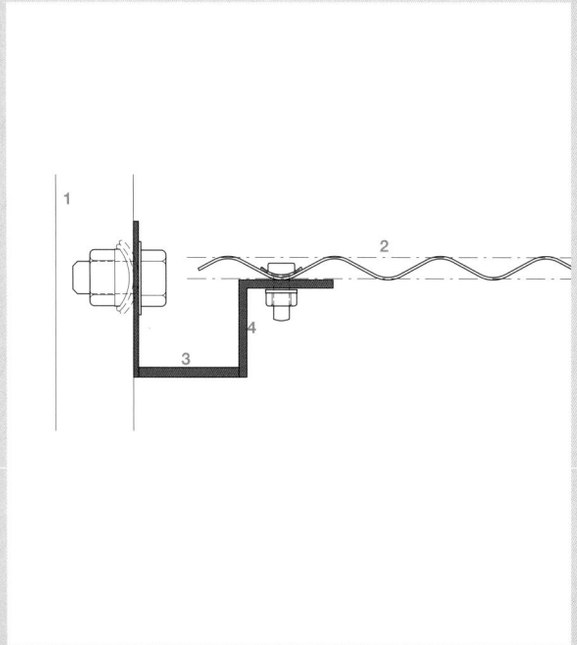


**29.07**
**Sheet Metal Detail 3**
**1:10**
**1** Corrugated steel sheet type 2
**2** Corrugated steel sheet type 1
**3** Steel plate
**4** Steel angle

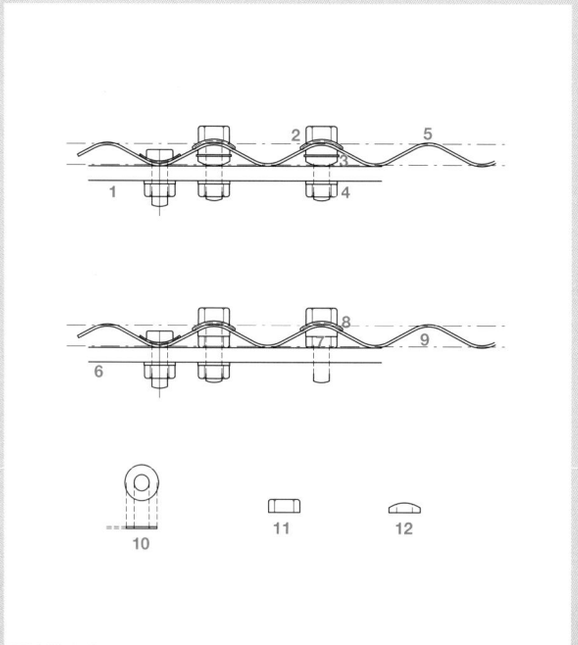


**29.08**
**Sheet Metal Detail 4**
**1:10**
**1** Flat steel bar
**2** Round washer
**3** Angle washer
**4** Bolt for 4 mm (1/10 inch) board
**5** Corrugated sheet metal
**6** Flat steel bar
**7** Bolt nut
**8** Angle washer
**9** Bolt for 4 mm (1/10 inch) board
**10** Round washer
**11** Bolt nut
**12** Angle washer

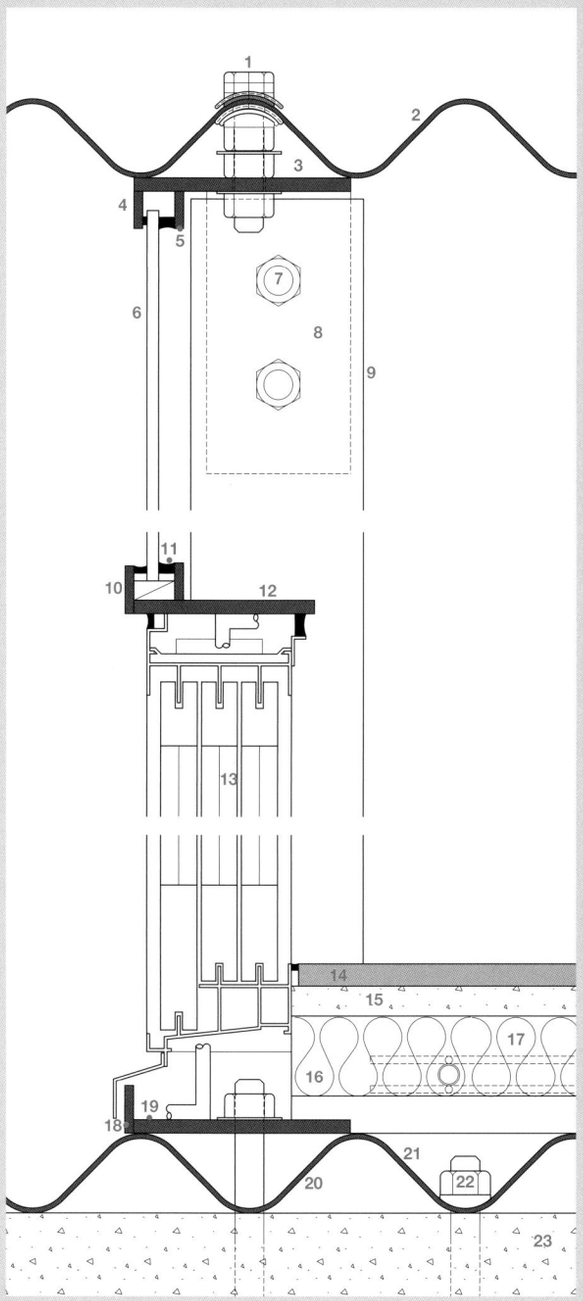


**29.09**
**Sheet Metal Detail 5**
**1:5**
**1** Bolt and washer fixing to corrugated sheet roofing
**2** Corrugated steel sheet with hot dip galvanized finish
**3** Flat steel bar
**4** Flat steel bar with hot dip galvanized finish
**5** Flat steel bar with hot dip galvanized finish
**6** Glass
**7** Bolt fixing to gusset plate
**8** Gusset steel plate with hot dip galvanized finish
**9** Japanese cypress mullion
**10** Flat steel bar with hot dip galvanized finish
**11** Flat steel bar with hot dip galvanized finish
**12** Flat steel bar with hot dip galvanized finish
**13** Double sliding window assembly
**14** Marble flooring
**15** Setting mortar
**16** Cinder concrete
**17** Insulation
**18** Flat steel bar with hot dip galvanized finish
**19** Flat steel bar with hot dip galvanized finish
**20** Corrugated steel sheet with hot dip galvanized finish
**21** Mortar screed
**22** Bolt and washer fixing to corrugated sheet roofing
**23** Reinforced concrete slab

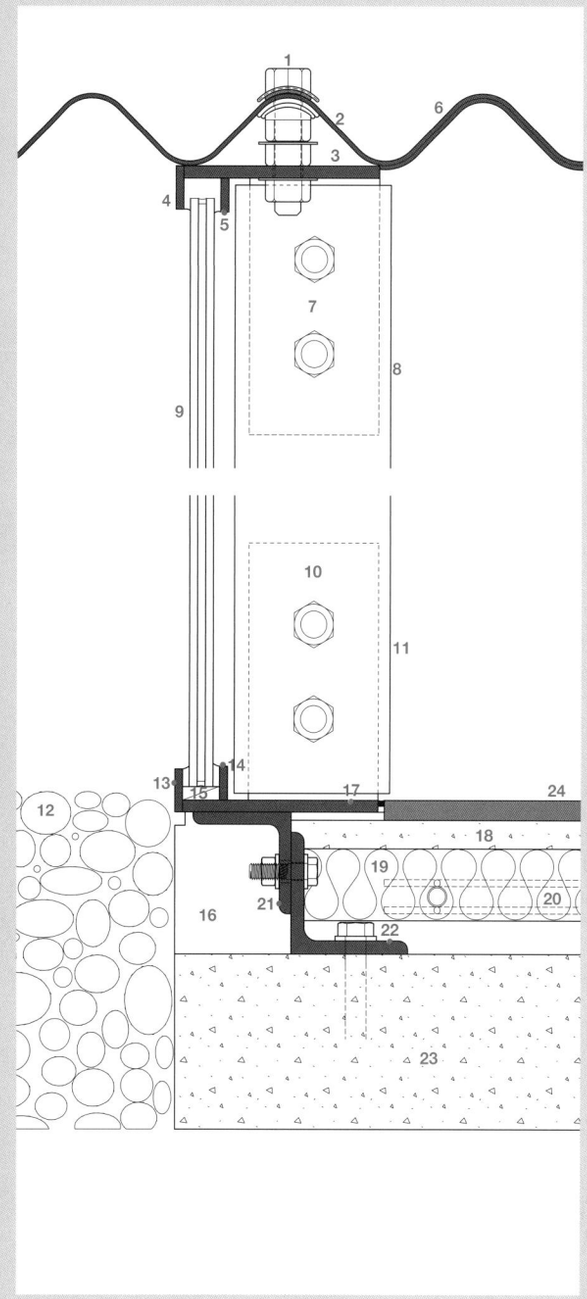


**29.10**
**Sheet Metal Detail 6**
**1:5**
**1** Bolt and washer fixing to corrugated sheet roofing
**2** Corrugated steel sheet with hot dip galvanized finish
**3** Flat steel bar
**4** Flat steel bar with hot dip galvanized finish
**5** Flat steel bar with hot dip galvanized finish
**6** Heat insulating coated film
**7** Gusset steel plate with hot dip galvanized finish
**8** Japanese cypress mullion
**9** Insulating glass
**10** Gusset steel plate with hot dip galvanized finish
**11** Japanese cypress mullion
**12** Gravel courtyard
**13** Flat steel bar with hot dip galvanized finish
**14** Flat steel bar with hot dip galvanized finish
**15** Timber packing
**16** Resin mortar
**17** Flat steel bar with hot dip galvanized finish
**18** Setting mortar
**19** Cinder concrete
**20** Insulation
**21** 75 x 75 mm (3 x 3 inch) pre-formed steel angle
**22** 90 x 90 mm (3½ x 3½ inch) pre-formed steel angle
**23** Reinforced concrete
**24** Marble flooring

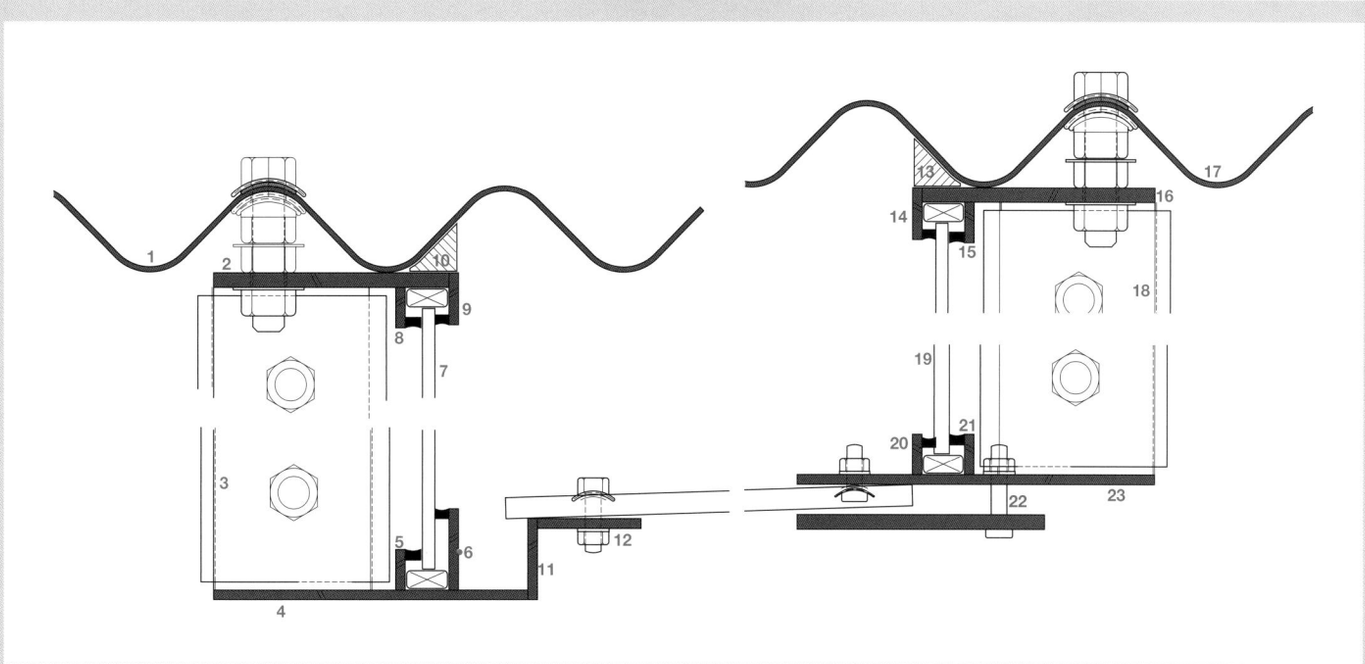


**29.11**
**Sheet Metal Detail 7**
**1:5**
**1** Corrugated steel sheet
**2** Flat steel bar
**3** Japanese cypress mullion
**4** Flat steel bar
**5** Flat steel bar
**6** Flat steel bar
**7** Polycarbonate sheeting
**8** Flat steel bar
**9** Flat steel bar
**10** Timber packing
**11** Flat steel bar
**12** Flat steel bar
**13** Timber packing
**14** Flat steel bar
**15** Flat steel bar
**16** Flat steel bar
**17** Corrugated steel sheet
**18** Japanese cypress mullion
**19** Polycarbonate sheeting
**20** Flat steel bar
**21** Flat steel bar
**22** Flat steel bar
**23** Flat steel bar

**30**
**Troppo Architects**

**Rozak House**
**Lake Bennett, NT, Australia**

Client
Mike Rozak

Area
210 square metres (2,260 square feet)

Project Team
Joanna Rees

Structural Engineer
Colless and O'Neill

Main Contractor
Jo Tagg

The Rozak House is located on a remote site south of Darwin in the far north of Australia, at the top of an inhospitable rocky escarpment. The climate in this region is sub-tropical with high rainfall and humidity during the monsoon period. The client chose this place for its unique natural environment and wanted the design to enhance these qualities. The planning of the house consists of a series of pavilions – two bedroom 'verandahs' and a central living and dining 'verandah'. Each pavilion provides immediate contact with the surrounding landscape with direct access to light and ventilation. The whole of the floor is open-slatted timber decking to further promote ventilation.

The structural steel post and beam structure provides the required strength for protection against cyclonic winds and seasonal bush fires, however its slenderness reinforces the idea of tropical lightness. All the 'verandah' spaces are protected against insects and bush fire embers by stainless steel mesh screens. The corrugated steel sheet roof of the bedroom wings twists, like fabric stretched and draped over a frame. The steel structure is painted black, mimicking the surrounding tree trunks blackened by bush fires. The elevated form of the house protects it from heat radiating off the rocks and allows cooling breezes to sweep underneath and through the house. Constraints such as climate, the remoteness of site and cost resulted in very simple construction methods and detailing, along with the selection of low cost, lightweight and easily transportable materials.

**1** The house perches lightly on the dry rocky escarpment. A plethora of screens, overhangs and other shading devices protect the inhabitants from the weather. **2** Pitched roofs are arranged as separate angled layers, overlapping to create skylights in the gaps between them and dropping down over the verandahs to shade the interior spaces. **3** Despite the challenging environmental conditions, large expanses of glazing bring light into the heart of the house. **4** The three pavilions are arranged around a pivot point of steel and polycarbonate sheeting that acts as the main entry to the house.

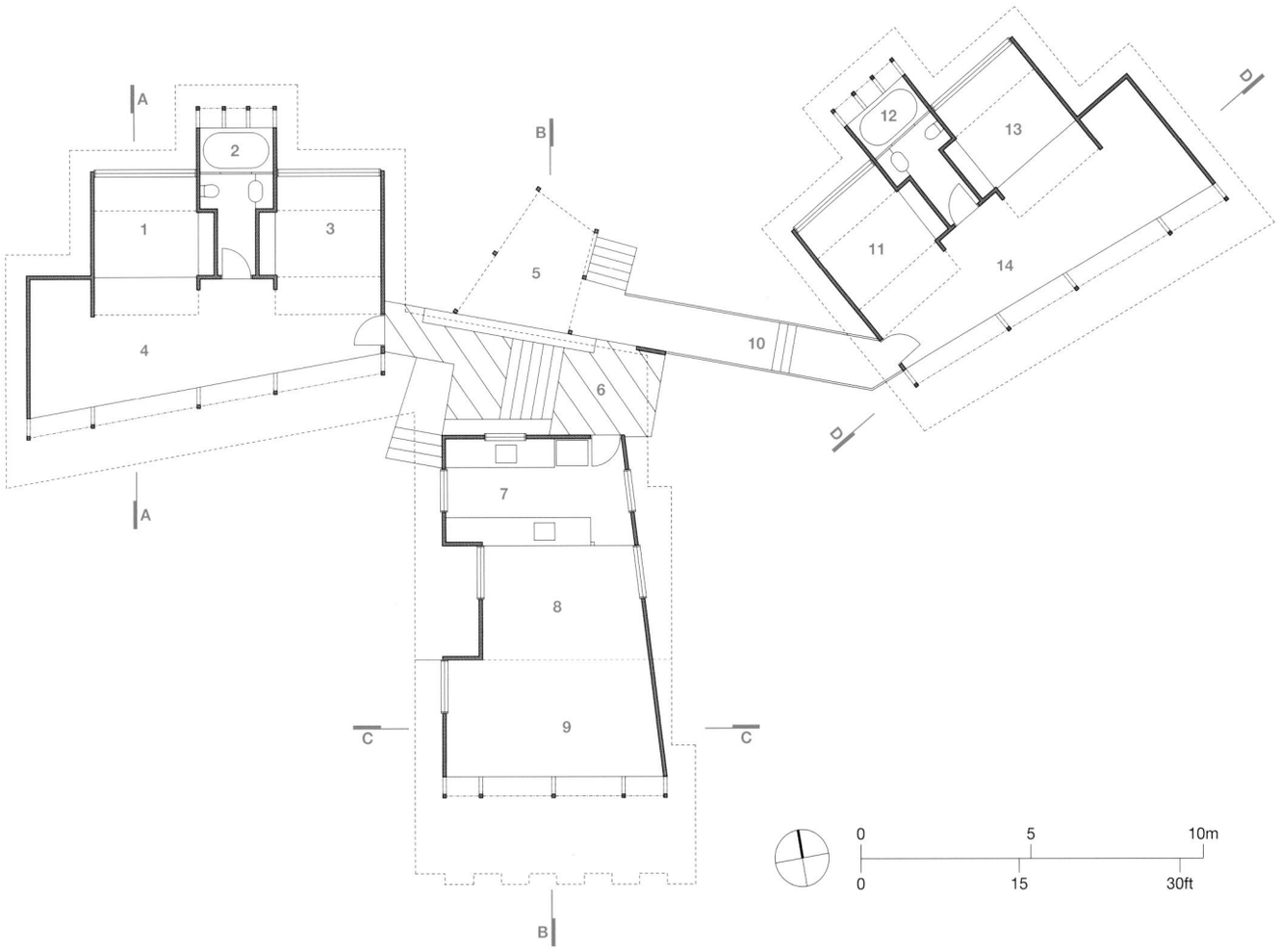


**30.01**
**Floor Plan**
**1:200**
1 Bedroom 1
2 Bathroom
3 Bedroom 2
4 Verandah
5 Entry tower
6 Entrance
7 Kitchen
8 Living room
9 Verandah
10 Bridge
11 Bedroom 3
12 Bathroom
13 Bedroom 4
14 Verandah

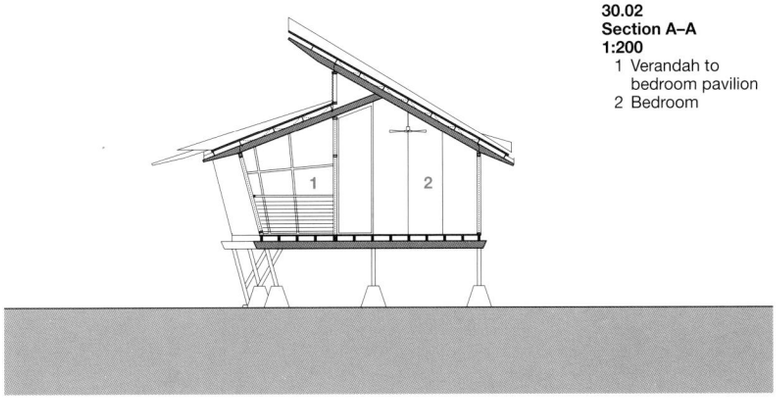


**30.02**
**Section A–A**
**1:200**
1 Verandah to bedroom pavilion
2 Bedroom

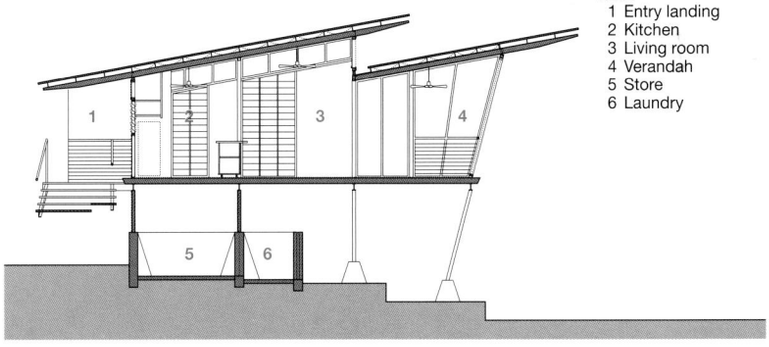


**30.03**
**Section B–B**
**1:200**
1 Entry landing
2 Kitchen
3 Living room
4 Verandah
5 Store
6 Laundry

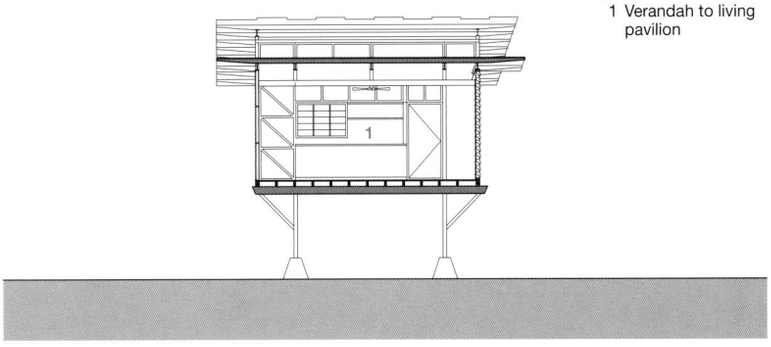


**30.04**
**Section C–C**
**1:200**
1 Verandah to living pavilion

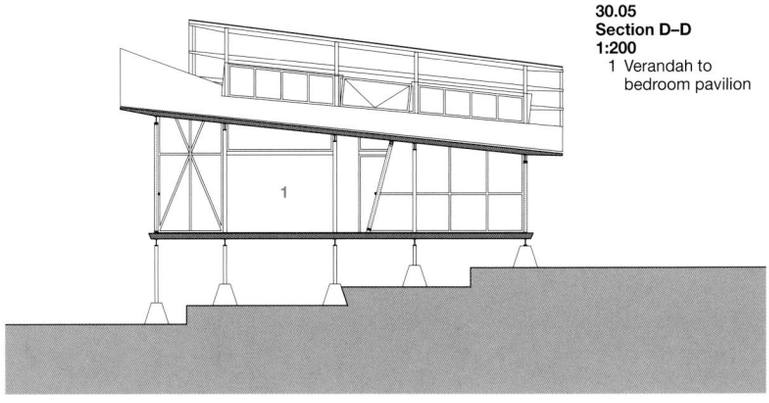


**30.05**
**Section D–D**
**1:200**
1 Verandah to bedroom pavilion

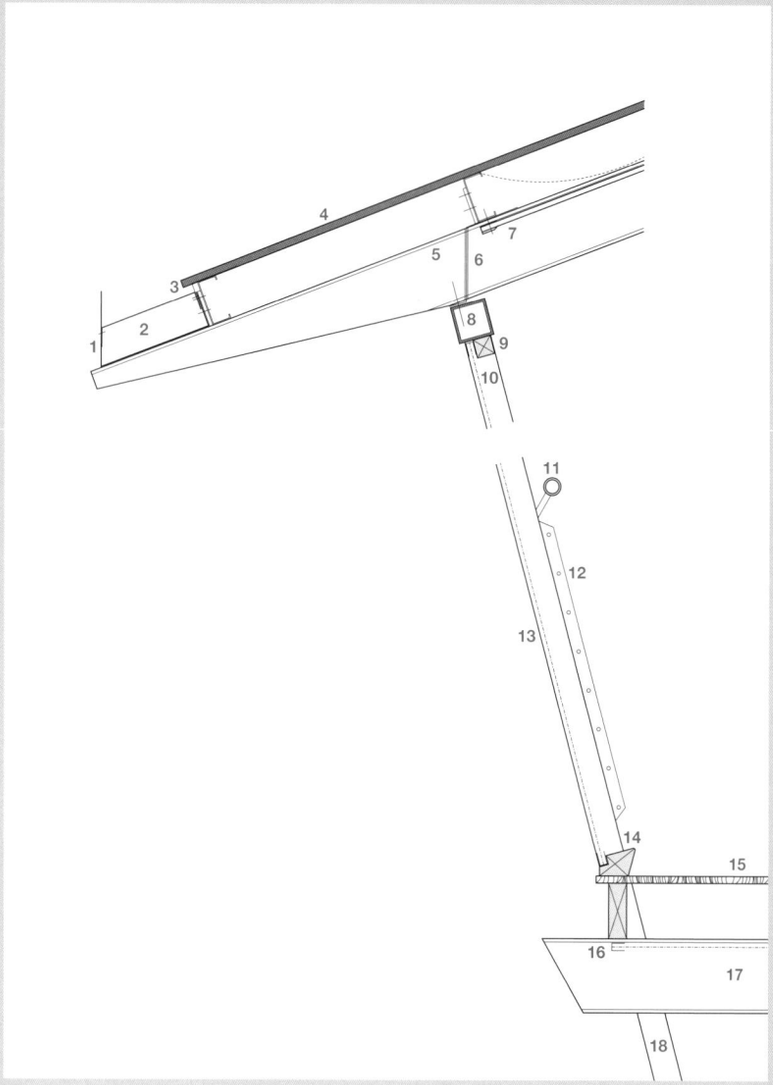


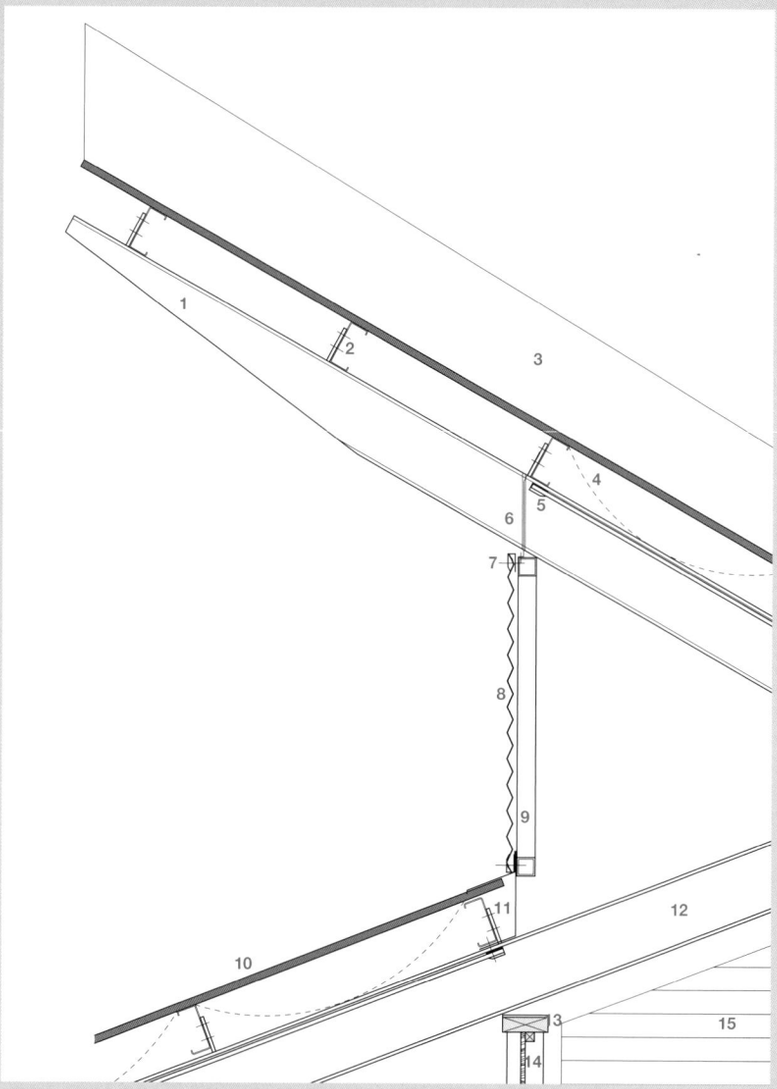


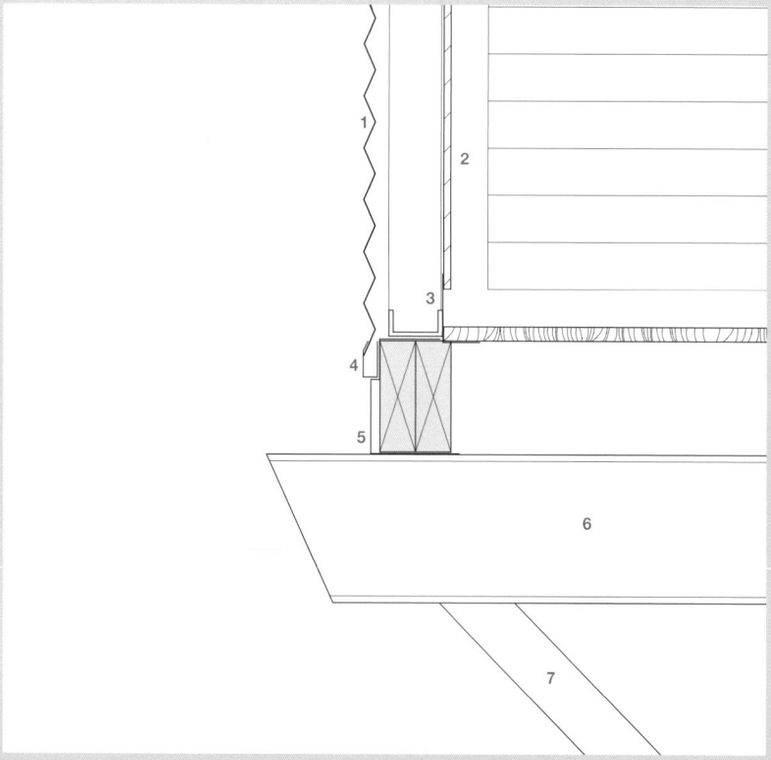


**30.06**
**Edge Gutter and Screen Wall Detail**
**1:20**
**1** Folded zincalume
**2** Zinc strap stiffeners
**3** Zincalume flashing
**4** Zincalume Custom Orb cladding
**5** Stiffener to rafter beyond
**6** Perforated metal flashing
**7** Zincalume miniorb ceiling with U-trim to match
**8** Steel square hollow section
**9** Bead with clear finish
**10** Raked 75 x 5 mm (3 x 1/5 inch) square hollow section beyond
**11** Steel handrail fixed to columns
**12** Steel fin fixed to columns and threaded with stainless steel cable
**13** Stainless steel mesh screen walls screwed to aluminium subframe
**14** Profiled hardwood skirt with clear finish
**15** Timber decking boards
**16** Removeable insect screen
**17** Universal beam
**18** Raked column

**30.07**
**Highlight to Roof**
**1:20**
**1** Universal I-beam
**2** C-section roof purlin
**3** Zincalume Custom Orb metal cladding
**4** Insulation sisalation
**5** Zincalume miniorb ceiling with U-trim to match
**6** Perforated metal flashing
**7** Folded zincalume flashing
**8** Horizontal corrugated Suntuf clear sheet installed after perforated metal flashings with clear anodized aluminium trim
**9** Square hollow section mullions
**10** Zincalume Custom Orb metal cladding
**11** Perforated metal flashing folded under purlin over miniorb ceiling lining to conceal edges
**12** Universal I-beam
**13** 125 x 40 mm (5 x 1 1/2 inch) top rail with cleat and bolt
**14** Timber slats with hard wood bead
**15** Zincalume horizontal Custom Orb wall

**30.08**
**Typical Exterior Wall Detail**
**1:10**
**1** Zincalume horizontal Custom Orb cladding
**2** Ply wall sheet with stained trim and zincalume trim
**3** Flat galvanized 25 mm (1 inch) shadow edge
**4** Zincalume U-trim
**5** Zincalume flashing to be continuous around building – change joist size to suit tiled floor
**6** Universal I-beam
**7** 75 x 5 mm (3 x 1/5 inch) square hollow section prop

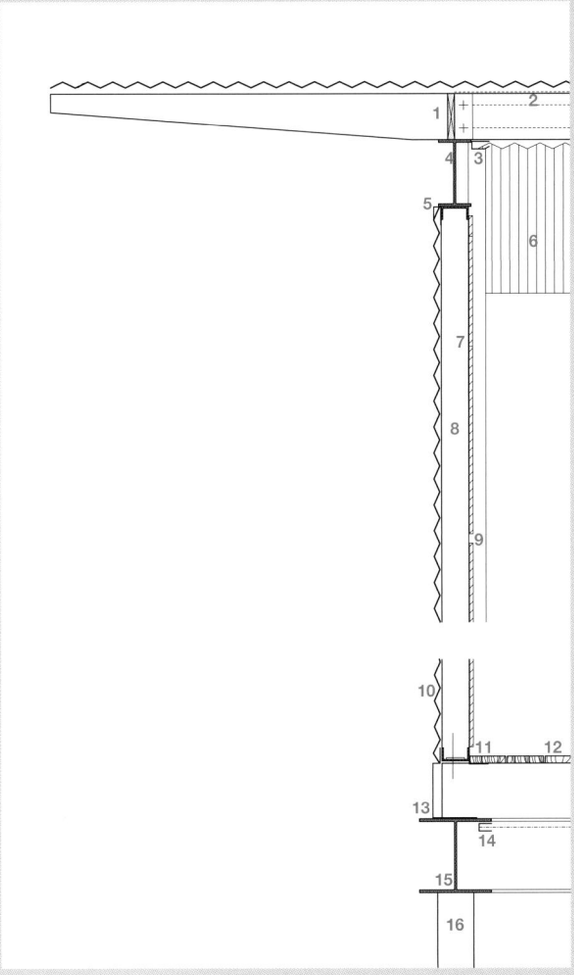


**30.09**
**Wall Detail**
**1:20**
**1** Clear finished continuous bird board, height to suit purlins
**2** Insulation sisalation
**3** Zincalume J-trim to miniorb ceiling
**4** Universal I-beam
**5** Zincalume J-mould flashing to zincalume Custom Orb wall sheet
**6** Clear polycarbonate highlight Custom Orb profile
**7** Stained finish ply wall sheet
**8** Pressed metal stud framed wall
**9** 25 mm (1 inch) shadow edge from galvanized flat
**10** Zincalume Custom Orb wall sheeting
**11** 25 mm (1 inch) shadow edge skirting from galvanized flat
**12** Timber decking boards
**13** Zincalume flashing
**14** Removeable insect screen
**15** Paint finished bearer
**16** 75 x 5 mm (3 x 1/5 inch) square hollow section column

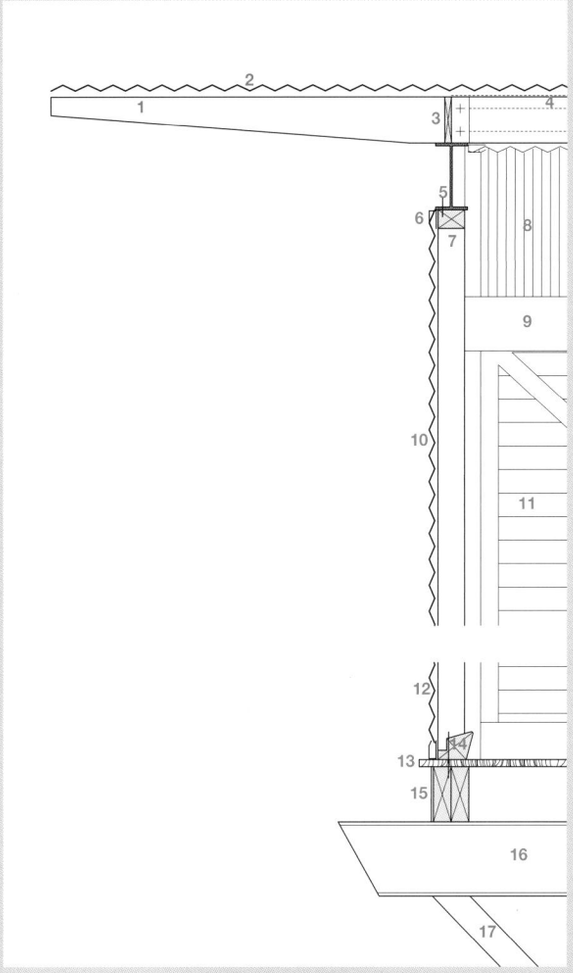


**30.10**
**Clear Sheet Wall Detail**
**1:20**
**1** C-section roof purlin cut to tapering profile
**2** Zincalume Custom Orb sheeting
**3** Continuous bird board, height to suit purlins
**4** Insulation sisallation
**5** Universal I-beam
**6** Bead to insect-proof verandah and to match screen wall behind
**7** Anodized aluminium channel to finish clearsheet edges
**8** Clear polycarbonate highlight Custom Orb profile
**9** Rectangular hollow section beam
**10** Seal clear sheet wall from insects at columns with prestite foam material to suit angle of wall sheeting and durability
**11** Perforated zincalume horizontal Custom Orb wall
**12** Horizontal corrugated clear sheet Suntuf finished with aluminium channel
**13** Timber decking boards
**14** Profiled hardwood skirt with clear finish
**15** Steel fin bolted to joist
**16** Universal I-beam
**17** 75 x 5 mm (3 x 1/5 inch) square hollow section prop

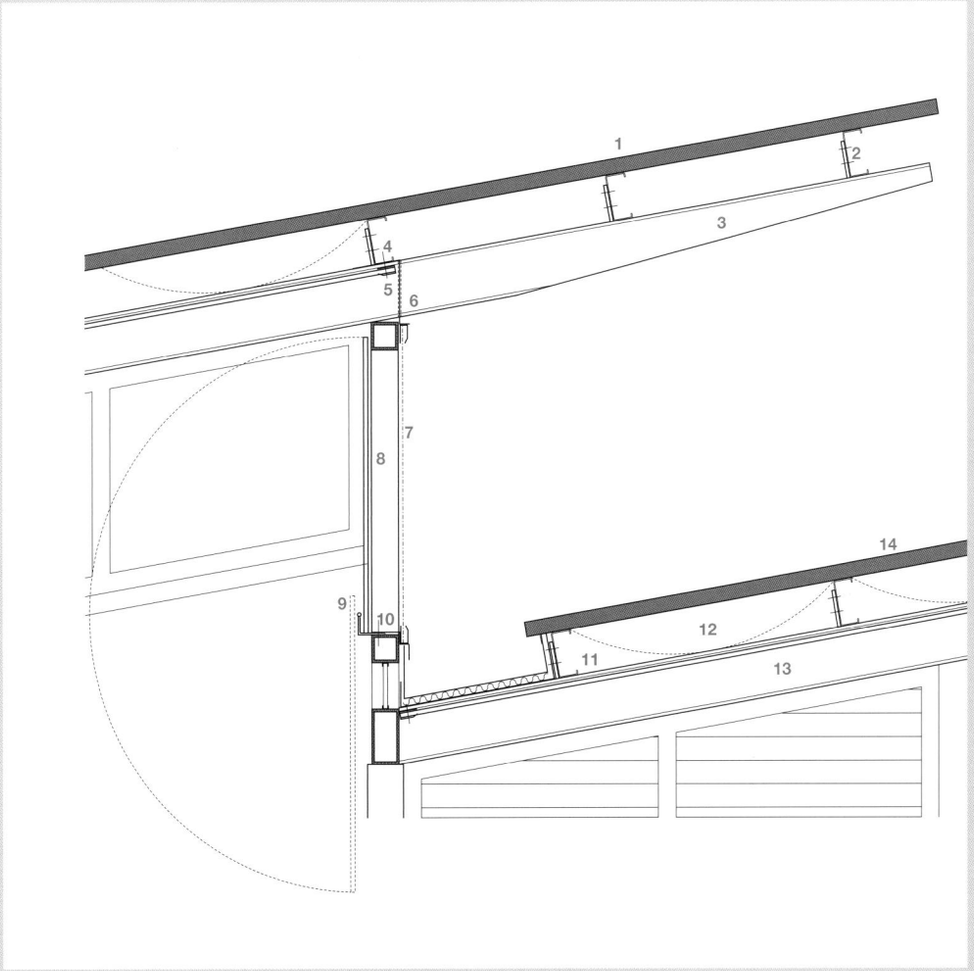


**30.11**
**Box Gutter and High Shutter Detail**
**1:20**
**1** Zincalume Custom Orb roof cladding
**2** C-section roof purlin
**3** Universal I-beam
**4** Zincalume miniorb ceiling with U-trim to match
**5** Perforated metal flashing located close to outside edge of tie beam for fixing and maximum purlin spacing to generate maximum roof overhang
**6** Location for stiffener to rafter beyond
**7** Insect screen in subframe
**8** Plywood shutter with clear finish
**9** 75 x 50 mm (3 x 2 inch) angle to support hinge and act as rain buffer
**10** Zincalume flashing
**11** Zincalume miniorb ceiling
**12** Sisalation
**13** Universal I-beam
**14** Zincalume Custom Orb roof cladding

**31**
**Atelier Bow-Wow + Tokyo Institute of Technology Tsukamoto Lab**

**Gae House**
**Tokyo, Japan**

Area
88 square metres (950 square feet)

Project Team
Yoshiharu Tsukamoto, Momoyo Kaijima, Satoshi Saito, Daisuke Sakurai, Yuko Suzuki, Masamichi Hirabayasi, Hiroki Tominaga

Structural Engineer
Structural Design Office Oak Inc

Main Contractor
Tokyo Tekkin Concrete

Located in a residential area of Tokyo, the Gae house is situated on a typically small site. Ordinarily, small sites means that front gardens are removed and replaced with parking spaces, denigrating the landscape of the entire area. In the Gae house, however, the largest possible roof structure allows substantial setbacks at the lower levels to accommodate both a covered parking space and the reinstatement of the hedges that are typical of the area. Arranged over three levels, a lower ground level contains the bedroom and study, the roof contains the living, dining and kitchen spaces, while the ground floor accommodates the entrance and bathroom with a void over the study below.

The floor to ceiling height varies at each level according to the functions of each floor and the predetermined exterior form of the building. The floor level in the roof is only 900 millimetres (35 inches) below the eaves, leaving the opportunity to insert a horizontal window. Daylight is reflected off the white walls and is then scattered by the irregular surface of the decking to bring shadowless soft light into the interior. The facades are deliberately kept free of unnecessary openings in order to create an interior world in which the inhabitants can enjoy their private space. The slot of glazing at eaves level is complemented by two large openings in the south facade. In addition, the void between the ground and lower floors and the open tread stair serve to bring light into the lower reaches of the house.

1

**1** The over-sized roof in fact accommodates a large part of the programme, including the living and dining areas and the kitchen. The horizontal slot of clear glazing is visible between the vertical walls of the lower level and the pitch of the roof.
**2** An open tread, white steel stair links all three levels from the office in the basement, to the living space in the roof. The structure of the walls and floors, painted white, remains exposed.
**3** In the living spaces, light from the horizontal window slot reflects up over the natural anodized ceiling, washing the interior in soft light.

2

3

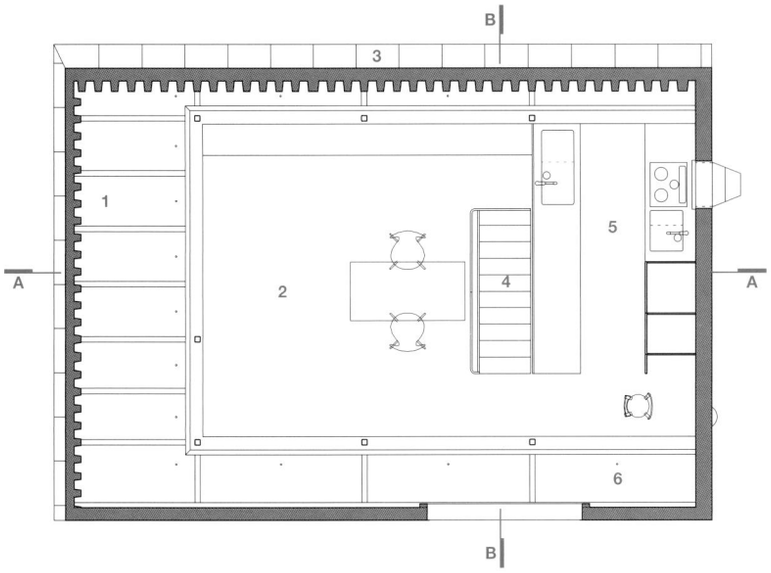


**31.01**
**First Floor Plan**
**1:100**
1 Eaves glazing
2 Living and dining space
3 Roof
4 Stair from ground floor below
5 Kitchen
6 Eaves glazing

**31.02**
**Ground Floor Plan**
**1:100**
1 Parking
2 Storage
3 Utility area
4 Hot water boiler
5 Bathroom
6 WC
7 Laundry
8 Heating
9 Storage
10 Entrance
11 Entry foyer
12 Stair down to lower level and up to living areas
13 Void over office

**31.03**
**Basement Floor Plan**
**1:100**
1 Bedroom
2 Storage
3 Stair to ground floor
4 Storage
5 Closet
6 Office

**31.04**
**Section A–A**
**1:100**
1 Living and dining room
2 Kitchen
3 Utility area
4 Stair
5 Void over office
6 Bedroom
7 Closet
8 Office

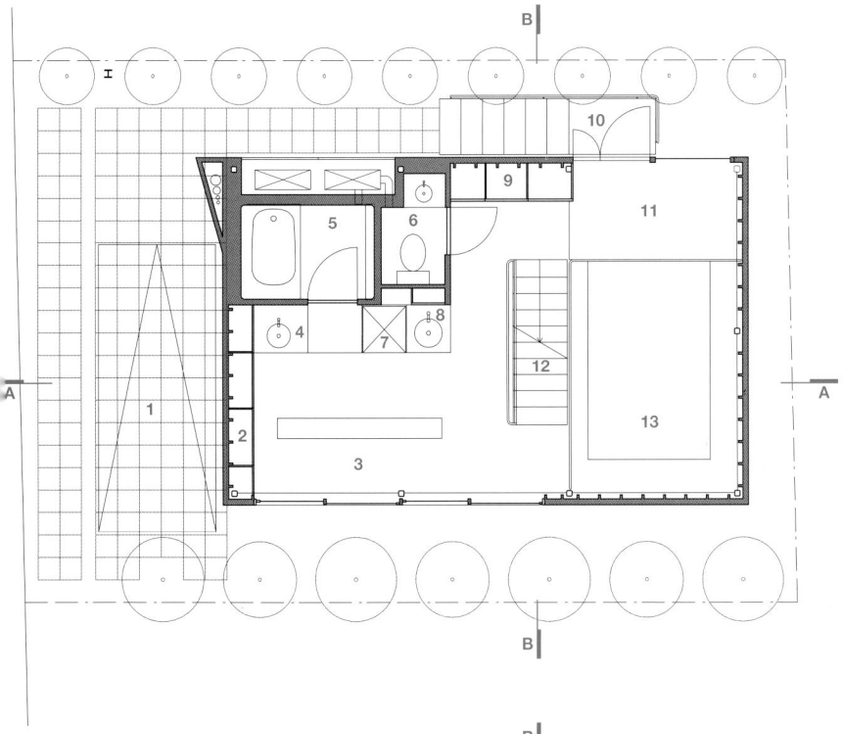


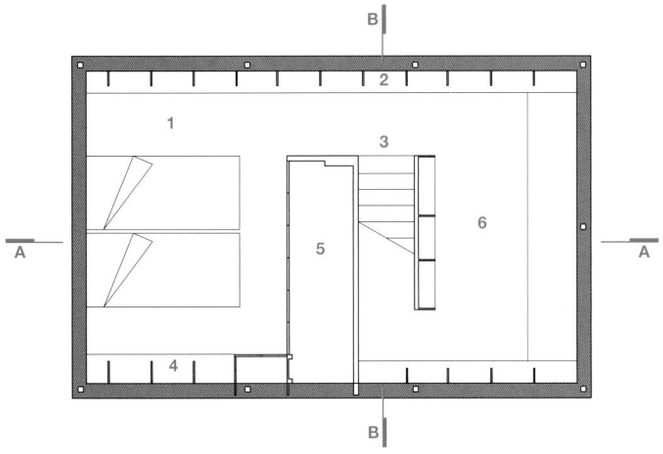


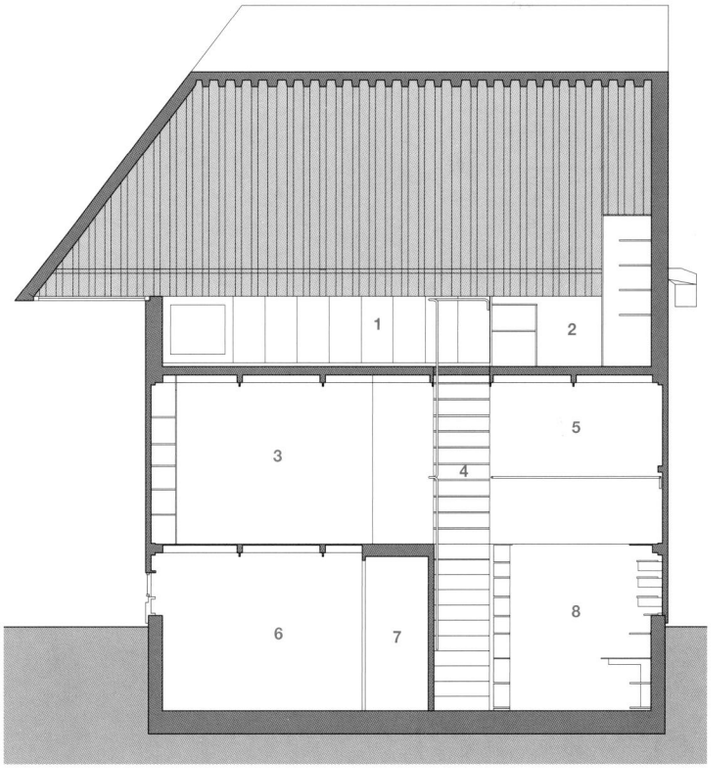

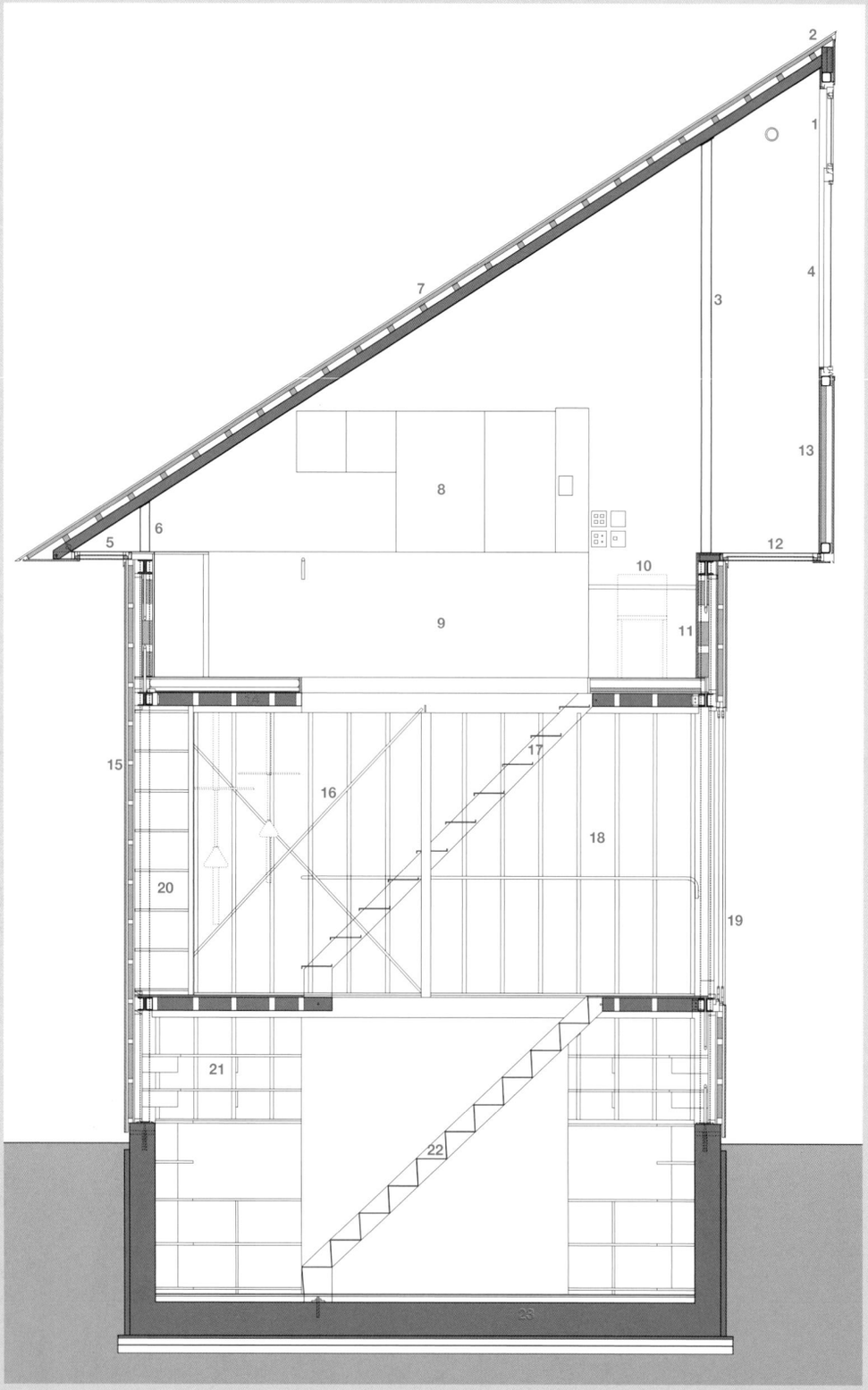


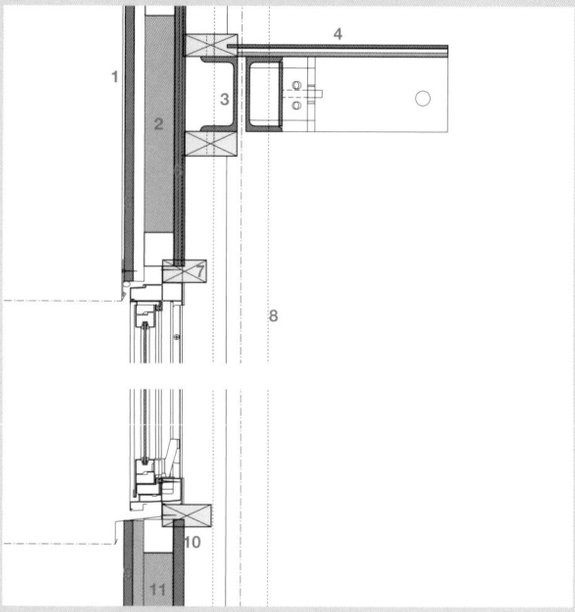


**31.05**
**Bedroom Glazing Detail**
**1:10**
**1** Galvanized and aluminium coated steel sheet
**2** Styrofoam insulation
**3** Two steel C-channels
**4** Larch plywood with urethane enamel paint finish
**5** Larch plywood with moisture permeable membrane waterproofing layer
**6** Larch plywood
**7** Sash support
**8** Steel square pipe column with oil paint finish
**9** Larch plywood with moisture permeable membrane waterproofing layer
**10** Larch plywood
**11** Styrofoam insulation

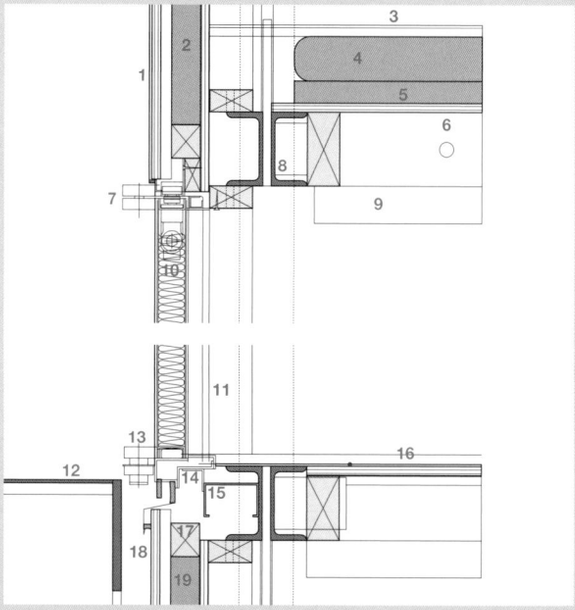


**31.06**
**Section B–B**
**1:50**
**1** Clear glazing
**2** Coloured galvanized and aluminium coated steel sheet eaves cover
**3** Square steel section column
**4** Clear glazed window
**5** Galvanized and aluminium coated steel sheet to eaves
**6** Square steel section column
**7** Roof comprised of galvanized and aluminium coated steel sheet on structural plywood with sound insulation sheet over rafters, styrofoam heat insulation and ceiling joists
**8** Timber joinery to kitchen units
**9** Low wall separating kitchen from dining area
**10** Bench and seat to kitchen
**11** White birch lining over structural plywood wall
**12** Clear glazing to eaves window
**13** Wall comprised of hydrophilic coloured galvanized and aluminium coated steel sheet over plywood on furring strips and styrofoam insulation
**14** Floor comprised of white birch on plywood underlay with aqua layer and styrofoam on timber floor joists
**15** Wall comprised of hydrophilic coloured galvanized and aluminium coated steel sheet over plywood on furring strips and styrofoam insulation
**16** Steel cross bracing
**17** Steel stair
**18** Structural plywood wall lining
**19** Clear glazed windows
**20** Timber shelving
**21** Timber book shelves
**22** Steel stair
**23** Floor comprised of plywood sheet over aqua layer heating system, timber floor joists and waterproofed concrete slab

**31.07**
**Wall and Floor Detail**
**1:10**
**1** Galvanized and aluminium coated steel sheet
**2** Styrofoam insulation
**3** White birchwood plywood with urethane clear lacquer finish
**4** Aqua heating layer
**5** Styrofoam insulation
**6** Floor joist with urethane enamel paint finish
**7** Hinge
**8** Two steel C-channels with oil paint finish
**9** Steel flat bar beam
**10** Steel door
**11** Timber window frame with urethane enamel paint finish
**12** Chequered steel plate stair tread with oil paint finish
**13** Hinge
**14** 30 x 30 mm (1 1/5 x 1 1/5 inch) steel angle
**15** Steel C-channel
**16** Galvanized and aluminium coated steel sheet
**17** 45 x 35 mm (1 3/4 x 1 1/3 inch) furring strip
**18** Galvanized and aluminium coated steel sheet
**19** Styrofoam insulation

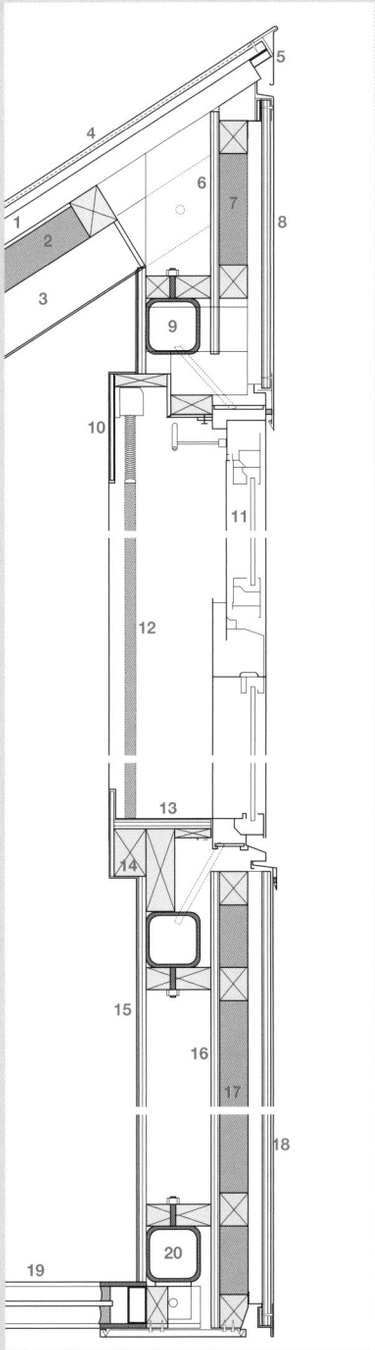


**31.09**
**Roof and External Wall Detail**
**1:10**
**1** 30 x 40 mm (1 1/5 x 1 1/2 inch) timber rafter at 455 mm (18 inch) centres
**2** Styrofoam insulatioin
**3** Steel deck plate
**4** Galvanized and aluminium coated steel sheet
**5** Flashing
**6** Larch plywood
**7** Styrofoam insulation
**8** Galvanized and aluminium coated steel sheet
**9** 75 x 75 mm (3 x 3 inch) steel square pipe
**10** Galvanized and aluminium coated steel sheet
**11** Aluminium sash
**12** Aluminium blind
**13** Galvanized and aluminium coated steel sheet
**14** 65 x 45 mm (2 1/2 x 1 3/4 inch) timber beam
**15** Galvanized and aluminium coated steel sheet
**16** Larch plywood
**17** Styrofoam insulation
**18** Galvanized and aluminium coated steel sheet
**19** Clear glass with shatter-prevention film
**20** 75 x 75 mm (3 x 3 inch) steel square pipe

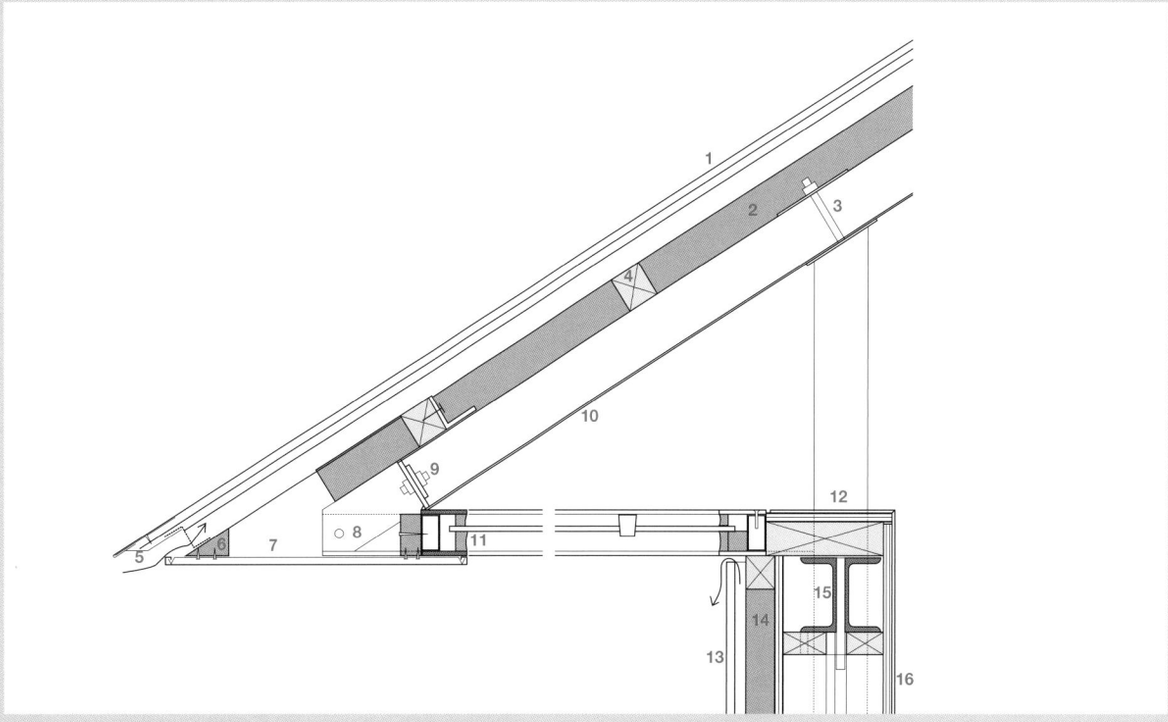


**31.08**
**Eaves Glazing Detail**
**1:10**
**1** Galvanized and aluminium coated steel sheet
**2** Styrofoam insulation
**3** Bolt for tightening steel deck plate with steel flat bars
**4** 50 x 45 mm (2 x 1 3/4 inch) ceiling joist
**5** Galvanized and aluminium coated steel sheet
**6** Timber packer
**7** Void
**8** Steel flat bar
**9** Steel flat bar
**10** Steel deck plate
**11** Clear glass with shatter-prevention film
**12** White birch plywood with urethane clear lacquer finish
**13** Galvanized and aluminium coated steel sheet
**14** Styrofoam insulation
**15** Two steel C-channels with oil paint finish
**16** White birch plywood with urethane clear lacquer finish

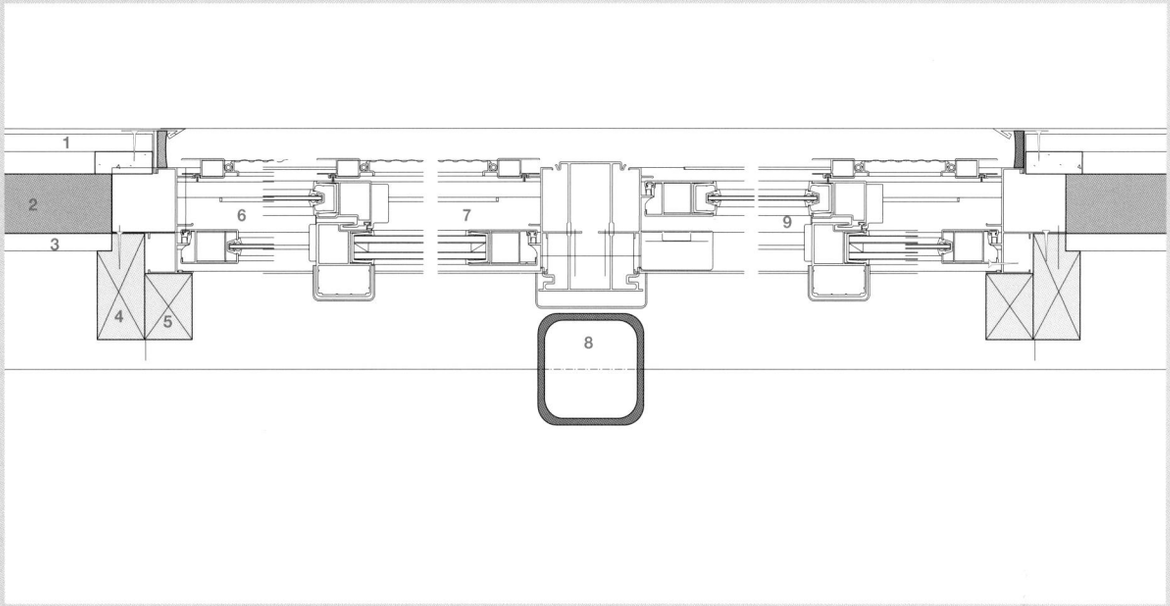


**31.10**
**Glazing Detail**
**1:5**
**1** 15 x 40 mm (3/5 x 1 1/2 inch) furring strip at 300 mm (11 4/5 inch) centres
**2** Styrofoam insulation
**3** Larch plywood with urethane enamel paint finish
**4** 70 x 30 mm (2 3/4 x 3 1/5 inch) timber furring strip with urethane enamel paint finish
**5** Timber window frame with urethane enamel paint finish
**6** Aluminium sash
**7** Aluminium sash
**8** 75 x 75 mm (3 x 3 inch) steel square pipe
**9** Aluminium sash

**32**
**Werner Sobek**

**House R128**
**Stuttgart, Germany**

Client
Ursula and Werner Sobek

Area
250 square metres (2,690 square feet)

Project Team
Werner Sobek, Zheng Fei, Robert Brixner, Christoph Dengler, Jörg Kuhn, Ingo Weiss

Mechanical Engineer
Ing.-Büro F. Müller, Weissach i. T.

Control Engineer
Baumgartner GmbH

Sensor Technology
Jochen Köhnlein Gebäudeautomation

This four-storey house, designed and occupied by the architect and his family, is situated on a steep site on the edge of Stuttgart. Access to the house is via a bridge leading to the top floor kitchen and dining area. The two levels below this provide living and sleeping areas, while the bottom level accommodates a study and technical installations. Each of the four levels is defined by the concept of maximum transparency – the entire structure is clad in full height triple-glazed panels. The load-bearing structure consists of a steel frame stiffened by diagonal members and erected on a reinforced concrete raft.

All load-bearing and non-load-bearing elements, including the facade, are of modular design and assembled using easily separable jointing. The house was designed as a completely recyclable, self-sufficient, zero emissions building. All materials which may be difficult to dispose of have been avoided to ensure that the entire building is recyclable. For this reason there are no cables or pipes embedded in the walls. All supply and disposal systems are housed in metal ducts that run along the facades and are built into the floor and ceiling structures. To enable the house to function as an emission-free, zero-heating-energy building, an innovative computer-controlled energy system incorporating solar cells can be checked by telephone or computer from anywhere in the world.

**1** Access to the house is via a steel bridge that continues along the length of the upper level of the house to form a terrace to the living spaces.
**2** The concept of 'maximum transparency' is evident throughout the house. Floor panels are cut away to reveal vertical views from one level to another.
**3** The finely detailed steel staircase with its open risers contributes to the impression of skeletal lightness which is further enforced by the glazed facades.

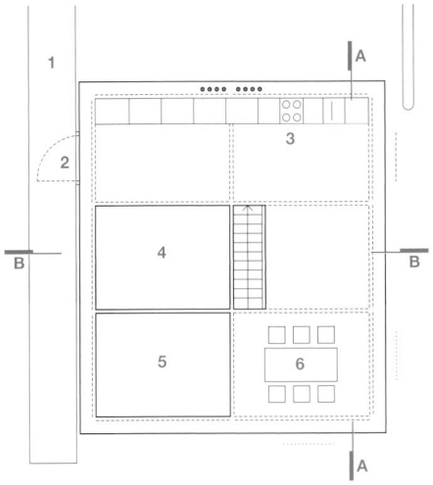


**32.01**
**Third Floor Plan**
**1:200**
1 Bridge
2 Entrance
3 Kitchen
4 Void
5 Void
6 Dining room

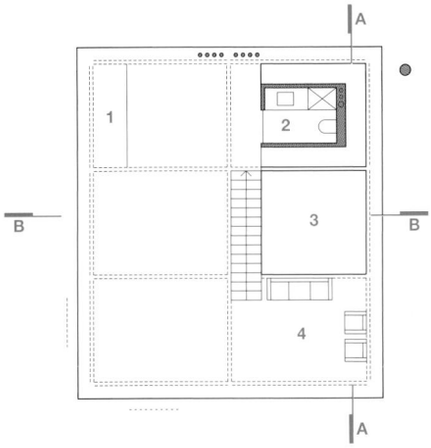


**32.02**
**Second Floor Plan**
**1:200**
1 Bookshelf
2 Bathroom
3 Void
4 Living room

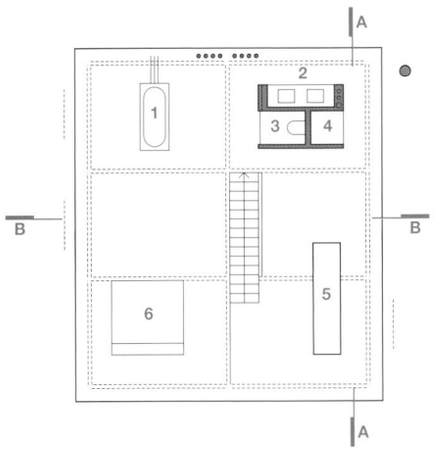


**32.03**
**First Floor Plan**
**1:200**
1 Bath
2 Wash basins
3 WC
4 Shower
5 Armoire
6 Bedroom

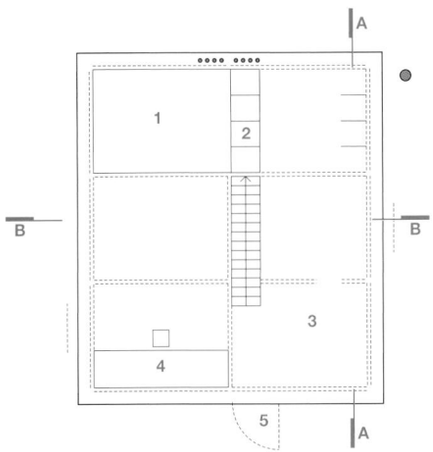


**32.04**
**Ground Floor Plan**
**1:200**
1 Heat store
2 Technical installations
3 Book shelf
4 Study
5 Entry

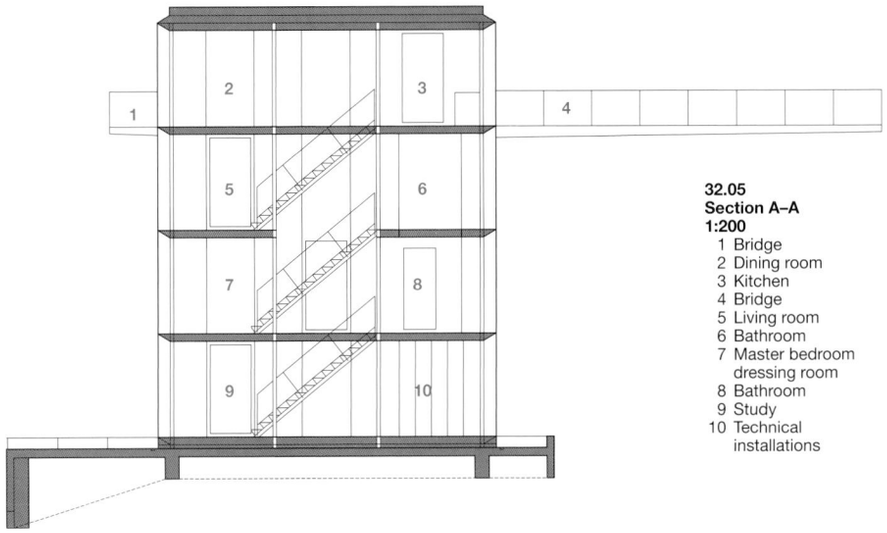


**32.05**
**Section A–A**
**1:200**
1 Bridge
2 Dining room
3 Kitchen
4 Bridge
5 Living room
6 Bathroom
7 Master bedroom dressing room
8 Bathroom
9 Study
10 Technical installations

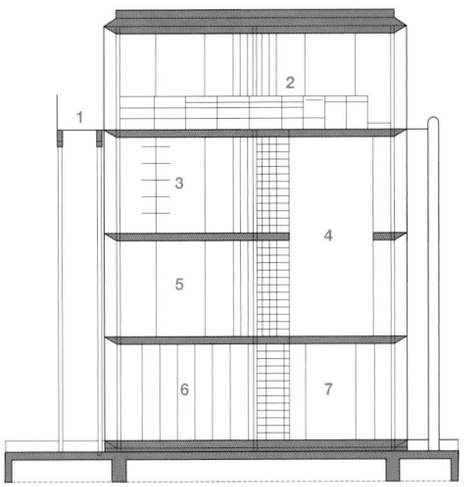


**32.06**
**Section B–B**
**1:200**
1 Bridge
2 Kitchen
3 Living room
4 Void
5 Master bedroom
6 Heat store
7 Study

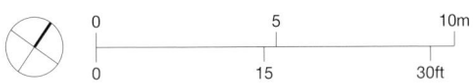

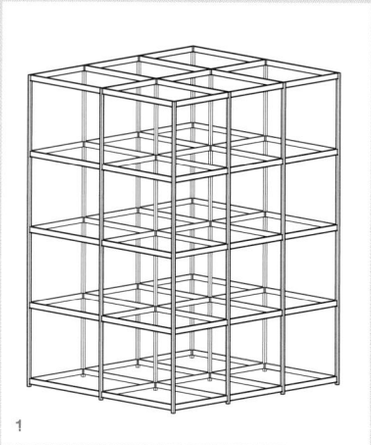


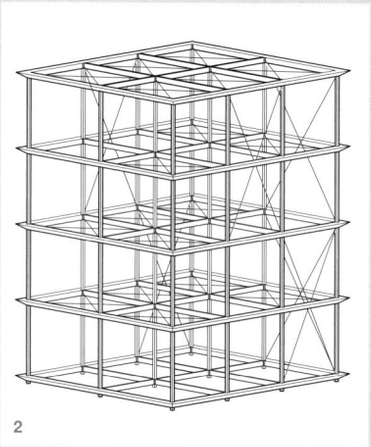


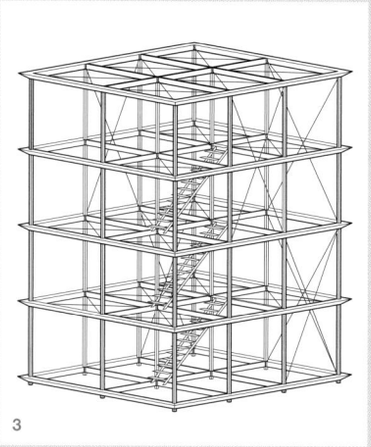


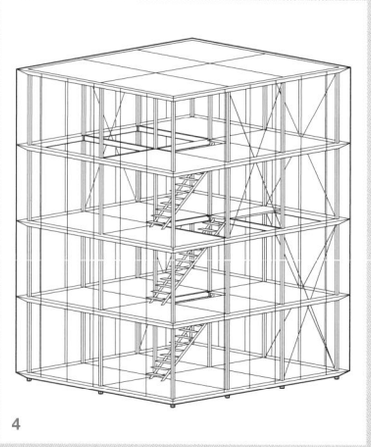


**32.07**
**Steel Frame Erection Sequence**
**1** Main structural steel frame
**2** Cross bracing to floors and walls
**3** Steel staircases
**4** Floor and wall panels

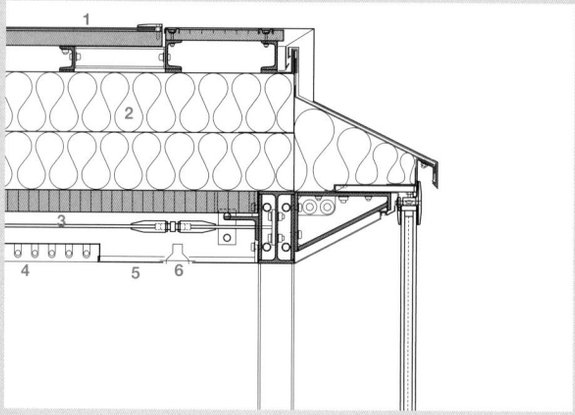


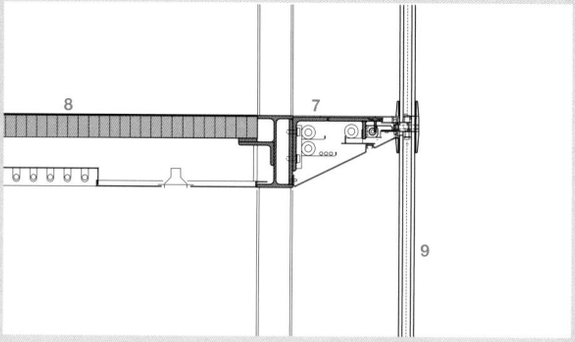


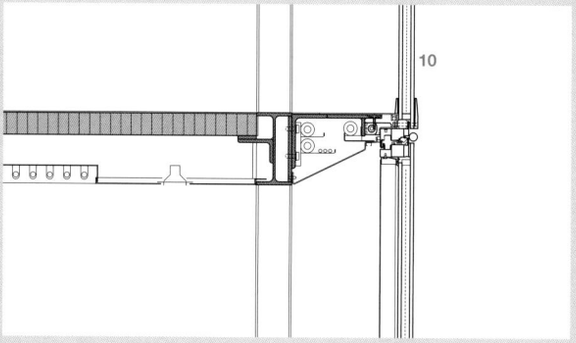


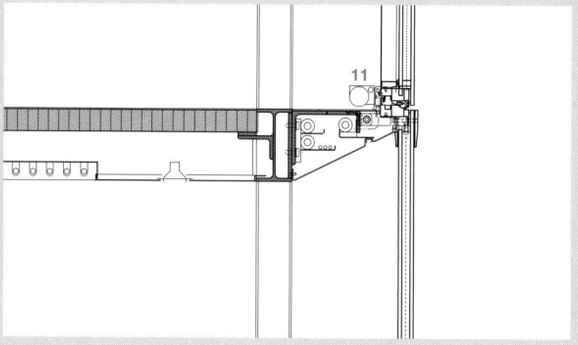


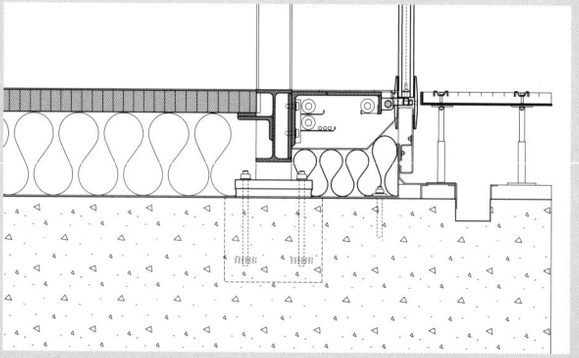

**32.08**
**Facade Section**
**1:20**
**1** Solar panel
**2** Roof insulation
**3** Horizontal reinforcement
**4** Heating and cooling panels
**5** Suspended aluminium ceiling
**6** Flush-mounted spotlight
**7** Pipe and cable duct
**8** Floor panel
**9** Triple-glazed fixed window panel
**10** Triple-glazed opening window panel
**11** Window operating drive mechanism

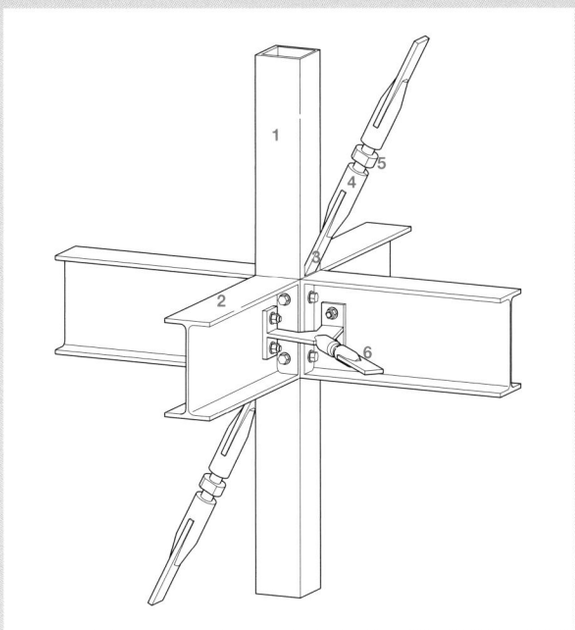


**32.09**
**Frame Node Detail**
**1** Steel column
**2** Steel girder
**3** Tension rod
**4** Bracing
**5** Adjustment screw
**6** Tension rod

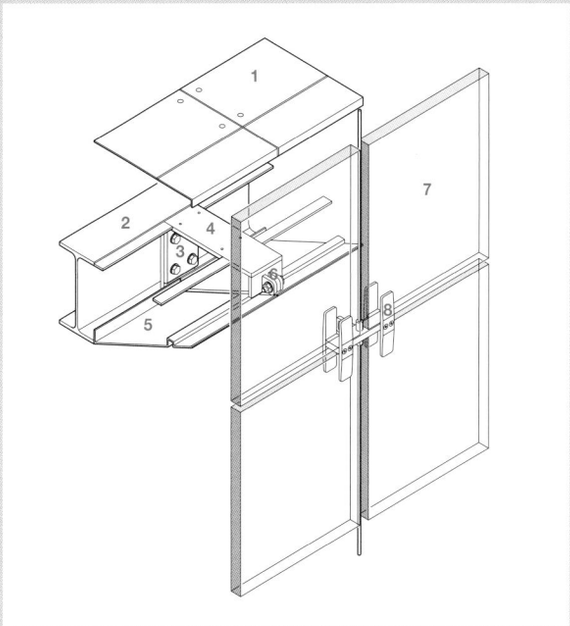


**32.10**
**Facade Fixings Detail**
**1** Face plate
**2** Steel girder
**3** Fastening plate
**4** Cantilever
**5** Face plate
**6** Mounting
**7** Glass pane
**8** Glazing clamp

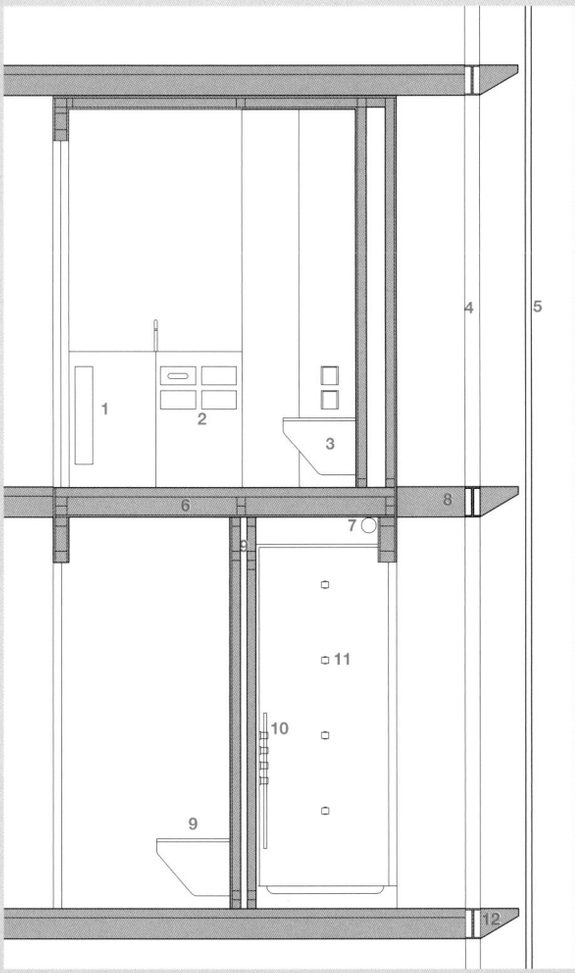


**32.11**
**Bathroom Section**
**1:50**
**1** Towel rail
**2** Drawers
**3** WC
**4** Steel column
**5** Facade
**6** Suspended ceiling
**7** Water conduit
**8** Steel girder
**9** WC
**10** Shower armature
**11** Shower cabin
**12** Conduit

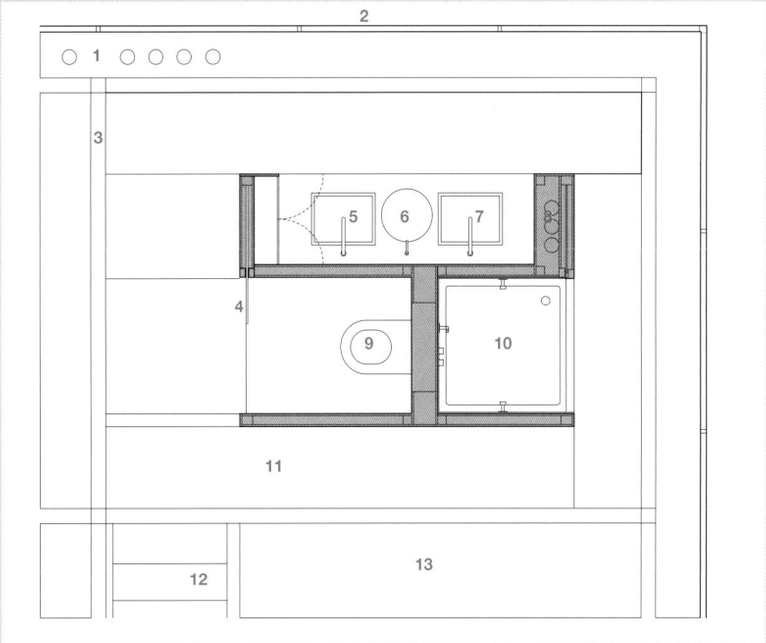


**32.12**
**Bathroom Plan 1**
**1:50**
**1** Conduits
**2** Facade
**3** Steel girder
**4** Sliding door
**5** Hand basin
**6** Laundry shute
**7** Hand basin
**8** Water conduit
**9** WC
**10** Shower cabin
**11** Floor panel
**12** Stair
**13** Water tank

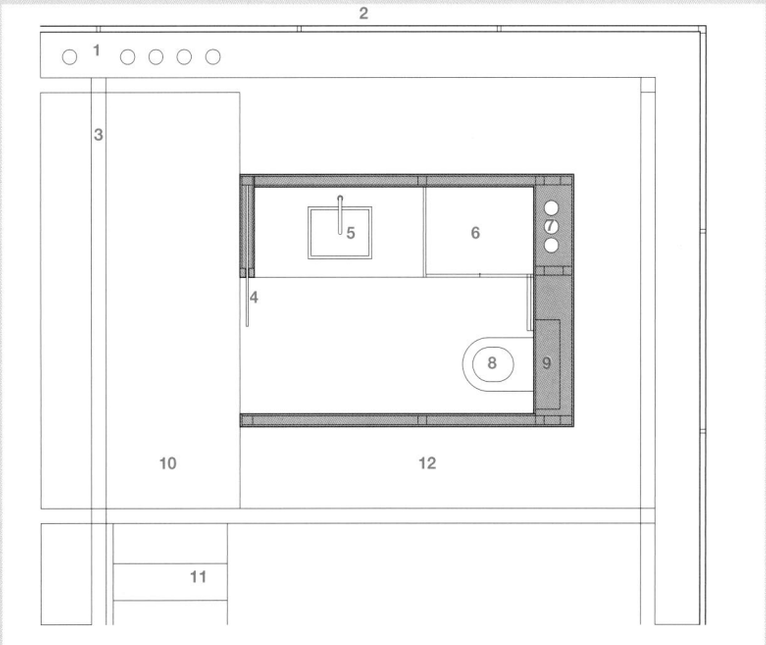


**32.13**
**Bathroom Plan 2**
**1:50**
**1** Conduits
**2** Facade
**3** Steel girder
**4** Sliding door
**5** Hand basin
**6** Technical installations
**7** Water conduit
**8** WC
**9** Water tank
**10** Floor panel
**11** Stair
**12** Void

**33**
**WPA Inc.**

**Villa Lucy**
**Port Townsend, Washington, USA**

Client
Kathy Wesselman and Anthony Pellecchia

Area
140 square metres (1,507 square feet)

Project Team
Anthyony Pellecchia, Anthony Goins

Structural Engineer
Dayle B Houk & Co

Main Contractor
Aran Pellecchia Construction

Villa Lucy is a weekend house on a six-acre wooded site overlooking the Strait of Juan de Fuca, off the coast of Washington State. The architect-owners had a commitment to maintaining the integrity of the site and its surrounding ecosystem. The house sits above the sloping grade to preserve the natural patterns of vegetation and rainwater. Six steel frames allow the house to float above the ground. A steel grated entry bridge hovers above grade leading to a square red timber pivot door that provides the sole graphic accent within the long flat grey-stained cedar wall. The wall acts as a rain screen – the timber is held away by vertical battens so that all sides are exposed to the air.

The house is detailed to minimize visual impact, maintaining a composition of planes and surfaces of wood, glass, concrete and metal. The exterior steel columns, beams and guardrails are left to rust naturally, developing a rich patina. The deck and bridge are made of industrial galvanized grating allowing water and plants to pass through. The house is organized into two distinct zones, opaque and transparent – the serviced and the served. The long narrow opaque zone contains all the services (bathrooms, kitchen, pantry, dressing, storage and utilities). The open, loft-like transparent zone contains the living, dining and sleeping areas, in which the furnishings are lightweight or on castors to facilitate flexibility. The house acts as a lookout, a precisely detailed observation platform designed as an antidote to the introverted routines of city living.

**1** Located on a gentle slope in the midst of a wood, the house floats above the ground on slender steel columns. **2** To the south-east, a solid timber box contains all of the service elements of the house – kitchen, bathrooms and storage. The facade is interrupted by a bold red pivoting door heralding the entrance, reached via a steel bridge. **3** To the north-west two glazed pavilions on either side of an open courtyard frame uninterrupted views of the forest. Panels of windows open up to allow cross-ventilation to cool the interior during hot weather. **4** The simple linear kitchen opens up to the dining room and the courtyard. **5** View of the living room where a south-east facing clerestory window brings natural light into the house all through the day.

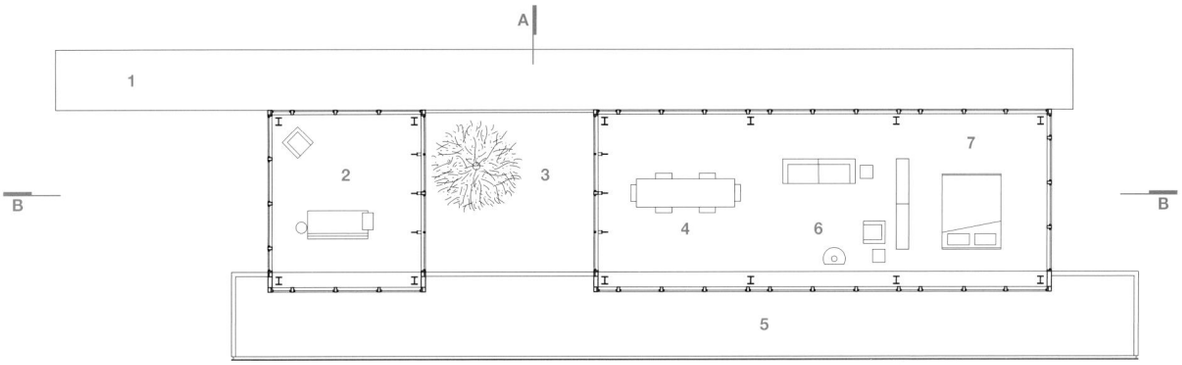


**33.01**
**Clerestory Level Plan**
**1:200**
1 Terrace below
2 Study and spare bedroom below
3 Terrace courtyard
4 Dining area below
5 Roof to services zone
6 Living area below
7 Bedroom below

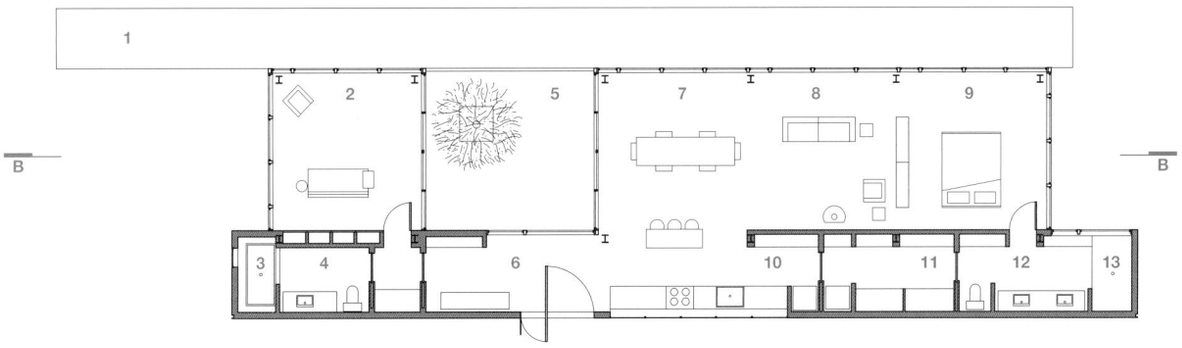


**33.02**
**Ground Floor Plan**
**1:200**
1 Terrace
2 Study and spare bedroom
3 Bath
4 Bathroom
5 Terrace courtyard
6 Entrance
7 Dining area
8 Living area
9 Bedroom
10 Kitchen
11 Pantry, laundry and utility area
12 Bathroom
13 Bath

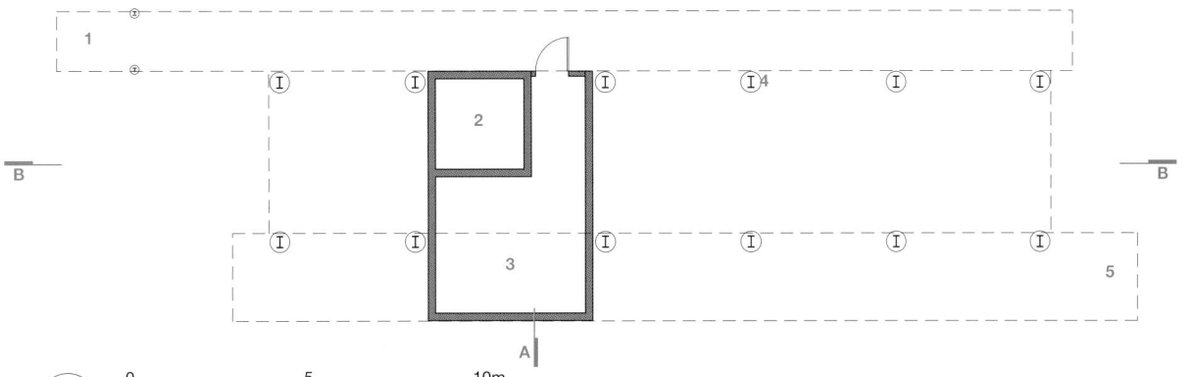


**33.03**
**Lower Level Plan**
**1:200**
1 Line of terrace over
2 Tree base enclosure
3 Mechanical room
4 Steel universal section columns
5 Line of house over

**33.04**
**Section A–A**
**1:200**
1 Terrace
2 Terrace / glazing to living area
3 Entrance
4 Mechanical room
5 Entry bridge

**33.05**
**Section B–B**
**1:200**
1 Terrace
2 Study and spare bedroom
3 Terrace courtyard
4 Dining area
5 Living area
6 Bedroom
7 Entrance to mechanical room
8 Open space under house

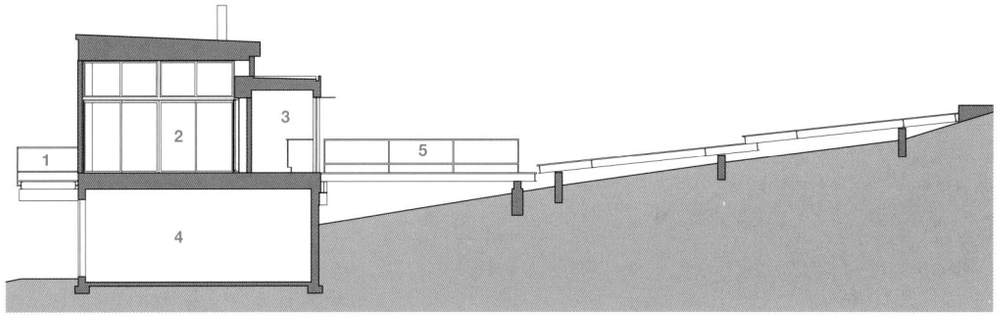


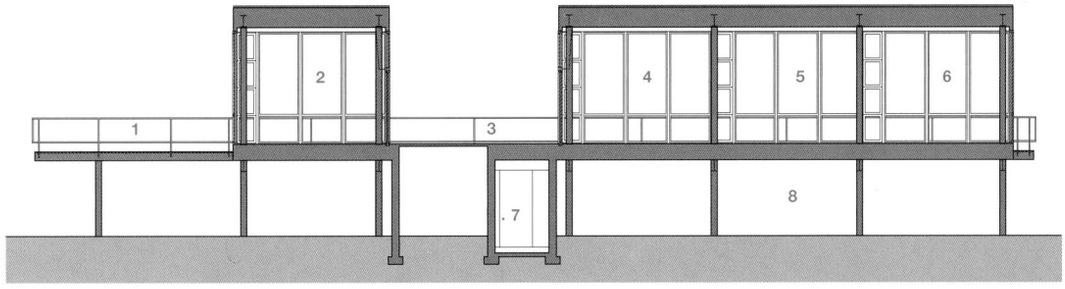

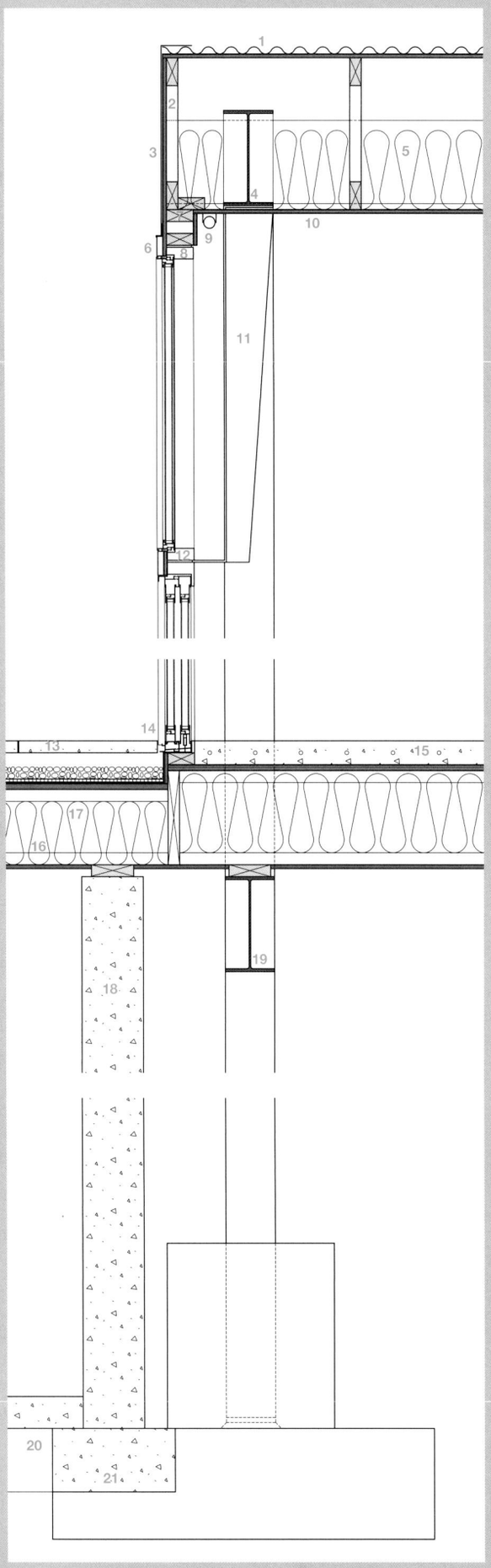


**33.06**
**Sliding Door Detail**
**1:20**
**1** Corrugated zincalume on waterproofing membrane on plywood
**2** Timber truss
**3** Zincalume cladding on waterproofing membrane on plywood
**4** Steel moment frame
**5** Insulation
**6** Cedar capping
**7** Timber blocking
**8** Alder window framing
**9** Roller shade
**10** Lite-ply ceiling
**11** Steel support bracket for sliding glass door
**12** Alder window framing
**13** Concrete pavers on sand on gravel bed on protective board on waterproofing membrane on plywood
**14** Aluminium sliding glass door
**15** Concrete floor with hydronic heating on plywood subfloor
**16** Insulation
**17** Engineered timber floor joists
**18** Cast-in-place concrete wall
**19** Steel moment frame
**20** Reinforced concrete slab
**21** Reinforced concrete footing

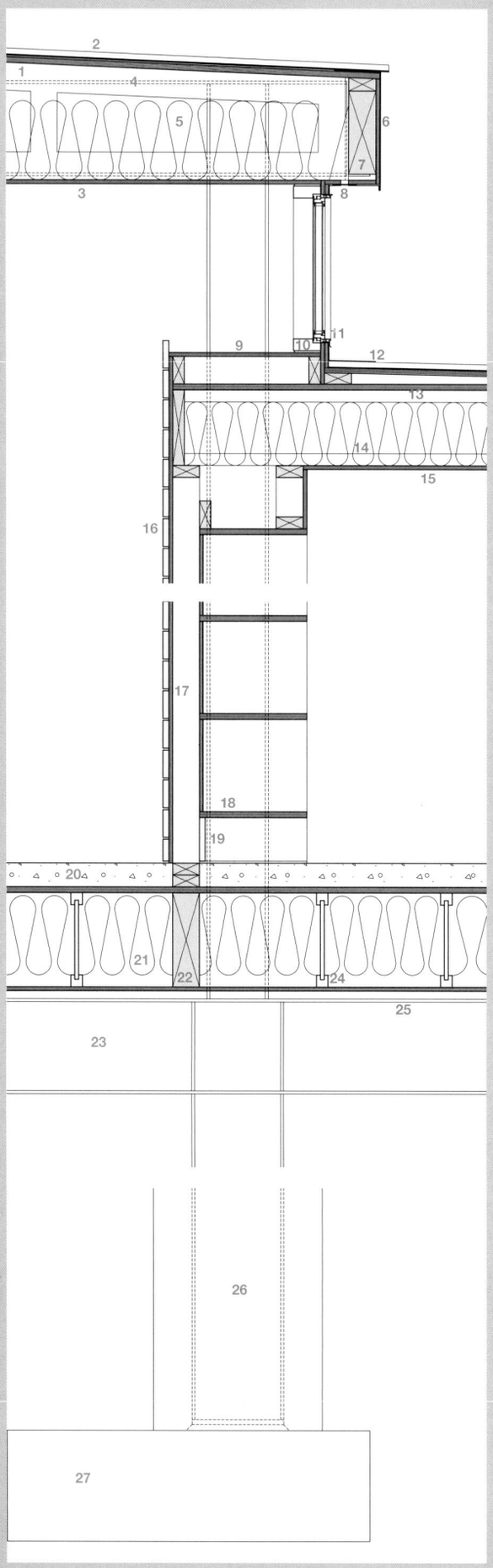


**33.07**
**Kitchen Pantry Detail**
**1:20**
**1** Timber truss
**2** Corrugated zincalume on waterproofing membrane on plywood
**3** Lite-ply ceiling
**4** Steel moment frame
**5** Insulation
**6** Zincalume cladding on waterproofing membrane on plywood
**7** Timber beam
**8** Roof ventilation and insect screen
**9** Lite-ply finish to interior surface
**10** Alder window framing
**11** Aluminium window
**12** Corrugated zincalume on waterproofing membrane on plywood
**13** Engineered timber roof joists
**14** Insulation
**15** Lite-ply ceiling
**16** Cedar boards on plywood
**17** Timber framing
**18** Lite-ply joinery
**19** Poplar wall base
**20** Concrete floor with hydronic heating on plywood subfloor
**21** Insulation
**22** Timber beam
**23** Steel moment frame
**24** Engineered timber floor joists
**25** Exterior grade plywood
**26** Steel moment frame
**27** Reinforced concrete footing

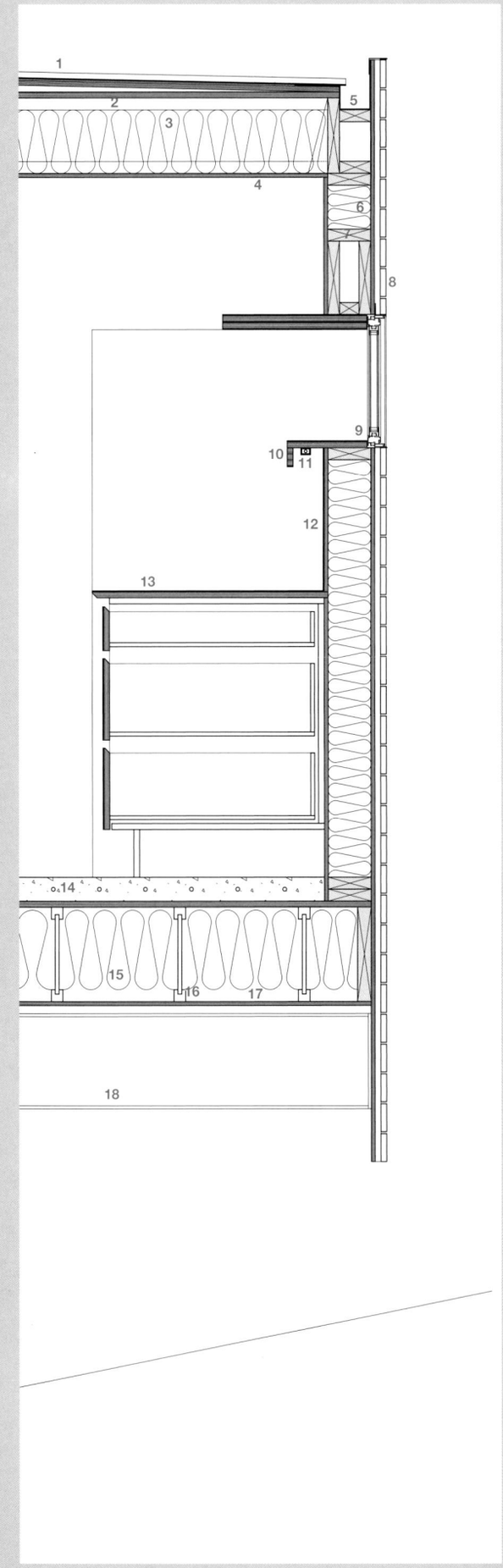


**33.08**
**Kitchen Window Detail**
**1:20**
**1** Corrugated zincalume on waterproofing membrane on plywood
**2** Engineered timber roof joists
**3** Insulation
**4** Lite-ply ceiling
**5** Built-in zincalume gutter
**6** Insulation
**7** Timber framing
**8** Rain screen comprised of cedar boards on timber framing on waterproofing membrane on plywood
**9** Aluminium window
**10** Lite-ply cladding to light cover
**11** Continuous linear light fixture
**12** Plastic laminate backsplash on plywood
**13** Multi-ply kitchen cabinets with plastic laminate countertop and drawer faces
**14** Concrete floor with hydronic heating on plywood subfloor
**15** Insulation
**16** Engineered timber floor joists
**17** Exterior grade plywood
**18** Steel moment frame

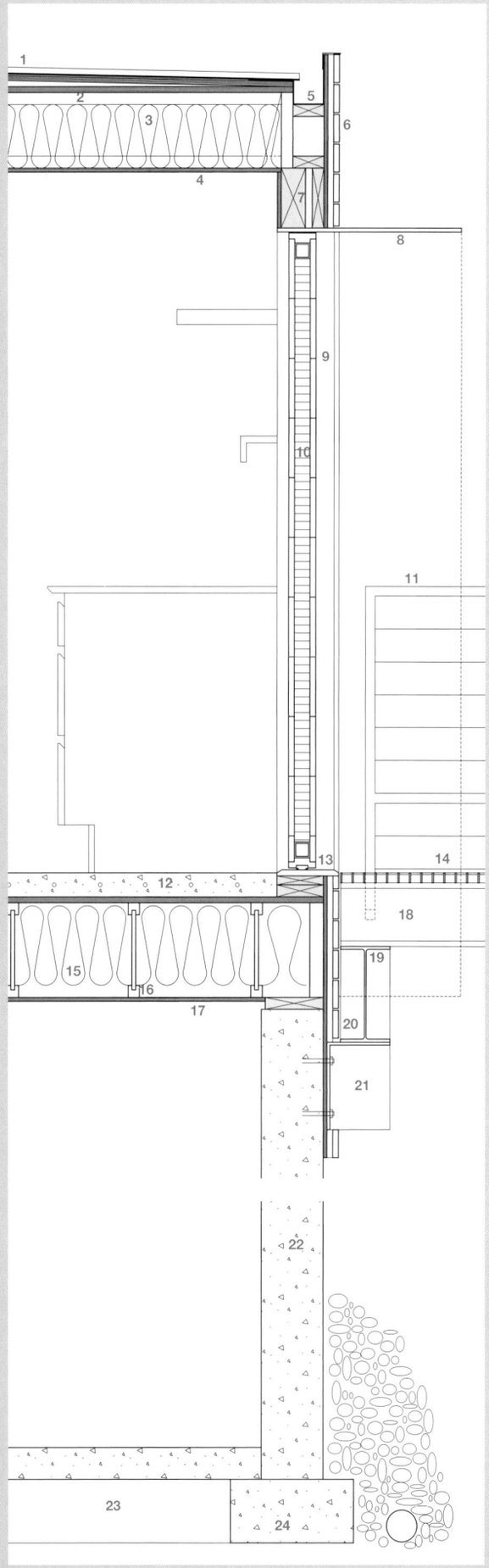


**33.09**
**Front Door Detail**
**1:20**
**1** Corrugated zincalume on waterproofing membrane on plywood
**2** Engineered timber roof joists
**3** Insulation
**4** Lite-ply ceiling
**5** Built-in zincalume gutter
**6** Rain screen comprised of cedar boards on timber battens on waterproofing membrane on plywood
**7** Timber beam
**8** Aluminium plate
**9** Door jamb
**10** Solid core door with interior steel tube frame clad with cedar boards and ipe timber on four sides
**11** Steel tube handrail with stainless steel cables
**12** Concrete floor with hydronic heating on plywood subfloor
**13** Ipe timber threshold
**14** Galvanized steel grating
**15** Insulation
**16** Engineered timber floor joists
**17** Exterior grade plywood
**18** Steel channel
**19** Steel beam
**20** Rain screen comprised of cedar boards on timber battens on waterproofing membrane on plywood
**21** Steel bracket
**22** Cast-in-place concrete wall
**23** Reinforced concrete slab
**24** Reinforced concrete footing

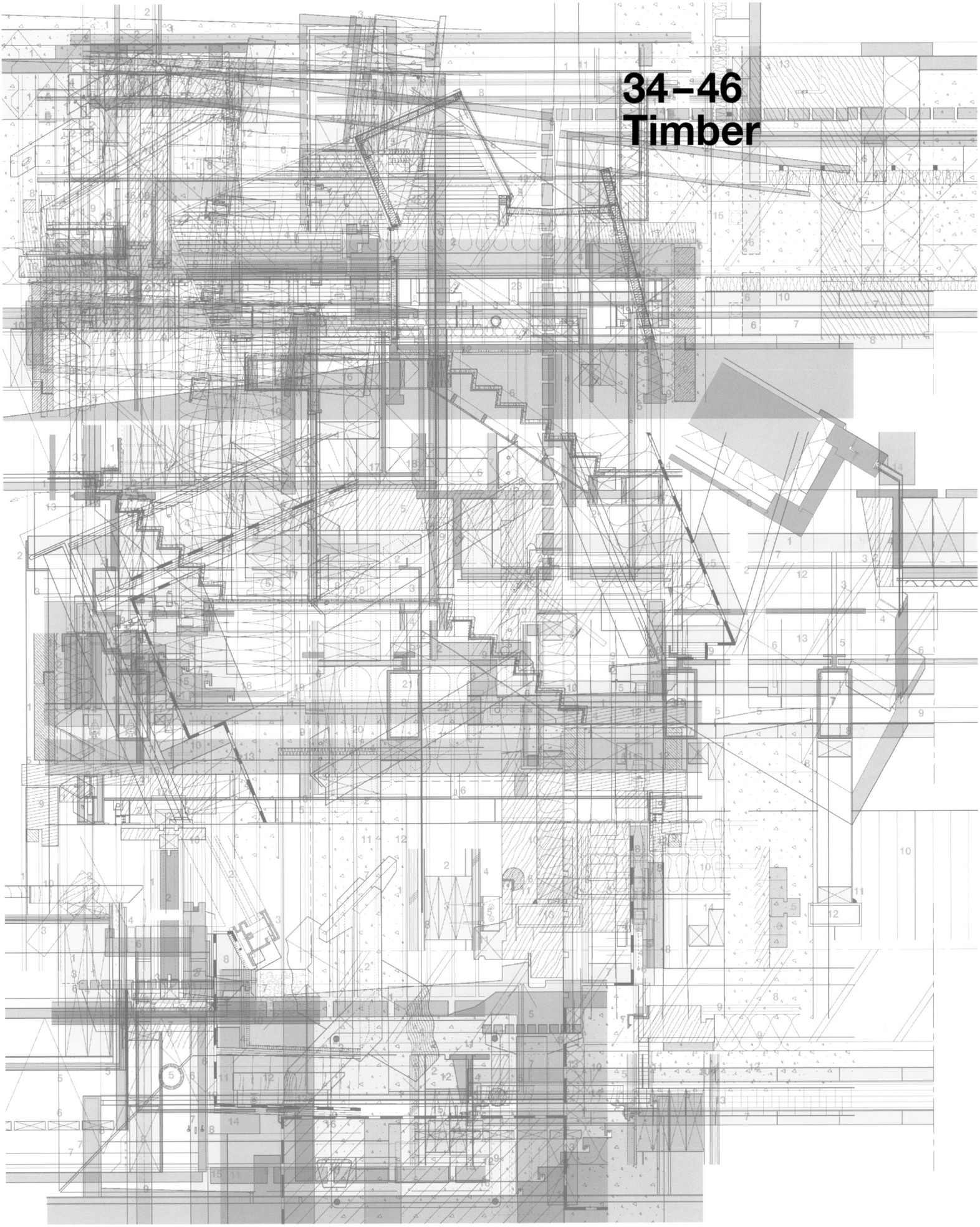

# 34–46 Timber

**34**
**Álvaro Siza Vieira**

**House in Oudenbourg**
**Oudenbourg, Belgium**

Area
1,774 square metres (19,095 square feet)

Project Team
Roberto Cremascoli, Daniela Antonucci, Maurice Custers, Andrea Smaniotto, Ueli Krauss

Located in a small town not far from Ostend in a windswept landscape of flat plains and canals, this house involved the renovation and extension of an existing farm into living spaces and an art gallery. The three original farm buildings, arranged in a loose U-shape, are used as the fundamental starting point for the project. The addition is an L-shaped configuration which establishes a second U-shape in relation to the existing buildings. One existing structure, along with the extension, becomes the house, another the gallery and the third a garage and storage space. The 200 year old buildings were constructed in terracotta brick and tiles, and the refurbishment respects local building traditions which feature black mouldings and red-painted timber window frames.

The new volumes are seamlessly integrated using the same geometric section as the existing buildings, distinguishing themselves through contrasting materials and detail. The point of attachment between the old and new structures is resolved by a small entrance where curved glass acknowledges the transition. At the junction of the two wings, an oblique alcove window is grafted onto the structure – a place to sit and admire the landscape. To one side are bedrooms and bathrooms, while the other wing accommodates living, dining and kitchen spaces, as well as the primary circulation space. The facades are sheathed in western red cedar and a lead-covered roof makes it clear that the new forms are of their own time, as well as continuing the tradition of local craftsmanship. The patina and the slowly changing colours of the materials with the passage of time, help to integrate the new forms into the context of the historic building.

1

**1** The new addition (right) employs the same geometric section as the existing buildings (left), however contrasting materials are used to distinguish old from new. One of the main features is an oblique window at the junction of the L-shaped extension, offering views out over the polder.
**2** A view of the gallery which is located in one of the existing farm buildings, renovated to complement the historic architecture and the needs of the clients who have an extensive art collection. The simple white-painted, timber-floored spaces rely on the drama of the pitched-roofed spaces to create an appropriate space for viewing the art.

2

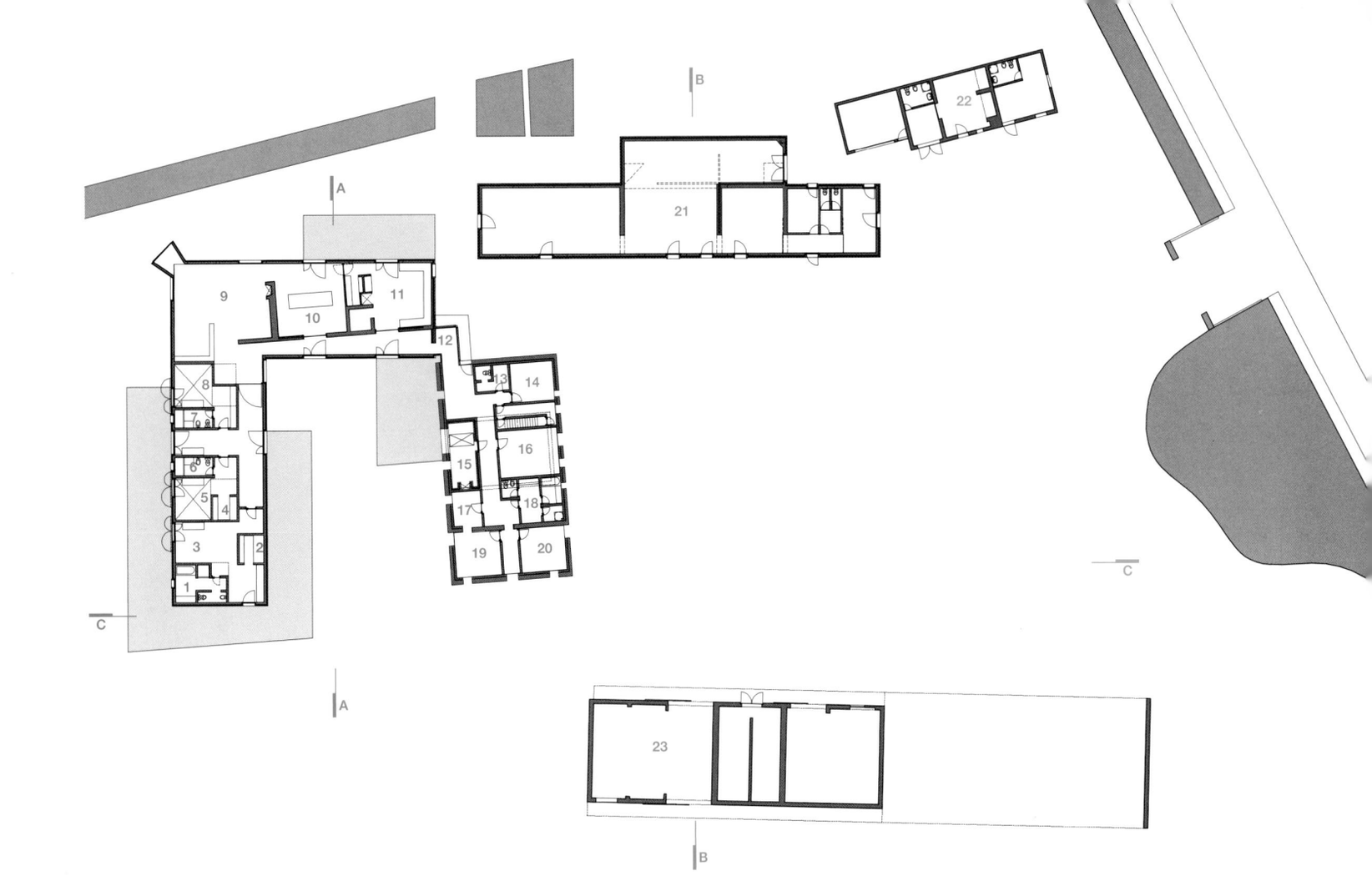


**34.01**
**Ground Floor Plan**
**1:500**

1 Bathroom
2 Dressing room
3 Bedroom
4 Dressing room
5 Bedroom
6 Bathroom
7 Bathroom
8 Bedroom
9 Living room
10 Dining room
11 Kitchen
12 Entrance
13 Locker room and WC
14 Laundry
15 Loggia
16 Office
17 Hobby room
18 Locker room and bathroom
19 Bedroom
20 Bedroom
21 Art gallery
22 Old house
23 Warehouse

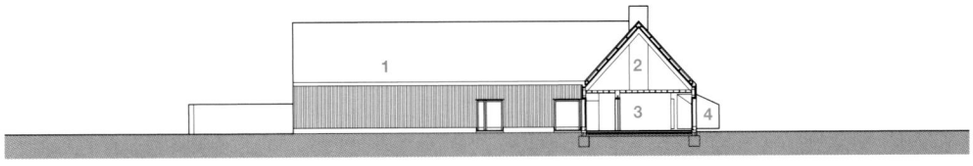


**34.02**
**Section A–A**
**1:500**

1 Bedroom wing
2 Chimney
3 Dining room
4 Oblique window

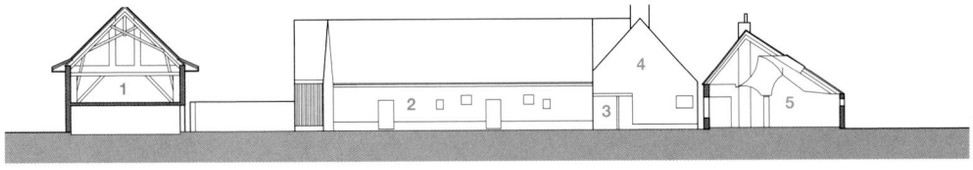


**34.03**
**Section B–B**
**1:500**

1 Warehouse
2 Guest wing of main house
3 Entrance
4 Extension
5 Art gallery

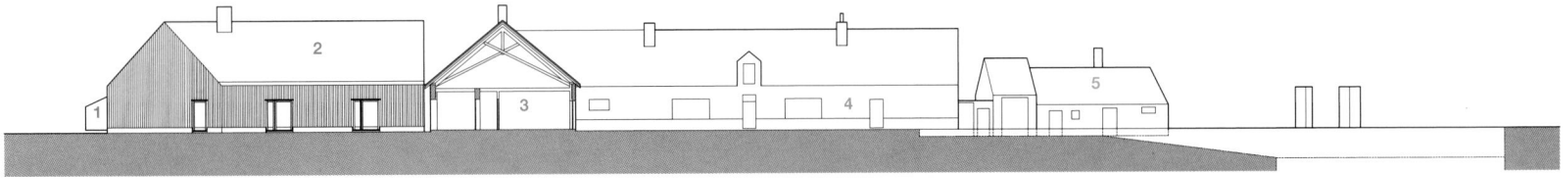


**34.04**
**Section C–C**
**1:500**

1 Oblique window
2 Extension
3 Guest wing
4 Art gallery
5 Old house

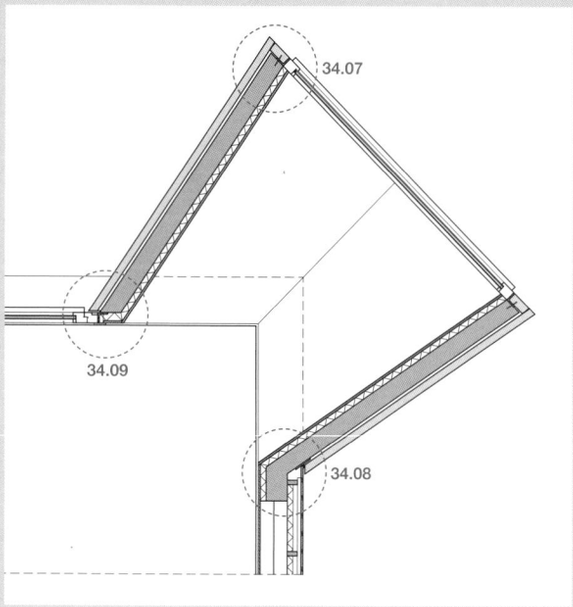


**34.05**
**Oblique Window Plan Detail**
**1:50**

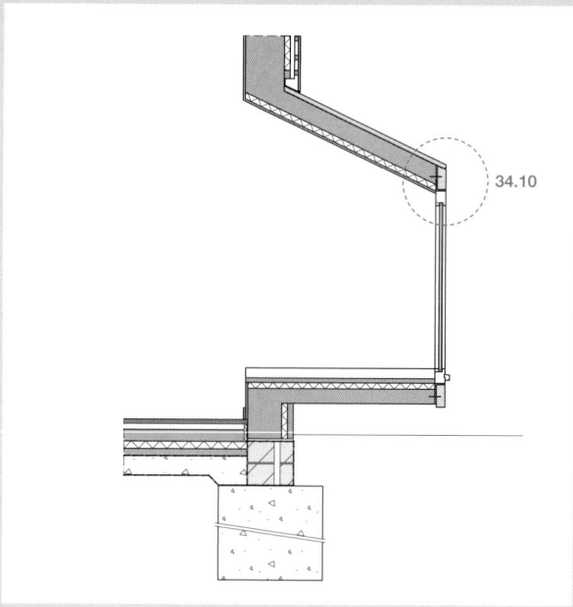


**34.06**
**Oblique WIndow Section Detail**
**1:50**

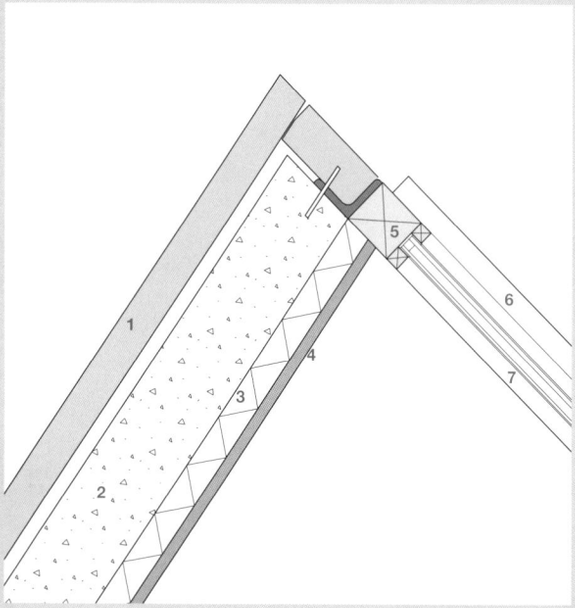


**34.07**
**Window Detail 1**
**1:10**
**1** Stone cladding to exterior wall
**2** Concrete wall
**3** Insulation
**4** Interior gypsum board wall
**5** Timber frame
**6** Exterior element of timber frame with drip groove
**7** Double glazing

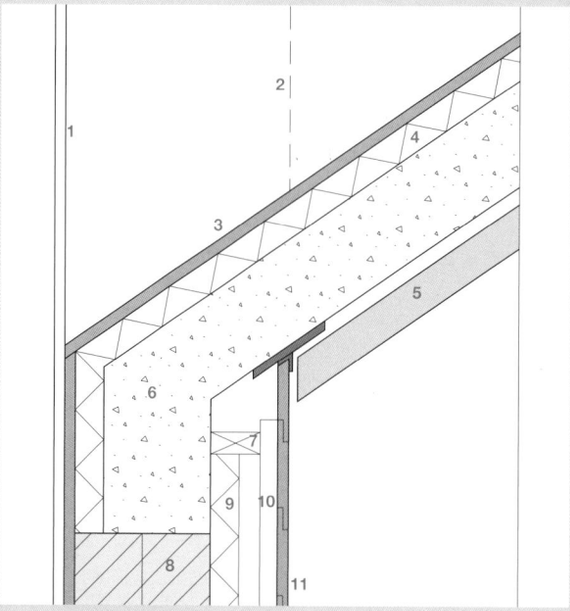


**34.08**
**Window Detail 2**
**1:10**
**1** Leather cushion to window seat
**2** Line of exterior wall beyond
**3** Interior gypsum board wall
**4** Insulation
**5** Stone cladding
**6** Concrete wall
**7** Internal sub-structure to support exterior face of cladding
**8** Masonry wall structure
**9** Insulation
**10** Internal sub-structure to support timber facade
**11** Exterior timber facade

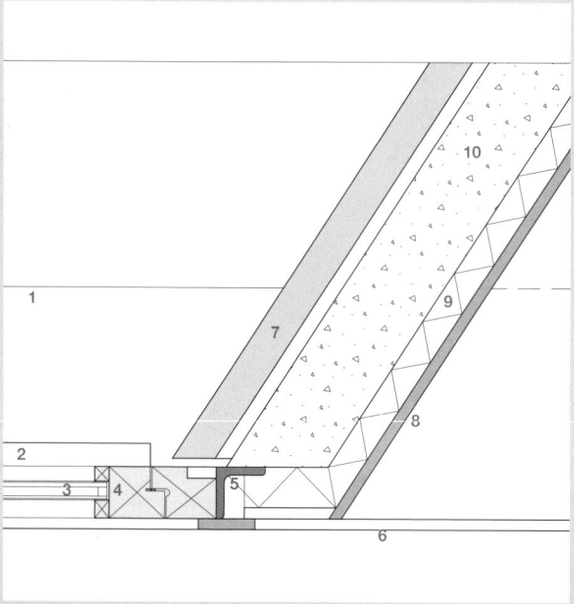


**34.09**
**Window Detail 3**
**1:10**
**1** Window sill
**2** Exterior element of timber frame with drip groove
**3** Double glazing
**4** Timber frame
**5** Metal profile to support timber frame
**6** Timber skirting board
**7** Exterior stone cladding
**8** Interior gypsum board wall
**9** Insulation
**10** Concrete wall

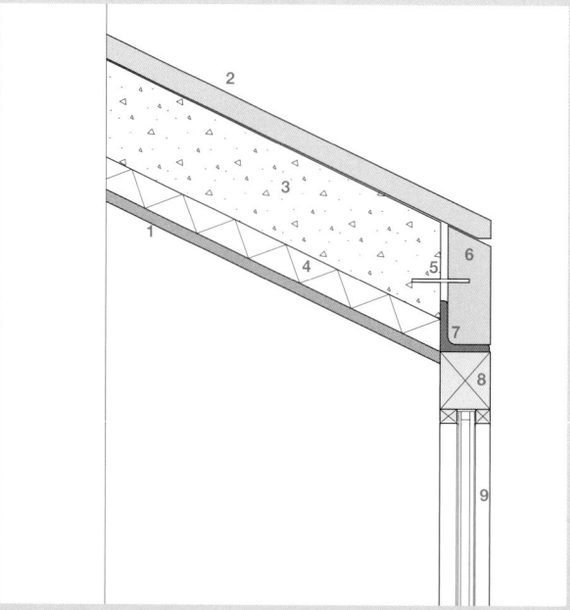


**34.10**
**Window Detail 4**
**1:10**
**1** Interior gypsum board wall
**2** External stone cladding
**3** Concrete slab
**4** Insulation
**5** Metal fixing rod to exterior stone cladding
**6** Exterior stone cladding
**7** Metal profile to support timber frame
**8** Timber frame
**9** Double glazing

**34.11**
**Typical Window Plan Detail**
**1:5**
**1** Timber skirting board
**2** Timber frame as transition between timber window and stucco lining
**3** Insulation and timber sub-structure to support window jamb and frame
**4** Interior sub-structure to support exterior jamb and frame
**5** Timber frame
**6** Timber sill
**7** Double glazing
**8** Concrete wall
**9** Timber window jamb
**10** Insulation
**11** Interior sub-structure to support timber jamb
**12** Timber window jamb

**34.12**
**Typical Door Section Detail**
**1:5**
**1** Timber clad facade
**2** Internal sub-structure to support timber facade
**3** Insulation
**4** Stucco finish to interior wall
**5** Timber lintel
**6** Insulation and timber sub-structure to support timber lintel and frame
**7** Interior timber frame to make the transition between timber window and stucco lining
**8** Upper part of timber frame
**9** Double glazing
**10** Lower part of timber frame
**11** Exterior element of timber frame with drip groove
**12** Stone threshold
**13** Waterproof membrane and insulation
**14** Stone work to support sub-structure of timber frame
**15** Waterproof membrane and mortar joint
**16** Masonry structure

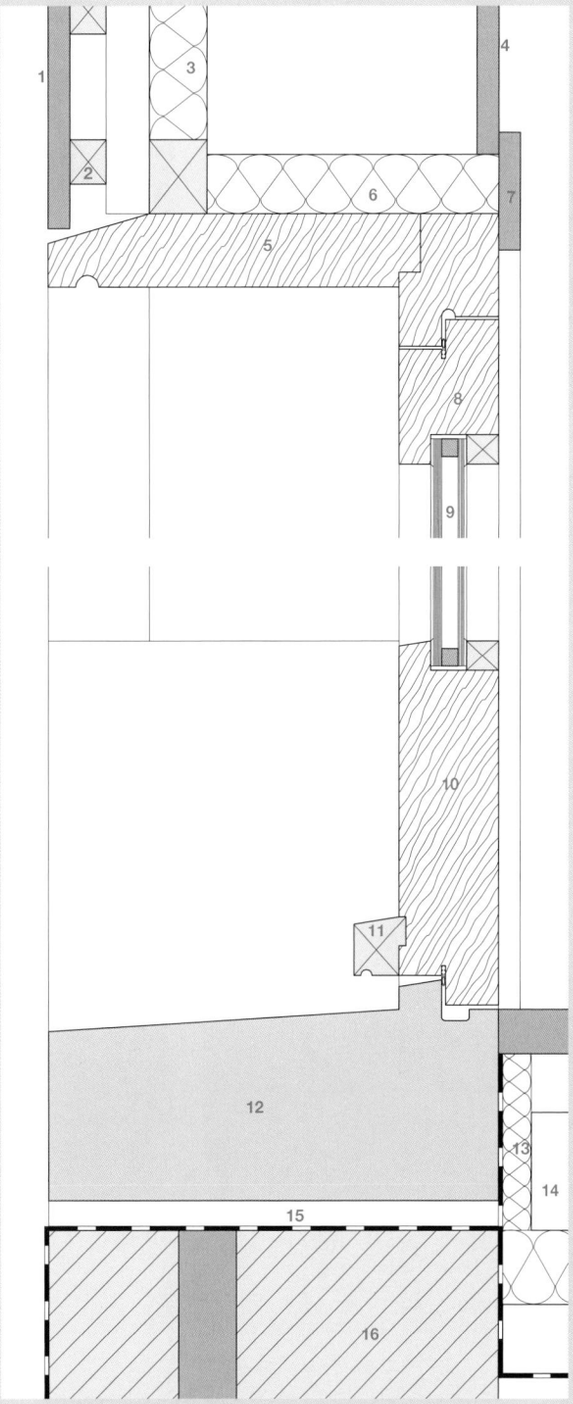


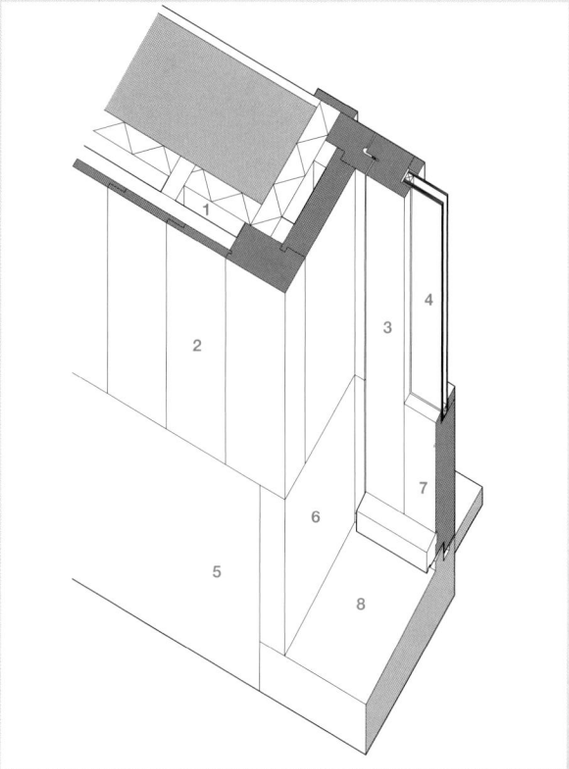


**34.13**
**Axonometric Door Detail**
**1** Internal sub-structure to support timber facade with insulation in between
**2** Timber-clad facade
**3** Timber door frame
**4** Double glazing assembly
**5** Stone cladding
**6** Stone cladding
**7** Timber door frame
**8** Stone threshold

**35**
**Architect Antonius Lanzinger**

**Single Family House**
**Brixlegg, Tirol, Austria**

Client
Antonius Lanzinger

Area
160 square metres (1,720 square feet)

Structural Engineer
Merz + Kaufmann + Partner

Located in the Inn River valley where historic castles and towers are a common sight, this modest timber house for the architect and his family nonetheless draws on a centuries-old tradition of vertical architecture. Spectacularly sited on a 36 degree slope with panoramic views of the Alps, the house at first appears to be dwarfed by the landscape. However, it is not reticence so much as empathy with the majesty of the mountains that creates a dialogue between the dwelling and its site. The four-storey structure rests on a six by eight metre (19 by 26 feet) concrete foundation, oriented so that living spaces enjoy the warmth of the sun. The inhabitants can also enjoy the sun and views from a roof terrace that spans the full width of the house.

The domestic programme is stacked up so that each level enjoys a separate function. In the concrete base are the entrance, auxilliary functions and recreation area; the ground floor accommodates the kitchen and dining areas as well as a five metre (16 feet) high living room and gallery; the second floor contains the children's rooms while the top floor accommodates the parent's bedroom and shower. A vertical backbone contains the stair and services installations, as well as energy efficient ceramic stoves on each level for heating. Environmental efficiency is also found in the insulating quality of the timber block construction which is so efficient that the originally designed inner layer of wood panelling was not needed. Exterior joints are fully exposed to the weather and demonstrate a high degree of craftmanship in the detailing of the house. Due to the type of construction, the structure has settled 16 centimetres (6 inches) in the first year – a planned effect for which the windows were specially designed.

1

2

**1** Contemporary references to the fortified historic structures found in this area of the Tirol are reflected in the way that the openings in the timber facade are protected – in this case from the sun rather than from aggressors.
**2** The tower is an economical form for the steeply sloping site, avoiding the excavation and fill that would be required for a more horizontal structure.
**3** Detail view of the external timber cladding. Corner joints are expressive of the sophistication of the tradition of timber construction in this region.
**4** The interior is almost totally clad in timber – walls, floors, ceilings, doors and stairs are left unpainted to reveal the nature of the wood.

3

4

**35.01**
**Roof Plan**
**1:200**
1 Terrace
2 Chimney flue

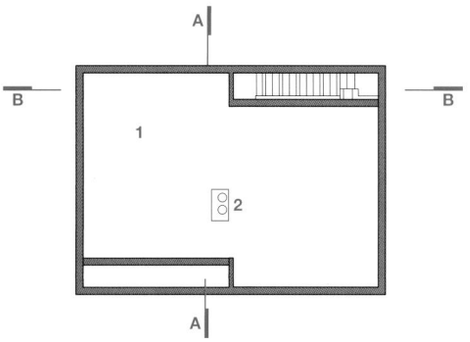


**35.02**
**Third Floor Plan**
**1:200**
1 Master bedrooom
2 Shower
3 Wood burning stove
4 Bedroom

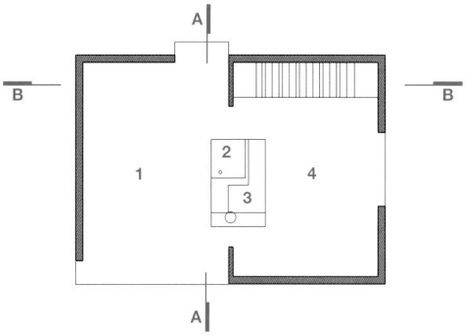


**35.03**
**Second Floor Plan**
**1:200**
1 Children's bedroom
2 Shower and washbasin
3 Wood burning stove
4 Children's bedroom

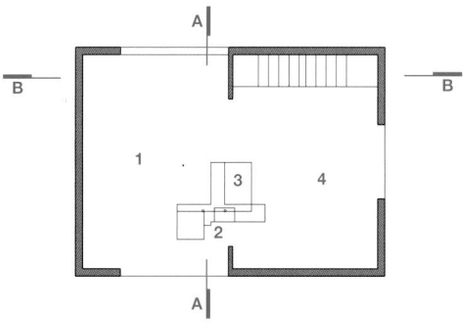


**35.04**
**First Floor Plan**
**1:200**
1 Void over living and dining room
2 Gallery
3 Fireplace
4 Kitchen

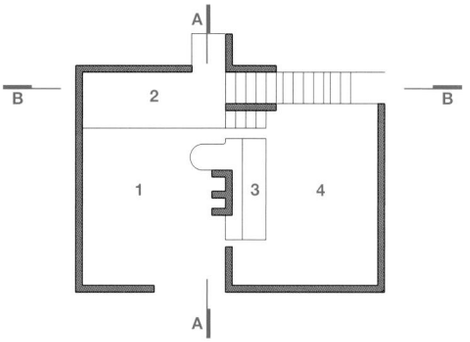


**35.07**
**Section A–A**
**1:200**
1 Stair exit to roof terrace
2 Roof terrace
3 Chimney flue
4 Skylight
5 Master bedroom
6 Master bedroom
7 Child's bedroom
8 Shower
9 Gallery
10 Wood burning stove
11 Living and dining room
12 Terrace
13 Lumber yard and workshop

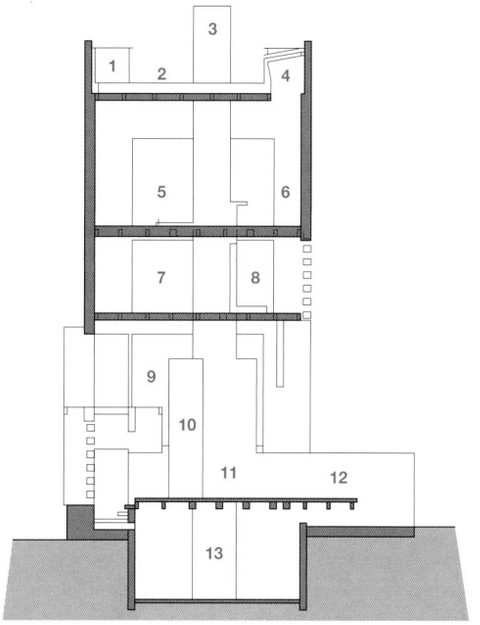


**35.08**
**Section B–B**
**1:200**
1 Roof terrace
2 Master bedroom
3 Child's bedroom
4 Gallery
5 Terrace
6 Main entrance
7 Cellar

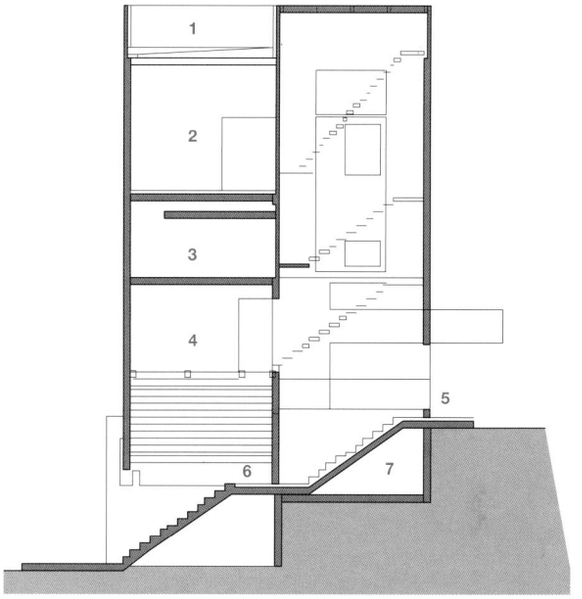


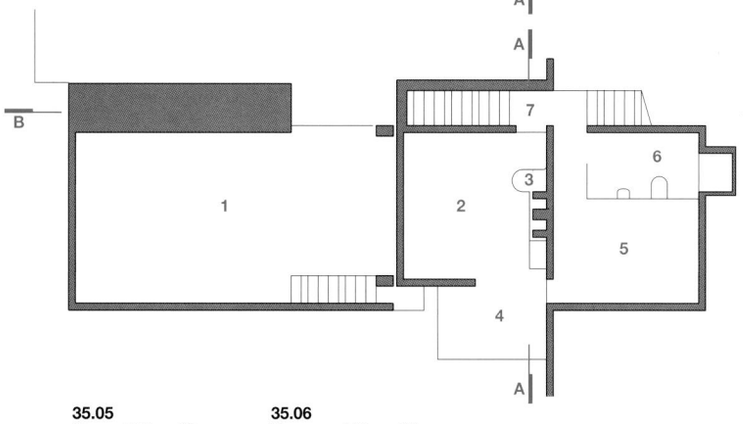


**35.05**
**Ground Floor Plan**
**1:200**
1 Recreation below
2 Living and dining room
3 Wood burning stove
4 Terrace
5 Cellar
6 WC
7 Main entrance

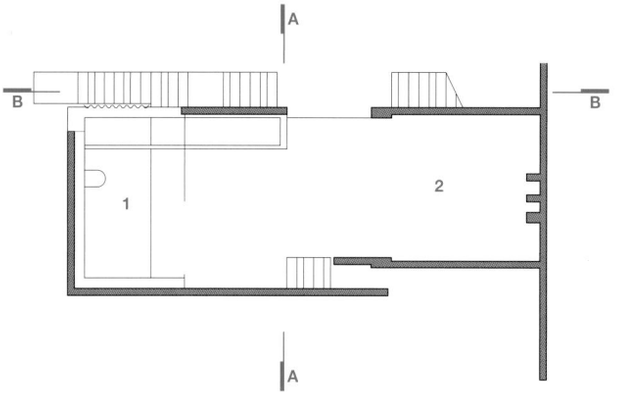


**35.06**
**Basement Floor Plan**
**1:200**
1 Recreation area
2 Lumberyard and workshop

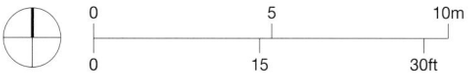

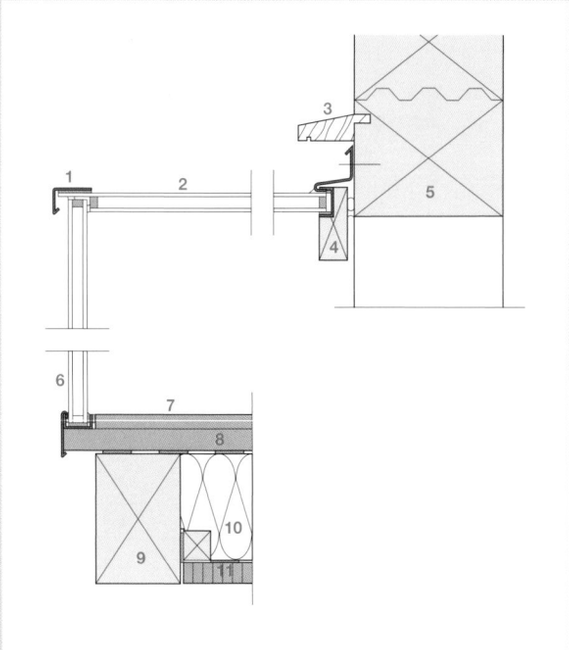


**35.09**
**Corner Window Detail**
**1:10**
**1** Flashing with lug pattern
**2** Fixed double glazing
**3** Weatherboard
**4** Timber window frame
**5** 210 mm (8 1/3 inch) thick timber block construction
**6** Fixed double glazing
**7** Parquet flooring to interior
**8** 30 mm (1 1/5 inch) thick three-ply laminated timber sheeting
**9** 120 x 180 mm (4 3/4 x 7 inch) timber blocking
**10** Flax insulation
**11** 30 mm (1 1/5 inch) thick three-ply laminated timber

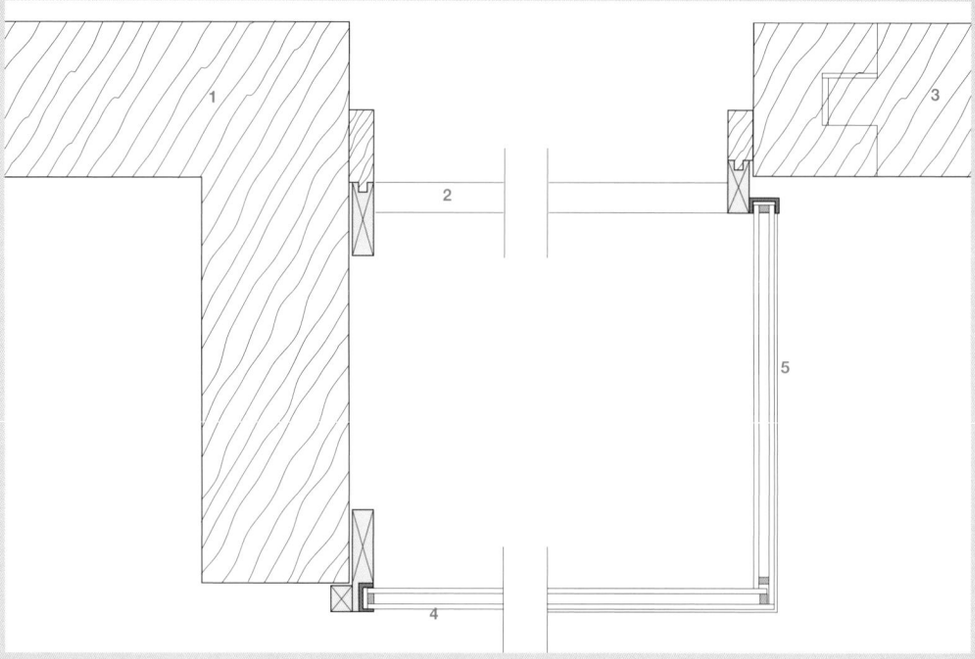


**35.10**
**Corner Window Plan Detail**
**1:10**
**1** 210 mm (8 1/3 inch) thick timber block construction
**2** Timber window frame
**3** 210 mm (8 1/3 inch) thick timber block construction
**4** Fixed double glazing
**5** Fixed double glazing

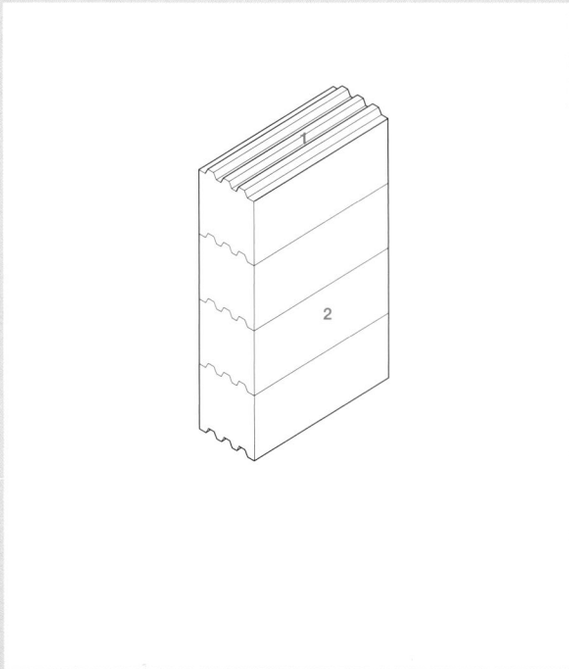


**35.11**
**Timber Connection Detail 1**
**1:25**
**1** Multi-ridged three-tooth comb connection joint between timber blocks
**2** 210 mm (8 1/3 inch) thick timber block construction

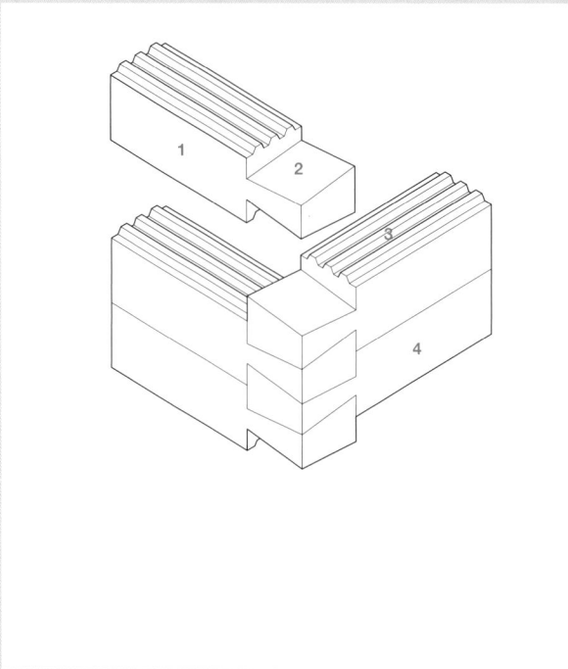


**35.12**
**Timber Connection Detail 2**
**1:25**
**1** 210 mm (8 1/3 inch) thick timber block construction
**2** Tyrolean lock corner joint
**3** Multi-ridged three-tooth comb connection joint between timber blocks
**4** 210 mm (8 1/3 inch) thick timber block construction

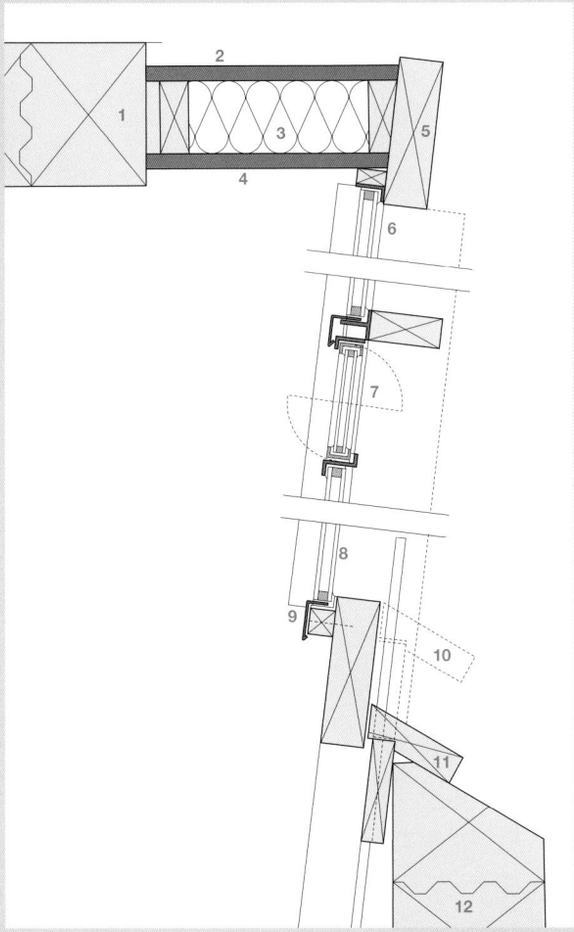


**35.13**
**Raked Glazing Detail**
**1:10**
**1** 210 mm (8 1/3 inch) thick timber block construction
**2** 20 mm (3/4 inch) thick plywood
**3** 100 mm (4 inch) thick flax insulation
**4** 20 mm (3/4 inch) thick plywood
**5** Timber blocking
**6** Fixed double glazing
**7** Double-glazed louvred window
**8** Fixed double glazing
**9** Flashing with lug pattern
**10** Location of sill (11) after wall shrinkage
**11** Location of sill at installation
**12** 210 mm (8 1/3 inch) thick timber block construction

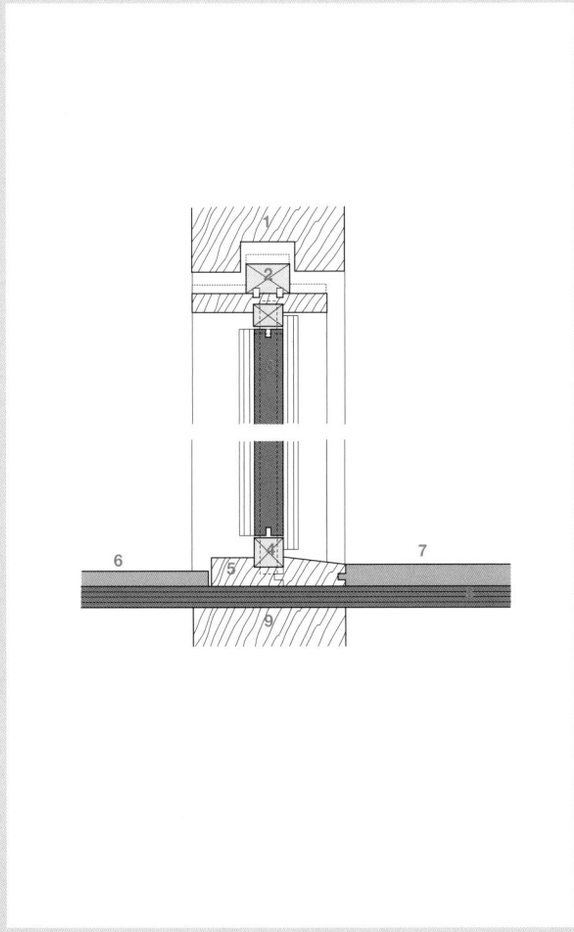


**35.14**
**Door Detail**
**1:10**
**1** 210 mm (8 1/3 inch) thick timber block construction
**2** Timber lintel
**3** Timber door leaf
**4** Door swing limiter
**5** Sill
**6** Parquet flooring to interior
**7** Sheet timber to exterior
**8** 30 mm (1 1/5 inch) thick three-ply laminated timber sheeting
**9** 210 mm (8 1/3 inch) thick timber block construction

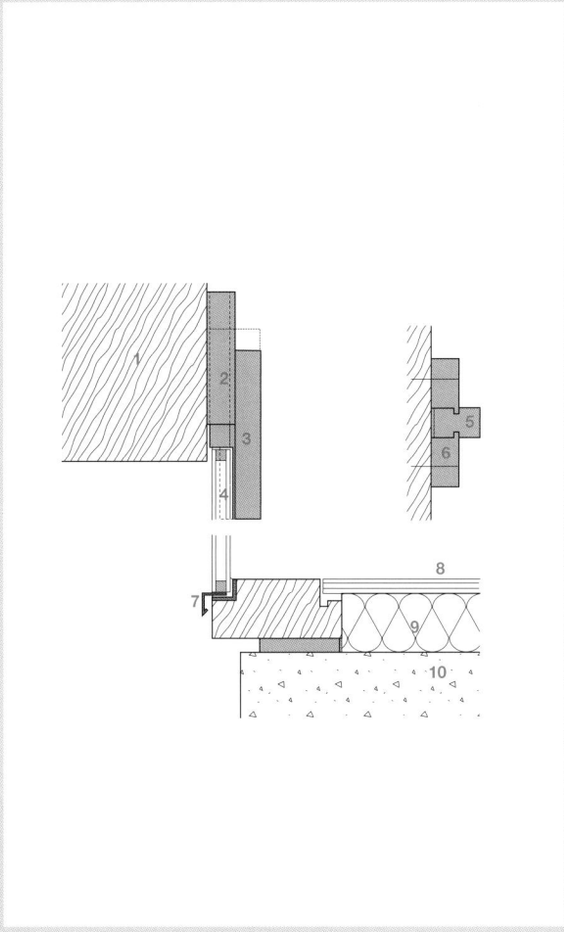


**35.15**
**Fixed Glazing Detail**
**1:10**
**1** 210 mm (8 1/3 inch) thick timber block construction
**2** Timber batten
**3** Timber batten
**4** Fixed double glazing
**5** Timber batten
**6** Timber batten
**7** Flashing with lug pattern
**8** Parquet flooring to interior
**9** Flax insulation
**10** Reinforced concrete foundation

**36**
**Bernard Quirot + Olivier Vichard**

**Convercey House**
**Grachaux, France**

Client
Mr and Mrs Convercey

Area
125 square metres (1,345 square feet)

Project Team
Bernard Quirot, Olivier Vichard, Alexandre Lenoble, Emmanuel Beaudoin

Structural Engineer
ADC Structure

Built for a landscape architect and his wife, this house is described by the architects as a machine to capture the landscape. It is a narrow, timber-clad rectilinear volume, stretched over the gently sloping landscape it frames. Elevated on pilotis, the primary objective of the house is to capture long views over the plain. Throughout the simple, open plan, the entire length of the house is visible, however the longitudinal dynamic is interrupted twice to define the main living spaces. In the dining corner, two large opposing windows create a transversal axis allowing the landscape to cross the house from east to west. The living room, the tallest space in the house, creates a vertical axis emphasized by a roof light and the verticality of the chimney.

The steel structure gives the silhouette of the house a simplicity and lightness. The house appears to touch the ground plane at only one point – the entrance – where the composition finds its equilibrium. In counterpoint, a delicate steel spiral stair giving access to the ground from the terrace, adds a sculptural touch. Above, what appears at first to be a single large volume is in fact two – one long narrow form containing the living spaces, and a shorter, wider volume housing two bedrooms. The interior is characterized by plain white-painted walls and timber floor boards, with horizontal and vertical notches and planes embedded in the main surfaces to create niches for storage heaters, a focus for the fireplace and places to display special objects, without interrupting the spatial fluidity of the house.

1

**1** The house, a rectangular timber prism, barely appears to touch the ground. Held aloft on slender pilotis, the main structure only touches the site to create an entrance at the lower level, bringing people up into the kitchen area.
**2** View from the west where a terrace runs the full width of the house, accessed from the living room. The bedroom wing to the rear of the house is just visible to the left, beyond the black steel spiral stair.
**3** View of the north facade – the ground plane continues uninterrupted beneath the house.
**4** Detail view of the timber clad house. Vertical cladding is interrupted only to insert typically vertical windows, or to create a frame, for example to the bedroom wing.
**5** The living space is emphasized with extra verticality where a clerestory window allows daylight into the space.

2

3

4

5

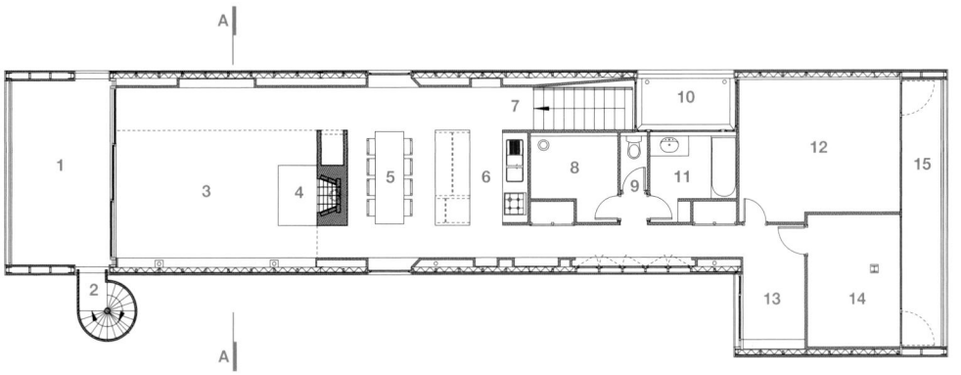


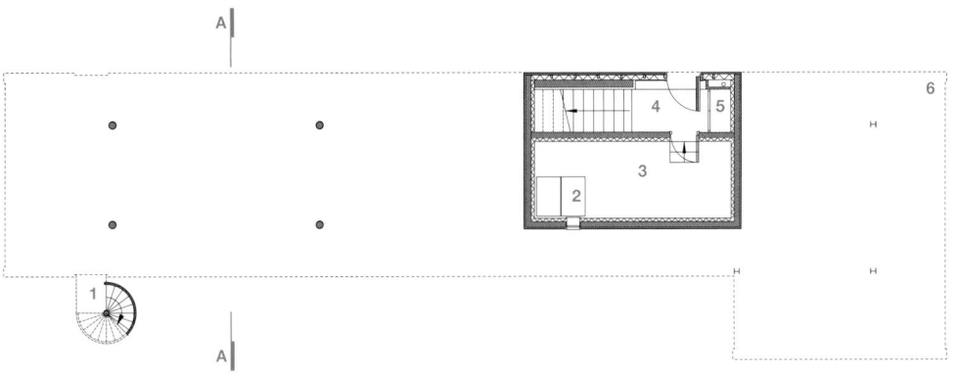

**36.01**
**First Floor Plan**
**1:200**
1 Terrace
2 Spiral stair
3 Living room
4 Fireplace
5 Dining room
6 Kitchen
7 Stair up from entrance
8 Laundry
9 WC
10 Bathroom window
11 Bathroom
12 Bedroom
13 Study
14 Bedroom
15 Terrace

**36.02**
**Ground Floor Plan**
**1:200**
1 Spiral stair
2 Mechanical room
3 Cellar
4 Stair to upper level
5 Coat cupboard
6 Line of house over

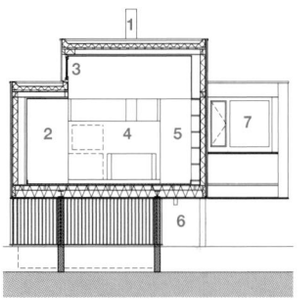


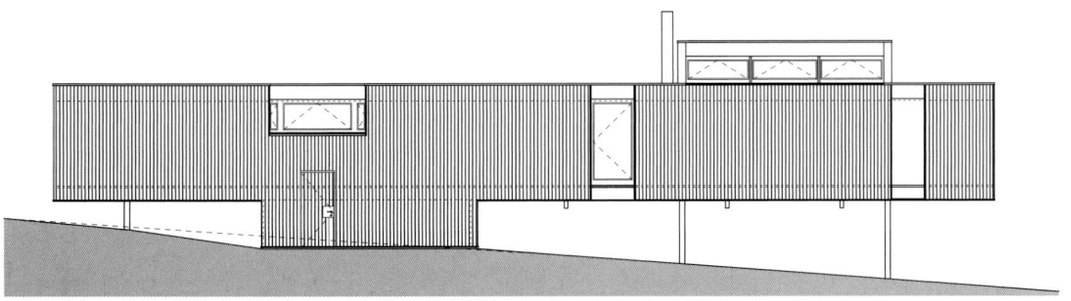

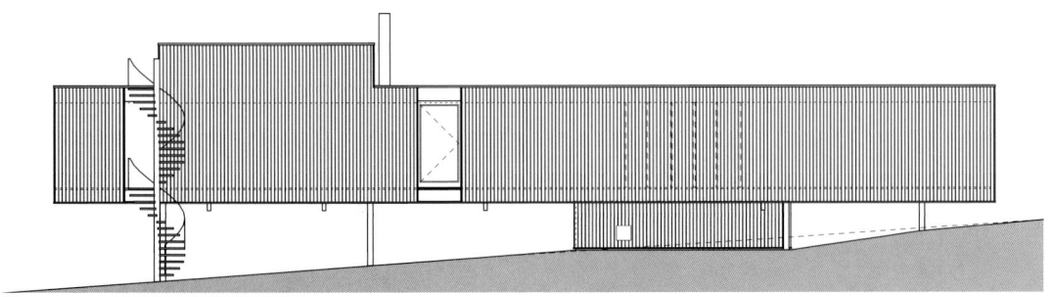

**36.03**
**North Elevation**
**1:200**

**36.04**
**South Elevation**
**1:200**

**36.05**
**Section A–A**
**1:200**
1 Chimney
2 Corridor
3 Clerestory
4 Fireplace
5 Library
6 Substructure
7 Window to study

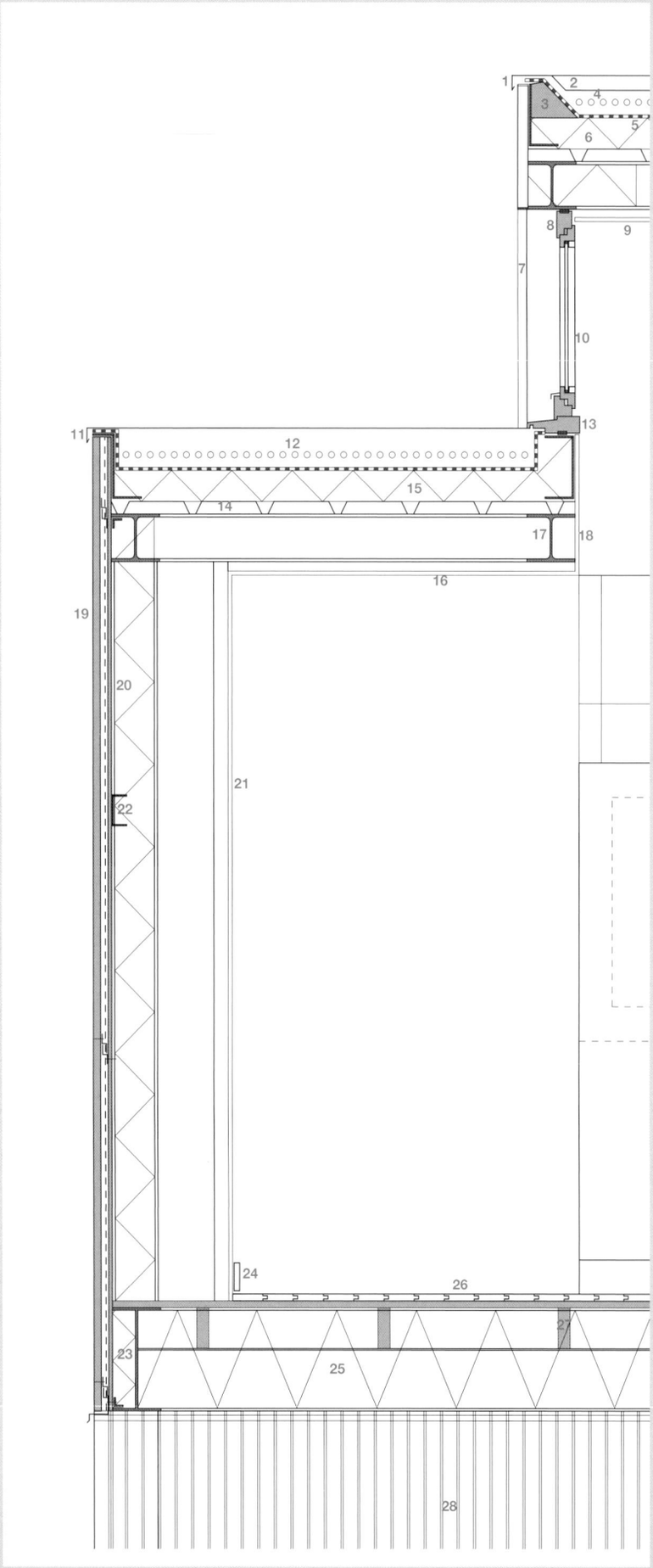


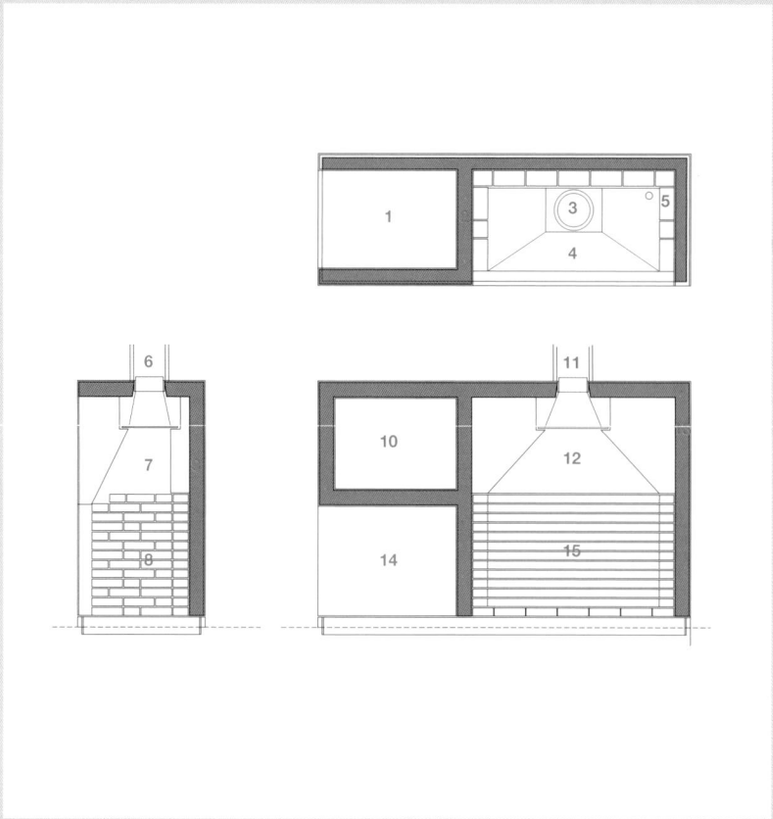


**36.06**
**External Wall Detail**
**1:20**
**1** Sheet aluminium covering
**2** Sheet aluminium covering
**3** Timber packing
**4** Gravel to roof surface
**5** Waterproofing membrane
**6** Rockwool thermal insulation
**7** Untreated larch cladding
**8** Exotic timber casement
**9** Plasterboard ceiling
**10** Double glazing
**11** Sheet aluminium covering to parapet
**12** Gravel covering to roof
**13** Timber window sill
**14** Ribbed sheet steel roof structure
**15** Rockwool thermal insulation
**16** Plasterboard ceiling
**17** 160 mm (6 1/3 inch) steel I-beam
**18** Plasterboard wall
**19** Untreated larch cladding
**20** Plywood with windproof paper lining
**21** Plasterboard wall
**22** 100 mm (4 inch) steel U-beam
**23** 330 mm (13 inch) steel I-beam
**24** Exotic timber skirting
**25** Mineral wool insulation
**26** Pine tongue and groove flooring
**27** Timber joist
**28** Untreated larch cladding

**36.07**
**Chimney Detail**
**1:50**
**1** Cement render to interior of log store
**2** Breeze block structure to fireplace, chimney and log store
**3** Chimney flue
**4** Argile bricks to interior of fireplace
**5** Argile bricks to interior of fireplace
**6** Chimney flue
**7** Concrete structure
**8** Argile bricks to interior of fireplace
**9** Breeze block structure to fireplace, chimney and log store
**10** Cement render finish
**11** Chimney flue
**12** Concrete structure
**13** Breeze block structure to fireplace, chimney and log store
**14** Cement render finish
**15** Argile bricks to interior of fireplace

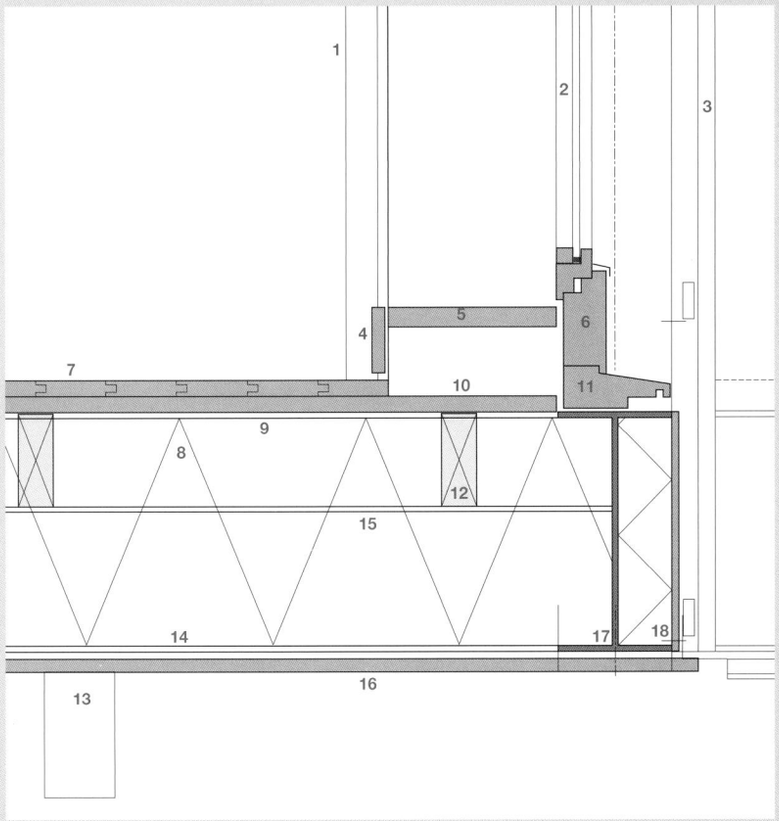


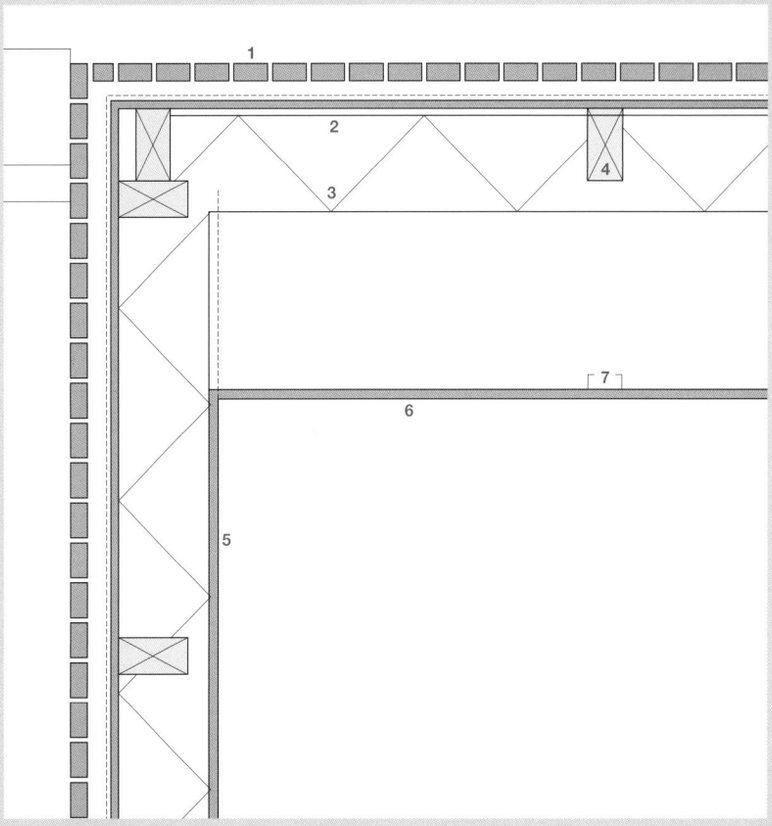


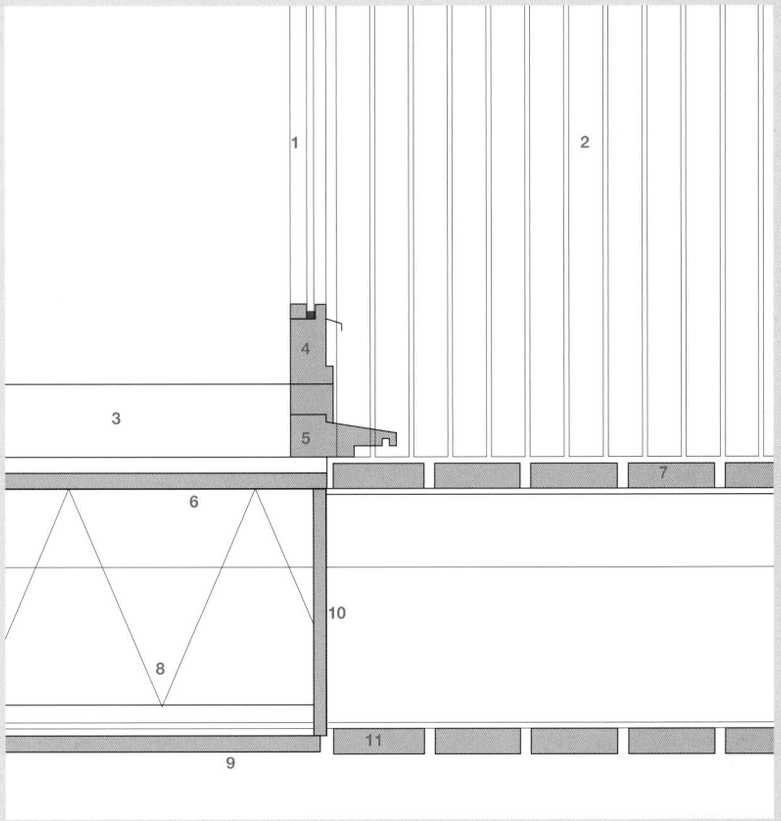


**36.08**
**Floor and Wall Detail**
**1:10**
**1** Plasterboard wall
**2** Double glazing
**3** Untreated larch cladding
**4** Exotic timber skirting
**5** Exotic timber threshold
**6** Exotic timber casement
**7** Pine tongue and groove flooring
**8** Mineral wool thermal insulation
**9** 160 mm (6 1/3 inch) steel H-beam
**10** Plywood floor substrate
**11** Window sill
**12** Timber joist
**13** Rain water down pipe
**14** 330 mm (13 inch) steel I-beam
**15** Mineral wool thermal insulation
**16** Ribbed steel sheet to underside of floor
**17** 330 mm (13 inch) steel I-beam
**18** Plywood filler

**36.09**
**External Corner Detail**
**1:10**
**1** Untreated larch cladding
**2** Plywood with windproof paper lining
**3** Rock wool insulation
**4** Timber stud structure
**5** Plasterboard wall lining
**6** Plasterboard wall lining
**7** Metal C-section plasterboard fixing

**36.10**
**Internal and External Floor Detail**
**1:10**
**1** Double glazing
**2** Untreated larch cladding
**3** Exotic timber skirting
**4** Exotic timber casement
**5** Window sill
**6** Plywood floor substructure
**7** Open exotic timber boards to deck
**8** Mineral wool thermal insulation
**9** Ribbed sheet steel to underside of floor
**10** Plywood filler
**11** Open exotic timber boards to underside of deck

**37**
**Drew Heath Architect**

## Zig Zag Cabin
## Wollombi, New South Wales, Australia

Client
Ross Harley and Maria Fernanda Cardoso

Area
25 square metres (270 square feet)

Project Team
S. Barnett, C. Morrison, T. Dwyer, R. Langdon

Builder
Drew Heath

Conceived as a playful folly, this 'caravan without wheels' is an amalgamation of bold colours and geometric planes. The building is a compact sleeping, sitting and cooking shelter designed as a get-away for Sydney based clients. Within its cubic form, views of the bush are controlled by the 'zigging and zagging' of the window apertures. This creates long and short views and breaks the building up into a series of glass, timber or fibre cement sheet panels. At the lower level, windows provide views of the earth and bush. The vertical windows give a sectional view of the trees and the top-level windows look into the canopy.

The cabin has two sleeping areas, one on the ground level and one on a mezzanine. A timber deck provides outdoor living space and a rain water collection tank behind the cabin supplies fresh water. The hardwood timber framing is clad in timber and fibre cement sheeting, while the interior is clad in masonite with a timber floor and plywood joinery. The form and colour palette is derived from two references. One is the iconic Schroder House (1924) by Gerrit Rietveld in The Netherlands. The influence is apparent in the clever detailing, compact layout and intersecting planes. The second reference is the Australian bush. Using a colour specifier to match colours from the landscape, the building enjoys a comfortable familiarity in the bush setting. With its campsite feel, the Zig Zag Cabin offers a sensitive and intelligent alternative to larger scale permanent structures in the fragile bush environment.

**1** Doors located at the corner of the cabin open up to reveal a jigsaw-like interior opening up onto a simple but generous timber deck.
**2** The 'zig-zag' for which the cabin is named is apparent in the layout of the fenestration across and around the facades.
**3** Detail of the glazing in which corner mullions are eliminated in order to capitalize on carefully edited views of the bushland setting.
**4** At the junction of the horizontal and vertical strips of glazing, square windows open to encourage cross ventilation.
**5** Inside, the cabin is organized rationally and intelligently. Bedding, for example, doubles as seating and preparation surfaces.

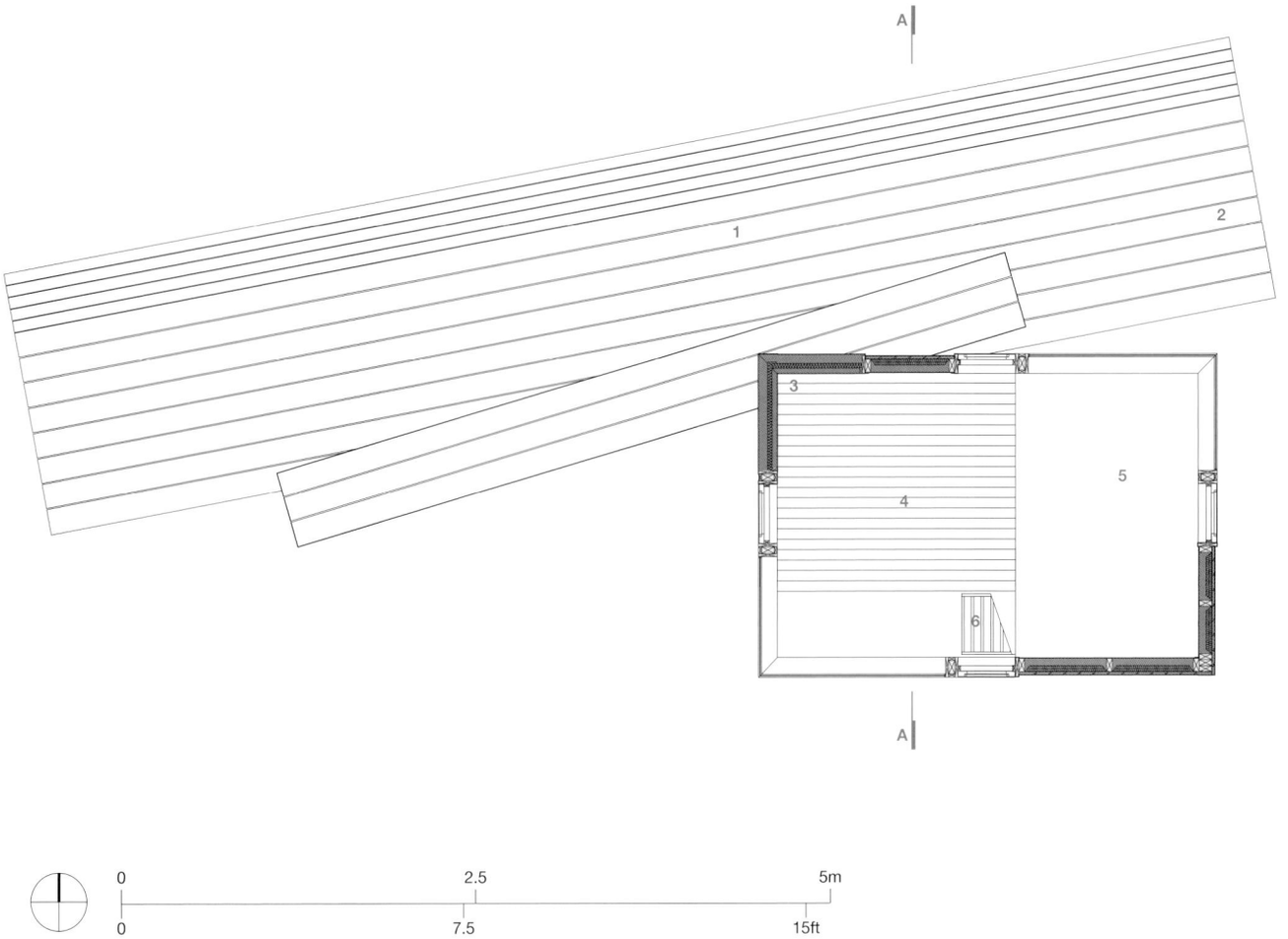


**37.01**
**Floor Plan**
**1:50**
1 Timber deck
2 Sink under deck
3 Entrance
4 Living space
5 Bed
6 Ladder to upper level

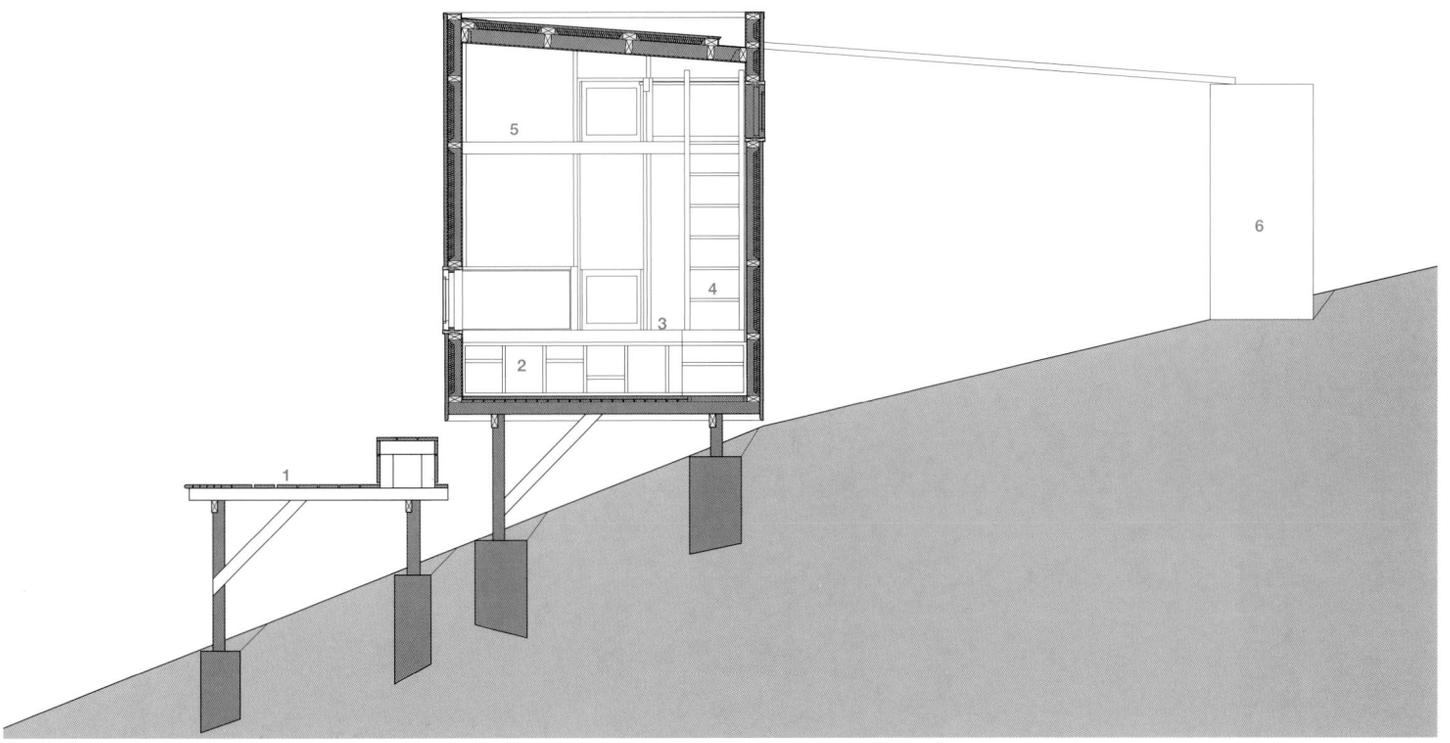


**37.02**
**Section A–A**
**1:50**
1 Timber deck
2 Under bench storage
3 Bench
4 Ladder to upper level
5 Upper level sleeping platform
6 Rain water tank

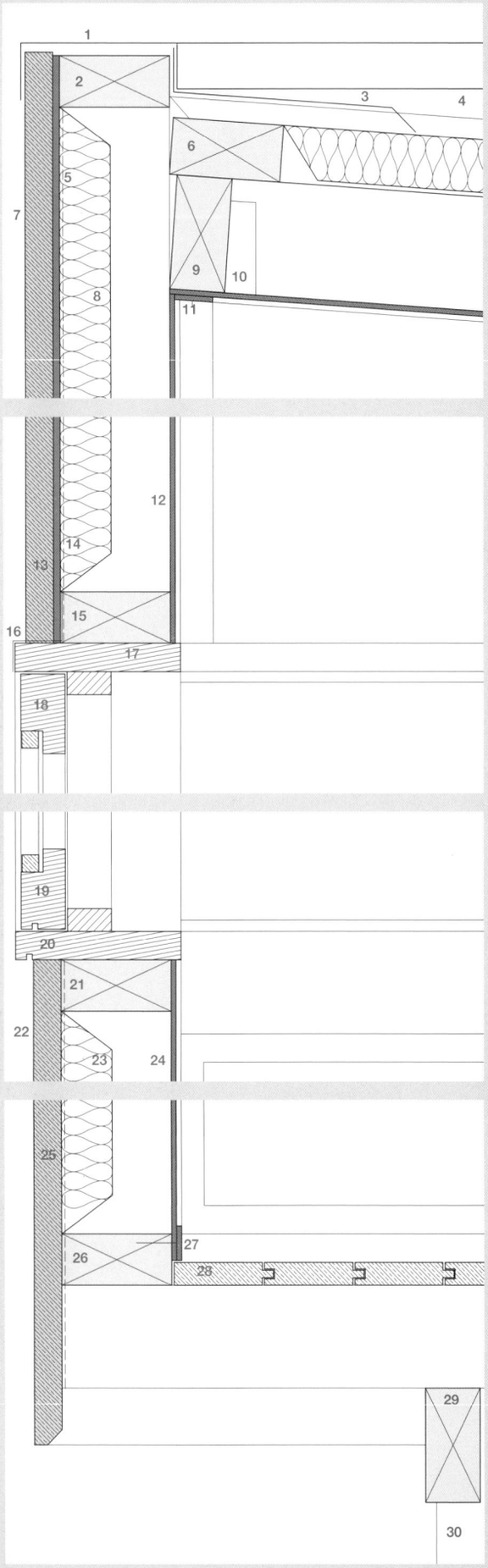


**37.03**
**Roof, Wall and Floor Detail**
**1:5**
**1** Zincalume flashing
**2** 100 x 50 mm (4 x 2 inch) recycled hardwood
**3** Zincalume flashing
**4** 18 mm (3/4 inch) Colorbond steel roof
**5** Perforated sarking
**6** 100 x 50 mm (4 x 2 inch) recycled hardwood
**7** 25 mm (1 inch) rough sawn cypress shiplap boards
**8** R1.5 insulation blanket
**9** 100 x 50 mm (4 x 2 inch) recycled hardwood
**10** Joist hanger
**11** 30 x 4.5 mm (1 x 1/3 inch) masonite cover strips
**12** 4.5 mm (1/3 inch) masonite
**13** 6 mm (1/3 inch) compressed fibre cement sheet cladding
**14** R1.5 insulation blanket
**15** 100 x 50 mm (4 x 2 inch) recycled hardwood
**16** Zincalume flashing
**17** 150 x 25 mm (6 x 1 inch) hardwood
**18** 70 x 40 (2 3/4 x 1 1/2 inch) hardwood window frame
**19** 70 x 40 (2 3/4 x 1 1/2 inch) hardwood window frame
**20** 150 x 25 mm (6 x 1 inch) hardwood window sill
**21** 100 x 50 mm (4 x 2 inch) recycled hardwood
**22** 25 mm (1 inch) rough sawn cypress shiplap boards
**23** R1.5 insulation blanket
**24** 4.5 mm (1/4 inch) masonite
**25** 25 mm (1 inch) rough sawn cypress shiplap boards
**26** 100 x 50 mm (4 x 2 inch) recycled hardwood
**27** 30 x 4.5 mm (1 1/4 x 1/4 inch) masonite cover strips
**28** 80 x 20 mm (3 1/4 x 3/4 inch) tongue and groove flooring
**29** 100 x 50 mm (4 x 2 inch) recycled hardwood
**30** 100 x 100 mm (4 x 4 inch) hardwood post

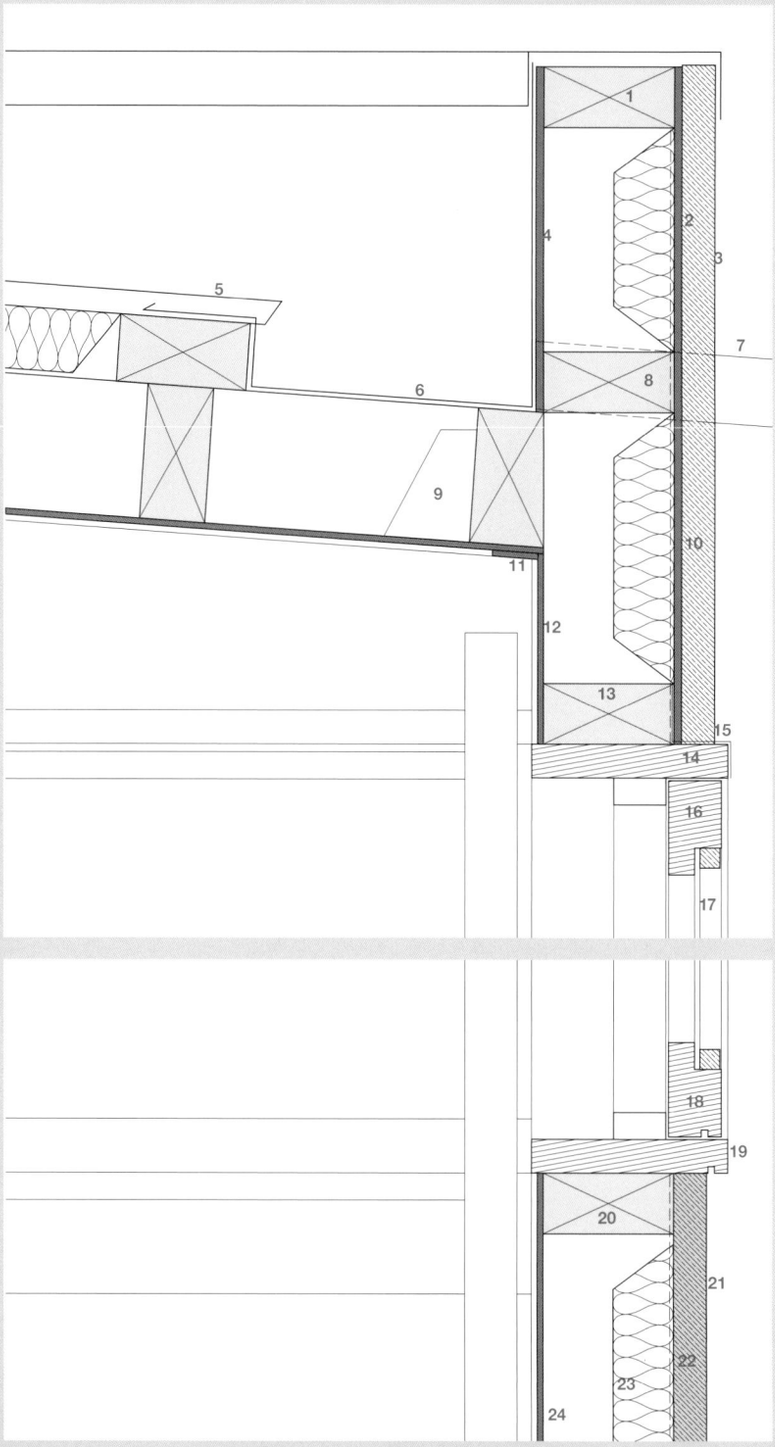


**37.04**
**Roof Parapet and Window Detail**
**1:5**
**1** 100 x 50 mm (4 x 2 inch) recycled hardwood
**2** Perforated sarking
**3** 25 mm (1 inch) rough sawn cypress shiplap boards
**4** 4.5 mm (1/4 inch) masonite
**5** 18 mm (3/4 inch) Colorbond steel roof
**6** Zincalume flashing
**7** 50 mm (2 inch) diameter zincalume downpipe
**8** 100 x 50 mm (4 x 2 inch) recycled hardwood
**9** Joist hanger
**10** 6 mm (1/3 inch) compressed fibre cement sheet cladding
**11** 30 x 4.5 mm (1 x 1/3 inch) masonite cover strips
**12** 4.5 mm (1/4 inch) masonite
**13** 100 x 50 mm (4 x 2 inch) recycled hardwood
**14** 150 x 25 mm (6 x 1 inch) hardwood
**15** Zincalume flashing
**16** 70 x 40 (2 3/4 x 1 1/2 inch) hardwood window frame
**17** 4 mm (1/5 inch) float glass
**18** 70 x 40 (2 3/4 x 1 1/2 inch) hardwood window frame
**19** 150 x 25 mm (6 x 1 inch) hardwood window sill
**20** 100 x 50 mm (4 x 2 inch) recycled hardwood
**21** 25 mm (1 inch) rough sawn cypress shiplap boards
**22** Perforated sarking
**23** R1.5 insulation blanket
**24** 4.5 mm (1/4 inch) masonite

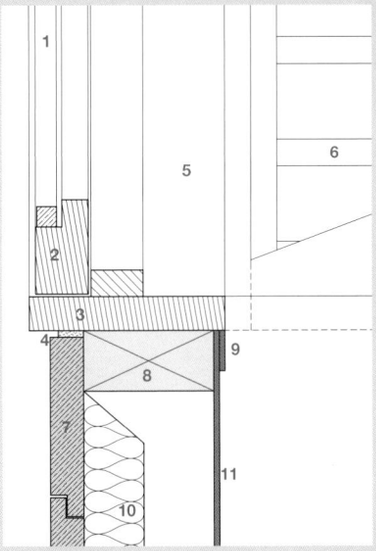


**37.05**
**Window Detail 1**
**1:5**
**1** 4 mm (1/4 inch) float glass
**2** 70 x 40 mm (3 x 1 1/2 inch) hardwood window frame
**3** 150 x 25 mm (6 x 1 inch) hardwood
**4** Mastic joint
**5** 150 x 25 mm (6 x 1 inch) hardwood
**6** Recycled timber ladder
**7** 25 mm (1 inch) rough sawn cypress shiplap boards
**8** 100 x 50 mm (4 x 2 inch) recycled hardwood
**9** 30 x 4.5 mm (1 1/4 x 1/4 inch) masonite cover strips
**10** R1.5 insulation blanket
**11** 4.5 mm (1/4 inch) masonite

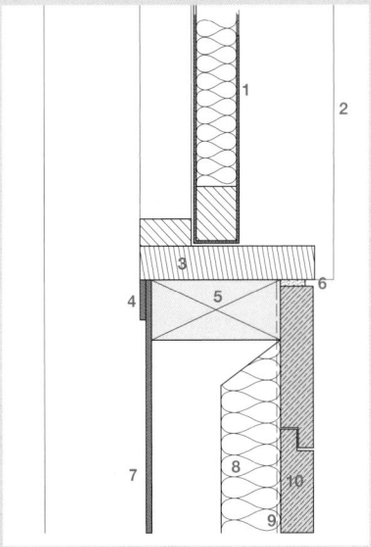


**37.06**
**Wall Detail 1**
**1:5**
**1** 35 mm (1 1/3 inch) hollow core door
**2** 150 x 25 mm (6 x 1 inch) hardwood
**3** 150 x 25 mm (6 x 1 inch) hardwood
**4** 30 x 4.5 mm (1 1/4 x 1/4 inch) masonite cover strips
**5** 100 x 50 mm (4 x 2 inch) recycled hardwood
**6** Mastic joint
**7** 4.5 mm (1/4 inch) masonite
**8** R1.5 insulation blanket
**9** Perforated sarking
**10** 25 mm (1 inch) rough sawn cypress shiplap boards

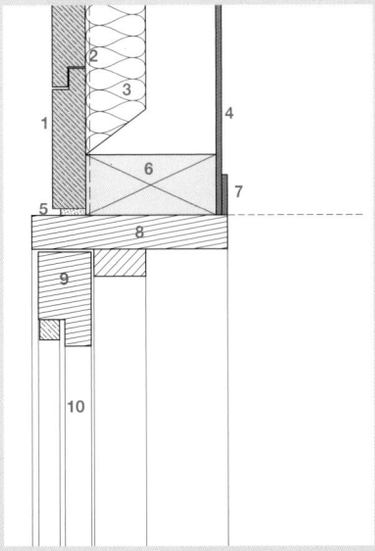


**37.07**
**Window Detail 2**
**1:5**
**1** 25 mm (1 inch) rough sawn cypress shiplap boards
**2** Perforated sarking
**3** R1.5 insulation blanket
**4** 4.5 mm (1/4 inch) masonite
**5** Mastic joint
**6** 100 x 50 mm (4 x 2 inch) recycled hardwood
**7** 30 x 4.5 mm (1 1/4 x 1/4 inch) masonite cover strips
**8** 150 x 25 mm (6 x 1 inch) hardwood
**9** 70 x 40 mm (2 3/4 x 1 1/2 inch) hardwood window frame
**10** 4 mm (1/5 inch) float glass

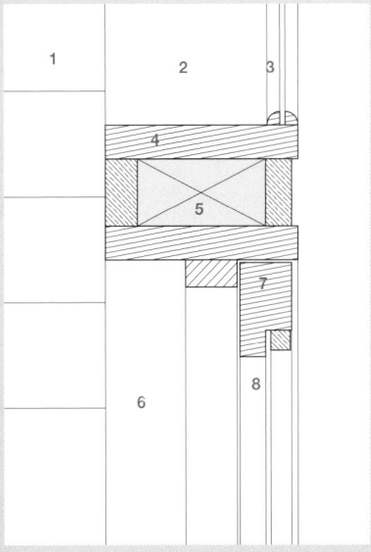


**37.08**
**Wall Detail 2**
**1:5**
**1** 80 x 20 mm (3 1/4 x 1/4 inch) tongue and groove flooring
**2** 150 x 25 mm (6 x 1 inch) hardwood sill below
**3** 4 mm (1/4 inch) float glass
**4** 150 x 25 mm (6 x 1 inch) hardwood
**5** 100 x 50 mm (4 x 2 inch) recycled hardwood
**6** 150 x 25 mm (6 x 1 inch) hardwood sill below
**7** 70 x 40 mm (3 x 1 1/2 inch) hardwood window frame
**8** 4 mm (1/4 inch) float glass

**38**
**Edge Design Institute Ltd.**

**Suitcase House**
**Shuiguan, Badaling, China**

Client
SOHO China Ltd.

Area
250 square metres (2,690 square feet)

Project Team
Gary Chang, Andrew Holt, Howard Chang, Popeye Tsang, Yee Lee

Structural Engineer
Qin Min-De

Services Engineer
Beijing Century Co.

Local Architect
Beijing Century Architectural Design + Planning Co. Ltd.

Main Contractor
China Construction 1st Division, 4th Company, 3rd Housing Architecture Construction Company

The Suitcase House is part of the experimental development 'The Commune by the Great Wall' near Beijing. Twelve young Asian architects were invited to design 11 houses and a clubhouse at the foot of the Great Wall. The Suitcase House attempts to rethink the nature of privacy and adaptability, and is a demonstration of the desire for ultimate flexibility. Made up of three strata, the middle layer is a plane on which the majority of domestic activities occur. This space transforms itself according to the nature of the activities and personal preferences for enclosure with the help of a number of mobile elements.

The bottom strata acts as a container for dedicated spaces including bedrooms, bathrooms and kitchen as well as a meditation chamber with glazed floor, music room, library, study and sauna. Compartments are concealed by a landscape of pneumatically assisted floor panels so that only the required elements have a spatial presence. To blur the boundaries between exterior, interior and furniture, every element is clad monochromatically in timber. The steel structure is supported on, and cantilevers out from, a concrete base that houses utilitarian facilities such as the pantry, butler's quarters, boiler room and the sauna.

1

**1** The simple rectilinear form masks the ultimate flexibility of the house in which the inhabitants are able to create spaces and use facilities in a completely personal manner.
**2** With all the panels closed, the interior appears as a simple open plan space.
**3** Sliding panels divide the space from floor to ceiling, while hinged doors in the floor reveal all manner of services that can be opened up or concealed at will.
**4** The pneumatically assisted floor panels reveal sunken bathrooms, as seen here, as well as bedrooms and a kitchen.

2

3

4

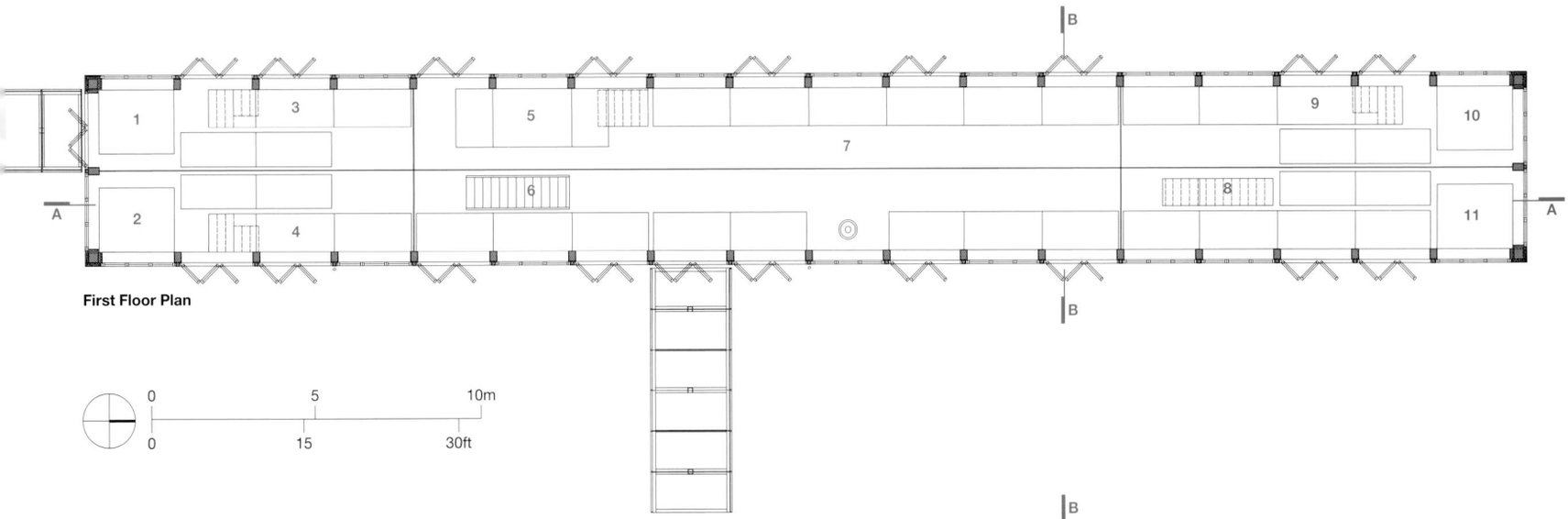


First Floor Plan

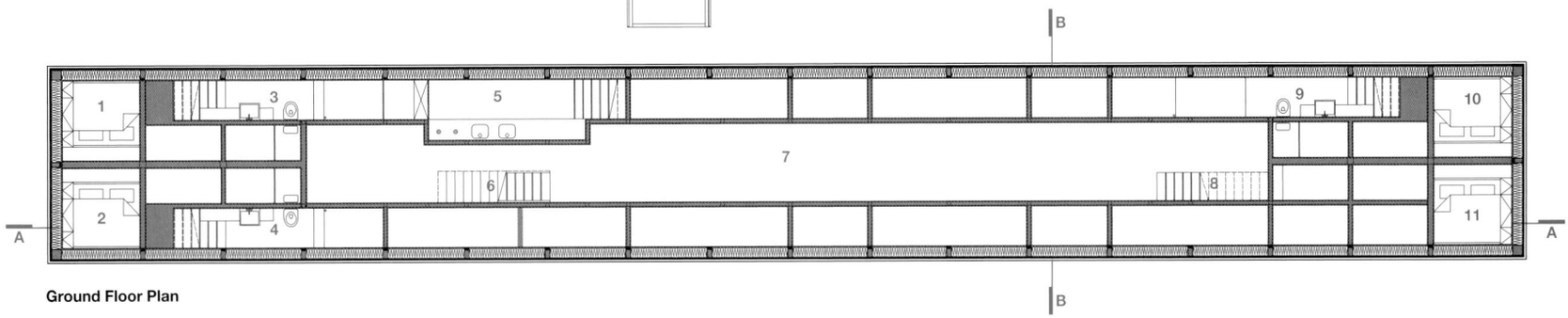


Ground Floor Plan

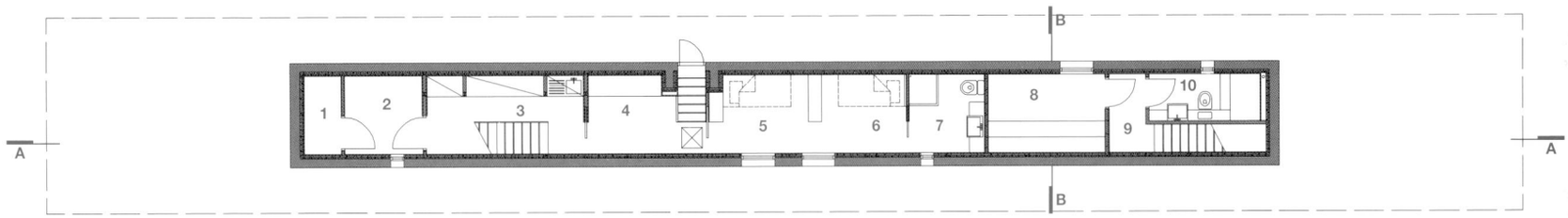


Basement Floor Plan

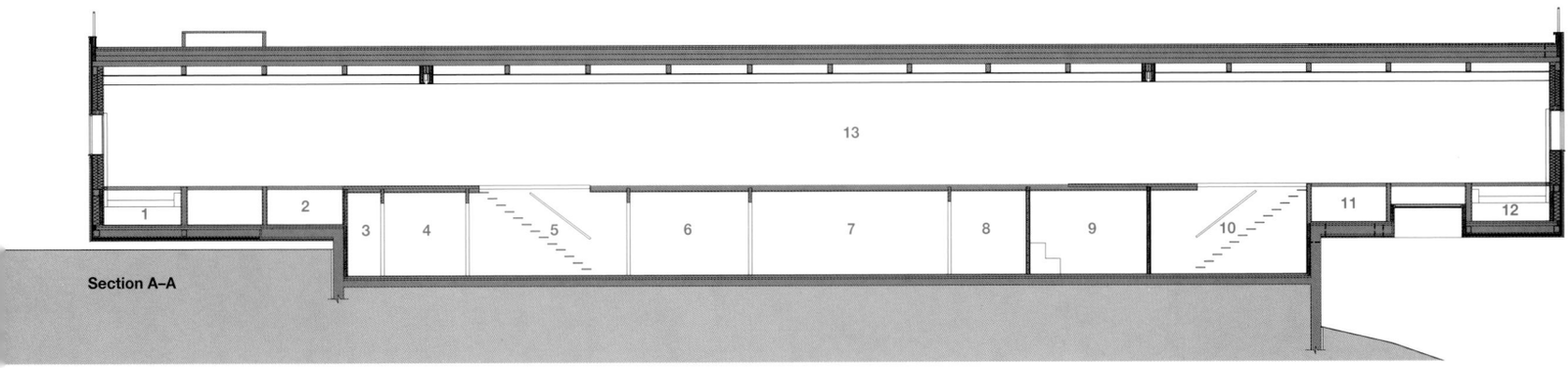


Section A–A

**38.01**
**First Floor Plan**
**1:200**
1 Bedroom panel
2 Bedroom panel
3 Bathroom panel
4 Bathroom panel
5 Kitchen panel
6 Stair to lower level
7 Living space
8 Stair to lower level
9 Bathroom panel
10 Bedroom panel
11 Bedroom panel

**38.02**
**Ground Floor Plan**
**1:200**
1 Bedroom
2 Bedroom
3 Bathroom
4 Bathroom
5 Kitchen
6 Stair to lower level
7 Living space
8 Stair to lower level
9 Bathroom
10 Bedroom
11 Bedroom

**38.03**
**Basement Floor Plan**
**1:200**
1 Mechanical and electrical room
2 Boiler room
3 Pantry
4 Library
5 Entry to butler's bedroom
6 Butler's bedroom
7 Butler's bathroom
8 Sauna
9 Stair to upper level
10 Bathroom

**38.04**
**Section A–A**
**1:200**
1 Bedroom
2 Bathroom
3 Mechanical room
4 Boiler room
5 Stair to upper level
6 Library
7 Butler's bedroom
8 Butler's bathroom
9 Sauna
10 Stair to upper level
11 Bathroom
12 Bedroom
13 Living space

**38.05**
**Section B–B**
**1:200**
1 Living space
2 Storage
3 Sauna
4 Storage

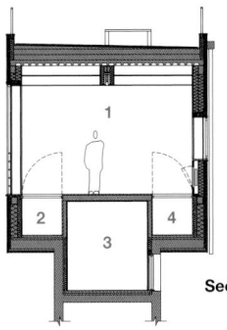


Section B–B

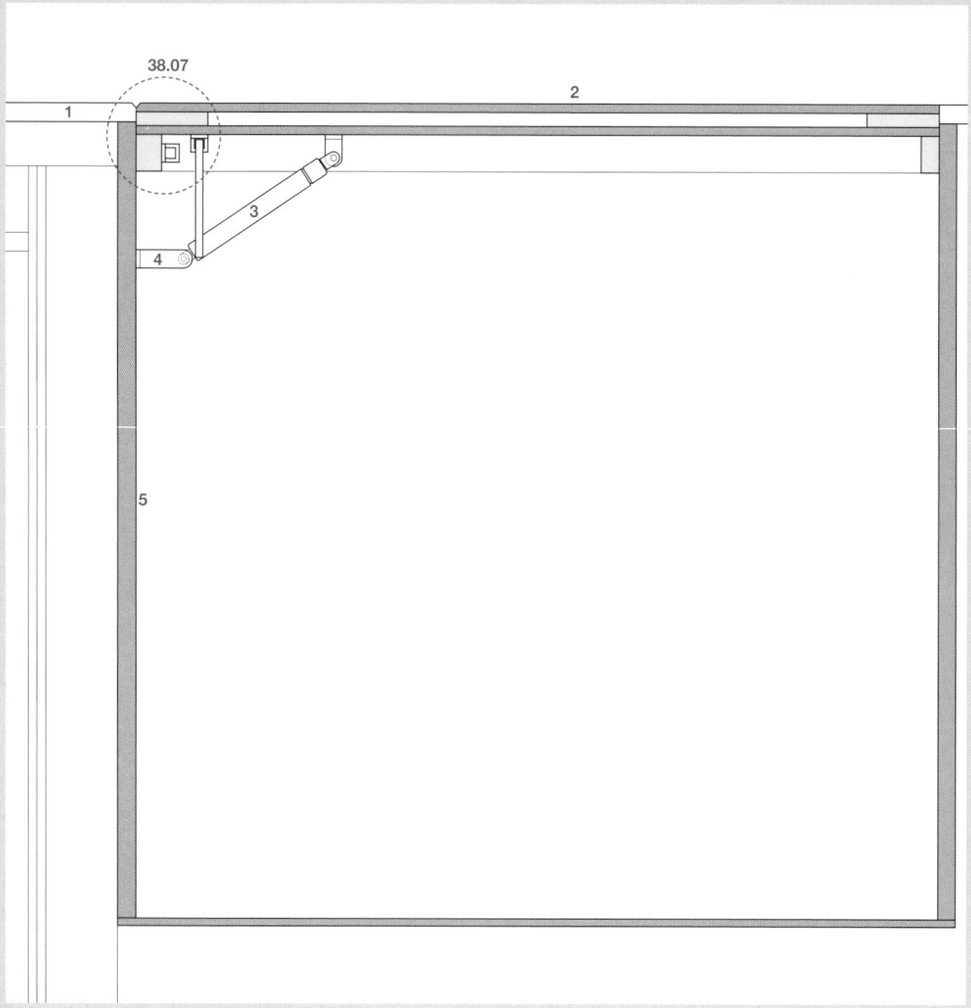


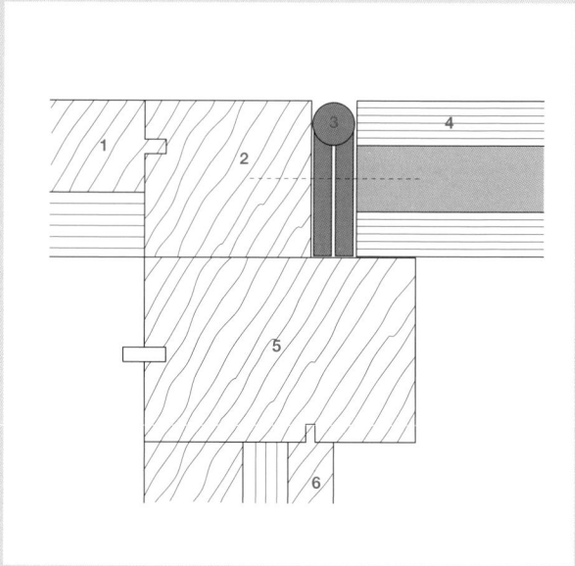


**38.06**
**Pneumatic Floor Panel Detail**
**1:10**
**1** Timber floor
**2** Openable timber floor panel
**3** Gas spring
**4** Metal bracket
**5** Timber lined interior

**38.07**
**Pneumatic Floor Hinge Detail**
**1:2**
**1** Hardwood flooring
**2** Hardwood block
**3** Recessed hinge
**4** Hardwood panel
**5** Hardwood frame
**6** Timber wall panel

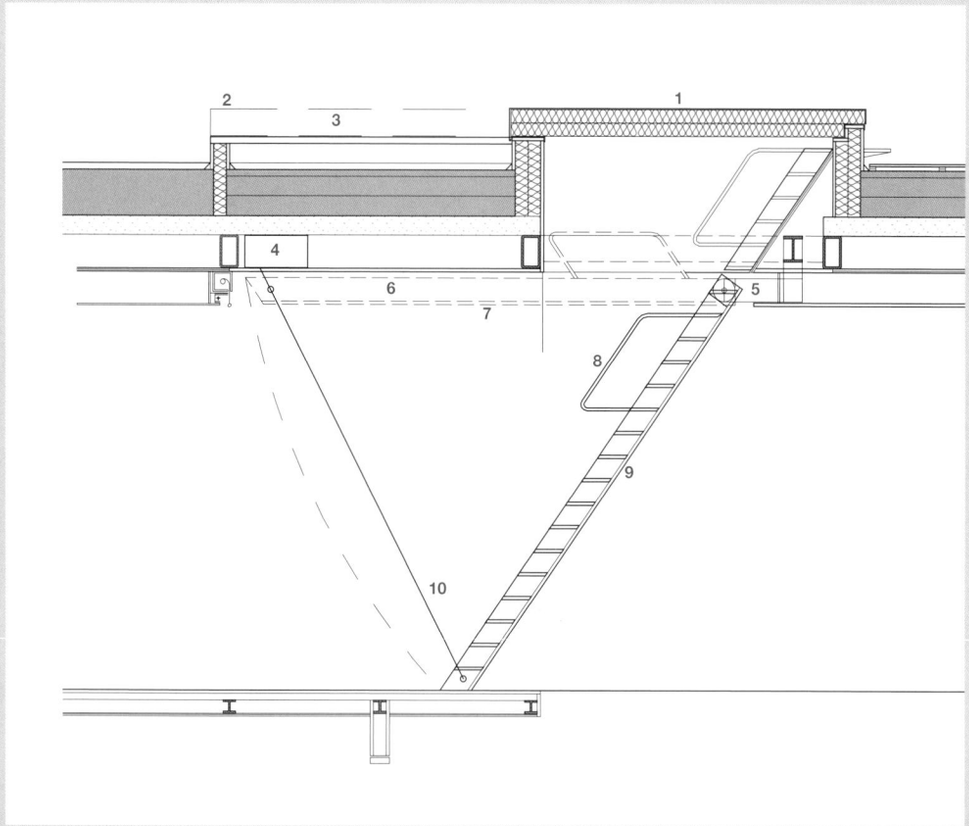


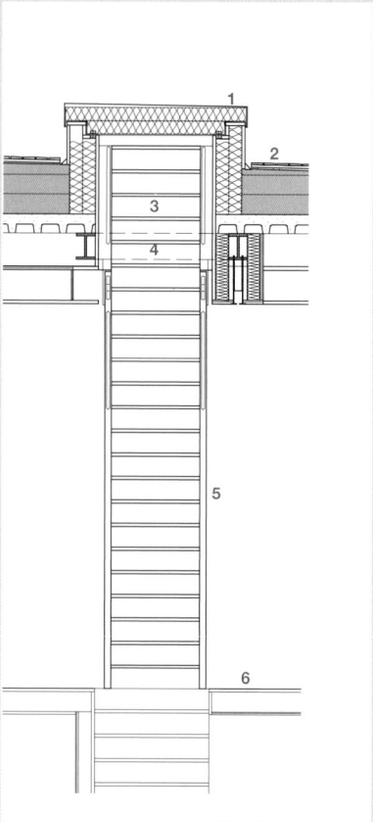


**38.08**
**Roof Access Longitudinal Section**
**1:50**
**1** Insulated sliding roof hatch
**2** Line of roof in open position
**3** Guide rail
**4** Concealed electric motor for raising and lowering staircase
**5** Pivot point
**6** Plywood ceiling
**7** Line of staircase in raised position
**8** Hand rail
**9** Veneered plywood backing to stair
**10** Steel cable to raise and lower stair

**38.09**
**Roof Access Cross Section**
**1:50**
**1** Electrically operated insulated roof hatch in closed position
**2** Timber roof deck
**3** Fixed section of staircase
**4** Pivot point
**5** Staircase in lowered position
**6** Interior timber floor

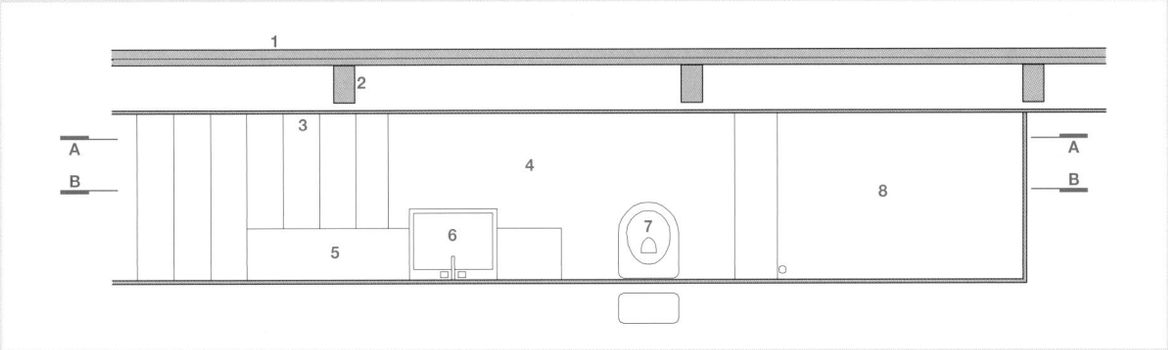


**38.10**
**Bathroom Detail Plan**
**1:50**
**1** Full height folding doors
**2** Steel column to building structure
**3** Stair to upper level
**4** Slate floor
**5** Counter
**6** Hand basin
**7** WC
**8** Shower tray

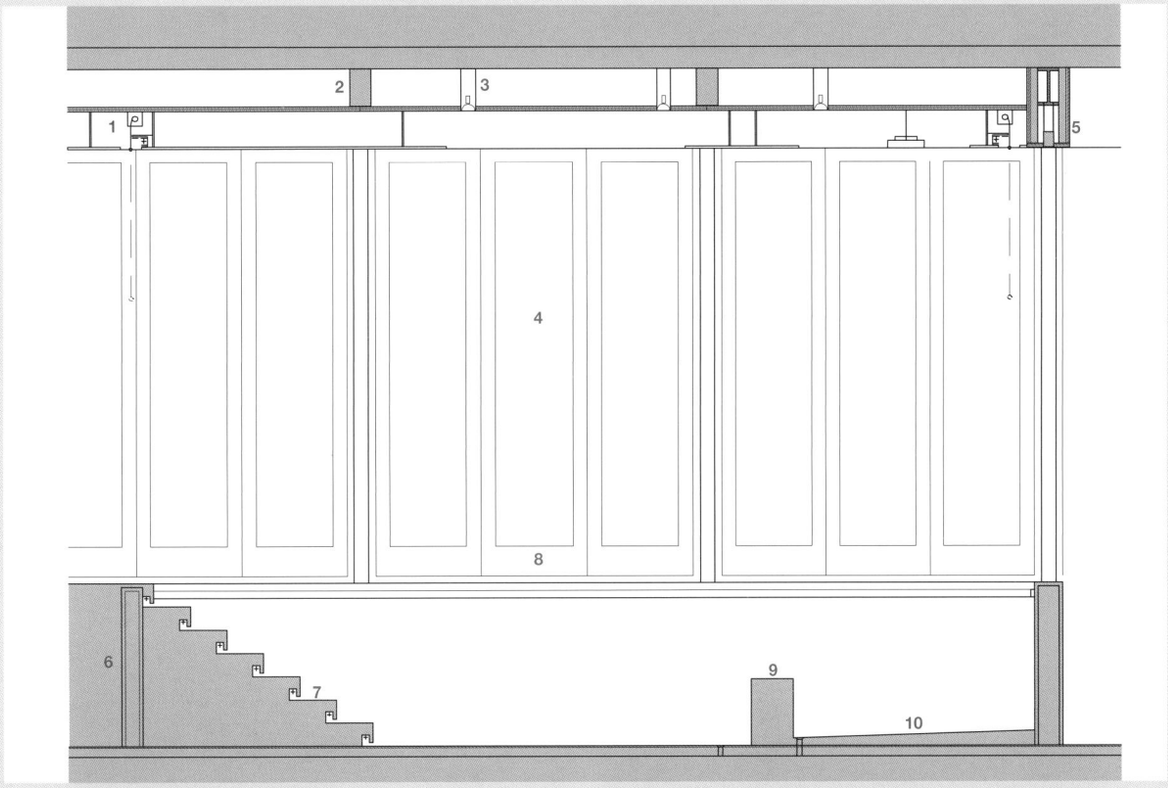


**38.11**
**Bathroom Detail**
**Section A–A**
**1:50**
**1** Roller curtain
**2** Ceiling structure
**3** Downlight
**4** Full height folding door
**5** Guide rail for interior sliding and folding partition
**6** Storage
**7** Stair with concealed lighting
**8** Timber flooring
**9** Shower hob
**10** Shower tray

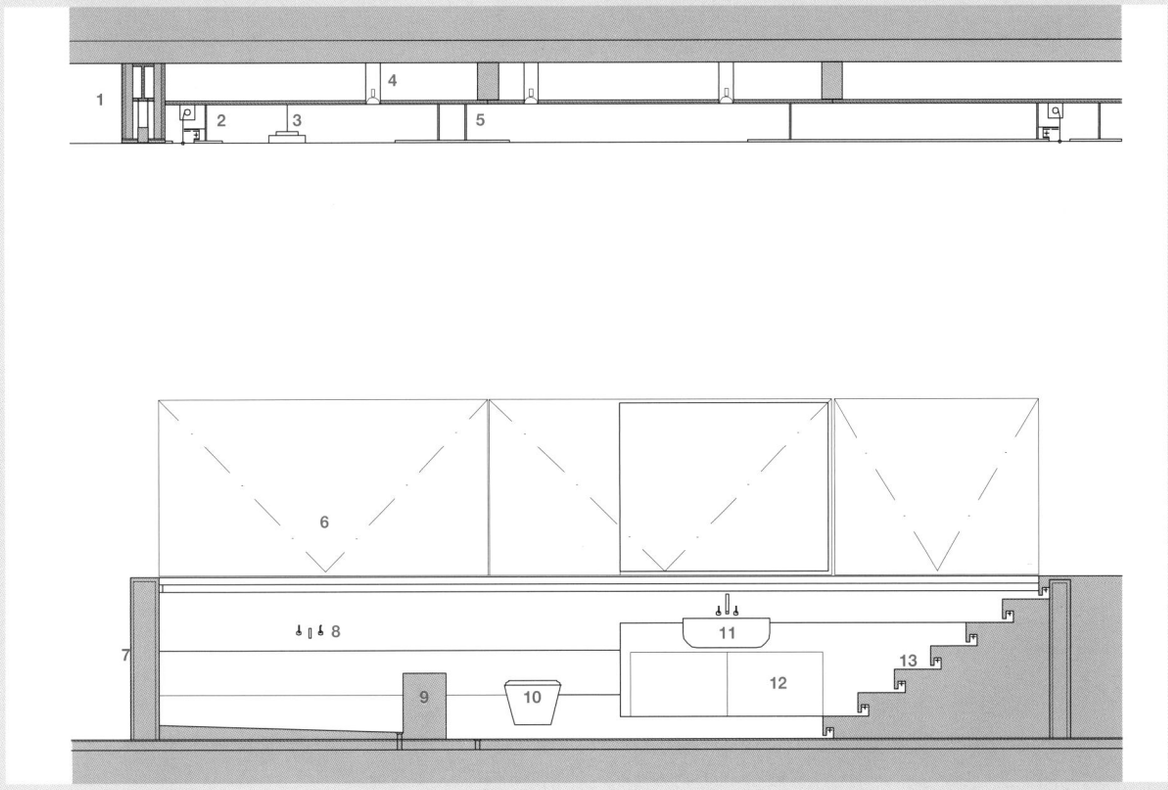


**38.12**
**Bathroom Detail**
**Section B–B**
**1:50**
**1** Guide rail for interior sliding and folding partition
**2** Roller curtain
**3** Overhead shower
**4** Downlight
**5** Dropped ceiling
**6** Openable timber floor panel
**7** Pantry
**8** Stainless steel taps
**9** Shower hob
**10** WC
**11** Hand basin
**12** Storage cabinet
**13** Stair with concealed lighting

**39**
**Fougeron Architecture**

**Jackson Family Retreat**
**Big Sur, California, USA**

Area
232 square metres (2,500 square feet)

Project Team
Anne Fougeron, Michel Pierry, Anne Tipp, Vivian Dwyer, Ethen Wood, Ryan Murphy, Todd Aranaz

Structural Engineer
Endres Ware Consulting Engineers

Main Contractor
Thomas George Construction

Located in the Big Sur area of northern California, this weekend retreat is composed of four volumes, each from a different material, interconnected to create visually and spatially complex exterior and interior spaces. The main volume features a butterfly roof and glass corners that reach out to the sky. The roof sits delicately above a band of glass, connecting to the roof structure with thin steel rods. At the corners of the house, two-storey-high windows frame views of the redwoods and the sky. This volume is clad in standing seam copper. The second volume is a one-storey structure that houses the service functions and acts as a buffer from the road. This is clad in yellow Alaskan cedar turned in three directions to act as a rain screen and a fence.

The back of the house is comprised of a steel and glass volume, open to views of the creek. Finally the fourth volume, containing the staircase, and clad inside and out with grey stucco, is both the seismic structural brace for the house and a visual foil to the transparent volumes around it. On the ground floor, two bedrooms sandwich the two-storey communal living space, the fireplace, and the loft library. Tall windows in the bedrooms dissolve the corners of the spaces, bringing light and views into the bedroom and living spaces. On the second floor, the space is open with the library and communal sleeping room separated from the bedrooms below by glass panels. A combination of transparent glass and extruded channel glass reflects light, creating an ever-changing interior with a warm play of light and shadow throughout the day.

1

**1** A view of the three main volumes – the grey stucco-clad stair volume on the left, the glazed living room extension opening onto a timber deck, and the copper-clad main volume with two-storey-high windows at the corners accommodate the main living spaces and bedrooms above.
**2** At the rear of the house, a timber screen acts as a buffer from the adjacent approach road, while an elegant butterfly roof caps the composition.
**3** The library on the first floor, overlooking the living spaces, features a dramatic exposed roof structure of timber beams and steel tension rods.
**4** View of the living room with spectacular views of the canyon wall through the steel-framed, full height glazed walls and ceiling.

2

3

4

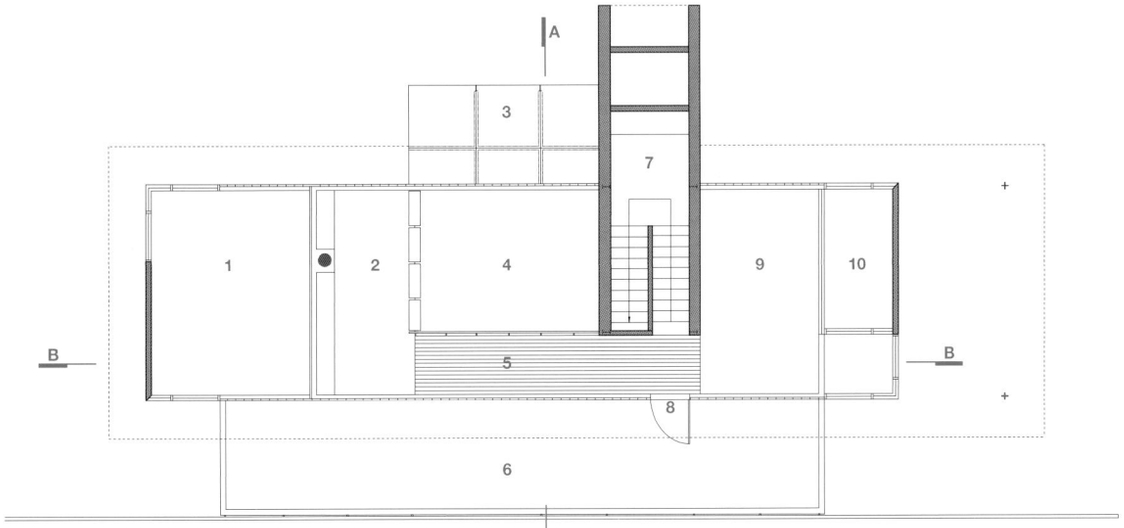


**39.01**
**First Floor Plan**
**1:200**
1 Void over bedroom below
2 Library
3 Glazed roof to living room below
4 Void over living room below
5 Corridor
6 Timber deck
7 Staircase
8 Access to deck
9 Sleeping loft
10 Void over entrance below

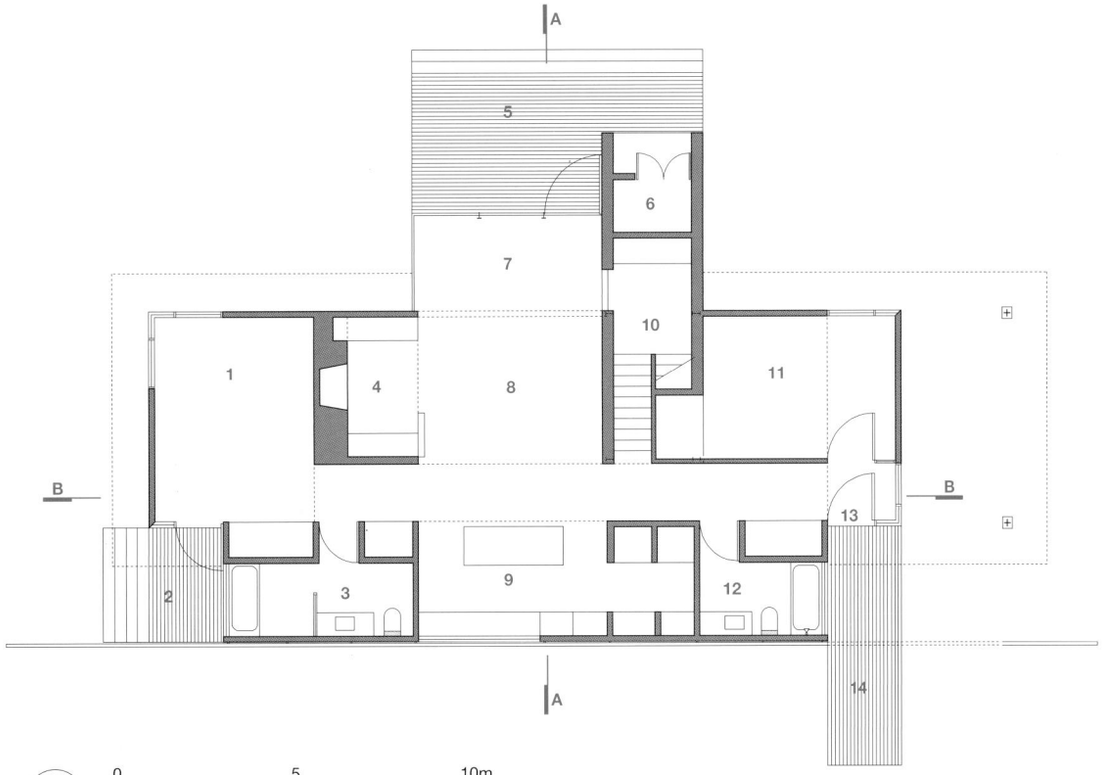


**39.02**
**Ground Floor Plan**
**1:200**
1 Bedroom
2 Private deck to bedroom
3 Bathroom
4 Fireplace
5 Timber deck to living room
6 Store
7 Glazed extension to living room
8 Living and dining room
9 Kitchen
10 Staircase
11 Bedroom
12 Bathroom
13 Entrance
14 Ramp to entrance

0 5 10m
0 15 30ft

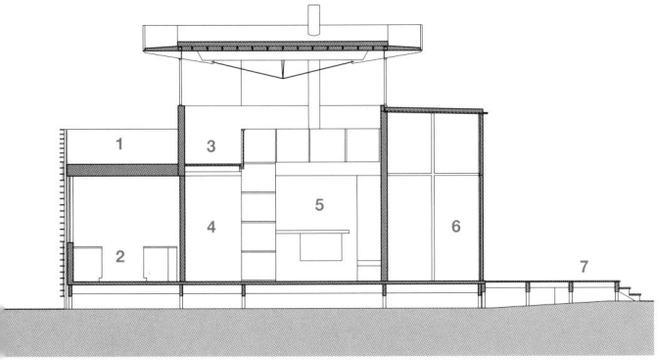


**39.03**
**Section A–A**
**1:200**
1 Deck
2 Kitchen
3 Void over corridor below
4 Corridor
5 Living and dining room looking towards fireplace
6 Glazed extension to living room
7 Timber deck

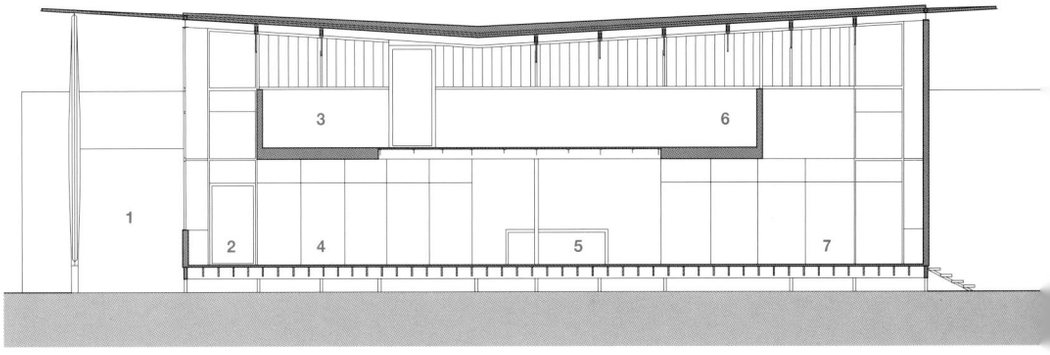


**39.04**
**Section B–B**
**1:200**
1 Carport
2 Entrance
3 Sleeping loft
4 Bathroom
5 Kitchen
6 Library
7 Bedroom

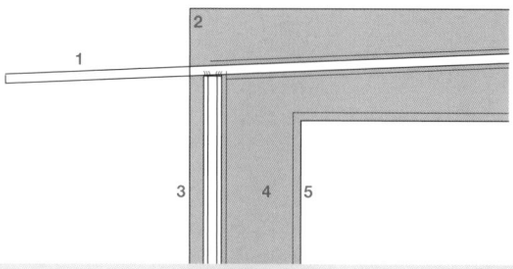


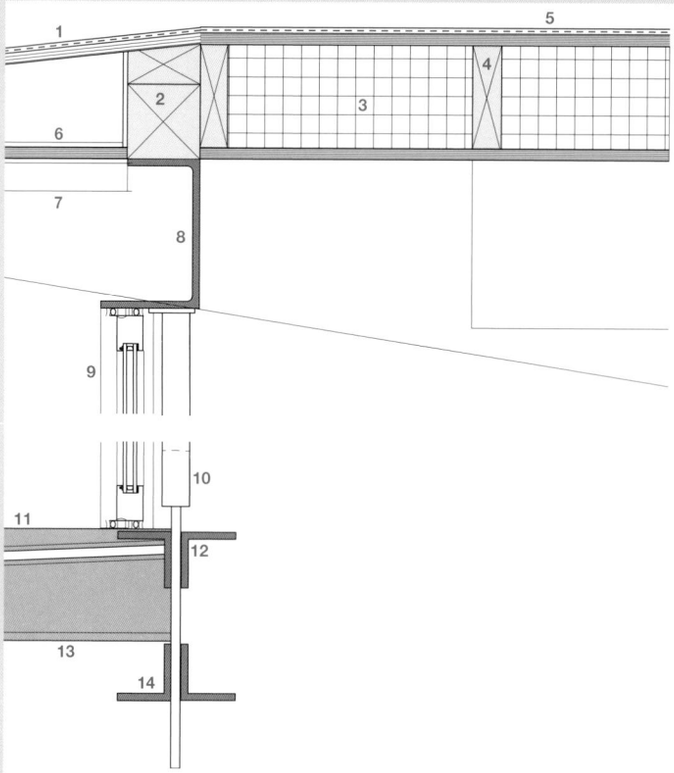


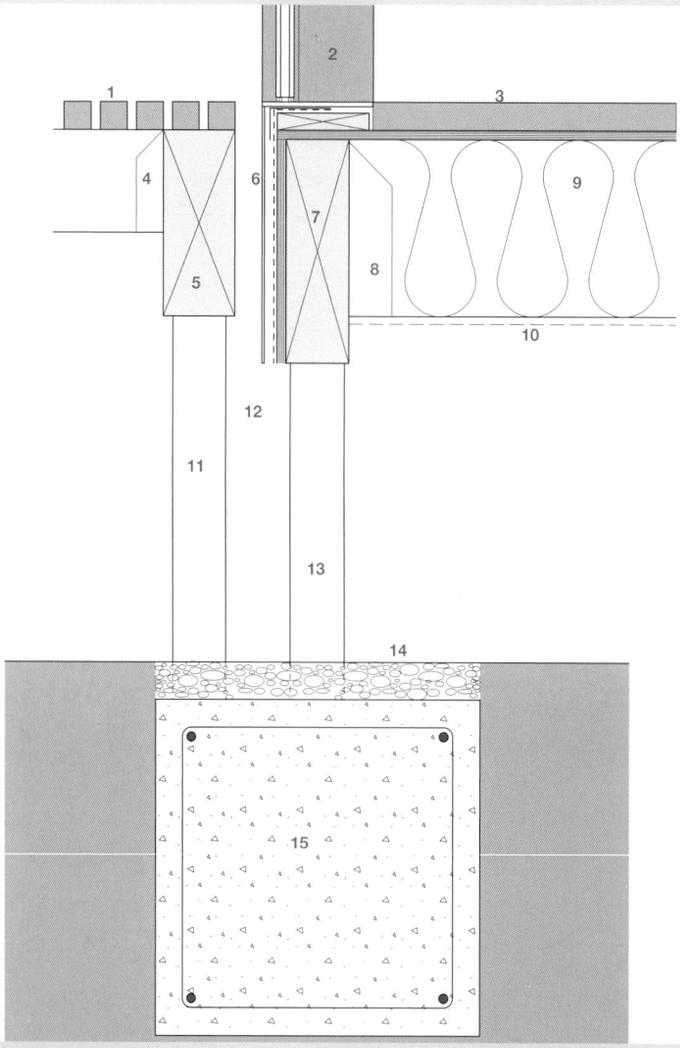


**39.05**
**Wall Section Detail at Glass Box 1**
**1:10**
**1** Insulated glass
**2** Steel section beyond
**3** Steel section beyond
**4** Steel section beyond
**5** Steel section beyond

**39.06**
**Wall Section Detail at Glass Box 2**
**1:10**
**1** Redwood decking
**2** Painted flat steel bar
**3** Concrete floor with radiant heating
**4** Joist hanger
**5** 100 x 250 mm (4 x 10 inch) redwood timber beam
**6** Metal flashing
**7** 100 x 300 mm (4 x 12 inch) glulam beam
**8** Joist hanger
**9** Batt insulation
**10** Fibreglass mesh
**11** 76 mm (3 inch) steel pipe column
**12** Air space
**13** 76 mm (3 inch) steel pipe column
**14** Granite rubble
**15** Reinforced concrete beam

**39.07**
**Wall Section Detail at Glass Box 3**
**1:10**
**1** Built-up roof
**2** 100 x 100 mm (4 x 4 inch) header
**3** Rigid insulation
**4** 50 x 150 mm (2 x 6 inch) stud
**5** Built-up roof
**6** 50 mm (2 inch) diameter vent
**7** 6 mm (1/4 inch) steel truss beyond
**8** Bent steel channel
**9** Insulated glass
**10** 50 mm (2 inch) steel rod
**11** Steel T-section beyond
**12** Custom composite beam
**13** Steel T-section beyond
**14** Custom composite beam

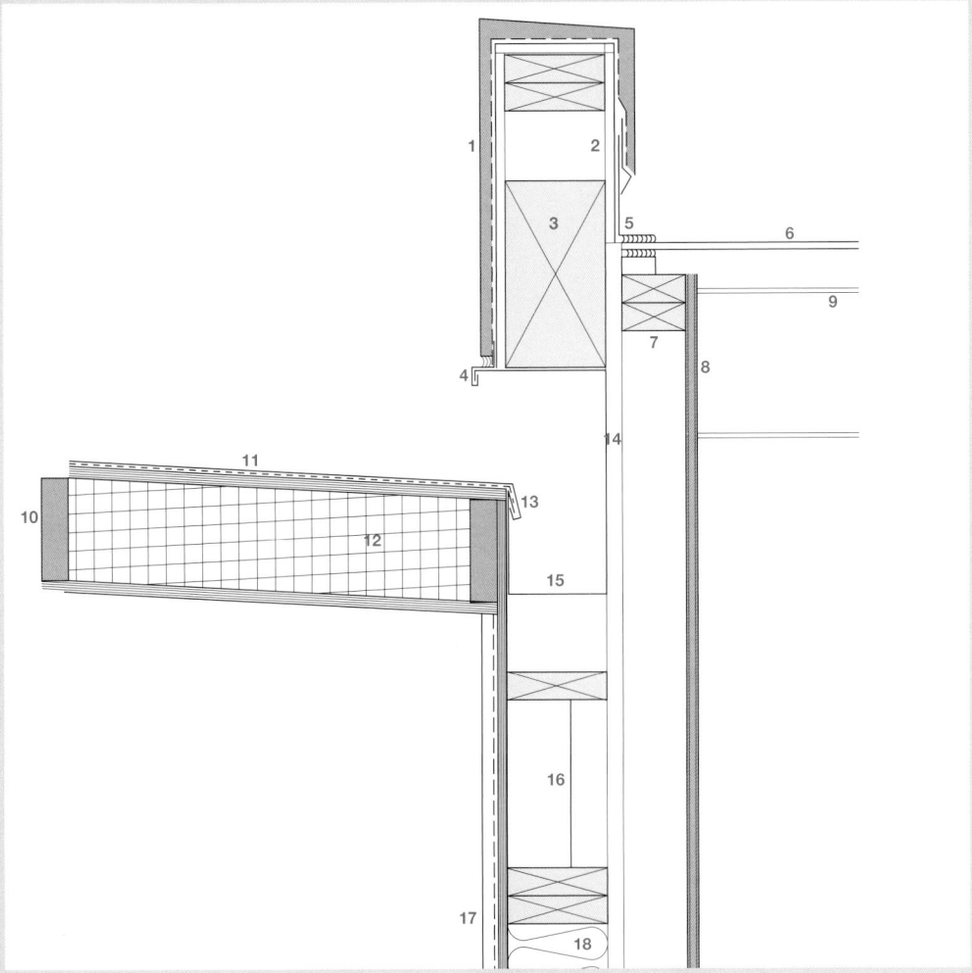


**39.08**
**Wall Section Detail at Cement Plaster Wall 1**
**1:10**
**1** Cement plaster exterior wall finish
**2** 12 mm (1/2 inch) plywood
**3** Glulam beam
**4** Metal flashing
**5** Sealant
**6** Built-up roof
**7** 50 x 100 mm (2 x 4 inch) timber stud
**8** 15 mm (5/8 inch) gypsum board wall lining
**9** 50 x 200 mm (2 x 8 inch) timber joist
**10** Timber joint
**11** Built-up roof
**12** Rigid insulation
**13** Metal flashing
**14** 20 mm (1 inch) plywood
**15** Integral gutter
**16** Integral down pipe
**17** Cement stucco finish to exterior wall
**18** Batt insulation

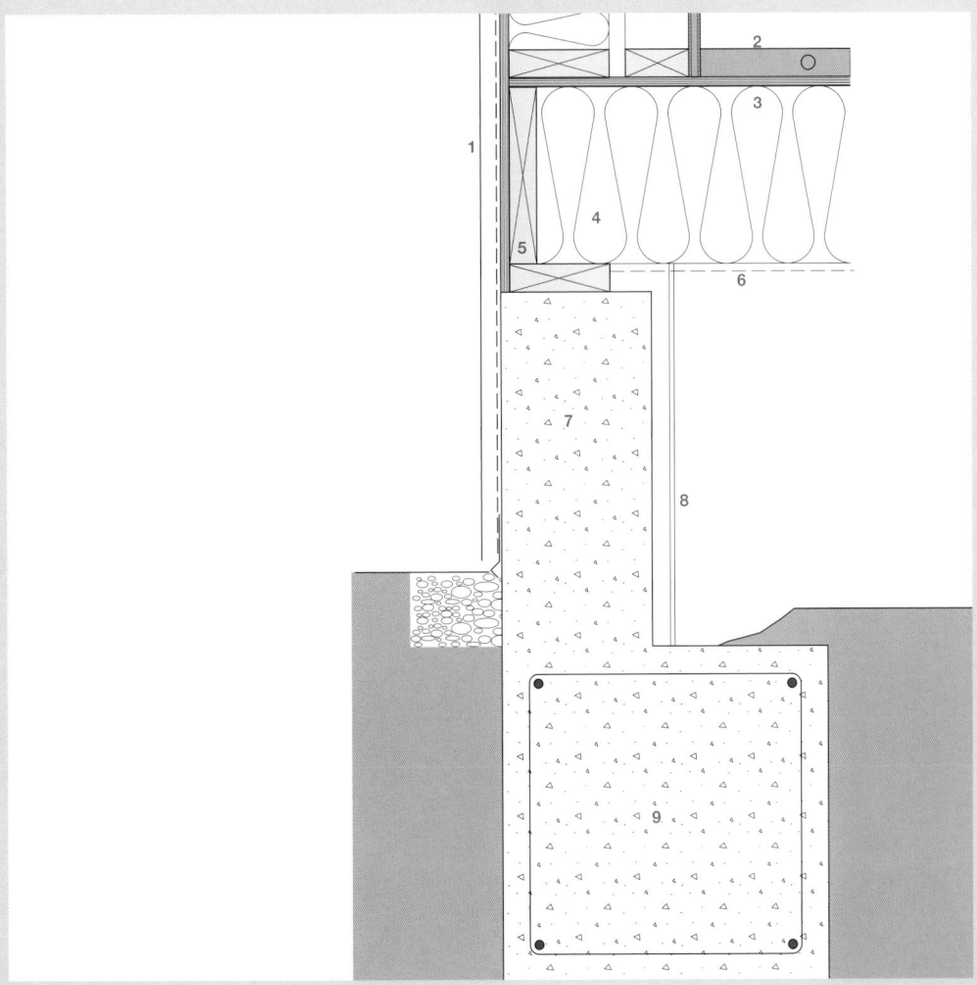


**39.09**
**Wall Section Detail at Cement Plaster Wall 2**
**1:10**
**1** Cement stucco finish to exterior wall
**2** Concrete floor with radiant heating
**3** Plywood
**4** Batt insulation
**5** 50 x 150 mm (2 x 6 inch) timber stud
**6** Steel moment frame beyond
**7** Concrete pier
**8** Insulation board
**9** Reinforced concrete beam

**40**
**Kengo Kuma & Associates**

**Bamboo Wall House**
**Badaling, Beijing, China**

Client
SOHO China Ltd.

Area
716 square metres (7,707 square feet)

Structural Engineer
ARUP China

Landscape Design
Rocco Landscape Design

The Commune by the Great Wall is a private collection of contemporary architecture on a spectacular site near the Great Wall of China. The architect was inspired by the seamless nature of the Great Wall of China that forms one of the boundaries to the Commune site. The monolithic structure of the wall nonetheless sits delicately on a virtually unadulterated topography, so that any variations in height and direction are absorbed rather than flattened to accommodate the structure. Kuma takes the same approach, placing the house carefully over a dip in the ground and allowing the landscape to continue uninterrupted.

The residence is arranged over two levels, with living, dining, kitchen and four guestrooms on the upper level, and additional guest rooms and staff quarters below. The centrepiece of the house is a ceremonial space known as the Bamboo Lounge, reached via bridges across a reflecting pool and surrounded by a veil of bamboo. The use of bamboo as the primary building material arose from a keen desire to utilize local building methods to create a recognizably Chinese architectural language. Taking into account the inherent rawness of bamboo as a construction material, and the fact that it was not used locally for anything other than scaffolding, Kuma worked with the local builders to develop a simple method of construction that would enhance its natural qualities. Used throughout the house for flooring, walls, exterior cladding, sliding shutters and sun shades, bamboo here bridges the gap between the sophistication of the architecture and the robustness of the natural landscape.

**1** Sittling lightly over a small dip in the natural topography, the bamboo facades further contribute to an impression of lightness and delicateness, in contrast with the drama of the forested mountains surrounding the site.
**2** In the centre of the house, the Bamboo Lounge is sheltered by a ceiling of bamboo and surmounted by a glass roof to let in natural light and the changing moods of the sky above.
**3** A simple bench in the Bamboo Lounge suggests the perfect place from which to contemplate dramatic views of the mountains, seen between and through veils of vertical bamboo curtains.
**4** View of the kitchen and dining room (half a level below), separated by a simple screen of bamboo shafts.

**40.01**
**Lower Floor Plan**
**1:200**
1 Laundry
2 Storage
3 Driver's waiting room
4 WC
5 Staff waiting room
6 Shower
7 Guest room
8 Guest room
9 WC
10 Bathroom
11 Water tank and machine room
12 WC
13 Store

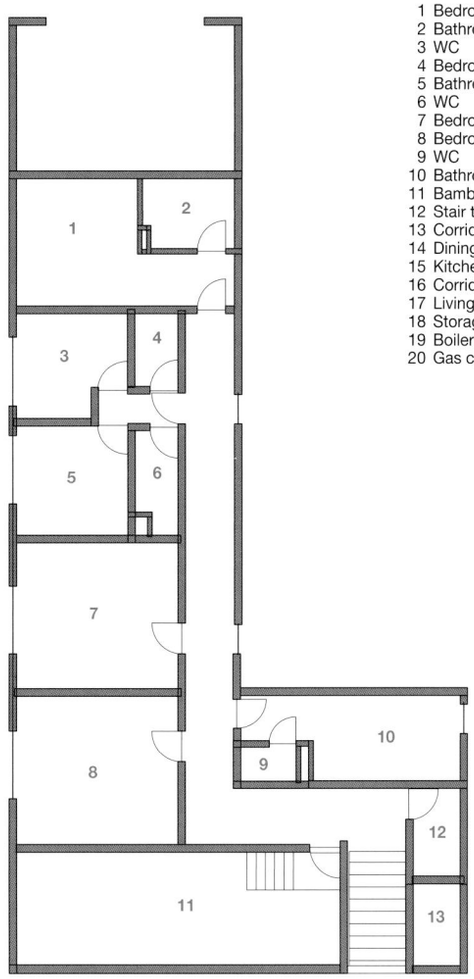


**40.02**
**Ground Floor Plan**
**1:200**
1 Bedroom
2 Bathroom
3 WC
4 Bedroom
5 Bathroom
6 WC
7 Bedroom
8 Bedroom
9 WC
10 Bathroom
11 Bamboo Lounge
12 Stair to lower level
13 Corridor
14 Dining room
15 Kitchen
16 Corridor
17 Living room
18 Storage
19 Boiler room
20 Gas cylinder store

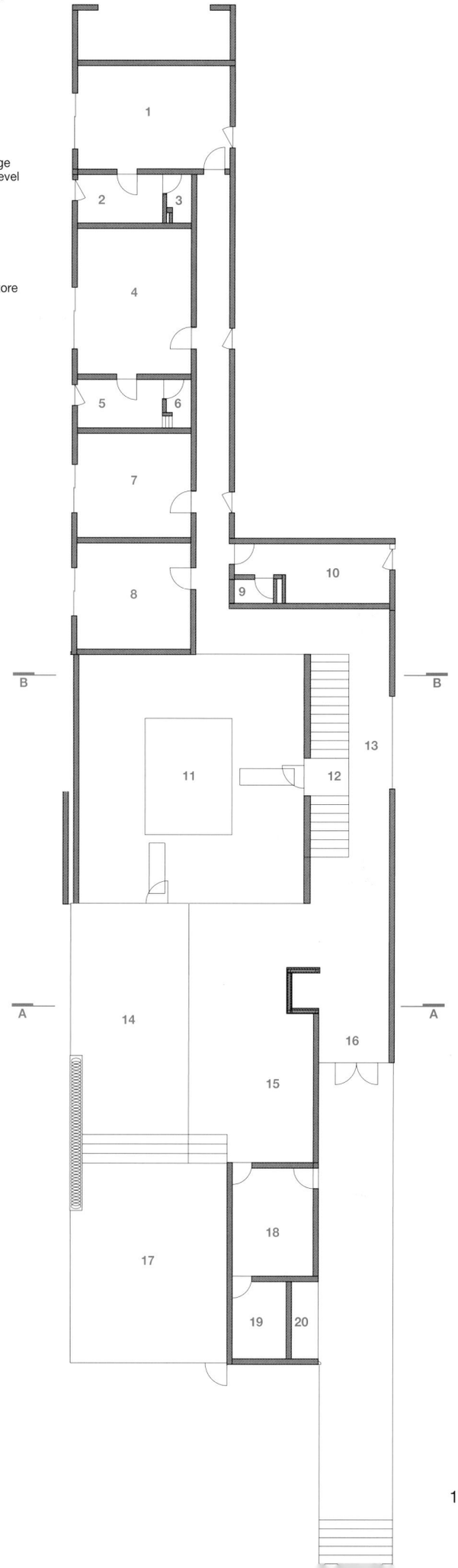

0 5
0 15 30ft

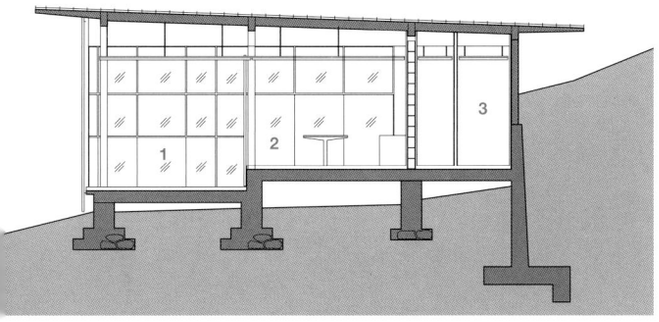


**40.03**
**Section A–A**
**1:200**
1 Dining room
2 Kitchen
3 Corridor

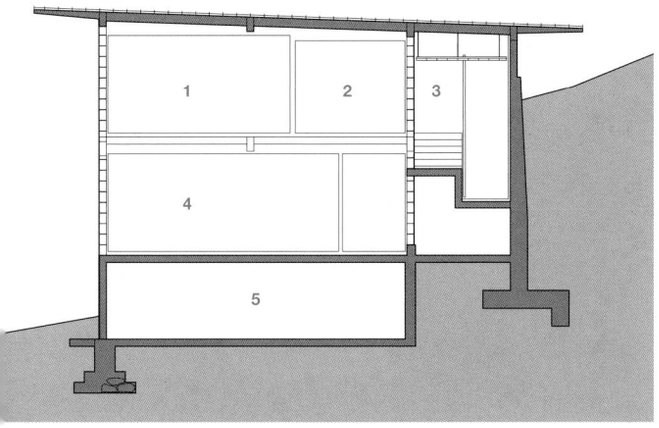


**40.04**
**Section B–B**
**1:200**
1 Bamboo lounge
2 Bamboo lounge
3 Staircase
4 Water tank and machine room
5 Store

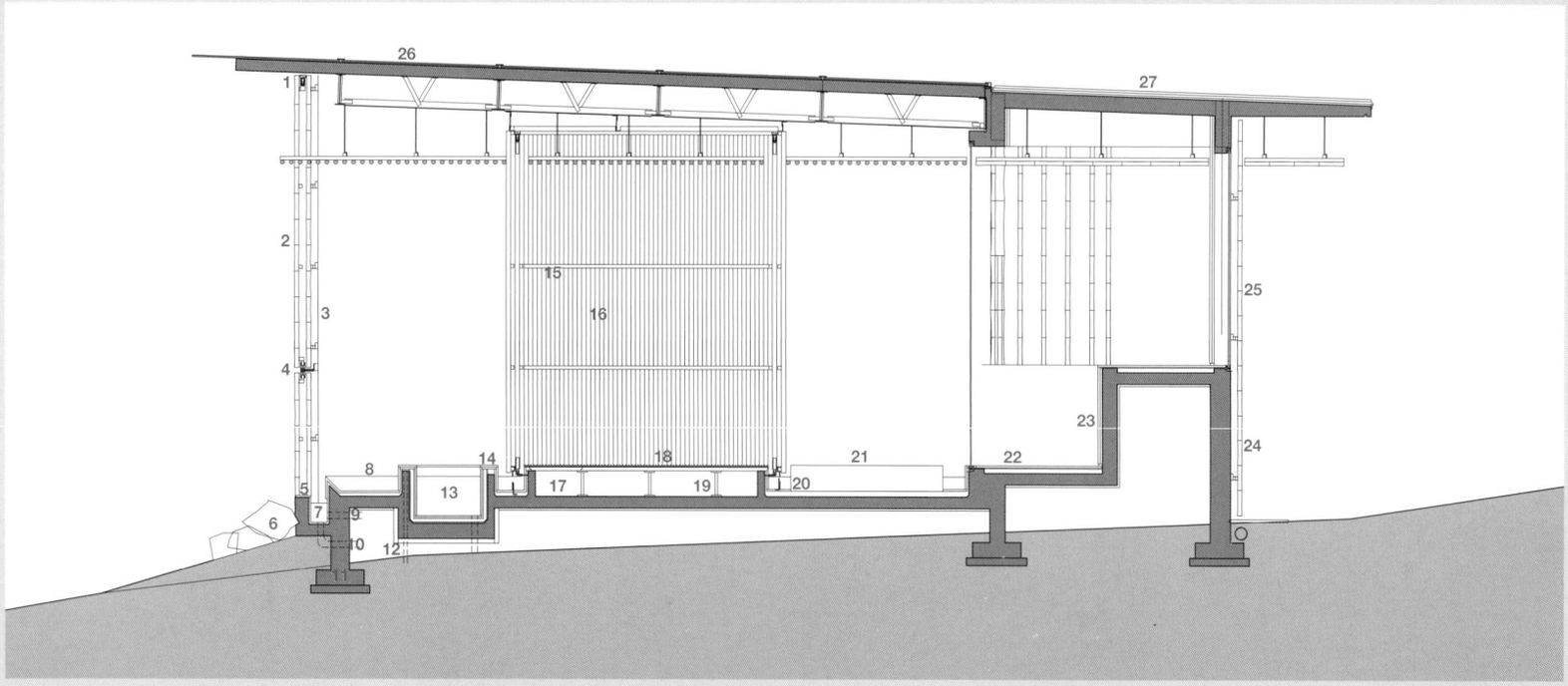


**40.05**
**Detail Section Through Bamboo Lounge**
**1:100**
**1** Sliding rail for bamboo screen
**2** Sliding bamboo partition with sliding top rail
**3** Exposed fixed bamboo wall on 45 x 45 mm (1 3/4 x 1 3/4 inch) timber furring strips
**4** Black painted stainless steel guide rail
**5** Black painted stainless steel guide rail
**6** Exposed stone wall
**7** Waterproof mortar to pool drain
**8** Water surface
**9** Service pipe
**10** Drain pipe
**11** Continuous footing over binding concrete and broken stone sub-surface
**12** Service pipe
**13** Bath with underwater light, local slate finish to interior surface on mortar bed, mesh metal and asphalt waterproof membrane
**14** Local slate bath surround on timber frame
**15** 45 x 45 mm (1 3/4 x 1 3/4 inch) timber furring strips
**16** Sliding bamboo partition
**17** Lighting fixture
**18** 30 mm (1 1/5 inch) diameter exposed bamboo flooring
**19** Timber floor joists and raised floor structure over concrete slab sloped for drainage over polysthylene foam insulation
**20** Guide rail mounted on stainless steel plate
**21** Granite stone on mortar setting bed over asphalt waterproof membrane
**22** Local slate floor over structural plywood base
**23** Rice paper wall finish over plasterboard and polysthylene foam insulation
**24** Exposed bamboo louvre wall over paint finished concrete wall
**25** Exposed bamboo louvre wall over tempered glass wall
**26** Laminated tempered glass roof on structural steel frame
**27** Fluorine resin treated metal roofing with standing seams over polysthylene insulation and asphalt waterproof membrane

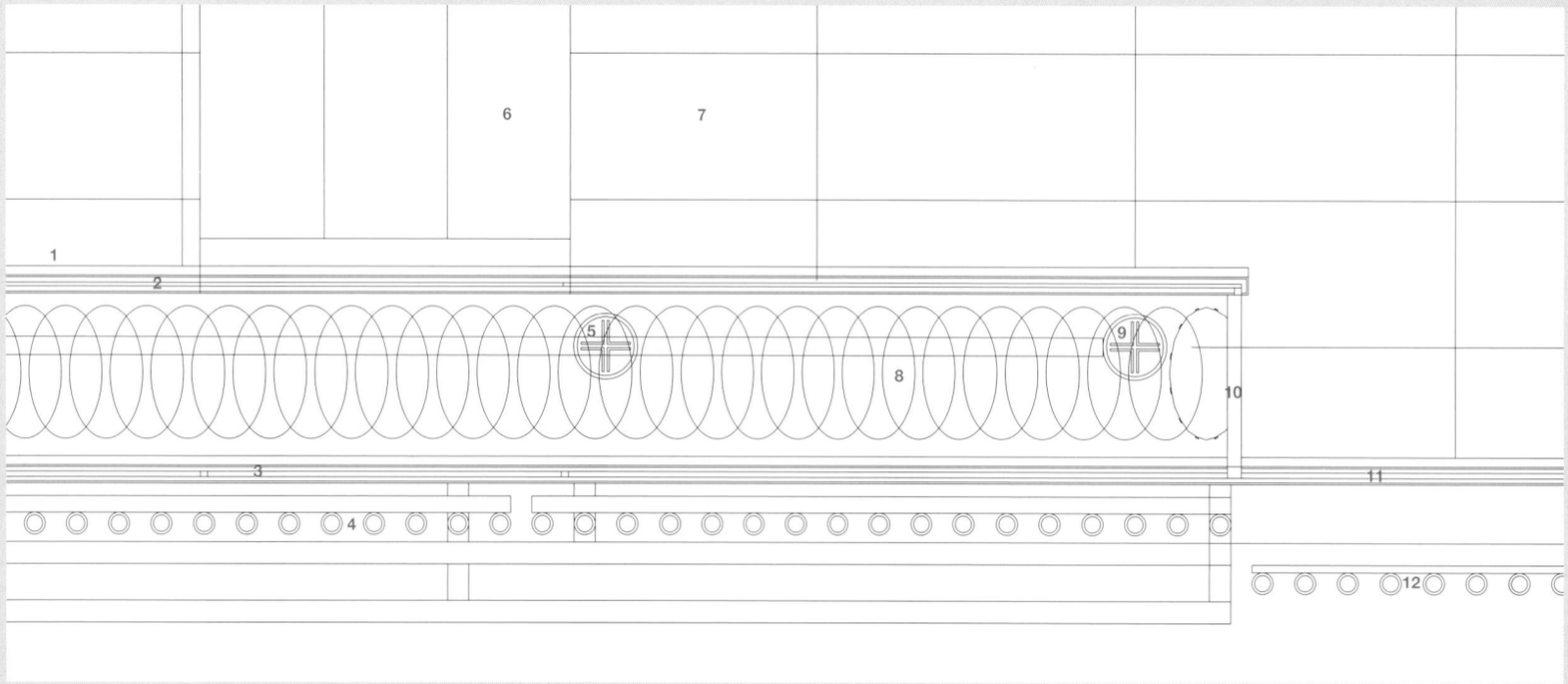


**40.06**
**Bamboo Wall Detail**
**1:20**
**1** Water condensation drain
**2** Tempered glass
**3** Tempered glass
**4** Exposed fixed bamboo louvre
**5** Exposed bamboo column
**6** Local slate floor finish over structural mortar
**7** Local slate floor finish over structural mortar
**8** Domestic duck feather down insulation
**9** Exposed bamboo column
**10** Structural plywood wrapped in rice paper
**11** Tempered glass
**12** Sliding bamboo partition

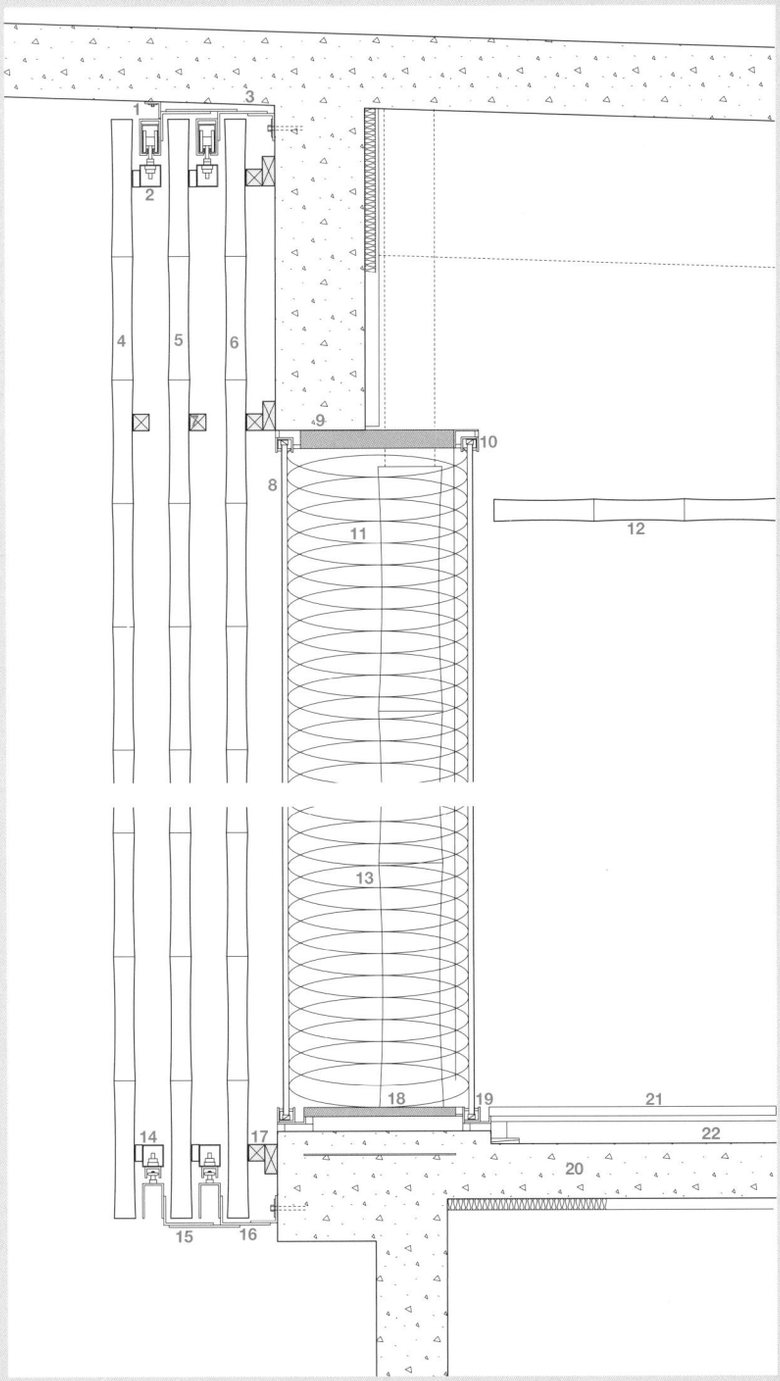


**40.07**
**Bamboo Facade Detail**
**1:20**
**1** Steel angle with paint finish
**2** Stainless steel hanger rail with paint finish
**3** Continuous steel angle with paint finish
**4** Sliding bamboo partition
**5** Sliding bamboo partition
**6** Exposed fixed bamboo louvre
**7** 45 x 45 mm (1 3/4 x 1 3/4 inch) timber furring strips with corrosion proof treatment
**8** Tempered glass
**9** Structural plywood wrapped in rice paper
**10** Stainless steel sash
**11** Domestic duck feather and down
**12** Ceiling
**13** Exposed bamboo column
**14** Stainless steel guide rail with paint finish
**15** Steel flat bar with paint finish
**16** Steel angle with paint finish
**17** 45 x 45 mm (1 3/4 x 1 3/4 inch) timber furring strips with corrosion proof treatment
**18** Structural plywood wrapped in rice paper
**19** Water condensation drain
**20** Reinforced concrete floor
**21** Slate stone floor on structural mortar
**22** 60 mm (2 1/3 inch) clearance for floor heating

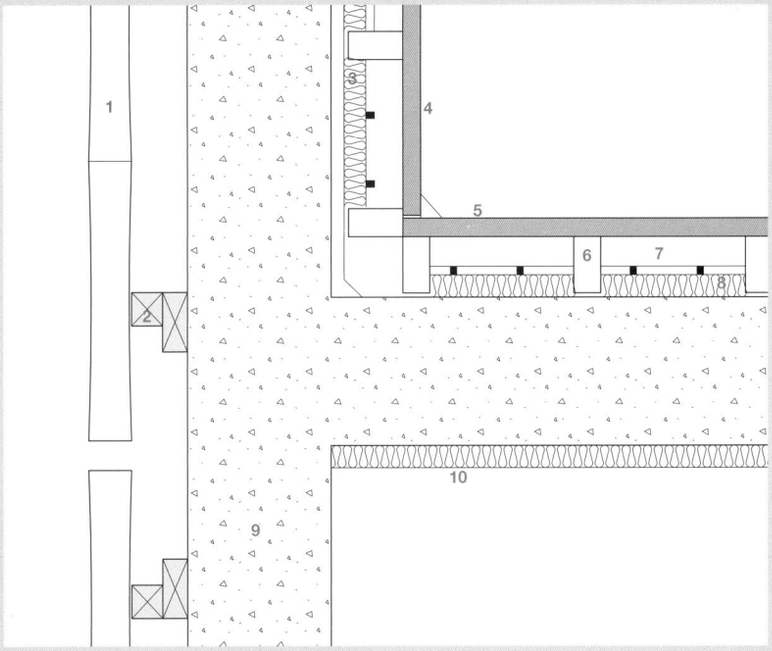


**40.08**
**Bamboo Cladding Detail**
**1:10**
**1** Fixed bamboo screen
**2** 45 x 45 mm (1 3/4 x 1 3/4 inch) timber furring strips with corrosion proof treatment
**3** Insulation
**4** Gypsum board with rice paper finish
**5** Parquetry bamboo flooring
**6** Concrete joist
**7** Under floor heating on mortar bed
**8** Insulation
**9** Reinforced concrete structure
**10** Rice paper ceiling finish

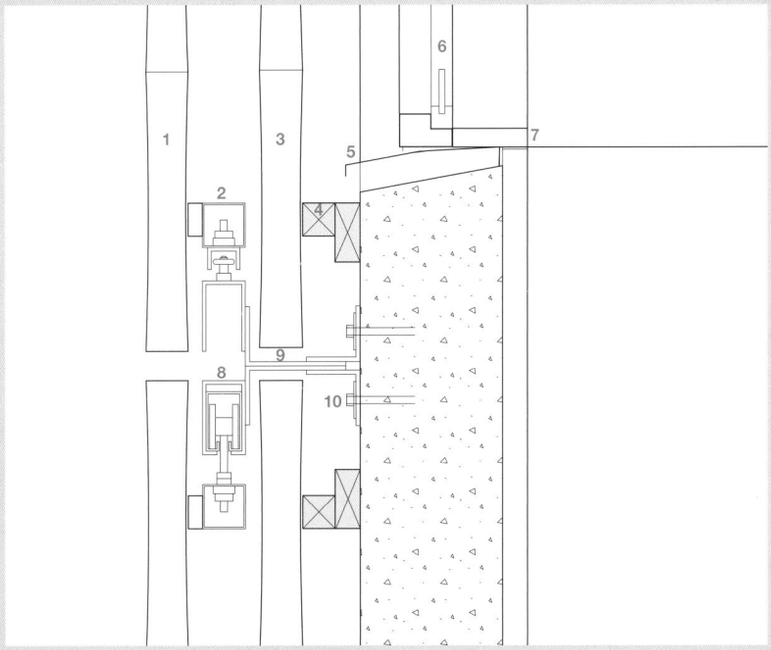


**40.09**
**Window Detail**
**1:10**
**1** Sliding bamboo partition
**2** Paint finished stainless steel guide rail
**3** Fixed bamboo partition
**4** 45 x 45 mm (1 3/4 x 1 3/4 inch) timber furring strips with corrosion proof treatment
**5** Window sill
**6** Glazing assembly
**7** Gypsum board with rice paper finish
**8** Stainless steel hanger rail with paint finish
**9** Steel angle with paint finish
**10** 75 x 75 mm (3 x 3 inch) continuous steel angle

**41**
**Martín + Martín Arquitectos**

**La Vega House**
**Granada, Spain**

Client
Eduardo Martín Martín, Olimpia Gómez Rivero

Area
100 square metres (1,076 square feet)

Project Team
Eduardo Martín Martín, Luis Javier Martín Martín

Builder
Gabriel Vallejo S.L.

The fertile plains known as Granada Vega that stretch out to the west of Granada have long supported the city through agriculture, and are protected as a site of historical significance. The new house is situated on the ruins of an old agricultural building and, according to local planning laws, was limited to the volume of the tobacco store it replaced. This limited the habitable space to 75 square metres (805 square feet) over a single storey. Charged with producing a house with no wasted space, without clutter and that is sympathetic to the local vernacular, the result is an elegant, symmetrical building that sits comfortably in the landscape.

To achieve this, all circulation space was eliminated and the available space was divided into three equal zones. The living space occupies the central zone. To the north-west end of the living room are the two bedrooms, while to the south-east, one side accommodates the bathroom and the other the kitchen and dining room. Each of these auxiliary spaces comes complete with generous storage, allowing the living area to remain clear of clutter. With the exception of one window, every opening on the exterior of the house is a door, making it possible to access the exterior directly from any room in the house. The structure is clad in black poplar, the same timber used for the original building, and left to age and fade naturally to a dull silver. The timber extends beyond the boundary of the building into a series of decks on the north-west and south-west edges, to provide a transition space between the privacy of the house and the open plain of the Vega.

**1** A single large opening in the north-west facade opens onto an expansive deck. The remainder of the house is lit from above via a skylight protected by established trees.
**2** During winter the deciduous trees allow light and warmth into the house.
**3 and 4** The dark timber is left untreated and will fade to a silvery grey in time. The same material is used for the deck which appears to float in a number of staggered planes above the lawn.
**5** The same timber is used on the interior, where a natural varnish gives it a warmth that complements the otherwise white finishes.

**41.01**
**Floor Plan**
**1:100**
1 Terrace
2 Bedroom
3 Storage
4 Kitchen
5 Dining room
6 Terrace
7 Living room
8 Bedroom
9 Storage
10 Storage
11 Bathroom

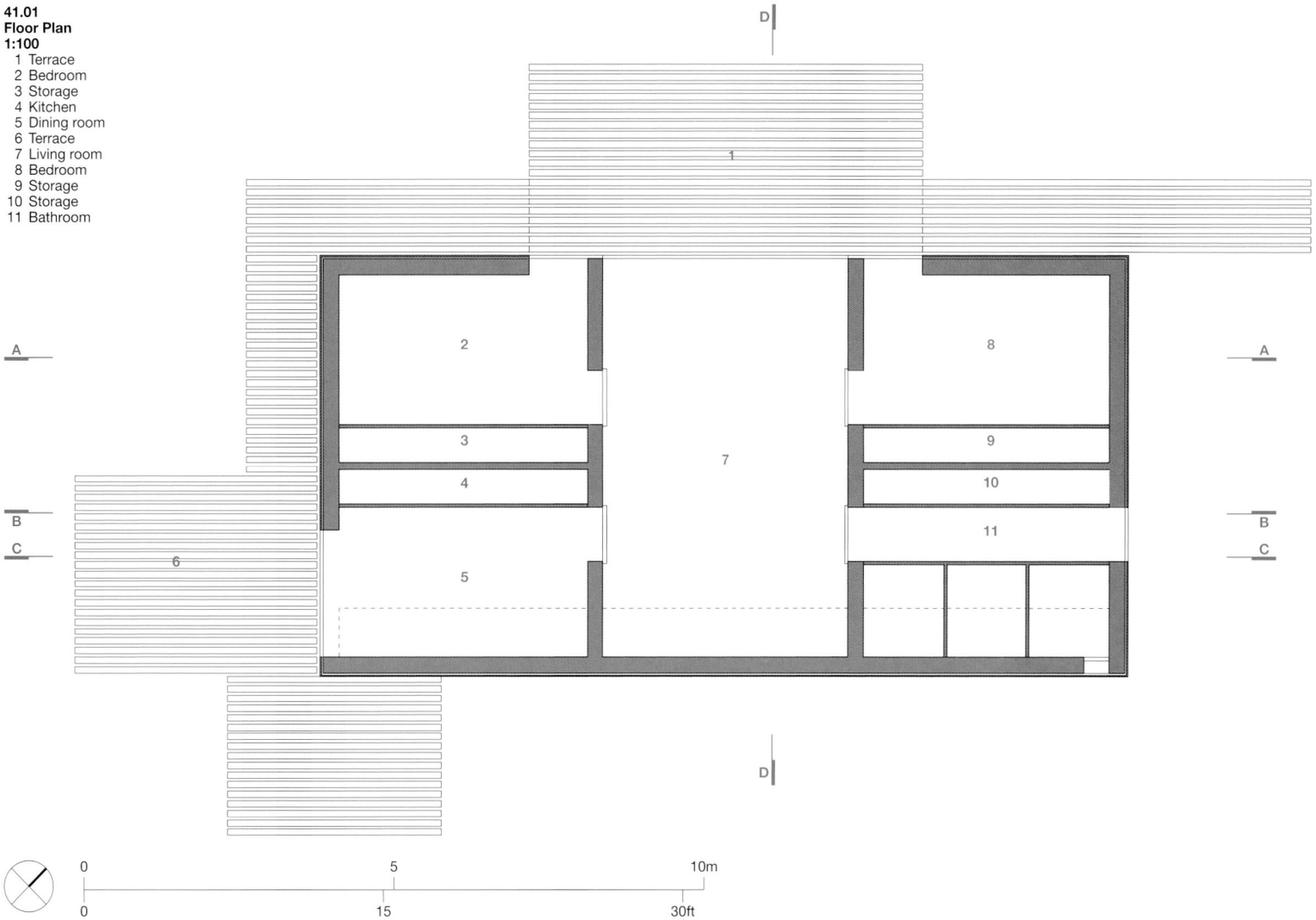


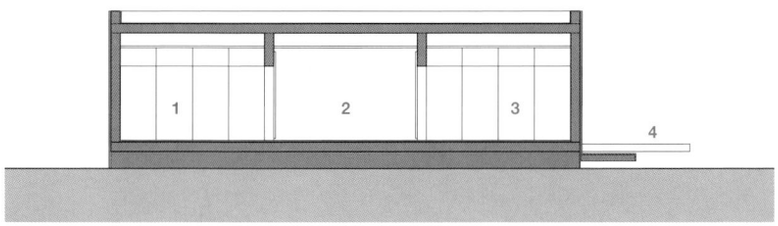


**41.02**
**Section A–A**
**1:200**
1 Bedroom
2 Living room
3 Bedroom
4 Terrace

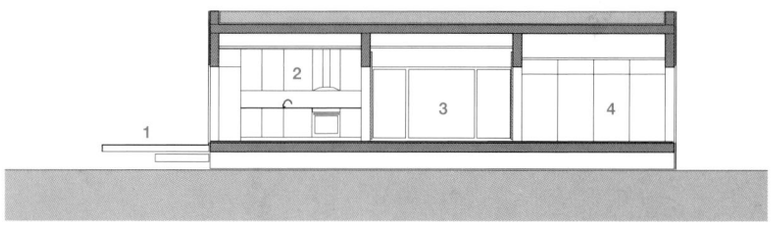


**41.03**
**Section B–B**
**1:200**
1 Terrace
2 Kitchen
3 Living room
4 Bathroom

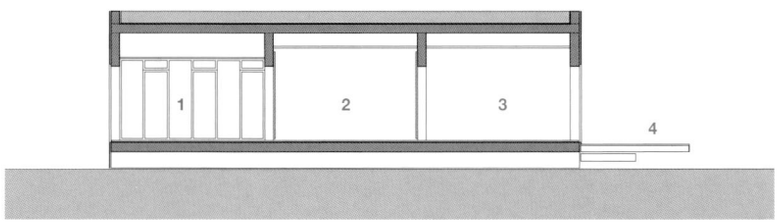


**41.04**
**Section C–C**
**1:200**
1 Bathroom
2 Living room
3 Dining room
4 Terrace

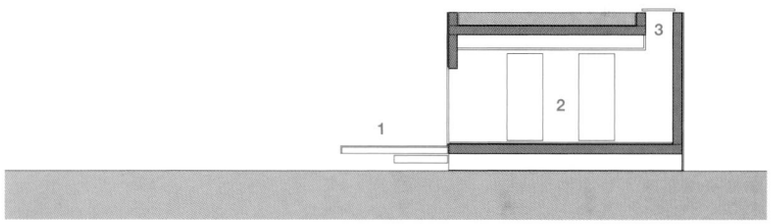


**41.05**
**Section D–D**
**1:200**
1 Terrace
2 Living room
3 Skylight

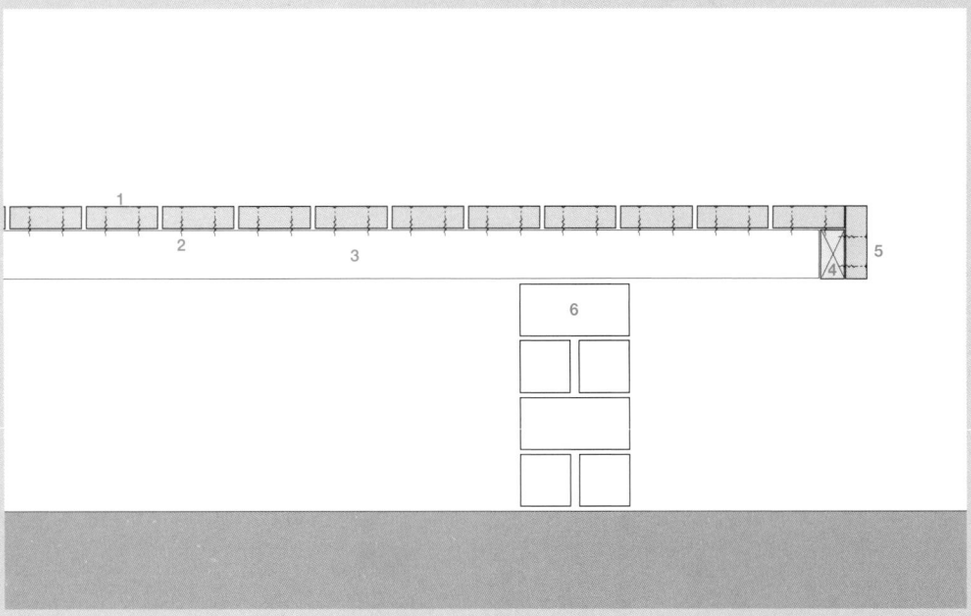


**41.06**
**Terrace Detail**
**1:15**
**1** 150 x 45 mm (6 x 1 3/4 inch) black poplar decking
**2** 60 mm (2 1/3 inch) self-tapping screw
**3** 100 x 60 x 4 mm (4 x 2 1/3 x 1/10 inch) steel beam
**4** 100 x 50 x 3 mm (4 x 2 x 1/10 inch) steel beam
**5** Black poplar timber to edge of terrace
**6** 230 x 100 x 100 mm (9 x 4 x 4 inch) brick supporting pier

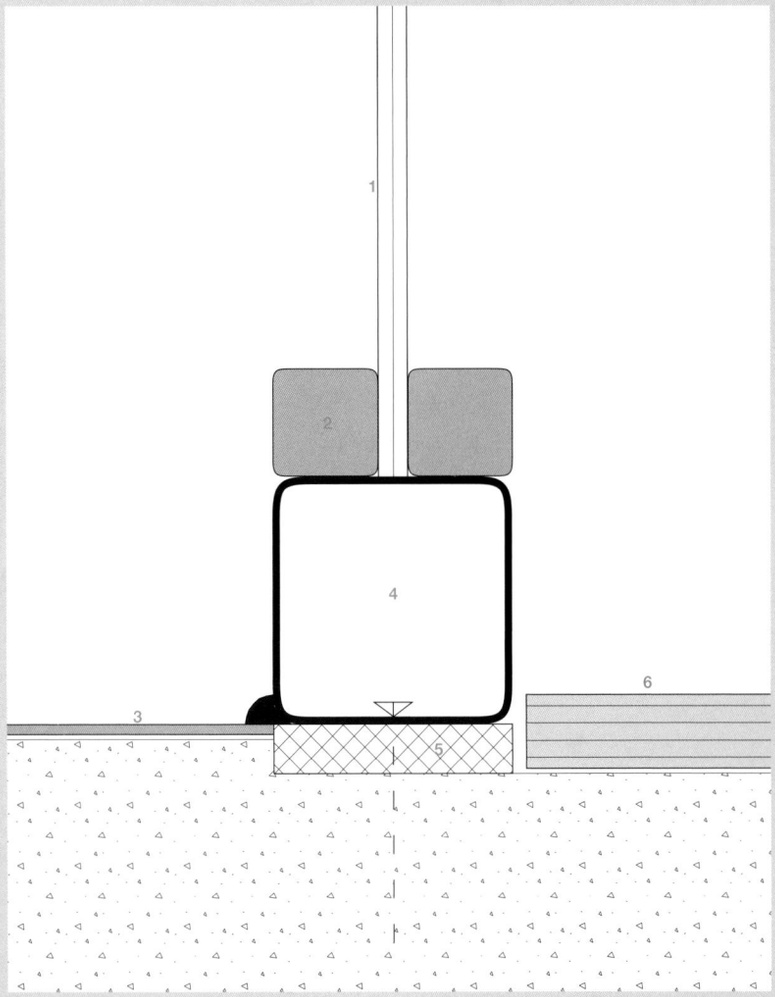


**41.07**
**Glazing Detail**
**1:1.5**
**1** 6 mm (1/10 inch) thick clear glazing
**2** 22 x 22 mm (4/5 inch) steel bar
**3** 2 mm (1/12 inch) stainless steel slab
**4** 50 x 50 x 3 mm (2 x 2 x 1/12 inch) steel tube
**5** 50 x 10 mm (2 x 2/5 inch) rubber
**6** 15 mm thick (3/5 inch) mekoy timber parquetry

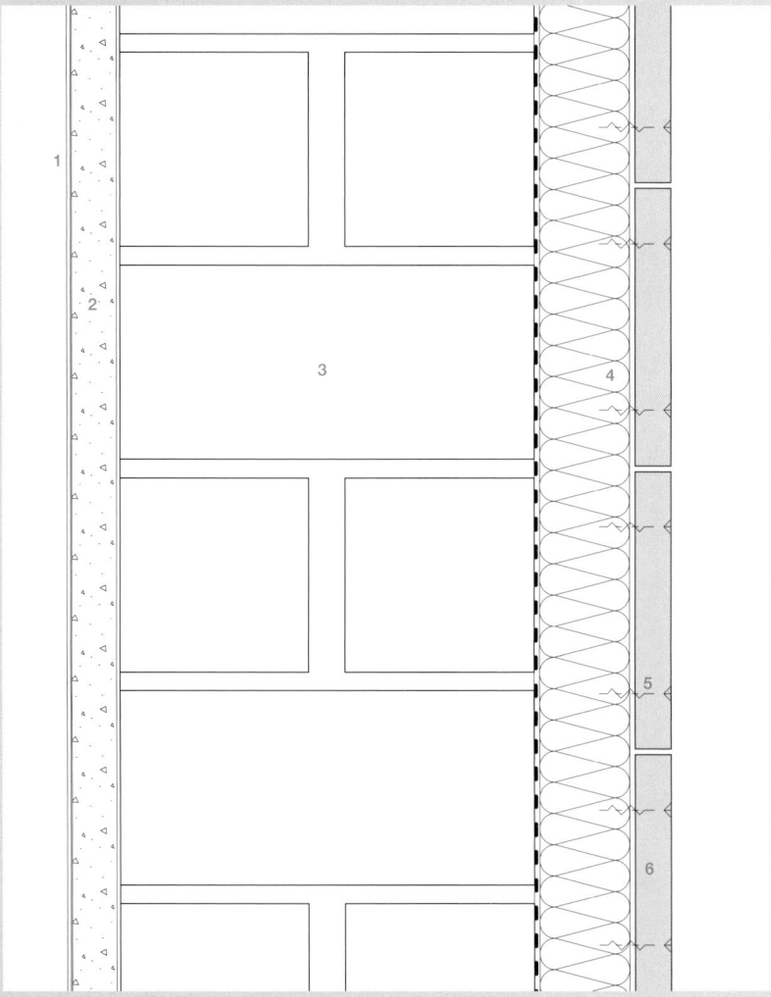


**41.08**
**External Wall Detail**
**1:4**
**1** 2 mm (1/12 inch) thick aluminium slab
**2** 25 mm (1 inch) thick fine mortar bed
**3** 230 x 100 x 100 mm (9 x 4 x 4 inch) brick
**4** 50 mm (2 inch) thick insulation and 50 x 50 x 3 mm (2 x 2 x 1/12 inch) steel tube
**5** 40 mm (1 1/2 inch) self-tapping screw
**6** 150 x 20 mm (6 x 3/4 inch) black poplar cladding

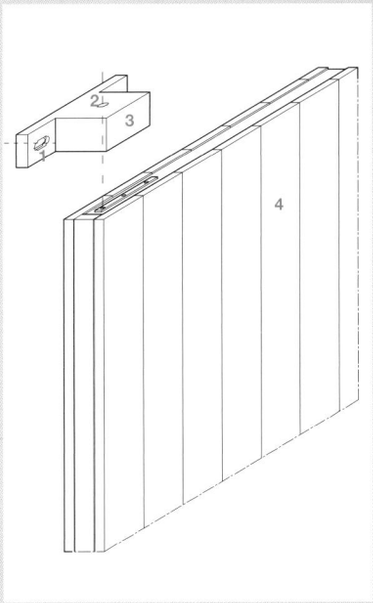


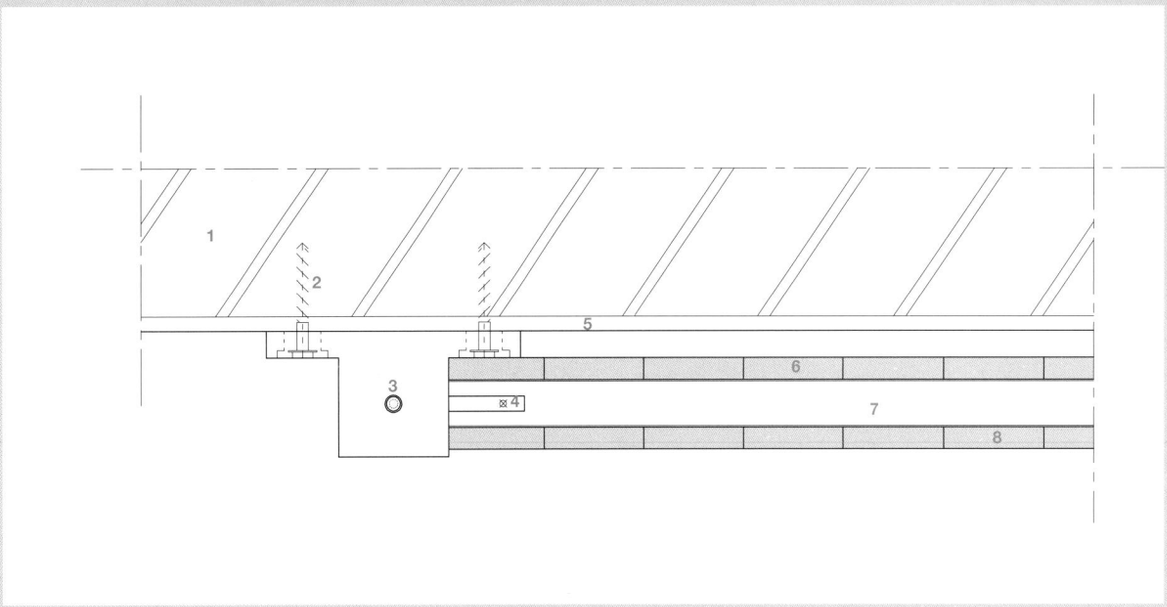


**41.09**
**Interior Door Detail 1**
**1** Screw gap
**2** Axis of hinge
**3** Prefabricated bronze hinge mechanism
**4** Mekoy-clad interior door panel

**41.10**
**Interior Door Detail 2**
**1:5**
**1** 230 x 100 x 100 mm (9 x 4 x 4 inch) brick
**2** 78 mm (3 inch) M14 screw
**3** Prefabricated bronze hinge element
**4** 3 mm (1/12 inch) steel strip
**5** 10 mm (2/5 inch) white plaster
**6** 15 mm thick (3/5 inch) mekoy timber parquetry
**7** Timber frame
**8** 15 mm thick (3/5 inch) mekoy timber parquetry

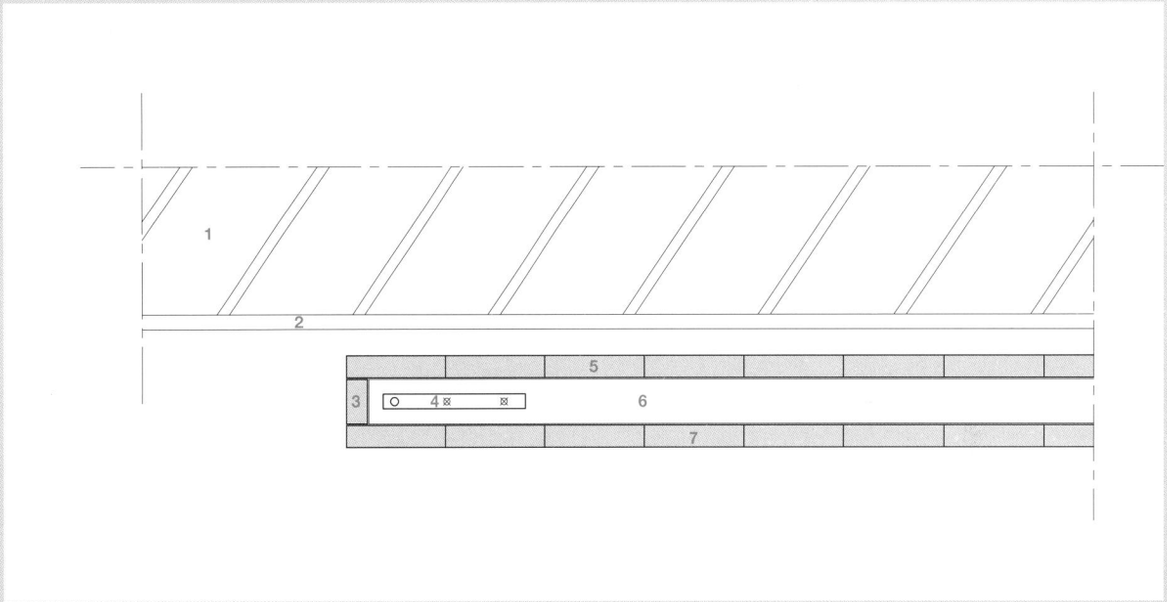


**41.11**
**Interior Door Detail 3**
**1:5**
**1** 230 x 100 x 100 mm (9 x 4 x 4 inch) brick
**2** 10 mm (2/5 inch) white plaster
**3** Layer of 70 x 15 mm (2 3/4 x 3/5 inch) parquetry
**4** Prefabricated bronze hinge element
**5** Layer of 70 x 15 mm (2 3/4 x 3/5 inch) parquetry
**6** Timber frame
**7** Layer of 70 x 15 mm (2 3/4 x 3/5 inch) parquetry

**41.12**
**Interior Door Detail 4**
**1:5**
**1** 230 x 100 x 100 mm (9 x 4 x 4 inch) brick
**2** 10 mm (2/5 inch) white plaster
**3** Layer of 70 x 15 mm (2 3/4 x 3/5 inch) parquetry
**4** 20 mm (3/4 inch) diameter steel bar
**5** Layer of 70 x 15 mm (2 3/4 x 3/5 inch) parquetry
**6** Timber frame
**7** Layer of 70 x 15 mm (2 3/4 x 3/5 inch) parquetry

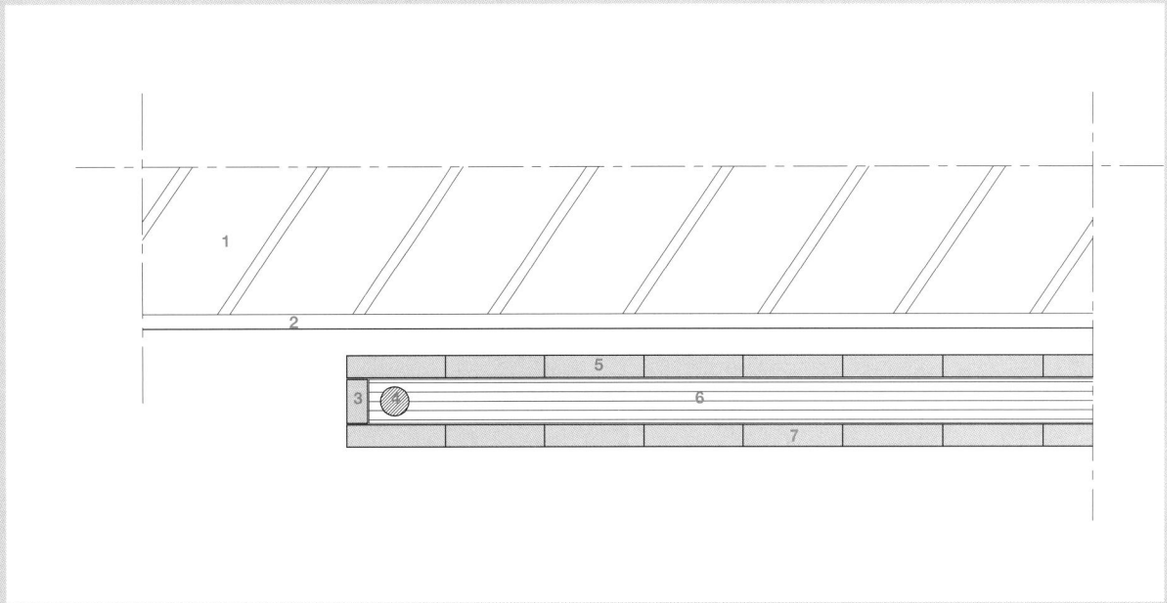

**42**
**Patkau Architects**

**Agosta House**
**San Juan Island,**
**Washington, USA**

Area
258 square metres (2,775 square feet)

Structural Engineer
Fast + Epp Structural Engineers

Builder
Ravenhill Construction

The Agosta House was designed for a couple relocating from Manhattan to San Juan Island, a small, largely rural location off the Pacific coast in Washington State. In addition to conventional domestic requirements, the programme includes an office, in which the couple intend to continue their professional work, and a garden enclosed within a tall fence to protect it from the wild deer. The site is largely covered by second-growth Douglas Fir forest, four hectares (ten acres) of which have been dedicated to a perpetual conservation easement. The house itself is situated on a grassed meadow, enclosed on three sides by the forest, but open to the north-west where it overlooks rolling fields below and, beyond, the Haro Strait and the gulf islands of British Columbia. The house is stretched across the ridge of the meadow dividing the site into an enclosed forecourt to the south-east, and an expansive panorama of picturesque fields and waterways to the northwest.

The sloped walls and roof of the battered building section respond to the gentle, but steady, slope of the site. The spatial organization of the house is the result of extruding this simple section and manipulating it either by erosion to create exterior in-between spaces which subdivide the house programmatically into general planning zones or by inserting non-structural bulkheads that organize the interior into finer spatial areas. The structure consists of a combination of exposed fir framing and conventional stud work clad in painted gypsum board founded on a concrete slab. The exterior is largely clad in light gauge galvanized sheet steel which not only protects the structure from the weather, but also addresses the possibility of wildfire in an area not well served by fire fighters.

**1** A large timber fence to the south-east describes a protected courtyard within an extensive fir forest that surrounds the meadow on which the house sits.
**2** The sloping roof responds to the fall of the site, while exposed timber elements reflect the local provenance of the construction materials.
**3** Parts of the building are cut away to create intimate outdoor spaces protected by large roof overhangs.
**4** The meadow continues right up to the house. Commanding views of the spectacular countryside are availble throughout the house.
**5** The robust timber construction is left exposed where it contrasts with the pristine white-painted wall surfaces and large expanses of glass.

**42.01**
**Floor Plan**
**1:200**
1 Master bedroom
2 Master bathroom
3 Bathroom
4 Entrance
5 Living room
6 Storage and mechanical
7 Fireplace
8 Dining room
9 Kitchen
10 Fenced garden
11 Terrace
12 Covered walkway
13 Guest bedroom
14 Studio
15 Garden shed

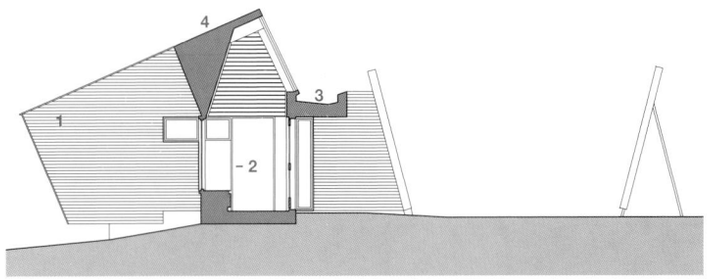

**42.02**
**Section A–A**
**1:200**
1 Cedar cladding
2 Entrance hall
3 Box gutter
4 Timber roof structure

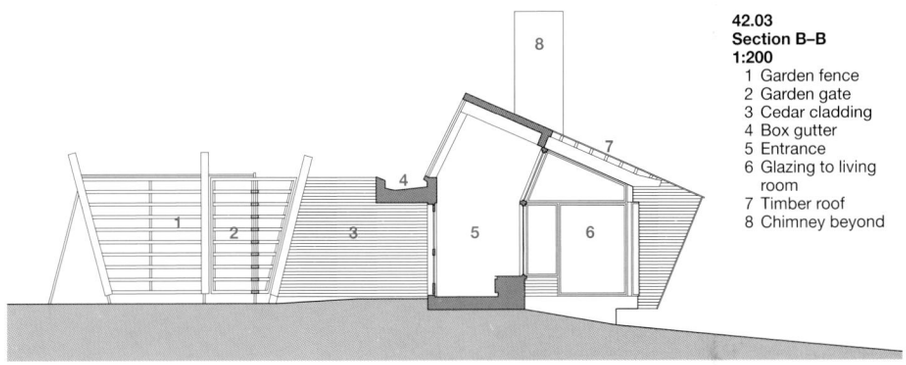

**42.03**
**Section B–B**
**1:200**
1 Garden fence
2 Garden gate
3 Cedar cladding
4 Box gutter
5 Entrance
6 Glazing to living room
7 Timber roof
8 Chimney beyond

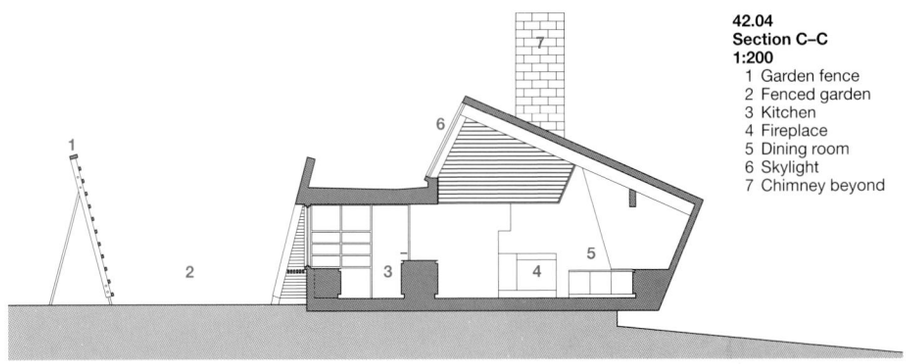

**42.04**
**Section C–C**
**1:200**
1 Garden fence
2 Fenced garden
3 Kitchen
4 Fireplace
5 Dining room
6 Skylight
7 Chimney beyond

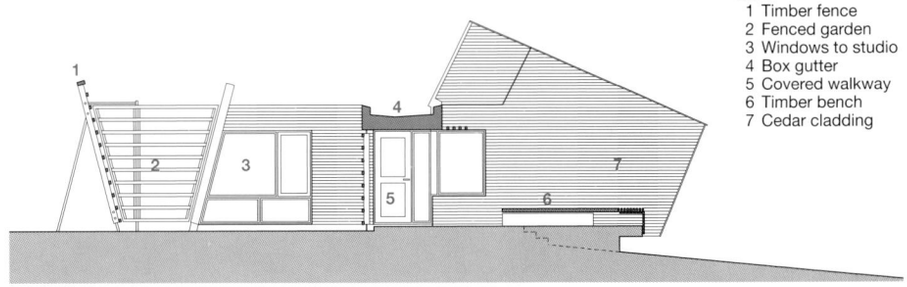

**42.05**
**Section D–D**
**1:200**
1 Timber fence
2 Fenced garden
3 Windows to studio
4 Box gutter
5 Covered walkway
6 Timber bench
7 Cedar cladding

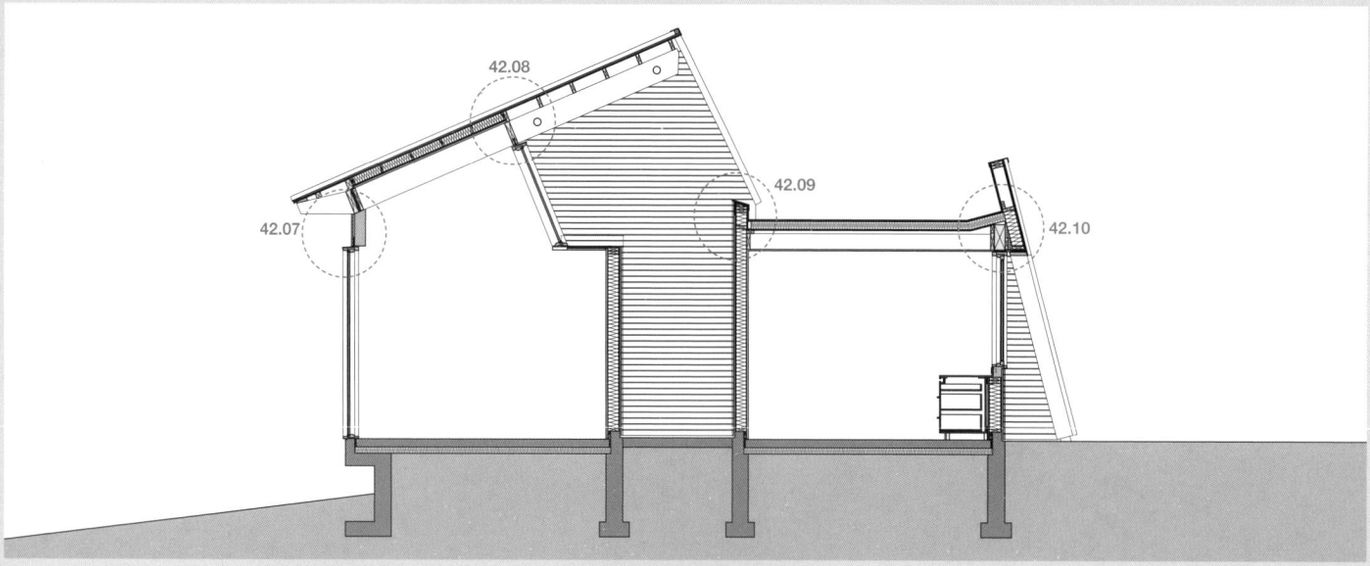


**42.06**
**Sectional Detail**
**1:100**

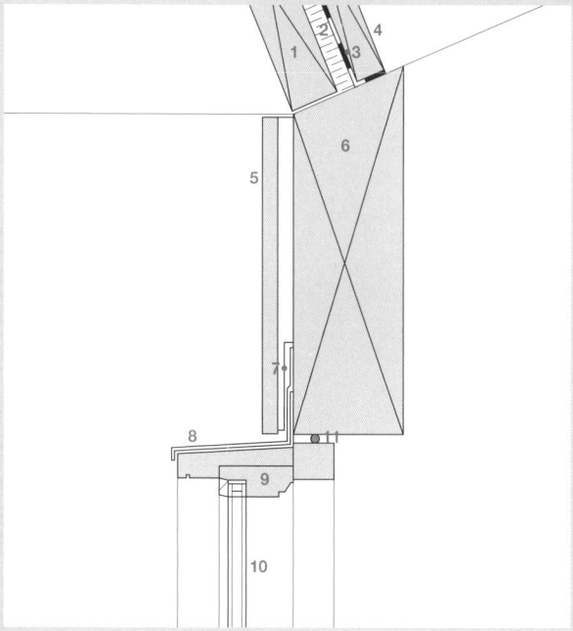

**42.07**
**Eave and Window Detail**
**1:10**
**1** Timber blocking
**2** Rigid insulation
**3** Air vapour barrier
**4** Timber blocking
**5** Timber fascia
**6** Timber beam
**7** Membrane flashing
**8** Galvanized sheet metal flashing
**9** Timber window
**10** Insulated double glazing
**11** Sealant

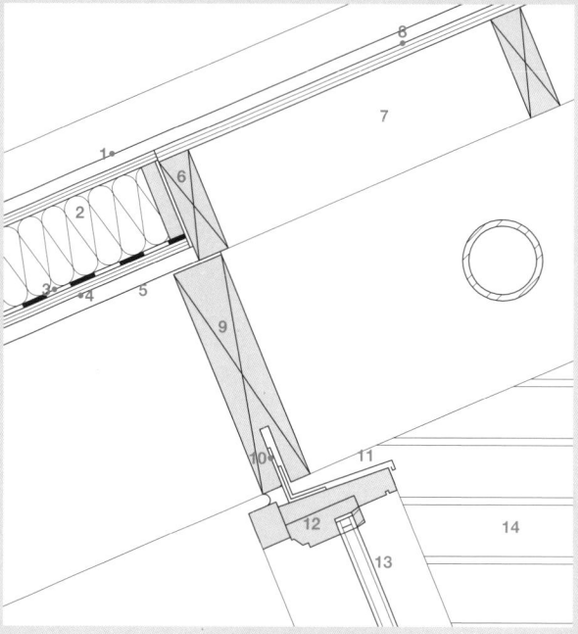

**42.08**
**Roof and Skylight Detail**
**1:10**
**1** Galvanized sheet metal roofing
**2** Batt insulation
**3** Air vapour barrier
**4** Plywood sheathing
**5** Timber decking
**6** Timber blocking
**7** Void
**8** Timber decking
**9** Timber blocking
**10** Membrane flashing
**11** Galvanized sheet metal flashing
**12** Timber window
**13** Insulated double glazing
**14** Cedar cladding

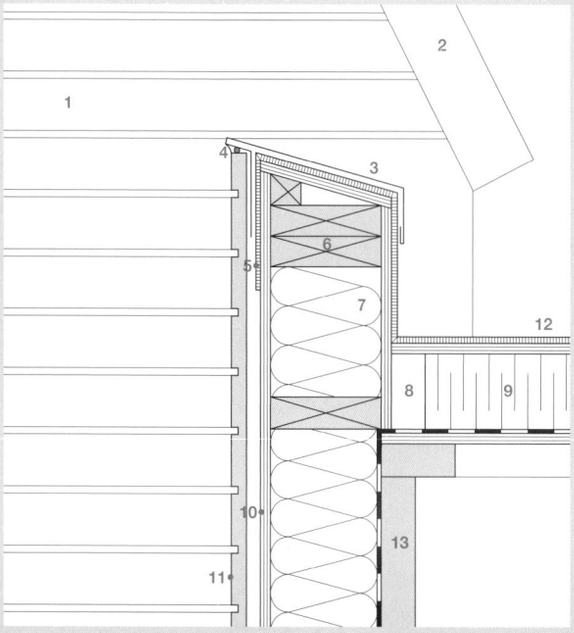

**42.09**
**Roof Parapet Detail**
**1:10**
**1** Cedar cladding
**2** Aluminium skylight framing
**3** Galvanized sheet metal flashing
**4** Sealant
**5** Membrane flashing
**6** Wood framing
**7** Batt insulation
**8** Timber framing
**9** Rigid insulation
**10** Plywood sheathing
**11** Cedar cladding
**12** Roofing membrane
**13** Timber framing

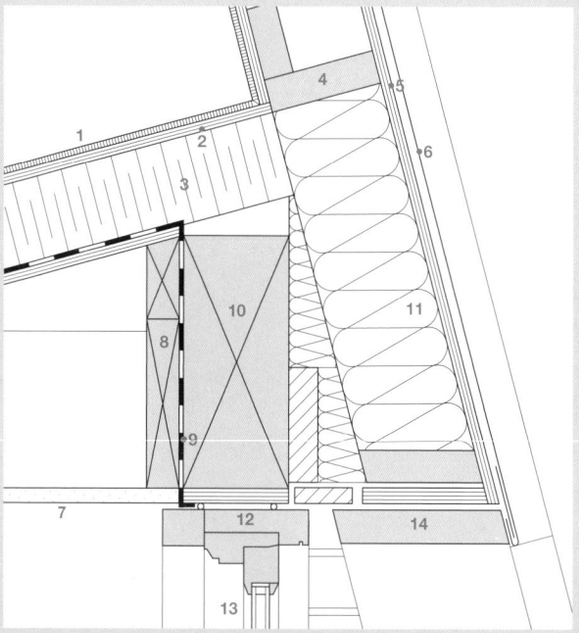

**42.10**
**Roof and Window Detail**
**1:10**
**1** Roofing membrane
**2** Plywood sheathing
**3** Rigid insulation
**4** Timber blocking
**5** Plywood sheathing
**6** Galvanized sheet metal roofing
**7** Gypsum board ceiling
**8** Timber blocking
**9** Air vapour barrier
**10** Timber beam
**11** Batt insulation
**12** Timber window frame
**13** Insulated double glazing
**14** Timber soffit

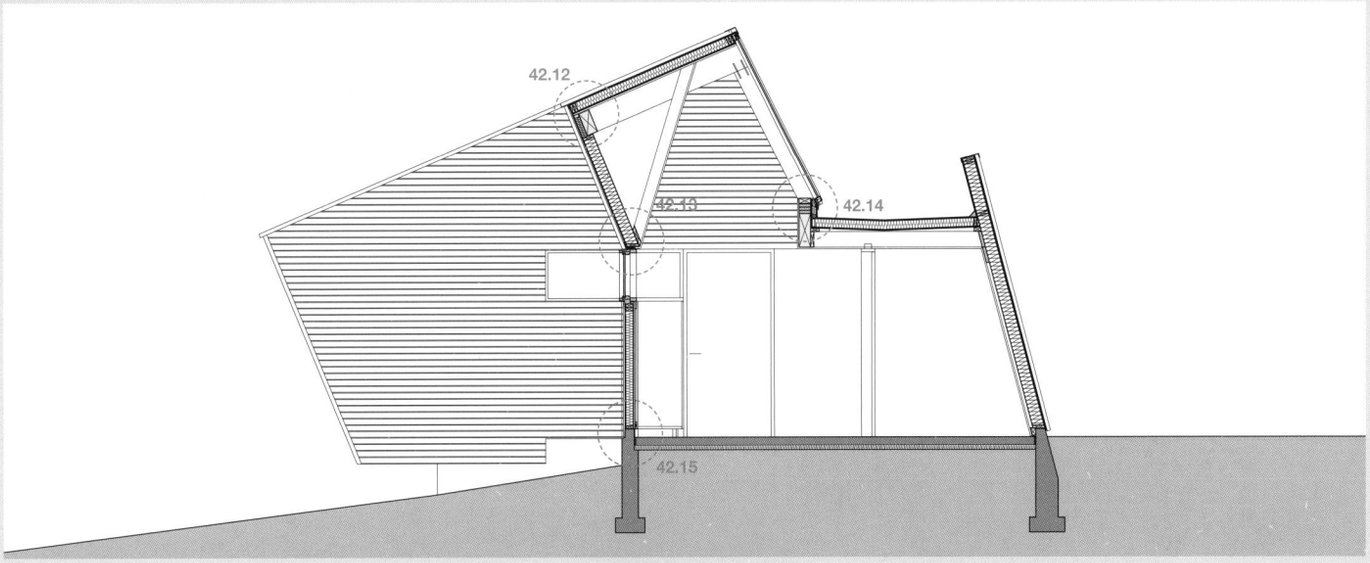


**42.11**
**Sectional Detail**
**1:100**

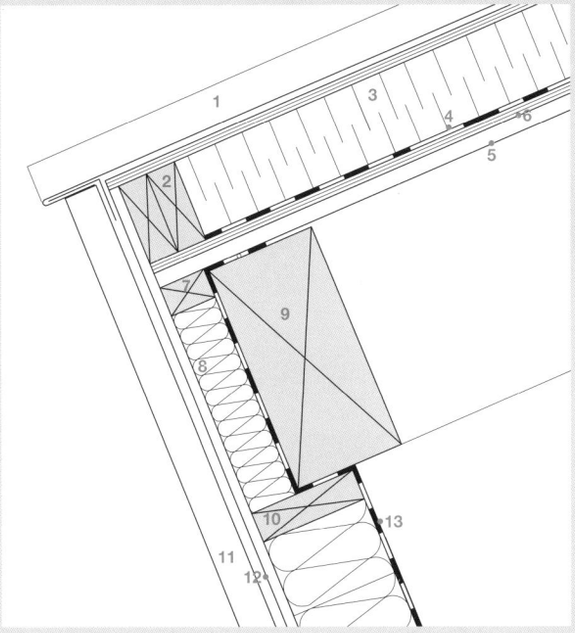


**42.12**
**Roof and Wall Detail**
**1:10**
**1** Galvanized sheet metal roofing
**2** Timber blocking
**3** Rigid insulation
**4** Air vapour barrier
**5** Exposed timber decking
**6** Plywood sheathing
**7** Timber framing
**8** Batt insulation
**9** Timber beam
**10** Timber framing
**11** Galvanized sheet metal cladding
**12** Plywood sheathing
**13** Air vapour barrier

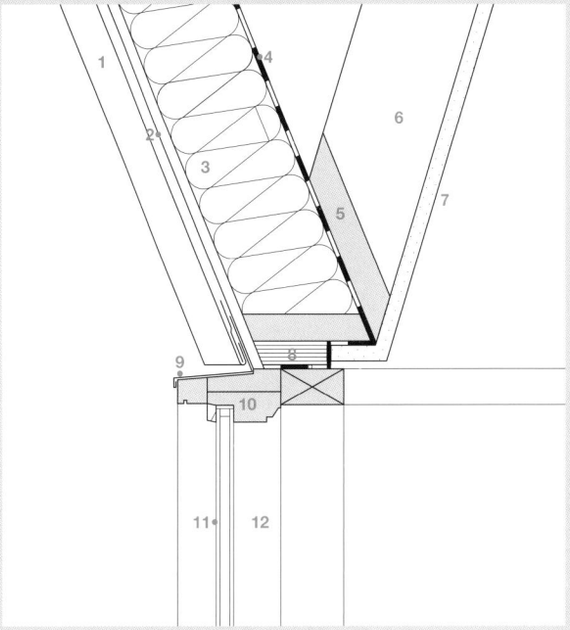


**42.13**
**Wall and Window Detail**
**1:10**
**1** Galvanized sheet metal roofing
**2** Plywood sheathing
**3** Batt insulation
**4** Air vapour barrier
**5** Timber framing
**6** Timber framing
**7** Gypsum wall board
**8** Plywood sheathing
**9** Galvanized sheet metal flashing
**10** Timber window
**11** Insulated double glazing
**12** Timber window

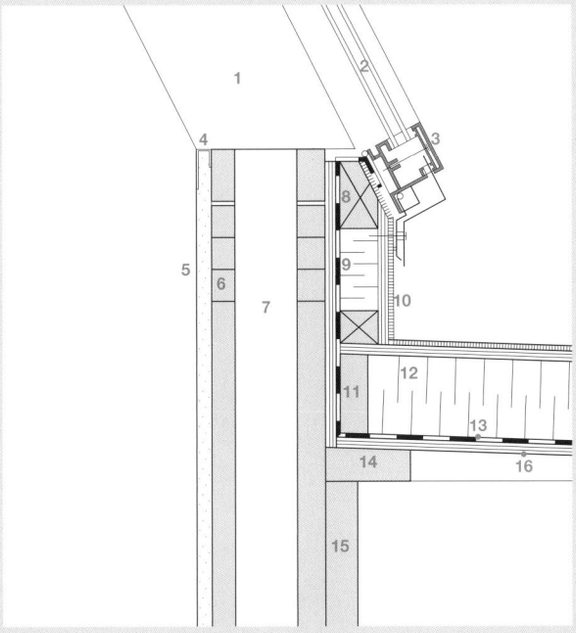


**42.14**
**Skylight Detail**
**1:10**
**1** Timber framing
**2** Insulated double glazing
**3** Aluminium skylight framing
**4** Gypsum wall board trim
**5** Gypsum wall board
**6** Timber framing
**7** Timber beam
**8** Timber framing
**9** Rigid insulation
**10** Roofing membrane
**11** Timber framing
**12** Rigid insulation
**13** Air vapour barrier
**14** Timber framing
**15** Timber framing
**16** Plywood sheathing

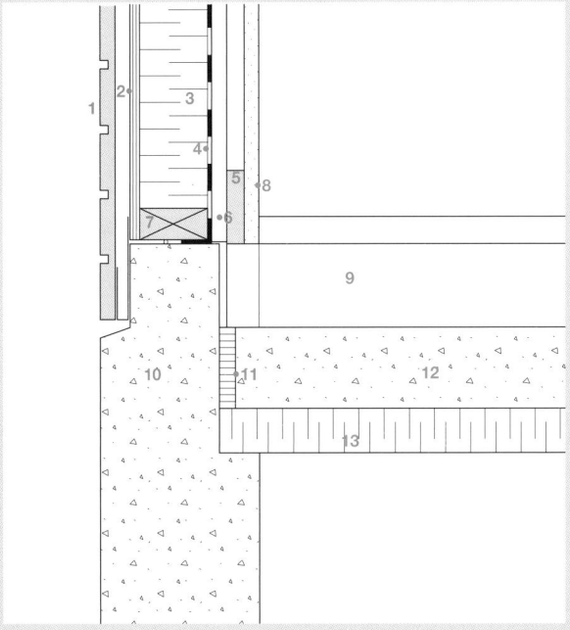


**42.15**
**Wall and Floor Detail**
**1:10**
**1** Cedar cladding
**2** Plywood sheathing
**3** Batt insulation
**4** Air vapour barrier
**5** Timber blocking
**6** Gypsum wall board
**7** Timber framing
**8** Timber millwork
**9** Timber millwork base
**10** Concrete footing
**11** Bond breaker screed
**12** Concrete slab
**13** Rigid insulation

**43**
**Stutchbury and Pape**

**Verandah House**
**Sydney, NSW, Australia**

Client
Laura and Terry Winder

Area
320 square metres (3,445 square feet)

Project Team
Peter Stutchbury, Sacha Zehnder

Structural Engineer
Professor Max Irvine

General Contractor
Pocklington and Thornton

The Verandah House is located on the edge of a valley, surrounded by a eucalypt forest. In winter the ground is damp and shaded, while in summer the only cooling breezes are at canopy level. The house is a response to site and environmental conditions – the building is lifted off the ground to avoid damp, gather sun and continue an uninterrupted ground plane below. A solid platform has been constructed adjacent to the forest, with a projecting elevated form above. The solid element below acts as a circulation core as well as providing sufficient thermal mass to generate warmth in winter and coolness in summer. The light-weight timber-framed pavilion above is the eponymous 'verandah', the iconic covered outdoor space of Australian architecture, here used as a living platform for all the activities of the house.

A living room takes advantage of the cool canopy of the forest at one end, with the kitchen and dining room at the other, sandwiching three bedrooms and a bathroom in between. On the lower level, a garage and guest accommodation are tucked away. Two staircases rise from ground level giving access to the lower level accommodation at one end and onto the landscaped ground plane at the other. Sun and light are pulled into the main spaces on the upper level via a 'corridor wall', introducing indirect light into the house. This avenue of space collects light, using large plywood blades to selectively reveal and conceal areas of the interior, therefore helping to manage the most difficult climatic challenges.

**1** The verandah element is anchored to the ground with timber columns and diagonal steel bracing. Above, a light-weight corrugated steel roof with generous eaves protects the facades from the sun and rain. **2** A series of plywood blades angled along the north facade selectively allow sunlight into the living spaces. These are painted a grey-green to match the surrounding eucalyptus forest. **3** The interior is characterized by timber floors and joinery, with plywood blades running the length of the north facade and the ceiling. **4** Detail view of the blades, interspersed with slots of clear glazing. The angled geometry lends a dynamic repetition to the elongated form. Hardwood timber slats to the lower level enclosure encourage cooling breezes under and through the house.

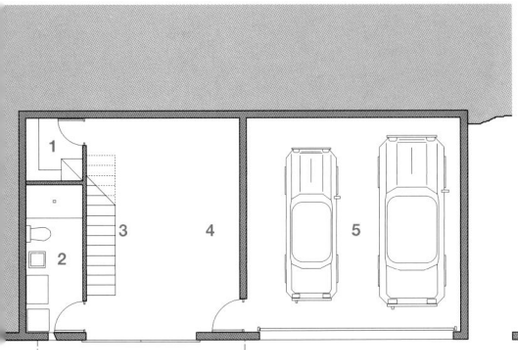


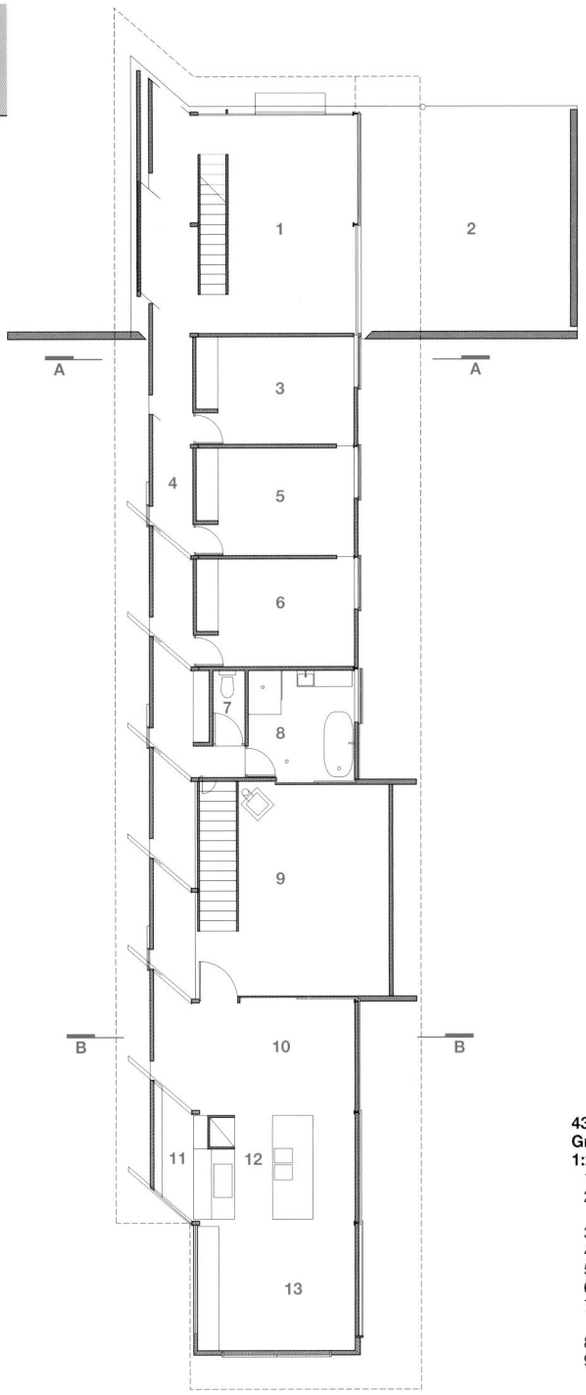


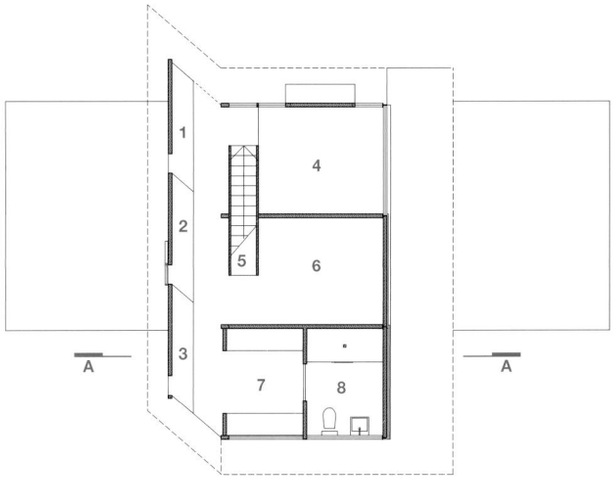

**43.01**
**Ground Floor Plan**
**1:200**
1 Cellar
2 Laundry and shower room
3 Stair to first floor
4 Guest bedroom
5 Garage
6 Store
7 Gas bottle store and hot water tank
8 Main entrance
9 Line of first floor above

**43.02**
**First Floor Plan**
**1:200**
1 TV room
2 Terrace
3 Bedroom 1
4 Sun corridor
5 Bedroom 2
6 Bedroom 3
7 WC
8 Bathroom
9 Verandah
10 Dining room
11 Pantry
12 Kitchen
13 Sitting area

**43.03**
**Second Floor Plan**
**1:200**
1 Study bench
2 Study bench
3 Storage
4 Void over TV room below
5 Stair up from first floor
6 Main bedroom
7 Dressing room
8 Ensuite bathroom

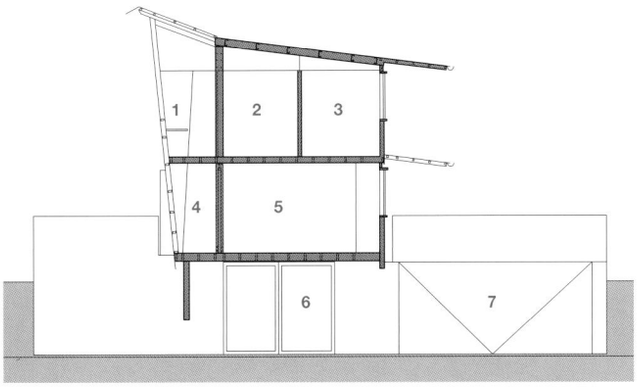


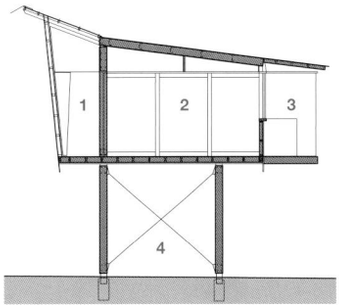


**43.04**
**Section A–A**
**1:200**
1 Storage
2 Dressing room
3 Ensuite bathroom
4 Sun corridor
5 Bedroom
6 Entry to guest bedroom
7 Garage

**43.05**
**Section B–B**
**1:200**
1 Sun corridor
2 Dining room
3 Verandah
4 Open space under house

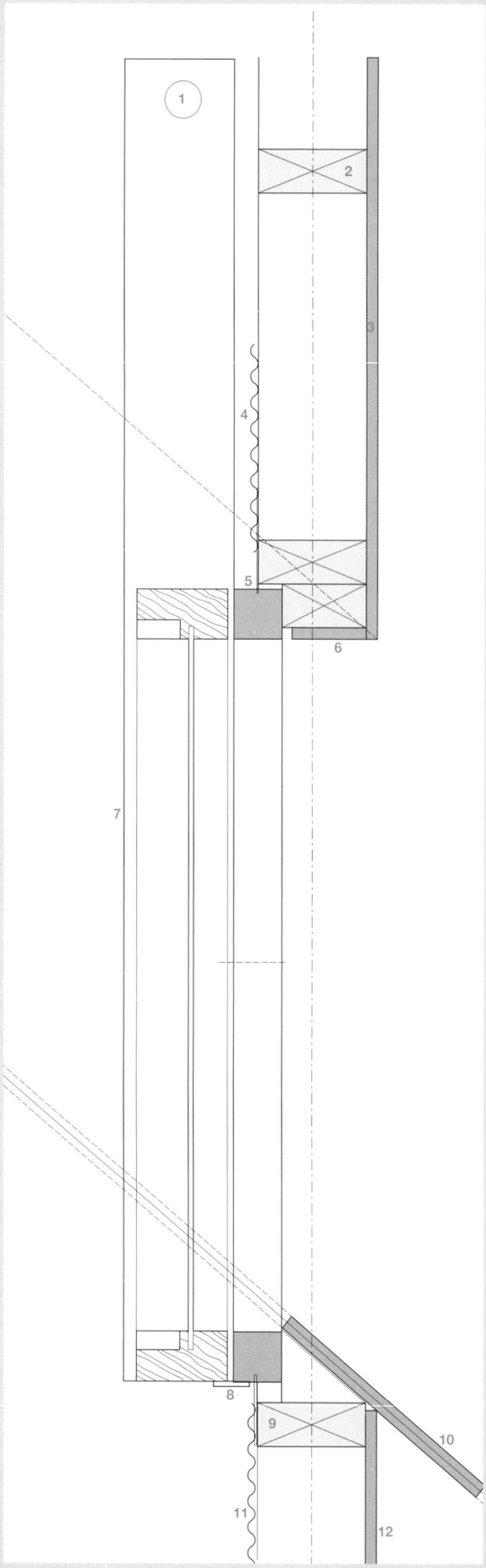


**43.06**
**Sliding Window Plan Detail**
**1:5**
**1** Window stopper
**2** Timber stud frame
**3** Painted plasterboard to interior wall surface
**4** Miniorb exterior cladding
**5** Saw cut Colorbond flashing to window frame
**6** Plasterboard to window corner
**7** Hardwood sliding window frame
**8** Galvanized flat bar
**9** Timber stud frame wall
**10** Painted plywood blade
**11** Miniorb exterior cladding
**12** Painted plasterboard to interior wall surface

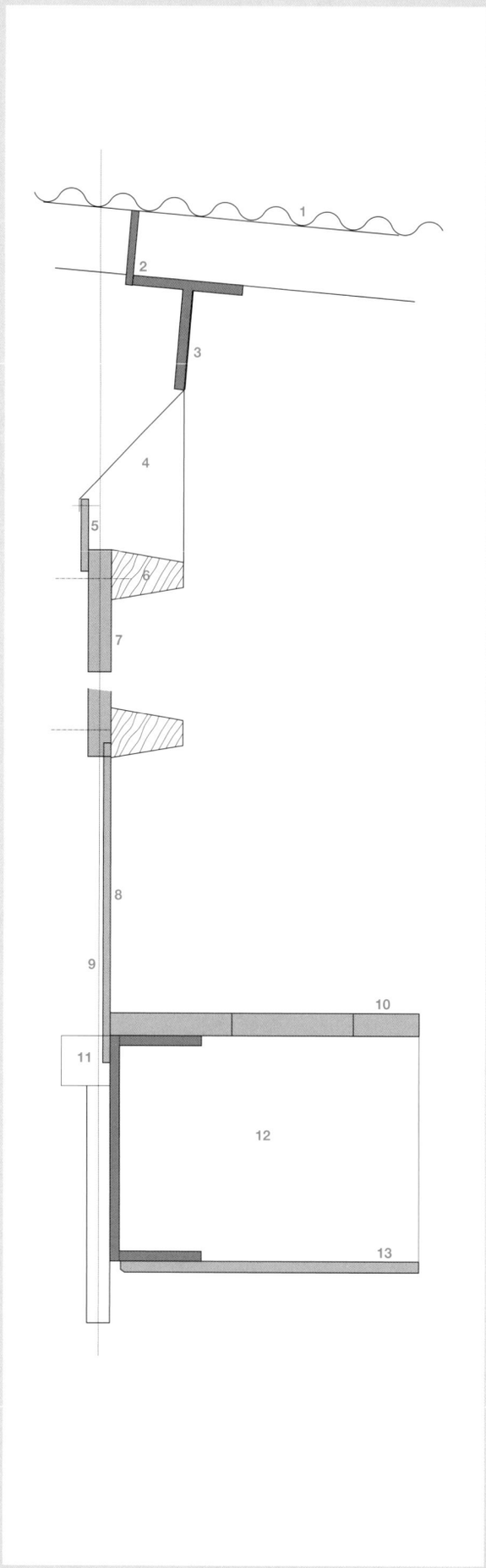


**43.07**
**Detail Section at Exterior Plywood Bracing**
**1:5**
**1** Polycarbonate roof sheeting
**2** Acrylic sheet between steel hollow section purlin fixed with silicone
**3** Steel T-section
**4** Colorbond flat sheet profile fixed to top of acrylic infill panel
**5** Fixed acrylic panel
**6** Hardwood batten fixed to compressed fibre cement sheet
**7** Compressed fibre cement sheet to end bays
**8** Rebated compressed fibre cement sheet to fixed glass
**9** Sika flex behind glass
**10** Timber tongue and groove flooring
**11** Hardwood block to support glass above
**12** Hyspan with insulation
**13** 9 mm (1/3 inch) structural plywood

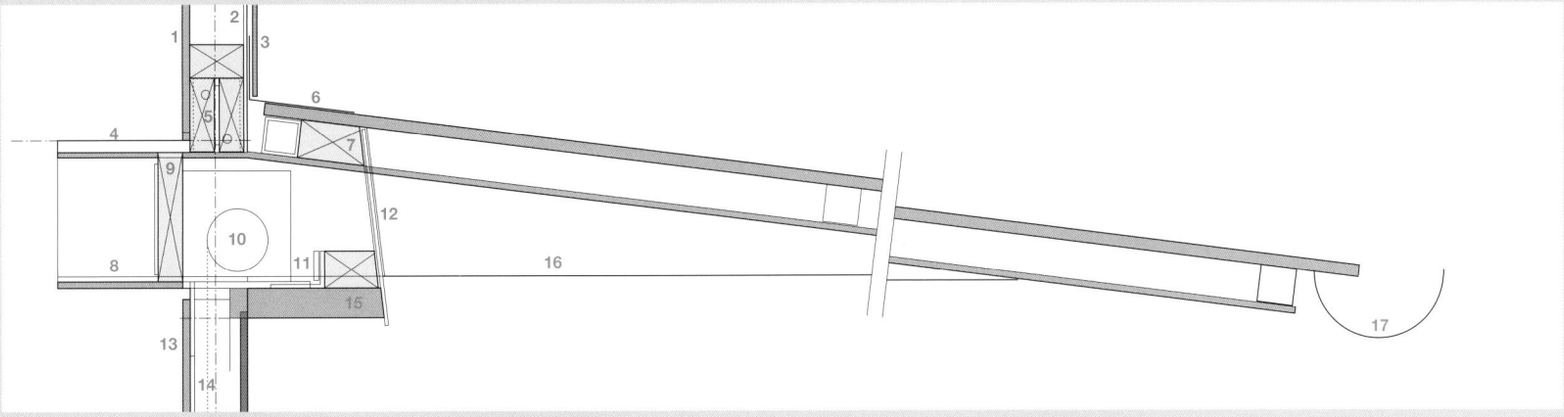


**43.08**
**Eaves Detail**
**1:10**
**1** Plasterboard lining
**2** Plywood lining
**3** Miniorb exterior cladding
**4** Timber tongue and groove flooring
**5** Cleat to support bridging under wall
**6** Colorbond flashing
**7** Removeable blocking to allow access to roller blind
**8** Plywood lining
**9** Timber joist
**10** Recessed roller blind cartridge
**11** Angle to support hardwood head with glue and screw fixing
**12** Access panel for installation and repairs to roller blind
**13** Cleat welded to floor beam bolted through T-flange
**14** T-column with tapered hardwood on either side
**15** Hardwood head
**16** T-section welded to floor beam
**17** Half-round Colorbond gutter

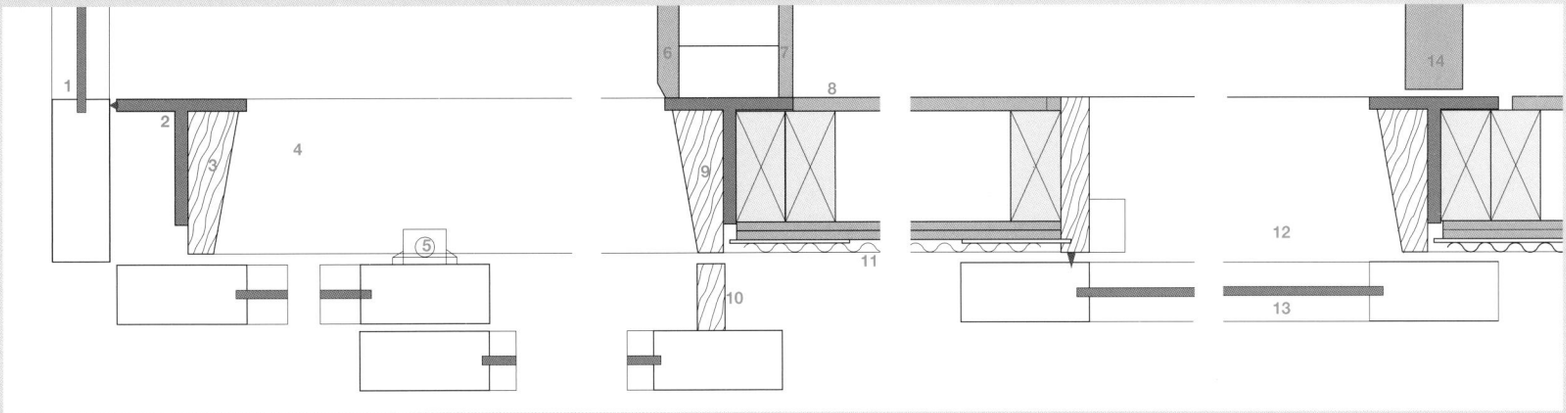


**43.09**
**Interior Door Plan Detail**
**1:5**
**1** Hardwood sliding door with solid infill
**2** Steel T-section
**3** Hardwood reveal
**4** Hardwood reveal
**5** Mini push lock mounted on bottom rail locking into sill
**6** Compressed fibre cement sheet bathroom lining
**7** Plasterboard lining
**8** Plasterboard lining
**9** Hardwood reveal
**10** Rubber stopper on brass tracks
**11** Miniorb with flashing behind, rebated into hard wood mullion
**12** Head alignment
**13** Sliding window
**14** Plywood pivot door

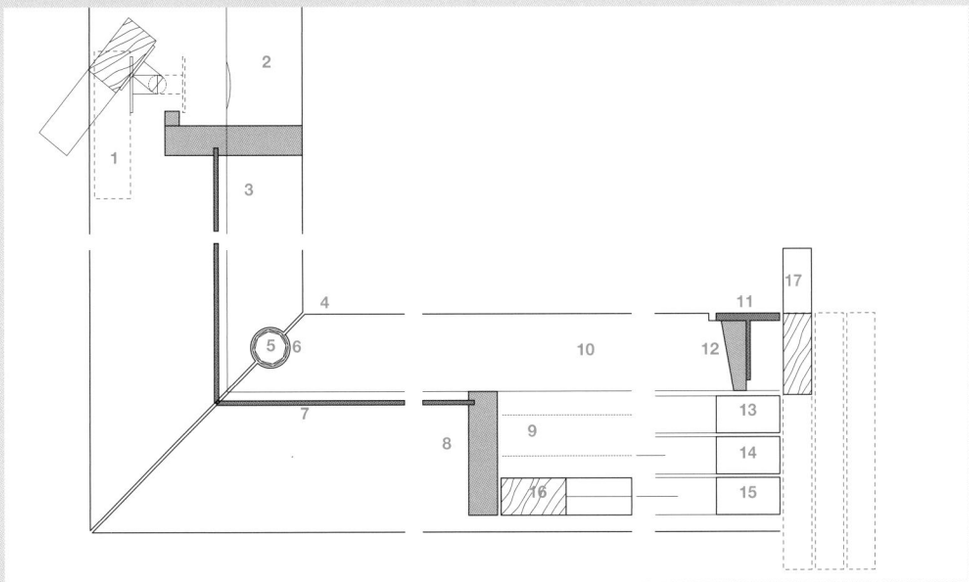


**43.10**
**Corner Window Plan Detail**
**1:10**
**1** Pivoting timber framed window
**2** Hardwood reveal
**3** Window head above
**4** Hardwood reveal with mitred corner
**5** Circular hollow section
**6** Sikaflex join around column
**7** Fixed glass with silicon joint to corner
**8** Hardwood jamb rebated for glazing
**9** Brass sliding tracks
**10** Hardwood sill
**11** 90 mm (3½ inch) T-section
**12** Hardwood reveal
**13** Sliding glass panel
**14** Sliding glass panel
**15** Sliding glass panel
**16** Sliding glass panel
**17** Sliding timber framed door

**44**
**RoTo Architects**

**Gompertz Residence**
**Livingston, Montana, USA**

Client
Ron Gompertz

Area
167 square metres (1,800 square feet)

Project Team
Clark Stevens, Michael Rotondi, Ben Ives, Dave Kitazaki, Kirby Smith, Carrie Di Fiore, Eric Meglassen

Structural Engineer
MT Structural, Bozeman, Montana

Main Contractor
Ron Gompertz

The site consists of 5.6 hectares (14 acres) at the edge of the Absaroka Mountains. The house itself sits on the edge of the only sheltering feature in a valley famous for its storms and spectacular views on a bank of the now receded Yellowstone River. The owner wished to be able to climb up to experience the dramatic sky, rather than simply viewing it from the earth. In response, the design explores the potential of the region's grain silos. The View Silo, as the house is known, was designed to occupy the smallest footprint of earth and the narrowest sliver of sky. Entry is at the upper level, with two levels of sleeping spaces below, partially embedded in the earth.

Immediately above are located the work and living spaces. A mezzanine for cooking and eating is located within the tapering double-height volume. Above this, the stair tower is open to the sky and is terminated in a roof-top observatory, the slatted perimeter of which provides a filtered 360-degree view. The building is clad on the south and east walls with cedar slats over a waterproofing layer of brick-red asphalt roofing. Separated from the surface of the roofing by a gap so that all fasteners are invisible, the spacing of the slats varies to provide patterns of light and shade to openings behind the continuous surface. To protect openings from severe storms, the windows can be completely shuttered. When opened, the shutters provide a variety of sun shading appropriate to their orientation.

1

**1** The house sits on a reinforced concrete base that rises out of the river bank, the timber-clad upper levels rising four storeys, culminating in a roof-top viewing terrace.
**2** The weathered cedar slats are interrupted only to accommodate carefully placed openings in the form of windows, decks and bridges.
**3** The gap between the timber slats varies to provide differentiations in the tone and texture of the facades and to protect openings behind from driving wind and rain.
**4** Cedar wall and ceiling linings echo the language of the exterior. Simple white-painted walls and expansive windows give priority to the spectacular views.

2

3

4

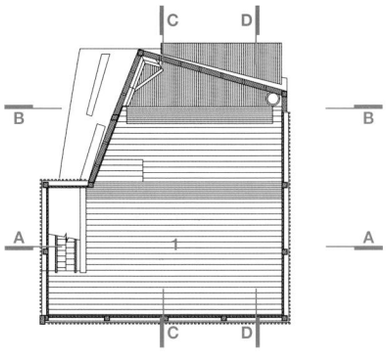


**44.01**
**Roof Plan**
**1:200**
1 Roof deck

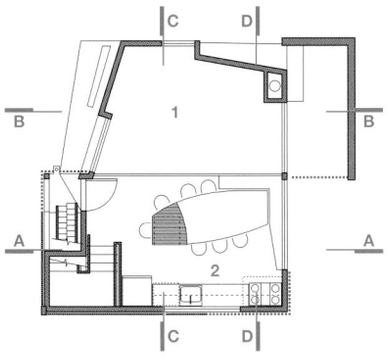


**44.02**
**Second Floor Plan**
**1:200**
1 Void over living room below
2 Kitchen

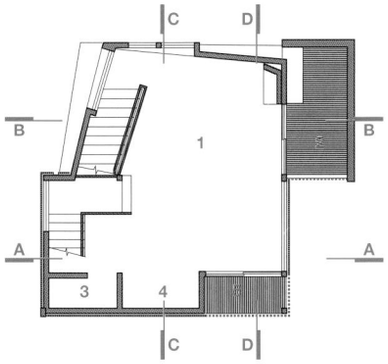


**44.03**
**First Floor Plan**
**1:200**
1 Living room
2 Porch 1
3 Store room
4 Study
5 Porch 2

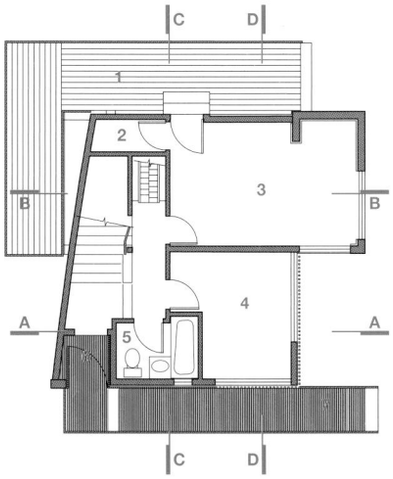


**44.04**
**Ground Floor Plan**
**1:200**
1 Balcony
2 Closet
3 Bedroom 1
4 Bedroom 2
5 Bathroom
6 Entry
7 Walkway

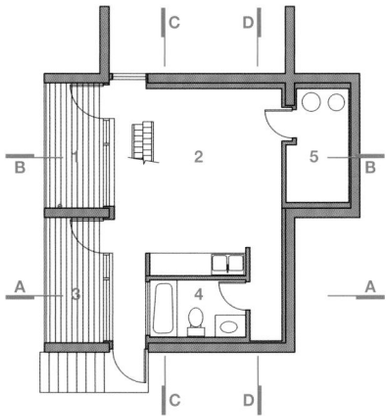


**44.05**
**Basement Floor Plan**
**1:200**
1 Deck
2 River room
3 Deck
4 Bathroom
5 Mechanical plant

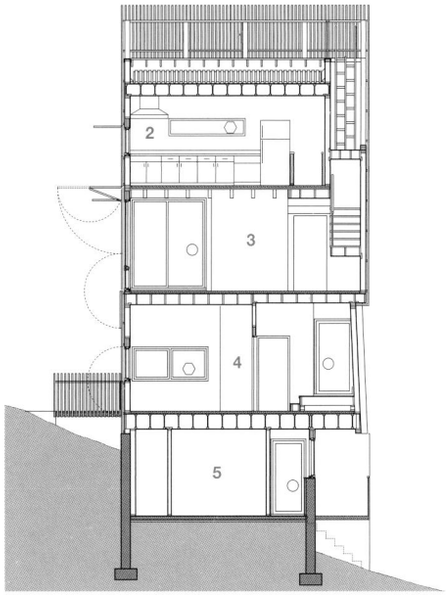


**44.06**
**Section A–A**
**1:200**
1 Roof deck
2 Kitchen
3 Living room
4 Bedroom
5 Bathroom

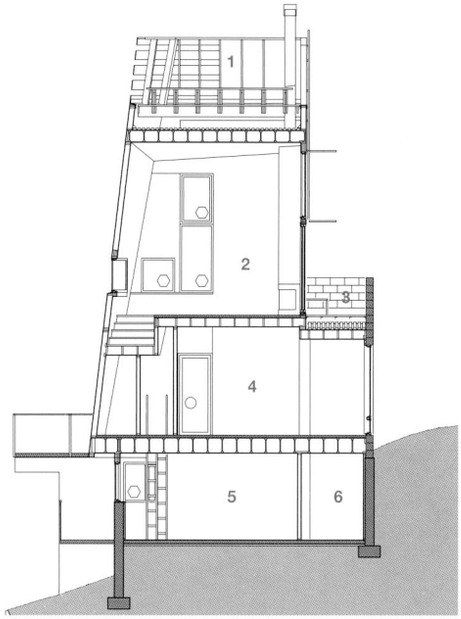


**44.07**
**Section B–B**
**1:200**
1 Roof deck
2 Living room
3 Porch 1
4 Bedroom
5 River room
6 Mechanical plant

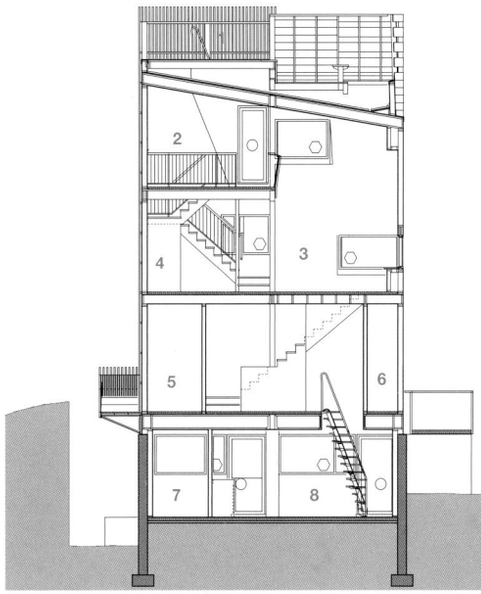


**44.08**
**Section C–C**
**1:200**
1 Roof deck
2 Kitchen
3 Living room
4 Study
5 Bathroom
6 Closet
7 Bathroom
8 River room

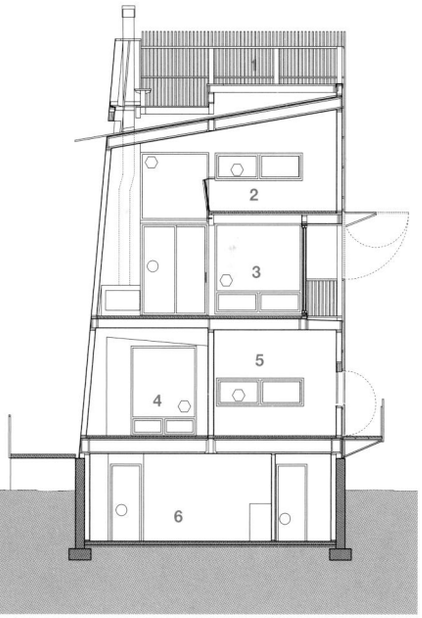


**44.09**
**Section D–D**
**1:200**
1 Roof deck
2 Kitchen
3 Living room
4 Bedroom 1
5 Bedroom 2
6 River room

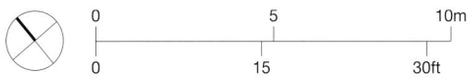

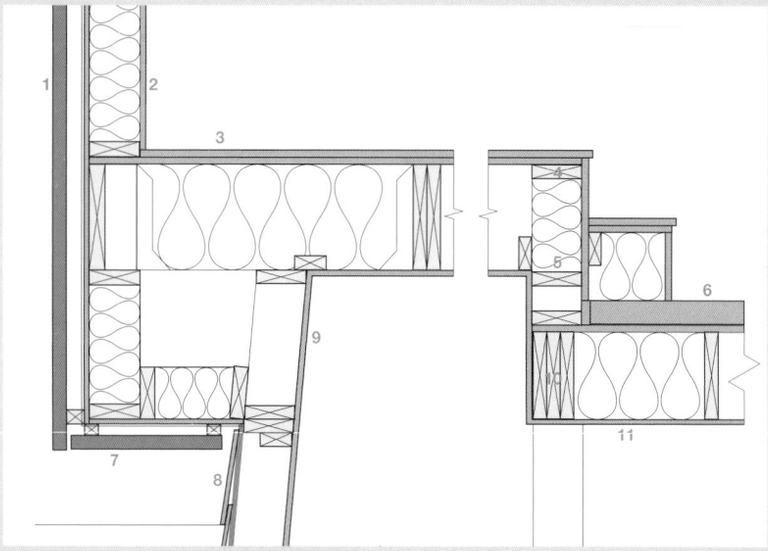


**44.10**
**Stair Landing Detail**
**1:20**
**1** 50 x 50 mm (2 x 2 inch) cedar slats
**2** Interior wall lining
**3** Maple flooring
**4** Timber framing
**5** Timber framing
**6** Lightweight concrete topping slab with integrated radiant heating
**7** 50 x 50 mm (2 x 2 inch) cedar slats
**8** Cedar cladding
**9** Interior wall lining
**10** Header beam
**11** Interior wall board

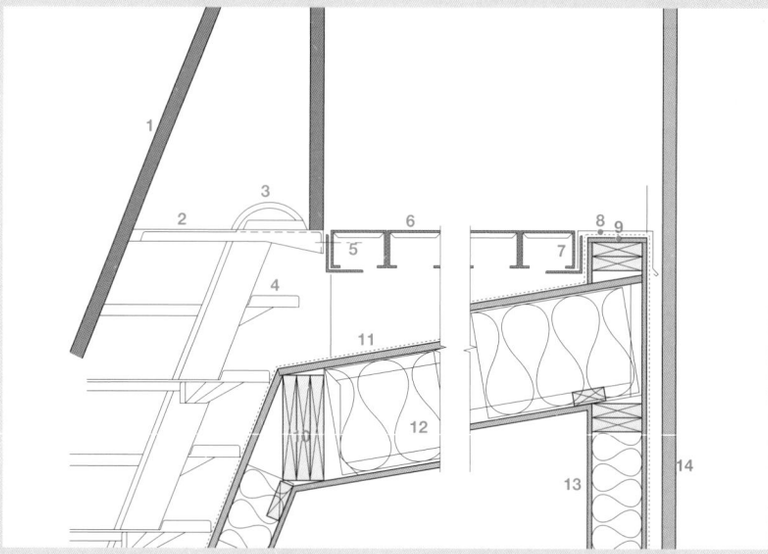


**44.11**
**Roof Deck Detail**
**1:20**
**1** Steel handrail
**2** Custom steel alternating tread stair assembly
**3** Steel stringer
**4** Custom steel alternating tread stair assembly
**5** 100 x 100 mm (4 x 4 inch) steel grating support angles around perimeter of roof deck
**6** 100 x 150 mm (4 x 6 inch) steel grating
**7** 100 x 100 mm (4 x 4 inch) steel grating support angles around perimeter of roof deck
**8** Pre-finished metal cap flashing
**9** Continuous roll-on roofing, air barrier and plywood over 50 x 150 mm (2 x 6 inch) parapet
**10** Three 50 x 300 mm (3 x 12 inch) beams
**11** Continuous roll-on roofing, air barrier and plywood over 50 x 150 mm (2 x 6 inch) parapet
**12** Batt insulation
**13** Interior wall lining
**14** Cedar slats

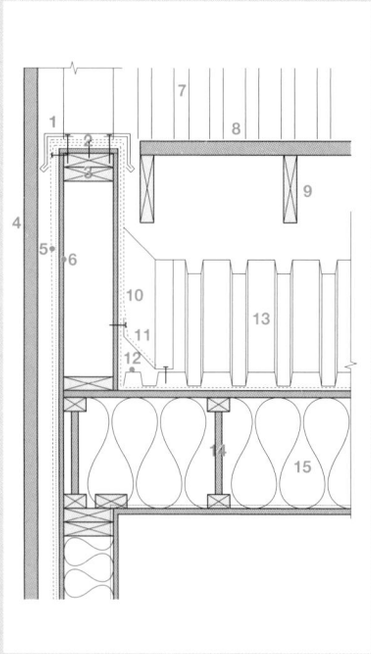


**44.12**
**Parapet Detail 1**
**1:20**
**1** 100 x 100 mm (4 x 4 inch) post beyond
**2** Prefinished metal flashing clipped in continuous cleats
**3** Double top plate to parapet
**4** Cedar cladding
**5** Continuous roll-on roofing, air barrier and plywood over parapet
**6** Timber framing
**7** Cedar rail beyond
**8** Timber decking
**9** Deck joists
**10** Roll-on roofing overlapping cant strip
**11** 125 mm (5 inch) metal cant strip
**12** Roll-on roofing underneath metal roofing over parapet
**13** Metal roofing
**14** Timber joists at 400 mm (16 inch) centres
**15** Batt insulation over vapour barrier and dry wall lining

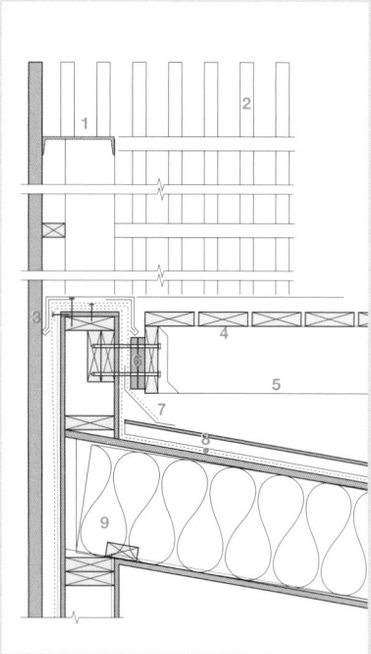


**44.13**
**Parapet Detail 2**
**1:20**
**1** Continuous steel channel
**2** Timber slats
**3** Prefinished metal flashing on roll-on roofing
**4** Timber decking at 12 mm (1/2 inch) spacings
**5** Timber joists at 400 mm (16 inch) centres
**6** Two layers of plywood spacers glued and lag bolted to solid blocking into parapet
**7** Prefinished metal cant
**8** Metal roofing on roll-on roofing
**9** Batt insulation over vapour barrier and dry wall lining

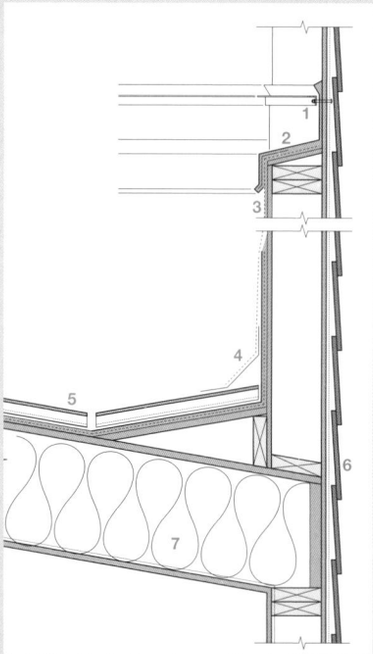


**44.14**
**Roof Cricket Detail**
**1:20**
**1** Continuous galvanized metal clamp bar on top of caulked and sealed flashing
**2** Prefinished metal flashing clipped in continuous metal cleat
**3** Roll-on roofing over parapet above and over metal cant below
**4** Prefinished metal cant strip
**5** Metal roofing
**6** Cedar cladding
**7** Batt insulation over vapour barrier and dry wall lining

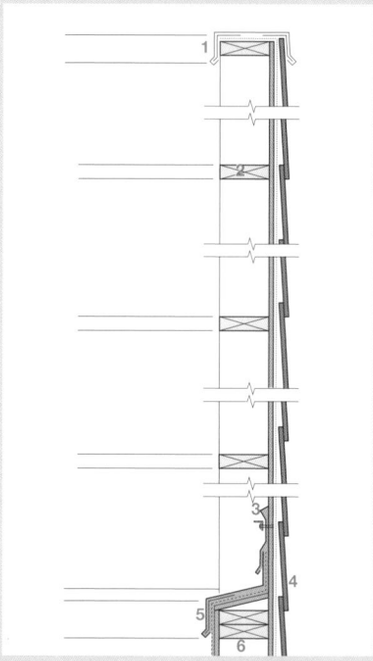


**44.15**
**North Wall at Roof Deck Detail**
**1:20**
**1** Prefinished metal cap flashing clipped into continuous cleats on both sides
**2** Blocking spaced to align with girts on west wall between studs
**3** Flashing
**4** Cedar cladding
**5** Cap flashing
**6** 50 x 150 mm (2 x 6 inch) double top plate

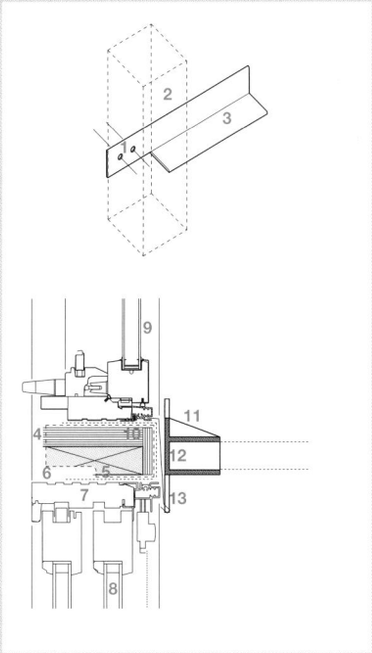

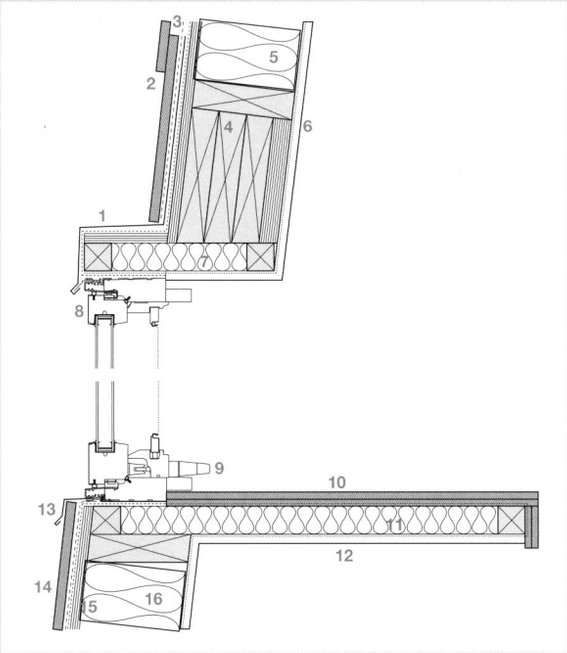

**44.16**
**Sliding Door Head and Window Detail**
**1:20**
**1** Lag screws into 150 x 150 mm (6 x 6 inch) post
**2** 150 x 150 mm (6 x 6 inch) post
**3** 75 x 75 x 6 mm (3 x 3 x 1/4 inch) steel angle
**4** 75 x 75 x 6 mm (3 x 3 x 1/4 inch) steel angle mullion header
**5** Notch 50 x 150 mm (2 x 6 inch) steel angle flush at bottom only
**6** Vapour barrier wrapped around entire mullion
**7** Shim as required
**8** Sliding door aligned to inside face of dry wall finish
**9** Window aligned to outside face of plywood
**10** Two layers of 12 x 12 mm (1/2 x 1/2 inch) plywood
**11** Custom steel bracket
**12** Roll-on roofing wrapped around mullion
**13** Prefinished metal flashing

**44.17**
**Window Section Detail**
**1:20**
**1** Prefinished metal flashing sloped to drain
**2** Cedar cladding
**3** Cedar cladding
**4** Structural window header
**5** Rigid insulation
**6** Interior wall lining
**7** 50 x 100 mm (2 x 4 inch) timber at 300 mm (12 inch) centres with 50 x 50 mm (2 x 2 inch) blocking in between 50 x 100 mm (2 x 4 inch) timbers at each end, and cavity filled with rigid insulation
**8** Window head
**9** Blind assembly
**10** Hardwood window sill and trim, thickness and length as required over vapour barrier
**11** Rigid insulation
**12** Drywall to interior
**13** Sill flashing
**14** Cedar cladding
**15** Vapour barrier
**16** Insulation

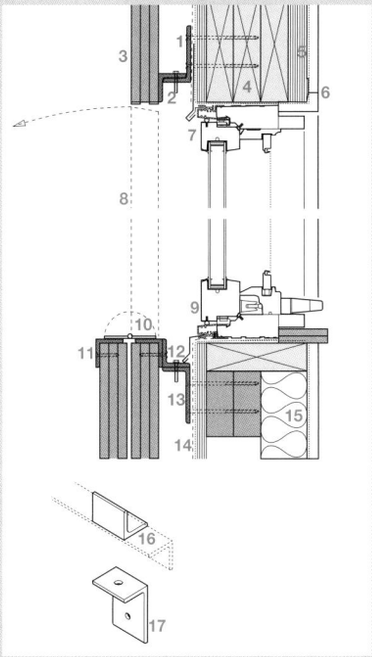

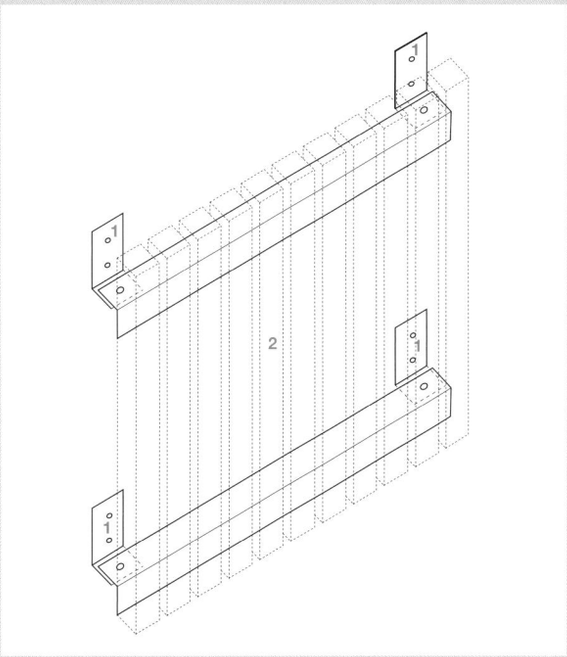

**44.18**
**Typical WIndow Detail**
**1:20**
**1** Steel mounting brackets attached after roll-on roofing installed
**2** Continuous steel angle pre-assembled to timber slats and steel bolt welded through angle
**3** Cedar cladding
**4** Structural window header
**5** Rigid insulation
**6** Interior wall lining
**7** Heavy gauge prefinished metal flashing under roofing at head and over roofing at sill
**8** Position of shutter at closed position
**9** Heave gauge prefinished metal flashing under roofing at head and over roofing at sill
**10** Continuous galvanized steel hinge
**11** Continuous steel angle pre-assembled to timber slats and steel bolt welded through angle
**12** Continuous steel angle pre-assembled to timber slats and steel bolt welded through angle
**13** Steel angle mounting brackets at each end of window opening, attached after roll-on roofing is installed
**14** Roll-on roofing
**15** Vapour barrier and insulation
**16** Continuous steel angle for mounting timber slats
**17** Mounting bracket

**44.19**
**Timber Slat Detail**
**1** Mounting brackets at 810 mm (32 inch) centres
**2** Vertical timber slats

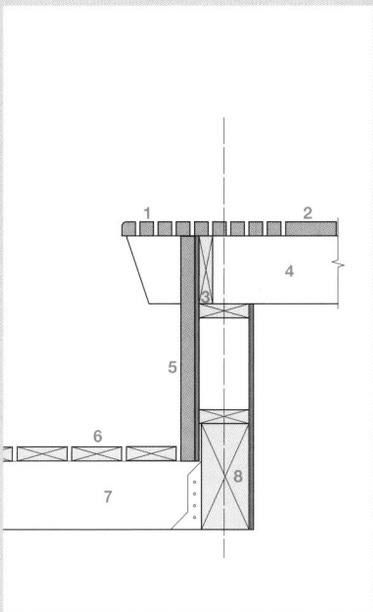

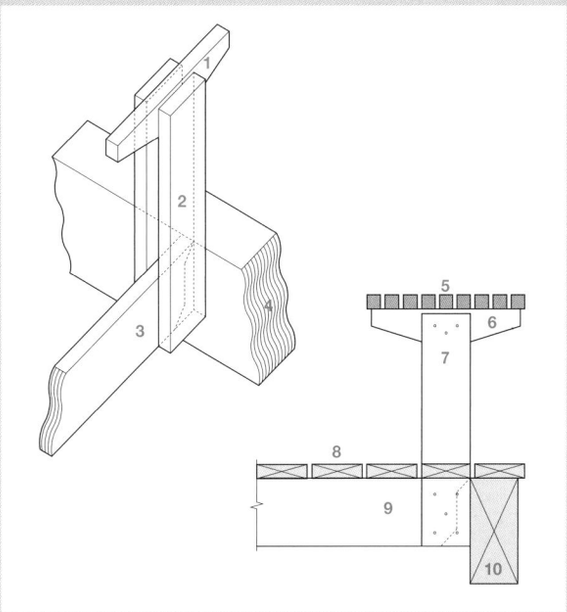

**44.20**
**Bench Detail 1**
**1:20**
**1** Cedar slats at 12 mm (1/2 inch) spacing
**2** 40 x 150 (1 3/5 x 6 inch) timber decking with 12 mm (1/2 inch) spaces
**3** Timber blocking in between deck joists
**4** Timber joists at 400 mm (16 inch) centres, cantilevered 200 mm (8 inches) from the face of the framing
**5** 40 x 40 mm (1 3/5 x 1 3/5 inch) cedar slats on plywood studs placed directly under joists
**6** 40 x 150 mm (1 3/5 x 6 inch) timber decking
**7** Timber joists
**8** 150 x 300 mm (6 x 12 inch) beam

**44.21**
**Bench Detail 2**
**1:20**
**1** Shaped 50 x 100 mm (2 x 4 inch) timber
**2** 40 x 150 mm (1 3/5 x 6 inch) timber on each side of joist
**3** Timber joists at 600 mm (2 foot) centres
**4** 150 x 300 mm (6 x 12 inch) timber beam
**5** 40 x 40 mm (1 3/5 x 1 3/5 inch) cedar slats at 12 mm (1/2 inch) spacing
**6** Shaped 50 x 100 mm (2 x 4 inch) timber
**7** 40 x 150 mm (1 3/5 x 6 inch) timber on each side of joist
**8** 40 x 150 mm (1 3/5 x 6 inch) timber decking
**9** Timber joists at 600 mm (2 foot) centres
**10** 150 x 300 mm (6 x 12 inch) timber beam

**45**
**Sean Godsell**

**Peninsula House**
**Victoria, Australia**

Area
210 square metres (2,260 square feet)

Project Team
Sean Godsell, Hayley Franklin

Structural Engineer
Felicetti Pty Ltd

General Contractor
Kane Constructions (Vic) Pty Ltd

This elegant timber house investigates the similarities between the enclosed verandah of traditional Japanese houses and the 'sun room' of the Australian house. An oxidized steel portal structure has been embedded into the side of a sand dune. This forms the 'exoskeleton' of the house upon which the weather controlling outer skin – operable timber shutters, glass roof and walls – are all mounted. The simple programme – a living and dining room, library and sleeping room – forms the 'endoskeleton'. The sleeping room is an inner area accessed by a private stair, while a double-height living volume at ground level opens directly onto the landscape, with an intimate guest room and library at the rear.

The notion of inner room (*moya*) enclosed verandah (*hisashi*) and fluid (aisle) space forms the basis of the design. The three primary spaces differ in dimension, volume and quality of light. The living room is very light, the bedroom is moderately light and the library is dark by comparison. The verandah has become further abstracted to form a protective outer layer. There is no distinction between the function of the roof and the function of the walls. The house itself is the nurturing inner room, protected from the elements by a coarse outer hide, principally expressed in the veil of closely spaced recycled eucalyptus battens. The interplay of the habitants between these two elements activates the simple form of the building via the opening and closing of the facade. This effect is further accentuated by the emptying and filling of the building with light, filtered through the timber screens, mapping the course of the day and the time of year in the shape and extent of the shadows cast by the screens.

1

2

**1** A row of pneumatically operated timber panels open up from the verandah space onto a sheltered timber deck, enclosed by battered earth walls.

**2** The seemingly fragile nature of the timber screen covering both the walls and the roof, protects what is essentially a glass box against the harsh marine climate.

**3** A sliver of sky opens up between the walls of battens. While the screen acts as a privacy device and weather barrier, it also serves to connect the private domain to the landscape outside.

**4** The progressive layering of space is apparent in the way the floor surfaces change from inside to outside – from the weathered timber deck to a concrete path to polished floorboards.

3

4

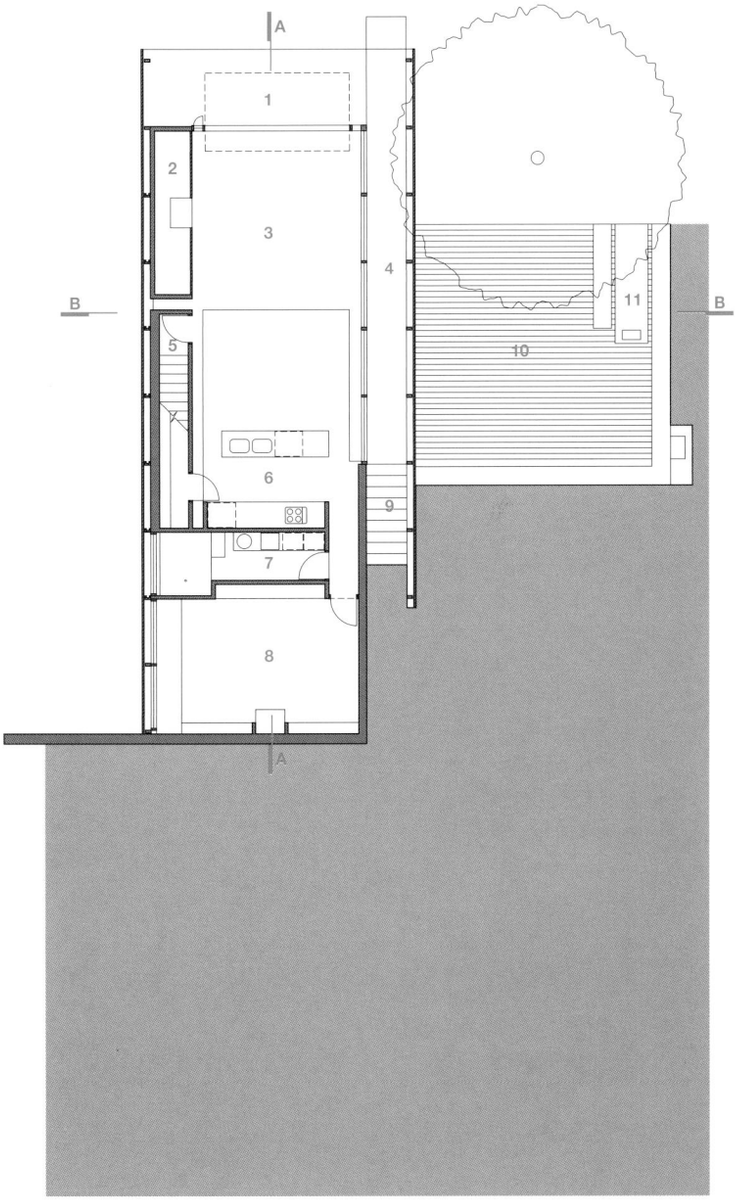


**45.01**
**Ground Floor Plan**
**1:200**
1 Line of tilt door dotted
2 Storage and fireplace
3 Living room
4 Verandah space
5 Stair
6 Kitchen
7 Bathroom
8 Library
9 External stair
10 Courtyard
11 Table and BBQ

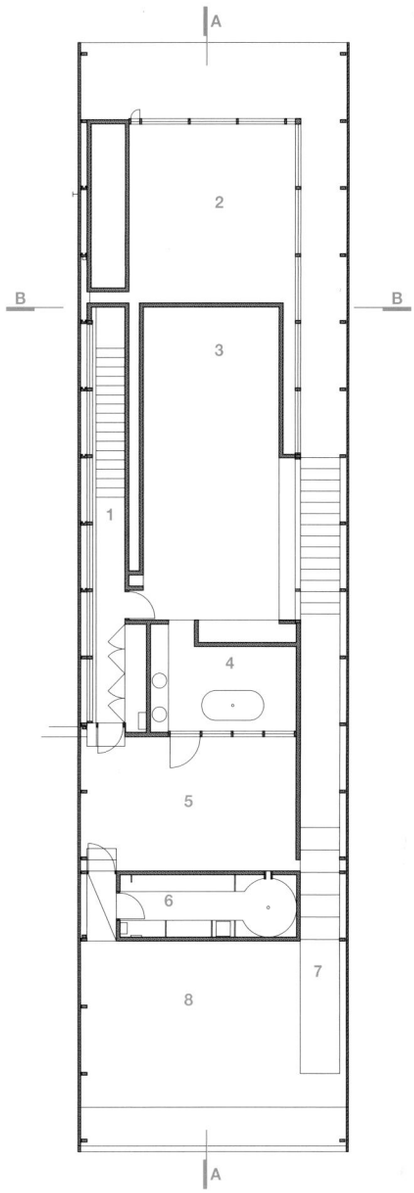


**45.02**
**First Floor Plan**
**1:200**
1 Corridor
2 Void over living room
3 Bedroom
4 Bathroom
5 Courtyard
6 Changing room and store
7 External entry
8 Carport

0 5 10m
0 15 30ft

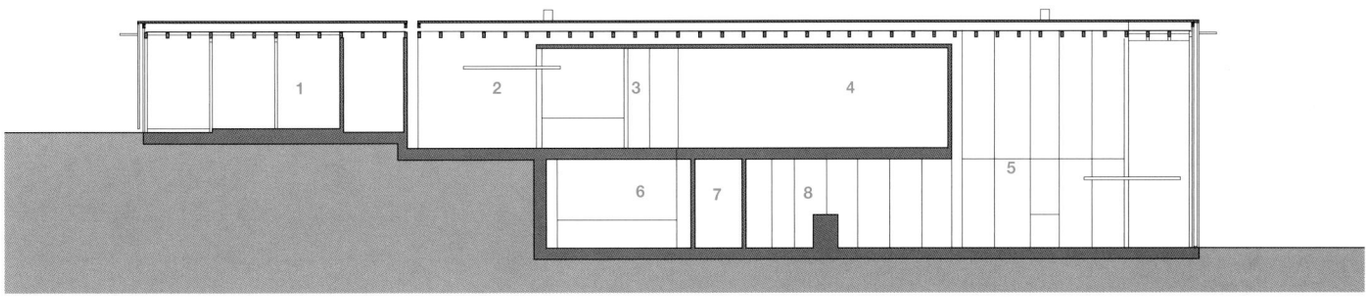


**45.03**
**Section A–A**
**1:200**
1 Carport
2 Courtyard
3 Bathroom
4 Bedroom
5 Living room
6 Library
7 Bathroom
8 Kitchen

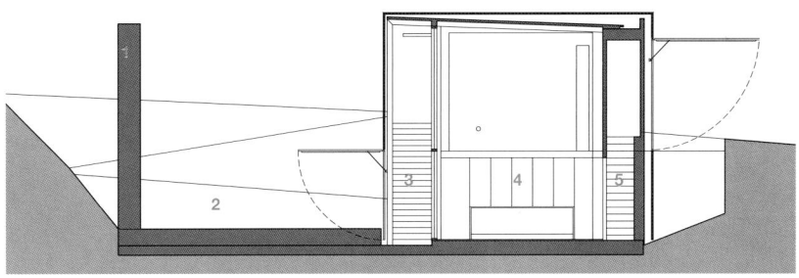


**45.04**
**Section B–B**
**1:200**
1 Fireplace
2 Courtyard
3 External stair
4 Kitchen
5 Internal stair

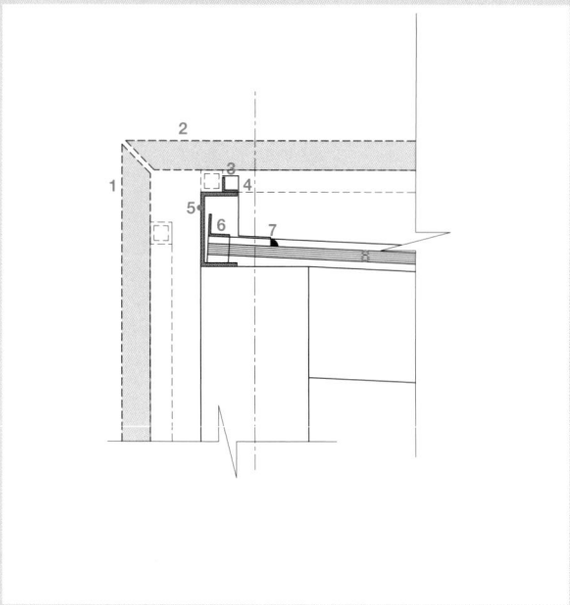


**45.05**
**Timber Screen**
**Wall Detail**
**1:10**
**1** Timber screen
**2** Timber screen
**3** 20 x 20 mm (3/4 x 3/4 inch) mild steel angle
**4** Zinc angle capping
**5** 100 x 50 (4 x 2 inch) mild steel pre-formed channel
**6** 20 x 20 mm (3/4 x 3/4 inch) aluminium angle
**7** Silicone
**8** Glazing in aluminium channel

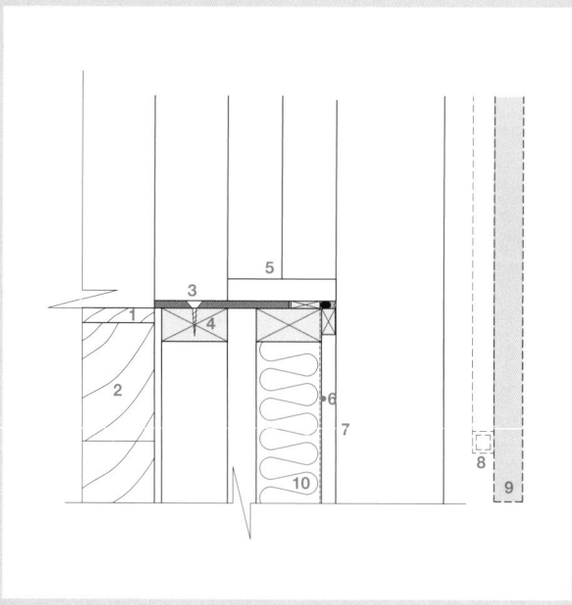


**45.06**
**Wall Detail 1**
**1:10**
**1** Timber flooring
**2** Timber stair riser
**3** Mild steel plate countersunk and screw fixed to align with portal beyond
**4** Nailing plate
**5** Timber sill
**6** Sarking (dotted)
**7** Oxidized mild steel cladding on 19 mm (3/4 inch) battens at 600 mm (23 1/2 inch) centres
**8** 30 x 30 mm (1 1/5 x 1 1/5 inch) square hollow section
**9** Line of timber screen beyond
**10** Insulation

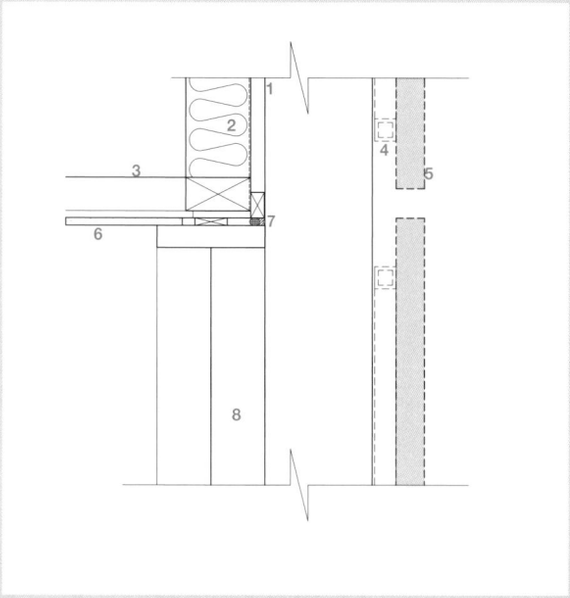


**45.07**
**Wall Detail 2**
**1:10**
**1** Oxidized mild steel cladding
**2** Insulation
**3** 32 Rondo screw up batten
**4** 30 x 30 mm (1 1/5 x 1 1/5 inch) square hollow section
**5** Timber screen
**6** Plasterboard
**7** Clear silicone to polystyrene backing rod
**8** 150 x 75 mm (6 x 3 inch) pre-formed channel

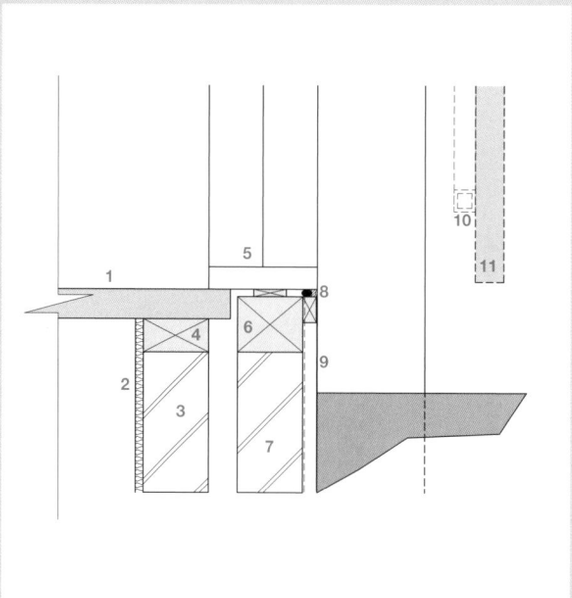


**45.08**
**Wall and Desk Detail**
**1:10**
**1** Desk
**2** 12 mm (1/2 inch) MDF
**3** Inner layer of structural masonry pier
**4** Timber bearer plate
**5** Timber window sill
**6** Timber bearer plate
**7** Outer layer of structural masonry pier
**8** Silicone
**9** 1.6 mm (1/16 inch) mild steel on treated pine battens
**10** 30 x 30 mm (1 1/5 x 1 1/5 inch) square hollow section
**11** Timber screen

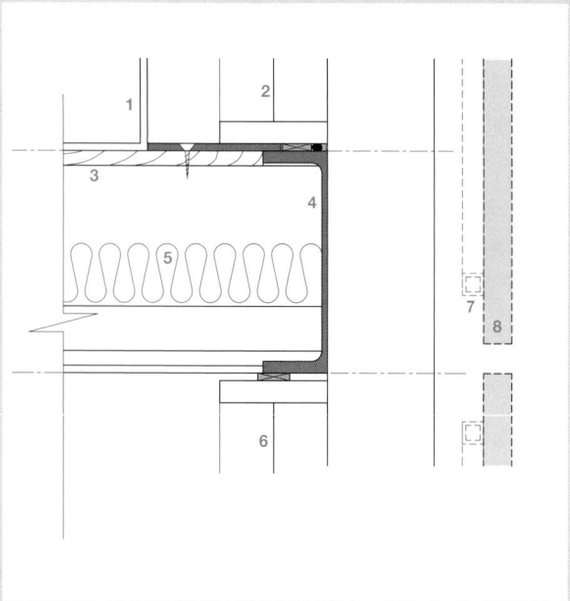


**45.09**
**Wall Detail 3**
**1:10**
**1** Portal beyond
**2** Timber-framed glazing
**3** Timber floor boards
**4** 300 x 90 mm (11 3/4 x 3 1/2 inch) pre-formed channel
**5** Insulation
**6** Timber-framed glazing
**7** 30 x 30 mm (1 1/5 x 1 1/5 inch) square hollow section
**8** Line of timber screen beyond

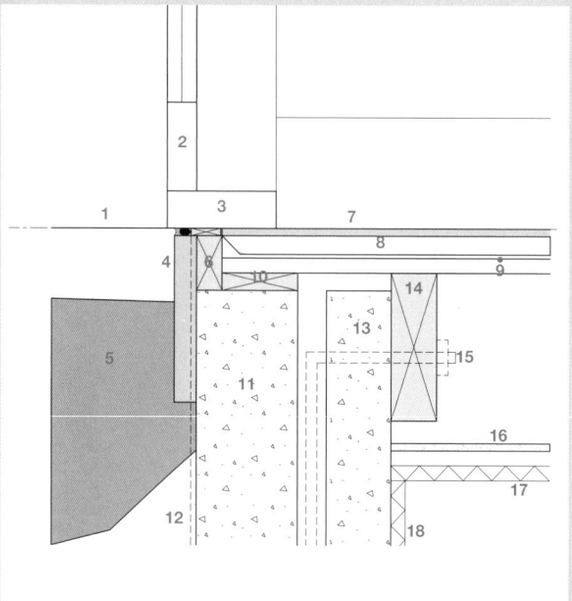


**45.10**
**Floor Detail**
**1:10**
**1** 8 mm (1/3 inch) mild steel portal beyond
**2** Timber framed door
**3** Timber door sill
**4** 20 mm (3/4 inch) unpainted cement render over tanking (dotted)
**5** Finished ground level
**6** Treated pine edge trim
**7** Ceramic tiles on screed over tanking
**8** Cement screed
**9** 18 mm (3/4 inch) wet area particleboard
**10** Timber blocking
**11** Masonry retaining wall
**12** Tanking
**13** Masonry wall
**14** Timber floor joist
**15** Hold-down bolt
**16** Aluminium furring channel
**17** Plasterboard
**18** MDF

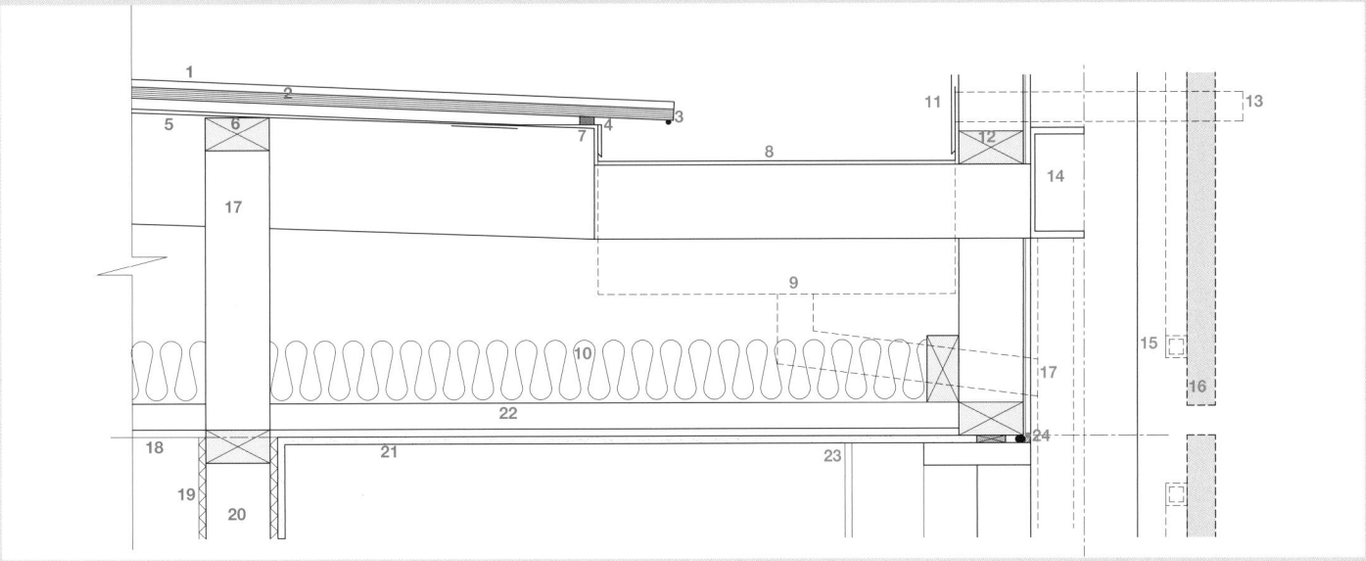


**45.11**
**Roof and Gutter Detail**
**1:10**
**1** Aluminium channel
**2** Glazing
**3** Continuous silicone drip bead
**4** Neoprene gasket
**5** Timber rafter
**6** Timber bearer
**7** Timber batten
**8** Stainless steel gutter
**9** 500 x 400 x 180 mm (19½ x 15¾ x 7 inch) stainless steel sump
**10** Insulation
**11** Flashing
**12** Timber plate
**13** 32 mm (1¼ inch) diameter outlet
**14** Channel
**15** 30 x 30 mm (⅕ x 1⅕ inch) square hollow section
**16** Timber screen
**17** Timber stud frame
**18** Plasterboard
**19** MDF
**20** Timber stud frame
**21** Plasterboard ceiling
**22** 32 Rondo batten
**23** Steel portal
**24** Silicone

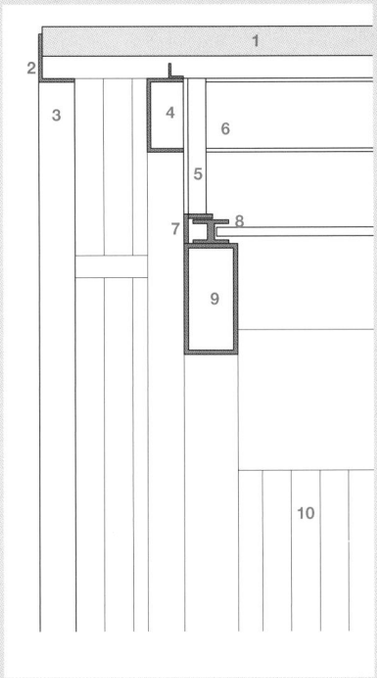


**45.12**
**Wall and Glazing Detail 1**
**1:10**
**1** Timber screen
**2** 65 x 50 mm (2½ x 2 inch) mild steel angle
**3** 65 x 50 mm (2½ x 2 inch) mild steel angle
**4** 100 x 50 mm (4 x 2 inch) pre-formed channel
**5** Plywood backing to 1.6 gauge mild steel fascia
**6** 20 x 20 mm (¾ x ¾ inch) mild steel rectangular hollow section at 450 mm (17¾ inch) centres
**7** 40 x 40 x 3 mm (1½ x 1½ x 1/10 inch) mild steel angle
**8** Glazing in aluminium channel with separation strip between aluminium and steel
**9** 150 x 75 mm (6 x 3 inch) boxed section
**10** Mild steel plate

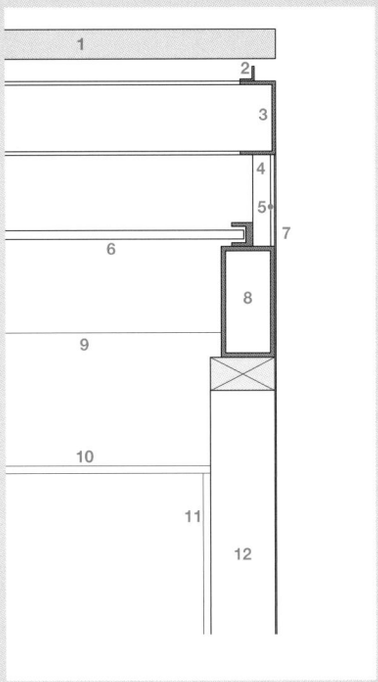


**45.13**
**Wall and Glazing Detail 2**
**1:10**
**1** Timber screen
**2** 20 x 20 mm (¾ x ¾ inch) mild steel angle
**3** 100 x 50 mm (4 x 2 inch) pre-formed channel
**4** 20 x 20 mm (¾ x ¾ inch) mild steel rectangular hollow section at 450 mm (17¾ inch) centres
**5** Plywood backing to 1.6 gauge mild steel fascia
**6** Glazing in aluminium channel with separation strip between aluminium and steel
**7** Mild steel over sarking
**8** 150 x 75 mm (6 x 3 inch) boxed section
**9** Mild steel plate
**10** Mild steel plate
**11** Mild steel plate
**12** Timber stud

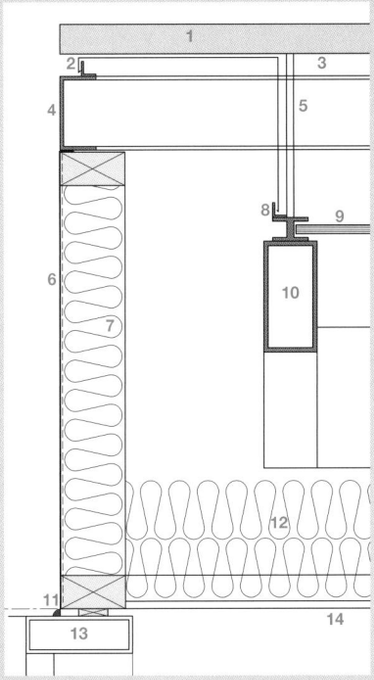


**45.14**
**Wall and Roof Detail 1**
**1:10**
**1** Timber screen
**2** Zinc angle capping
**3** Capping
**4** 100 x 50 mm (4 x 2 inch) pre-formed channel
**5** 10 mm (1/3 inch) diameter threaded mild steel rod
**6** Mild steel over sarking (dotted)
**7** Insulation
**8** 40 x 40 mm (1½ x 1½ inch) continuous aluminium angle
**9** Membrane roof over 12 WP PW set into glazing channel
**10** 150 x 75 mm (6 x 3 inch) boxed section
**11** Silicone
**12** Two layers of fibreglass insulation
**13** Window frame
**14** Plasterboard ceiling screwed in place with 'rondo' battens

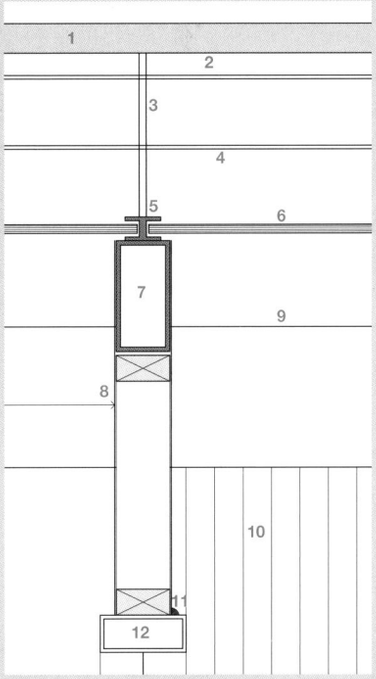


**45.15**
**Wall and Roof Detail 2**
**1:10**
**1** Timber screen
**2** Capping
**3** 10 mm (1/3 inch) diameter threaded mild steel rod
**4** 20 x 20 mm (¾ x ¾ inch) mild steel rectangular hollow section at 450 mm (17¾ inch) centres
**5** Glazing channel
**6** Membrane roof over 12 WP PW set into glazing channel
**7** 150 x 75 mm (6 x 3 inch) boxed section
**8** Mild steel plate
**9** Mild steel plate
**10** Timber screen beyond
**11** Silicone
**12** Window frame

**46**
**Smith-Miller+Hawkinson Architects**

**Mustang Meadow**
**Colorado, USA**

Client
Dennis Goggin

Area
317 square metres (3,415 square feet)

Project Team
Henry Smith-Miller, Ferda Kolatan, Michael Johnston, Luben Dimcheff, Twitee Vajrabhaya, Dannon Canterbury

Structural Engineer
Buckhorn Geo Tech

Mechanical Engineer
Carstel Engineering

Landscape Architect
Quennell Rothschild and Partners

Main Contractor
Kent Building Company

The Mustang Meadow House is situated on a remote mesa in the Colorado Rocky Mountains. Located on the wooded edge of a vast alluvial meadow, the house enjoys magnificant views of several million acres of forest and mountains. The project's formal origins lie in the 'long house' a Native American communal dwelling – a large single room dedicated to social gatherings, sited according to local topography and ritual. The house runs from east to west, linking mountain to valley. It is closed to the north in a manner analogous to the forest edge, and open to the south, the meadow.

The serpentine approach road leads to the entrance in the opaque north wall. Passing through an apparently 'broken' section, the hidden domestic spaces are revealed. The building's skin wraps and folds over the interior. A large 'visor' shades the south-facing spaces, qualifying the view while offering protection from the environment. Windows and doors are set in the extruded fissures and folded surfaces. The building's simple section is broken to afford visual access through the house. The interior of plywood panelling and exterior of plank siding, slip past glazed and unglazed openings to reinforce the presence of the site in the building.

**1** Vertical timber boards on the north facade are interrupted only by a few openings and the canopied slot where a stair leads up to the main entrance. **2** Above the entrance, an unglazed opening provides a framed outlook from a terrace accessible from the library on the first floor. **3** Inside, the plywood lined, double-height living space looks out over the meadow, overlooked by the study and library above.

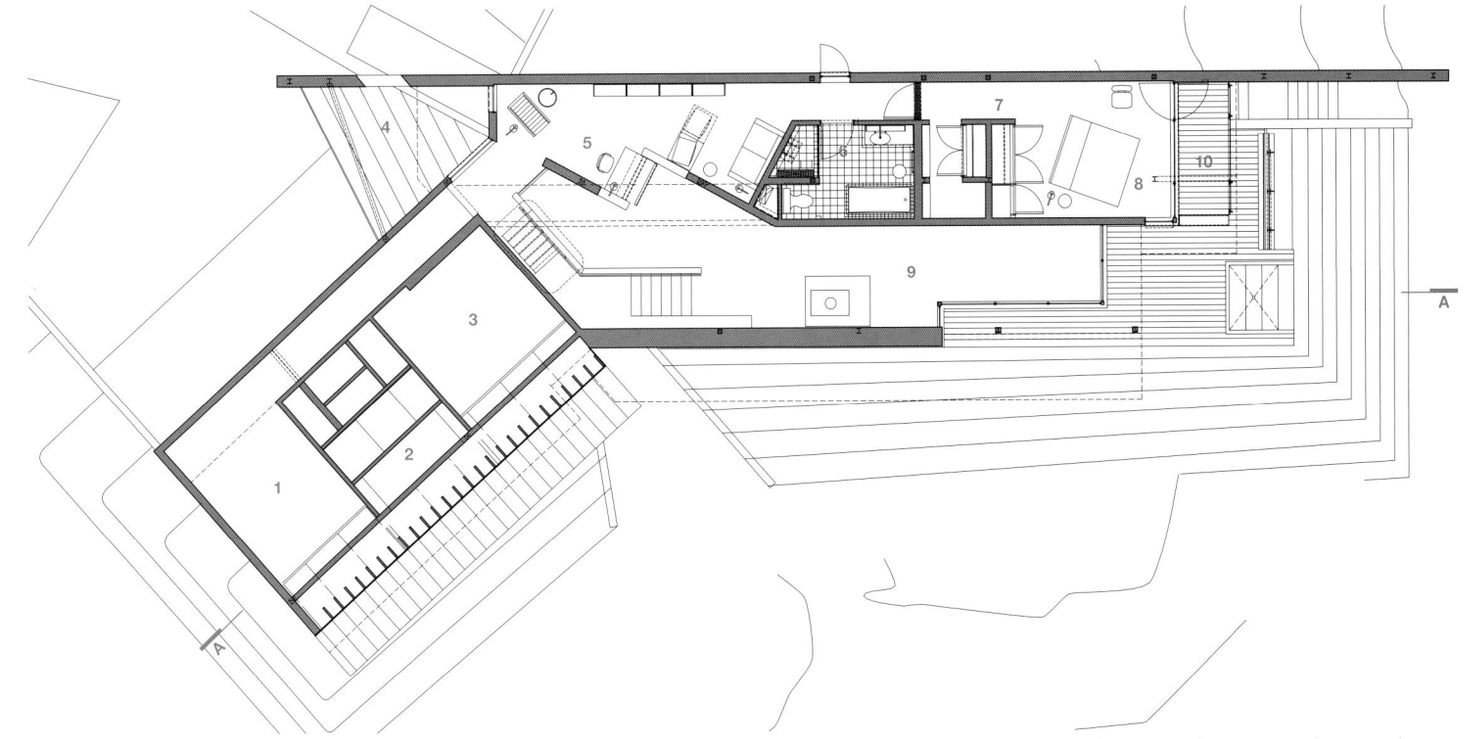


**46.01**
**First Floor Plan**
**1:200**
1 Bedroom
2 Skylight over bathroom below
3 Study and bedroom below
4 Terrace
5 Library
6 Bathroom
7 Dressing room
8 Master bedroom
9 Void over living room below
10 Terrace

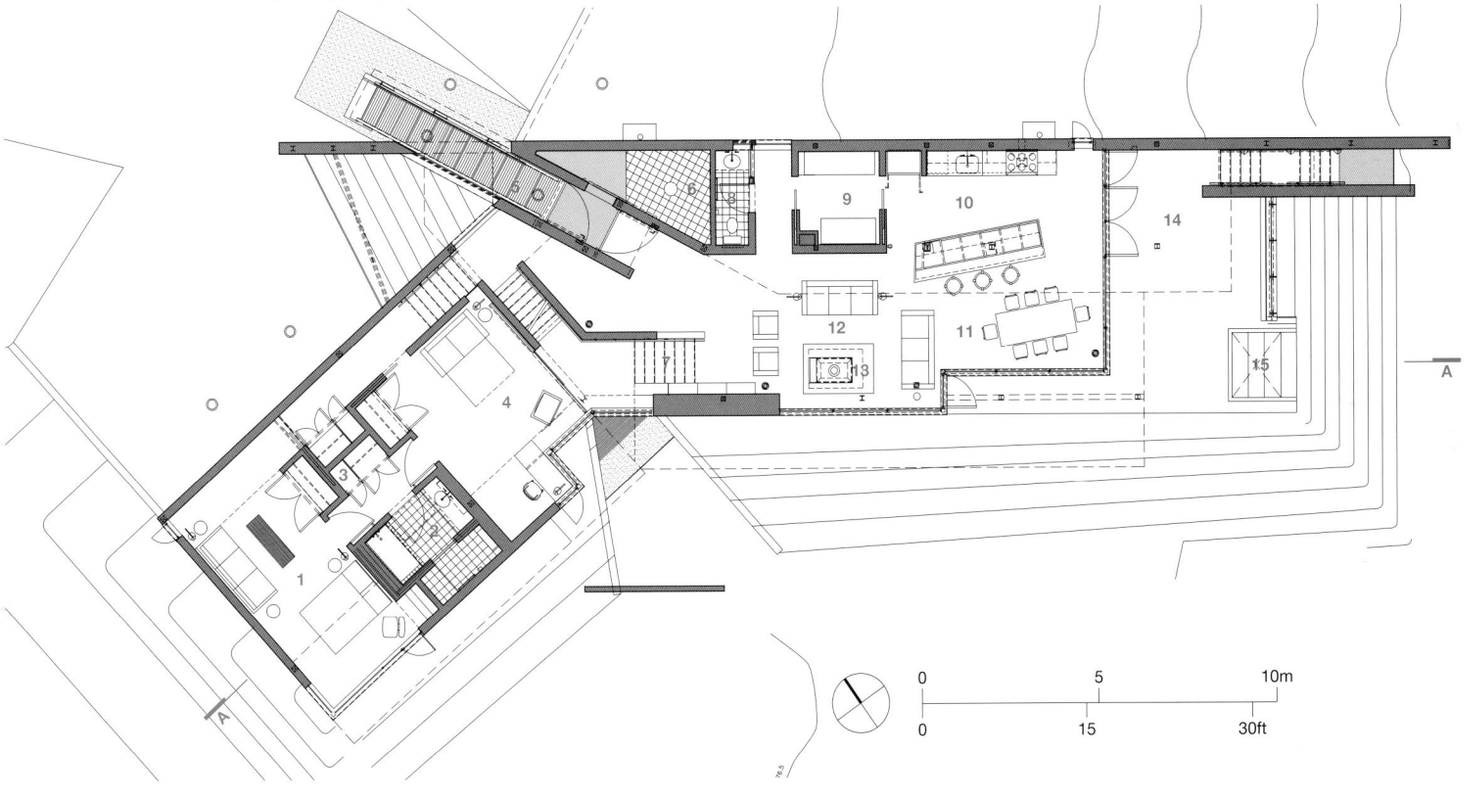


**46.02**
**Ground Floor Plan**
**1:200**
1 Bedroom
2 Bathroom
3 Dressing
4 Study and bedroom
5 Entrance
6 Mud room
7 Stair to first floor
8 WC
9 Pantry
10 Kitchen
11 Dining room
12 Living room
13 Fireplace
14 Terrace
15 Hot tub

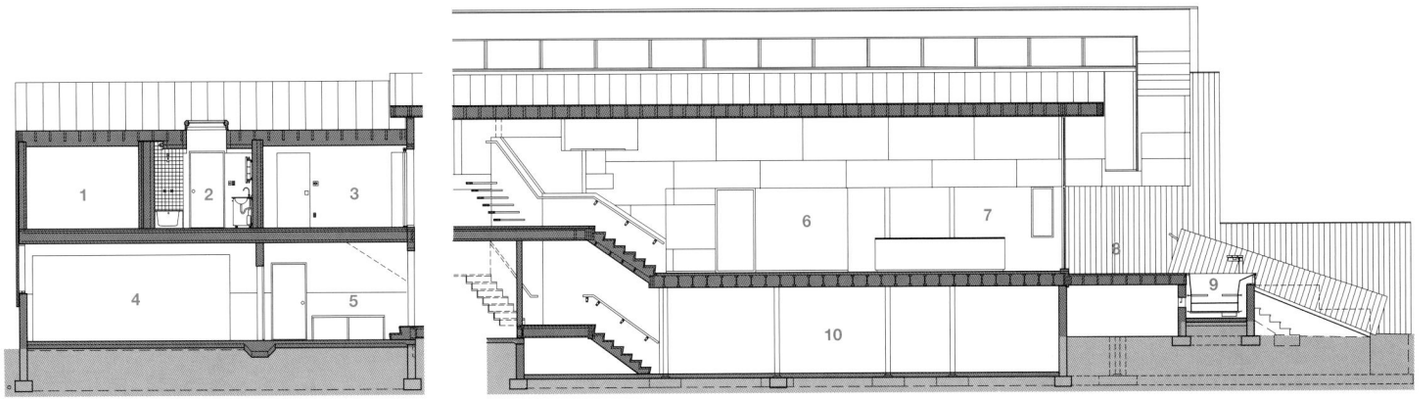


**46.03**
**Section A–A**
**1:200**
1 Bedroom
2 Bathroom
3 Study and bedroom
4 Bedroom
5 Study
6 Living room
7 Dining room
8 Terrace
9 Hot tub
10 Basement

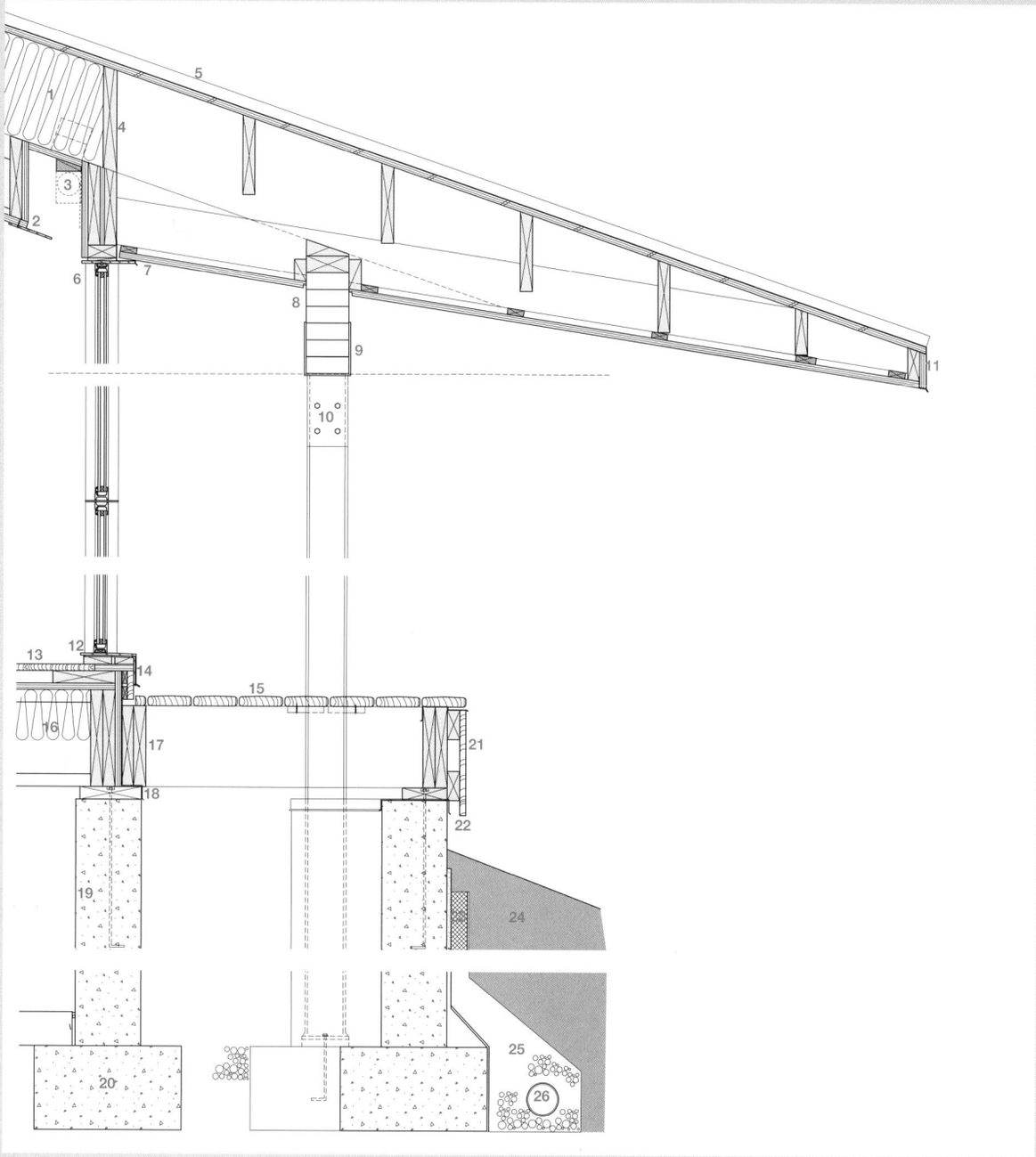


**46.04**
**Detail Building Section**
**1:20**
**1** Roof insulation
**2** Shade cover
**3** Roll-up shade
**4** Tapered rafter
**5** Roof sheathing
**6** WIndow
**7** Ceiling soffit lining
**8** Glue laminated beam
**9** Custom steel stirrup
**10** Steel column beyond
**11** Fascia
**12** Window sill
**13** Hardwood floor
**14** Sill cover plate
**15** Timber decking
**16** Floor insulation
**17** 40 x 250 mm (1½ x 10 inch) ledger
**18** Flashing
**19** Reinforced concrete foundation
**20** Reinforced concrete footing
**21** Fascia
**22** Flashing
**23** Rigid insulation
**24** Earth berm
**25** Gravel
**26** Drain

**46.05**
**Stair Plan**
**1:50**
**1** Gravel
**2** Concrete pad
**3** Stringer
**4** Wire mesh guardrail
**5** Stanchion
**6** Tiling
**7** Line of wall above
**8** Stringer
**9** Metal treads
**10** Wall
**11** Light fixture below
**12** Door

**46.06**
**Stair Section**
**1:50**
**1** Wire mesh guardrail
**2** Handrail
**3** Aluminium angle
**4** Stringer
**5** Metal tread
**6** Metal balustrade
**7** External concrete wall

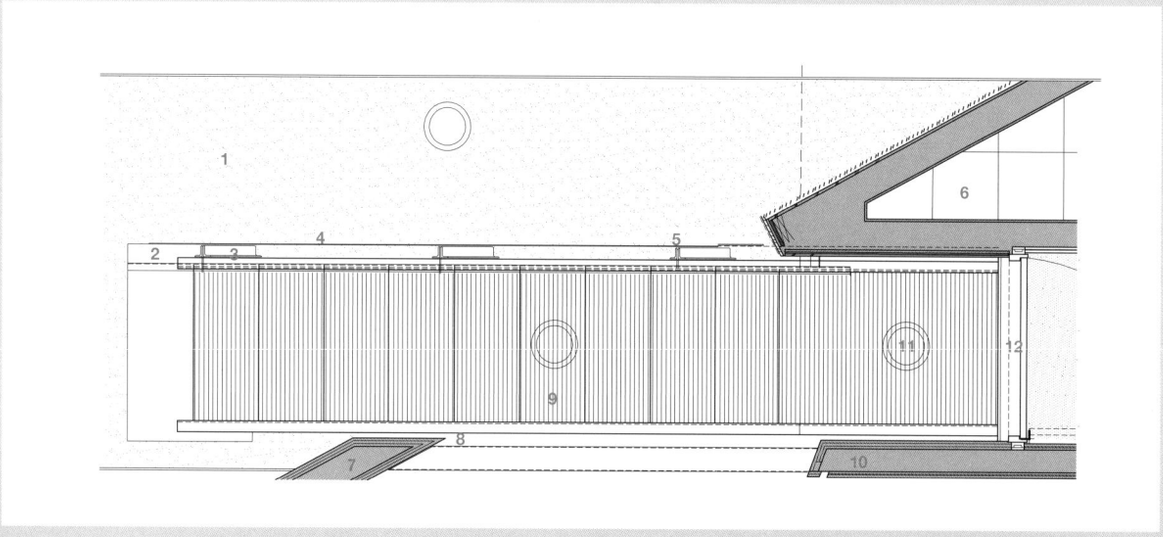


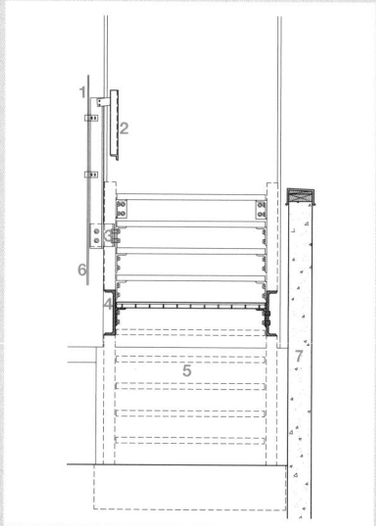

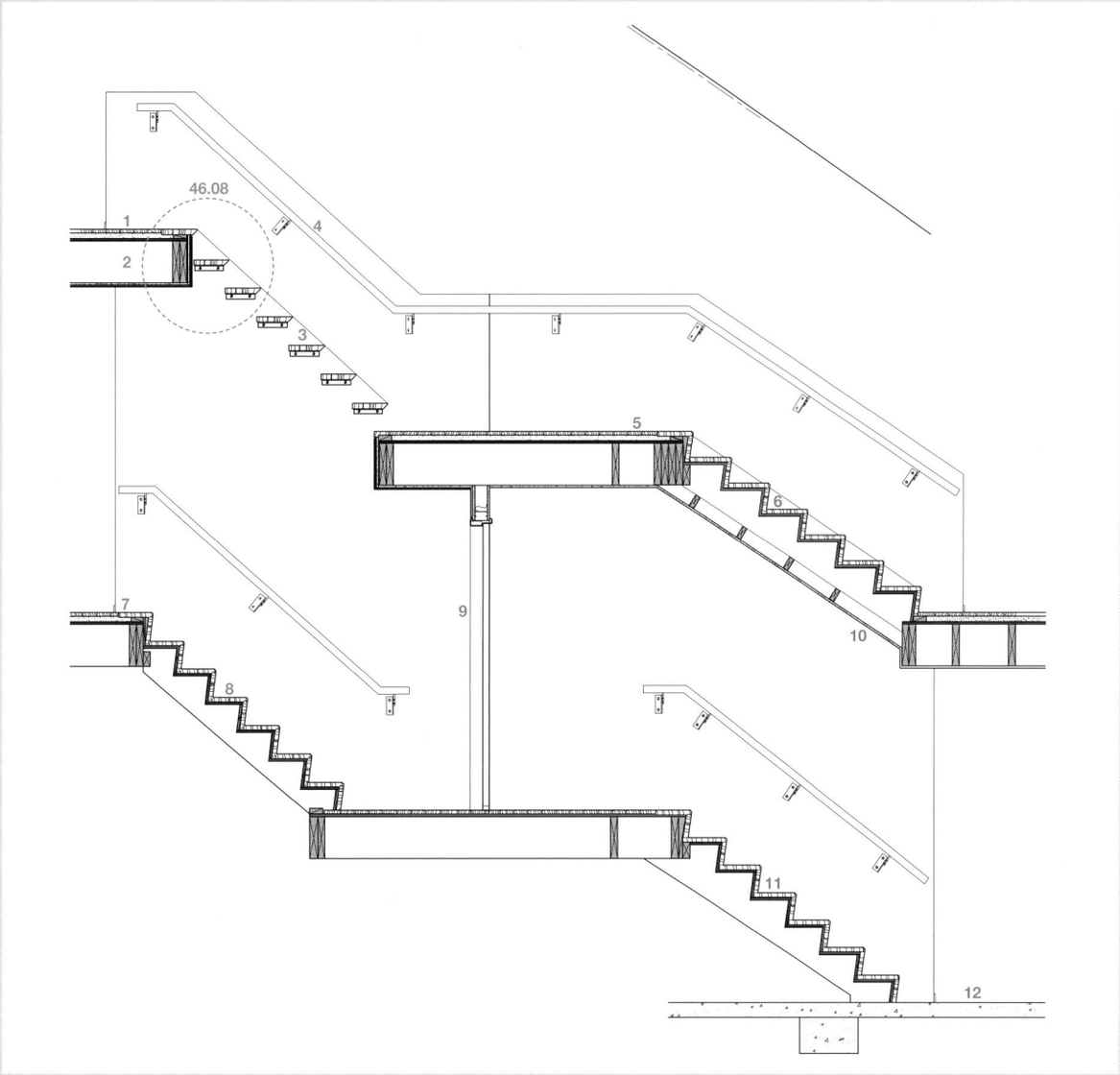


**46.07**
**Stair Detail**
**1:50**
**1** Hardwood floor
**2** 50 x 250 mm (2 x 10 inch) timber framing
**3** Timber stair with open risers
**4** 50 mm (2 inch) diameter round hardwood handrail to match hardwood flooring material
**5** Top tread to match other stair treads
**6** Timber treads and risers
**7** Top tread to match other stair treads
**8** Timber treads and risers
**9** Door
**10** Gypsum board ceiling
**11** Timber treads and risers
**12** Concrete floor

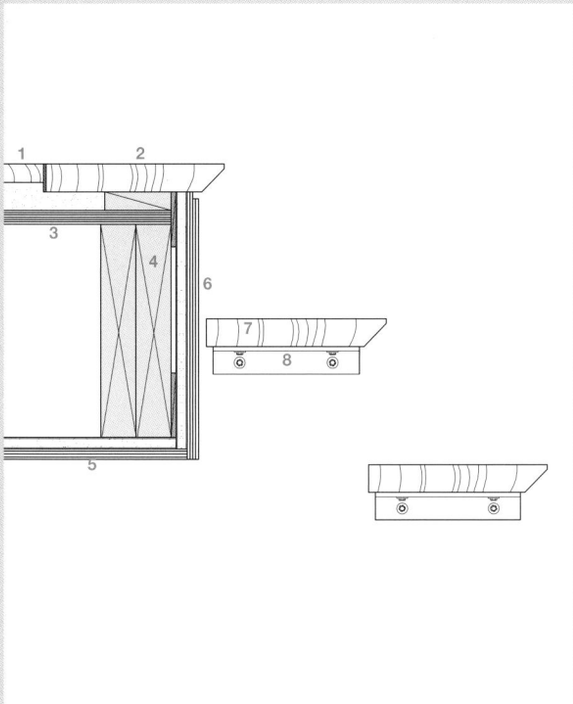


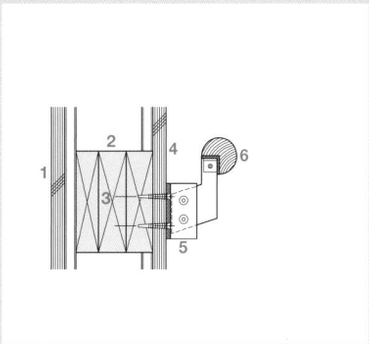


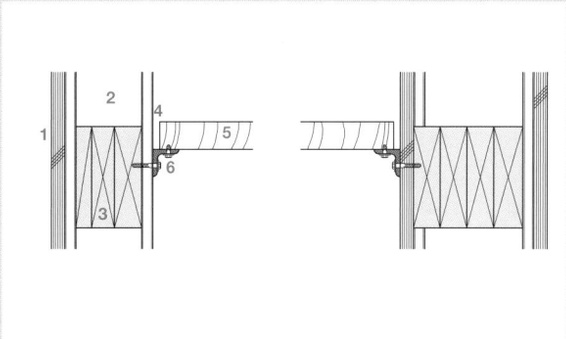


**46.08**
**Stair Section Detail 1**
**1:10**
**1** Hardwood floor
**2** Timber tread flush with floor
**3** Plywood sub-floor
**4** Timber framing
**5** Plywood ceiling
**6** Plywood fascia
**7** Timber bevelled-edge tread
**8** Aluminium angle fixed to wall to support tread

**46.09**
**Stair Section Detail 2**
**1:10**
**1** Plywood wall cladding
**2** Wall cavity
**3** Timber framing
**4** Plywood wall cladding
**5** Aluminium angle fixed to wall
**6** Hardwood handrail

**46.10**
**Stair Section Detail 3**
**1:10**
**1** Plywood wall cladding
**2** Wall cavity
**3** Timber framing
**4** Shadow gap between wall and tread
**5** Timber tread
**6** Aluminium angle

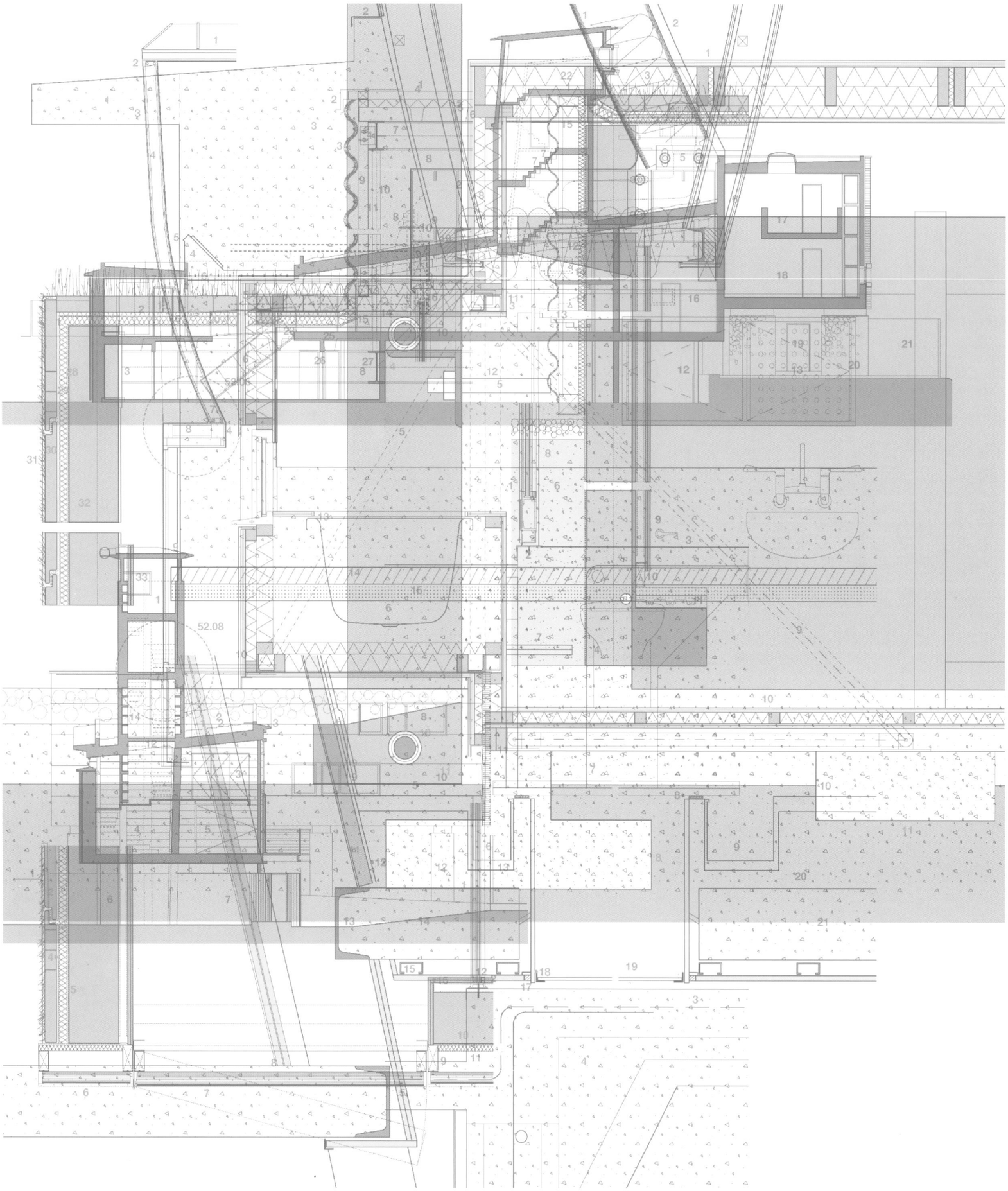

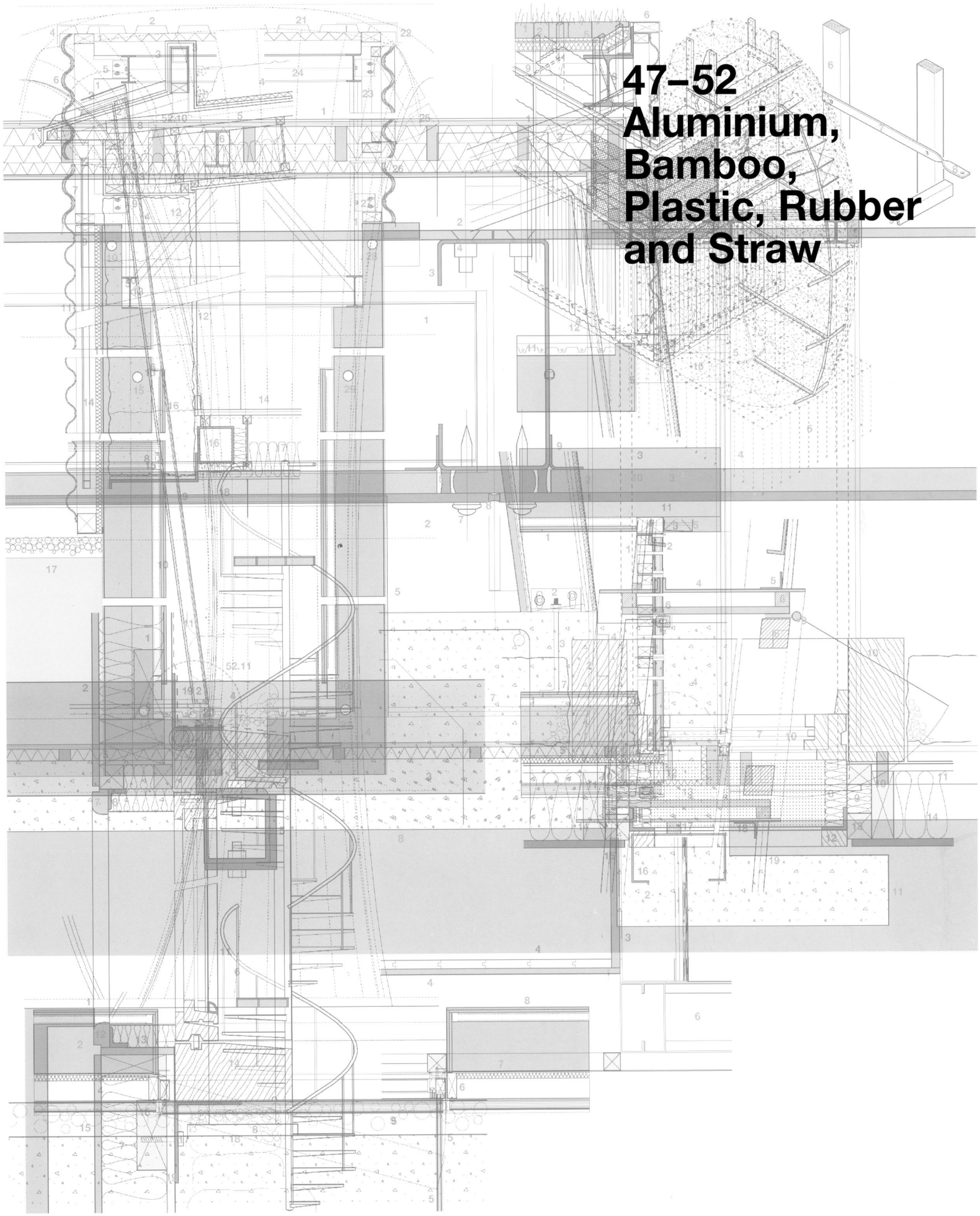

# 47–52 Aluminium, Bamboo, Plastic, Rubber and Straw

**47**
**Ábalos + Herreros**

**Studio Gordillo**
**Madrid, Spain**

Client
Luis Gordillo and Pilar Linares

Area
328 square metres (3,530 square feet)

Project Team
Iñaki Ábalos, Juan Herreros, Ángel Jaramillo, Renata Sentkiewicz, Auxiliadora Gálvez

Structural Engineer
Juan Gómez

Quantity Surveyor
José Torras

Landscape Architect
Fernando Valero

This light-filled artists' studio, located in a Madrid suburb, is an adjunct to an existing residence. Built as a stand-alone structure, the studio is arranged as a linear, semi-buried volume with two light boxes projecting from the roof. The primary facade runs parallel to the east boundary, set back from the street by five metres (16 feet). The primary volume, behind this facade, houses the main studio along two-thirds of its length. The other third houses the engravings room, office, a kitchen and bathroom on the upper floor, while storage facilities and funds archive are situated in the basement. The roof is designed as an extension of the garden. The two roof lights rise up with north–south orientation to illuminate the painting studio.

The substantial 328 square metre (3,530 square foot) volume minimizes its presence through the use of translucent polycarbonate and dense climbing plants. The former sets the building apart from its neighbours while creating a luminous and practical environment for painting as well as acting as a beacon at night. The latter brings the building into a harmonious relationship with the site, enhanced by sliding panels that open the workspace up to the garden. As a result, the semi-buried interior is constructed so that natural light is modelled as a solid, expansive material, satisfying not only the specific demands of the workspace but also creating a building that is as austere as it is sensual.

1

**1** From the street, the building appears as a single-height polycarbonate volume, extended upwards with two light boxes to fill the studio with natural light.
**2** The engraving room, located in the two-storey section to the north, opens up via sliding and hinged panels to the garden.
**3** At the edges of the building, the materials become softer to create a transition between artifact and nature. Here, climbing plants and brick steps traverse a level change.
**4** At night, the polycarbonate panels act as a lantern throwing soft light out into the garden. Timber decking and minimal ground cover reinforce the effect.
**5** View of the main studio where the light boxes deliver luminous natural light, enhanced by white walls, white structure and a polished concrete floor.

2

3

4

5

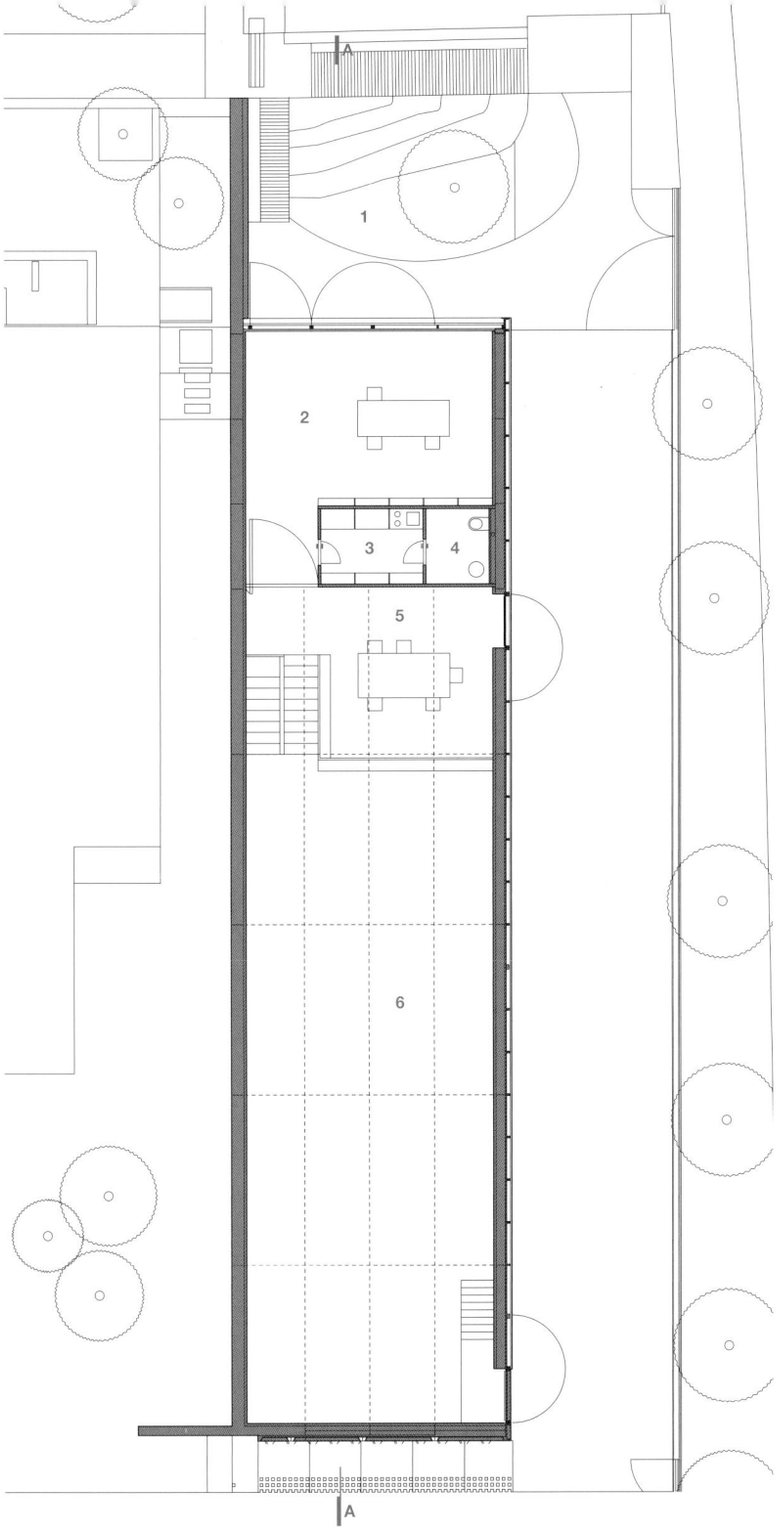


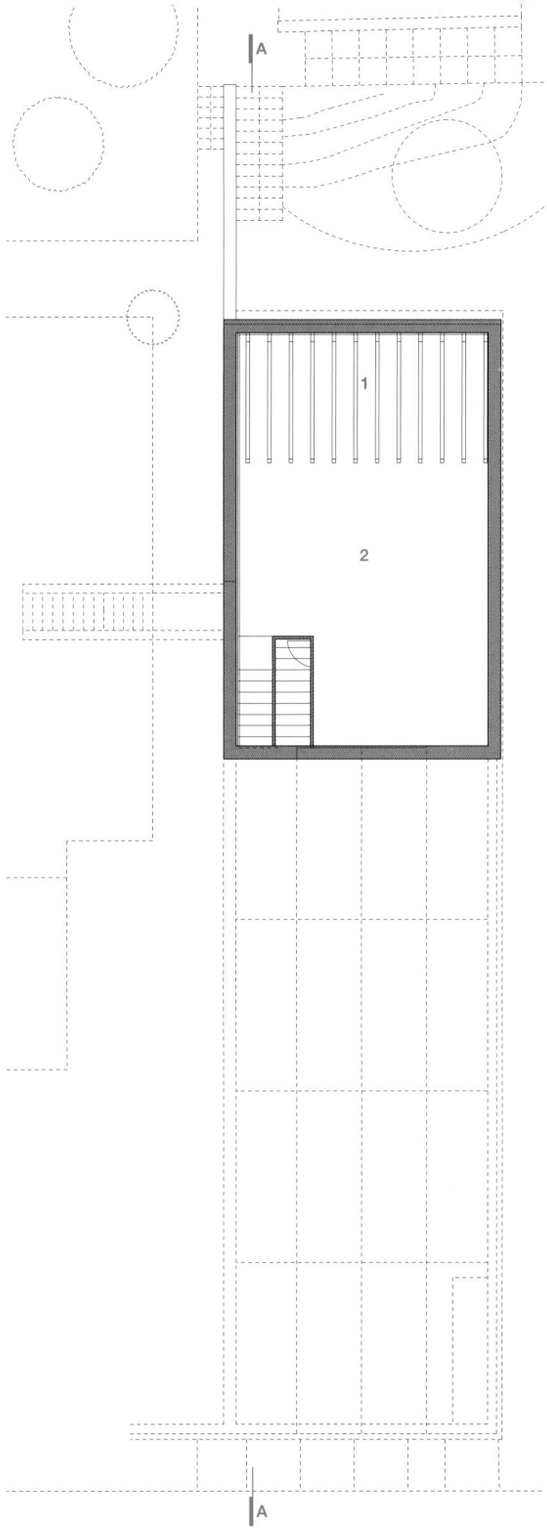


**47.01**
**Ground Floor Plan**
**1:200**
1 Garden
2 Engravings room
3 Kitchen
4 Bathroom
5 Office
6 Main studio

**47.02**
**Basement Floor Plan**
**1:200**
1 Archive
2 Storage

**47.03**
**Section A–A**
**1:200**
1 Main studio
2 Light box
3 Light box
4 Office
5 Kitchen
6 Engravings room
7 Garden
8 Archive and storage
9 Residence behind

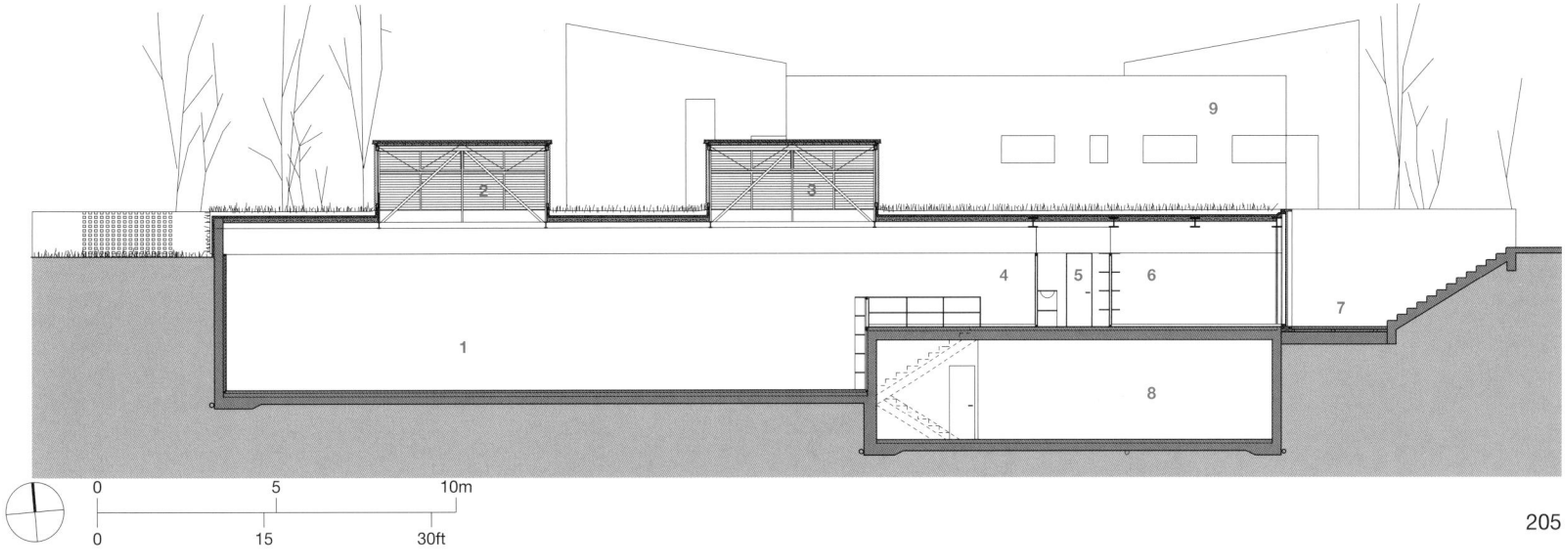

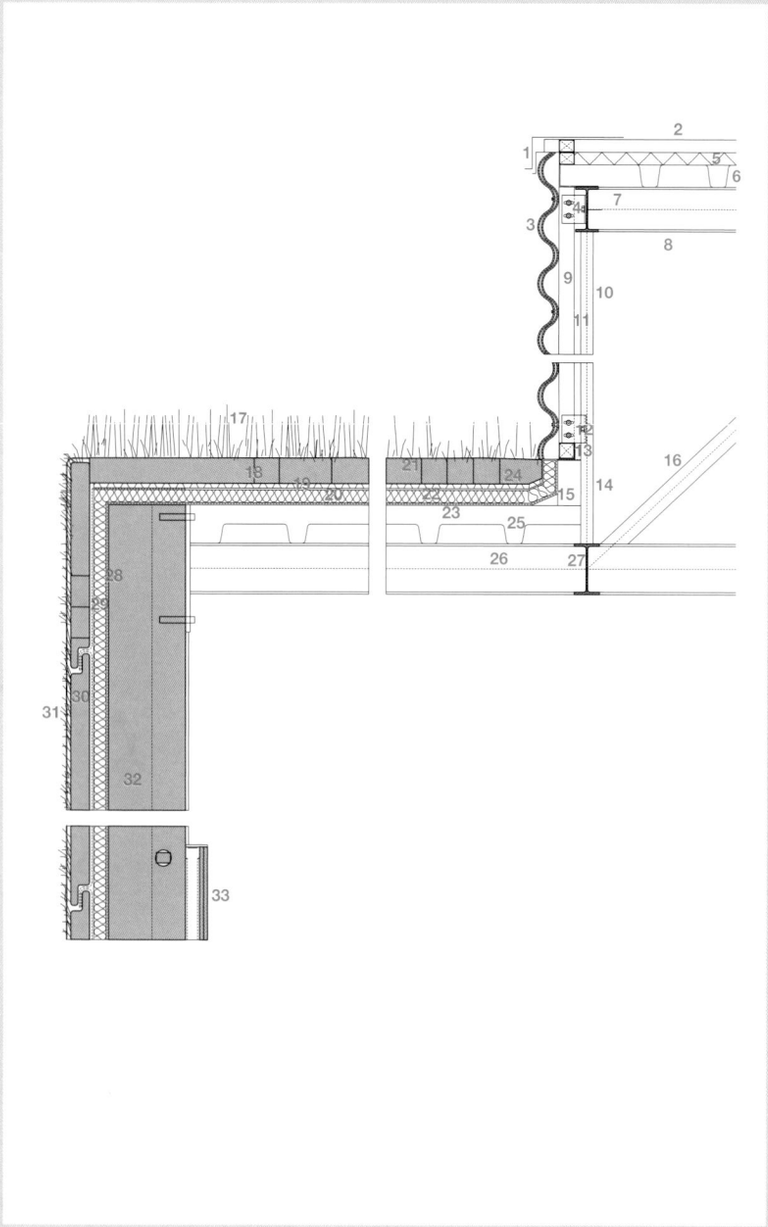

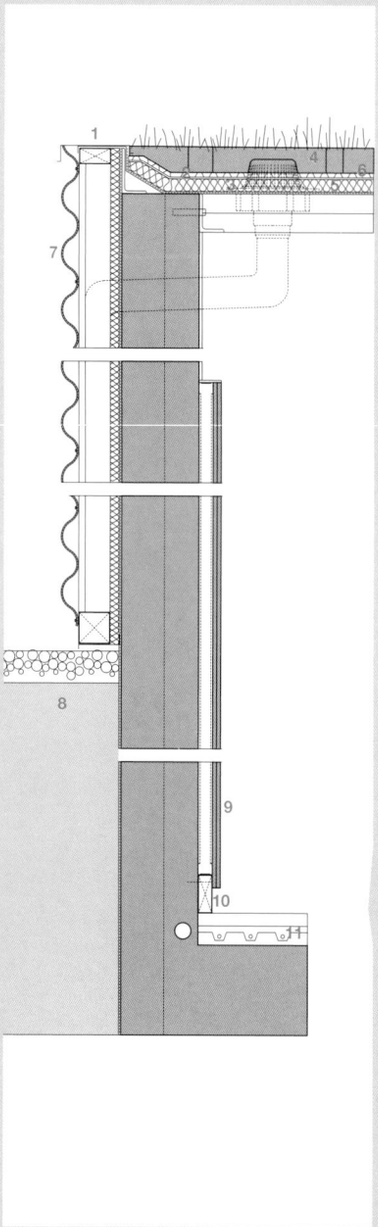

**47.04**
**Light Box Detail**
**1:20**
**1** Folded steel edge sheet
**2** Steel profile roof sheeting
**3** Corrugated polycarbonate sheeting
**4** Steel anchoring angle
**5** 40 mm (1½ inch) thick extruded polystyrene
**6** Bent sheet slab
**7** S-shape 160 gauge rolled steel
**8** S-shape 160 gauge rolled steel
**9** Rolled steel tube substructure
**10** S-shape 80 gauge rolled steel
**11** Rolled steel tube substructure
**12** Steel anchoring angle
**13** Rolled steel tube substructure
**14** S-shape 80 gauge rolled steel
**15** Support block
**16** S-shape 120 gauge rolled steel
**17** Vegetation planted on prepared roof surface
**18** Waterproofing membrane
**19** Separating layer of synthetic felt
**20** 40 mm (1½ inch) thick extruded polystyrene
**21** 80 mm (3 inch) deep subsoil
**22** Separating layer of synthetic felt and rigid extruded polystyrene foam
**23** Waterproofing membrane
**24** Drain beyond
**25** Bent sheet slab under 60 mm (2⅓ inch) concrete slab
**26** W-shape rolled steel belt
**27** Laminated steel I-beam
**28** S-shape 160 rolled steel
**29** Separating layer of synthetic felt and rigid extruded polystyrene foam
**30** 40 mm (1½ inch) thick extruded polystyrene
**31** Mesh base for vegetation
**32** Bearer wall of reinforced concrete
**33** Self supporting plasterboard partition

**47.05**
**Wall and Roof Detail**
**1:20**
**1** Drain beyond
**2** Waterproofing membrane
**3** 40 mm (1½ inch) thick extruded polystyrene
**4** 80 mm (3 inch) deep subsoil
**5** Separating layer of synthetic felt
**6** Folded steel edge sheet
**7** Simple curved cellular polycarbonate plate
**8** Soil with drainage gravel over
**9** Self supporting partition
**10** Skirting block
**11** Polytherm floor heating

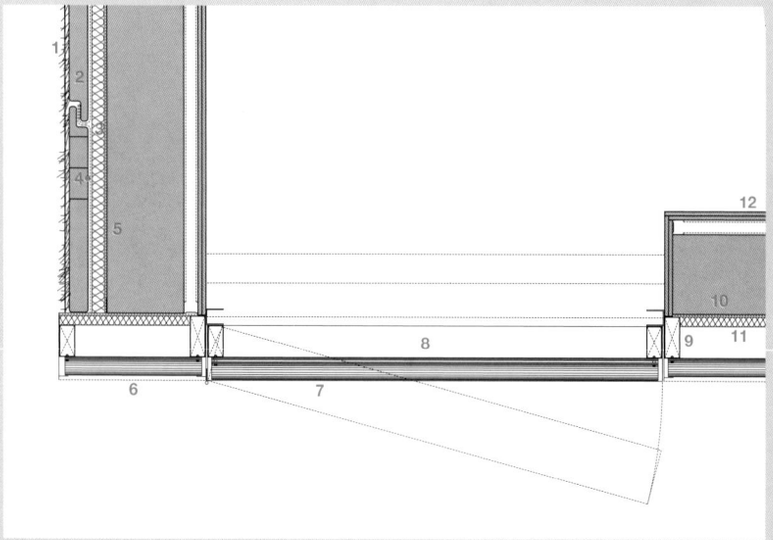

**47.06**
**External Wall and Window Corner Detail 1:20**
**1** Mesh base for vegetation
**2** Rigid reinforced polyethelene panel
**3** 40 mm (1½ inch) thick extruded polystyrene
**4** Separating layer of synthetic felt
**5** Waterproofing membrane
**6** Finishing sheet steel to external face
**7** Simple curved cellular polycarbonate panel
**8** Double curved cellular polycarbonate panel
**9** Rolled steel tube substructure
**10** Waterproofing membrane
**11** Separating layer of synthetic felt and rigid extruded polystyrene
**12** Self supporting plasterboard partition

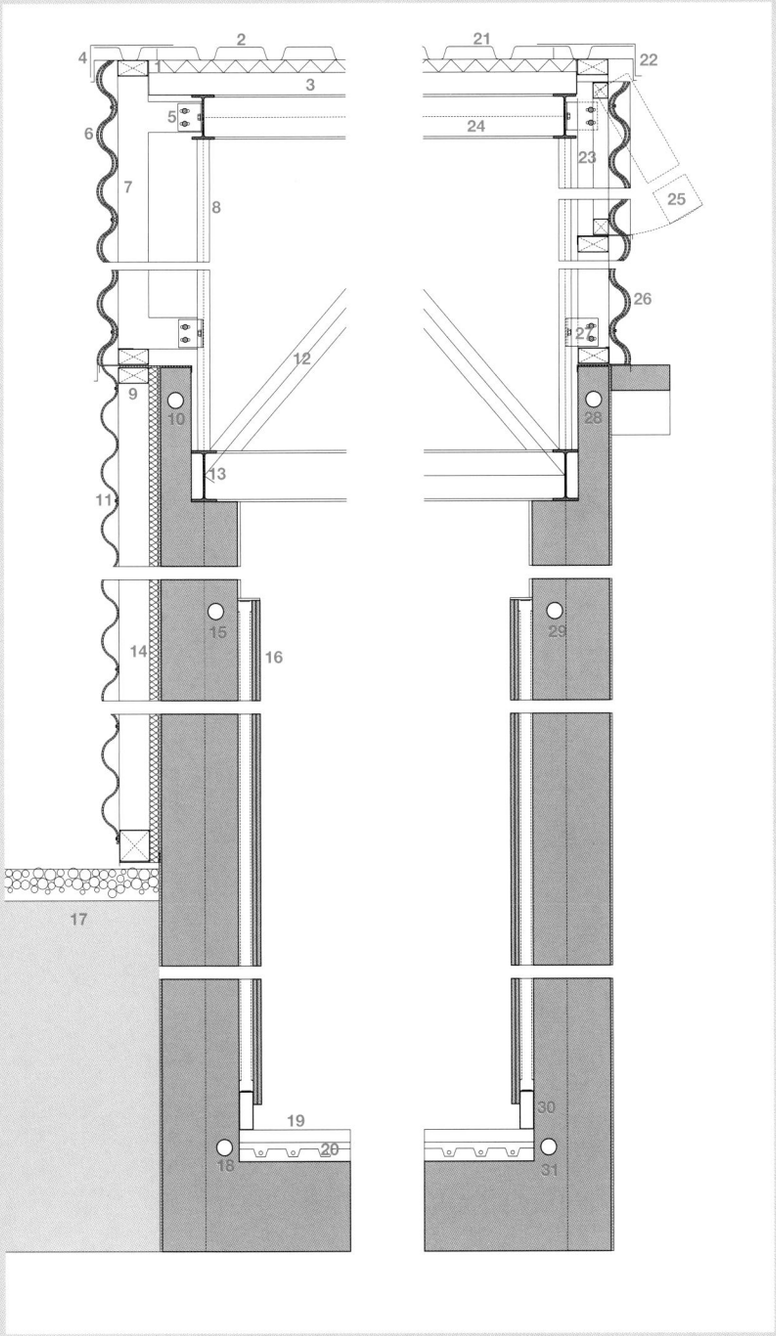

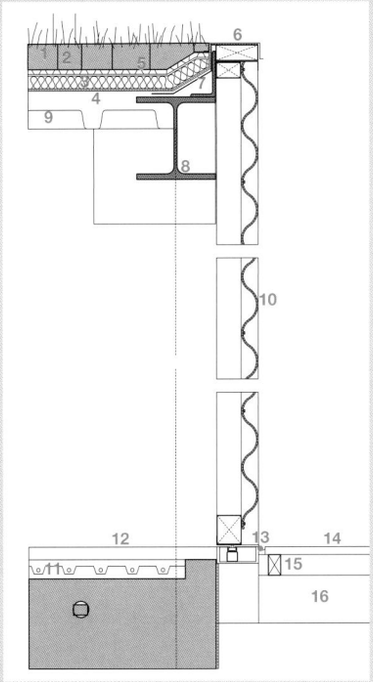

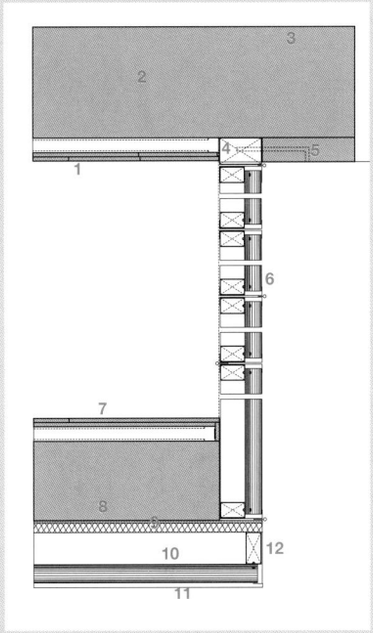

**47.07**
**Light Box and External Wall Detail**
**1:20**
**1** 40 mm (1 1/2 inch) thick extruded polystyrene
**2** Silver grey metallic fretted sheeting
**3** Bent steel slab
**4** Folded steel lip
**5** Anchoring angle
**6** Double curved cellular polycarbonate panel
**7** Laminated steel tube substructure
**8** S-shape 80 rolled steel
**9** Rolled steel tube superstructure
**10** Reinforced concrete wall overlayer
**11** Single curved cellular polycarbonate panel
**12** S-shape 120 rolled steel
**13** S-shape 160 rolled steel
**14** Separating layer of synthetic felt and rigid extruded polystyrene foam
**15** Reinforced concrete bearer wall
**16** Self supporting plasterboard partition
**17** Soil with drainage gravel over
**18** Reinforced concrete bearer wall
**19** Terrazzo interior paving
**20** Polytherm floor heating
**21** Silver grey metallic fretted sheeting
**22** Steel lip
**23** S-shape 160 laminated steel
**24** S-shape 160 laminated steel
**25** Operable hinged ventilation panel
**26** Double curved cellular polycarbonate panel
**27** Anchoring angle
**28** Reinforced concrete wall overlayer
**29** Reinforced concrete bearer wall
**30** Aluminium tube skirting board
**31** Reinforced concrete floor

**47.08**
**External Wall and Roof Detail**
**1:20**
**1** 80 mm (3 inch) deep subsoil
**2** Separating layer of synthetic felt and drainage
**3** 40 mm (1 1/2 inch) thick extruded polystyrene
**4** Waterproofing membrane
**5** Drain
**6** Bent finishing sheet
**7** Support block
**8** W-shape 260 gauge laminated steel
**9** Bent sheet slab with 60 mm (2 1/3 inch) concrete
**10** Double curved cellular polycarbonate panel
**11** Polytherm floor heating
**12** Terrazzo interior paving
**13** Floor to wall silicon joint
**14** Resin treated timber decking
**15** Backing battens
**16** Timber joist

**47.09**
**Door Detail**
**1:20**
**1** Self supporting plasterboard partition
**2** Reinforced concrete bearer wall
**3** Reinforced concrete wall overlayer
**4** Rolled steel tube superstructure
**5** Canal for electrical installation
**6** Metal folding door with double layer of curved cellular polycarbonate panelling
**7** Self suppporting partition
**8** Waterproofing membrane
**9** Separating layer of synthetic felt
**10** 40 mm (1 1/2 inch) thick extruded polystyrene
**11** Single curved cellular polycarbonate panel
**12** Bent finishing sheet

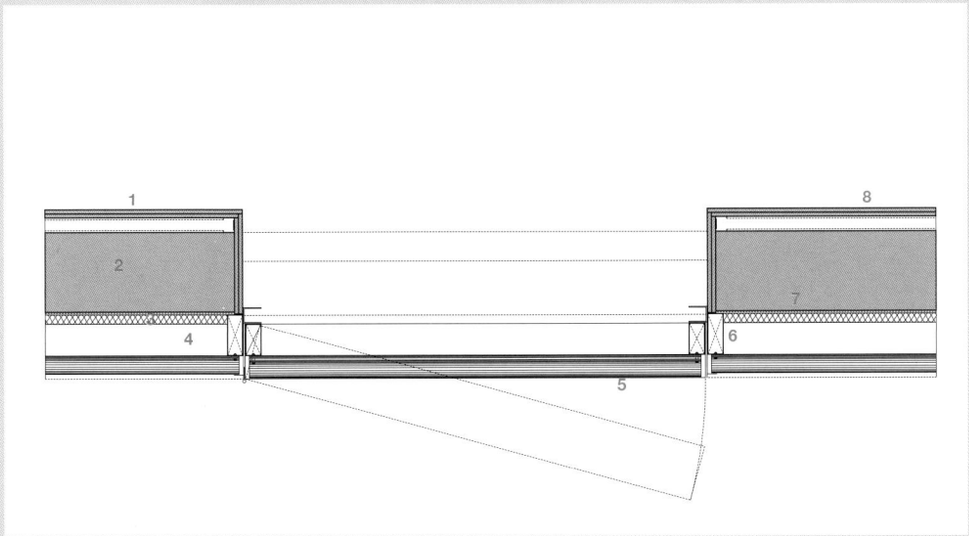

**47.10**
**Window Detail**
**1:20**
**1** Self supporting plasterboard partition
**2** Reinforced concrete bearer wall
**3** Separating layer of synthetic felt
**4** 40 mm (1 1/2 inch) thick extruded polystyrene
**5** Curved cellular polycarbonate opening panel
**6** Rolled steel tube substructure polycarbonate panel
**7** Waterproofing membrane
**8** Self supporting plasterboard partition

**48**
**Kengo Kuma & Associates**

**Plastic House**
**Tokyo, Japan**

Area
173 square metres (1,860 square feet)

Project Team
Kengo Kuma, Hiroshi Nakamura

Structural Engineer
Kajima Design

Main Contractor
Kajima Design

Mechanical Engineer
Koizumi Jyusan

Electrical Engineer
Tada Enterprise

Commissioned by a fashion photographer and his mother, a writer, this unusual house has been carved out of the dense urban fabric of Tokyo. Located on a typically confined, 151 square metre (1,625 square feet) site, the design breaks away from the concrete boxes so ubiquitously employed in Japanese cities in recent decades. Instead, plastic – recognized for its versatility, lightness and ability to be used in various levels of transparency and opacity – is used as the primary construction material. In doing so, plastic becomes the medium through which a reinterpretation of the traditional Japanese post and beam structure with its infill of translucent shoji screens is made.

A structural steel frame is concealed within an envelope of fibre-reinforced polyester wands and cavity walls of fibreglass panels attached to plastic studs with transparent plastic screws. An open ended box projects from the front facade creating a balcony to the bedroom and framing the stair tower on the roof. The space at the back of the house contains a plastic tatami platform which, via its translucency, admits light to the basement apartment. Inside, a white ground floor photo studio doubles as a living and dining room with glazed walls to the forecourt and rear garden.
A staircase of plastic grid treads on the south wall connects all floors from the basement to the roof terrace, which serves as an outdoor studio as well as a space for entertaining.

**1** Making the most of a narrow urban site, the house is arranged over three levels, crowned by a roof terrace. From the street, the most prominent feature is a large cantilevered box, fabricated from plastic sections which serves as a terrace to the bedroom as well as framing the stair tower to the roof terrace.
**2** View of the kichen, dining and living areas on the ground floor. The lightweight furniture can be moved aside in order for the space to be used as a photographic studio. The steel-framed stair with plastic treads gives access to the bedrooms above and the apartment below.

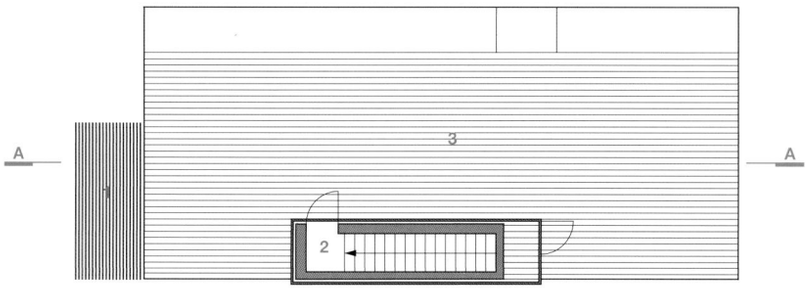


**48.01**
**Roof Plan**
**1:200**
1 Roof of balcony
2 Stair from first floor
3 Roof terrace

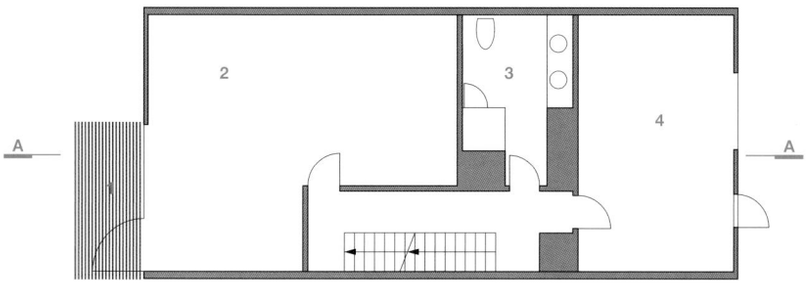


**48.02**
**First Floor Plan**
**1:200**
1 Balcony
2 Bedroom
3 Bathroom
4 Bedroom

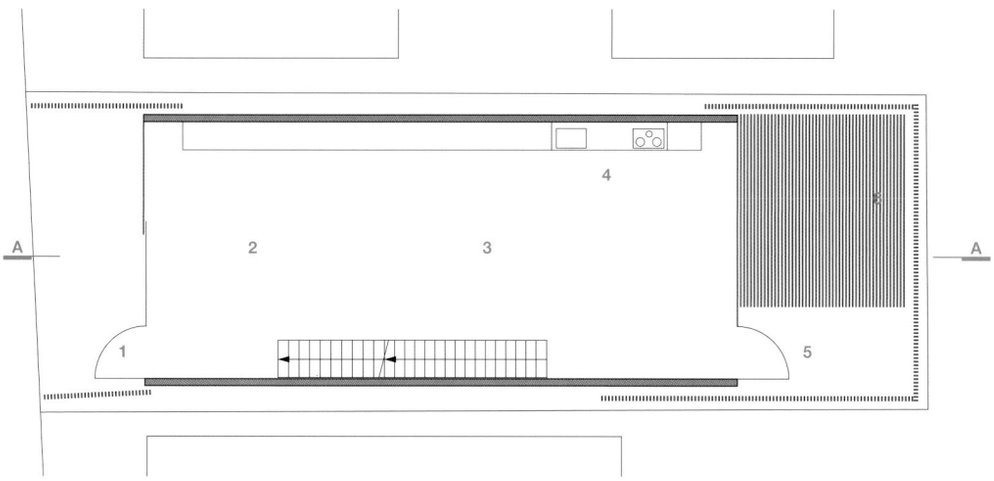


**48.03**
**Ground Floor Plan**
**1:200**
1 Entrance
2 Living area
3 Dining area
4 Kitchen
5 Courtyard
6 Tatami room

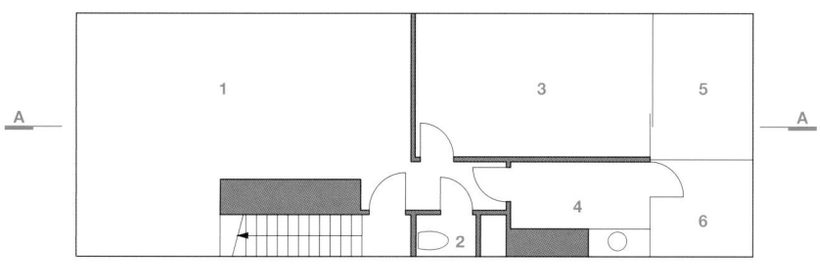


**48.04**
**Basement Floor Plan**
**1:200**
1 Gallery
2 WC
3 Bedroom
4 Bathroom
5 Closet
6 Shower

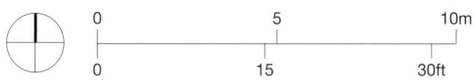


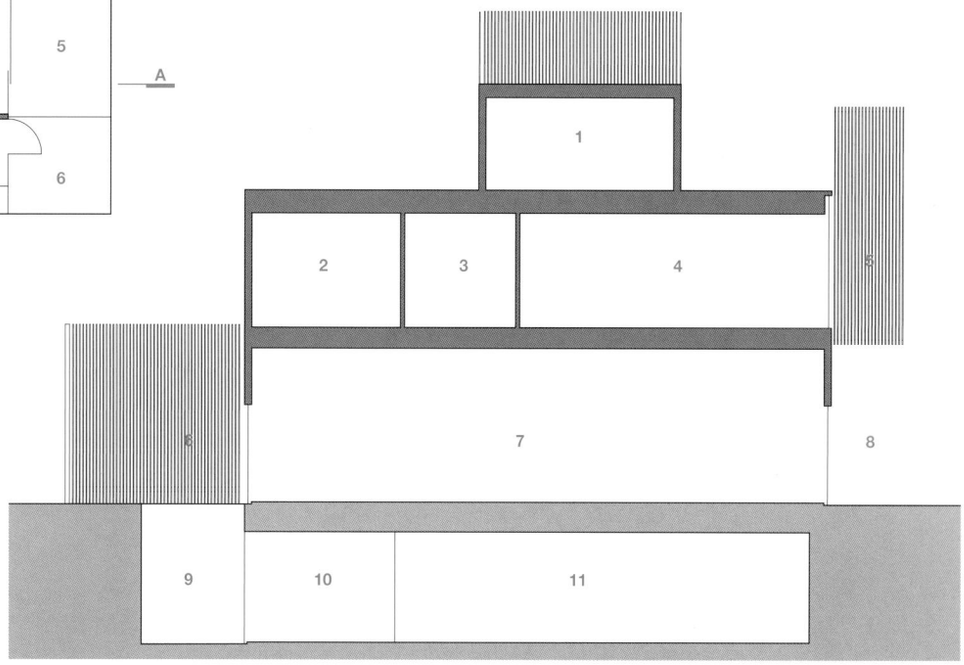


**48.05**
**Section A–A**
**1:200**
1 Stair tower to roof terrace
2 Bedroom
3 Bathroom
4 Bedroom
5 Balcony
6 Tatami room
7 Living, dining and kitchen areas
8 Entrance
9 Closet
10 Bedroom
11 Gallery

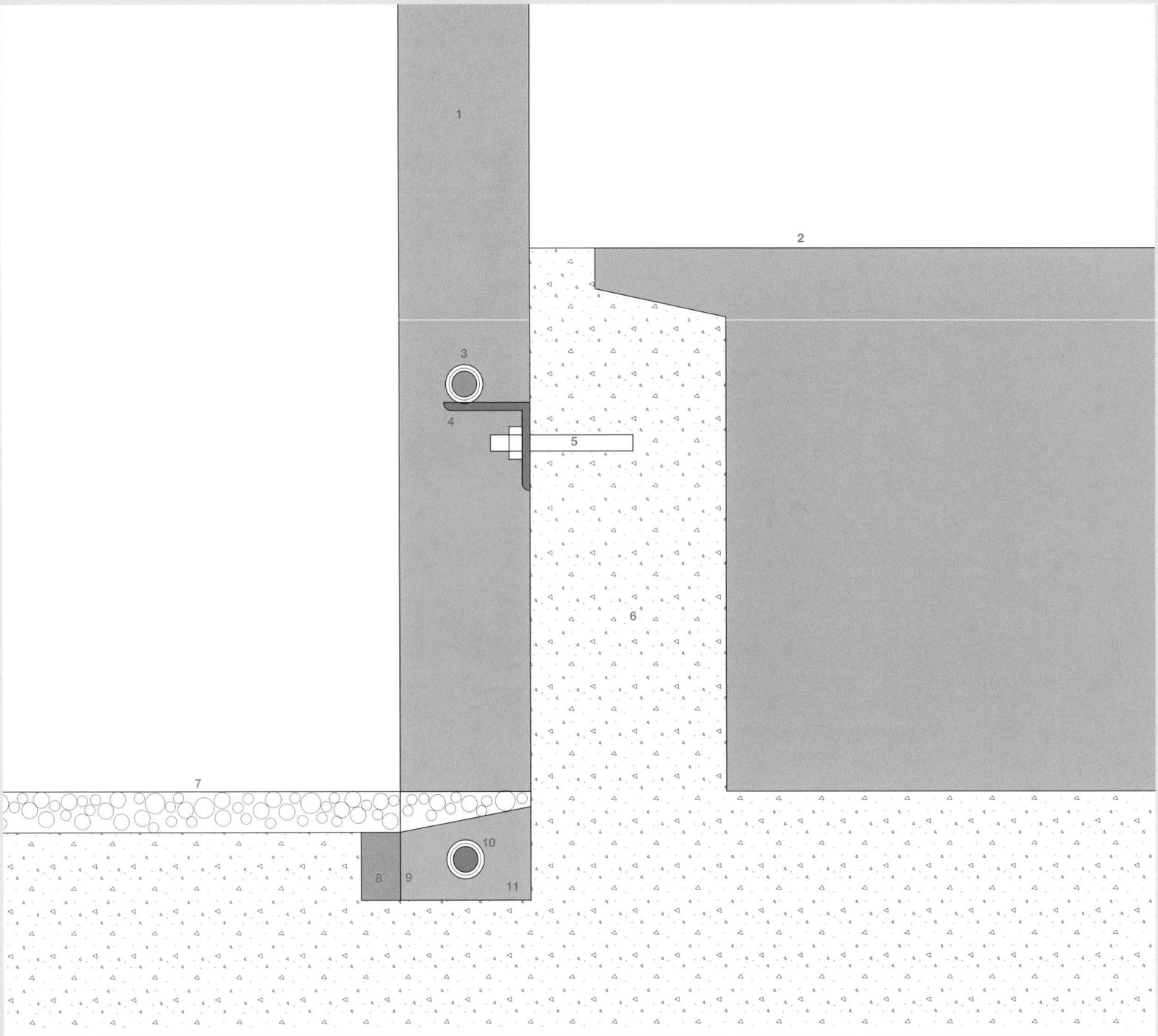


**48.06**
**Section Detail at Rear Garden**
**1:4**
**1** 100 x 22 x 5.5 mm (4 x 7/8 x 1/5 inch) fibre reinforced plastic column
**2** Finished interior floor level
**3** Steel bar hand rail
**4** 65 x 65 mm (2 1/2 x 2 1/2 inch) metal angle
**5** Bolt fixing to hand rail angle into reinforced concrete
**6** Reinforced concrete retaining wall
**7** Rubble to finished ground level
**8** Steel plate
**9** Waterproofing layer
**10** Drain
**11** Mortar

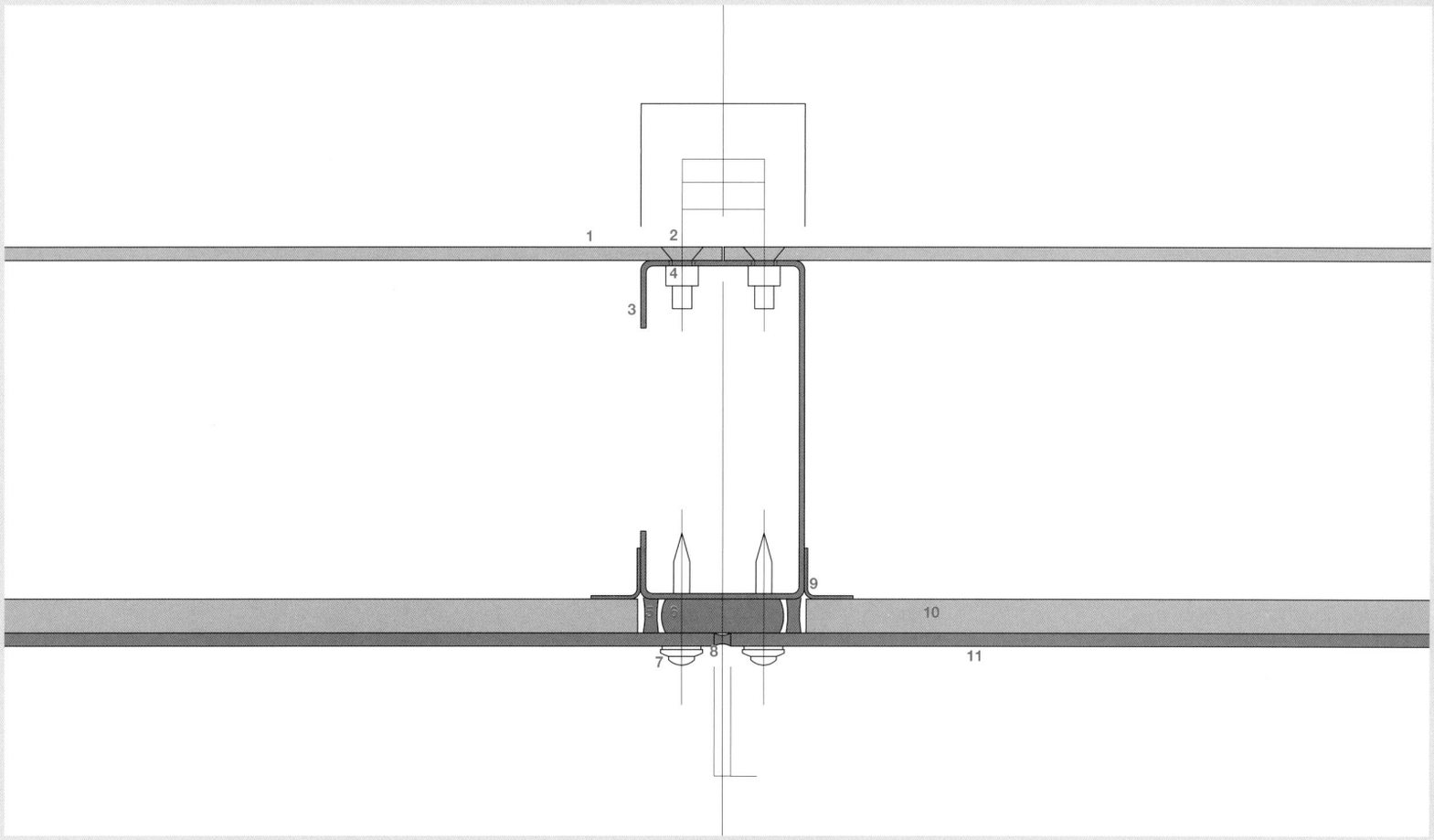


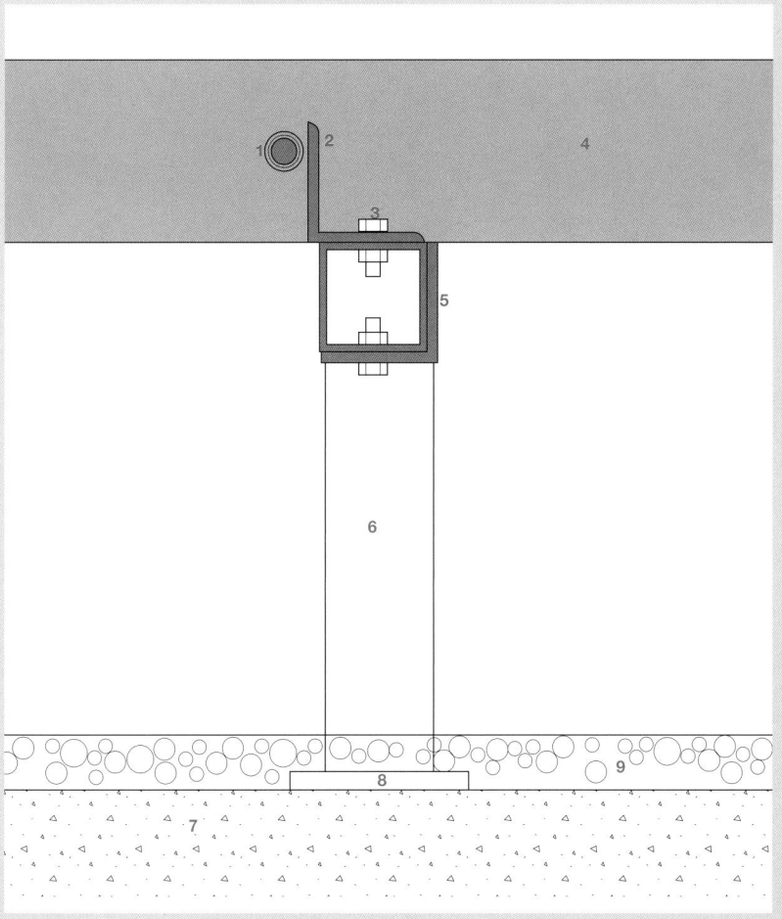


**48.07**
**Fibre Reinforced Plastic Exterior Wall Detail**
**1:2**
**1** Fibre reinforced plastic with clear polyeurethane coating
**2** Flat screws
**3** 100 x 50 x 20 mm (4 x 2 x 3/4 inch) steel C-section with rust-proof coating
**4** M4 turn nut
**5** Double sealant
**6** Butyle rubber
**7** Sealer washer with M5 tapping sealant
**8** Modified silicon sealant
**9** 15 x 15 mm (3/10 x 3/10 inch) aluminium angle
**10** Translucent insulation sheet
**11** Fibre reinforced plastic with clear urethane coating

**48.08**
**Section Detail at Rear Garden**
**1:4**
**1** Steel rod balustrade
**2** 65 x 65 mm (2 1/2 x 2 1/2 inch) metal angle
**3** Bolt fixing between metal angle and square hollow section
**4** Fibre reinforced plastic beam
**5** 60 x 60 x 4 mm (2 1/3 x 2 1/3 x 1/8 inch) fibre reinforced plastic beam
**6** 60 x 60 x 4 mm (2 1/3 x 2 1/3 x 1/8 inch) fibre reinforced plastic column
**7** Reinforced concrete slab
**8** Steel plate
**9** Rubble to finished ground level

**49**
**Masaki Endoh + Masahiro Ikeda**

**Natural Ellipse**
**Tokyo, Japan**

Client
Horiike Katunori

Area
132 square metres (1,420 square feet)

Project Team
Masaki Endoh, Masahiro Ikeda,
Kenji Nawa

General Contractor
Ahagon-gumi Co. Ltd

This startlingly unique house is located in a densely populated area of Tokyo, famous for its shopping and night life. The architectural solution aims to safeguard the peace and quiet of the occupants amidst the noise and bright lights without cutting them off from the outside world. Inhabitants are allowed glimpses of the exterior through the few openings cut in apparently random fashion into the skin, though these have been carefully placed to frame particular views of neighbouring buildings. A secret terrace, open to the sky, is contained within (and concealed by) the convex walls of the deeply indented apex. Floored with glass, the terrace is also a skylight bringing natural light deep into the building via the stairwell.

The balloon-shaped volume is generated by 24 elliptical rings set vertically around a hollow elliptical core. The most prominent feature of the design is the Fibre-Reinforced Polymer (FRP) skin which wraps the entire building, barely allowing for the necessary openings to mediate between the interior and the exterior. The FRP skin is made up of unidirectional fibres embedded within a thin layer of light polymer matrix material. The fibres provide the strength and stiffness while the polymer matrix binds and protects the fibers from damage. The advantage of using FRP is that when subjected to loading or stress, it returns to its original shape – a major advantage in earthquake-prone Japan. The cage on which the FRP is stretched, is made of horizontal and vertical steel ribs. Internal materials and finishes are equally simple and austere: concrete slabs, simply painted, form the floors, ceilings are painted steel plate, and walls are of painted mineral board.

1

2

**1** In the chaotic urban environment, the building appears as a serene insular form, revealing almost nothing of its interior arrangement.

**2** The stretched polymer skin is punctured apparently at random with windows protected from the sun and prying eyes by white blinds.

**3** The concave top of the structure incorporates a glass floor allowing light to filter down through the perforated steel staircase.

**4** Every element in the building is resolutely white, creating an environment in which people become the only chromatic feature.

3

4

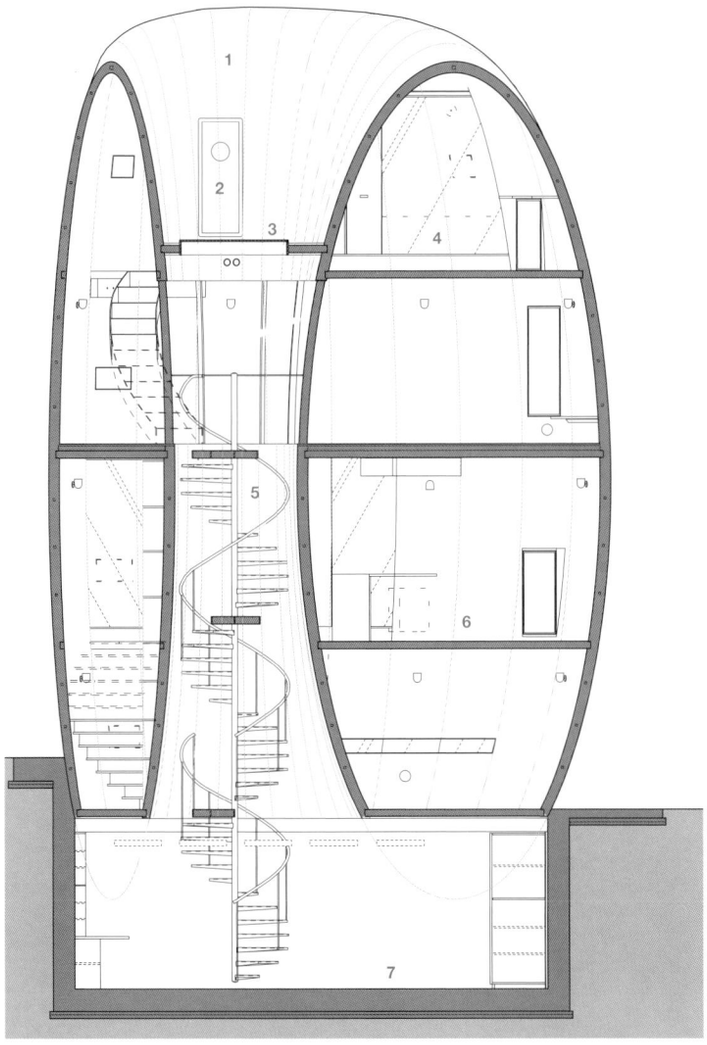


**49.01**
**Sectional Detail**
**1:100**
1 Non-inflammable FRP waterproofing with oil paint finish
2 Steel door with oil paint finish
3 10 mm (3/4 inch) thick tempered glass with shatter-prevention film
4 2 mm (1/8 inch) thick polyvinyl-chloride sheet floor system on structural plywood and 90 mm (3 1/2 inch) concrete slab
5 Structural steel spiral stair
6 2 mm (1/8 inch) thick polyvinyl-chloride sheet floor system on structural plywood and 90 mm (3 1/2 inch) concrete slab
7 2 mm (1/8 inch) thick polyvinyl-chloride sheet floor system on structural plywood and 300 mm (12 inch) concrete slab

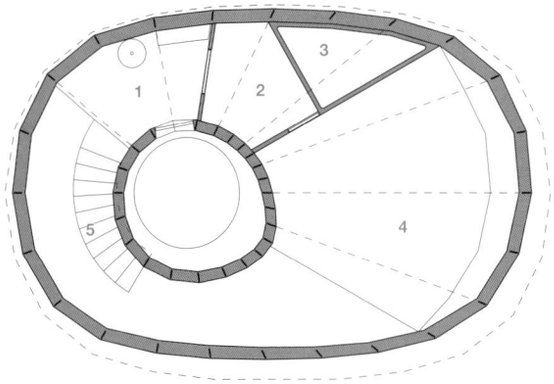


**49.02**
**Third Floor Plan**
**1:100**
1 WC
2 Bathroom
3 Bath tub
4 Bedroom
5 Stair up to roof terrace

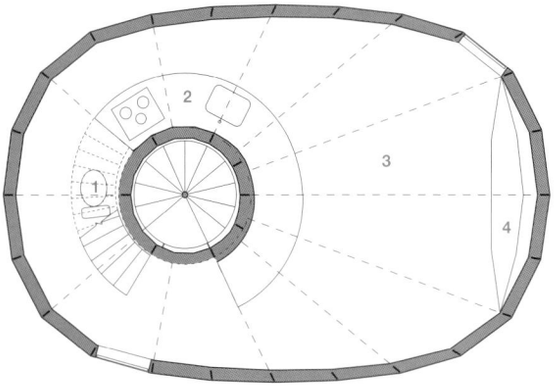


**49.03**
**Second Floor Plan**
**1:100**
1 WC
2 Kitchen
3 Living room
4 Storage rack

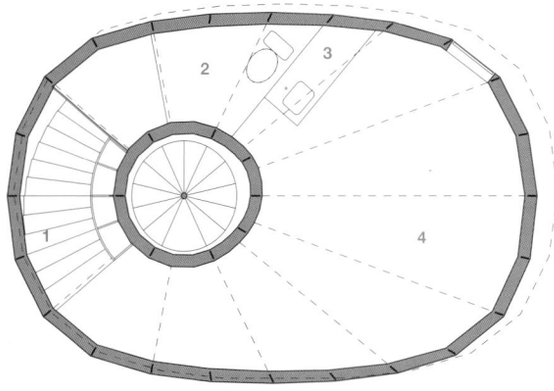


**49.04**
**First Floor Plan**
**1:100**
1 Stair
2 WC
3 Kitchen
4 Dining room

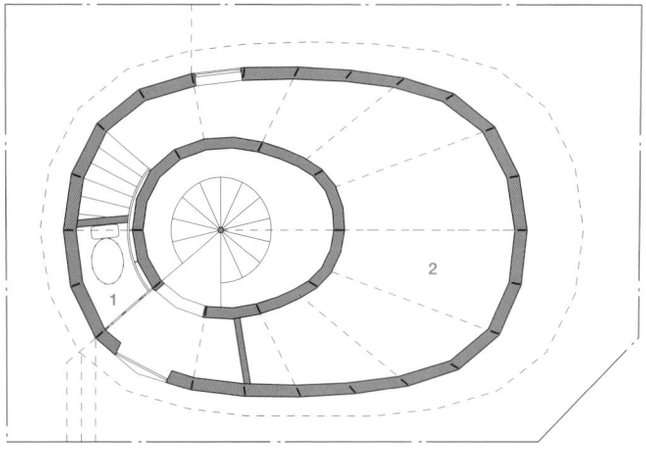


**49.05**
**Ground Floor Plan**
**1:100**
1 WC
2 Living room

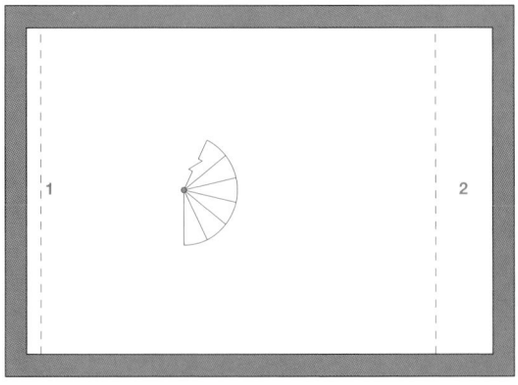


**49.06**
**Basement Plan**
**1:100**
1 Bookshelf to study
2 Closet

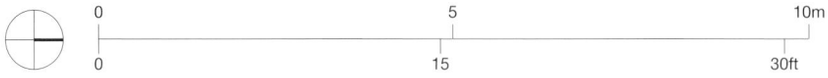

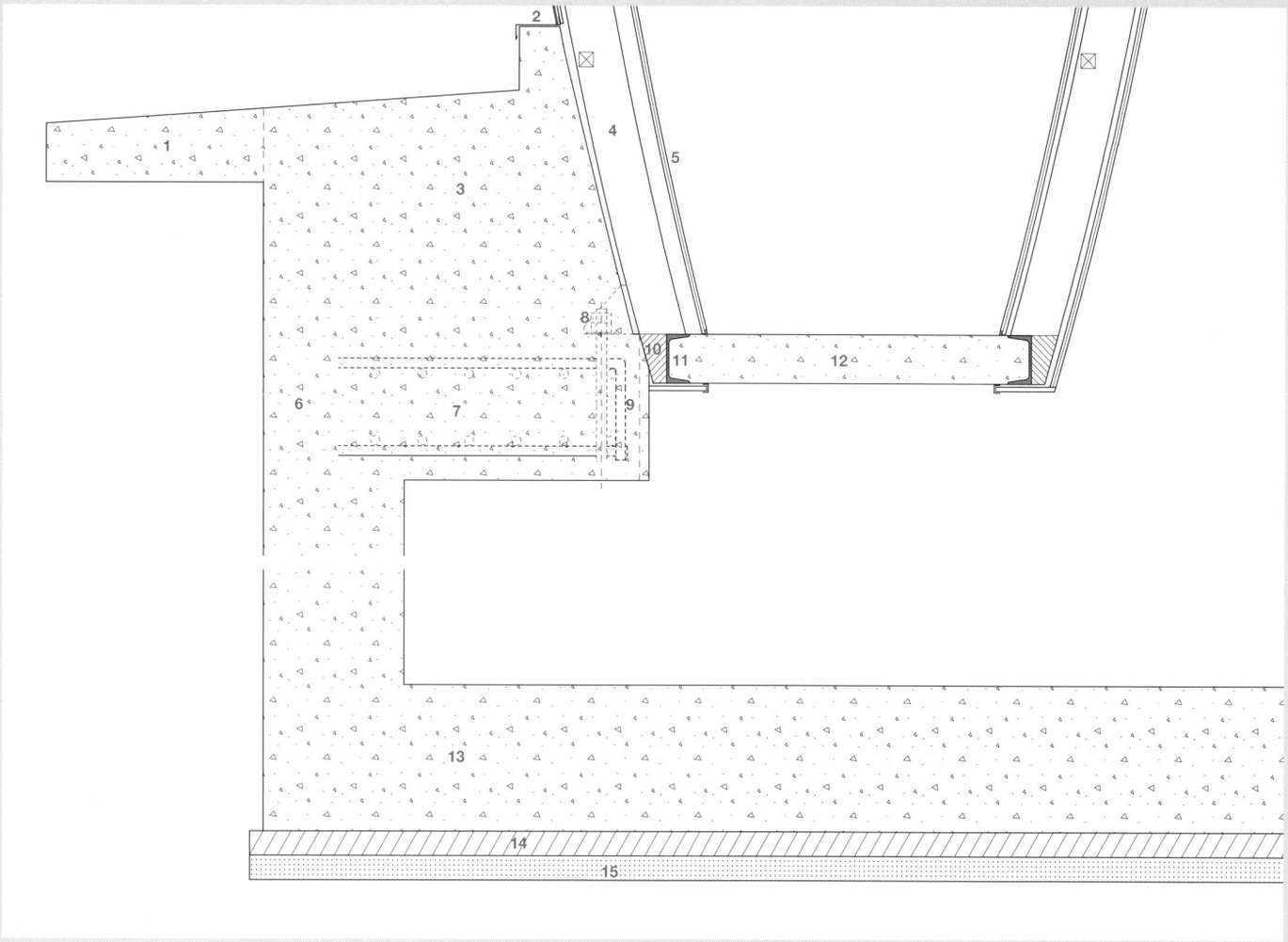


**49.07**
**Joint Detail**
**1:20**
**1** Reinforced concrete
**2** Sheet waterproofing
**3** Reinforced concrete
**4** 22 x 100 mm (3/4 x 4 inch) flat bar column
**5** Mineral board
**6** Reinforced concrete
**7** Reinforced concrete
**8** A BL 2–M20
**9** Reinforcing bar
**10** Levelled concrete
**11** Steel channel
**12** Reinforced concrete
**13** Reinforced concrete
**14** Levelled concrete
**15** Broken stone sub-layer

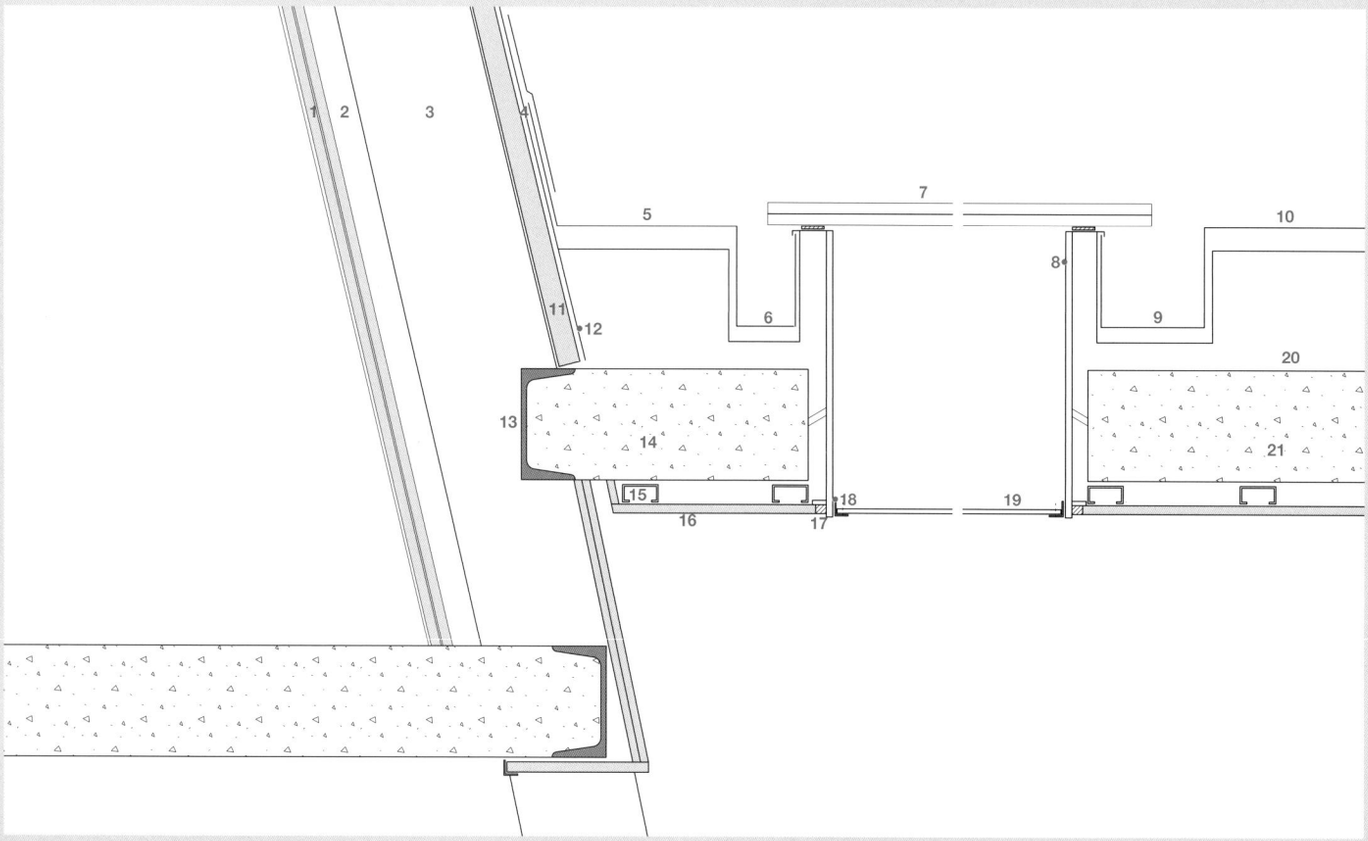


**49.08**
**Skylight Detail**
**1:10**
**1** Mineral board with acrylic emulsion paint finish
**2** Ventilation shaft
**3** 22 x 100 mm (3/4 x 4 inch) flat bar column
**4** Non-inflammable fibre reinforced plastic waterproofing
**5** Non-inflammable fibre reinforced plastic waterproofing
**6** Guttering
**7** 15 mm (2/3 inch) tempered glass
**8** Plasterboard with acrylic emulsion paint finish
**9** Guttering
**10** Sheet waterproofing
**11** Mineral board
**12** Non-inflammable fibre reinforced plastic waterproofing
**13** Steel channel
**14** 150 mm (6 inch) thick reinforced concrete
**15** Steel channel
**16** Plasterboard with acrylic emulsion paint finish
**17** Sealant
**18** Steel angle
**19** Acrylic plate
**20** Heat insulating material
**21** 150 mm (6 inch) thick reinforced concrete

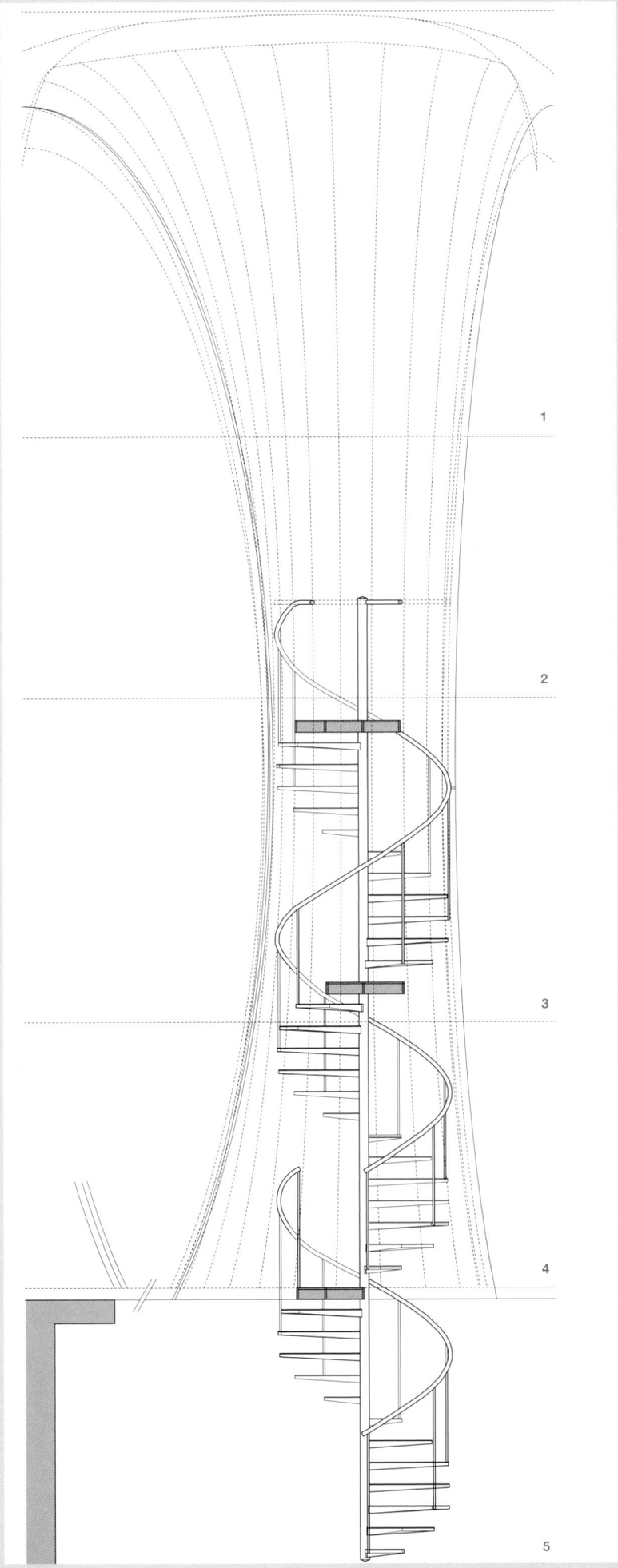


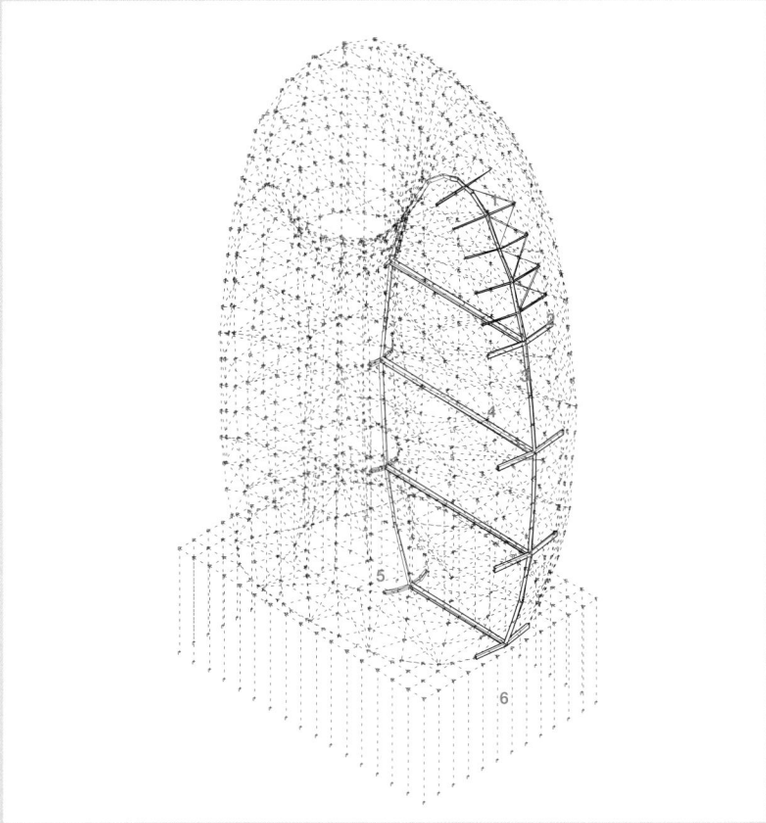


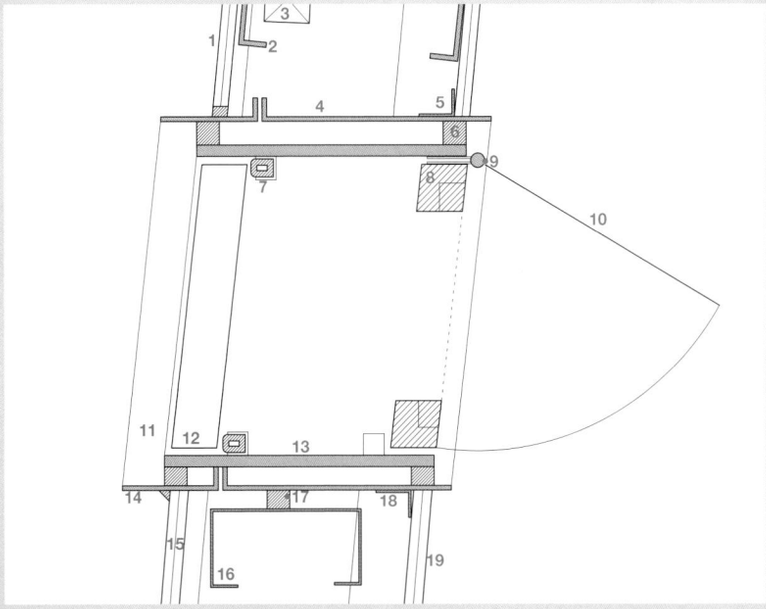


**49.09**
**Stair Detail**
**1:50**
**1** Third floor: Ground floor + 7200 mm (23 2/3 feet)
**2** Second floor: Ground floor + 4990 mm (16 1/3 feet)
**3** First floor: Ground floor + 2250 mm (7 1/3 feet)
**4** Ground floor: Ground floor + 0 mm (0 feet)
**5** Basement: Ground floor - 2400 mm (7 3/4 feet)

**49.10**
**Axonometric**
**1** 30 x 30 mm (1 1/5 x 1 1/5 inch) steel square
**2** 100 x 50 x 5 x 7.5 mm (4 x 2 x 1/5 x 1/3 inch) steel C-section
**3** 22 x 100 (3/4 x 4 inch) steel flat bar
**4** 100 x 100 x 6 x 8 mm (4 x 4 x 1/4 x 1/4 inch) steel H-section
**5** 100 x 50 x 5 x 7.5 mm (4 x 2 x 1/5 x 1/3 inch) steel C-section
**6** 300 mm (11 3/4 inch) reinforced concrete

**49.11**
**Window Detail**
**1:5**
**1** Non-inflammable fibre-reinforced plastic with wateproof oil paint finish
**2** 100 x 50 x 5 x 7.5 mm (4 x 2 x 1/5 x 1/3 inch) steel channel
**3** 30 x 30 mm (1 1/4 x 1 1/4 inch) steel square section
**4** 3.2 mm (1/10 inch) steel angle
**5** 1.6 mm (1/20 inch) steel angle
**6** Sealant
**7** Steel U-section
**8** Screen door frame
**9** Stainless steel hinge
**10** Screen door
**11** 3.2 mm (1/10 inch) steel angle
**12** 30 mm (1 1/4 inch) steel door
**13** Steel flat bar
**14** 3.2 mm (1/10 inch) steel angle
**15** Non-inflammable fibre-reinforced plastic with wateproof oil paint finish
**16** 100 x 50 x 5 x 7.5 mm (4 x 2 x 1/5 x 1/3 inch) steel channel
**17** Steel weld
**18** 1.6 mm (1/20 inch) steel plate
**19** Cheese cloth puttied mineral board with acrylic emulsion paint finish

**50**
**Sarah Wigglesworth Architects**

**Stock Orchard Street House**
**London, England, UK**

Client
Sarah Wigglesworth and Jeremy Till

Area
494 square metres (5,320 square feet)

Structural Engineer
Price and Meyers

Main Contractor
Koya Construction Limited

This residence and studio office in north London, provides a model of sustainable living in an urban setting. The building employs a number of innovative technologies based on principles of sustainable design, including a system of wall construction incorporating straw bales. The main floor is raised up on columns, with the garden and chickens occupying the undercroft. The bedroom wing is conceived as a warm haven, wrapped by a protective wall of straw. A five-storey tower of books rises through the roof, providing a lookout reading area overlooking the roof which is planted with a meadow of wild strawberries. The studio office fronts a railway line and is faced in sandbags for acoustic protection.

The design uses passive energy principles, with the heavily insulated straw bale wall wrapping around the north-east and north-west elevations, whilst the south-west facade is glazed to capture solar energy. The tower acts as a thermal flue, encouraging natural ventilation to cool the house in the summer. Materials have been chosen to limit their environmental impact. The north wall is made of straw bales, stacked between load-bearing timber ladders and protected by a transparent rain screen. Straw has the advantage of being extremely low cost, recyclable, highly insulative and has very low embodied energy. Other innovative materials include sandbags, a duvet type cladding and gabion walls filled with recycled concrete. Rainwater is collected to irrigate the roof meadow and feed toilets and washing machines, whilst a composting toilet ensures further water savings, all conforming to the environmental ethos of the design as a whole.

1

**1** The separate elements of the domestic programme are expressed in the exterior. To the left, the straw bales clad the sleeping areas, the living room is raised above the ground on slender columns and to the right, the studio is clad in an innovative duvet-type material. Above the house, the library appears as a fortified tower.
**2** Strong material contrast is used throughout the design. Here, the apparent softness of the sandbag wall sits above massive concrete-filled gabion supports.
**3** The intriguing texture of the straw bales is revealed and protected by clear polycarbonate sheeting.
**4** In contrast with the exterior, the interior features calm, neutral finishes including timber floors and doors, and white-painted walls.
**5** The origin of the tower of books is suggested in the living space where a bookcase defined by a steel structure begins its rise towards the top of the house.

2

3

4

5

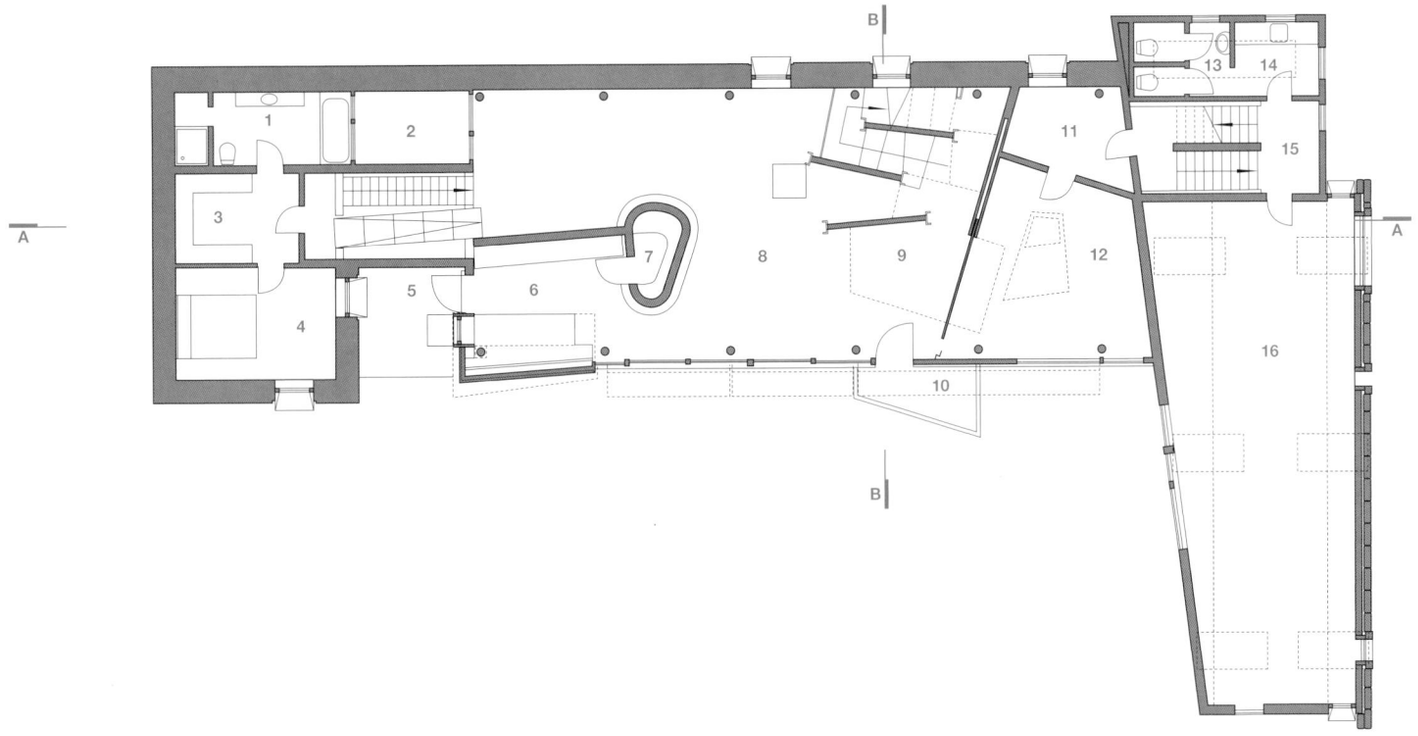


**50.01**
**First Floor Plan**
**1:200**

1 Bathroom
2 Upper part of courtyard
3 Dressing room
4 Bedroom
5 Deck
6 Kitchen
7 Larder
8 Living room
9 Living room with mezzanine gallery over
10 Balcony
11 Lobby
12 Dining and conference room
13 WCs
14 Kitchen
15 Stair to studio from entrance below
16 Studio

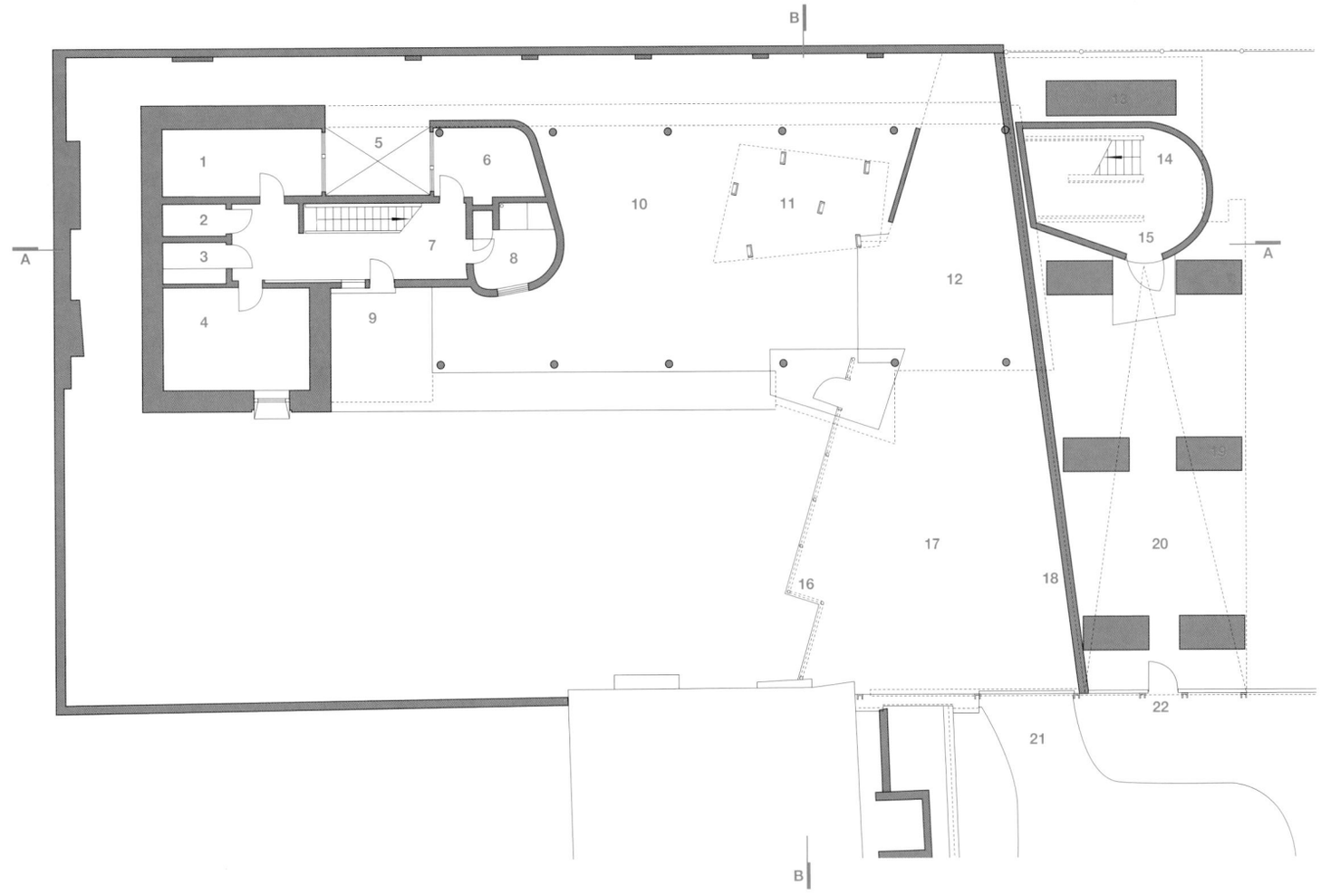


**50.02**
**Ground Floor Plan**
**1:200**

1 Utility room
2 Store
3 Store
4 Bedroom
5 Courtyard and pond
6 Study
7 Entrance hall
8 Bathroom
9 Porch
10 Undercroft
11 Base of tower
12 Cycle park
13 Gabion wall
14 Lobby to office
15 Entrance to office
16 Boundary between house and office
17 Courtyard
18 Retaining wall
19 Gabion wall
20 Office undercroft
21 Vehicle entrance
22 Entrance gate

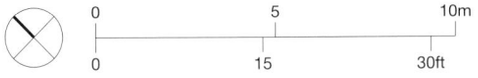

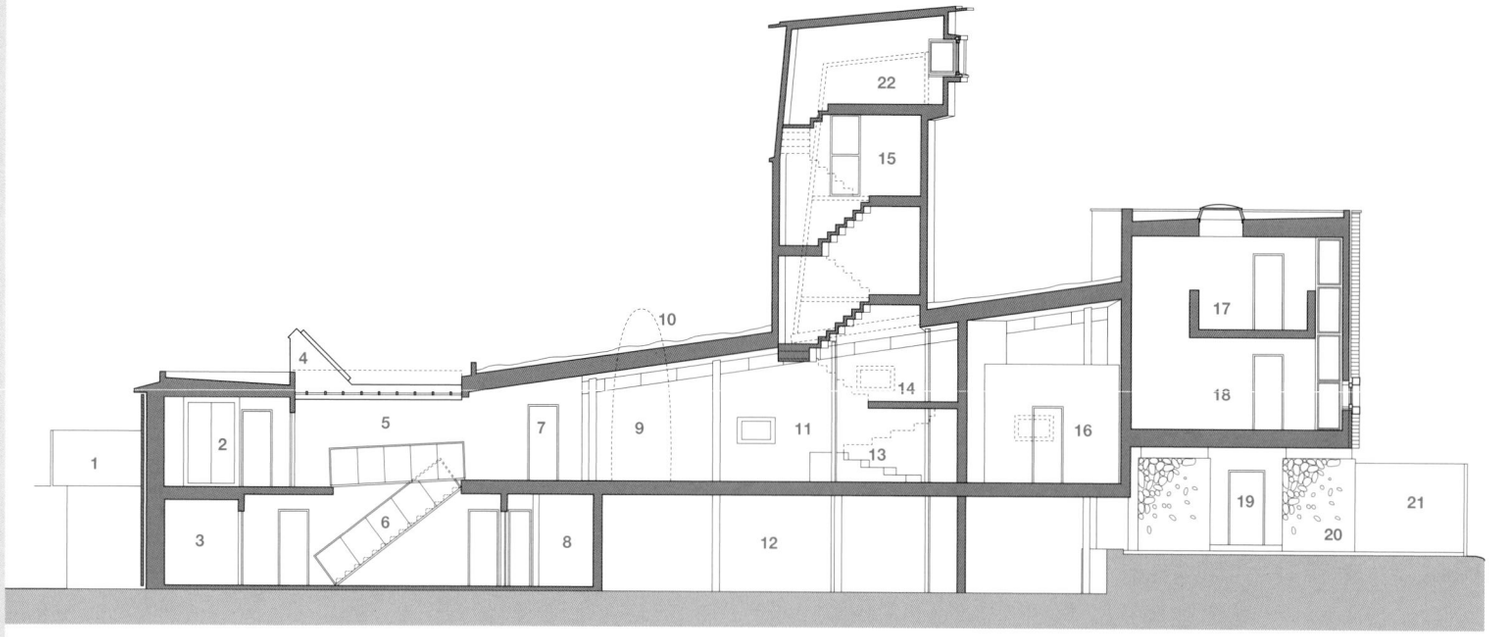


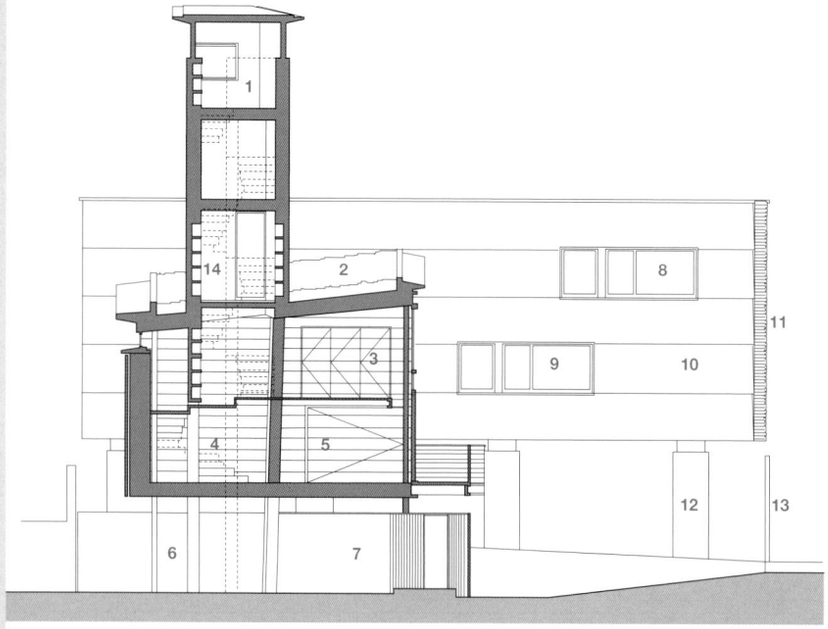


**50.03**
**Section A–A**
**1:200**

1 Wall to neighbouring properties
2 Dressing room
3 Store
4 Solar water heater
5 Bridge to bedroom
6 Staircase to main living level
7 Larder
8 Bathroom
9 Living room
10 Grass roof
11 Living room
12 Undercroft
13 Tower staircase
14 Mezzanine gallery
15 Library
16 Conference and dining room
17 Office mezzanine
18 Office (main level)
19 Office entrance
20 Gabion wall
21 Fence
22 Study

**50.04**
**Section B–B**
**1:200**

1 Study
2 Grass roof
3 Door from mezzanine to conference and dining room gallery
4 Tower staircase
5 Sliding door
6 Base of tower
7 Undercroft
8 Window to office
9 Window to office
10 Cladding to office
11 Sandbag wall
12 Gabion wall
13 Fence
14 Library

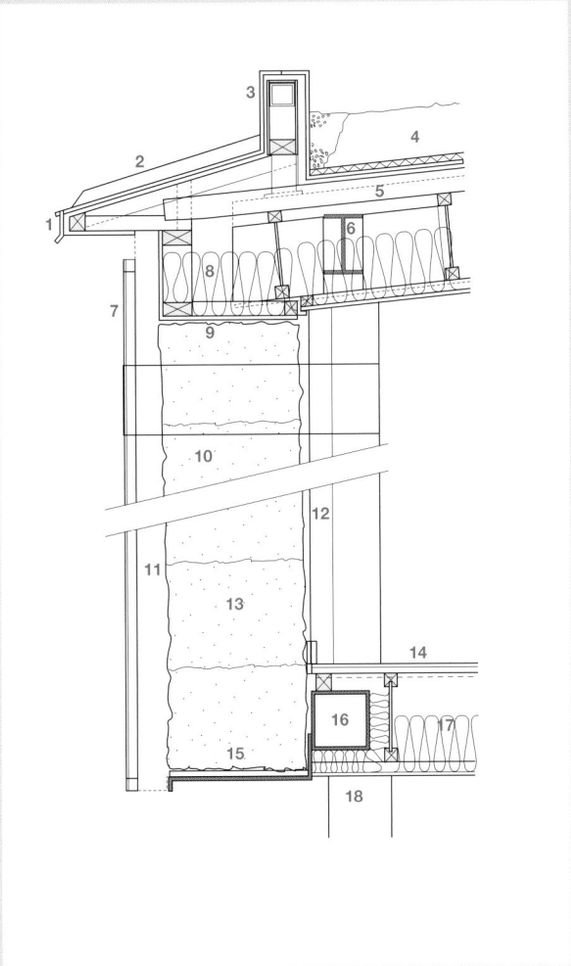


**50.05**
**Wall Detail**
**1:20**
**1** Zinc fascia and drip
**2** Zinc standing seam
**3** Zinc parapet upstand
**4** Green roof comprised of 150 mm (6 inch) low fertility soil on geotextile on welded EPDM waterproofing layer on 18 mm (3/4 inch) plywood deck
**5** Air gap
**6** Steel structure
**7** Corrugated steel or polycarbonate sheet according to area of roof
**8** 200 mm (7 4/5 inch) thick insulation
**9** Timber head plate
**10** Straw bale
**11** 100 mm (4 inch) air gap
**12** Lime render to face of bales
**13** Straw bale
**14** Timber floor comprised of 22 mm (9/10 inch) thick chipboard subfloor and 12 mm (1/2 inch) thick birch tongue and groove ply flooring panels
**15** Straw bales on 25 mm (1 inch) polystyrene insulation on steel bale tray
**16** Main steel floor structure
**17** Insulation
**18** Steel column

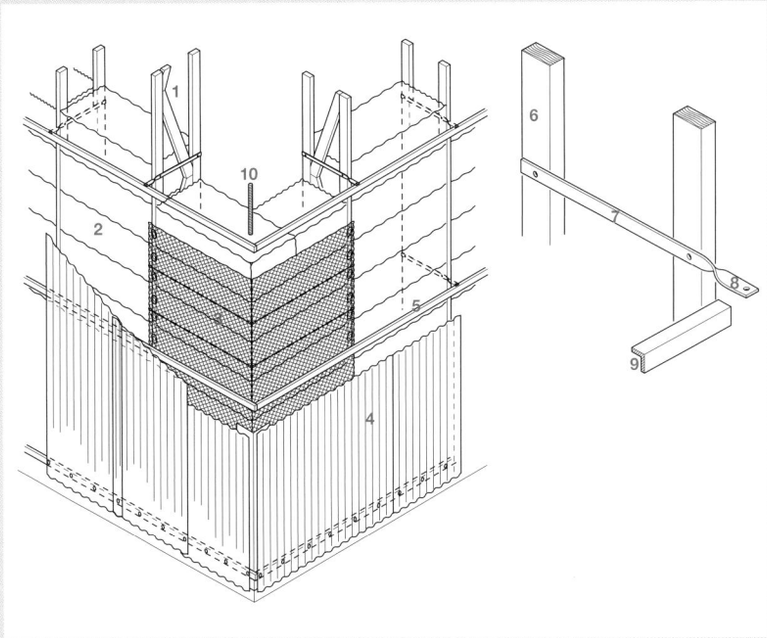


**50.06**
**Straw Bale Wall Detail**
**1** Timber ladder structure
**2** Straw bales
**3** Expanded metal latch stretched around corner to contain bales
**4** Corrugated steel or polycarbonate panel depending on position in wall
**5** Steel purlin
**6** Softwood ladder member
**7** Steel strap
**8** Turned end to accept purlin
**9** Steel purlin
**10** Reinforcing bar pinning bales together

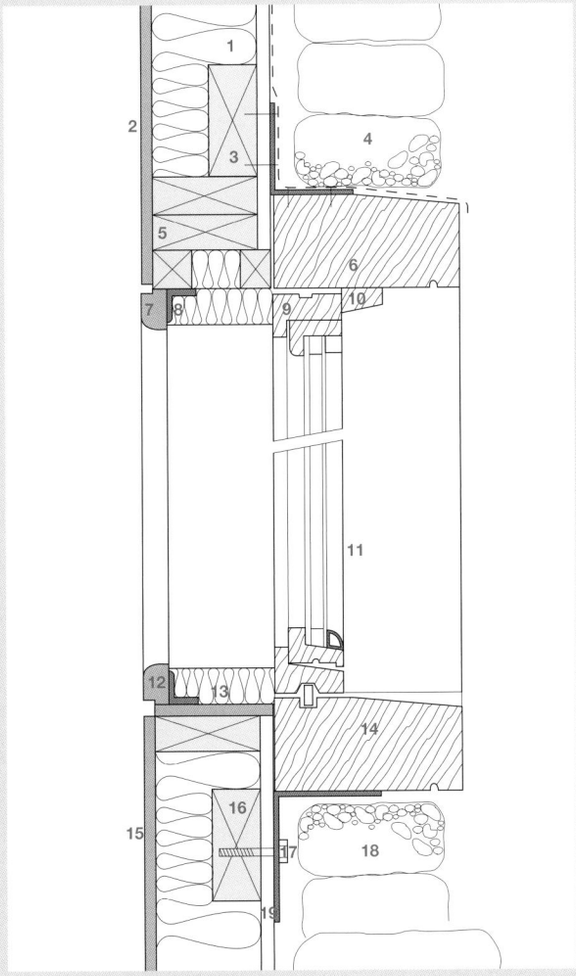


**50.07**
**Glazing Detail**
**1:10**
**1** Insulation
**2** Lime render
**3** Timber base plate
**4** Sandbags
**5** Timber head plate
**6** Railway sleeper forming window surround
**7** Timber architrave
**8** Angle for fixing timber trim
**9** Window frame
**10** Softwood beading
**11** Double-glazed opening light
**12** Timber trim frame
**13** Acoustic insulation lined with perforated board
**14** Railway sleeper forming window sill
**15** Lime render
**16** Timber plate for fixing bracket
**17** Steel angle bracket to support railway sleeper
**18** Sandbag
**19** 9 mm (1/3 inch) panel vent

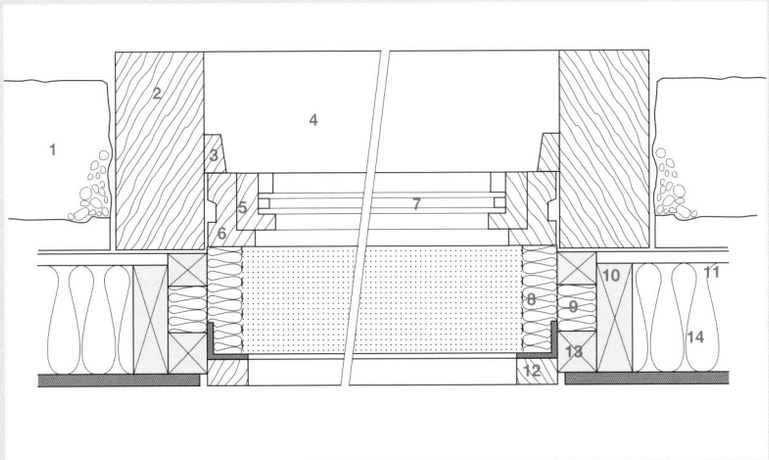


**50.08**
**Glazing Detail**
**1:10**
**1** Sandbag
**2** Railway sleeper forming window surround
**3** Softwood beading
**4** Railway sleeper forming window sill
**5** Double-glazed opening light
**6** Window frame
**7** Double glazing
**8** Acoustic insulation lined with perforated board
**9** Insulation
**10** Timber wall stud
**11** 9 mm (1/3 inch) panel vent
**12** Timber architrave
**13** Softwood packing
**14** Insulation in studwork wall

**51**
**Simon Conder Associates**

**Black Rubber Beach House**
**Dungeness, England, UK**

Area
127 square metres (1,370 square feet)

Project Team
Simon Conder, Chris Neve

Structural Engineer
KLC Consulting Engineers

Contractor
Charlier Construction Ltd

This project demonstrates that the careful choice of materials combined with the innovatory use of new products can create domestic architecture of quality at very low cost. This scheme develops the tradition of ad hoc development in Dungeness in a way that responds to the drama and harshness of the landscape. The original fisherman's hut, built in the 1930s, has been stripped back to its timber frame, extended to the south and east to capture the views, and clad in Wisa-Spruce plywood. This also provides all the internal finishes, including walls, floors, ceilings, doors and joinery. External walls and roof are clad in black rubber, a technically sophisticated version of the felt and tar found on local buildings. The bath is cantilevered out over the beach, giving dramatic views to the sea.

Internally, priority has been given to the living areas – guests are accommodated in an iconic Airstream caravan parked next to the house. The project is the first to use EPDM (ethylene propylene diene monomer) rubber waterproofing to clad an entire building. The main advantages of the material are that it is water resistant yet vapour permeable, withstands extremes of temperature, is resistant to ozone and UV, presents no fire risk, and it is a natural product. By the same token, the plywood used for both the interior and exterior comes from managed forests in Finland. The constant coastal breeze, in combination with the black rubber, combines to provide an energy efficient environment. In summer, windows on opposing sides of the house are left open to provide cross ventilation. In the winter the black rubber acts as a heat sink so that the back-up heating system is minimized.

**1** Black rubber, or EPDM (ethylene propylene diene monomer) characterizes the external appearance of the house, wrapping the walls and the roof to create a monolithic matt black form, interrupted only by a few windows and full-height doors, utilized to frame views of the landscape and the sea. **2** A south-east facing timber deck takes in views of the sea beyond the scrubland on which the house sits. **3** A whimsical addition to the tight domestic programme is a bath tub cantilevered out over the pebble beach with views of the sea. **4** View of the living space at dusk – all of the interior surfaces, including joinery, walls, floors and ceilings are clad in the same renewable source of spruce plywood.

**51.01**
**Floor Plan**
**1:100**
1 Wood burning stove
2 Snug
3 Dining area and kitchen
4 Shed lobby
5 Glazed link
6 Storage
7 Bathroom
8 Cantilevered bath
9 Bedroom
10 Living area
11 Deck

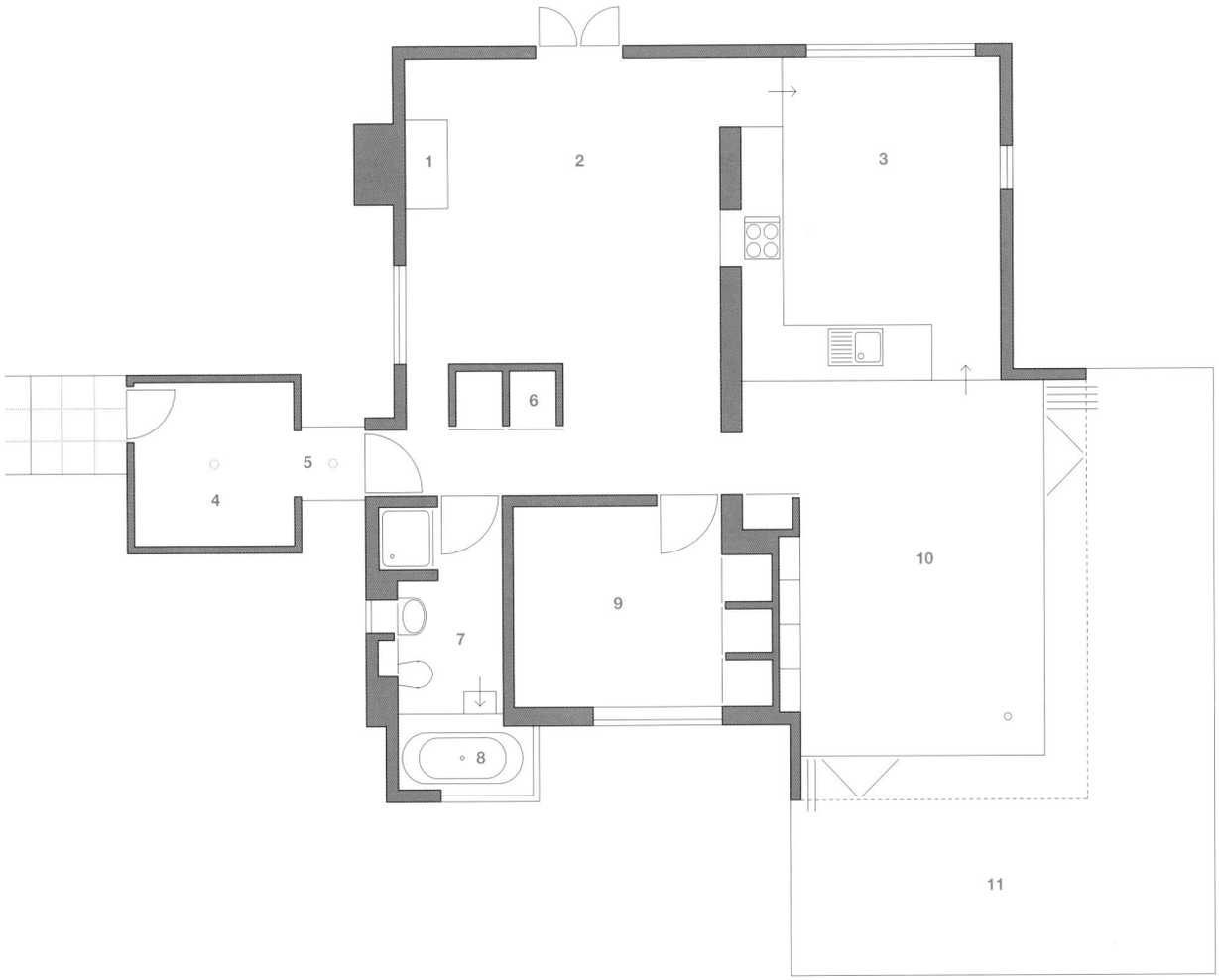


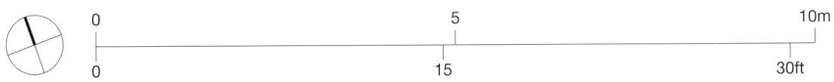


**51.02**
**Axonometric**
1 Entry lobby
2 Glazed link
3 Chimney
4 Cantilevered bath enclosure
5 Bedroom window
6 Black rubber membrane wall cladding
7 Folding, sliding, bottom running double-glazed door system
8 Timber deck

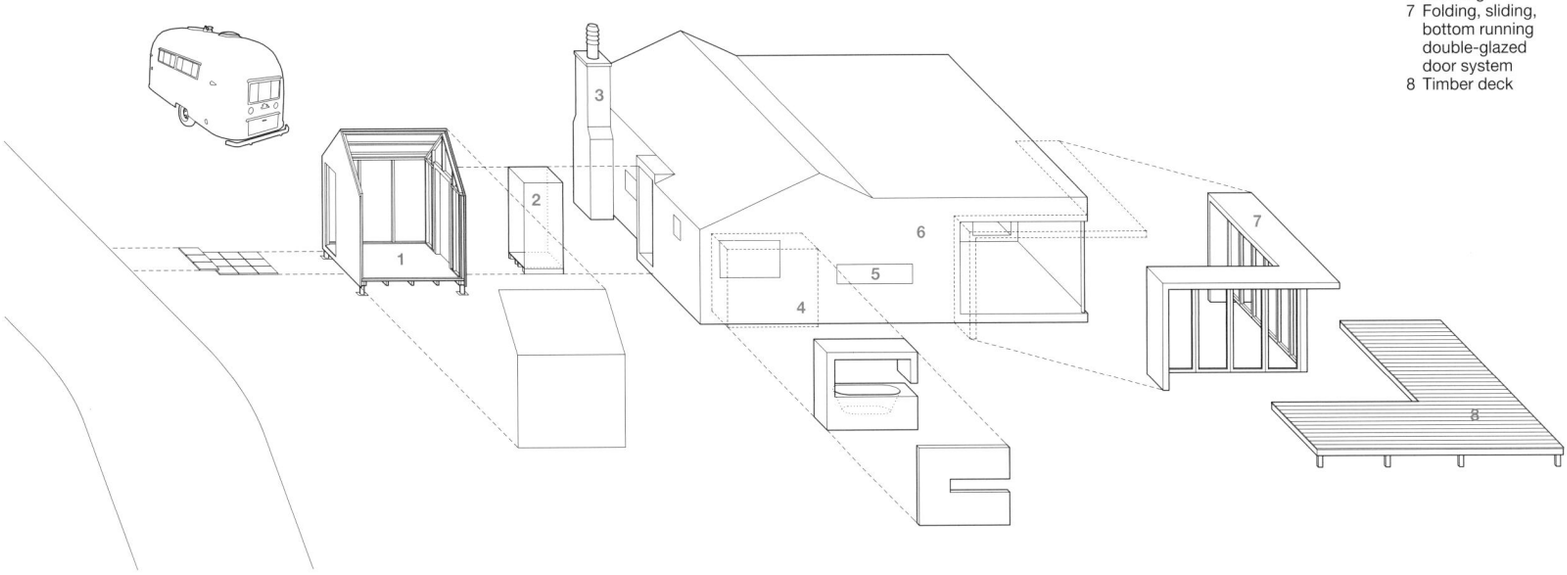

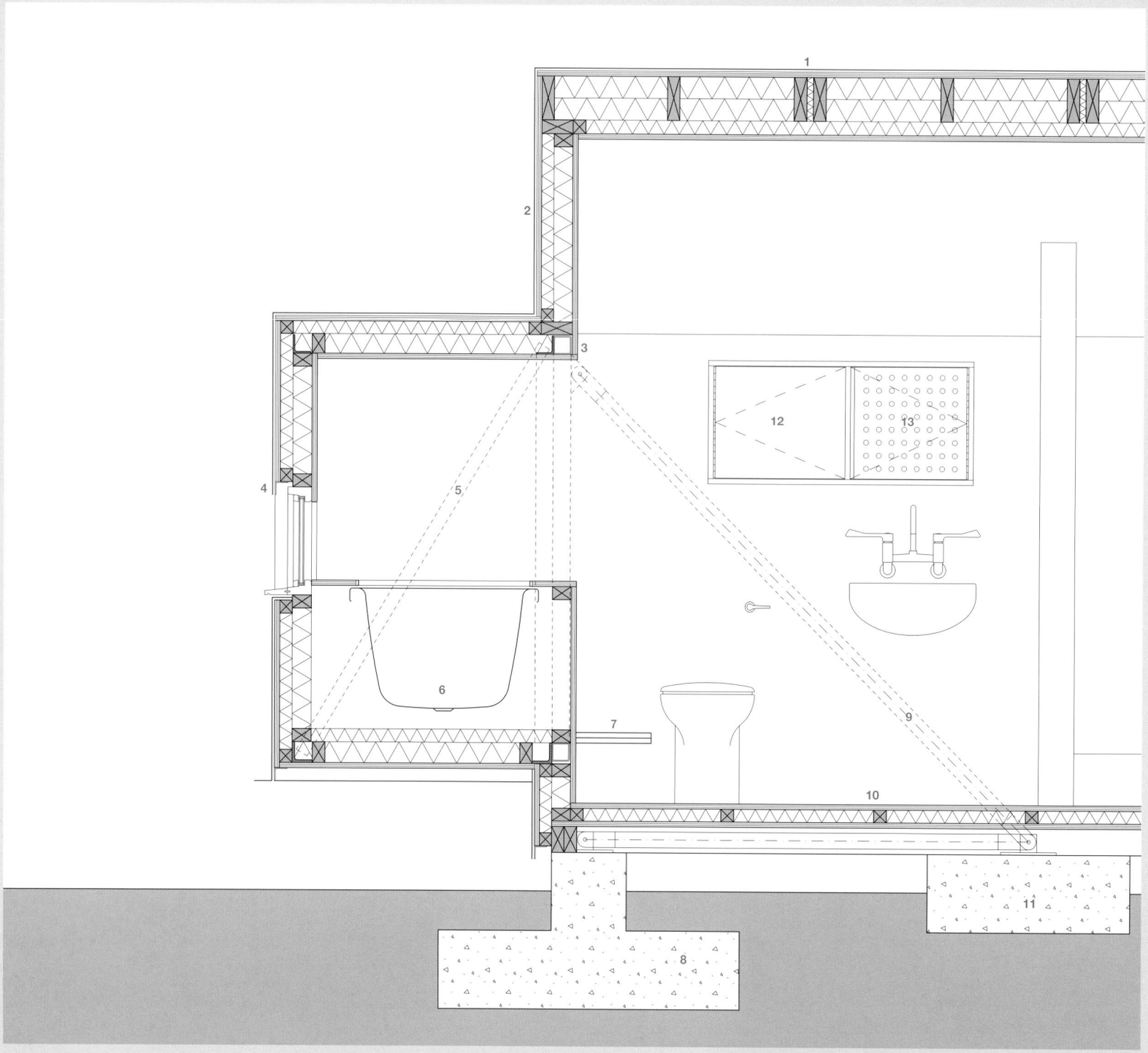


**51.03**
**Detail Section 1**
**1:20**

**1** Pitched roof: 1.2mm (1/20 inch) EPDM black rubber membrane bonded to 18 mm (3/4 inch) spruce plywood; 150 x 50 mm (6 x 2 inch) softwood rafters interspersed with mineral wool insulation; 50 x 50 mm (2 x 2 inch) softwood battens interspersed with mineral wool insulation; radiant heating film – occasional back-up heating; 500 gauge polythene vapour barrier; 18 mm (3/4 inch) spruce plywood with clear matt intumescent decoration to achieve class 1 flame resistance rating

**2** Wall: 1.2 mm (1/20 inch) EPDM black rubber membrane bonded to 18 mm (3/4 inch) spruce plywood; 50 x 50 mm (2 x 2 inch) horizontal softwood battens interspersed with mineral wool insulation; 75 x 50 mm (3 x 2 inch) vertical softwood studwork interspersed with mineral wool insulation; 500 gauge polythene vapour barrier; 18 mm (3/4 inch) spruce plywood with clear matt intumescent decoration to achieve class 1 flame resistance rating

**3** 70 x 70 x 4 mm (2 3/4 x 2 3/4 x 1/8 inch) galvanized square hollow section principle frame to cantilevered bath cubicle

**4** 40 x 40 x 2 mm (1 1/2 x 1 1/2 x 1/14 inch) aluminium angle drip

**5** 70 x 70 x 6 mm (2 3/4 x 2 3/4 x 5/16 inch) galvanized rolled steel angle side panel frame to cantilevered bath cubicle with 50 x 5 mm (2 x 1/8 inch) galvanized mild steel flat diagonal

**6** 1700 x 750 x 430 mm (67 x 29 1/2 x 17 inch) double ended white enamelled steel bath

**7** 2 x 18 mm (1/14 x 3/4 inch) spruce plywood cantilevered bath step

**8** New concrete edge beam

**9** 60.3 x 4 mm (2 1/3 x 1/8 inch) galvanized circular hollow section with 60 x 10 mm (2 2/3 x 1/3 inch) galvanized mild steel flat welded to each end for bolted connections. (Diagonal bracing is duplicated within wall between bathroom and bedroom.)

**10** Suspended floor: 18 mm (3/4 inch) spruce plywood; 1200 gauge polythene vapour barrier; 50 x 50 mm (2 x 2 inch) softwood battens interspersed with extruded polystyrene insulation; 1200 gauge polythene vapour barrier; 18 mm (3/4 inch) spruce plywood; 100 x 50 mm (4 x 2 inch) softwood joists

**11** Concrete counterweight to cantilevered bath cubicle

**12** 3 mm (1/7 inch) glass mirror with polished edges bonded to 18 mm (3/4 inch) spruce plywood hinged panel to cabinet

**13** 18 mm (3/4 inch) spruce plywood perforated hinged panel screening window – 20 mm (3/4 inch) diameter holes drilled in a 50 mm (2 inch) grid

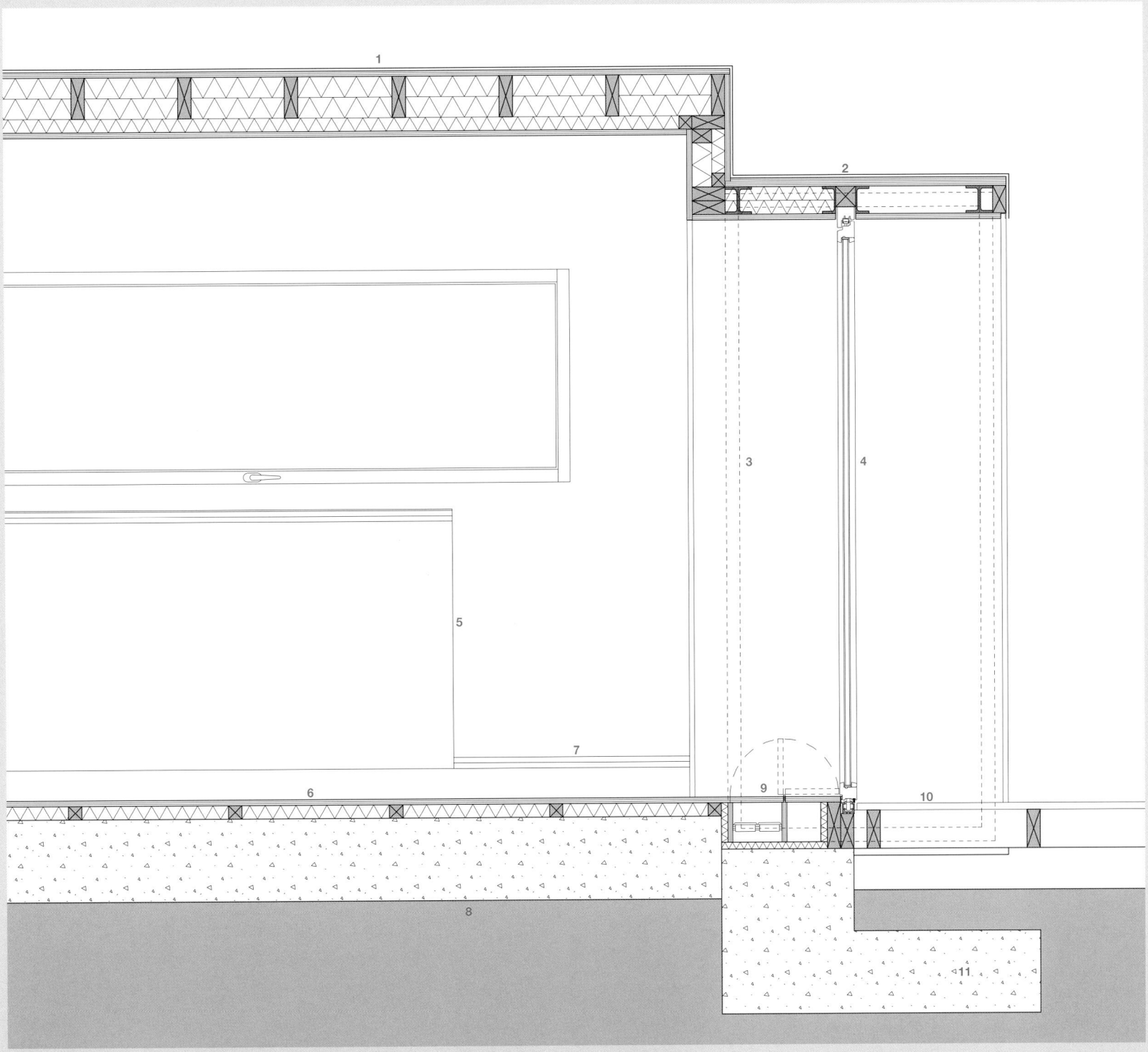


**51.04**
**Detail Section 2**
**1:20**

**1** Flat roof: 1.2 mm (1/20 inch) EPDM black rubber membrane bonded to 18mm (4/5 inch) spruce plywood; 150 x 50 mm (6 x 2 inch) softwood joists interspersed with mineral wool insulation; 50 x 50 mm (2 x 2 inch) softwood battens interspersed with mineral wool insulation; radiant heating film – occasional back-up heating; 500 gauge polythene vapour barrier; 18 mm (3/4 inch) spruce plywood with clear matt intumescent decoration to achieve class 1 flame resistance rating

**2** Canopy: 1.2 mm (1/20 inch) EPDM black rubber membrane bonded to 12 and 18 mm (1/2 and 3/4 inch) spruce plywood; 100 x 50 mm (4 x 2 inch) galvanized parallel flange channel frame sandwiching 80 x 75 mm (31/16 x 3 inch) softwood to take folding sliding glazed door system head track; 500 gauge polythene vapour barrier; 18 mm (3/4 inch) spruce plywood with clear matt intumescent decoration to achieve class 1 flame resistance rating

**3** 100 x 50 mm (4 x 2 inch) galvanized parallel flange channel side panel frame to canopy

**4** Folding, sliding, bottom running double-glazed door system with clear toughened sealed units – inner pane of Pilkington K glass

**5** 18 mm (3/4 inch) spruce plywood kitchen units

**6** Solid floor: 18 mm (3/4 inch) spruce plywood; 1200 gauge polythene vapour barrier; 50 x 50 mm (2 x 2 inch) softwood battens interspersed with extruded polystyrene insulation; 1200 gauge polythene vapour barrier

**7** 18 mm (3/4 inch) spruce plywood raised service floor to aid plumbing runs

**8** Original concrete raft slab

**9** 18 mm (3/4 inch) spruce plywood hinged panel with cable notch to hidden electrical sockets

**10** 90 x 25 mm (31/2 x 1 inch) hardwood decking with 10 mm (2/5 inch) gaps set at 20 mm (4/5 inch) below internal floor level

**11** New concrete with Fibrin X-T and plasticiser

**52**
**Steven Holl Architects**

**Turbulence House**
**Abiqui, New Mexico, USA**

Client
Richard Tuttle and Mei-mei Berssenbrugge

Area
84 square metres (900 square feet)

Project Team
Steven Holl, Anderson Lee, Richard Tobias, Arnault Biou, Matt Johnson

Structural Engineer
Delapp Engineering

Located adjacent to a series of adobe courtyard houses built by the artist Richard Tuttle, this intriguing house is situated on the top of a windy desert mesa. Its form, conceptualized as the tip of an iceberg indicating a much larger form below, allows turbulent wind to blow through the centre of the aluminium-clad form. The expressive facade was manufactured by a sheet metal fabrication company that utilizes digital definition combined with craftsmanship to produce highly intricate metal shapes and forms. The stressed skin and aluminium rib construction was digitally prefabricated, then bolted together on site. The sizes of the panels were governed by the inside dimensions of a generic 12 metre (40 foot) container, thus limiting the panel size to 2.4 metre (8 foot) wide modules.

A total of 31 metal panels, each with a unique shape, were fabricated to form the entire shell of the house. Computer generated templates were created to ensure the absolute minimum amount of aluminium was wasted in the production of the exterior panels, and prefabrication off-site ensured minimal on-site construction waste and fast assembly. The aluminium is naturally finished with flat lock seams – the light colour helping to reduce the cooling load. Two skylights at the northern and southern ends of the building allow for unwanted hot air to escape. To assist the passive environmental strategy, photovoltaic roof panels generate sufficient electricity to cover all of the domestic requirements, and a cistern on the south side of the house collects storm water which is recycled for site irrigation.

1

**1** Sited in a windy desert environment, the 'hull' of the structure bends and undulates to allow turbulent winds to blow around and, indeed, through the house.
**2** A detail view of the east facade reveals the central open space and the living room with black steel stair beyond.
**3** Interior walls and ceilings are white-painted plaster, countered by a polished concrete floor and light-weight black-painted steel staircase.

2

3

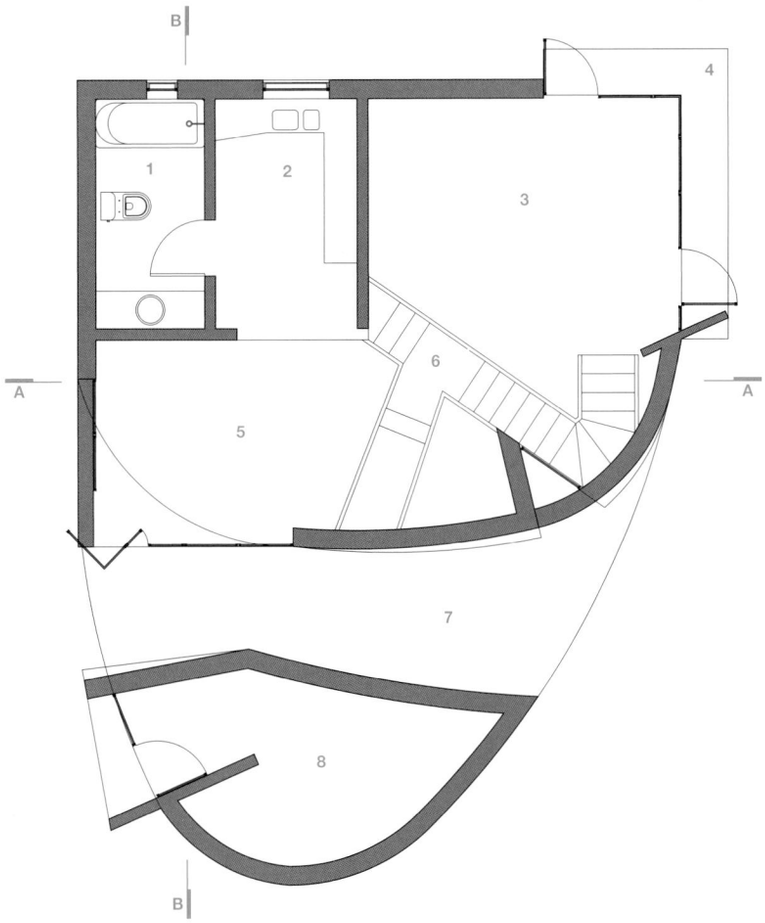


**52.01**
**Ground Floor Plan**
**1:100**
1 Bathroom
2 Kitchen
3 Living room
4 Terrace
5 Dining room
6 Steel stair
7 Central open space
8 Storage

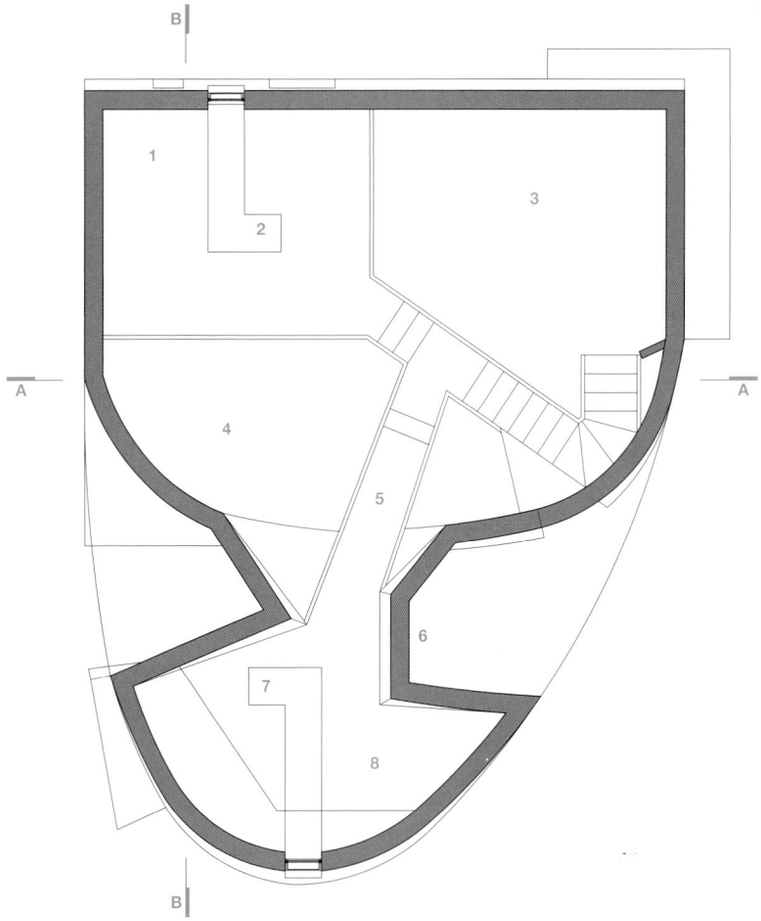


**52.02**
**First Floor Plan**
**1:100**
1 Sleeping loft
2 Line of skylight over
3 Void over living room
4 Void over dining room
5 Bridge between bedroom and study
6 Cut away external wall over central open space
7 Line of skylight over
8 Study

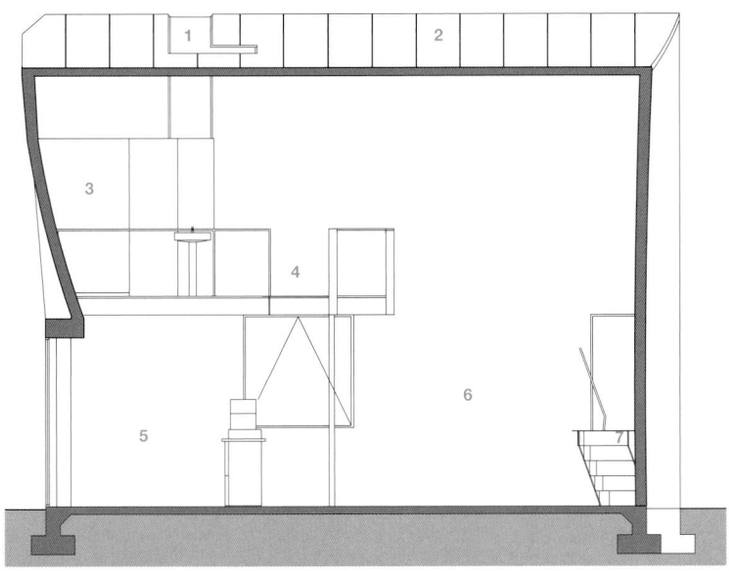


**52.03**
**Section A–A**
**1:100**
**1** Skylight
**2** Aluminium-clad roof
**3** Sleeping loft
**4** Steel bridge
**5** Dining room
**6** Living room
**7** Steel stair to first floor

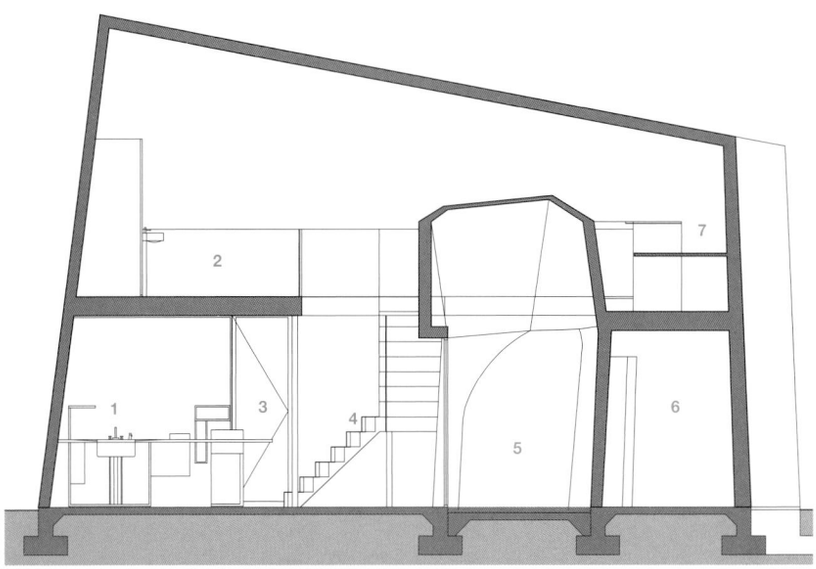


**52.04**
**Section B–B**
**1:100**
**1** Bathroom
**2** Sleeping loft
**3** Door to kitchen
**4** Steel staircase
**5** Central open space
**6** Store
**7** Study

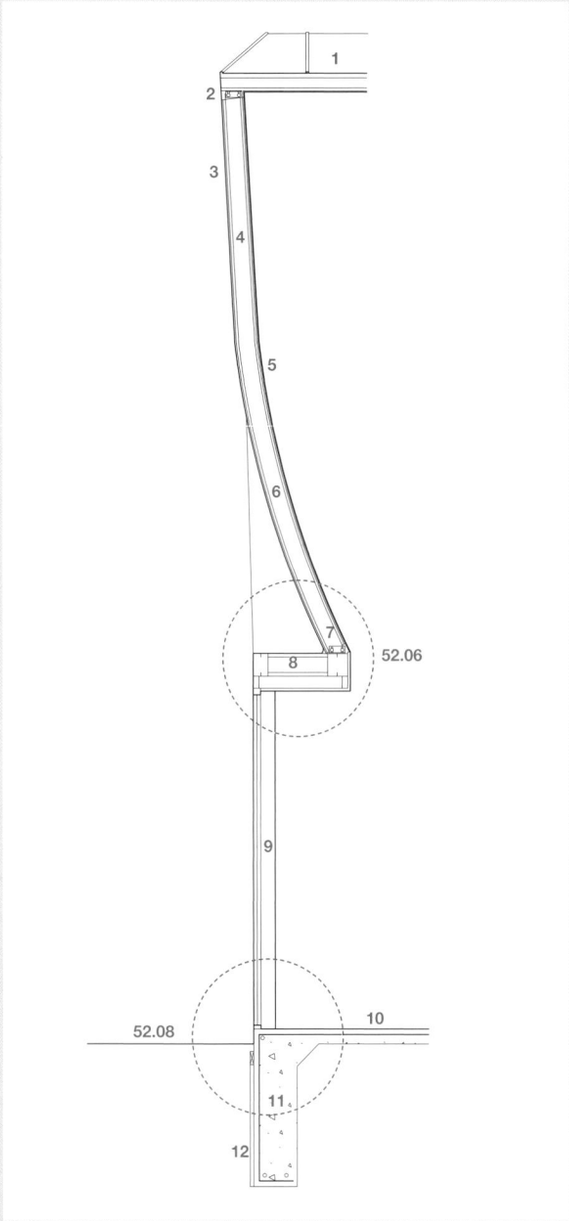


**52.05**
**External Wall Detail**
**1:50**
**1** 304 x 50 x 406 mm (12 x 2 x 16 inch) galvanized angle at 610 mm (24 inch) centres
**2** 50 x 50 x 100 mm (2 x 2 x 4 inch) angle
**3** Metal skin with waterproof membrane
**4** Thermal break layer
**5** 6 mm (1/4 inch) plywood
**6** Aluminium fins at 406 mm (16 inch) centres
**7** 50 x 50 x 100 mm (2 x 2 x 4 inch) angle
**8** C-purlins
**9** Clear-glazed window
**10** Underfloor heating over reinforced concrete slab floor
**11** Reinforced concrete footing
**12** Rigid insulation

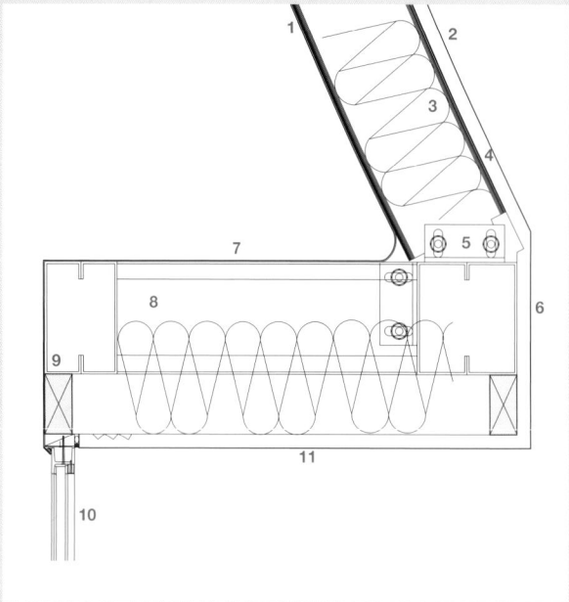


**52.06**
**Head Detail**
**1:10**
**1** Metal skin with thermal break waterproof membrane
**2** Aluminium fins at 406 mm (16 inch) centres
**3** 152 mm (6 inch) insulation blanket
**4** Metal skin over 6 mm (1/4 inch) plywood
**5** 50 x 50 x 100 mm (2 x 2 x 4 inch) angle
**6** 19 mm (3/4 inch) plywood
**7** Metal skin
**8** C-purlins
**9** Steel C-section
**10** Aluminium-framed glazing
**11** Ceiling lining

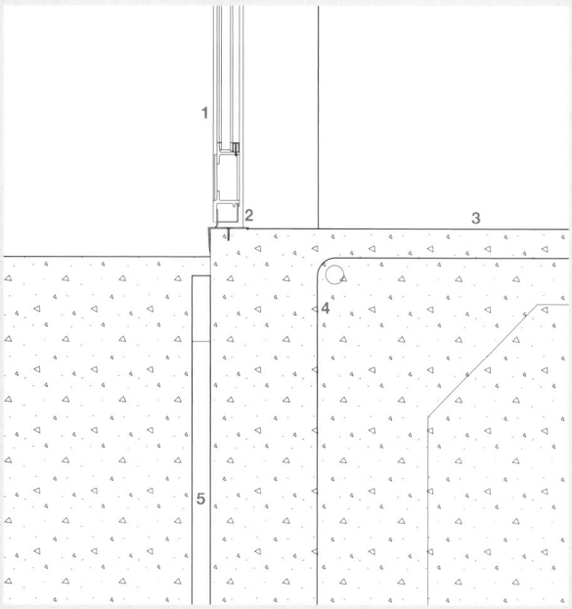


**52.07**
**Sill Detail 1**
**1:10**
**1** Glazed door in aluminium window system
**2** Aluminium nosing
**3** Reinforced concrete floor
**4** Reinforced turn down slab
**5** Rigid insulation

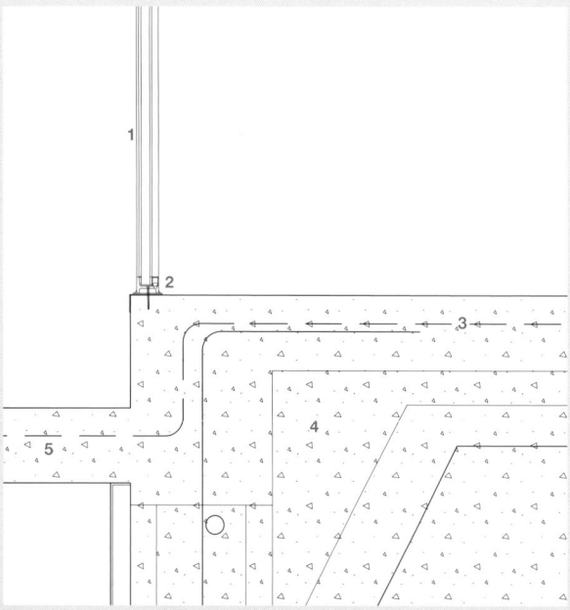


**52.08**
**Sill Detail 2**
**1:10**
**1** Steel frame door with 12 mm (1/2 inch) glazing
**2** Aluminium threshold set in mastic
**3** Radiant floor heating
**4** Reinforced concrete foundation
**5** Reinforced concrete floor slab

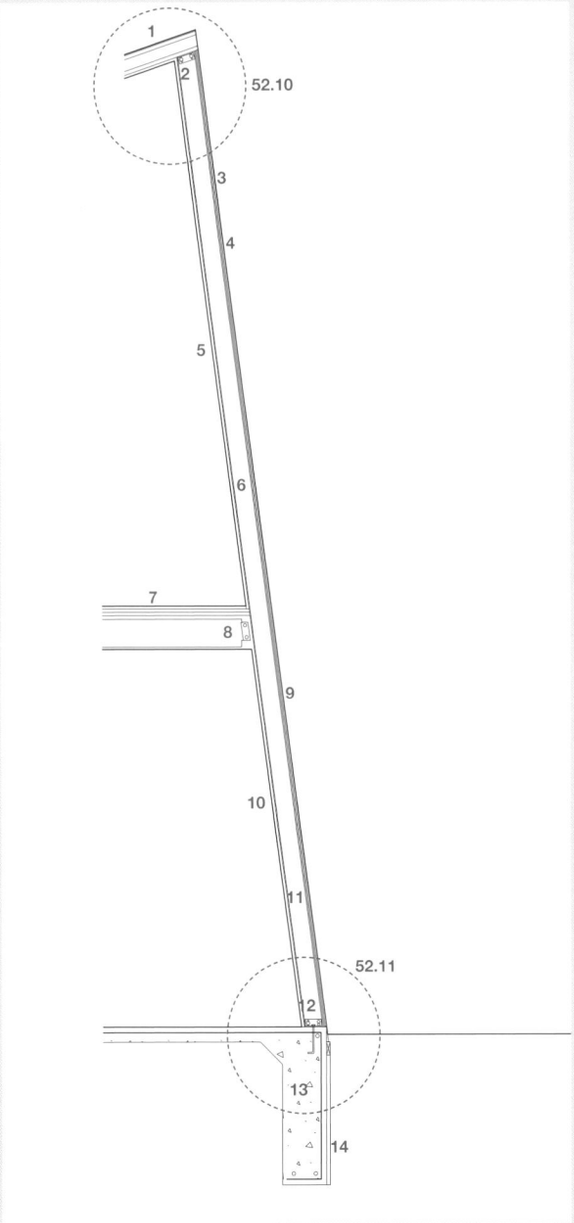


**52.09**
**Wall Detail**
**1:50**
**1** Galvanized flange bolted to roof structure
**2** 50 x 50 x 100 mm (2 x 2 x 4 inch) angle
**3** Metal skin with waterproof membrane
**4** Thermal break layer
**5** 6 mm (1/4 inch) plywood
**6** Aluminium fins at 406 mm (16 inch) centres
**7** Bamboo flooring over plywood subfloor
**8** Galvanized aluminium flange rim joint
**9** Metal skin with waterproof membrane over thermal break layer
**10** 6 mm (1/4 inch) plywood
**11** Aluminium fins at 406 mm (16 inch) centres
**12** 50 x 50 x 100 mm (2 x 2 x 4 inch) angle
**13** Reinforced concrete footing and floor slab
**14** Rigid insulation

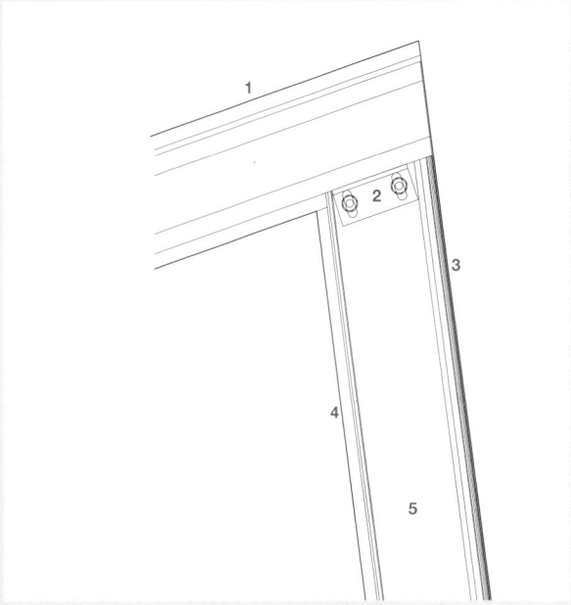


**52.10**
**Roof Detail**
**1:10**
**1** 304 x 50 x 406 mm (12 x 2 x 16 inch) galvanized angle at 610 mm (24 inch) centres
**2** 50 x 50 x 100 mm (2 x 2 x 4 inch) angle
**3** Metal skin with waterproof membrane and thermal break
**4** 6 mm (1/4 inch) plywood
**5** Aluminium fins at 406 mm (16 inch) centres

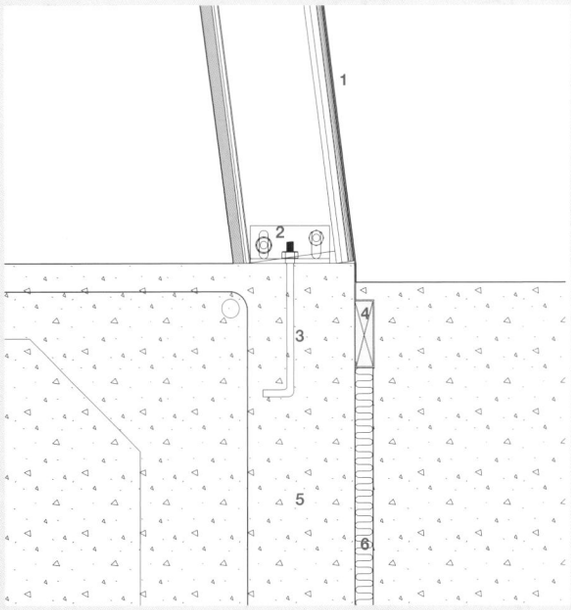


**52.11**
**Sill Detail 3**
**1:10**
**1** Metal skin with waterproof membrane and thermal break
**2** 50 x 50 x 100 mm (2 x 2 x 4 inch) angle
**3** Anchor bolt
**4** 30 x 100 mm (1 1/5 x 4 inch) timber blocking
**5** Reinforced concrete turn down slab
**6** Rigid insulation

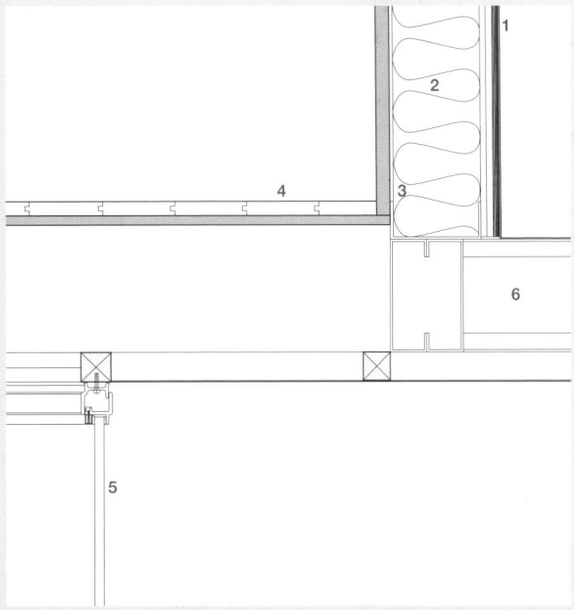


**52.12**
**Head Detail**
**1:10**
**1** Metal skin with thermal break and waterproof membrane
**2** 150 mm (6 inch) blanket insulation
**3** 6 mm (1/4 inch) plywood
**4** Bamboo flooring over plywood subfloor
**5** Clear glazing
**6** C-purlins

# Directories of Details and Architects

### Bathroom Details

**07.11** Léon Wohlhage Wernik Architekten, 37
**07.12** Léon Wohlhage Wernik Architekten, 37
**13.10** Kruunenberg Van der Erve Architecten, 62
**21.10** Olson Sundberg Kundig Allen Architects, 97
**21.11** Olson Sundberg Kundig Allen Architects, 97
**32.11** Werner Sobek, 143
**32.12** Werner Sobek, 143
**32.13** Werner Sobek, 143
**33.09** WPa Inc., 147
**34.12** Álvaro Siza Vieira, 153
**34.13** Álvaro Siza Vieira, 153
**35.14** Architect Antonius Lanzinger, 157
**38.10** Edge Design Institute Ltd., 169
**38.11** Edge Design Institute Ltd., 169
**38.12** Edge Design Institute Ltd., 169
**41.09** Martín + Martín Arquitectos, 181
**41.10** Martín + Martín Arquitectos, 181
**41.11** Martín + Martín Arquitectos, 181
**41.12** Martín + Martín Arquitectos, 181
**43.09** Stutchbury and Pape, 189
**44.16** RoTo Architects, 193

### Bench Details

**19.07** John Pawson, 88
**44.20** RoTo Architects, 193
**44.21** RoTo Architects, 193

### Ceiling Details

**22.07** Will Bruder Architects, 100
**28.06** Marin + Trottin, 126

### Door Details

**01.09** Alberto Campo Baeza, 13
**01.10** Alberto Campo Baeza, 13
**01.11** Alberto Campo Baeza, 13
**02.11** Baumschlager + Eberle, 16
**02.12** Baumschlager + Eberle, 16
**02.13** Baumschlager + Eberle, 16
**05.07** Jim Jennings Architecture, 28
**07.06** Léon Wohlhage Wernik Architekten, 36
**07.07** Léon Wohlhage Wernik Architekten, 36
**07.08** Léon Wohlhage Wernik Architekten, 36
**08.10** Pugh + Scarpa, 40
**08.12** Pugh + Scarpa, 41
**08.13** Pugh + Scarpa, 41
**08.14** Pugh + Scarpa, 41
**08.15** Pugh + Scarpa, 41
**10.07** Aranda Pigem Vilalta, 51
**10.08** Aranda Pigem Vilalta, 51
**10.09** Aranda Pigem Vilalta, 51
**10.10** Aranda Pigem Vilalta, 51
**21.09** Olson Sundberg Kundig Allen Architects, 97
**21.10** Olson Sundberg Kundig Allen Architects, 97
**21.11** Olson Sundberg Kundig Allen Architects, 97
**21.12** Olson Sundberg Kundig Allen Architects, 97
**26.11** Lorcan O'Herlihy Architects, 119
**33.09** WPa Inc., 147
**34.12** Álvaro Siza Vieira, 153
**34.13** Álvaro Siza Vieira, 153
**35.14** Architect Antonius Lanzinger, 157
**41.09** Martín + Martín Arquitectos, 181
**41.10** Martín + Martín Arquitectos, 181
**41.11** Martín + Martín Arquitectos, 181
**41.12** Martín + Martín Arquitectos, 181
**43.09** Stutchbury and Pape, 189
**44.16** RoTo Architects, 193

### Eaves Details

**16.08** Brückner + Brückner Architekten, 76
**31.08** Atelier Bow-Wow, 139
**42.07** Patkau Architects, 184
**43.08** Stutchbury and Pape, 189

### Floor Details

**02.07** Baumschlager + Eberle, 16
**03.06** Studio Daniel Libeskind, 21
**25.08** Julie Snow Architects, 114
**25.11** Julie Snow Architects, 115
**27.08** Mack Scogin Merrill Elam Architects, 122
**27.10** Mack Scogin Merrill Elam Architects, 122
**27.13** Mack Scogin Merrill Elam Architects, 123
**28.06** Marin + Trottin, 126
**28.07** Marin + Trottin, 126
**31.07** Atelier Bow-Wow, 138
**36.08** Bernard Quirot + Olivier Vichard, 161
**36.10** Bernard Quirot + Olivier Vichard, 161
**37.03** Drew Heath Architect, 164
**38.06** Edge Design Institute Ltd., 168
**38.07** Edge Design Institute Ltd., 168
**40.05** Kengo Kuma & Associates, 176
**42.15** Patkau Architects, 185
**45.10** Sean Godsell, 196
**51.03** Simon Conder Associates, 222
**51.04** Simon Conder Associates, 223

### Fireplace Details

**05.10** Jim Jennings Architecture, 28
**36.07** Bernard Quirot + Olivier Vichard, 160

### Footing and Foundation Details

**16.10** Brückner + Brückner Architekten, 76
**16.11** Brückner + Brückner Architekten, 77
**25.12** Julie Snow Architects, 115
**45.08** Sean Godsell, 196
**48.06** Kengo Kuma & Associates, 210

### Glazing Details

**02.08** Baumschlager + Eberle, 16
**02.09** Baumschlager + Eberle, 16
**02.10** Baumschlager + Eberle, 16
**04.06** Georg Driendl, 24
**04.07** Georg Driendl, 24
**04.08** Georg Driendl, 24
**04.09** Georg Driendl, 25
**04.10** Georg Driendl, 25
**05.05** Jim Jennings Architecture, 28
**07.05** Léon Wohlhage Wernik Architekten, 36
**12.07** Kazuyo Sejima & Associates, 58
**12.08** Kazuyo Sejima & Associates, 58
**12.09** Kazuyo Sejima & Associates, 58
**12.10** Kazuyo Sejima & Associates, 58
**12.11** Kazuyo Sejima & Associates, 58
**13.07** Kruunenberg Van der Erve Architecten, 62
**13.08** Kruunenberg Van der Erve Architecten, 62
**14.05** Shigeru Ban Architects, 66
**14.06** Shigeru Ban Architects, 66
**14.07** Shigeru Ban Architects, 67
**14.08** Shigeru Ban Architects, 67
**17.06** Adjaye Associates, 80
**17.07** Adjaye Associates, 80
**26.06** Lorcan O'Herlihy Architects, 118
**26.08** Lorcan O'Herlihy Architects, 118
**26.10** Lorcan O'Herlihy Architects, 119
**27.07** Mack Scogin Merrill Elam Architects, 122
**27.09** Mack Scogin Merrill Elam Architects, 122
**27.11** Mack Scogin Merrill Elam Architects, 123
**27.12** Mack Scogin Merrill Elam Architects, 123
**28.07** Marin + Trottin, 126
**31.05** Atelier Bow-Wow, 138
**31.08** Atelier Bow-Wow, 139
**31.10** Atelier Bow-Wow, 139
**35.13** Architect Antonius Lanzinger, 157
**35.15** Architect Antonius Lanzinger, 157
**41.07** Martín + Martín Arquitectos, 180
**45.12** Sean Godsell, 197
**45.13** Sean Godsell, 197
**50.07** Sarah Wigglesworth Architects, 219
**50.08** Sarah Wigglesworth Architects, 219

**Gutter Details**

**30.11** Troppo Architects, 135
**45.11** Sean Godsell, 197

**Handrail Details**

**25.09** Julie Snow Architects, 114
**44.19** RoTo Architects, 193

**Kitchen Details**

**19.06** John Pawson, 88
**19.08** John Pawson, 89

**Metal Details**

**29.05** Shuhei Endo, 130
**29.06** Shuhei Endo, 130
**29.07** Shuhei Endo, 130
**29.08** Shuhei Endo, 130
**29.09** Shuhei Endo, 131
**29.10** Shuhei Endo, 131
**29.11** Shuhei Endo, 131

**Parapet Details**

**26.13** Lorcan O'Herlihy Architects, 119
**28.05** Marin + Trottin, 126
**37.04** Drew Heath Architect, 164
**42.09** Patkau Architects, 184
**44.12** RoTo Architects, 192
**44.13** RoTo Architects, 192

**Roof Details**

**01.08** Alberto Campo Baeza, 13
**02.17** Baumschlager + Eberle, 17
**02.18** Baumschlager + Eberle, 17
**09.09** Tadao Ando, 45
**11.05** Ian Moore Architects, 54
**11.08** Ian Moore Architects, 55
**11.09** Ian Moore Architects, 55
**12.12** Kazuyo Sejima & Associates, 59
**13.05** Kruunenberg Van der Erve Architecten, 62
**13.06** Kruunenberg Van der Erve Architecten, 62
**16.07** Brückner + Brückner Architekten, 76
**16.09** Brückner + Brückner Architekten, 76
**17.08** Adjaye Associates, 81
**20.09** MADA s.p.a.m., 93
**25.06** Julie Snow Architects, 114
**25.10** Julie Snow Architects, 115
**31.09** Atelier Bow-Wow, 139
**37.03** Drew Heath Architect, 164
**38.08** Edge Design Institute Ltd., 168
**38.09** Edge Design Institute Ltd., 168
**40.05** Kengo Kuma & Associates, 176
**42.10** Patkau Architects, 184
**42.12** Patkau Architects, 185
**44.11** RoTo Architects, 192
**44.14** RoTo Architects, 192
**44.15** RoTo Architects, 192
**45.14** Sean Godsell, 197
**45.15** Sean Godsell, 197
**47.08** Ábalos + Herreros, 207
**51.03** Simon Conder Associates, 222
**51.04** Simon Conder Associates, 223
**52.10** Steven Holl Architects, 227

**Skylight Details**

**05.08** Jim Jennings Architecture, 28
**05.09** Jim Jennings Architecture, 28
**05.12** Jim Jennings Architecture, 29
**15.05** Carlos Zapata Studio, 70
**22.10** Will Bruder Architects, 101
**30.07** Troppo Architects, 134
**42.08** Patkau Architects, 184
**42.14** Patkau Architects, 185
**47.04** Ábalos + Herreros, 206
**47.07** Ábalos + Herreros, 207
**49.08** Masaki Endoh + Masahiro Ikeda, 214

**Stair Details**

**06.13** Kei'ichi Irie + Power Unit Studio, 33
**06.14** Kei'ichi Irie + Power Unit Studio, 33
**06.15** Kei'ichi Irie + Power Unit Studio, 33
**06.16** Kei'ichi Irie + Power Unit Studio, 33
**06.17** Kei'ichi Irie + Power Unit Studio, 33
**08.07** Pugh + Scarpa, 40
**08.09** Pugh + Scarpa, 40
**08.11** Pugh + Scarpa, 41
**15.07** Carlos Zapata Studio, 71
**15.08** Carlos Zapata Studio, 71
**15.09** Carlos Zapata Studio, 71
**16.12** Brückner + Brückner Architekten, 77
**19.09** John Pawson, 89
**23.10** Aranda Pigem Vilalta, 107
**44.10** RoTo Architects, 192
**46.05** Smith-Miller+Hawkinson Architects, 200
**46.06** Smith-Miller+Hawkinson Architects, 200
**46.07** Smith-Miller+Hawkinson Architects, 201
**46.08** Smith-Miller+Hawkinson Architects, 201
**46.09** Smith-Miller+Hawkinson Architects, 201
**46.10** Smith-Miller+Hawkinson Architects, 201
**49.09** Masaki Endoh + Masahiro Ikeda, 215

**Steel Details**

**32.07** Werner Sobek, 142
**32.09** Werner Sobek, 143
**49.07** Masaki Endoh + Masahiro Ikeda, 214

**Stone Details**

**19.07** John Pawson, 88

**Wall Details**

**01.07** Alberto Campo Baeza, 12
**02.14** Baumschlager + Eberle, 17
**02.15** Baumschlager + Eberle, 17
**02.16** Baumschlager + Eberle, 17
**06.07** Kei'ichi Irie + Power Unit Studio, 32
**06.08** Kei'ichi Irie + Power Unit Studio, 32
**06.09** Kei'ichi Irie + Power Unit Studio, 32
**06.10** Kei'ichi Irie + Power Unit Studio, 32
**06.11** Kei'ichi Irie + Power Unit Studio, 32
**06.12** Kei'ichi Irie + Power Unit Studio, 32
**07.09** Léon Wohlhage Wernik Architekten, 37
**11.06** Ian Moore Architects, 54
**11.07** Ian Moore Architects, 54
**12.06** Kazuyo Sejima & Associates, 58
**12.13** Kazuyo Sejima & Associates, 59
**12.14** Kazuyo Sejima & Associates, 59
**13.05** Kruunenberg Van der Erve Architecten, 62
**13.06** Kruunenberg Van der Erve Architecten, 62
**13.09** Kruunenberg Van der Erve Architecten, 63
**15.06** Carlos Zapata Studio, 70
**16.07** Brückner + Brückner Architekten, 76
**16.11** Brückner + Brückner Architekten, 77
**20.05** MADA s.p.a.m., 92
**20.06** MADA s.p.a.m., 92
**20.07** MADA s.p.a.m., 93
**20.08** MADA s.p.a.m., 93
**22.05** Will Bruder Architects, 100
**22.06** Will Bruder Architects, 100
**22.09** Will Bruder Architects, 101
**23.08** Aranda Pigem Vilalta, 107
**23.09** Aranda Pigem Vilalta, 107
**24.07** Architecture Research Office, 111
**24.08** Architecture Research Office, 111
**24.09** Architecture Research Office, 111
**25.07** Julie Snow Architects, 114
**26.09** Lorcan O'Herlihy Architects, 118
**26.12** Lorcan O'Herlihy Architects, 119
**28.08** Marin + Trottin, 127
**28.09** Marin + Trottin, 127
**30.06** Troppo Architects, 134
**30.08** Troppo Architects, 134
**30.09** Troppo Architects, 135
**30.10** Troppo Architects, 135
**31.07** Atelier Bow-Wow, 138
**31.09** Atelier Bow-Wow, 138
**32.08** Werner Sobek, 142
**32.10** Werner Sobek, 143
**33.06** WPA Inc., 146

**33.07** WPA Inc., 146
**33.08** WPA Inc., 147
**35.11** Architect Antonius Lanzinger, 156
**35.12** Architect Antonius Lanzinger, 156
**36.06** Bernard Quirot + Olivier Vichard, 160
**36.08** Bernard Quirot + Olivier Vichard, 161
**36.09** Bernard Quirot + Olivier Vichard, 161
**37.03** Drew Heath Architect, 164
**37.05** Drew Heath Architect, 165
**37.06** Drew Heath Architect, 165
**37.07** Drew Heath Architect, 165
**37.08** Drew Heath Architect, 165
**39.05** Fougeron Architects, 172
**39.06** Fougeron Architects, 172
**39.07** Fougeron Architects, 172
**39.08** Fougeron Architects, 173
**39.09** Fougeron Architects, 173
**40.05** Kengo Kuma & Associates, 176
**40.06** Kengo Kuma & Associates, 176
**40.07** Kengo Kuma & Associates, 177
**40.08** Kengo Kuma & Associates, 177
**41.08** Martín + Martín Arquitectos, 180
**42.12** Patkau Architects, 185
**42.13** Patkau Architects, 185
**42.15** Patkau Architects, 185
**43.07** Stutchbury and Pape, 188
**45.05** Sean Godsell, 196
**45.06** Sean Godsell, 196
**45.07** Sean Godsell, 196
**45.12** Sean Godsell, 197
**45.13** Sean Godsell, 197
**45.14** Sean Godsell, 197
**45.15** Sean Godsell, 197
**47.05** Ábalos + Herreros, 206
**47.06** Ábalos + Herreros, 206
**47.07** Ábalos + Herreros, 207
**47.09** Ábalos + Herreros, 207
**48.07** Kengo Kuma & Associates, 211
**48.08** Kengo Kuma & Associates, 211
**50.05** Sarah Wigglesworth Architects, 219
**50.06** Sarah Wigglesworth Architects, 219
**51.03** Simon Conder Associates, 222
**51.04** Simon Conder Associates, 223
**52.05** Steven Holl Architects, 226
**52.09** Steven Holl Architects, 227

**Window Details**

**05.06** Jim Jennings Architecture, 28
**05.11** Jim Jennings Architecture, 29
**07.10** Léon Wohlhage Wernik Architekten, 37
**08.06** Pugh + Scarpa, 40
**08.08** Pugh + Scarpa, 40
**12.15** Kazuyo Sejima & Associates, 59
**13.11** Kruunenberg Van der Erve Architecten, 63
**17.09** Adjaye Associates, 81
**17.10** Adjaye Associates, 81
**17.11** Adjaye Associates, 81
**21.05** Olson Sundberg Kundig Allen Architects, 96
**21.06** Olson Sundberg Kundig Allen Architects, 96
**21.07** Olson Sundberg Kundig Allen Architects, 96
**21.08** Olson Sundberg Kundig Allen Architects, 96
**22.08** Will Bruder Architects, 100
**24.06** Architecture Research Office, 111
**26.07** Lorcan O'Herlihy Architects, 118
**34.05** Álvaro Siza Vieira, 152
**34.06** Álvaro Siza Vieira, 152
**34.07** Álvaro Siza Vieira, 152
**34.08** Álvaro Siza Vieira, 152
**34.09** Álvaro Siza Vieira, 152
**34.10** Álvaro Siza Vieira, 152
**34.11** Álvaro Siza Vieira, 153
**35.09** Architect Antonius Lanzinger, 156
**35.10** Architect Antonius Lanzinger, 156
**37.04** Drew Heath Architect, 164
**40.09** Kengo Kuma & Associates, 177
**42.07** Patkau Architects, 184
**42.10** Patkau Architects, 184
**42.13** Patkau Architects, 185
**43.06** Stutchbury and Pape, 188
**43.10** Stutchbury and Pape, 189
**44.17** RoTo Architects, 193
**44.18** RoTo Architects, 193
**47.10** Ábalos + Herreros, 207
**49.11** Masaki Endoh + Masahiro Ikeda, 215
**52.06** Steven Holl Architects, 226
**52.07** Steven Holl Architects, 226
**52.08** Steven Holl Architects, 226
**52.11** Steven Holl Architects, 227
**52.12** Steven Holl Architects, 227

## Australia

**Drew Heath Architect**
7/67 Boronia Road
Bellevue Hill
Sydney
New South Wales 2023
Australia
E: drewheath@ozemail.com.au
T: +61 414 491 270
**[37] Zig Zag Cabin, Wollombi, New South Wales, Australia (2003), 162**

**Ian Moore Architects**
44 McLachlan Avenue
Rushcutters Bay
Sydney
NSW 2011
Australia
E: mail@ianmoorearchitects.com
T: +61 2 9380 4099
F: +61 2 9380 4302
W: www.ianmoorearchitects.com
**[11] Rose House, Kiama, New South Wales, Australia (2001), 52**

**Sean Godsell**
Level 1, 49 Exhibition Street
Melbourne
Victoria 3000
Australia
E: godsell@netspace.net.au
T: +61 3 9654 2677
F: +61 3 9654 3877
W: www.seangodsell.com
**[45] Peninsula House, Victoria, Australia (2002), 194**

**Stutchbury and Pape**
Unit 5, 364 Barrenjoey Road
Newport
NSW 2106
Australia
E: snpala@ozemail.com.au
T: +61 2 9979 5030
F: +61 2 9979 5367
**[43] Verandah House, Sydney, New South Wales, Australia (2004), 186**

**Troppo Architects**
6 Stack Street
Freemantle
Western Australia 6160
Australia
E: perth@troppoarchitects.com.au
T: +61 8 9336 4533
F: +61 8 9336 6609
W: www.troppoarchitects.com.au
**[30] Rozak House, Lake Bennett, Northern Territory, Australia (2001), 132**

## Austria

**Architect Antonius Lanzinger**
Maria Theresien Strasse 9
A-6020 Innsbruck
Austria
E: a.lanzinger@gmx.at
T: +43 51257 3198
**[35] Single Family House, Brixlegg, Tirol, Austria (2002), 154**

**Baumschlager & Eberle**
Lindauer Strasse 31
A-6911 Lochau
Austria
E: office@baumschlager-eberle.com
T: +43 (0)5574 430 79
F: +43 (0)5574 430 79-30
W: www.baumschlager-eberle.com
**[02] Flatz House, Schaan, Liechtenstein (2002), 14**

**Georg Driendl**
Mariahferstr. 9
A-1060 Vienna
Austria
E: architekt@driendl.at
T: +43 1 585 1868
F: +43 1 585 1868
W: www.driendl.at
**[04] Solar Tube, Vienna, Austria (2001), 22**

## China

**EDGE Design Institute Ltd.**
Suite 1604, Eastern Harbour Centre
28 Hoi Chak Street, Quarry Bay
Hong Kong
China
E: edgeltd@netvigator.com
T: +852 2802 6212
F: +852 2802 6213
W: www.edgedesign.com.hk
**[38] Suitcase House, Shuiguan, Badaling, China (2002), 166**

**MADA s.p.a.m.**
No.2, Lane 134, Xinle Road
Xuhui District
Shanghai 200031
China
E: office@madaspam.com
T: +86 21 5404 1166
F: +86 21 621 77437
W: www.madaspam.com
**[20] Father's House, Lantian, China (2005), 90**

## France

**Bernard Quirot and Olivier Vichard**
4 rue de la Préfecture
25000 Besançon
France
E: quirot.vichard@wanadoo.fr
T: +33 3 81 81 31 31
F: +33 3 81 61 98 94
W: www.quirot-vichard.com
**[36] Convercey House, Grachaux, France (2001), 158**

**Marin & Trottin**
8 rue Montcalm
Paris 75018
France
E: mt.peripheriques@club-internet.fr
T: +33 1 44 92 05 01
F: +33 1 44 92 05 14
**[28] Artifice/MR House, Pompone, France (2002), 124**

## Germany

**Brückner + Brückner Architekten**
Büro Würzburg
Veitshöchheimer Str. 14
97080 Würzburg
Germany
E: mail@architektenbrueckner.de
T: +49 931 575 47
F: +49 931 575 48
**[16] House in the Landscape, Bärnau, Germany (2002), 74**

**Léon Wohlhage Wernik Architekten**
Leibnizstrasse 65
10629 Berlin
Germany
E: post@leonwohlhagewernik.de
T: +49 (30) 327 60 00
F: +49 (30) 327 60 060
W: www.leonwohlhagewernik.de
**[07] House Voss, Münsterland, Germany (2000), 34**

**Werner Sobek**
Albstr. 14
70597 Stuttgart
Germany
E: mail@wsi-stuttgart.com
T: +49 711 767500
F: +49 711 7675044
W: www.wernersobek.com
**[32] House R128, Stuttgart, Germany (2000), 140**

## Japan

**Atelier Bow-Wow + Tokyo Institute of Technology Tsukamoto Lab**
Negishi Building, 2nd Floor
2-23-8 Higashi Shibuya
Tokyo 150-0011
Japan
E: info@bow-wow.jp
T: +81 3 5774 6508
F: +81 3 5774 6508
W: www.bow-wow.jp
**[31] Gae House, Tokyo, Japan (2003), 136**

**Kazuyo Sejima & Associates**
7-A Shinagawa-Soko
2-2-35 Higashi-Shinagawa
Shinagawa-ku
Tokyo 140
Japan
E: sanaa@sanaa.co.jp
T: +81 3 3450 1754
F: +81 3 3450 1757
W: http://sanaa.co.jp
**[12] Small House, Tokyo, Japan (2000), 56**

**Kei'ichi Irie + Power Unit Studio**
#2107, 12-1 Sarugako-cho
Shibuya-ku
Tokyo 150-0033
Japan
E: info@pus.jp
T: +81 3 3461 9827
F: +81 3 3461 9829
W: www.pus.jp
**[06] Y House, Chita, Aichi, Japan (2003), 30**

**Kengo Kuma & Associates**
2-24-8 Minami Aoyama
Minato-ku
Tokyo 107-0062
Japan
E: ikeguchi@kkaa.co.jp
T: +81 3 3401 7721
F: +81 3 3401 7778
W: www.kkaa.co.jp
**[40] Bamboo Wall House, Badaling, China (2002), 174**
**[48] Plastic House, Tokyo, Japan (2002), 208**

**Masaki Endoh + Masahiro Ikeda**
2-13-8 Honmachi
Shibuya-Ku
Tokyo 151 0071
Japan
E: edh-endoh@mvi.biglobe.ne.jp
T: +81 3 3377 6293
F: +81 3 3377 6293
**[49] Natural Ellipse, Tokyo, Japan (2002), 212**

**Japan (continued)**

**Shigeru Ban Architects**
5-2-4 Matsubara Ban Bldg 1Fl
Setagaya
Tokyo 156
Japan
E: tokyo@shigerubanarchitects.com
T: +81 3 3324 6760
F: +81 3 3324 6789
W: www.shigerubanarchitects.com
**[14] Picture Window House, Shizuoka, Japan (2002), 64**

**Shuhei Endo**
Domus AOI 5F
5-15-11 Nishitenma
Kita-ku
Osaka
Japan
E: endo@paramodern.com
T: +81 6 6312 7455
F: +81 6 6312 7456
W: www.paramodern.com
**[29] Springtecture B, Biwa-Cho, Shiga Prefecture, Japan (2002), 128**

**Tadao Ando**
5-23 Toyosaki 2-Chome Kita-ku
Osaka 531-0072
Japan
E: taaa@mx6.nisiq.net
T: +81 6 6375 1148
F: +81 6 6374 6240
**[09] 4 x 4 House, Kobe, Hyogo, Japan (2004), 42**

**Portugal**

**Álvaro Siza Vieira**
Rua Do Aleixo, 53-2
4150-043 Porto
Portugal
E: siza@mail.telepac.pt
T: +351 22 616 72 70
F: +351 22 616 72 79
W: www.alvarosiza.com
**[34] House in Oudenbourg, Oudenbueg, Belgium (2002), 150**

**Spain**

**Ábalos + Herreros**
C / Gran Via
16 3C
Madrid 28013
Spain
E: studio@abalos-herreros.com
T: +34 91 5234 404
F: +34 91 5234 553
W: www.abalos-herreros.com
**[47] Studio Gordillo, Madrid, Spain (2002), 204**

**Alberto Campo Baeza**
Almirante 9
28004 Madrid
Spain
E: estudio@campobaeza.com
T: +34 91 5217061
F: +34 91 7010695
W: www.campobaeza.com
**[01] De Blas House, Madrid, Spain (2000), 10**

**Aranda Pigem Vilalta**
Passeig de Blay, 34
17800 Olot
Girona
Spain
E: rcr@rcrarquitectes.es
T: +34 972 269 105
F: +34 972 267558
W: www.rcrarquitectes.es
**[10] M-Lidia House, Girona, Spain (2003), 48**
**[23] Bellows House, Girona, Spain (2003), 104**

**Carlos Ferrater**
Balmes, 145 Bajos
08008 Barcelona
Spain
E: carlos@ferrater.com
T: +34 93 238 51 36
F: +34 93 416 1306
W: www.ferrater.com
**[18] Tagomago House, Ibiza, Spain (2001), 82**

**Martín + Martín Arquitectos**
Mesones 37, 2
18001 Granada
Spain
E: emartinmartin@coagranada.org
T: +34 958 265 469
F: +34 958 529 008
**[41] La Vega House Granada, Spain (2001), 178**

**The Netherlands**

**Kruunenberg Van der Erve Architecten**
Conradstraat 8C
1018 NG Amsterdam
The Netherlands
E: info@kvde.nl
T: +31 20 320 8486
W: www.kvde.nl
**[13] Laminata, House of Glass, Leerdam, The Netherlands (2001), 60**

**UK**

**Adjaye Associates**
23–28 Penn Street
London N1 5DL
UK
E: info@adjaye.com
T: +44 20 77 39 4969
F: +44 20 77 39 3484
W: www.adjaye.com
**[17] Dirty House, London, UK (2002), 78**

**John Pawson**
Unit B, 70-78 York Way
London N1 9AG
UK
E: email@johnpawson.co.uk
T: +44 20 7837 2929
F: +44 20 7837 4949
W: www.johnpawson.com
**[19] Tetsuka House, Tokyo, Japan (2002), 86**

**Sarah Wigglesworth Architects**
9/10 Stock Orchard Street
London N7 9RW
UK
E: mail@swarch.co.uk
T: +44 20 7607 9200
F: +44 20 7607 5800
W: www.swarch.co.uk
**[50] Stock Orchard Street House, London, UK (2001), 216**

**Simon Conder Associates**
Nile Street Studios
8 Nile Street
London N1 7RF
UK
E: sca@simonconder.co.uk
T: +44 20 7251 2144
F: +44 20 7251 2145
W: www.simonconder.co.uk
**[51] Black Rubber Beach House, Dungeness, England, UK (2003), 220**

## USA

**Architecture Research Office (ARO)**
180 Varick Street
10th Floor
New York
NY 10014
USA
E: mvoorhees@aro.net
T: +1 212 675 1870
F: +1 212 675 1645
W: www.aro.net
**[24] Colorado House, Telluride, Colorado, USA (2000), 108**

**Carlos Zapata Studio**
444 Broadway, 3rd Floor
New York
NY 10013
USA
E: mkoff@wood-zapata.com
T: +1 212 966 9292
F: +1 212 966 9242
W: http://wood-zapata.com
**[15] Private House, Quito, Ecuador (2002), 68**

**Fougeron Architecture**
720 York Street #107
San Francisco
CA 94110
USA
E: anne@fougeron.com
T: +1 415 641 5744
F: +1 415 282 6434
W: http://fougeron.com
**[39] Jackson Family Retreat, Big Sur, California, USA (2005), 170**

**Jim Jennings Architecture**
49 Rodgers Alley
San Francisco
CA 94103
USA
E: office@jimjenningsarchitecture.com
T: +1 415 551 0827
F: +1 415 551 0829
W: www.jimjenningsarchitecture.com
**[05] Visiting Artists' House, Geyserville, California, USA (2002), 26**

**Julie Snow Architects**
2400 Rand Tower
527 Marquette Ave
Minneapolis
MN 55402
USA
E: mail@juliesnowarchitects.com
T: +1 612 359 9430
F: +1 612 359 9530
W: www.juliesnowarchitects.com
**[25] Koehler House, New Brunswick, Canada (2000), 112**

**Lorcan O'Herlihy Architects**
5709 Mesmer Avenue
Culver City
CA 90230
USA
E: loh@loharchitects.com
T: +1 310 398 0394
F: +1 310 398 2675
W: www.loharchitects.com
**[26] Vertical House, Los Angeles, California, USA (2003), 116**

**Mack Scogin Merrill Elam Architects**
111 John Wesley Dobbs Avenue, NE
Atlanta
GA 30303
USA
E: office@msmearch.com
T: +1 404 525 6869
F: +1 404 525 7061
W: www.msmearch.com
**[27] Mountain Tree House, Dillard, Georgia, USA (2001), 120**

**Olson Sundberg Kundig Allen Architects**
159 South Jackson Street, 6th Floor
Seattle
WA 98104
USA
E: new_inquiry@olsonsundberg.com
T: +1 206 624 5670
F: +1 206 624 3730
W: www.olsonsundberg.com
**[21] Chicken Point Cabin, Chicken Point, Idaho, USA (2003), 94**

**Patkau Architects**
1564 West 6th Avenue
Vancouver BC
Canada V6J 1R2
E: info@patkau.ca
T: +1 604 683 7633
F: +1 604 6837634
W: www.patkau.ca
**[42] Agosta House, San Juan Island, Washington, USA (2000), 182**

**Pugh + Scarpa**
2525 Michigan Avenue, Building F1
Santa Monica
CA 90404
USA
E: info@pugh-scarpa.com
T: +1 310 828 0226
F: +1 310 453 9606
W: www.pugh-scarpa.com
**[08] Solar Umbrella, Los Angeles, California, USA, 38**

**RoTo Architects**
600 Moulton Avenue, No. 405
Los Angeles
CA 90031
USA
E: roto@rotoark.com
T: +1 323 226 1112
F: +1 323 226 1105
W: www.rotoark.com
**[44] Gompertz Residence, Livingston, Montana, USA (2001), 190**

**Smith-Miller + Hawkinson Architects**
305 Canal Street
New York
NY 10013
USA
E: contact@smharch.com
T: +1 212 966 3875
F: +1 212 966 3877
W: www.smharch.com
**[46] Mustang Meadow, Colorado, USA (2001), 198**

**Steven Holl Architects**
450 West 31st Street, 11th Floor
New York
NY 10001
USA
E: mail@stevenholl.com
T: +1 212 629 7262
F: +1 212 629 7312
W: www.stevenholl.com
**[52] Turbulence House, Abiqui, New Mexico, USA (2005), 224**

**Studio Daniel Libeskind**
2 Rector Street
New York
NY 10006
USA
E: info@daniel-libeskind.com
T: +1 212 497 9100
F: +1 212 285 2130
W: www.daniel-libeskind.com
**[03] Studio Weil, Port d'Andratz, Mallorca, Spain (2003), 18**

**Will Bruder Architects**
111 West Monroe, Suite 444
Phoenix
AZ 85003
USA
E: studio@willbruder.com
T: +1 602 324 6000
F: +1 602 324 6001
W: www.willbruder.com
**[22] Sky Arc House, Marin County, California, USA (2001), 98**

**WPA Inc.**
911 Western Avenue, Suite 380
Seattle
WA 98104
USA
E: apellecchia@wpastudio.com
T: +1 206.233.0550
F: +1 206.233.0663
W: wpastudio.com
**[33] Villa Lucy, Port Townsend, Washington, USA (2004), 144**

**A**
Ábalos + Herreros 204–7
Adjaye Associates 78–81
Agosta House, San Juan Island, Washington, USA 182–5
Ando, Tadao 42–5
Aranda Pigem Vilalta
Bellows House, Girona, Spain 104–7
M-Lidia House, Girona, Spain 48–51
Architecture Research Office (ARO) 108–11
Artifice/MR House, Pompone, France 124–7
Atelier Bow-Wow 136–9
Australia
Peninsula House, Victoria 6, 194–7
Rose House, Saddleback Mountain, Kiama, New South Wales 52–5
Rozak House, Lake Bennett, Northern Territory 132–5
Verandah House, Sydney, New South Wales 6, 186–9
Zig Zag Cabin, Wollombi, New South Wales 6, 162–5
Austria
Family House, Brixlegg, Tirol 154–7
Solar Tube, Vienna 7, 22–5

**B**
Bamboo Wall House, Badaling, Beijing, China 6, 174–7
Ban, Shigeru see Shigeru Ban Architects
Baumschlager & Eberle 14–17
Belgium
House in Oudenbourg 150–3
Bellows House, Girona, Spain 104–7
Bernard Quirot + Olivier Vichard 158–61
Black Rubber Beach House, Dungeness, Kent, UK 7, 220–3
Brückner + Brückner Architekten 74–7
Bruder, Will see Will Bruder Architects

**C**
Campo Baeza, Alberto 10–13
Canada
Koehler House, Bay of Fundy, New Brunswick 112–15
Carlos Zapata Studio 68–71
Chicken Point Cabin, Chicken Point, Idaho, USA 94–7
China
Bamboo Wall House, Badaling, Beijing 6, 174–7
Commune by the Great Wall 174
Father's House, Lantian 6, 90–3
Suitcase House, Shuiguan, Badaling 166–9
Colorado House, Telluride, Colorado, USA 108–11
Commune by the Great Wall, China 174
Conder, Simon see Simon Conder Associates
Convercey House, Grachaux, France 158–61

**D**
De Blas House, Madrid, Spain 10–13
Dirty House, London, UK 78–81
Drew Heath Architect 6, 162–5
Driendl, Georg 7, 22–5

**E**
Ecuador
Private house, Quito 68–71
Edge Design Institute Ltd 166–9
Elam, Merrill see Mack Scogin Merrill Elam Architects
Endo, Shuhei 128–31
Endoh, Masaki see Masaki Endoh + Masahiro Ikeda

**F**
Father's House, Lantian, China 6, 90–3
Ferrater, Carlos 82–5
Flatz House, Schaan, Liechtenstein 14–17
Fougeron Architecture 170–3
4 x 4 House, Kobe, Hyogo, Japan 42–5
France
Artifice/MR House, Pompone 124–7
Convercey House, Grachaux 158–61

**G**
Gae House, Tokyo, Japan 136–9
Germany
House in the Landscape, Bärnau 74–7
House R128, Stuttgart 140–3
House Voss, Münsterland 34–7
Godsell, Sean 6, 194–7
Gompertz Residence, Livingston, Montana, USA 190–3

**H**
Heath, Drew see Drew Heath Architect
Holl, Steven see Steven Holl Architects
House in the Landscape, Bärnau, Germany 74–7
House R128, Stuttgart, Germany 140–3
House Voss, Münsterland, Germany 34–7

**I**
Ian Moore Architects 52–5
Ikeda, Masahiro see Masaki Endoh + Masahiro Ikeda
Irie, Kei'ichi see Kei'ichi Irie + Power Unit Studio

**J**
Jackson Family Retreat, Big Sur, California, USA 170–3
Japan
4 x 4 House, Kobe, Hyogo 42–5
Gae House, Tokyo 136–9
Natural Ellipse, Tokyo 7, 212–15
Picture Window House, Shizuoka Prefecture 64–7
Plastic House, Tokyo 7, 208–11
Small House, Tokyo 56–9
Springtecture B, Biwa-cho, Shiga Prefecture 128–31
Tetsuka House, Tokyo 86–9
Y House, Chita, Aichi 30–3
Jennings, Jim see Jim Jennings Architecture
Jim Jennings Architecture 26–9
Julie Snow Architects 112–15

**K**
Kazuyo Sejima & Associates 56–9
Kei'ichi Irie + Power Unit Studio 30–3
Kengo Kuma & Associates
Bamboo Wall House, Bada Ling, Beijing, China 6, 174–7
Plastic House, Tokyo 7, 208–11
Koehler House, Bay of Fundy, New Brunswick, Canada 112–15
Kruunenberg Van der Erve Architecten 60–3
Kuma, Kengo see Kengo Kuma & Associates

**L**
La Vega House, Granada, Spain 178–81
Laminata, House of Glass, Leerdam, Netherlands 60–3
Lanzinger, Antonius 154–7
Léon Wohlhage Wernik Architekten 34–7
Libeskind, Daniel 18 see also Studio Daniel Libeskind
Liechtenstein
Flatz House, Schaan 14–17
Lorcan O'Herlihy Architects 116–19

**M**
M-Lidia House, Girona, Spain 48–51
Mack Scogin Merrill Elam Architects 120–3
MADA s.p.a.m. 6, 90–3
Marin + Trottin 124–7
Martin + Martin Arquitectos 178–81
Masaki Endoh + Masahiro Ikeda 7, 212–15
Moore, Ian see Ian Moore Architects
Mountain Tree House, Dillard, Georgia, USA 120–3
Mustang Meadow, Colorado, USA 198–201

**N**
Natural Ellipse, Tokyo, Japan 7, 212–15
Netherlands
Laminata, House of Glass, Leerdam 60–3
Schroder House 162

**O**
O'Herlihy, Lorcan see Lorcan O'Herlihy Architects
Olson Sundberg Kundig Allen Architects 94–7

**P**
Patkau Architects 182–5
Pawson, John 86–9
Peninsula House, Victoria, Australia 6, 194–7
Picture Window House, Shizuoka Prefecture, Japan 64–7
Plastic House, Tokyo, Japan 7, 208–11
Private House, Quito, Ecuador 68–71
Pugh + Scarpa 7, 38–41

**Q**
Quirot, Bernard see Bernard Quirot + Olivier Vichard

**R**
Rietveld, Gerrit 162
Rose House, Saddleback Mountain, Kiama, New South Wales, Australia 52–5
RoTo Architects 190–3
Rozak House, Lake Bennett, Northern Territory, Australia 132–5

**S**
Sarah Wigglesworth Architects 7, 216–19
Schroder House, Netherlands 162
Scogin, Mack see Mack Scogin Merrill Elam Architects
Sejima, Kazuyo see Kazuyo Sejima + Associates
Shigeru Ban Architects 64–7
Simon Conder Associates 7, 220–3
Siza Vieira, Álvaro 150–3
Sky Arc House, Marin County, California, USA 98–101
Small House, Tokyo, Japan 56–9
Smith-Miller + Hawkinson Architects 198–201
Snow, Julie see Julie Snow Architects
Sobek, Werner 140–3
Solar Tube, Vienna, Austria 7, 22–5
Solar Umbrella, Los Angeles, California, USA 7, 38–41
Spain
Bellows House, Girona 104–7
De Blas House, Madrid 10–13
La Vega House, Granada 178–81
M-Lidia House, Girona 48–51
Studio Gordillo, Madrid 204–7
Studio Weil, Port D'Andratx, Mallorca 18–21
Tagomago House, San Carlos, Ibiza 82–5
Springtecture B, Biwa-cho, Shiga Prefecture, Japan 128–31
Steven Holl Architects 224–7
Stock Orchard Street House, London, UK 7, 216–19
Studio Daniel Libeskind 18–21
Studio Gordillo, Madrid, Spain 204–7
Studio Weil, Port D'Andratx, Mallorca, Spain 18–21
Stutchbury, Peter see Stutchbury and Pape
Stutchbury and Pape 6, 186–9
Suitcase House, Shuiguan, Badaling, China 166–9

**T**
Tagomago House, San Carlos, Ibiza, Spain 82–5
Tetsuka House, Tokyo, Japan 86–9
Tokyo Institute of Technology Tsukamoto Lab 136–9
Troppo Architects 132–5
Turbulence House, Abiqui, New Mexico, USA 224–7

**U**
UK
Black Rubber Beach House, Dungeness, Kent 7, 220–3
Dirty House, London 78–81
Stock Orchard Street House, London 7, 216–19

USA
Agosta House, San Juan Island, Washington 182–5
Chicken Point Cabin, Chicken Point, Idaho 94–7
Colorado House, Telluride, Colorado 108–11
Gompertz Residence, Livingston, Montana 190–3
Jackson Family Retreat, Big Sur, California 170–3
Mountain Tree House, Dillard, Georgia 120–3
Mustang Meadow, Colorado 198–201
Sky Arc House, Marin County, California 98–101
Solar Umbrella, Los Angeles, California 7, 38–41
Turbulence House, Abiqui, New Mexico 224–7
Vertical House, Los Angeles, California 116–19
View Silo, Livingston, Montana 190–3
Villa Lucy, Port Townsend, Washington 144–7
Visiting Artists' House, Geyserville, California 26–9

**V**
Verandah House, Sydney, New South Wales, Australia 6, 186–9
Vertical House, Los Angeles, California, USA 116–19
Vichard, Olivier see Bernard Quirot + Olivier Vichard
View Silo, Livingston, Montana, USA 190–3
Villa Lucy, Port Townsend, Washington, USA 144–7
Visiting Artists' House, Geyserville, California, USA 26–9

**W**
Wigglesworth, Sarah see Sarah Wigglesworth Architects
Will Bruder Architects 98–101
WPA Inc. 144–7

**Y**
Y House, Chita, Aichi, Japan 30–3

**Z**
Zapata, Carlos see Carlos Zapata Studio
Zig Zag Cabin, Wollombi, New South Wales, Australia 6, 162–5

All architectural drawings are supplied courtesy of the architects

Photographic credits:

10 © Hisao Suzuki
14 © Eduard Hueber
18 © Bitter+Bredt Photography
22 © James Morris 1,3
22 © Bruno Klomfar 2,4
26 © Tim Griffith
27 © Tim Griffith
30 © Hiroyuki Hirai
34 © Christian Richters, Münster
38 Marvin Rand
42 Mitsuo Matsuoka
48 © Eugeni Pons
52 © Ross Honeysett
56 © Shinkenchiku-sha
60 © Christian Richters, Münster
64 © Hiroyuki Hirai
68 © Undine Pröhl
74 © Peter Manev
78 Photography by Lyndon Douglas/ info@lyndondouglas.com
82 © Alejo Bagué
86 Nacasa and Partners Inc
90 © Jin Zhan
94 © Undine Pröhl
98 Bill Timmerman
104 © Eugeni Pons
106 © William Abranowicz/Art & Commerce Anthology 3,4
106 © Paul Warchol 1,2
112 Steve Dunwell 1,2
112 Brian Vanden Brink 3,4
116 Michael Weschler Photography
120 © Tim Hursley
124 Hervé Abbadie 1,3
124 © Luc Boegly 2
128 © Toshiharu Kitajima 2,3
128 © Yoshiharu Matsumura 1,4
132 © Patrick Bingham-Hall
136 © Edmund Sumner/VIEW
140 © Roland Halbe
144 Lara Swimmer
150 Duccio Malagamba
154 Guenter R. Wett
158 © Luc Boegly
162 Brett Boardman Photography
166 Howard Chang
170 Richard Barnes Photography
174 Satoshi Asakawa
178 © Eugeni Pons
182 James Dow
186 © Michael Nicholson
190 Larry Stanley Photography 2,4
190 Clark Stevens 1,3
194 Earl Carter
198 © Tim Street-Porter
204 © Bleda y Rosa 1,2,3,4
204 © Hisao Suzuki 5
208 Mitsumasa Fujitsuka
212 © Hiro Sakaguchi
216 Paul Smoothy
220 © Chris Gascoigne/VIEW
224 © Paul Warchol

## Acknowledgments

Thanks above all to the architects who submitted material for this book. Their time, effort and patience is very much appreciated. Special thanks to Hamish Muir, the designer of this book – a kindred soul, talented designer and resolver of many graphic challenges. Sincere thanks to Philip Cooper at Laurence King with whom it is a true pleasure to work. Also to Emily Asquith for her always good-humoured editorial input. To Sophia Gibb for her indomitable dedication in researching the pictures, often in the face of daunting challenges. To Greg Gibbon and Justin Fletcher for tackling the drawings in this volume and to Vic Brand for his invaluable technical expertise. And finally to Vishwa Kaushal for his support, friendship and generosity.

The attached CD can be read on both Windows and Macintosh computers. All the material on the CD is copyright protected and is for private use only. All drawings in the book and on the CD were specially created for this publication and are based on the architects' original designs.

The CD includes files for all of the drawings included in the book, with the exception of the drawings for Studio Weil. The drawings for each building are contained in a numbered folder. They are supplied in two versions: the files with the suffix '.eps' are 'vector' EPS files and can be opened using general graphics programmes such as Illustrator; all the files with the suffix '.dwg' are generic CAD format files and can be opened in a variety of CAD programmes.

Each file is numbered according to its original location in the book: project number, followed by drawing number(s), followed by the scale. Hence '01_01_200.eps' is the eps version of the first drawing in the first project and has a scale of 1:200. In some cases, there are several drawings within the same file, so '01_04-05_200.eps' contains drawings 4 and 5 from project 1, all at a scale of 1:200.

The generic '.dwg' file format does not support 'solid fill' utilized by many architectural CAD programs. All the information is embedded within the file and can be reinstated within supporting CAD programs. Select the polygon required and change the 'Attributes' to 'Solid', the colour information should be automatically retrieved. To reinstate the 'Walls'; select all objects within the 'Walls' layer/class and amend their 'Attributes' to 'Solid'.